经管实验创新论坛

论文集

何勇平◎主 编

李 敬　陈永丽　骆东奇　邓德敏◎副主编
黄钟仪　陈春洁　尹元福　舒珊珊

JINGGUAN SHIYAN
CHUANGXIN LUNTAN
LUNWENJI

西南财经大学出版社

中国·成都

图书在版编目(CIP)数据

经管实验创新论坛论文集/何勇平主编;李敬等副主编.—成都:西南财
经大学出版社,2022.5
ISBN 978-7-5504-5240-4

Ⅰ.①经… Ⅱ.①何…②李… Ⅲ.①企业管理—文集
Ⅳ.①F272-53

中国版本图书馆 CIP 数据核字(2022)第 005991 号

经管实验创新论坛论文集

何勇平　主　编

李　敬　陈永丽　骆东奇　邓德敏
黄钟仪　陈春洁　尹元福　舒珊珊　副主编

责任编辑:石晓东

责任校对:陈何真璐

封面设计:墨创文化

责任印制:朱曼丽

出版发行	西南财经大学出版社(四川省成都市光华村街55号)
网　址	http://cbs.swufe.edu.cn
电子邮件	bookcj@swufe.edu.cn
邮政编码	610074
电　话	028-87353785
照　排	四川胜翔数码印务设计有限公司
印　刷	郫县犀浦印刷厂
成品尺寸	185mm×260mm
印　张	30.75
字　数	713 千字
版　次	2022 年 5 月第 1 版
印　次	2022 年 5 月第 1 次印刷
印　数	1— 1000 册
书　号	ISBN 978-7-5504-5240-4
定　价	128.00 元

序

金秋十月，麦浪滚滚，硕果飘香！在华夏大地喜获丰收的季节，本论文集也满载着作者辛勤的努力与付出与大家见面了。它的问世，一定会带给读者满满的收获与喜悦！

本论文集充分展示了重庆工商大学师生在经管专业学术领域的智慧和探索，包括金融证券、财务会计、实验实践、经济及其他4个篇章。每个篇章各有特色。在金融证券方面，在技术之潮汹涌的时代背景下，本论文集客观分析不同行业资本的运作模式、风险投资对技术创新的影响，并能结合实际案例，探讨优化股权结构、增强企业核心竞争力等问题；在财务会计方面，本论文集既包括高等教育办学成本核算研究，又包括信息技术环境下企业财务管理分析，还包括中美贸易摩擦下企业财务风险分析研究；在实验实践方面，本论文集围绕实验实训课程体系建立、实训课程改革、创新创业教育、学科竞赛，以及虚拟仿真技术、人工智能、大数据等信息技术和手段如何融入教学等方面展开论述，体现出了超前的思维、长远的眼光与思考，使人深受启发；在经济及其他方面，本论文集从分析中国乡村"三生"环境治理影响因素，到解决技术创新投入强度、产业结构升级与经济增长间的关系，再到成渝高铁对经济拉动效应研究、大学生考研与就业情况的调查研究等，无不彰显重庆工商大学师生的钻研精神与广阔视野。

本论文集的作者包括教学一线的骨干教师、从事实验教学的管理干部、本科生以及硕士研究生。我们应该感谢组织编写本论文集的领导，他们十分注重实验实践教学的改革与发展，引领时代潮流，搭建交流平台，起到了很好的示范作用。重庆工商大学经济管理国家级实验教学示范中心卓有成效的工作为学校的发展做出了重要贡献，也为学校争得了荣誉！

一分耕耘，一分收获。让我们一起扬帆起航，再创佳绩！

重庆工商大学经济管理国家级实验教学示范中心教学指导委员会主任，

哈尔滨商业大学教学实验设备管理中心主任

张莉

2021 年 10 月

目　录

金融证券

财务会计

实验实践

经济及其他

金融证券

"AI"这时代，星辰大海

——百度再"敲锣"

陈永丽　　胡珊珊

（重庆工商大学会计学院　重庆　400067）

摘　要：牛年春节似乎为股市划出了一条清晰的分界线。春节前，股市整体大涨，多只股票股价翻倍；节后的"爆仓"高峰期，引发了大众对"熊市"的讨论。然而，百度在这时候选择回香港上市，宣布"二次创业"，让大众感到疑惑。

作为在美国创造了中国概念股神话的百度，此次二次上市行为必定会引发广泛的关注。本文以百度上市历程为线索，首先介绍百度登陆美股的过程，进一步引出百度发行港股的动因；其次介绍百度通过拆股计划上市的历程；最后对百度的未来发展作出展望。

关键词：百度；二次上市；拆股；中概股

一、引言

百度自成立以来，致力于持续创新，并基于搜索引擎技术，演化出语音、图像、知识图谱、自然语言处理等多项人工智能技术，涉足多个领域。在人工智能、云技术、互联网融合发展的大趋势下，百度形成了移动生态、百度智能云、智能交通、智能驾驶及更多人工智能领域前沿布局的多引擎增长新格局。

在技术竞争十分激烈的时代背景下，百度需要不断开发新技术以保持核心竞争力。为了增强企业实力，考虑到各种政策、环境因素，百度选择首次公开募股（IPO）集资。百度选择在美国纳斯纳克上市并交出了一份漂亮的答卷。10 余年来，百度不再是鲜衣怒马的少年，而是踌躇满志的青年，对技术的信仰也更加坚定，没有任何改变。2021 年，百度回到香港二次上市，这是百度的"二次创业"，也是百度的再次出发。在这个技术创新加冕的大时代，百度的"二次创业"是否能够延续昔日的辉煌呢？

二、公司简介

百度是全球最大的中文搜索引擎、中文网站。百度最初以"百度一下，你就知道""度娘"为大众所知，成为中国领先的人工智能（AI）公司。作为互联网公司，技术是其核心和强大支撑点，李彦宏拥有"超链分析"技术专利，它是新一代搜索引擎的关键技术，如今已被世界各大搜索引擎普遍采用。这也使得中国成为全球仅有的 4 个拥有搜索引擎核心技术的国家之一。

百度扬帆起航的资本是它的雄厚融资储备。百度在上市之前经历了 3 次融资，这让百度的搜索引擎愈发成熟，并且得到了网民的广泛认可。然而，李彦宏不满足于国内市场，想要提升百度品牌的全球影响力。李彦宏想做纳斯达克的"敲钟人"，从而实现百度的飞跃。2005 年 8 月 5 日，百度成功登陆美国纳斯达克，创造了中国概念股的美国神话，开启了全球互联网的"中国时代"；2021 年 3 月 23 日，百度回香港二次上市。

三、登陆美股

2005 年，百度在美国纳斯达克股票市场首发上市，股票代码"BIDU"，上市筹资约 1.09 亿美元。股票上市价格原定为 23～25 美元，但由于投资人需求强劲，最终以 27 美元作为初始价。股票上市交易的开盘价为 66 美元，一路狂飙至每股 151 美元，最后收盘价为 122 美元。

（一）临行准备，架桥出海

我国企业境外上市有直接上市和间接上市两种途径。直接上市具有成本高、时间长、程序复杂等特点，因此，和许多在境外上市的企业一样，百度选择以间接上市的方式登陆美股，并逐步搭建起以境外上市为导向的红筹架构体系。所谓红筹架构，是指中国境内的公司（不包含港澳台公司）在境外设立离岸公司，然后将境内公司的资产注入或转移至境外公司，最终实现境外控股公司海外上市融资的目的。

2000 年 1 月 18 日，公司创始人李彦宏和徐勇在开曼群岛注册成立百度集团股份有限公司。同日，他们在中国北京成立了第一家全资子公司百度在线网络技术（北京）有限公司。同年 2 月，百度控股有限公司于英属维尔京群岛设立。2005 年 6 月，李彦宏和徐勇在中国上海成立了第二家全资子公司百度（中国）有限公司。百度赴美上市前公司架构如图 1 所示。

在上述一系列境外上市架构搭建完成之后，百度在李彦宏和徐勇的带领下，扬帆起航，正式开启赴美圆梦之旅。

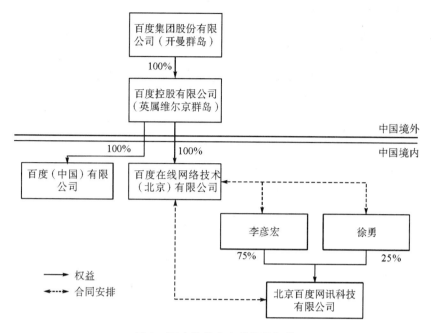

图 1　百度赴美上市前公司架构

（二）爱恨美股，百感交集

1. 股价高涨，迅速扩张

在上市当天，百度的股价从发行价 27 美元冲到 151 美元，创下了当时美国股市 213 年以来外国公司首日涨幅的最高纪录，随后其收盘价为 122 美元，这是属于百度的"高光时刻"。

正所谓"春风得意马蹄疾"，百度用 IPO 募集来的资金开始了大规模的扩张之路。如图 2 所示，美股上市后，百度开展了多项并购或投资业务，涉及多个行业，试图"遍地开花"。然而"花无百日红"，百度的多项并购是失败的，虽然涉及多个领域，尝试"遍地开花"，但是百度众多的收购业务不但没有给自身带来高收益，还让其品牌价值降低。

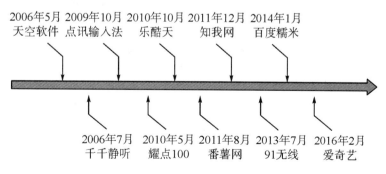

图 2　2006—2016 年百度收购时间轴

2. 业绩良好，股价波动

虽然百度进军多个领域并没有取得很好的成效，但是百度主营业务的业绩依然不断向好。百度始终掌握核心的搜索引擎业务，并积极创新技术。如图3所示，百度2015—2018年的各项财务数据总体上呈增长趋势，每年的净利润均为正数，业绩良好。

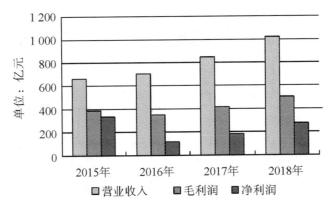

图3　2015—2018年百度各项财务数据

同时，业绩增长也不断推升着百度在资本市场的股价。2018年5月31日，百度的股价涨至高峰点284.22美元，这表明投资者对百度的发展是认可的、有信心的。百度在上市期间的财务指标和股价走势，如图4和图5所示。

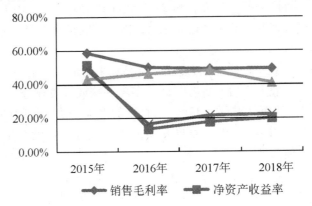

图4　百度在上市期间的主要财务指标

图 5　百度在上市期间的股价走势

四、再敲锣，二次创业

2020 年，在一次总结会议上，百度员工为百度在美上市的表现感到十分激动。然而，李彦宏和徐勇却沉默着，员工见此状渐渐地安静下来。李彦宏终于发声，称"百度已不再是鲜衣怒马的少年，而是踌躇满志的青年"，徐勇也跟着发言称"这位青年是时候该二次创业了"。

（一）回港动机

1. 国际经济环境分析

当前，国际形势严峻，充满不确定性。一方面，从 20 世纪 90 年代至今，全球互联网产业的发展经历了资本市场的顶峰时期，也见证了繁华终究化为泡沫的惨淡阶段。另一方面，2008 年的国际金融危机、2020 年的全球新冠肺炎疫情、愈演愈烈的逆全球化趋势、频频出现的"黑天鹅"事件与"灰犀牛"事件等都给全球经济发展带来了重大冲击。

此外，整体经济环境发生着巨大的改变：资本市场上，创业投资环境更为严峻，美国证券交易监督委员会甚至出台了关于严审中国概念股公司的文件；流量获取的方式发生变化，未来流量获取的形式将越来越多元化。

在此背景下，众多互联网企业以转型来适应各种外部环境的变化和业务的发展。

2. 国内经济环境分析

（1）国内政策向好。

由于资本市场的低估值和严监管、做空机构的虎视眈眈，很多中国概念股企业在美国股票市场的日子远没有想象中光鲜亮丽。不过，就在被美国股票市场"冷淡"的同时，遥远的故乡却暖风频吹。

A 股市场和香港交易所对资本市场的不断改革，为优质的高科技企业上市提供了一些利好条件，企业上市的门槛也变得不那么高了，香港交易所取缔了对"同股不同权"这个多年"传统"的严格限制[1]。2018 年 4 月 24 日，继香港交易所正式公布《新兴及创新产业公司上市制度》并推出"双重股权结构"的上市政策后，A 股市场也对优质的高科技企业张开了双臂。中国证券监督管理委员会等相关主管部门表示，将大力支持"新技术、新产业、新业态、新模式"四新公司上市。同时有报道称，中国证券监督管理委员会将对生物科技、云计算、人工智能、高端制造四个行业的"独角兽"企业开放 IPO 绿色通道，实行"即报即审"。百度终于等到了回归祖国怀抱的大好时机。

（2）AI 领域风景独好。

虽然"超链分析"技术是百度的"王牌"，但是由于网络技术的发展势头良好，众多互联网公司如春笋般涌现，"超链分析"技术已不再是香饽饽。然而，李彦宏从创立百度之初就提到"百度一开始就是一家云的公司"，在百度"低迷"期间，李彦宏也能保持清醒。2010 年，百度正式进入人工智能领域，成为国内最早布局人工智能的公司之一；2016 年，百度发布百度大脑；2017 年，百度发布自主研发的云端全功能 AI 芯片——"昆仑"[2]。

当前，AI 已经在金融、医疗、安防等多个领域实现技术落地并日趋成熟，其应用场景也愈来愈广。AI 正在实现全方位的商业化，成为社会关注的焦点，科技巨头纷纷布局行业应用。2017 年，国家依托包括百度在内的 4 家互联网公司，构建起新一代人工智能开放创新平台。此外，AI 的应用领域非常广，应用度也较高，未来的发展空间巨大。

（3）市场遇冷，亟待回温。

自 2010 年百度进入 AI 领域后，相关费用投入大幅增加，但其回报效益并不高。在迷茫之下，百度为了实现盈利而不慎负面新闻缠身。管理不善或战略激进，造成了使百度得到了"不诚、不德"的结果，如"莆田系医院广告事件""血友病吧被卖事件""百度内部贪腐事件""魏则西事件"等都在慢慢消耗百度在市场上宝贵的荣光。

2019 年，百度的营业收入增长放缓，出现了自 2005 年上市以来的首次亏损，其股价受此影响开始走"下坡路"；2020 年年初新冠肺炎疫情暴发，百度在 2020 年 3 月的股价甚至跌至近 7 年来的最低点（82 美元）。在此背景下，百度亟须把握未来经济回温的机会。

（二）回港遇阻

2020 年 11 月 16 日，百度与欢聚集团（JOYY）直播签订购股协议，总交易金额约为 36 亿美元，这是百度成立 20 年以来金额最大的单笔收购。此次收购将填补百度在直播领域的缺口。未来，直播将会成为百度新的利润增长点，为百度的移动生态带来协同效益。

然而，2020 年 11 月 18 日，浑水公司发布了一份有关 JOYY 若干指控的做空报告，其中提到 JOYY 的收入涉嫌造假。此次事件让百度和 JOYY 放缓了收购事宜的进程，但在 2021 年 2 月 7 日终于完成交割。2021 年 2 月 8 日，虽然 JOYY 发布公告指控浑水公司的报告并无实质证据，但是百度作为控股方无可避免地面临着相关风险。该事件至今还未解决，百度还需要为之"操心"。

五、上市过程

创业之路坎坷不易，且行且珍惜。既然收拾好行囊，李彦宏便会义无反顾地携着百度往前走。

（一）是否放弃美股

对于百度回香港上市，不仅是公众，包括百度内部员工心里都有一个疑问：百度是否会在美国退市？

一方面，百度的价值被美国纳斯达克股票市场严重低估。在 AI、移动互联网的布局中，百度的技术和业务发展愈发成熟。然而，百度的市值却一直远远落后于阿里巴巴、腾讯。另一方面，美国监管政策收紧，中国概念股迎来调整期。2020年8月，美国财政部披露一则报告，美国证券交易监督委员会（SEC）要求已在美国上市的中国概念股公司[3]，需要在 2022 年 1 月 1 日前满足美国公众公司会计监督委员会（PCAOB）的相关要求，否则将被迫退市。受此利空消息的影响，中国概念股股价大幅下跌。

在此背景下，百度是否会考虑从美国退市？李彦宏回应称"对于一家优秀的公司而言，有很多上市目的地可供选择，并不局限于美国，所以不必担心美国的打压"。百度的战略是面向国际化，既然百度在美国上市是必然选择，那么它面临的一切挑战也是必然。

（二）新的定位，重新出发

在 2020 年年度报告中，百度明确提出未来的三大增长曲线，即构建以移动生态为基本盘的第一增长曲线，以智能云等增长业务为第二增长曲线，以智能驾驶及 DuerOS、AI 芯片等前沿业务为未来长期发展的第三增长曲线。

百度此次回香港上市，给自己的身份定位是"AI 生态公司"。据其招股说明书可以看出，百度欲将 50% 的募集资金净额用于持续科技投资，促进以人工智能为主的创新商业化；将 40% 的资金用于进一步发展百度移动生态。

（三）拆股计划铺路

2021 年 1 月 23 日，百度发布公告称将在 3 月 1 日的特别股东大会上，对股票 1∶80 的拆分进行审议和表决。2021 年 3 月 1 日 11 时，百度于北京百度大厦召开临时股东大会审议拆股事宜，拆股比例为 1∶80，即将每 10 个 ADS① 代表 1 个普通股，更改为每 1 个 ADS 代表 8 个普通股。当晚在美股开盘前，百度发布公告称拆股计划已获得表决通过。拆股计划被外界视为百度二次上市提速的积极信号。

受此影响，2021 年 3 月 9 日，BIDU 美股大涨 13.6%，总市值超 900 亿美元，这也令国内股民十分振奋，对百度回港上市较看好。图 6 为 2021 年 3 月 9 日 BIDU 美股走势图。

---

① ADS 是指美国托存股票，即在美国上市时，是直接发行股票的，我国大多数在美国上市的企业都是以 ADS 的形式在纳斯达克股票市场上市的。

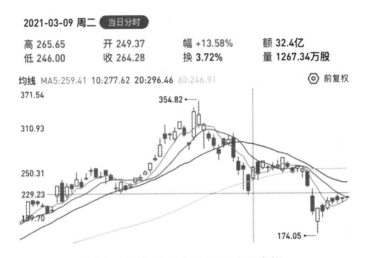

2021-03-09 周二 当日分时

| 高 265.65 | 开 249.37 | 幅 +13.58% | 额 32.4亿 |
| 低 246.00 | 收 264.28 | 换 3.72% | 量 1267.34万股 |

均线 MA5:259.41 10:277.62 20:296.46 60:246.91 ◎ 前复权

371.54
354.82
310.93
250.31
229.23
189.70
174.05

图6　2021年3月9日BIDU美股走势

（四）相约香港交易所

2021年3月23日，百度创始人李彦宏出现在北京后厂村百度科技园，通过与香港交易所云连线的方式，举行了独特而精彩的上市仪式。

此次百度上市的锣也大有来头，它是全球首创的"芯片代码锣"。锣身由百度历史服务器主板芯片等压制成型，敲响后，锣的背面透明屏上显示了"星辰大海"，这是由"超链分析"技术、世界一流AI技术等共同制作而成的，代表了百度对技术的热爱（如图7所示）。

图7　芯片代码锣

六、结语

近年来，中国概念股私有化无疑是中国资本市场的热门话题。随着国内资本市场的快速发展以及各种利好政策的频频放出，越来越多的中国概念股企业加入回国大潮，百度作为返乡大军中的一名成员，其还乡道路似曾相识却又与众不同。

百度虽回香港"二次创业"，但是没有放弃美国市场。百度以 1∶80 的比例拆分普通股，并经过系列调整，确保已持有百度股票的投资者利益不会受损。股票分割后，不仅股东权益、总市值不会改变，还能增加交易量、提高流动性。

茫茫回乡大军，谁会是下一个百度？而对于百度来说，此次"二次创业"能否保持初心，能否在汹涌潮流中依然爱这时代，依然拥抱星辰大海呢？我们拭目以待。

参考文献：

［1］袁迪. 阿里巴巴回归港股的动因及市场表现分析［J］. 产业与科技论坛，2021，20（9）：69-70.

［2］谭浩俊. 百度二次上市值得称许［N］. 中华工商时报，2021-03-29.

［3］马方，林贵，姜宛辰. 中概股回归的原因及对策分析［J］. 东北师大学报（哲学社会科学版），2018（2）：55-59.

嘉行传媒：一份对赌，一段神话

段 磊

（重庆工商大学会计学院 重庆 400067）

摘 要：对赌协议作为一种风险管理工具，一方面可以让创业公司获得大额的融资，让其快速成长；另一方面又会让创业公司背上沉重的负担，使其必须在前进的交叉路口处进行选择。本文聚焦于嘉行传媒与尚世影业的一份对赌协议，分析影视行业在"新三板"的兴衰。嘉行传媒凭借其股东兼旗下当红艺人杨幂，在2015年成立后，3年之内实现估值增长200倍，可谓是影视企业中冉冉升起的一颗新星。不过在实现对赌协议期间，嘉行传媒为了追求利润最大化，公司的口碑越来越不好。本文通过讲述这份对赌协议以及嘉行传媒的后续发展，来思考这份对赌协议是否值得。

关键词：对赌协议；新三板；嘉行传媒

一、引言：崭露头角

嘉行传媒在成立3年后便成功在影视行业崭露头角，成为一颗冉冉升起的新星。嘉行传媒不甘为资本所操控，利用手中的工具不断完成资本积累，帮助自己获得主动权。那么它是如何做到的呢？在这次对赌中将面临怎样的考验？是否能够圆满完成这次对赌？这次对赌将给嘉行传媒带来什么，又将使它失去什么呢？

二、背景介绍：雨后春笋

（一）相关知识

1. 新三板

新三板全称为"全国中小企业股份转让系统"，成立于2001年，其目的是解决主板市场退市公司与两个停止交易的法人股市场公司的股份转让问题，主要针对的是高科技企业。该交易板具有挂牌速度快、广告宣传效应强、融资便利、套现及流通方便等优点。但是，在该交易板中挂牌的股票品种少且多数股票的质量较差，转到主板上市难度大且交易规则较为严格，因此新三板很难吸引投资者，甚至有大多数的投资者不知道新三板的存在。

2. 对赌协议

（1）对赌协议定义。

根据中华人民共和国最高人民法院发布的《全国法院民商事审判工作会议纪要》，对赌协议又被称为"估值调整协议"，是指投资方与融资方在达成股权性融资协议时，为解决交易双方对目标公司未来发展的不确定性、信息不对称以及代理成本问题而设计的包含股权回购、金钱补偿等对未来目标公司的估值进行调整的协议。

（2）本次对赌协议内容。

对赌主体：西安嘉行传媒与尚世影业。

对赌标准：对赌双方就公司业绩承诺及股份回购事宜进行约定，西安嘉行传媒应该在 2015 年、2016 年、2017 年累计实现的税后净利润高于 3 年累计承诺税后净利润指标的 95%（3.106 5 亿元）。

其他条款：西安嘉行传媒在此对赌协议期间不应该出现以下情况：实际控制人、核心管理人员、核心艺人离任、退出经营管理工作或与公司解除独家演艺代理关系；公司被申请破产、解散、清算或终止。

补偿条件：如果未实现对赌标准，那么尚世影业有权要求西安嘉行传媒以 15% 的年收益率受让尚世影业不超过 285 万股嘉行传媒股份。

（3）对赌协议对投资方、融资方的影响。

对赌协议从本质上看是一种风险管理工具。对赌协议本身具有的不确定性因素，就意味着在未来可能会造成投资者以及融资者之间的利损变化和调整。因此，对赌协议往往会对对赌双方造成一定的影响。

对于投资方来说：在正常情况下，投资方是整个对赌协议的"游戏规则制定者"，可以约定整个对赌协议的相关条款。在对赌过程中，投资方一般是主动的一方，而且很少有利益的流出。如果融资方能够按照对赌协议内容完成业绩要求，那么投资方购入的股票或者赠予的部分股份都将随着融资方的发展而获得巨大的投资增值；如果融资方未完成对赌协议的相关要求，那么融资方将会支付投资方巨额赔偿款或者交付部分控制权。

对于融资方来说：在正常情况下，融资方是为了获得投资方的投资或者经济支持。对赌的过程对于融资方来说是一种好风险的激励方式，通过签订对赌协议，一方面可以使得融资方在实现约定之前一直处于高压力、高动力的状态，从而激发企业的活力；另一方面，对赌协议只是一种外部激励手段，这就可能造成企业只重视财务业绩，而忽视企业内部资本结构以及治理结构的完善。因此，对赌失败将使企业丧失控制权或者造成经济利益的损失，给予企业沉重打击。如果对赌成功，融资方虽然会失去一部分"隐性的资产"，但是大量的资本流入会使企业快速发展。

（二）嘉行传媒

1. 公司创立

2015 年 7 月 21 日，一家名为"嘉行"的企业在西藏拉萨成立，该企业全称为西藏嘉行四方投资管理合伙企业（后文简称"西藏嘉行"）。如果仅把目光放在其企业名称和经营范围上，你可能会以为这是一家平平无奇的资产管理公司或者一个知名企业的子公司。但是把视线转向其创始人，你就会发现这家公司绝没有那么简单。

该公司是由杨幂、赵若尧、曾嘉3人作为有限合伙人成立的。其中，3人出资占比分别为曾嘉的56.25%、赵若尧的25%、杨幂的18.75%。杨幂是中国内地知名演员，曾嘉从2005年起就是杨幂的经纪人，而赵若尧则是曾嘉的助手。因此，可以说这家投资管理公司仿佛是一颗种植在中国高原等待茁壮成长的种子。

2. 借壳上市

2015年9月28日，西藏嘉行收购西安同大实业股份有限公司37.5%的股份。西安同大实业股份有限公司的主要业务是高效流体净化系统的研发、生产和销售。该公司在被收购后改名为"西安嘉行影视传媒股份有限公司"（以下简称为"嘉行传媒"）。西藏嘉行收购该公司自然不是为了"转业"，而是因为该公司是一家挂牌于新三板的股份有限公司。除此之外，该公司的第二大股东为占有24.25%股份的西藏嘉行星光公司，这个同样以嘉行为名的公司的股东是曾嘉和赵若尧两人，其分别占有63.5%和36.5%的股份。因此根据这两层股权关系，杨幂在纸面上仅占有7.125%的股份，但她之后将凭借自己的努力带领公司走向成功。此时，嘉行传媒的公司估值大约为2 500万元。

3. 定向发放股票

尚世影业是归属于上海东方明珠新媒体股份有限公司的影视公司。尚世影业逐步从精品内容向影视生态全面发展，实现影视制作的精品化、国际化和新媒体化。

2015年10月21日，西安嘉行向尚世影业非公开发行股票285万股，尚世影业由此获得嘉行传媒15%的股权。此外，尚世影业又从原股东西藏奇幻公司受让了其持有的嘉行传媒5%的原有股权。也就是说，尚世影业在本次交易中共投入3亿元，购入了嘉行传媒20%的股权。尚世影业除了从嘉行传媒处购得股份外，还与嘉行传媒团队签署了一系列战略合作协议，双方约定未来5年在演艺经纪、知识产权（IP）开发、影视制作发行、影视内容衍生和综艺节目研发等方面进行合作。

三、对赌过程：浴血奋战

对赌协议签订之后，嘉行传媒的公司估值为15亿元。同时，股市出现极大波动，嘉行传媒在得到尚世影业的这份投资后，其股价从签订前的每股1.7元，急速暴涨至每股78.95元。虽然新三板市场投资者较少且流动性较差，但是这足以说明市场对这一投资是看好的。作为嘉行传媒的主要收入来源——杨幂及其一众艺人，也从此开始了轮番进组的忙碌生活。

2015年，杨幂就已开始电影和剧集共抓。电视剧版《何以笙箫默》爆红之后，杨幂接拍了其电影版，最终拿下3.52亿票房。根据嘉行传媒披露的年度财务报告，2015年嘉行传媒归属于挂牌公司股东的净利润为8 118.62万元。

2016年的杨幂更是火力全开，出演多部电影并参演电视剧《亲爱的翻译官》，其收视率很高，名列当年剧集收视前茅。根据当年的财务报告，2016年嘉行传媒归属于挂牌公司股东的净利润为1.29亿元。

至此，嘉行传媒累计净利润约为 2.1 亿元，距离对赌协议所要求的净利润仍差 1 亿元左右。但留给嘉行传媒的时间也仅剩一年，在最后这一年里，嘉行传媒必须补足这 1 亿元的目标金额。

然而一切随着《三生三世十里桃花》的横空出世得到完美解决，这部电视剧不仅轰炸了网络播放榜单，而且帮助嘉行传媒渡过了最大的难关。该电视剧以 450 亿的网络点击量成为"现象级爆款热剧"，给嘉行传媒带来了巨大的流量和收益。年底财务报表出来后，嘉行传媒 2017 年归属于挂牌公司股东的净利润为 1.94 亿元。至此，嘉行传媒 2015—2017 年累计净利润为 4.04 亿元，大幅度超额完成其 3.1 亿元的对赌目标。

与此同时，2017 年 3 月 24 日出现了一件震惊投资圈的大事——A 股上市公司完美世界午间发布公告，旗下公司将出资 5 亿元认购新三板挂牌公司西安嘉行影视传媒股份有限公司公开发行股份，并受让部分现有股东的股权；完成交易后，完美世界将取得嘉行传媒 10% 的股份，这意味着嘉行传媒的公司估值为 50 亿元。

至此，嘉行传媒在 3 年内完成了公司估值从 2 500 万元到 50 亿元的巨大飞跃。从此，嘉行传媒的 3 位创始人的身价也由百万元增长至数亿元。从资本层面来讲，嘉行传媒获得了巨大的成功。

四、影视寒冬：殃及池鱼

除了嘉行传媒，2017 年公布业绩的新三板公司中，有 53 家公司实现了净利润的增长，其中近半数的公司净利润增长超过一倍。然而，与 A 股上市影视公司相比，一切顺风顺水的新三板公司也开始暗潮涌动、危机四伏。虽然这些新三板影视公司目前风光无限，但是它们都过度依赖单片收益。在项目单一、抗风险能力较差的风险下，部分新三板影视公司就只能够把业绩寄希望于某些知名作品之上，这显然不是长久之计。

2018 年可谓是新三板影视公司的噩梦。一方面是 5 月 25 日崔永元爆出范冰冰签署"阴阳合同"，另一方面是国家对影视行业进行税收改革。根据有关数据，2018 年 1 月 1 日影视指数为 3 876.45 点，而在爆出"阴阳合同"事件后，影视指数下降至 3 621.85 点，跌幅为 6.57%。《国家税务总局部署开展规范影视行业税收秩序工作》发布之后，影视指数直接下降到 2 975.89 点，相较年初跌幅为 23.23%。2018 年 10 月 10 日，在影视税收新规正式实施之时，影视指数再度下跌至 2 308.54 点，相较年初下跌 40.44%。在监管从严的市场环境下，影视公司的资本运作面临着巨大的考验，明星资本泡沫开始被挤出。2017 年起，A 股市场未曾准入过任何一家影视公司；2018 年起，也没有一家 A 股上市公司试图收购影视公司，这都意味着资本对于影视行业的判断开始逐渐回归理智。

当泡沫破灭，沐浴在这片繁华里的一切都将无法独善其身，嘉行传媒也不例外。

2018 年 4 月 27 日，嘉行传媒发布《关于拟申请公司股票在全国中小企业股份转让系统终止挂牌的公告》，在其中说到"西安嘉行影视传媒股份有限公司（以下简称'公司')主营是艺人经纪、电视剧和电影的投资、制作以及发行业务、商务及衍生品开发，目前处于一个快速发展阶段，考虑到目前融资周期较长和信息披露成本较高的原因，为了进一步提升公司的决策效率，降低运营成本，加快融资节奏，扩大经营，经公司审慎研究决定，公司拟申请公司股票在全国中小企业股份转让系统终止挂牌"，此外，还说到"公司及控股股东、实际控制人已就公司申请终止挂牌相关事宜，与公司全体股东进行了充分沟通和协商，就该事项达成初步一致"。

2018 年 5 月 29 日，全国中小企业股份转让系统发布公告，5 月 30 日，嘉行传媒在新三板终止挂牌。此时，距离嘉行传媒借壳挂牌新三板仅仅过去了 2 年时间。

2018 年 11 月 6 日，A 股上市公司东方明珠传媒公司发布《关于调整转让嘉行传媒部分股权公开挂牌价的议案》，批准子公司尚世影业将其持有的嘉行传媒 9.5% 的股权以 40.5 亿元的价格出售。这已经是尚世影业第二次出售嘉行传媒股权的计划了，上一次是在 2017 年 12 月底以 45 亿元的价格出售，第二次出售估值下降了 10%。据称，"这个项目标的名气大，但是却没有多少人关注"，因此才有了第二次降价出售股权的计划。这次出售后，尚世影业将不再持有嘉行传媒的股权。但是，从嘉行传媒股权转让公告在上海联合产权交易所很少的点击量就能看出这次股权出售仍是门可罗雀。

打折出售却无人问津，这还是那个 3 年估值翻 200 倍的嘉行传媒吗？

嘉行传媒于 2018 年年中退市，不再披露年度财务报表，因此我们仅仅能够从其股东之一的完美世界公司的年度财务报表中获得其相关财务信息。2018 年，嘉行传媒实现营业收入 10.23 亿元，净利润为 4.6 亿元。

2019 年，嘉行传媒实现营业收入 10.13 亿元，与 2018 年几乎持平，但是净利润仅为 2.63 亿元，相比 2018 年减少 1.97 亿元。虽然嘉行传媒仍然是"瘦死的骆驼比马大"，但似乎已显颓势。

五、探讨：鱼与熊掌

对于对赌的一方，尚世影业在嘉行传媒市值大涨的同时，自身所持有的股票获得了巨大的升值。尚世影业显示了对赌协议中投资者的特征，即多赚少赔。

通过这次对赌协议，作为融资方的嘉行传媒免去了需要持续较长时间的资本积累，在短短 3 年内就实现了市值的飞跃。在价值数百倍增长的同时，嘉行传媒正巧遇上了娱乐圈的"流量时代"。随着多部电视剧的大热，嘉行传媒的多位艺人获得了巨大的热度和流量，在广告、代言与影视等方面的资源都极为优质，同时也让自己有能力制作电视剧，嘉行传媒对电视剧的热门因素有着极为敏锐的嗅觉。总的来说，对赌协议给嘉行传媒带来了经验、资金、人员等得以在影视圈立足的资本。

一方面，嘉行传媒的对赌成功的关键原因是其强大的实力，因为其股东都是有多年娱乐从业经验的人，而且杨幂刚好处于事业的巅峰期，能够获得较好的资源；另一方面，嘉行传媒是幸运的，刚好遇上古代偶像剧盛行的东风并拍出了《三生三世十里桃花》，极大地解决了公司的困境。

但世间事物都难逃"极盛而衰"这一特征。嘉行传媒多年的巨大利润是不顾剧本接戏带来的，只要是有热门演员或者热门导演的影视剧，不管剧本内容的好坏都接戏。和企业追求利润最大化的目标一样，这样的行为往往只会带来短期利润，公司口碑会一落千丈。虽然国内外影视剧的数量越来越多，但是观众接收的剧集是有限的，这就导致观众对剧集的质量要求越来越高。紧随着"流量时代"的结束，中国影视圈开始进入"质量时代"，观众开始更关注好故事、好演技。"正午阳光""山河影视"等始终制作优质剧集的影视公司开始崛起，面对越来越多且越来越强劲的竞争对手，嘉行传媒即将面对更大的挑战。

迅速的资本积累和缓慢的口碑积累，对于影视公司而言，究竟哪个更为重要呢？

六、尾声：何去何从

面对危机，嘉行传媒也进行了新的尝试。为了挽回之前对赌时一落千丈的口碑，2018 年杨幂接演了著名华人导演侯孝贤监制的电影《宝贝儿》，并参加圣塞巴斯蒂安国际电影节。虽然该电影的口碑两极分化而且票房仅收获 2 471 万元，但这仍说明嘉行传媒仍有不断积累品牌口碑的想法。除了该电影，2020 年，杨幂还出演了国内首部女性独白单元剧《听见她说》，为当代女性发声，给予社会以正能量。

总的来说，如果嘉行传媒能够把核心优势放在长期积淀下的优质内容、制作水准、高人气艺人资源及持续的艺人培养能力上，那么为此买单的销售渠道自然不缺，这又会形成销售渠道资源整合能力。

这个曾经创造奇迹、震惊整个影视圈的公司，是否能够再次成为影视行业的雄狮呢？这次对赌带给嘉行传媒的究竟是利多还是失多呢？

风险投资对技术创新作用的实证研究

方梦平

（重庆工商大学金融学院　重庆　400067）

摘　要：随着社会不断发展，科技作为第一生产力得到学术界的广泛关注，而风险投资作为重要的影响因素越来越受到重视。为了度量风险投资对技术创新的影响程度和效率，本文将风险投资的相关指标作为投入指标，将技术创新的相关数据作为产出指标，运用数据包络分析（DEA）模型分析风险投资对技术创新的效率。研究结果发现，风险投资对技术创新的影响是正向的，且综合效率、纯技术效率、规模效率都呈现逐年递增的趋势，风险投资的投入结构与规模都趋于最优状态。

关键词：风险投资；技术创新；DEA 模型

一、引言

科学技术是第一生产力，在当今世界，技术创新对社会发展的作用是巨大的、不可取代的。但一个新的想法想要发展为一项技术、一个产业是非常困难的。从融资的角度看，技术创新企业面临着周期长、风险大、启动资金不足等风险，难以通过普通途径（如银行贷款）获得融资。于是，风险投资逐步登上历史舞台。

20 世纪 40 年代，美国、欧洲等地逐渐开始出现风险投资的雏形。1946 年，美国研究和发展公司（ARD）的成立，标志着风险投资业的诞生[1]。1945 年，英国清算银行和英格兰银行共同投资设立 3i 集团[2]。在我国，1985 年国务院正式批准成立了第一家风险投资机构——中国新技术创业投资公司，自此，我国的风险投资开始了标准化的发展[3]。

风险投资与技术创新之间到底存在怎样的关系呢？现有研究既有理论分析又有实证分析，得出的结论也不同。与已有研究不同，本文更加注重风险投资对技术创新效率的影响。古往今来，资源匮乏是一大难题，我们能做的便是提高效率、减少投入、增加产出。如果不考虑效率，一味地增加风险投资，势必会造成浪费。因此，本文以 2011—2016 年风险投资以及高新技术产业数据为样本，采用 DEA 模型，测算风险投资对技术创新效率的影响。

二、文献综述

本文以"venture capital"和"technological innovation"为主题，检索到相关英

文文献 53 篇，最早的文献发表于 1975 年。

（一）国外研究

在国外，对风险投资与技术创新的实证研究中，最早通过实证方法分析风险投资与技术创新关系的学者是 Kortum 与 Lerner[4]，他们发现风险投资对专利申请具有促进作用，并且该作用是研究与开发的 3.1 倍。同时，Hirukawa[5] 与 Tykvova[6] 得出了相同的结论，即美国风险投资对专利产出具有促进作用。

但有少数学者得出了与上述结论相反的结论，即风险投资会抑制技术创新，如 Gompers 和 Lerner[7] 使用专利生产函数，发现繁荣期的风险投资对技术创新发挥的正向影响下降了 15%。Stuck 和 Weingarten[8] 发现在 1996 年之后，即使风险投资市场正经历上升阶段，技术创新水平仍在大幅下降。还有学者认为风险投资与技术创新之间无显著相关性，国外学者 Arvanitis 和 Stucki[9] 进行实证研究后发现，与未获得风险投资支持的初创企业相比，获得风险投资支持的企业并没有产生显著较高的创新绩效，也没有发挥持续的积极影响。

（二）国内研究

在国内，2008 年前，学者们对风险投资与技术创新的关系进行实证研究，得到的结果大多是：两者之间无显著关系或者存在负向关系，如单玉青[10] 通过定性分析发现市场繁荣期的风险投资相对处于平稳期，其对技术创新的影响程度并未提高。得出同样结论的还有王建梅和王筱萍[11]，他们发现我国风险投资与技术创新之间的线性关系不明显，但公司研究开发支出（R&D）对技术创新的作用较明显。陈见丽[12] 发现风险投资并不能为高新技术企业带来更多技术创新资源。邓俊荣和龙蓉蓉[13] 研究发现风险投资对技术创新的作用系数为负，我国的技术创新大部分是通过 R&D 投入产生的。当然，也有学者持相反观点，初叶萍[14] 提出，技术创新与风险投资的关系是一种相互依赖、相互促进和相互制约的辩证统一关系。

在 2008 年之后的研究中，两者关系的研究结论逐渐偏向于促进关系。梁恺[15] 发现风险投资对专利申请受理量有正向的激励作用，并且显著。杨晔和邵同尧[16] 的研究发现，风险投资对我国区域创新发挥了积极作用。于永达[17] 发现风险投资对东中部地区、内资企业以及融资约束程度高的科技企业的创新效率提升作用尤为明显。张凯歌、顾露露[18] 将研究范围扩大至全球上市公司，仍然发现风险投资对企业的创新能力有促进作用，因为在获得风险投资后，企业拥有了更多的专利数量和更大的专利影响力。

（三）小结

从国内外研究结论来看，风险投资与技术创新之间的关系是相互促进还是抑制的，还受到地域与时间的影响。例如，用 20 世纪美国企业的数据进行研究，其结果多为风险投资会促进技术创新，而在其他国家则会得出不同的结论。这是因为各国风险投资的发展情况不相同。因此，我们在研究时不能对两者的关系一概而论，直接得出促进或者抑制的结论，而需要在一定的背景下得出结论。

三、技术创新效率测度

虽然我国风险投资的出现时间较晚，但近年来我国十分重视风险投资与技术发展,风险投资行业得到快速发展。从 2017 年的《中国创业风险投资发展报告》中可以看到 2016 年我国风险投资业的情况:风险投资机构数达 2 045 家,投资项目数为 2 744 项,风险投资额为 505.5 亿元。

（一）指标选取与数据来源

在投入方面,本文选择当年风险投资金额与当年风险投资项目总数两项指标。对于产出指标,Kortum 和 Lerner[4]、王建梅和王筱萍[11]等人在技术创新指标的选择上使用了专利申请量,但本文认为有效发明专利数更能体现技术创新产出的水平。另外,考虑到专利不能完全代表企业的技术创新水平,同时对专利的支持仅仅是风险投资的第一步,因此本文选取新产品销售收入来补充指标体系。

在《中国创业风险投资发展报告》中,有关风险投资的最新数据只到 2016 年,因此本文仅分析 2011—2016 年的数据。其余数据均源于国家统计局。2011—2016 年风险投资与技术创新基本数据如表 1 所示。

表1 2011—2016 年风险投资与技术创新基本数据

年份	当年风险投资项目总数/项	当年风险投资金额/亿元	高技术产业有效发明专利数/万件	高技术产业新产品销售收入/亿元
2011	2 399	545.30	8.22	22 473.35
2012	1 903	356.00	11.58	25 571.04
2013	1 501	279.00	13.88	31 229.61
2014	2 459	374.40	18.06	35 494.17
2015	3 423	465.60	24.14	41 413.49
2016	2 744	505.50	31.67	47 924.24

资料来源:《中国统计年鉴》《中国创业风险投资发展报告》。

（二）模型选择

本文在指标选择中采用了多投入、多产出的指标体系,因此本文选用 DEA 模型来测算技术创新的效率。CCR 模型的前提假设是规模报酬不变,它的生产前沿线为一条经过原点的直线,为最基础的 DEA 模型,在使用时有一定的局限性。与 CCR 模型相比,BCC 模型的规模报酬可变,生产前沿线为一条曲线。BCC 模型有 $I\lambda = 1, \lambda \geqslant 0$ 的限制条件,被称为凸限制条件。投入导向的 BCC 模型表示为模型 1,公式如下:

$$
\begin{aligned}
&\min\theta \\
&s.t. \ -qi + Q\lambda \geqslant 0 \\
&\theta xi - X\lambda \geqslant 0 \\
&I\lambda = 1, \ \lambda \geqslant 0
\end{aligned}
\tag{1}
$$

其中,I 为单位向量,即 $\sum_{i=1}^{n}\lambda i$,$i = 1, 2, 3, \cdots, n$;θ 为 BCC 模型的最优解,$\theta < 1$ 说明该决策单元无效,$\theta = 1$ 说明该决策单元效率最优;λ 为权重系数。

本文的产出均为期望产出,因此不需要选择 SBM 模型。

（三）效率测算及分析

本文使用 DEA-Solver. Pro5，其测算结果如表 2 与表 3 所示。

表 2　2011—2016 年风险投资与技术创新的相关系数

变量	当年风险投资项目总数/项	当年风险投资金额/亿元	高技术产业有效发明专利数/件	高技术产业新产品销售收入/万元
当年风险投资项目总数/项	1.000			
当年风险投资金额/亿元	0.687	1.000		
高技术产业有效发明专利数/件	0.617	0.276	1.000	
高技术产业新产品销售收入/万元	0.597	0.195	0.990	1.000

从表 2 可以看出，当年风险投资项目总数与当年风险投资金额的相关系数为 0.687，可见风险投资中每个项目的投资金额差距很大。高技术产业有效发明专利数与高技术产业新产品销售收入之间的相关系数为 0.990，可见有效发明专利转化为市场商业价值的转化率颇高。风险投资与技术创新的数据皆为正相关，但当年风险投资项目总数与技术创新之间的相关系数比当年风险投资金额与技术创新之间的相关系数要高，可见在风险投资行业，投资风险颇高，高投入并不一定有匹配的高收益。

表 3　2011—2016 年投入产出效率值

年份	综合效率	BCC 纯技术效率	规模效率
2011	0.450	0.626	0.720
2012	0.651	0.789	0.825
2013	1.000	1.000	1.000
2014	0.892	0.900	0.992
2015	0.887	0.896	0.989
2016	1.000	1.000	1.000
平均值	0.813	0.868	0.921

从表 3 可以看出，2013 年与 2016 年三大效率的效率值都为 1，而 DEA 模型的效率值为 1，表示 DEA 模型处于有效状态，说明这两个年份的风险投资资源达到了合理有效的分配，同时达到了最优规模。而其余年份处于 DEA 模型无效状态，但其效率值有逐年上升的趋势。虽然 2014 年与 2015 年 DEA 模型未达到有效状态，但其效率值接近 0.9，说明我国高新技术产业效率较高。如果 BBC 纯技术效率的数值为 1，则表示投入产出的结构合理；规模效率的数值为 1，则表明投入产出的规

模合理。2011—2016 年，纯技术效率和规模效率的平均值分别为 0.868 和 0.921。表 3 说明 DEA 模型在 2011 年、2012 年、2014 年、2015 年既没有达到投入产出结构的最优状态，又没有实现规模的最优状态，但纯技术效率与规模效率都在递增，说明结构与规模在逐年调整。

（四）改进分析

由表 4 可知，2011 年，投入产出的调整幅度都比较大，尤其是有效发明专利数量过少，需要增长 68.85%。可见在 2011 年，风险投资与技术创新的关系不是十分紧密。2012 年投入产出数据都在好转，规模效率上升至 0.8，各指标改进幅度也降至 20% 上下，可见国家对于风险投资的改革十分有效。

2014 年与 2015 年改进方向集中在投入方面，当年的风险投资项目总数与风险投资金额都存在投入冗余。从投入改进幅度来看，风险投资额幅度较风险投资项目数幅度要小。因此，本文认为 2014 年与 2015 年 DEA 模型无效的主要原因是风险投资项目数过多。当然，直接得出此结论可能有些片面，项目数过多可能是其项目质量不高的原因。对于质量不高的项目，其产出的有效专利数与新产品销售收入也不会多。产出方面的改进比较简单，有效发明专利数量需要改进 2% 的幅度。

表 4 DEA 无效年份技术创新投入产出调整

年份	投入产出调整	当年风险投资项目总数/项	当年风险投资金额/亿元	高技术产业有效发明专利数/件	高技术产业新产品销售收入/万元
2011	初始值	2 399	545.30	8.22	22 473.35
	目标值	1 500.98	279.00	13.88	31 229.30
	改进幅度	−37.43%	−48.84%	68.85%	38.96%
2012	初始值	1 903	356.00	11.58	25 571.04
	目标值	1 500.98	279.00	13.88	31 229.30
	改进幅度	−21.13%	−21.63%	19.86%	22.13%
2014	初始值	2 459	374.40	18.06	35 494.17
	目标值	1 818.518 2	336.858 3	18.424 367	35 494.17
	改进幅度	−26.05%	−10.03%	2.02%	0.00%
2015	初始值	3 423	465.60	24.14	41 413.49
	目标值	2 259.24	417.17	24.73	41 413.49
	改进幅度	−34.00%	−10.40%	2.45%	0.00%

四、结论与局限性

（一）结论

本文采用 DEA 模型，测算了 2011—2016 年技术创新效率值，结论如下：

（1）从总体上看，风险投资项目数对技术创新的影响比风险投资额对其的影响更大。2011—2016 年的投入产出综合效率均值比较高，2013 年与 2016 年处于 DEA 模型有效状态，其余年份三大效率都呈现出逐年递增的趋势。规模效率对技术创新综合效率的影响更大。规模效率与纯技术创新效率都在逐年增加，说明我国风险投资的资源分配结构逐年优化，规模也趋于最优。

（2）从改进路径上看，投入指标中风险投资额较风险投资项目的改进幅度要小，都还需要减少。2011 年产出指标中有效发明专利数需增加 68.85%，2012 年降至 19.86%，在此之后这一指标改进幅度都比较低。新产品销售收入在 2014 年后改进幅度开始降为 0。

（二）局限性

本文基于效率视角研究了风险投资对技术创新的作用，但由于数据的可获取性，只选取了 2011—2016 年的数据，并且对于技术创新数据也未进行细分，只选择了高新技术产业的技术创新数据，研究结果可能会有偏差。在今后研究中，将会扩大对中国风险投资与技术创新数据的搜集，同时考虑研发投入等影响因素。

参考文献：

［1］卓悦，陈德棉，刘延生. 美国风险投资业发展的历史过程和现状分析［J］. 科研管理，2000（5）：25-30.

［2］王亚民，朱荣林. 欧洲风险投资业发展历史、现状及趋势：基于现代产业组织理论 SCP 框架分析［J］. 世界经济研究，2003（1）：70-75.

［3］李明达. 浅析我国风险投资发展历史、现状及展望［J］. 时代金融，2016（26）：243-244.

［4］KORTUM S, LERNER J. Assessing the contribution of venture capital to innovation［J］. The RAND Journal of Economics，2000，31（4）：674-692.

［5］HIRUKAWA M, UEDA M. Venture capital and industrial "Innovation"［R］. Social Science Electronic Publishing，2008.

［6］TYKVOVA T. Venture capital in Germany and its impact on innovation［R］. Social Science Research Network Working Paper，2000.

［7］GOMPERS P, LERNER J. Short-term America revisited? Boom and bust in the venture capital industry and the impact on innovation［J］. Innovation Policy and the Economy，2003（3）：1-27.

［8］STUCK B, WEINGARTEN M. How venture capital thwarts innovation［J］. IEEE Spectrum，2005，42（4）：50-55.

［9］ARVANITIS S, STUCKI T. The impact of venture capital on the persistence of innovation activities of start-ups［J］. Small Business Economics，2014，42（4）：849-870.

［10］单玉青，买忆媛. 我国风险资本市场的波动性对企业创新活动的影响［J］. 科技管理研究，2007（3）：15-18.

[11] 王建梅，王筱萍. 风险投资促进我国技术创新的实证研究 [J]. 科技进步与对策，2011，28（8）：24-27.

[12] 陈见丽. 风险投资能促进高新技术企业的技术创新吗？——基于中国创业板上市公司的经验证据 [J]. 经济管理，2011（2）：71-77.

[13] 邓俊荣，龙蓉蓉. 中国风险投资对技术创新作用的实证研究 [J]. 技术经济与管理研究，2013（6）：49-52.

[14] 初叶萍. 论技术创新与风险投资的关系 [J]. 商场现代化，2006（16）：253-254.

[15] 梁恺. 我国风险投资对高新产业技术创新的影响研究 [J]. 现代商贸工业，2016，37（16）：1-4.

[16] 杨晔，邵同尧. 基于面板数据的风险投资与区域创新因果关系研究 [J]. 管理评论，2012（6）：27-33.

[17] 于永达，陆文香. 风险投资和科技企业创新效率：助力还是阻力？[J]. 上海经济研究，2017（8）：47-60.

[18] 张凯歌，顾露露. 风险投资促进企业创新的机制研究：基于中国信息技术行业的实证分析 [J]. 武汉金融，2020（8）：37-47.

海尔智家海外并购对公司偿债能力的影响①

陈　欢　高悦洋

（重庆工商大学会计学院　重庆　400067）

摘　要： 随着经济全球化、智能化的迅速发展，我国家电行业迈入"智能制造"时代，5G、物联网和大数据等给家电行业带来了巨大的发展前景。家电行业竞争日益激烈，各家企业实力逐步趋同，部分企业选择并购、收购等方式，开拓新市场、新业务，进而获得竞争优势。本文选择家电行业头部企业海尔智家，以其并购通用家电的案例作为研究对象，探讨此次双方进行并购的动因以及并购效果，分析投资并购前后对企业偿债能力的影响，发现其中存在的问题与风险，并提出相应的建议。

关键词： 海尔智家；海外并购；短期偿债能力；长期偿债能力

一、引言

中国家电行业在过去 10 年中呈高速发展态势，从图 1 我们可以看出，2018 年家电行业在国内市场销售收入高达 8 211 亿元。随着人们生活质量的不断提高，消费结构已逐步升级，越来越多的消费者开始选择健康、智能、环保的高端家电。线上专业的电商平台服务也逐步优化，家电制造企业开始与电商平台进行跨界的战略合作，推出线上线下相结合的销售模式，以提高产品销量。

但是仔细观察图 1 可以发现，自 2019 年起受国内经济增长率下降、需求量下降等因素的影响，2019 年家电行业国内销售收入为 8 032 亿元，同比下降 2.18%。与此同时，全球经济贸易增速也逐渐放缓，2019 年家电出口额为 3 034 亿元，同比增长 0.9%，部分企业还受到海内外股价的影响，产生了一定的损失。尤其是受 2020 年新冠肺炎疫情的影响，工厂推迟开工，运输业和物流业也受到了影响，导致家电消费量大幅下降。

---

① 本文是 2019 年重庆工商大学校内项目"去杠杆背景下国有企业内部资本市场运行机制研究"（项目号：1951027）和 2016 年重庆市社会科学规划项目"政府补贴对重庆市战略性新兴产业创新能力的提升效应研究"（项目号：1621023）的研究成果之一。

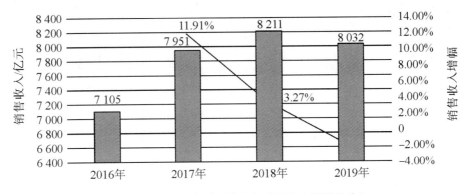

图 1　2016—2019 年我国家电行业国内市场销售收入

二、海尔智家并购通用电气家电部门案例回顾

（一）海尔智家简介

海尔智家创立于 1984 年，以"砸冰箱"事件为开端，创立海尔质量品牌，始终坚持以用户需求为中心，以质量和服务为基石，不断满足用户对美好生活的向往，为用户提供优质服务，把握行业发展趋势，一直持续健康发展。到 2019 年，海尔智家成为全球最大的家用电器制造商之一，成为 BrandZ 全球百强品牌榜历史上第一个且唯一一个物联网生态品牌。

我国家电行业竞争激烈，海尔智家不断采取对外扩张的企业战略模式，自 2010 年起公司积极收购海外优质的家电企业。从整体上看，海尔智家的投资策略成效显著，其海外收入占整体收入的比重接近 50%，但投资势必会带来较大的财务风险。我们需要进一步分析，海尔智家如何平衡当前财务状况，以及大量投资对偿债能力的影响。

（二）并购事件始末

美国通用电气公司是世界上最大的提供技术和服务的跨国公司，具有多元一体化服务以及较强的研发实力。2008 年，通用电气公司首次提出陆续将零售等业务剥离出去，此时海尔智家就已经与通用电气公司就相关事宜进行商谈，但是由于经济危机的影响，并未在当时形成协议。2014 年，伊莱克斯公司开始收购通用电气公司的家电业务并提出了 33 亿美元的交易额度。然而，它们的收购交易最终没有达成。

海尔智家于 2015 年 10 月 17 日停牌，宣布有重大重组交易。2016 年 1 月 14 日，海尔智家和通用电气公司达成购买协议，双方同意以 54 亿美元的对价完成收购，海尔智家通过举债以现金方式支付了对价，并于 2016 年 6 月 6 日正式进行了资产交接。在本次交接资产的过程中，海尔智家以 40% 的自有资金和 60% 的贷款资金完成交接，其中包括银行借款 33 亿美元。该并购的交易对价比两年前伊莱克斯公司给出的金额超出了 60%。海尔智家表示，在并购后的资产负债表里面，资产负债率只会低于 70%。本次并购对海尔智家产生了重大影响，本次并购的重要事件梳理如表 1 所示。

本文将主要分析海尔智家并购通用电气家电部门对其偿债能力的影响。

表 1　海尔智家并购通用电气家电部门重要事件梳理

时间	事件
2008 年	通用电气公司首次提出陆续将零售等业务剥离出去
2015 年 10 月 17 日	海尔智家停牌并宣布有重大重组交易
2015 年 12 月 7 日	伊莱克斯公司与通用电气公司交易失败并支付 1.75 亿美元
2016 年 1 月 14 日	海尔智家和通用电气公司签订股权与资产购买协议
2016 年 6 月 6 日	正式进行资产交接

（三）并购动因分析

1. 海尔智家所处家电行业市场成熟，竞争激烈

根据以上分析，家电行业近 5 年来的销售额不断增长，发展趋于稳定，市场竞争环境也逐渐成熟。随着家电企业不断发展，企业个数增加，实力趋同，市场竞争激烈。在这种形势下，家电企业很难通过内生式增长的方式去抢占市场份额、实现规模扩张，所以海外并购逐渐成为家电企业占领市场的有效方式之一。海尔智家作为家电行业的领先企业之一，其发展前景广阔，但是国内市场对家电产品的需求增长量逐渐减少，加之同行业正在逐步追赶海尔智家的技术水平，所以海尔智家选择了向外突破的方式来使企业得到持续发展。

2. 通用电气公司去多元化转型需求

目前，全球经济增速放缓，通用电气公司的家电业务受到一定的影响。近年来，通用电气的家电业务对集团的利润贡献率逐年降低，距离公司战略目标的增长率相差甚远，对母公司的业绩影响较大，所以通用电气公司最终决定剥离家电所属的消费部门。为实现企业的发展战略，通用电气公司入股中国西电，并对阿尔斯通实施并购等，出售其家电相关的资产。时任董事长兼首席执行官伊梅尔特表示："出售家电部门是为实现公司目前的发展战略，公司会陆续将零售等业务剥离出去。将家电行业模块销售出去并不是不看好它的发展前景，而是这一模块与公司的整体转型发展策略有所冲突，而且技术含量相对于其他模块并不是十分突出，利润率也相对偏低。"

（四）海尔智家并购效果分析

1. 充分发挥财务协同效应

协同效应可以简单理解为"一加一大于二"的规模效应，即双方合并产生的效应大于两者各自发展产生的效应的总和。财务协同效应主要体现在两个方面：①企业并购可以提高资金的利用率和投资回报率；②由于不同的税收和会计处理方法，企业可以通过财务运作获得并购中的货币和经济利益。根据初步测算，在全球家电行业发展状况、宏观经济环境等没有重大变化的情况下，海尔智家有望通过销售渠道的互补、技术共享、采购成本节约等方式，实现协同收入近百亿元、成本节约超过 10 亿元、利润大约为 15 亿元的目标。

2. 提升海尔智家全球品牌影响力

海尔智家对并购通用电气家电部门采取双品牌的战略，可以获得通用电气公司在美国将近20%的市场份额，这无疑将提升海尔智家的品牌形象，使得海尔智家在激烈的市场竞争中占据优势和主导地位。海尔智家能够整合市场优势，从而进一步提升盈利能力。这对海尔智家品牌在全球市场影响力的提升具有重大的意义。

3. 获取优质的技术和人才资源

海尔智家在成立初期就非常重视公司产品的技术研发以及优秀人才的培养。因此，本次并购的动因之一就是为了能够获取通用电气公司优质的技术和人才资源。因为通用电气公司具有较强的研发实力和优秀的研发团队，这显然非常符合海尔智家对于先进技术以及优秀研发人才的需求。海尔智家在并购通用电气公司家电部门后，不仅可以相互就各自优势产品的技术进行交流与提升，实现海尔智家在家电产品类别的全面布局；而且海尔智家与通用电气公司还能通过共享双方在全球的研发资源，加快家电产品的高端技术研发与创新。

三、海尔智家海外并购前后的偿债能力比较分析

企业的偿债能力是正常经营的基础，分析偿债能力能够帮助我们更好地了解企业的财务状况。在经营过程中，企业举债筹资行为所带来的风险称为财务风险。本文将从两个层面对财务风险进行分析：一方面是企业在借款后对一定期限内的本金和利息的偿还情况的分析，如果无力偿还债务，企业会陷入财务窘境，由此我们进行到期债务偿还能力的分析，即短期偿债能力分析；另一方面，企业的举债筹资行为会给企业未来的经营成果带来不确定性，可能会放大企业股东的收益，即财务杠杆效应，同时会对资产负债率产生一定影响，由此我们进行长期债务偿还能力的分析，即长期偿债能力分析。

（一）短期偿债能力明显下降

短期偿债能力是企业对于短期债务的偿还能力，是指流动资产偿还流动负债的现金保证程度。流动资产的质量主要是通过其快速变现的能力来体现的，而流动负债的质量主要是通过短期债务到期时偿还的强制程度来衡量的。表2是2015—2019年海尔智家并购前后短期偿债能力指标变动。本文主要通过流动比率、速动比率和现金比率3个指标来分析其短期偿债能力。

表2　2015—2019年海尔智家并购前后短期偿债能力指标变动

年份	2015	2016	2017	2018	2019
流动比率	1.38	0.95	1.15	1.18	1.05
	-3.46%	-31.38%	+21.38%	+2.47%	-10.66%
速动比率	1.11	0.70	0.80	0.83	0.67
	-8.90%	-37.58%	+15.73%	+2.80%	-18.96%

年份	2015	2016	2017	2018	2019
现金比率	0.62	0.32	0.46	0.47	0.38
	-9.07%	-48.49%	+42.96%	+2.24%	-19.10%

1. 流动比率下降

一般情况下，流动比率越高说明企业的短期偿债能力越强。由表2的数据可知，海尔智家这5年内整体流动比率较为平稳，基本保持在1.10。但是在2016年流动比率跌至0.95，下降比率达31.38%，在2016年出现了流动资产难以偿还流动负债的风险，究其原因：在2016年海尔智家并购通用电气公司家电部门时，进行了大量举债。

2. 速动比率大幅下降

与流动比率指标变化相似，速动比率在2016年仍有较大幅度的下降，同比下降37.58%。海尔智家的对外投资暂时会让资金的流动性变弱。我们从表2可以看出，2019年海尔智家的速动比率同样有大幅下降，且2018年起增速变慢。从2016年起速动比率均小于1，存在一定的财务风险。

3. 现金比率下降

这5年海尔智家的现金比率整体呈现出下降趋势，尤其是2016年与2019年，企业不断进行对外投资，投资现金流入小于现金流出，净额在这5年一直为负，虽然2017年有所回升，但仍未持续保持回升水平，距离正常情况仍有上升空间。

综上所述，2016年海尔智家并购通用电气公司家电部门对其短期偿债能力是一个很大的考验。由于海尔智家2016年刚完成并购，资产尚未进一步融合，流动资产的增幅低于流动负债的增幅，虽然在回购后几年内指标均有所上升，但在平衡财务风险上仍须进一步加强。海尔智家并购通用电气公司家电部门采用大额现金支付并购款的方式，导致借款大幅度增加，从而使得流动负债大幅度增加。所以在未来几年内，这笔负债会对海尔智家的短期偿债能力产生一定的压力。

（二）长期偿债能力相对稳定

企业的长期偿债能力分析无论是对经营者、债权人、投资者还是其他利害关系人都十分重要，是企业财务安全和稳定程度的重要标志。企业的长期偿债能力分析主要分为两个方面：一方面是对公司负债的比重，以及负债带来的财务杠杆效应进行分析；另一方面，长期负债带来的利息成本过高，会导致企业资本创造的价值可能无法保障利息支出的风险。

由表3可知，这5年海尔智家的资产负债率保持平稳状态，在2016年资产负债率上涨14.03%，其余年份都保持稳定且略有下降。从该指标上看，海尔智家的长期偿债能力较为稳定。

表3 2015—2019年海尔智家并购前后长期偿债能力主要指标

年份	2015	2016	2017	2018	2019
资产负债率/%	57.34	71.37	69.13	66.93	65.33
产权比率	1.92	3.55	3.25	2.83	2.56

由表4可知，海尔智家2016年并购通用电气公司家电部门导致当年的负债增加，企业自身的资本结构发生了较大的变动。但海尔智家债务成本并没有大幅度上升，反而有所下降，由原来的3.56%降至2.15%，之后几年海尔智家进行相应调整，即上调了股权资本、下调了债务资本，但整体加权平均资本成本稳定在8.8%左右，这说明此次并购后海尔智家积极调整融资策略，充分利用财务杠杆效应，节约了资本成本。

我们可以看出，海尔智家负债占比一直较高。产权比率反映了企业用自有资金来偿还全部债务的能力，该指标说明海尔智家属于高风险高报酬的财务结构，存在较大的财务风险。

表4 2014—2018年海尔智家并购前后加权平均资本成本变动情况　单位:%

项目	并购前		并购后	
	2014年	2015年	2016年	2017年
股权成本率	16.30	16.09	13.43	13.06
债务成本率	4.58	3.56	2.15	3.38
负债占比	8.09	9.37	49.38	43.49
所有者权益占比	91.91	90.63	50.62	56.51
加权平均资本成本率	15.35	14.92	7.86	8.85

四、结论与启示

（一）案例分析结论

1. 并购后流动性降低，短期偿债能力有所下降

整体来看，海尔智家近年来扩大海外市场，不断进行投资，产生了较多的债务，对企业的偿债能力产生了一定的影响，尤其是2016年海尔智家并购通用电气公司家电部门的举动。举债投资使海尔智家在2016年的偿债能力有所降低，因此在未来几年，海尔智家都有较大的偿债压力，虽然此后几年企业的偿债能力有所提升，但仍与企业的正常偿债能力水平有一定的差距。

2. 并购后盈利能力增强，长期偿债能力有保障

并购后，海尔智家的营业收入逐年递增，2018年在美国市场的收入增长13%。此次并购的影响广泛，因此我国企业也应该不断走出国门，扩大海外市场。海尔智家并未因此失去偿债能力的竞争优势，反而和美的集团大体保持一致，这说明在本

次并购之后，海尔智家对资本结构进行了积极的响应与调整。

（二）经验借鉴与启示

在本次海外并购的案例中，海尔智家成功以54亿美元并购通用电器公司家电部门（其中包含33亿美元的银行借款）。虽然本次向银行成功借款能够节约一定的资本成本，但也使得海尔智家在未来几年都有偿还大量债务的压力，具有一定的财务风险，同时也形成了高风险、高投资的财务结构。海尔智家在综合考虑自身情况后，应该合理进行规划，合理利用财务杠杆效应，尽可能降低企业资不抵债的财务风险。

值得思考的是，海尔智家在今后仍应提升偿债能力，不断降低财务风险。2019年，海尔智家的整体偿债能力较上年有所下降，因此应降低存货率，避免存货囤积；合理进行投资，适当降低流动负债和整体的负债占比；增加投资的现金净流量，产生更多的现金流，进而提升企业的偿债能力。

本文仅通过偿债能力分析对海尔智家海外并购进行探究，但海尔智家海外并购影响深远，其选择进行的财务整合与融合模式有待我们进一步分析。未来，海尔智家定会紧跟时代步伐，引领家电企业走向物联网时代，为用户创造全场景智能生活体验。

参考文献：

［1］陈共荣，艾志群.论企业并购的财务风险［J］.财经理论与实践，2002（2）：69-71.

［2］李晓阳.海尔并购通用家电的动因和绩效分析［D］.南昌：江西财经大学，2020.

［3］牛晓童.美的集团动态股权激励绩效研究［D］.青岛：青岛科技大学，2020.

［4］袁屹巍.基于财务视角的能源企业并购风险研究［J］.财会学习，2021（6）：7-9.

［5］张天成.海尔集团多元化发展战略研究［D］.长春：吉林大学，2020.

万华化学吸收合并万华化工案例分析

武子筠 黄 辉

（重庆工商大学会计学院 重庆 400067）

摘 要： 随着我国国有企业改革的不断推进和"一带一路"倡议的提出，化工企业纷纷进行技术革新、重组变革，力图在我国发展成"化工强国"的道路上，不断顺应时代变化，优化股权结构，增强核心竞争力，实现公司新的发展。国有企业万华集团是化工行业的翘楚，其通过有效的分阶段整合、企业整体上市，进一步扩大了企业规模，提升了行业地位，增强了核心竞争力，完善了国有资产管理体制。本文以万华化学吸收合并万华化工谋求整体上市为例，结合资本运营和财务战略的相关理论，了解此并购案的行业背景和参与方，梳理并购过程，分析此次并购对万华化学当年财务报表相关项目的期初数、资本市场、公司价值和长期发展的影响，最后给出相关的启示和建议。本文旨在通过对万华化学吸收合并案的研究，为其他国有企业及旗下的上市子公司培育资产，选择恰当时机谋划整体上市以及上市之后的整合提供借鉴意义。

关键词： 吸收合并；股权结构；并购绩效；并购整合

一、并购案例背景介绍

（一）行业背景介绍

万华化学集团股份有限公司（以下简称"万华化学"）是一家全球化运营的化工新材料公司。在本次吸收合并之前，万华化学的主营业务为化学原料及化学品的生产与销售，其业务涵盖聚氨酯产业、石化产业、功能化学品和材料产业三大板块。万华化学是全球第二大 MDI[①] 生产商。MDI 是化工行业中常用的一种原料，由于 MDI 行业有着极高的技术壁垒，聚氨酯产品行业长期呈现出"寡头垄断"的特征。截至 2017 年年底，全球仅有 8 家化工企业拥有 MDI 的自主知识产权并能进行独立生产，行业内部产能规模已呈现"梯队化"特征，行业领先企业的规模优势趋于集中。TDI[②] 是生产聚氨酯材料的重要基础化工原料。TDI 的生产技术复杂，对工艺装置要求高。从全球范围看，TDI 产业仍属于高度垄断行业，全球具有规模化的 TDI 产能的公司分别是科思创、Sadara 和 BC 公司。目前，我国行业内有机化

---

① MDI 是指化学材料，全称为二苯基甲烷二异氰酸酯。
② TDI 是指化学材料，全称为甲苯二异氰酸酯。

工的中间生产商的生产工艺、规模良莠不齐，传统厂商多呈现出产能规模较小、耗能严重的特征，供给侧结构性改革将促使未来石化系列产品行业向具有产能规模优势以及技术优势的企业集中。

（二）并购参与方简介

1. 收购方：万华化学

万华化学的前身是烟台万华聚氨酯股份有限公司，成立于 1998 年 12 月 9 日，2001 年 1 月 5 日在上海证券交易所挂牌上市。万华化学是国内首家拥有 MDI 制造技术和自主知识产权的化工新材料公司，其主营业务包括以 MDI 为主的异氰酸酯、TDI、聚醚等聚氨酯的产业集群，丙烯酸及酯、环氧丙烷等石化产业集群，水性 PUD、PA 乳液、TPU、ADI 系列等功能化学品及材料产业集群。其产品可用于制作泡沫塑料、氨纶、涂料、弹性体、密封胶、胶粘剂等，因此在轻工业、化工行业、航空航天领域、交通运输行业、建材行业、电子行业得以广泛应用。目前，万华化学作为全球 8 家掌握 MDI 制造核心技术的企业之一，其 MDI 制造核心技术已达到国际领先水平，总产能已位居世界第二。

2. 被收购方：万华化工

烟台万华化工有限公司（以下简称为"万华化工"），成立于 2018 年 1 月 30 日，是上市公司原控股股东万华实业存续分立后新设的公司。其中，万华实业曾经的聚氨酯化工产品生产业务将被分配给万华化工，剩余业务依旧将被保留在万华实业中。简言之，就是将原本万华实业持有的新益投资、万华国际、新能源投资和辰丰实业的全部股权，以及万华宁波 25% 的股权、上市公司万华化学 47.92% 的股权打包纳入万华化工，而与 MDI 等化工行业不相关的资产依旧保留在万华实业中。万华化工的主营业务是投资控股，未从事实际生产经营。万华化工主要通过下属子公司万华化学（含万华宁波）、BC 公司开展化工产品的研发、生产与销售业务。目前，万华化工旗下主要包括聚氨酯产品、石化系列产品、精细化学品三大业务板块。

3. 重要并购标的：BC 公司

BC 公司作为万华化学整体上市中的重要交易标的资产，位于匈牙利卡辛茨巴茨卡市，是中东欧领先的聚氨酯产品生产商，也是目前全球仅有的 4 家同时具备 MDI 和 TDI 大规模产业化生产能力的化工企业。BC 公司的主营业务为聚氨酯和 PVC 等化学品的加工销售、投资等。匈牙利地处欧洲中部腹地，BC 公司的产能集中于本国。目前，BC 公司拥有年产 30 万吨 MDI、25 万吨 TDI 的能力。BC 公司的销售区域主要集中在欧洲地区，约占 BC 公司整体销售收入的 90%，出口销售区域则主要包括美洲、中东和非洲等地。目前，万华化学与 BC 公司在跨洲际产能布局、多市场渠道开拓方面有着良好的协同效应，正在从横向和纵向打造多元化产品结构，并以此搭建迎合全球消费需求以及发展需求的化工新材料营运体系。

二、并购方案分析

（一）并购过程梳理

万华实业通过存续分立为万华实业（存续企业）和万华化工（新设企业），并将其持有的 MDI 相关资产注入万华化工，此时万华化工为万华化学的控股股东。紧接着，万华化学通过吸收合并母公司万华化工实现了整体上市。

1. 万华实业分立资产，为吸收合并做好准备

2018 年 1 月万华实业首先实施分立，万华实业以存续分立的方式，分立为万华实业（存续企业）和万华化工（新设企业）。存续下来的万华实业继承了原企业与化工产业无关的业务，新设的万华化工则继承了原企业的化工业务。实施存续分立后，万华化工继承并持有万华化学 47.92% 的股份。

2. 万华实业将持有的 MDI 相关资产注入万华化工

根据《万华实业集团有限公司 2016 年度跟踪评级报告》，万华实业的主要业务包括两个大的部分：一是以 MDI 为主的异氰酸酯等化工产品，二是板材业务、煤炭业务、房地产业务等。2018 年 1 月 26 日，烟台市国有资产监督管理委员会出具《关于对万华实业集团有限公司分立方案的批复》，同意万华实业的分立方案。根据分立协议，在本次分立中，万华化工吸收了万华实业原有的聚氨酯化工产业链，同时万华实业保留了其他业务。万华实业分立前所持有的万华化学等 5 家公司的股权全部划归万华化工名下，其余的与聚氨酯化工产业无直接关联的板材、房地产等资产，则留存在万华实业。

3. 万华化学吸收合并母公司万华化工，完成整体上市

本次整体上市的方式为：上市公司万华化学直接向原控股公司万华化工的 5 大股东定向增发股票，为保证 5 大股东所持股数与合并前相同，万华化学的每股发行价格与万华化工的每股评估价格相同，为 30.43 元/股。至此，万华化学以定向增发换得股票的方式，吸收合并万华化工 100% 的股权，万华化工所持有的上市公司股份全部注销，万华化学承接万华化工全部的资产和负债，万华化工注销独立法人资格。原母公司的 5 大股东，经过本次重大资产重组后直接持有上市公司的股份，股权结构趋于扁平化。本次吸收合并前后，万华化学权益变动情况如表 1 所示。

表 1　本次吸收合并前后万华化学权益变动情况

股东名称	本次吸收合并前		本次吸收合并后	
	持股数量/股	持股比例/%	持股数量/股	持股比例/%
万华化工	1 310 256 380	47.92		
国丰投资			677 764 654	21.59
合成国际			336 042 361	10.70
中诚投资			330 379 594	10.52
中凯信			301 808 357	9.61

股东名称	本次吸收合并前		本次吸收合并后	
	持股数量/股	持股比例/%	持股数量/股	持股比例/%
德杰汇通			69 995 240	2.23
其他股东	1 423 756 420	52.08	1 423 756 420	45.35
合计	2 734 012 800	100.00	3 139 746 626	100.00

数据来源：万华化学集团股份有限公司吸收合并烟台万华化工有限公司暨关联交易报告书。

（二）并购对价支付方式分析

在本次吸收合并中，万华化学发行股份作为支付对价，金额为 5 221 758.20 万元，万华化学通过向交易对方合计新发行 1 715 990 206 股 A 股股份支付本次吸收合并的全部对价，本次交易不涉及现金支付。吸收合并对价及发行股份数量如表 2 所示。

表 2　吸收合并对价及发行股份数量

序号	交易对方	吸收合并对价/万元	发行股份数量/股
1	国丰投资	2 062 437.84	677 764 654
2	合成国际	1 022 576.91	336 042 361
3	中诚投资	1 005 345.11	330 379 594
4	中凯信	918 402.83	301 808 357
5	德杰汇通	212 995.52	69 995 240
合计		5 221 758.20	1 715 990 206

数据来源：万华化学集团股份有限公司吸收合并烟台万华化工有限公司暨关联交易报告书。

万华化学本次拟新增股票种类为人民币普通股 A 股，每股面值为人民币 1 元。万华化学本次拟新增股份的发行对象为被合并方的全体股东，即国丰投资、合成国际、中诚投资、中凯信、德杰汇通。万华化学在设置整体上市的方案时，主要选择以定向增发的模式进行吸收合并，吸收合并对价高达 522 亿元，约增发了价值为 123 亿元的股票，如果全都采用现金支付，那么就会给企业带来一定的偿债压力。根据万华化学财务年报，2014—2018 年，万华化学的流动比率、速动比率、现金比率以及现金流比率等都显著低于同行业水平，而且其流动比率和速动比率均不超过 1，这表明企业具有一定的短期偿债风险。因此，万华化学通过股份发行吸收合并的方式就可以减少相关的现金支付压力。

三、万华化学并购动因分析

（一）消除同业竞争以及减少关联交易

根据万华化学 2011 年 2 月 10 日披露的《烟台万华：关于控股股东万华实业集团有限公司收购匈牙利 BorsodChem 公司 96%股权公告》可知，万华实业在 2011 年违背了企业在上市之初做出的同业竞争的承诺，收购了同样从事聚氨酯原料生产业务的 BC 公司，造成了 BC 公司与上市公司万华化学之间的潜在同业竞争问题。同业竞争问题的存在会使得万华化学与其关联的企业无法在完全竞争的市场环境中平等竞争。考虑到控股股东对企业的经营具有较强的控制力，如果股东们做出了对非上市公司有利的决定，那么对中小股东是不公平的。万华实业针对该同业竞争问题的解决办法是：由 BC 公司每年向万华化学支付 1 000 万元的托管费，但是其托管的方式并不够彻底，资产重组和整体上市才是解决同业竞争问题的有效方式。如果企业实现整体上市，万华化工作为被合并方将予以注销，原 BC 公司持有的资产将从上市公司的体外注入上市公司体系内，即能够解决长达 8 年的同业竞争问题。

另外万华化学在托管期，其管理层除了每年收取 1 000 万元的管理费以外，万华化学与 BC 公司之间还存在较多的关联交易。2014—2015 年，万华化学向 BC 公司购买商品的金额上涨了 7 倍，销售商品的金额则上涨了 23 倍。2017 年万华化学销售商品给 BC 公司的产品价格高达 101 941.56 万元，而万华化学购买 BC 公司商品的价格则高达 34 360.53 万元，成为 BC 公司的第二大供应商。根据万华化学 2017 年投资者交流会的披露情况，万华化学苯胺的自给率为 92%，存在 8% 的缺口，而万华化学优先将苯胺销售给 BC 公司作为生产聚氨酯材料的主要原料之一，这种用市场价购买苯胺供应自身生产，即将自己生产的苯胺输送给 BC 公司的行为构成潜在的关联交易，容易造成利益输送问题。

综上所述，2015 年起，BC 公司的业绩有了较为明显的改善，具备了注入上市公司的资格，万华化学和 BC 公司之间的关联交易不断增多。如果整体上市，该部分关联交易的问题将能够得到彻底解决，从而切断了通过 BC 公司进行体外利益输送的可能，中小股东将能够更为透明地了解整个万华化学集团的经营状况，这有利于获得中小股东的支持。

（二）发挥整体上市的规模经济和协同效应

万华化学吸收合并万华化工，能够在资产和业务的规模经济基础上释放上市公司的经营协同效应。规模经济是指企业的生产经营范围延伸扩张，有助于降低企业的营业成本和投资成本，从而实现企业利润增长的一种经济效应。在我国证券市场发展早期，证券发行额度受限，市场容量较小，因此我国很多上市公司是从母公司里分拆出来的优质资产（甚至只是其中一个生产环节），这就导致上市公司规模较小。整体上市，可以使上市企业的产业链得到延伸，扩大业务规模，提升公司的经营实力，形成规模经济，享有资源重新整合带来的协同效应，从而使盈利能力和竞争能力得到显著提升。

（三）改善公司的内部治理结构

内部治理结构不够合理，是我国上市公司普遍存在的一个问题。其主要表现为以下三点：一是董事会人员设置不合理；二是股东大会没有起到实质性作用，只是流于形式；三是没有真正发挥监事会的监督作用。而这些治理问题的根源，在于企业在股权结构方面的设置缺乏合理性。整体上市能够在一定程度上促使企业吸引巨额社会资金投资，这些资金的流入会使得上市公司中国有股的比例显著降低，同时能够吸引其他的战略投资者，有利于改善原有上市公司的股权结构，进而提升公司内部治理水平，提高企业的经营业绩。除此之外，集团公司实现整体上市的目标之一是实现企业的可持续发展。这样，上市公司的管理者会摒弃短视行为，从公司长远发展的角度做出经营与投资决策。

四、并购对财务报表项目期初数的影响

在万华化学 2018 年财务报表中，其总资产为 76 912 659 201.52 元，其中长期股权投资为 642 774 181.07 元，总负债为 37 662 247 538.27 元。而在 2019 年财务报表中，其 2018 年年末的总资产为 87 063 457 480.75 元，其中长期股权投资为 707 696 748.99 元，总负债为 47 481 133 472.42 元。在万华化学 2018 年的合并利润表中，其 2018 年的净利润为 12 829 641 983.38 元，2018 年年末的净利润则为 16 072 464 987.71 元，相比之前的披露，都有所增加。这是因为本次发行股份吸收合并万华化工构成同一控制下的企业合并，万华化学在合并中取得的标的公司资产、负债按照万华化工被合并前的账面价值进行确认和计量，以发行股份对应的面值与万华化工原持有万华化学股权对应面值的差额增加股本，其余计入所有者权益其他科目。本次交易方案完成后新增的一级子公司有新益投资、新源投资、万华国际资源和辰丰投资，其持股比例都为 100%。

截至 2018 年 1 月 31 日，万华化工资产账面价值为 921 655.76 万元，评估值为 5 932 313.09 万元，评估增值为 5 010 657.33 万元，增值率为 543.66%；负债账面价值为 710 554.89 万元，评估值为 710 554.89 万元，无评估增减值；股东全部权益账面价值为 211 100.87 万元，评估值为 5 221 758.20 万元，评估增值 5 010 657.33 万元，增值率为 2 373.58%。其中，万华化工持有的上市公司 47.92% 股权的账面价值为 319 712.17 万元，以本次发行股份的价格 30.43 元/股乘以万华化工所持股数确定的估值为 3 987 110.16 万元，增值额为 3 667 397.99 万元，增值率为 1 147.09%。由表 3 可知，交易标的的评估增值全部来源于长期股权投资项目（下属子公司），除长期股权投资项目外，其他项目无评估增减值。

表 3　截至 2018 年 1 月 3 日万华化工评估情况

项目	账面价值/万元	评估价值/万元	增减值/万元	增值率/%
流动资金	17 513.07	17 513.07		
非流动资产	904 142.69	5 914 800.02	5 010 657.33	554.19
其中：长期股权投资	904 142.69	5 914 800.02	5 010 657.33	554.19
资产总计	921 655.76	5 932 313.09	5 010 657.33	543.66
流动负债	640 646.09	640 646.09		
非流动负债	69 908.80	69 908.80		
负债总计	710 554.89	710 554.89		
股东全部权益	211 100.87	5 221 758.20	5 010 657.33	2 373.58

数据来源：万华化学集团股份有限公司吸收合并烟台万华化工有限公司暨关联交易报告书。

根据万华化学此次吸收合并的交易报告书,其 2018 年年末资本公积为 2 392 825 722.70元。本次并购增加了 1 310 256 380.00 元,使得2018年年末数和2019年期初数产生了差异。2018 年年末其他综合收益为 -646 318.14 元,因会计政策变更,其他综合收益增加了 105 636 745.05 元,本次并购又减少了 164 456 573.16元,最终使得2019年年初金额为-59 466 146.25元。同样,其2018年年末的未分配利润为25 829 370 826.43元,因会计政策变更,未分配利润增加了 206 391 522.68 元,本次并购又增加了 4 434 714 510.76元,使得2019年期初余额为 30 470 476 859.87 元。这一系列变动最终使得所有者权益从 2018 年年末的 39 250 411 663.25元增加为2019 年年初的39 895 318 507.99元。

综上所述,此次吸收合并万华化学收购了母公司并把万华化工的其他子公司变成万华化学的子公司,导致实收资本减少。同时,新增了子公司使得万华化学的股本增加,因此其股本没有实质性变化,仍然为 2 734 012 800.00 元,但是子公司的增加使得万华化学的资产、负债和净利润都有了增长,也使得其2018年年末的资产、负债、2018 年净利润与 2019 年年初的金额有了差异。除了同一控制下的企业合并的影响,在本次并购对万华化工的评估中,其总资产增值率达到 543.66%,股东全部权益账面价值增值率高达 2 373.58%,且会计政策变更,使得2018年年末所有者权益变动表中的项目与2019年年初的金额有了差异。

五、并购结果分析

(一) 并购对公司价值的影响

本文选取了万华化学 2015—2019 年的财务数据,通过分析万华化学吸收合并整体上市在财务绩效方面的变化来衡量此次并购对万华化学公司价值的影响。本文主要选取了盈利能力、偿债能力、营运能力以及成长能力四个指标,通过指标分析方法来反映吸收合并整体上市对财务绩效的影响。

1. 盈利能力分析

本文选取了企业的销售毛利率、销售净利率、总资产报酬率和加权净资产收益率来评价企业的整体上市对盈利能力的影响,如图1所示。

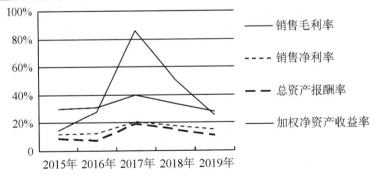

图 1 万华化学盈利能力分析

数据来源:万华化学 2015—2019 年度财务报告。

从图1可以看出，万华化学的盈利能力有较大的波动，具有一定的周期性，这与万华化学所处的行业——化工行业相关，该行业容易受到宏观周期的影响。万华化学的主营业务包括聚氨酯系列、石化系列以及其他化工产品系列。从业务结构来看，万华化学的主要收入来自聚氨酯系列，但是2016年起万华化学刻意调整业务结构，即增加石化产品和其他系列产品的收入占比。万华化学调整业务结构的主要原因是减少企业的经营风险，虽然聚氨酯产品是公司的主营业务而且毛利率高，但是其价格容易因宏观周期而波动，而石化系列产品的毛利率则更为稳定，有利于减少企业的经营风险。而其他化工产品系列的毛利率则和聚氨酯产品呈现出一定程度的反向波动关系，可以对冲聚氨酯产品的价格波动风险。2016年起，受竞争对手投产不达预期以及天气环境的影响，聚氨酯产品的价格发生了较大的波动，但是本次注入的资产的主营业务也是聚氨酯系列，因此这在一定程度上也增加了企业的经营风险。根据万华化学2018年的财务年报，公司聚氨酯系列产品的收入、成本较上年上涨，但毛利率略有下降，主要表现为报告期内销量上升，但价格有所回落。公司石化系列产品收入、成本较上年大幅上涨，但毛利率略有下降，主要原因是报告期内毛利率较低的液化石油气（LPG）贸易量增加；其国外营业收入、营业成本较上年大幅增长，但毛利率较上年同期下降，主要原因是低毛利率的LPG贸易量增长主要在国外。再结合2019年的销售毛利率和销售净利率的情况可知，聚氨酯产品的价格仍在下跌，因此企业未来的经营情况会在很大程度上受该价格下跌的影响而存在盈利状况不稳定的风险。

2. 偿债能力分析

企业的偿债能力可以反映企业经营风险的大小，而偿债能力的分析包括短期偿债能力分析和长期偿债能力分析。本文选取了万华化学2015—2019年的流动比率、速动比率、资产负债率和流动负债在总负债中的占比对企业的偿债能力进行分析，分析结果如表4所示。

表4　万华化学偿债能力分析　　　　单位:%

项目	2015年	2016年	2017年	2018年	2019年
流动比率	0.57	0.59	0.91	0.9	0.52
速动比率	0.35	0.39	0.65	0.67	0.33
资产负债率	68.99	63.88	53.28	48.97	54.65
流动负债占比	58.44	69.69	79.32	89.57	84.63

数据来源：万华化学2015—2019年度财务报告。

从表4可以看出，万华化学整体上市后期，流动比率和速动比率有些下降，而资产负债率有微小的提升，流动负债也一直在总负债中保持较高的比率。这表明万华化学在吸收合并后的长短期偿债能力均有所下降，其原因如下：

首先，吸收合并实现整体上市的模式必然会导致债务下沉，即吸收合并的被合并方所持有的资产、负债均会转移到合并方的名下，成为合并方的资产和负债。对于债权人来说，吸收合并的债务全部转移给了上市公司，原被合并方的债权人变为上市公司债权人，其债权将会变得更加安全，而且万华化学的盈利能力更强，现金流也更充裕，其偿债能力也会增强。这种债务对万华化学来说无疑又增加了其偿债风险。

其次，万华化学与其注入资产的融资成本不同。根据其财务报告披露的情况可知，万华化学的长期借款年利率为 1.2%~4.9%，而其注入资产后，长期借款年利率则为 0.85%~5.23%。另外，由万华化学有息负债的成本可知，其在吸收合并前期负债的平均利率为 1.26%~2.33%，而吸收合并后其负债的平均利率为 5.28% 左右。其负债成本提高，也使得企业的偿债能力减弱。

最后，万华化学一直坚持高派现的股利政策。如表 5 所示，其股利支付率一直较高，2017 年和 2018 年甚至高达 52.26% 和 48.95%，这也会使得万华化学持有的现金流减少。

表 5　万华化学股利政策

项目	2015 年	2016 年	2017 年	2018 年
每股收益/元	0.74	1.7	2.87	3.88
税前每股派息/元	0.2	0.5	1.5	2
股息率/%	1.35	1.72	3.95	0.05
股利支付率/%	27.03	29.41	52.26	48.95

数据来源：万华化学 2015—2018 年度财务报告。

3. 营运能力分析

本文选取了企业的存货周转率、应收账款周转率、流动资产周转率以及总资产周转率来评价万华化学的整体上市对营运能力的影响，如表 6 所示。

表 6　万华化学营运能力分析

项目	2015 年	2016 年	2017 年	2018 年	2019 年
存货周转率/%	3.78	4.86	5.65	5.42	5.59
应收账款周转率/%	15.26	20.55	23.36	22.55	16.43
流动资产周转率/%	1.88	2.48	2.76	2.21	2.5
总资产周转率/%	0.44	0.61	0.91	0.85	0.74

数据来源：万华化学 2015—2019 年度财务报告。

从表 6 可以看出，万华化学整体上市后，存货周转率和流动资产周转率相较于整体上市之前有微弱的上涨，其他营运能力指标相较于之前都有一定程度的下降，这说明整体上市后万华化学的营运能力和经营效率有所下降。应收账款周转率下降的原因主要是从 2018 年下半年到 2019 年上半年，化工行业处于低谷周期。万华化学主要产品 MDI 的挂牌价低迷，万华化学为了达到扩大销售规模的目的，采用了较为宽松的信用政策，放宽了对部分用户的信用管理条件，导致应收账款有所增加。化工业行情不景气，造成了企业营业收入较大幅度下降，从而导致应收账款周转率的指标走势较差。总资产周转率下降的主要原因是周期低谷导致营业收入下降。万华化学整体上市使其实现了较大幅度的增长，因此总资产周转率的指标略显逊色。

综上所述，万华化学整体上市后，在应收账款、存货、流动资产以及总资产方面均没有较为明显的改善，与 2017 年持平。受到化工行业低谷周期的影响，万华化学的收入有所下降。在整体上市后，万华化学的资产总额迅速增长，但其尚未进行有效资源整合从而发挥有效的协同效应，导致企业的营运能力指标表现不佳。万华化学应该注重其整体上市后的资源整合，促使吸收合并后发挥协同效应，从而提升企业的经营效率。

4. 成长能力分析

企业生存的核心条件是需要不断寻求发展的契机，追求较为平稳且高速的发展机会。成长能力指标可以反映企业的成长性。本文通过分析营业收入增长率、总资产增长率和净利润增长率 3 个指标对万华化学的成长能力进行分析，如图 2 所示。

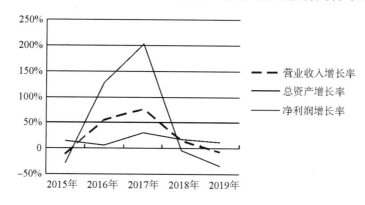

图 2　万华化学成长能力分析
数据来源：万华化学 2015—2019 年度财务报告。

从成长能力来看，万华化学 2015—2019 年的成长能力有较为明显的波动，这与前文中对其盈利能力的分析是相印证的，即企业受到周期性波动的影响，其收入、净利润等并不是一直保持增长的状态。从营业收入增长率和净利润增长率来看，万华化学实现整体上市的当年，其净利润和营业收入增长率是不容乐观的，可见资本和资产的增值没有联动地提升企业的利润水平。其主要原因是：全球经济发展增速放缓、产品价格下降以及出口成本增加等因素影响了公司产品的盈利能力，从而对营业收入增长率和净利润增长率造成了较大影响。但是值得肯定的是吸收合并后相较于合并前，注入资产对万华化学的营业收入、净利润的增长均有一定的贡献。从整体上来说，万华化学的成长能力在实施整体上市后有了一定提升。这表明通过整体上市，企业有效提升了整体成长能力，在企业规模扩大的同时也使产业链得到了合理的延伸，产品结构得到了进一步的完善，切实增强了企业的核心竞争力。

（二）并购对资本市场的影响

此次并购之后，整合到万华化学旗下的公司资产质量高、生产能力强，特别是MDI 业务。匈牙利 BC 公司是全球第八大 MDI 生产商，在其并入万华化学后，万华化学一跃成为国内外生产制造 MDI 产品的龙头。整体上市后，同业资产和资源一同并入万华化学，整合后的核心业务竞争力更加凸显。原本相互竞争的公司和产品，现如今在万华化学的领导下相互协作，生产的产品也贴上了统一的标签，海内外的资源由公司统一调配，整个生产销售环节的效率得以有效提高。完成吸收合并后，万华化学以上市公司的身份存续，在开拓了聚氨酯核心业务、石化产业链覆盖业务后，继续深入拓展关于精细化学品和新材料的产业链。万华化学的生产技术进一步提高，产业布局进一步优化。

万华化学在经历了此次事件后，开拓了公司的海外市场，扩大了公司原有规模，有效解决了公司积存已久的同业竞争问题。核心业务整合以后，万华化学的产能进一步提高，盈利能力进一步增强，奠定了公司长期可持续发展的坚实基础，切实维护、巩固了公司在化学制品行业中的领先地位。本文选取国内 5 家化工制品上市公司 2018 年的几项财务指标进行对比，更直观地展现整体上市事件对万华化学行业地位的影响，如表 7 所示。

表 7　化工制品上市公司对比

公司名称	主营业务收入/万元	净利润/万元	总资产/万元
万华化学	6 062 119	1 061 038	9 648 460
中泰化学	7 022 263	242 801	6 376 080
中化国际	5 995 657	91 109	5 469 782
云天化	5 297 896	12 277	6 424 839
华谊集团	4 423 969	180 710	4 546 516
行业均值	414 940	34 353	617 515

数据来源：巨潮资讯网公告。

从以上 5 家化学制品巨头的对比表可以看出，在 2018 年实施整体上市后，万华化学在总资产上成为国内证券市场上最大的化学制品企业，在净利润方面也远高于同行业的其他企业。

（三）并购对公司长期发展的影响

1. 丰富了产品结构，提高了对客户的综合服务能力

本次交易完成后，万华化学聚氨酯业务板块中新增了 TDI 品类，聚氨酯产品结构也得到进一步完善，并且 2018 年国内 TDI 装置投产成功，万华化学在全球范围主要经济体之间实现 TDI 产品的跨洲产能布局，从而大幅提升了自身在 TDI 产品领域中的市场地位。与此同时，万华化学的核心产品 MDI 也在欧洲地区实现研发、生产和销售的战略布局，从短期来看，其行业规模优势将得到进一步巩固；从中长期来看，待美国地区 MDI 装置建成达产，万华化学将在亚洲、欧洲、美洲 3 大主流经济市场实现研发、生产和销售的有效联动，全球范围内的聚氨酯产品供应能力显著增强。

最近几年，随着上市公司多元化发展战略的不断深化贯彻执行，石化系列产品以及精细化学品业务板块实现快速发展。整体上市拓宽了上述 2 大板块产品在全球范围内的销售渠道，进一步提升了对全球客户的综合服务能力。与此同时，万华化

学也凭借 BC 公司在欧洲地区多年积累的营运网络取得了与当地客户面对面交流、合作的机会，有效降低了跨区域业务拓展的成本以及后期磨合的难度。万华化学在传播自身发展理念的同时更好地理解、把握成熟市场发展的逻辑和趋势，使得自己对于行业的全球化发展更具前瞻性和战略眼光。

2. 减少了关联交易，增强了经营独立性

2016—2018 年，万华化学与匈牙利 BC 公司之间的关联交易金额逐年上升。而整体上市以后，与匈牙利 BC 公司的关联交易问题得到了彻底的解决，同时，万华化学与万华化工下属的其他公司的关联交易和同业竞争问题也得到了很好的处理。

关联交易的减少主要体现在两个方面：一方面，改变了生产链分离的状态，万华化工下属子公司并入万华化学中，原大部分关联交易转化为集团公司内部交易。之前的匈牙利 BC 公司与万华化学之间存在大量相互采购、销售的关联交易，在整体上市后这些交易由公司内部统一调配，关联交易随之消减。万华化学披露的信息更加准确，中小投资者的利益得到了保护，大股东的行为受到了管控。另一方面，之前的万华化工一股独大，掌握着万华化学 47.92% 的股权，整体上市后万华化学的股权结构得到了优化，第一大股东变为持股比例为 21.53% 的国丰投资，合成国际、中诚投资、中凯信也分别持有 10% 左右的股份，4 大股东相互监督、约束彼此的行为，再加之其他公众股东的加入，股东大会更加规范、可靠。同时烟台市国有资产监督管理委员会也通过国丰投资管理万华化工进而管理万华化学。国丰投资直接管理万华化学，使得上市公司和控股股东的行为受到政府的监督和约束，从而更加有力地保障了公司的健康运作，防止中小股东的利益受到侵害。总体来说，伴随着公司资产和业务的整体上市，万华化学的资产配置更合理，股权结构得到优化，其经营更加独立、规范，有利于企业的长远发展。

3. 跨洲产能布局，提高了市场竞争能力

万华化学下属的生产基地主要位于烟台、宁波、珠海等国内沿海城市，交通便利，销售范围主要辐射国内、亚太以及中东地区。被合并方下属重要子公司 BC 公司的生产基地主要位于匈牙利东北部的卡辛茨巴茨卡市以及捷克东北部的俄斯特拉发市，地处欧洲中心，区位优势突出，交通发达，素有"欧洲门户"之称，销售范围以点带面辐射欧洲本地、中东以及非洲等地区。匈牙利作为第一个与中国签署"一带一路"相关备忘录的欧洲国家，其"向东开放"战略与我国"一带一路"倡议高度契合，两国在政治、经济、外交等诸多领域进行了互联互通。如此有利的双边政治经济环境为万华化学和 BC 公司的跨洲合作创造了良好条件和独特优势，有助于双方在稳定、健康、和谐的政治经济发展环境中不断创新、加强合作，提升各自在全球化工行业影响力的同时分享双方的发展成果，实现全球化工行业竞争格局的再平衡。

考虑到聚氨酯产品特别是 MDI 对贮存、运输条件等要求较为严苛，跨洲的产能布局将有利于聚氨酯生产厂商对其生产能力进行有效配置，大幅提升销售范围和品牌覆盖范围，并能够在一定程度上抵御不同地区供求情况及政策变化的不利影响，降低跨洲贸易的风险。未来待美国地区 MDI 等装置建设、达产后，万华化学涵盖研发、采购、生产、销售的垂直整合业务模式将在亚洲、欧洲、美洲全球 3 大经济体之间实现有效联动，进一步提升其在全球化工行业中的市场地位。

六、启示与建议

(一) 完善企业的分红制度

万华化学的偿债能力低于同行业平均水平，这与其高派现的分红政策有关。连续的高派现的股利政策对中小股东来说减少了自身的代理成本，获得了企业的分红收益，向外界投资者传达了企业运转良好的信息，不但有利于投资者了解企业信息，而且有利于稳定市场的流通股价格。但是，高派现的股利政策也离不开企业自身良好的财务状况。

万华化学具有超出同行业的盈利能力，但是企业在进行分红时不仅要考虑自身的盈利能力，还要考虑偿债能力和企业所处的周期。企业在进行利润分配时，一定要考虑债务风险的防范。一般来说，如果企业不能清偿债务，那么就不能优先考虑对股东进行派现，需要优先清偿债权人。所以企业在拥有良好的经营能力和盈利能力后，要考虑加强自身的偿债能力，留存一定的现金流来应对可能遇到的债务违约风险。另外，当企业处于不同的生命周期和所需要的资金量不同时，根据优序融资理论，企业利用留存收益进行融资的成本最低。当进行扩展时，企业要适当使用杠杆，考虑合理利用留存收益而不是一味地进行分红。

(二) 积极吸引战略投资者助力整体上市

万华化学引入了外国战略投资者，这有利于促进企业的国际化，使得公司的股权结构更加多元化，从而实现国有企业成功转型。合适的战略投资者是指与企业的战略目标、资源、市场等存在一定匹配度的企业。选择何种战略投资者是企业应该着重关注的问题，合适的战略投资者会起到事半功倍的作用，但这并不意味着企业一定要寻求实力强劲的大公司，因为合适的投资者是指，与上市公司的战略目标、目标市场等有相应契合度的企业。如果企业想要实现多元化经营，完善产业链，那么可以选择有相似业务线的企业作为战略投资者；如果企业想要降低经营成本和提升议价能力，那么可以选择与本企业经营业务有关的上下游企业作为合适的战略投资者，促使纵向一体化的实现；如果企业没有上述需求，则可以选择擅长资本投资运作的企业，为上市公司提供有力的资金支持。

(三) 注重整体上市后的资源整合问题

通常来说，整体上市能够提升企业价值，增强企业的盈利能力。然而有些企业在完成整体上市后可能会出现经营能力变差、盈利水平下降甚至无法继续存续下去的情况。造成这些情况的原因是这些企业存在内部资源无法有效整合、内部治理机制欠缺等问题。因此，企业应该重视整体上市后的资源整合问题。这类资源整合不仅包括资产的整合，企业需要更为关注原上市公司与标的公司之间组织管理机构、人力资源的整合。资源的整合可以通过加大对那些投资效益高的资产的投资力度，维持较为高效的资产运作效率。对于组织管理机构的整合，企业可以减少管理层级，将管理机构精简化，从而使企业管理结构向扁平化方向发展；对于人力资源的整合，企业可以采取科学合理的考核体系和晋升机制，并结合员工持股或者股权激励计划，留住并激励企业关键管理人员和核心技术人员。

综上所述，实施整体上市的企业应重点关注资源整合问题，使企业之间的资源发挥良性互补作用，助推企业竞争力进一步提升，使企业价值实现质的飞跃。

参考文献：

［1］霍元彬. 整体上市对公司绩效的影响研究［D］. 北京：北京印刷学院，2020.

［2］丁凌梓. 万华化学整体上市的动因及经济后果探究［D］. 南昌：江西财经大学，2020.

［3］白剑秋. 企业并购整合的协同效应研究［D］. 成都：西南财经大学，2019.

［4］谢婉玲. 吸收合并整体上市的动因及经济后果研究［D］. 广州：暨南大学，2019.

［5］张广宸. 化工行业上市公司并购过程中的整合风险研究：以万华化学收购万华化工为例［J］. 中国新通信，2019（4）：211-213.

财务会计

推进高校成本核算

胡　婧　王杏芬

（重庆工商大学会计学院　重庆　400067）

摘　要：2019 年 12 月财政部出台了《事业单位成本核算基本指引》，该指引自 2021 年 1 月 1 日起施行。高校成本核算一直是行政事业单位成本核算中比较薄弱的环节，《事业单位成本核算基本指引》只能在事业单位核算中起到一个基本指导作用。由于目前我国高校成本核算具体指引尚未出台，高校成本核算问题亟待解决。《会计改革与发展"十四五"规划纲要（征求意见稿）》提出，要研究制定公立医院、高校、科学事业单位成本核算具体指引，扎实推进事业单位开展成本会计核算。因此，推进高校成本核算具体指引出台意义非凡。本文基于高校成本核算对象、核算方法、学校及学院两个层面的成本费用分配、具体科目设置四个方面进行分析，为深入推进高校成本核算提供见解与对策建议，帮助强化高校内部控制建设，提升成本核算水平。

关键词：高校成本核算；成本对象；核算方法；科目设置

一、高校成本核算对象

杨纪琬先生在 1985 年就提出企业成本核算对象要多元化，要改变单一的仅仅以产品成本为核算对象的传统模式，代之以适应经营管理不同需要的多种核算对象，形成服务于微观和宏观经济管理的多种成本核算形式。葛家澍先生于 1999 年指出，成本是"特定的会计主体为了达到一定目的而发生的可以用货币计量的代价"。张敦力先生于 2004 年重新定义了成本，指出"成本是为实现特定经济目的（不包括偿还债务、退还投资）而发生或将要发生的合理、必要的支出。其中，支出是一个主体的经济利益的总流出，流出的时间既可能是现在，又可能在过去，还可能在未来；流出的形式既可能是支付现金，又可能是消耗或转让除现金以外的资产，还可能是提供劳务、承担债务，甚至是发行股票等，其结果既可能导致资产、所有者权益的减少，又可能导致负债的增加"。

正如每个企业都会有部门成本、某项目成本、公司成本、员工成本等，高校成本核算的对象也较为丰富。根据不同的成本核算目的，成本核算对象是不同的。在学生层面比较，要确定学费、住宿费等教学成本，核算对象是每个学生；如果在学校内部比较每个学院的运行成本，则成本核算对象是单个学院；在学校层面比较，则核算对象是每个学校[1]。同时，每个学校、学院、学生也会有各种不同的项目，因此每个项目也是成本核算对象。由此可见，成本核算对象需要根据具体核算目的来确定。

陈义明（2020）认为根据办学目标、内部管理、成本信息等需求，高校应采取多维度、多层次的模式来确定相应的成本核算对象[2]。周常青（2020）认为长期以来对高校成本核算对象的争论，都是因为秉持产品成本观而产生的，其本质上是在争论高等教育的产品是学生还是教育服务的问题。她认为高等教育成本信息的需求是多层面的，因此成本核算的对象也是多层面的。基于特定目的成本观，我们既需要以项目、部门、整个学校作为成本核算对象，又需要以学生为成本核算对象[3]。

二、高校成本核算方法

高校成本核算可以借鉴现存企业成本核算方法，包括标准成本法与投入成本法、直接成本法与间接成本法、完全成本法与制造成本法，这需要高校在使用时根据具体的使用条件与情况来进行分析[4]。在对学生学费、住宿费等公共服务或产品定价时，应采取标准成本法；对投入差异较大的成本费用项目，应根据实际投入或实际费用来归集、分析、计算相应对象成本。因此高校应根据不同的成本核算对象，主要采取标准成本与投入成本相结合的办法，来设置特定对象的成本核算项目[5]。

在完全成本法下，高校将办学活动中发生的全部有形、无形的耗费，按照特定的核算对象，通过报表和软件简单地计算出学校总成本和单位成本。在这种条件下算出的成本与实际投入完全正相关，横向比较的意义不大[6]。制造成本法比较适合高校的工程建设、加工材料、科研项目研发等有特定、具体范围的产品或服务对象，它对高校内部管理具有非常重要的意义[7]。

高校应该根据成本信息需求，将不属于成本核算对象耗费的成本项目予以剔除。与高校教育活动直接相关的费用计入直接成本；与高校教育活动间接相关的费用先归集再分摊计入间接成本；与高校教育活动无关的费用，比如资产处置费用、上缴上级费用、对附属单位的补助费用，以及一些通过资产经营公司的对外投资费用等可以直接剔除[8]。

三、高校成本核算科目设置

本文从学校层面和学院层面，进行成本的归集与分配，构建出成本分配流程，如图1所示。根据《事业单位成本核算基本指引》中的重要性原则，高校选择成本核算对象进行成本核算时应当区分重要程度，对于重要的成本核算对象和成本项目应当力求成本信息的精确，对于不重要的成本核算对象和成本项目可以适当简化核算。从图1可知，此流程可以计算各学院层面的教学成本费用，既可以在各学院间进行横向比较，又可以在每位同学间进行成本核算。学校和学院都存在管理费用和业务成本。

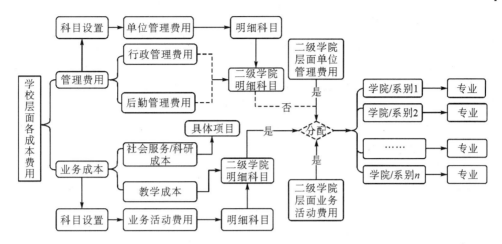

图1 学校及学院层面的成本分配流程

如图1所示，虚线代表不具体在二级学院层面分摊的成本，即学校层面的管理费用不在二级学院进行分摊，可以直接采用标准成本法，计算出每位同学应该负担的成本。在学校层面的社会服务成本、教学科研成本需要分摊到每个学院，因为这笔支出相对来说并不少，将其分配到每个学院也便于比较各学院间的资源使用情况，为后续绩效评价提供数据支撑。

根据图1，首先，对于学校层面的管理费用，设置"单位管理费用"科目，明细科目为具体的××部门，这样便于对每一行政部门、后勤部门的管理费用进行分配，核算行政部门的绩效。其次，对于业务成本，设置"业务活动费用"科目，科学设置"业务活动费用"明细科目，通过科目之间的结转即可实现多维度、多层次的核算。最后，在"业务活动费用"科目下设置"人工成本""材料成本""外购服务成本""折旧成本""摊销成本"等明细科目。日常发生费用支出和期末计提折旧摊销时，在上述明细项目中进行汇集核算。期末，上述明细科目的借方发生额的合计数，就是相关成本项目的当期总额。

对于具体的社会服务、科研项目，明细科目为"××项目""××社会服务"，不再向二级学院分配。对于教学成本，则需要根据每个学院/系别进行分配，明细科目为"××二级学院/系别"。也就是说，在制造成本法下，分配到每个学院的成本既包括学校层面的业务成本中的教学成本，又包括学院层面的管理费用、教学成本。特别要注意的是，对于院级层面的特殊经费项目，需要设置明细科目，分配该项目的成本。

在科目设置中采用二级学院明细科目对学校层面的业务活动进行成本归集，将其与学院层面的成本费用一起分配到具体的系别再分配到各专业和个人。其中涉及的科目设置有"单位管理费用""业务活动费用"。单位管理费用核算行政、后勤部门的管理费用，业务活动费用核算社会服务成本、教学成本、科研成本。

四、相关会计核算实务处理举例

为具体分析上文提及的核算方法与科目设置，下文将举例进行说明。

（一）学校层面管理费用

例如，为学校行政部门相关工作人员计提的薪酬，按照计算确定的金额，采用"单位管理费用""应付职工薪酬"科目进行核算。但是，高校行政人员工资在不同高校的分配各有不同，有的高校是财政全额拨款，有的高校是财政部分拨款，有的高校是自收自支。因此对学校层面的管理费用，如果由国家拨款的行政人员工资，则不应分配到学生；而像后勤部门如学生宿舍管理人员、维修人员等的薪酬，则需要分配到每个学生。在期末时，高校根据部门明细科目确定该项单位管理费用是否需要分配。具体会计处理如下。

借：单位管理费用——××部门

　　贷：应付职工薪酬（学校负担部分）

（二）学校层面业务成本

学校层面的业务成本包括学校的社会服务、科研项目和教学成本。社会服务和科研项目的成本应具体到各社会服务和项目。而为履职或开展业务活动所使用的固定资产、无形资产，所花费的教学成本，如教学设备折旧、水费、电费等则需要在期末按照每个学院所使用的教室数量、时长等采用间接成本法统一分配到各学院。

例如，固定资产折旧、无形资产累计摊销的具体会计处理如下。

借：业务活动费用

　　贷：固定资产累计折旧/无形资产累计摊销等

如果是教学楼耗费的电费、水费，则其具体会计处理如下。

借：待摊费用——水费/电费

　　贷：银行存款/库存现金

期末，根据每个学院的具体情况进行分配，具体会计处理如下。

借：业务活动费用——××学院——××系/××教学项目

　　贷：待摊费用——水费/电费

（三）学院/系层面的单位管理费用

各学院会产生行政部门的费用，如果行政岗位是具有国家编制的，那么该岗位的工资应是由国家直接拨款；如果部分管理岗位是学院内部设立的，则需要由学院自行支付工资，那么就需要进行分配。具体会计处理如下。

借：单位管理费用

　　贷：应付职工薪酬等（院系负担部分）

（四）学院/系层面的业务成本

高校教育大部分是以学院为基础，因此学院的业务活动费用占比较大。业务活动包括学院层面的科研活动、教育活动、社会服务项目等。

对于科研活动而言，如邀请专家作讲座、学生或教师外出参加科研学术会议等，这部分有具体的科研经费支持，但有一定的额度限制，需要在额度内给当事人进行报销。科研经费不会归集到每个学生，但是会在学院间进行预算和预算执行情况的绩效考核，会分配到每个学院。每个高校能够根据具体情况，选择是否将该费用分配到系别和专业。有的高校会将该费用分配到系别和专业以便在专业间比较学术科研经费的执行情况。

对于教育活动而言，则需要在每位同学间进行分配。具体会计处理如下。

借：业务活动费用——××系/专业——××教学项目

　　贷：应付职工薪酬

五、结语

综上所述，我们在对高校进行成本核算时，仍然可以借鉴企业中成本核算的方法，根据不同的目的，不同形式的成本、费用，按照用途来进行成本划分，最终不仅可以计算出以学生、系别、学院为单位的成本，也能计算出学校的总成本。成本核算的过程比较烦琐，因此对于一些不太重要的成本、费用，则需要尽可能精简核算程序但又不能使误差较大。

成本核算不仅仅是为了核算每位同学在一学年内的成本，确定教学学费，而且是为了更好地控制高校的各方面成本，规范内部控制制度，提升内部控制水平，为提高管理会计水平提供一个良好的基础，为高校节约更多的资源来培养学生，为学生服务。

参考文献：

[1] 伦宗健. 高校执行政府会计制度的困境和解决策略 [J]. 会计之友，2020（20）：105-108.

[2] 陈义明. 高等学校成本核算关键共性问题研究 [J]. 财务与会计，2020（12）：3.

[3] 周常青. 从特定目的观看高校成本核算对象 [J]. 财会月刊，2020（10）：45-16.

[4] 崔运政，高苑. 行政事业单位食堂自营模式下会计核算方式的选择 [J]. 财务与会计，2021（2）：80-81.

[5] 刘斌，陈洪萍，孟昊. 中美高校教育成本核算比较和研究 [J]. 会计之友（中旬刊），2009（12）：84-85.

[6] 李国柱，刘彦良. 高等教育成本核算制度变迁与改革建议 [J]. 会计之友，2019（5）：110-113.

[7] 赵建新. 高校成本核算：从理论到实践的跨越——基于《事业单位成本核算基本指引》的出台 [J]. 中国总会计师，2021（3）：138-141.

基于杜邦分析体系的海尔智家财务分析①

陈 欢 刘亦涵

（重庆工商大学会计学院 重庆 400067）

摘 要：近年来，我国家电市场的高速发展阶段已经结束，而海尔智家作为国内乃至全球最大的家电制造商之一，于 2020 年年底正式完成海尔电器私有化并上市港股，完成"A+D+H"全球资本市场布局。本文以海尔智家 2015—2020 年的财务报表为主要研究对象，运用杜邦分析体系，通过与美的集团的对比，从股东权益报酬率、销售净利率、总资产周转率、权益乘数变动情况来综合评价海尔智家近年来的财务状况，进一步分析海尔智家财务绩效变动的原因，为海尔智家未来的发展提出一些对策建议。

关键词：家电行业；海尔智家；杜邦分析

一、引言

近年来，我国家电行业下行压力加大。国内家电行业第三方权威机构泛博瑞咨询的数据显示，2019 年家电市场规模（不含 3C 数码产品）为 8 516 亿元，同比增速为-5.4%。负重前行的中国家电行业，本寄希望于通过 2020 年消费升级和房地产复苏而实现增速的扭转，却遭遇了新冠肺炎疫情的冲击。但在这样的逆境之下，海尔智家却在资本市场上大放光彩，经历新冠肺炎疫情后股价不跌反涨，在 2020 年年底更是正式对外宣布完成海尔电器私有化并上市港股。本文将通过杜邦分析体系对海尔智家近年的财务报表进行分析，并通过与美的集团的对比，综合评价海尔智家近年来的财务状况，发现其在经营管理方面的经验与不足，为其未来的发展提出一些对策建议。

二、海尔智家的公司简介及其财务概况

（一）公司简介

海尔智家股份有限公司（以下简称"海尔智家"）的前身是成立于 1984 年的

---

① 本文是 2019 年重庆工商大学校内项目"去杠杆背景下国有企业内部资本市场运行机制研究"（项目号：1951027）和 2016 年重庆市社会科学规划项目"政府补贴对重庆市战略性新兴产业创新能力的提升效应研究"（项目号：1621023）的研究成果之一。

青岛电冰箱总厂。1993 年，海尔由定向募集公司转为社会募集公司，并于同年 11 月在上海证券交易所上市交易。2019 年 6 月，公司名称由"青岛海尔股份有限公司"更改为"海尔智家股份有限公司"。

海尔智家主营冰箱、冷柜、洗衣机、空调、热水器、厨电、小家电等家电产品与智慧家庭场景解决方案的研发、生产和销售。根据世界权威市场调查机构欧睿国际统计，海尔智家大型家用电器的品牌零售量连续 11 年蝉联全球第一。

2020 年 12 月 23 日，海尔智家发布《关于境外上市外资股（H 股）上市暨股份变动情况的公告》，公司 H 股股票正式在香港联合交易所有限公司主板市场挂牌并上市交易。至此，海尔智家完成"A+D+H"全球资本市场布局。

（二）海尔智家的主要财务指标

本文首先根据海尔智家 2015—2019 年年度财务报表与 2020 年第一季度、半年度、第三季度报告的财务报表整理出海尔智家的主要财务数据（见表 1），其次再计算得出表 2 的杜邦分析指标。

表 1　海尔智家主要财务数据　　　　　　　　　　　单位：亿元

项目	2015 年	2016 年	2017 年	2018 年	2019 年	2020 年第一季度	2020 年半年度	2020 年第三季度
资产合计	759.61	1 312.55	1 514.63	1 667.00	1 874.54	1 884.85	1 980.43	2 002.07
负债合计	435.58	936.75	1 047.13	1 115.69	1 224.64	1 222.05	1 315.35	1 318.30
股东权益合计	324.02	375.80	467.50	551.30	649.90	662.80	665.08	683.76
营业收入	897.48	1 190.66	1 592.54	1 833.17	2 007.62	431.41	957.28	1 544.12
净利润	59.22	66.91	90.52	97.71	123.34	13.44	36.12	80.19

表 2　海尔智家杜邦分析指标

项目	2015 年	2016 年	2017 年	2018 年	2019 年	2020 年第一季度	2020 年半年度	2020 年第三季度
股东权益报酬率/%	19.25	19.12	21.47	19.18	20.54	2.05	5.44	11.89
销售净利率/%	6.60	5.62	5.68	5.33	6.14	3.11	3.77	5.19
总资产周转率/%	118.90	114.92	112.66	115.23	113.38	22.95	49.53	77.55
总资产报酬率/%	7.85	6.46	6.40	6.14	6.97	0.71	1.87	4.03
权益乘数	2.45	2.96	3.35	3.12	2.95	2.86	2.91	2.95

三、杜邦分析体系下海尔智家的财务分析

（一）行业对标公司选择

本文选择美的集团股份有限公司（以下简称"美的集团"）作为行业对标公司，具体理由如下：

在中国家电市场，美的集团、海尔智家、格力电器这3家传统家电公司，不论是总体市场价值还是市场占有率均排名靠前，远远超过其他同行业竞争者。这3家公司的每一项行为几乎可以代表中国家电行业的整体走向。因此，美的集团、格力电器与海尔智家的对比分析才会更有意义。

但在对比分析中，格力电器的可比性不如美的集团。其主要原因如下：第一，营业收入结构不同。海尔智家的产品线更齐全，美的集团的绝大部分营业收入仍然来自空调和小家电业务，而格力电器大部分营业收入都来自空调。第二，国际化程度不同。2019年海尔智家海外收入占比47%，美的集团海外收入占比42%，而格力电器的海外收入占比很小。因此，从市场的角度看，将美的集团作为行业对标公司更为合适。

综上所述，为确保对比分析质量，本文选择美的集团作为行业对标公司。

（二）海尔智家的主要财务指标分析

1. 股东权益报酬率

股东权益报酬率反映了企业为股东创造投资回报的能力，由销售净利率、总资产周转率、权益乘数的乘积构成，可以将企业盈利水平、资产周转效能、筹资与投资能力体现出来，是杜邦分析体系中最核心的指标。

如表3所示，2015—2019年，海尔智家的股东权益报酬率在3%内波动。通过连环替代法对股东权益报酬率进行分解可以得出，销售净利率变动影响程度在近几年连续上下波动，与股东权益报酬率总变动趋势一致，最大程度上决定着股东权益报酬率的变动；权益乘数在2016—2017年变动影响程度为正，在2018—2019年变动影响程度为负，也对股东权益报酬率有较大影响；而总资产周转率相较于前两个指标变动影响程度较小，近几年均在0.6%以内波动。后文将分别对销售净利率、总资产周转率、权益乘数进行分析。

表3　股东权益报酬率变动情况

项目	2016年较 2015年	2017年较 2016年	2018年较 2017年	2019年较 2018年
销售净利率变动影响程度	-2.86%	0.22%	-1.34%	2.93%
总资产周转率变动影响程度	-0.55%	-0.38%	0.46%	-0.36%
权益乘数变动影响程度	3.28%	2.51%	-1.41%	-1.22%
股东权益报酬率总变动程度	-0.13%	2.34%	-2.29%	1.36%

如图1所示，在对比分析上，海尔智家的股东权益报酬率均低于美的集团的股

东权益报酬率，其原因主要是海尔智家较低的总资产报酬率。进一步分析可得，海尔智家的股东权益报酬较低是由销售净利率造成的，所以海尔智家相较于美的集团，最大的劣势是盈利能力方面。但总体上，美的集团的股东权益报酬率在2015—2017年呈现出下降趋势，在2017—2019年才开始缓慢上升。从长期发展的线性预测来看，如果两家公司保持原有状态，在彻底走出新冠肺炎疫情的阴霾后，海尔智家的股东权益报酬率的发展潜力更大，有机会超过美的集团。

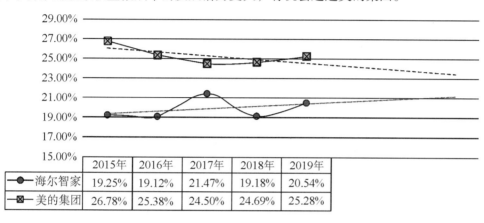

	2015年	2016年	2017年	2018年	2019年
海尔智家	19.25%	19.12%	21.47%	19.18%	20.54%
美的集团	26.78%	25.38%	24.50%	24.69%	25.28%

图1 两家公司的股东权益报酬率对比分析及线性预测

2. 销售净利率

如图2所示，近5年来，海尔智家的销售净利率均保持在6%上下浮动，在2019年略有提高。根据其财务报表可知，海尔智家的营业收入与净利润基本是同向变动的，总体上仍呈现出稳定态势。

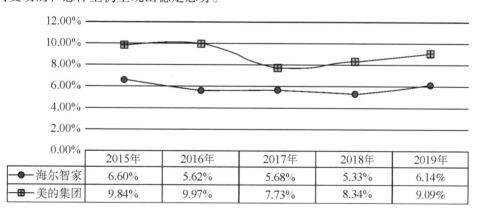

	2015年	2016年	2017年	2018年	2019年
海尔智家	6.60%	5.62%	5.68%	5.33%	6.14%
美的集团	9.84%	9.97%	7.73%	8.34%	9.09%

图2 两家公司的销售净利率对比分析

对比美的集团的数据可发现，近年来海尔智家的销售净利率均低于美的集团的销售净利率。海尔智家的销售毛利率要高于美的集团的销售毛利率，但由于海尔智家的期间费用过高挤占了原有的净利润，反而使得其最终的销售净利率低于美的集团的销售净利率。进一步分析可知，期间费用中主要是销售费用的占比较大。

3. 总资产周转率

海尔智家的总资产周转率在近5年内呈现缓慢下降趋势，由2015年的

118.90%下降至 2019 年的 113.38%。进一步分析可知，总资产周转率下降的原因是营业收入增长速度低于平均资产总额增长速度，但总体保持稳定。

由图 3 可知，在与美的集团的对比分析中，两家公司的总资产周转率均呈现下降趋势，推测这与家电行业整体发展缓慢的趋势有关。但在同样的环境下，海尔智家不仅近 5 年的总资产周转率均值高出美的集团 5.58%，并且下降趋势更缓慢。

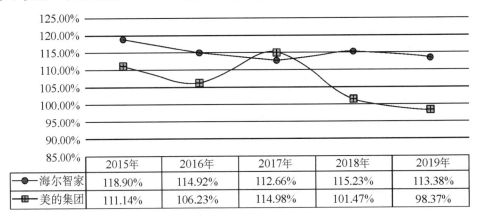

	2015年	2016年	2017年	2018年	2019年
海尔智家	118.90%	114.92%	112.66%	115.23%	113.38%
美的集团	111.14%	106.23%	114.98%	101.47%	98.37%

图 3　两家公司的总资产周转率对比分析

4. 权益乘数

如图 4 所示，海尔智家的权益乘数在 2015—2017 年呈现出上升趋势，在 2017—2019 年呈现出下降趋势。进一步分析可知，其原因是海尔智家在 2016 年为收购美国通用电气家电业务（以下简称"GEA"）支付了 56.1 亿美元进行债务融资，新增了大量负债。在后续几年内，海尔智家按期偿还借款，因此其资产负债率逐渐缩小，权益乘数也回落至正常水平。

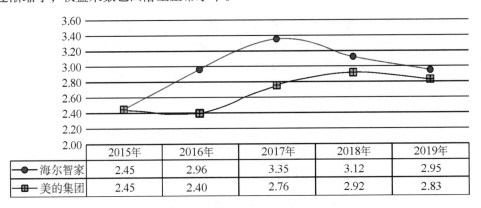

	2015年	2016年	2017年	2018年	2019年
海尔智家	2.45	2.96	3.35	3.12	2.95
美的集团	2.45	2.40	2.76	2.92	2.83

图 4　两家公司的权益乘数对比分析

在与美的集团的对比分析中，如果不考虑收购 GEA 带来的负债影响，两家公司的权益乘数差距不大，且呈现出缓慢增长趋势。但此次收购 GEA，不仅有效拓展了海尔智家的海外市场、提高了产品研发能力，而且带来了账面上丰厚的营业收入——仅在收购当年，GEA 就带来了 258.34 亿元的营业收入，占海尔智家总营业收入的 21.70%。在 2019 年，GEA 更是创造了 579 亿元的营业收入，占比高达

28.85%，因此这是一次比较成功的收购。我们可以认为，海尔智家有效利用了财务杠杆，采用了更激进的投资决策，用更高的债务资金取得了更好的经营成果。

四、海尔智家财务绩效变动的原因分析

结合上述指标分析可以得出，目前海尔智家的整体财务状况表现不佳，其股东权益报酬率仍与美的集团有较大差距。造成这一情况的原因主要有以下几个方面：

（一）家电行业整体呈现下行态势

如图 5 所示，对比前几年同期数据，海尔智家 2020 年的净利润严重下滑，2020 年 3 月、6 月的净利润下降至 2015 年同期水平，直到 2020 年 9 月才恢复至 2018 年同期水平，这与 2020 年突发的新冠肺炎疫情紧密相连。在 2020 年上半年疫情期间经济社会活动严重受限，居民收入下降显著抑制了消费者需求，从而导致海尔智家销售受限，影响了海尔智家的销售净利率。

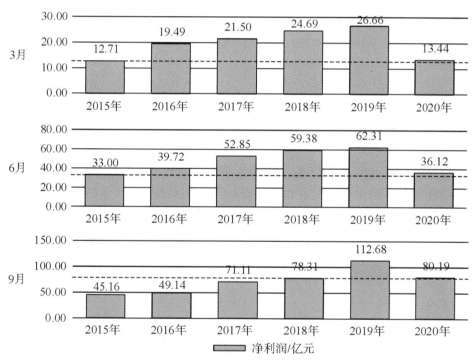

图 5　海尔智家 2015—2020 年同期净利润对比分析

（二）期间费用过高

如表 4、表 5 所示，海尔智家的毛利率比美的集团近几年的平均值高出 2.71%，但在其期间费用占比的平均值比美的集团高出 7.61%，其中销售费用高出美的集团 5.31%，这使得海尔智家的销售净利率整体低于美的集团的销售净利率，因此海尔智家在经营效率上表现不佳。

尽管财务报表未能详细披露各个期间的费用明细，但我们可以推测：海尔智家规模庞大，子公司、下游经销商庞杂，业务板块存在重合的现象，但却有各自的营

销、物流渠道，管理层分散，因此期间费用过高，尤其是销售费用过高，挤占了净利润的份额。

表4 海尔智家利润表结构分析   单位:%

项目	2015年	2016年	2017年	2018年	2019年	2020年第一季度	2020年半年度	2020年第三季度	平均值
毛利率	27.96	31.02	31.00	29.00	29.83	27.44	27.99	28.03	29.03
期间费用占比	21.34	25.50	25.62	20.68	22.26	20.27	20.72	20.46	22.11
销售费用占比	14.60	17.85	17.76	15.63	16.78	15.03	15.18	15.13	15.99

表5 美的集团利润表结构分析   单位:%

项目	2015年	2016年	2017年	2018年	2019年	2020年第一季度	2020年半年度	2020年第三季度	平均值
毛利率	25.84	27.31	25.03	27.54	28.86	25.14	25.56	25.29	26.32
期间费用占比	16.17	16.53	17.59	14.96	15.06	12.75	11.42	11.54	14.50
销售费用占比	10.69	11.12	11.11	11.97	12.44	9.75	9.08	9.31	10.68

（三）存在偿债风险

如图6所示，在2016年海尔智家为收购GEA进行债务融资后，其账面新增了大量短期借款与长期借款，这使得海尔智家的负债总额从2015年的435.38亿元迅速提升到2016年的936.75亿元，负债增长率为115.06%，资产负债率也从57.34%提高到了71.37%。从2016年开始海尔智家努力偿还债务，资产负债率缓慢回落，但仍然处于一个较高水平。随着2020年新冠肺炎疫情的暴发，海尔智家的资产负债率显然不会在短期内继续回落。

图6 海尔智家2015—2019年资产负债情况

如图 7 所示，海尔智家每年因为这笔沉重的债务支付大量的利息费用，仅在 2019 年就支付了 17.47 亿元的利息费用。美的集团在 2019 年支付的利息费用仅为 8.81 亿元，甚至每年的利息收入远超利息费用，在财务费用方面表现为负。这与每年财务费用为正的海尔智家形成了鲜明对比，进一步压缩了海尔智家的盈利空间。

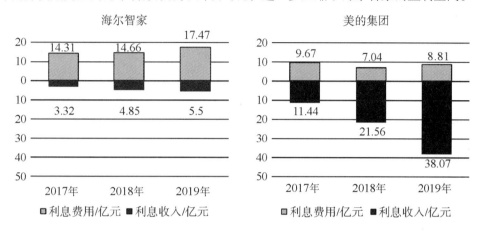

图 7　两家公司的利息费用、利息收入对比

尽管海尔智家的债务融资为它带来了充足的并购与发展的流动资金，但这背后同样存在着较大的利息压力与较高的偿债风险。

五、对海尔智家发展的对策建议

（一）整合内部业务板块，降低期间费用

海尔智家应该对内整合业务板块，适当简化公司内部经营治理结构，提高企业经营效率。在 2020 年年末，海尔智家私有化其子公司海尔电器，该子公司涉及洗衣机、热水器制造及物流业务，而母公司海尔智家主要布局冰箱、空调、厨电等产品制造以及海外家电产业，二者在业务板块、营销渠道、管理运营等多方面高度重合却又独立运行。将子公司直接并入母公司，可以有效地解决两大公司的内耗问题，降低海尔智家期间费用与产品成本，提升运营效率和盈利能力。

（二）刺激资本市场投资，缓解家电市场颓势影响

海尔智家的资产负债率一直维持在高位，对外融资的主要渠道是债务融资。然而近年来家电市场的低迷与新冠肺炎疫情的冲击让银行贷款越来越少，海尔智家应当拓展融资渠道，转向更为广阔的资本市场。海尔智家在新冠肺炎疫情期间发行超短期融资券、私有化子公司海尔电器、上市港股、股权质押以及各种利好宣传刺激股价上涨等行为正是海尔智家转换融资思路的举措。海尔智家逐步改善自身负债结构与资本结构，减少融资带来的成本利息，降低自身偿债风险，保障自身良性发展。

（三）继续维持现有战略，提高企业核心竞争力

海尔智家应当明确自身的定位与优势，继续积极拓展海外市场，投资收购大量海外优质家电品牌。在 2019 年海尔智家的海外营业收入就占比 47%，这充分体现了海尔智家打造国际知名家电品牌的决心与实力。在积极向外拓展的同时，海尔智

家也应该积极整合其在国内外的各种优质资源，在将子公司海尔电器私有化后，对内不断优化资源配置与平台共享，对外发挥全球战略协同效应，形成在与美的集团、格力电器的竞争中独特的核心竞争力。

六、结语

过去的几十年里，海尔从青岛一家资不抵债、濒临倒闭的集体小厂发展成为现在三地上市、全球最大的家用电器制造商之一，它的故事至今仍是许多创业者的榜样。

但中国家电行业迅猛发展的时代已经过去，市场的逐渐饱和、全球贸易的增速放缓、互联网经济的冲击以及新冠肺炎疫情的暴发，使得像海尔智家这样的传统大型企业压力倍增。纵览杜邦分析体系中各项指标，海尔智家暴露出的期间费用过高与利润率偏低正是我国传统大型企业的通病。

但海尔智家一直在努力变革，凭借多年以来的丰厚经验积累，有效利用自身资产与对外负债，积极收购整合国外知名家电企业，拓展海外市场；进军物联网，推出智慧家庭场景解决方案；打造海尔、三翼鸟、卡萨帝、Leader、GEA 等多种品牌，迎合家电市场全球化、高端化、智能化发展。外界投资者也对海尔智家的发展充满信心。

未来，海尔智家应当继续坚持现有发展战略，通过结构调整来解决费用与资本结构问题，整合现有家电产品线，凭借雄厚的企业实力与海内外市场占有率，在下一个 10 年继续书写"海尔"品牌的传奇。

参考文献：

[1] 陈艺妮，付韬，张金玲. 基于哈佛分析框架下的康恩贝财务分析 [J]. 财会月刊，2017（13）：100-105.

[2] 刘兴. 青岛海尔财务报表及指标分析研究 [J]. 时代金融，2020（8）：92-95.

[3] 邵莎莎. 基于 EVA 动量的企业价值创造效率研究：以格力电器与美的集团为例 [J]. 财会通讯，2019（26）：70-73.

[4] 王长亮，马坤. 企业并购后的偿债能力分析：以美的集团并购库卡集团为例 [J]. 中国商论，2021（3）：71-73.

[5] 单诗惠. 基于杜邦财务分析体系的 JL 公司盈利能力分析 [D]. 抚顺：辽宁石油化工大学，2019.

[6] 赵燕. 基于可持续增长率的杜邦财务分析体系重构 [J]. 会计之友，2018（6）：28-32.

[7] 张敦力，张今，江新峰. 企业营运资金管理问题研究：以格力电器为例 [J]. 财会通讯，2018（8）：67-71.

上市公司会计估计变更意味着盈余管理吗？

——基于2016年"新安股份"年报的案例分析①

袁利华　　汪　纯

（重庆工商大学会计学院　重庆　400067）

摘　要：会计估计变更的目的是提高财务报告质量，有利于投资者等做出正确的决策。然而部分上市公司利用会计政策不完善之处调节利润、粉饰业绩，严重影响了会计信息的可靠性。关于企业盈余管理问题，不少学者指出上市公司的会计估计变更情况与盈余管理水平之间存在显著相关关系。本文首先阐述2016年上市公司"新安股份"利用会计估计变更进行盈余管理的动机；其次结合该动机对"新安股份"会计估计变更应收账款坏账准备计提比例及固定资产折旧年限进行分析，并根据公司公布的变更理由，结合相关数据，进一步剖析该公司的会计估计变更是否与盈余管理行为存在相关关系；最后提出改善上市公司利用会计估计变更进行盈余管理的可行性建议。

关键词：会计估计变更；盈余管理；应收账款坏账准备；固定资产折旧

一、引言

近年来，随着监管手段的加强，上市企业利用非关联交易、资产重组等方式进行盈余管理的难度有所提高。为满足自身利益需求，一些企业开始探寻和使用更加隐蔽的方式进行盈余管理。而具有较强主观性且难以被外界界定特点的会计估计变更逐渐受到越来越多企业的青睐，成为企业操纵盈余、粉饰报表的"不二选择"（潘素梅，2021；彭胜志和闫盼盼，2017）。会计估计变更是指资产和负债的当前状况及预期经济利益和义务发生了变化，从而对资产或负债的账面价值以及资产的定期消耗金额进行调整。企业的资产、负债及期间损益会由于各种因素而发生价值变化，如技术的进步、市场的不断变化和物价的波动等。这些因素并不是一成不变的，如果企业在编制财务报表时没有将这些因素加以考虑，就很有可能导致报表数据的失真。因此，当会计估计赖以进行估计的基础发生了变化、取得了新的信息、积累了更多经验的时候，企业应该对会计估计进行变更，使会计信息更加可靠。虽

① 本文是重庆市社科规划项目培育项目"成渝地区双城经济圈建设下工业用地效率提高的审计协同机制与路径研究"（项目号：2021PY40）和重庆工商大学高层次人才科研启动项目"国际趋同下会计政策变更对准则弹性和企业行为的影响分析"（项目号：1855031）的研究成果之一。

然会计估计变更是会计核算时经常遇到的，但是一般情况下会计估计选择一经确定，便不得随意变更，如何正确运用会计估计变更则是会计理论界和实际工作者必须考虑的问题。以满足利润管制为目的的盈余管理是我国上市公司最普遍的行为之一。因此，会计估计变更行为通常与公司盈余管理行为紧密地结合在一起（韩洪灵和颜志元，2008）。盈余管理就是企业经营者在遵循一般会计准则的基础上，调整或控制企业对外财务报告的会计信息，使得自身利益最大化或企业市场价值最大化的行为。通常公司管理层进行会计估计、盈余管理的自主空间会受到会计信息可验证性和企业经济基础的制约（吴溪等，2015）。

在实务中，会计估计变更会涉及多方面内容，如存货、应收账款、固定资产折旧等（潘素梅，2021）。企业会计估计变更通常伴随着一定的经济后果，如企业通过调整折旧年限等方式调节利润，会导致会计信息失真，扰乱公平竞争的市场环境，给投资者形成误导（杨海峰，2015；卿小权等，2020），或许还会面临着退市的风险。根据股票上市规则，上市公司连续 2 年亏损将被特别处理（ST）；根据相关法律规定，上市公司连续 3 年亏损将被暂停上市。我国证券市场的制度性特征、股票上市公开发行的额度制、行政审批制度，使得上市资格成为一种珍贵的壳资源。为了降低筹资成本、保住壳资源，亏损公司在短时间内有强烈的盈余管理动机以保证其股票在市场中的正常交易。已有研究表明，1998—2004 年我国企业每年都存在避免亏损的盈余管理行为（吴联生等，2007），部分上市公司为避免连续 3 年亏损被暂停上市，将会利用会计估计变更这一主观性强、灵活性强的手段将第三年的亏损转为盈利。对于大多数制造业，其拥有的固定资产占总资产比重大，固定资产折旧方法、使用寿命、净残值的微小变动都可能使企业扭亏为盈。因此，我们有必要进一步关注目前部分企业是否依然会故技重演，利用会计估计变更粉饰财务报告，降低财务报告质量。

目前，许多现象都表明，越来越多的上市公司利用会计政策或者会计估计变更来操控财务报表信息（刘晓彤，2021）。通常，企业的盈利状况最为各方面的利益相关者重视。部分企业通过会计估计变更使净利润增加。提高的利润率，对各利益相关者会有不同的影响。例如，公司股东会对企业稳定的盈利能力充满信心，即使企业为了再投资而延期发放股利，股东也会支持。企业债权人为保护自身利益，往往会要求在债务协议中设置限制性条款，如资产负债率、净利润等，限制性条款会限制企业对债务资本的使用，甚至影响银行提高授信额度。同时，如果企业本年的业绩表现良好、盈利能力强，则会降低违约风险，增强债务人信心。良好的财务状况还可以吸引更多供应商合作，从而获得更长的信用期限，提高客户的忠诚度。

本文首先阐述 2016 年上市公司浙江新安化工集团股份有限公司（以下简称"新安股份"）利用会计估计变更进行盈余管理的动机；其次分析"新安股份"利用会计估计变更改变了应收账款坏账准备计提比例及固定资产折旧年限，并根据公司公布的会计估计变更理由，结合财务报告中的相关数据进一步推断公司的会计估计变更是否与盈余管理行为相关；最后提出改善盈余管理现象的可行性建议。

本文后述部分的结构安排如下：第二部分为文献综述，第三部分为"新安股份"会计估计变更案例分析，第四部分为"新安股份"会计估计变更的经济后果，

第五部分为研究结论，第六部分为政策建议。

二、文献综述

本文最大的特色是基于"新安股份"的会计估计变更前后企业财务业绩和变更事项对当年财务报告数据的影响进行了深入分析。接下来，本文将基于会计估计变更与盈余管理关系的思路对现有文献进行如下的梳理与分析。

王舒怡和宋淑鸿（2018）以水泥行业企业——青松建化为研究对象，在对 ST 青松 2017 年年末会计估计变更行为进行介绍的基础上，采用理论与案例相结合的方法，通过对财务报表和股价变动数据的整理以及对变更过程中财务指标的收集计算，对 ST 青松进行案例分析。何杰等（2011）研究发现，在新企业会计准则及其指南明确规范关联方交易、减值准备等账务处理后，职业判断因素的会计估计成为企业操纵财务报表的新手法。本文结合相关案例，运用定量和定性的方法分析会计估计变更操纵报表的可能性，并以分析为依据，为企业会计估计变更的规范提出一些建议和意见。吴博达（2019）发现在市场情况稍有好转的 2016 年，包钢股份确实通过将加强盈余管理作为辅助，成功实现了 2016 年微弱的盈利。他们进一步发现在 2015 年亏损的条件下，包钢股份在 2016 年盈余管理的动机是为了避免连续 2 年亏损被 ST。从包钢股份使用会计估计变更和关联交易进行盈余管理的事实中，我们可以看出会计估计变更在短期内对股价有着积极的影响。杨海峰（2015）从鞍钢股份等上市钢铁企业多次调整折旧年限出发，分析会计估计变更的动因和不良后果，指出监管方面存在的问题，并提出具体对策。吴溪等（2015）较为系统地考察了我国资本市场两类主要的会计估计变更伴随的盈余效应。他们主要基于 2003—2011 年 A 股上市公司公布的应收账款坏账计提比率变更和固定资产折旧率变更数据进行研究，研究发现：第一，如果公司的会计估计水平（坏账计提比率或折旧率）背离行业正常水平的幅度越大，公司越可能在下一期做出与行业水平趋同（而非背离）的会计估计变更；第二，与相对稳健的会计估计相比，相对激进的会计估计表现出显著性更强的行业趋同效应。李瑶（2018）结合固定资产折旧政策理论以及 ST 企业盈余管理的现状，针对 ST 企业利用会计估计变更进行盈余管理来操纵利润的现象，选取鞍钢股份成功摘帽这一事件来研究现有 ST 制度和会计准则可能存在的漏洞。唐娓娓（2012）将会计估计变更对收益计量的影响分为资产计价和盈余管理两类，并用实例探讨其影响。韩洪灵和颜志元（2008）通过分类比较发现，会计估计变更失当公司的业绩远远低于非失当公司的业绩，会计估计变更失当公司存在利用操控性应计项目和线下项目进行盈余管理的明显迹象。这些经验证据意味着，证券监管机构应该更加关注绩差股公司的会计估计变更行为，并且要特别注意其盈余报告中的投资收益和补贴收入项目，以确保此类公司盈余信息披露的可靠性。彭胜志和闫盼盼（2017）以 2012—2014 年间披露了会计估计变更的上市公司为样本，对该问题进行了实证分析。研究表明，基于会计估计变更的巨额冲销盈余管理与公司规模显著负相关，与负债水平显著正相关，与高管变更和会计师事务所变更不具有显著相关性。通过上述文献分析，我们可以看出会计估计变更通常会产生一定的盈余管理效果。邹邹（2019）从行业、内容以及利润影响程度三个角度系统研究了上市公司会计估计变更的普遍性，同时以中海海盛为例对其会计估计变更与会计政策变更进行了深入分析，探讨了此次会计估计变更的深层原因和经济后果。刘晓彤（2021）以北斗星通为例，对会计估计变更进行剖析，分析其变更对资产负债表、利润表、所有者权益变动表的影响，并且进一步探究会计估计变更的真正动因。

三、"新安股份"会计估计变更案例分析

"新安股份"是全球农药化工产品销售前20强企业，主营农药化工、硅基新材料两大产业。

（一）营业收入与净利润匹配性分析

根据公司披露的财务数据可知，"新安股份"2014年实现营业收入 771 583 万元，2015 年实现营业收入 734 691 万元，比 2014 年减少 4.78%；2016 年实现营业收入 680 249 万元，比 2015 年减少 7.41%。"新安股份"2014 年净利润为 4 971 万元，2015 年净利润为 −26 681 万元，比 2014 年减少 636.69%；2016 年净利润为 7 755 万元，是 2015 年的 1.29 倍（见表1）。根据上述数据分析结果可以发现，"新安股份"2014—2016 年的盈利能力波动较大，而且营业收入和净利润匹配性较差，即盈利能力的减弱并没有使"新安股份"的净利润下降，反而大幅上升，这说明 2016 年"新安股份"产生的成本费用比重小，而通常与主营业务相关的成本费用具有一定的黏性，很难在短时间内大幅度下降。因此我们猜测，"新安股份"净利润大幅提升很可能与该企业利用会计估计变更进行盈余管理、操纵当期折旧费用和坏账损失有关。关于"新安股份"是否存在盈余管理行为，本文将在 2016 年财务报表数据分析中给予重点论述。接下来本文将基于 2016 年"新安股份"会计估计变更数据进行详细分析。

表1　"新安股份"2014—2016 年财务数据　　　金额单位：万元

年份	2014	2015	2016
营业收入	771 583	734 691	680 249
增长率	—	−4.78%	−7.41%
净利润	4 971	−26 681	7 755
增长率	—	−636.69%	1.29

（二）应收账款坏账准备计提比例变更

"新安股份"对以账龄为信用风险特征的应收款项（包括应收账款和其他应收款）采用账龄分析法计提坏账准备。为更客观、公允地反映公司的财务状况和经营成果，公司对应收款项采用账龄分析法计提坏账准备的比例进行了调整。本次会计估计变更经公司八届第十九次董事会审议通过，自 2016 年 5 月 1 日起实施。表2、表3 分别列示了"新安股份"2016 年会计估计变更的明细情况。其中，表2 列

示了采用账龄分析法计提应收账款坏账准备的计提比例变更；表 3 列示了应收账款及计提的坏账准备期末余额。表 2 和表 3 表明了"新安股份"对应收账款的坏账准备计提比例大幅降低。另外，我们注意到应收账款坏账准备变更影响金额为 103 780 138.17 元，变更后当期净利润为 87 243 658.82 元。如果按照以前坏账准备计提比例进行计算，"新安股份"净利润将调整为 −16 536 479.35 元。"新安股份"在确认坏账准备的计提比例时，应该根据以往经验、实际债务状况、现金流量情况以及其他相关信息进行合理估计，而不是如此大幅度地改变坏账准备计提比例。

"新安股份"会计报表中有"本公司持续对采用信用方式交易的客户进行信用评估。根据信用评估结果，本公司选择与经认可的且信用良好的客户进行交易，并对其应收款项余额进行监控，以确保本公司不会面临重大坏账风险。由于本公司的应收账款风险点分布于多个合作方和多个客户，截至 2016 年 12 月 31 日，本公司应收账款的 36.86%（2015 年 12 月 31 日：38.18%）源于余额前五名客户，本公司不存在重大的信用集中风险"。由于《企业会计准则第 28 号——会计政策、会计估计变更和差错更正》规定，企业应当在附注中披露会计政策变更的原因及其产生的影响。但"新安股份"关于应收账款坏账准备计提比例变更的披露存在含糊其词的嫌疑，其只是简单描述为更客观公允地反映公司的财务状况和经营成果，却未对变更依据的合理性提供可靠的依据。因此，我们认为"新安股份"很可能因为 2015 年净亏损的压力，在 2016 年采用应收账款坏账准备计提比例变更来减少本期费用，从而操纵净利润，粉饰财务报表，以达到业绩突增的目标。

表 2　应收账款坏账准备的计提比例变更

账龄	变更前应收账款计提比例 /%	变更后应收账款计提比例 /%
1 年以内	10.00	2.00
1~2 年	20.00	10.00
2~3 年	50.00	20.00
3~4 年	100.00	50.00
4~5 年	100.00	80.00
5 年以上	100.00	100.00

表 3　应收账款及计提的坏账准备期末余额　　　　金额单位：元

账龄	期末余额				
	应收账款	坏账准备	计提比例（变更后）/%	坏账准备	计提比例（变更前）/%
1 年以内					
其中：1 年以内分项					
1 年以内	570 387 009.23	11 407 740.2	2.00	57 038 700.9	10.00

表3（续）

账龄	期末余额				
	应收账款	坏账准备	计提比例（变更后）/%	坏账准备	计提比例（变更前）/%
1 年以内小计	570 387 009.23	11 407 740.2	2.00	57 038 700.9	10.00
1~2 年	4 732 686.63	473 268.66	10.00	946 537.33	20.00
2~3 年	1 929 408.80	385 881.76	20.00	964 704.40	50.00
3 年以上					
3~4 年	112 353.88	56 176.94	50.00	112 353.88	100.00
4~5 年	11 041.24	8 832.99	80.00	11 041.24	100.00
5 年以上	148 374.02	148 374.02	100.00	148 374.02	100.00
合计	577 320 873.80	12 480 274.5	2.16	116 260 412.7	

表 4 列示了"新安股份"2015 年、2016 年其他应收款及计提的坏账准备期末余额。其中，其他应收款坏账准备变更影响金额为 50 047 897.27 元，如果按照以前坏账准备计提比例，"新安股份"的净利润将调减 50 047 897.27 元。根据上述针对"新安股份"的数据分析可知，该公司本期应收款坏账准备计提比例下降，而该坏账准备的减少足以使"新安股份"2016 年由净亏损转为盈利。"新安股份"披露的财务报告提出：其持续对客户进行信用评估，并只与经认可的且信用良好的客户进行交易，以确保公司不会面临重大坏账风险。但是本文认为其应收账款坏账准备变更行为太过激进。

表 4 "新安股份"2015 年、2016 年其他应收款及计提的坏账准备期末余额

金额单位：元

账龄	期末余额				
	其他应收款	坏账准备	计提比例（变更后）/%	坏账准备	计提比例（变更前）/%
1 年以内					
其中：1 年以内分项	304 379 847.19	6 087 596.944	2.00	30 437 984.72	10.00
1 年以内小计	304 379 847.19	6 087 596.944	2.00	30 437 984.72	10.00
1~2 年	13 031 993.09	1 303 199.309	10.00	2 606 398.618	20.00
2~3 年	136 961.80	27 392.36	20.00	68 480.9	50.00
3 年以上					
3~4 年					
4~5 年	14 169.35	11 335.48	80.00	14 169.35	100.00
5 年以上					
合计	317 562 971.43	13 517 121.04	2.34	63 565 018.3	

（三）固定资产折旧年限调整

除了上述应收账款坏账准备计提比例的变更，"新安股份"又对固定资产折旧年限进行了大幅度调整。按照其报表中的叙述：为了能够更加公允、恰当地反映本公司的财务状况和经营成果，使固定资产折旧年限与其实际使用寿命更加接近，根据有关规定，结合公司的实际情况，对公司固定资产的折旧年限进行相应的调整，具体如表 5 所示。

按照《企业会计准则第 28 号——会计政策、会计估计变更和差错更正》，为真实反映固定资产为企业提供经济利益的期间及每期实际的资产消耗，企业至少应当于每年年度终了，对固定资产使用寿命和预计净残值进行复核。如果有确凿证据表明，固定资产使用寿命预计与原先估计数有差异，则应当调整固定资产使用寿命。那么"新安股份"的固定资产折旧年限的变化是否符合该准则要求呢？有待我们进一步分析。

表 5 和表 6 分别列示了大多数"新安股份"固定资产折旧年限。不难发现，房屋及建筑物的最短折旧年限由 12 年延长至 20 年；通用设备的最长折旧年限由 12 年延长至 14 年；专用设备的最长折旧年限由 12 年延长至 14 年。大部分固定资产使用寿命延长，年折旧率下降，折旧费用降低，这些均有利于本期净利润提高。

表 5　固定资产变更前的折旧年限

类别	折旧方法	折旧年限/年	残值率/%	年折旧率/%
房屋及建筑物	年限平均法	12~40	4~5	8~2.38
通用设备	年限平均法	4~12	4~5	24~7.92
专用设备	年限平均法	8~12	4~5	12~7.92
运输工具	年限平均法	6~12	4~5	16~7.92

表 6　固定资产变更后的折旧年限

类别	折旧方法	折旧年限/年	残值率/%	年折旧率/%
房屋及建筑物	年限平均法	20~40	4~5	4.80~2.38
通用设备	年限平均法	4~14	4~5	24~6.79
专用设备	年限平均法	8~14	4~5	12~6.79
运输工具	年限平均法	6~12	4~5	16~7.92

此外，我们还关注到"新安股份"的固定资产及在建工程占总资产的具体比重，如表 7 所示。经分析我们可以得出，固定资产及在建工程占总资产的比重始终保持在 40% 以上。虽然上述固定资产折旧估计的变更导致折旧率的变化比较微小，但是也会对利润产生较大的影响。

根据《企业会计准则第 28 号——会计政策、会计估计变更和差错更正》规定，企业应在其附注中披露会计政策变更的原因及其产生的影响。但"新安股份"报表的披露并未给出固定资产使用年限延长的合理的实质性证据，只是简单描述为更加公允、恰当地反映财务状况和经营成果，使固定资产折旧年限与其实际使用寿命更加接近。一般情况下，固定资产的使用寿命取决于其损耗速度，由预计生产能力、有形损耗和无形损耗决定，但是这些固定资产的损耗速度在目前仍无法准确计量，只能根据经验估计。这就给"新安股份"创造了充足的利润操纵空间。

表7 固定资产比重 金额单位：元

年份	固定资产净额	在建工程净额	资产总计	固定资产及在建工程占比
2015	3 433 917 151.57	384 929 887.65	7 839 189 532.76	48.71%
2016	3 082 259 079.78	412 107 955.91	7 994 482 985.70	43.71%

我们再根据表8列示的数据可知，由于会计估计变更，固定资产的折旧寿命延长，使得固定资产折旧额减少33 256 263.45元，占净利润的38.12%，即折旧年限延长将导致折旧率细微的变化，但对净利润已经产生了重大影响。综上所述，我们可以看出"新安股份"在一定程度上存在利用固定资产折旧这一会计估计变更进行盈余管理的情况。

表8 本期及上期净利润和折旧费用 单位：元

项目	本期金额	上期金额
净利润	87 243 658.82	−258 103 595.90
固定资产折旧、油气资产折耗、生产性生物资产折旧	357 828 662.35	391 084 925.80

四、"新安股份"会计估计变更的经济后果

根据前文分析可知，"新安股份"一方面利用应收账款坏账准备的计提比例变更来减少本期费用，操纵净利润，粉饰财务报表，达到业绩突增的良好表现；另一方面，变更固定资产折旧年限，延长固定资产折旧年限，降低折旧率。由于该公司的固定资产比重较大，固定资产使用年限的延长也可以使净利润得到显著提高。尤其是2016年固定资产使用年限变更减少的折旧费用占本期净利润比重高达38%。而据我们了解，在此期间"新安股份"的经营环境等并未发生较大的改变，我们认为其会计估计变更行为较为激进。总之，"新安股份"因会计估计变更提高了2016年度归属于母公司所有者的净利润，对其2016年度经营成果具有重大影响。一般而言，如果上市公司通过会计估计变更进行了一定程度的盈余管理，那么其有可能会面临如下经济后果。

（一）避免被暂停上市

根据股票上市规则，上市公司连续2年亏损将被特别处理（ST）。如果"新安股份"没有进行本次会计估计变更，那么其将会因连续2年亏损被特别处理，未来经营将面临暂停上市的压力，影响股东信心，造成股价动荡。"新安股份"利用

本次会计估计变更扭亏为盈、保住上市资格，其可以在未来改变经营方式，转变连续亏损的现状。

（二）增强利益相关者信心

本次会计估计变更使"新安股份"利润增加，有利于向股东传递企业经营良好、稳定发展、持续盈利的表现；能够吸引潜在投资者，增强股东信心。充足的现金流表明"新安股份"有按时还款的能力，违约风险低，可吸引更多供应商合作，获得更长的信用期限，提高客户的忠诚度。

（三）提高管理层薪酬

股东作为企业的所有者，委托管理层经营管理企业，但管理层努力工作创造的财富并不能由其单独享用，而是由全体股东分享。因此，管理层希望在增加股东财富的同时获得更多的利益。但是，管理层希望以最小的管理成本获得最大的股东财富，由此产生了委托-代理问题。"新安股份"年度报告指出：董事、监事、高级管理人员的报酬是由公司董事会根据企业规模及经营业绩成果来确定基本年薪。同时，"新安股份"根据董事会确定的经营目标，对其管理层人员实行分段、定期考核，计发风险奖金。"新安股份"管理层人员的业绩考核与经营结果挂钩，因此管理层很可能为了获得较高的报酬而进行盈余管理。

（四）其他

很显然"新安股份"并未请保荐机构及会计师核查说明上述会计估计变更的原因及其合理性，也并未结合同行业可比上市公司应收账款坏账准备的计提水平、固定资产使用年限，应收账款坏账准备和固定资产折旧年限变更的依据，以及是否符合会计准则的规定发表恰当意见。这使得利益相关者得到的利润并非是企业经济业务活动带来的真实利润，而只是管理层利用一些调节工具粉饰后的盈余，不利于资本市场资金达到最优配置。

五、研究结论

会计估计是指企业对其结果不确定的交易或事项以最近可利用的信息为基础所作的判断。而会计估计变更是指由于资产和负债的当前状况及预期未来经济利益和义务发生了变化，从而对资产或负债的账面价值或资产的定期消耗金额进行的重估和调整。在此过程中，会计估计变更在很大程度上会直接影响企业当期的盈余。企业的盈余是财务报告使用者最为关注的财务信息。因此，会计估计变更很可能隐藏着一定程度的盈余管理动机。

本文就上市公司会计估计变更与盈余管理行为所作的尝试性案例进行研究，对于会计实务研究、会计信息质量优化、会计估计行为规范和企业盈余管理行为约束都具有较大的参考价值。但是由于客观原因，本文难免遗漏影响企业盈余管理动机的其他影响因素，所构建的逻辑分析思路还有待进一步完善。但不可否认的是，本文的研究结论为后续研究提供了理论支持和方向性建议。随着学术界对企业盈余管理行为的持续关注，会计估计变更与盈余管理行为相关关系的影响因素及经济后果也将成为未来研究的焦点和热点。

六、政策建议

（一）完善会计准则体系

受经济环境不确定性和会计准则不完善等因素的影响，现行会计准则赋予了企业自主选择会计政策和方法的权利（段亚伟，2019）。现行企业会计准则对企业会计估计变更只是作出原则上的规定，变更标准以及金额都由企业根据实际情况自行确定，因此这在客观上对企业利用会计估计变更对收益计量产生了很大的影响。然而有些企业却将这种权力作为操纵利润和平滑收益的工具，进而造成了证券市场秩序的混乱（段亚伟，2019）。现有研究大多将会计估计变更的动因及影响直接归结于盈余管理，忽视了准则和政策制定者对会计估计变更相关规定的初衷（唐娓娓，2012）。因此，应该制定符合我国国情的财务会计概念框架，统一会计报表制定标准，提高会计报表质量；制定相应的法律体系来规范与惩处违反会计准则的行为。同时，应该提高会计人员专业素质，提升会计职业判断能力，促进会计准则运用效果，使我国会计准则与国际会计准则协调趋同；避免企业利用会计估计变更进行盈余管理。

（二）健全会计监管体系

会计估计的确认和计量均带有强烈的主观因素，并且外部信息使用者对公司情况的了解相较于公司管理者具有信息传递的不对称性，难以评判上市公司和企业会计估计的合理性（柳泽泉，2019），因此需要健全会计监督体系，确保会计估计变更的必要性与合理性。首先，应建立股东大会、董事会以及经理层之间的权力制衡关系，完善独立董事制度；提高公司治理效率，减少管理层盈余管理行为。其次，应引入审计制度，在公司内部设立审计部门，改善内部管理与运作效率；设置外审程序，发表对财务报表的意见，增强公众对财务报表的信心，形成有效的内部和外部监管体系。最后，严格的审查程序可以减少企业利用会计估计变更进行盈余管理。

（三）管理层长期激励计划

为实现股东财富最大化，应该将管理层报酬同其绩效挂钩，从而激励管理层为实现公司长期利益做出努力。例如，可以实行绩效股和管理层股票期权计划，从而实现管理层个人目标与股东目标的统一，缓和代理问题，减少管理层盈余管理行为。

总之，有关部门应当规范会计准则体系，使会计工作人员有规则可遵循；企业应当协调自身权力制衡关系，发挥监事会、外部审计的职能，提供可靠的会计报表，减少运用会计估计变更手段来对自身的盈余状况进行随意更改的现象。会计准则、监管体系和管理层治理，这三层"保险"能够最大限度地保障会计估计变更的公允性，使之能够准确计量，不使信息使用者错误解读。

参考文献：

[1] 段亚伟. 上市公司会计选择变更行为分析 [J]. 财会通讯, 2019 (16)：36-40.

[2] 韩洪灵, 颜志元. 会计估计变更公司的盈余管理分析 [J]. 浙江大学学报 (人文社会科学版), 2008 (2)：172-178.

[3] 何杰, 卢静, 周安川. 从会计估计变更看上市公司财务报表粉饰 [J]. 商业会计, 2011 (17)：29-31.

[4] 李瑶. ST 公司利用会计估计变更进行盈余管理的研究 [D]. 南昌：江西师范大学, 2018.

[5] 柳泽泉. 上市公司会计估计及其变更研究 [D]. 天津：天津财经大学, 2019.

[6] 刘晓彤. 北斗星通导航技术股份有限公司会计估计变更剖析 [J]. 营销界, 2021 (13)：49-50.

[7] 潘素梅. 基于固定资产折旧会计估计变更的盈余管理分析 [J]. 商业会计, 2021 (3)：76-79.

[8] 彭胜志, 闫盼盼. 基于会计估计变更的巨额冲销盈余管理研究 [J]. 会计之友, 2017 (4)：52-55.

[9] 卿小权, 刘月, 潘超. 固定资产折旧会计估计变更改善了公司业绩吗？——基于产能过剩行业的证据 [J]. 财会通讯, 2020 (19)：37-43.

[10] 王舒怡, 宋淑鸿. *ST 青松会计估计变更案例分析 [J]. 经济研究导刊, 2018 (30)：101-106.

[11] 吴博达. 我国钢铁行业盈余管理的动机与经济效应研究 [D]. 武汉：华中科技大学, 2019.

[12] 吴溪, 杨育龙, 陆正飞. 会计估计变更伴随着更激进的盈余效应吗？[J]. 会计研究, 2015 (4)：11-19, 95.

[13] 唐娓娓. 会计估计变更的收益计量分析 [J]. 商业会计, 2012 (3)：78-79.

[14] 杨海峰. 防范企业滥用会计估计变更调节利润：对部分钢铁企业频繁调整固定资产折旧的思考 [J]. 财会月刊, 2015 (13)：80-82.

[15] 邹邹. 上市公司会计选择变更行为研究：以中海海盛为例 [J]. 财会通讯, 2019 (4)：69-74.

[16] BAKIJA J, HEIM B T. How does charitable giving respond to incentives and income? dynamic panel estimates accounting for predictable changes in taxation [J]. SSRN Electronic Journal, 2008 (2)：25-28.

[17] SELLING T I, NORDLUND B. The problem of management bias in accounting estimates：an investor perspective on root causes and solutions [J]. Business Horizons, 2015, 58 (5)：99-105.

[18] KANG Y J, TROTMAN A J, TROTMAN K T. The effect of an audit judgment rule on audit committee members' professional skepticism：the case of accounting esti-

mates [J]. Accounting, Organizations and Society, 2015 (46): 58-60.

[19] DANOS P, EICHENSEHER J W. Audit industry dynamics: factors affecting changes in Client-Industry market shares [J]. Journal of Accounting Research, 1982, 20 (2): 604.

"医改"政策下，中医药企业如何突围？

——基于云南白药集团盈利能力视角

陈 欢 田 弥

（重庆工商大学会计学院 重庆 400067）

摘 要：本文以上市公司云南白药集团为案例，首先分析了在"医改"大背景下，中医药企业面临生物制药企业的蓬勃发展的市场环境；其次选取了能够代表盈利能力的财务指标进行分析，有针对性地探究云南白药集团盈利能力存在的问题；最后提出发展的建议和方案，希望能促进中医药企业的良性发展。

关键词：云南白药；医药行业；盈利能力；财务分析

一、引言

2016 年 12 月，国务院印发了《"十三五"深化医药卫生体制改革规划》，旨在全面深化医药卫生体制改革，推进健康中国建设。在一系列"医改"政策的支持下，国内企业更加关注药物的创新和药品质量的提升。但是部分中药产品技术水平低、准入门槛低、企业间产品特点区分不明显、中医药企业在研发方面投入不足、研发成果转化率较低等，使得我国中医药企业在面向市场需求进行高效率的研发和开发上存在短板。我国明确提出要更加注重中医药事业的发展，因此在我国经济增速放缓的大背景下，中医药行业作为非周期性行业，其市场需求较大，发展前景良好。

在"医改"大背景下，中医药企业面临着生物制药企业的蓬勃发展，市场竞争愈演愈烈。如何在"健康中国"的理念下，凸显中医药的独特优势、提升企业的自我造血能力显得尤为重要。本文以云南白药集团为例，分析企业的盈利能力现状，并据此提出发展的建议和方案，希望能对中医药企业的发展有一定的帮助。

二、云南白药集团盈利能力现状

（一）云南白药集团总体盈利状况

1. 云南白药集团近三年财务数据分析

由图 1 分析可得出，云南白药集团近三年的营业收入和成本都呈现出上升趋势，营业收入的增长幅度比营业成本的增长幅度要大，因此，云南白药集团近三年的净利润持续增加，经营状况良好。

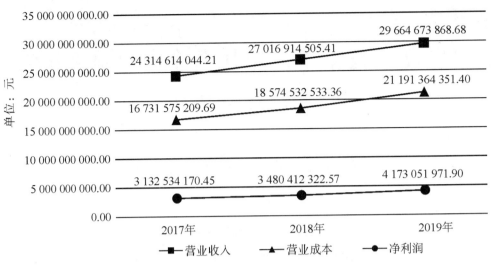

图 1　云南白药集团 2017—2019 年财务数据

云南白药集团在 2019 年的营业收入约 296.65 亿元，较 2018 年的营业收入增加 26.48 亿元，增长幅度达 9.80%。由表 1 可知，云南白药集团在商品销售收入上增长幅度达 16.51%，且其在商品销售和工业销售上占据营业收入的大部分。

表 1　云南白药集团营业收入构成　　　　　　　　金额单位：元

项目	2019 年	2018 年	同比增长
工业产品（自制）	11 023 947 583.32	10 823 062 060.25	1.86%
批发零售	18 550 732 374.81	15 922 582 386.32	16.51%
营业收入	29 664 673 868.68	27 016 914 505.41	9.80%

由图 2 可知，云南白药集团工业制品（自制）的毛利率呈现下降的趋势，批发零售产品毛利率有一定幅度的上升。在 2019 年营业收入构成中批发零售占比高达 62.53%，因此可分析得出，营业收入在 2019 年同比增长主要来自批发零售行业。云南白药集团在批发零售上采用多元化的发展策略促进了营业收入的增长。云南白药集团主打的日化产品牙膏在市场上具有高占有率和高业务增长率的特点，从而极大地促进了营业收入的增加。

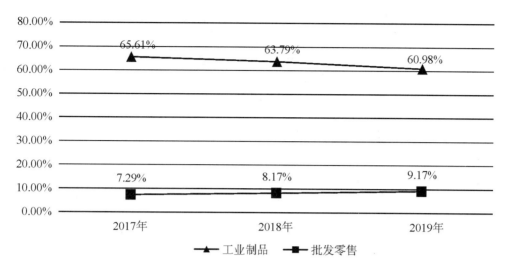

图 2　云南白药集团 2017—2019 年产品毛利率变化

2. 云南白药集团各部门营业收入情况分析

如表 2 所示,省医药部 2019 年的营业收入约为 190.14 亿元(同比增长 16.41%),且近三年省医药部的营业收入占总营业收入的大部分,这表明云南白药集团的医药批发、零售业务稳中向好;健康产品事业部 2019 年营业收入约为 46.7 亿元(同比增长 4.75%),这说明云南白药集团的"工业 4.0 计划"在医学赋能"饮食习惯与口腔健康"有了进一步进展;中药资源事业部 2019 年营业收入约为 13.68 亿(同比增长 0.04%),这说明云南白药集团有序推进的新零售模式"白药生活+体验店"有效拉动了营业收入的增长。综上所述,云南白药集团科技"智"造使得经营效率有了一定幅度的提高。

表 2　云南白药集团各部门营业收入变动　　　　单位:万元

部门	2017 年	2018 年	2019 年
省医药部	1 448 389	1 633 317	1 901 355
药品事业部	439 963	453 086	439 681
健康产品事业部	427 283	446 671	467 871
中药资源事业部	113 887	136 699	136 758
天颐茶品	—	8 332	9 277
其他	1 941	23 587	11 525

3. 云南白药集团营业成本相关分析

由图 3 可看出,在云南白药集团营业成本构成里,销售费用占据很大比重,且有逐年上升的趋势。云南白药集团重视销售推广,将企业的大部分资源都投入到销售和品牌推广上。

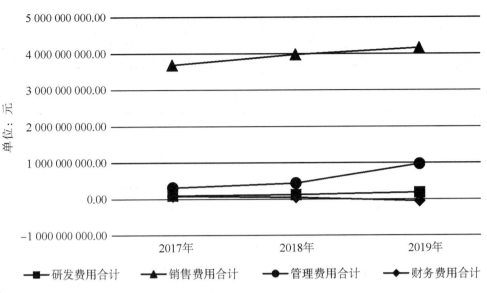

图3　云南白药集团 2017—2019 年营业成本构成趋势分析

云南白药集团的管理费用也在逐年上升，2019 年的同比增长幅度高达 123.23%，管理费用"其他"项中 2019 年同比增长 4 401.83%。管理费用大幅度增加，且增加的科目还是不透明的"其他"科目，这背后可能存在一定的盈余管理。管理费用大幅度上升的原因还可能是云南白药集团的职工薪酬和员工持股计划的支出增多。

云南白药集团的研发费用支出有一定程度的增加，但研发费用支出金额占比较小，2019 年研发费用支出同比增长 55.42%。但研发支出力度还不够，云南白药集团不应该将过多的资源投入在销售上。企业要想得到长远发展，研发创新才是根本之道。

云南白药集团的财务费用总体呈现出下降的趋势，在 2019 年其财务费用为负值，利息收入可观，但这也从一定程度上反映出云南白药集团为提高暂时闲置资金收益而购买的结构性存款产生的利息较高，未充分使用资金。

综上所述，云南白药集团的成本费用过大，应加大研发费用的支出，增强企业的创新能力并找到新的盈利增长点。

（二）云南白药集团三大盈利能力分析

1. 营业能力分析

销售毛利率是衡量生产经营活动质量的重要财务指标。我们通过销售毛利率可以分析企业经营活动中对成本和费用的管理控制。销售毛利率高，表明该企业的产品或服务的成本低、卖价高，增值空间大，在同行业中更具有竞争优势。

从表3可以看出，云南白药集团 2017—2019 年的销售毛利率在 30% 左右，较为平稳，但 2019 年的销售毛利率却同比下降 2.69%，销售利润率同比增长 2.28%，销售净利率同比增长 1.19%。其一部分原因可能是"医改"政策的颁布与落实，在一定程度上影响了云南白药集团的定价，使得产品定价更贴合市场，即商品价格略有下调，使得当年云南白药集团的销售毛利率有所降低；还有一部分原因是种植成本、人力成本和运输成本的提高使得原材料价格上涨，云南白药集团的增值空间被压缩。同时，云南白药集团2017—2019年的成本费用率总体呈上涨趋势，2019年的成本费用率高达17.79%，这说明云南白药集团的成本费用较高，但资源配置使用效率较低。云南白药集团的营业利润没有大幅度增加，但企业为了生产和销售的成本却不断上升，由此导致成本费用利润率上升。

表3 云南白药集团2017—2019年营业指标数据

评价指标	2017年	2018年	2019年
销售毛利率	31.19%	31.25%	28.56%
销售利润率	14.89%	13.71%	15.99%
销售净利率	12.88%	12.88%	14.07%
成本费用率	17.16%	16.43%	17.79%

2. 资产盈利能力分析

从表4可以看出，云南白药集团近三年的总资产收益率不断降低，2019年比2017年下降3.93%，这表明云南白药集团的资产运营利用效率逐年下降，投入产出比走向低效化。分析原因可知，云南白药集团为了追求企业规模的扩大和高利润，盲目进行"副业"发展——进行房地产投资，这不仅占用了云南白药集团大量的资金，还加大了企业管理难度，使得其不能有效进行资源整合和利用，在一定程度上拖累了主营业务的发展。

表4 云南白药集团2017—2019年净利润、平均资产总额、总资产收益率变动

金额单位：元

指标	2017年	2018年	2019年
净利润	3 132 534 170	3 480 412 323	4 173 051 972
平均资产总额	26 144 588 287	40 825 502 240	51 803 261 530
总资产收益率	11.98%	8.53%	8.06%

3. 资产盈利能力分析

从表5可以看出，云南白药集团在2017—2019年的净资产收益率在总体上呈现出下降趋势，总体波动幅度较大，2019年比2017年下降6.32%。由年报数据可知，云南白药集团的净资产利润率有大幅度的变动，主要原因在于净资产的变动幅度大。云南白药集团的净利润在2017—2019年一直处于增长状态，但净资产收益率的降低说明，云南白药集团在净资产运用方面存在一定的问题，并未合理使用净利润。

表5 云南白药2017—2019年净资产收益率

金额单位：元

指标	2017年	2018年	2019年
净利润	3 132 534 170	3 480 412 323	4 173 051 972

表5（续）

指标	2017 年	2018 年	2019 年
净资产	18 142 917 483	40 005 725 653	38 099 907 837
净资产收益率	17.27%	8.70%	10.95%

（三）云南白药集团与行业对比情况

云南白药集团作为中医药行业的明星企业，其资产规模、总收入和净利润都位于行业前列，因此将其各项财务指标与医药行业总体平均值进行比较的意义较小。本文选取我国中医药行业中发展比较好的三家企业（同仁堂、东阿阿胶和片仔癀）与云南白药集团进行综合比较分析。同仁堂、东阿阿胶、片仔癀和云南白药集团都是我国知名的国有中医药企业，发展历史悠久，而且拥有独特的品牌效益，因此将它们进行综合分析更具有可比性和可靠性。

2019 年，云南白药集团的销售毛利率远远低于行业平均值，这表明云南白药集团的销售利润空间不高，其原因可能与企业的发展阶段有关。由于医药行业整体竞争激烈，且云南白药集团的产业发展进入成熟阶段，因此其销售毛利润增长空间较小。同时，云南白药集团将产品定位于高端市场，因此其销售费用投入较大，但为了不因为定价过高而失去消费者，所以相应的利润空间就会缩小（见表6）。

表6 2019 年各企业盈利指标分析

企业	销售毛利率	营业利润率	销售净利率	总资产收益率	净资产收益率
云南白药集团	28.56%	15.99%	14.07%	8.06%	10.95%
同仁堂	46.76%	14.82%	11.76%	7.54%	10.65%
片仔癀	44.24%	28.63%	24.24%	17.93%	19.90%
东阿阿胶	47.65%	−17.34%	−15.05%	−3.49%	−4.44%
行业平均	41.80%	10.52%	8.75%	7.51%	9.27%

从生产经营盈利能力来看，销售毛利率、营业利润率、销售净利率的数值越大，则表示企业的盈利能力越强。由表6可知，云南白药集团的销售毛利率远远低于行业平均值，但是上述其他指标值均高于行业平均值，由此可以看出，云南白药集团在 2019 年的成本控制得比较好，有一定优势，但费用支出仍较为庞大。

从资产盈利能力来看，云南白药集团的总资产收益率比行业平均值高出0.55%，位于同行业对比企业的第二位，这表明云南白药集团将不同形式的资产进行了合理配置，资产的使用效率较高，在同行业中具有一定的竞争力。

从所有者投资盈利能力来看，净资产收益率是指在公司经营者的经营下归属股东的利润水平。云南白药集团的净资产收益率表现良好，略高于行业平均值1.68%。

（四）云南白药集团盈利能力评价

将云南白药集团 2019 年的利润总额、营业利润、净利润占营业收入的比重与同行业其他企业对比，结果如表 7 所示。

表 7　2019 年利润总额、营业利润、净利润占营业收入的比重对比

企业	利润总额占比	营业利润占比	净利润占比
云南白药集团	15.93%	15.99%	14.07%
同仁堂	14.81%	14.82%	11.76%
片仔癀	28.74%	28.63%	24.24%
东阿阿胶	-17.08%	-17.34%	-15.05%
行业平均	15.17%	15.18%	12.93%

与同行业其他企业相比，云南白药集团的利润相关指标占营业收入的比重处于中等水平；与行业均值相比，云南白药集团各项指标均处于均值以上。从盈利能力总体来看，云南白药集团受到"医改"政策大环境的影响，作出了多元化经营模式的调整，使得利润有一定幅度的上涨。作为一个老牌并掌握核心技术的国有企业，云南白药集团自身的资金实力较为雄厚，但是其盈利能力在近三年的发展中没有得到提升。

三、云南白药集团盈利能力存在的问题

（一）获取销售收入的能力较弱

虽然 2017—2019 年云南白药集团的销售毛利率一直较为稳定，但是总体处于行业平均水平以下。销售毛利率是销售毛利占销售收入的比重，可以反映出企业在一定时期内获取销售收入中毛利成分与盈利能力呈正相关关系。云南白药集团的销售毛利率偏低，表明其盈利能力处于中等偏下水平。

（二）费用支出偏高，资产利用效率低

云南白药集团过于注重销售和品牌的推广，使得销售费用一直占据成本费用较大比重，而研发支出费用较少，这对于一个正处于转型的医药企业是不利的。其财务报表显示的大量管理费用中"其他"项目费用的突增，对于企业盈利能力也产生了一定的影响。云南白药集团在资金流充足的情况下，并未寻找新的盈利增长点，而是用其收取利息，使得企业对资产的配置效率较低。

（三）盲目搞"副业"，主营业务优势降低

云南白药集团非相关多元化业务的跨度大，因此无法对资源进行有效的整合，这使得管理成本大幅度上升，且其带来的收益不明显，还占用了大量的资金。云南白药集团对于主打知名白药产品的创新研究投入也在减少，这使得其主营业务的优势有所降低。云南白药集团在相关质量管控上也出现了漏洞，其本具有优势的中药饮片等产品也由于质量问题被地方政府拉入"黑名单"。盈利增长幅度大的云南白药牙膏也因为添加西药止血药剂被媒体多次爆出，其产品的信用程度受到消费者质疑。

四、提高云南白药集团盈利能力的对策

(一) 促进加盟零售店建设，提升毛利率

由上文可知，云南白药集团的销售毛利率远低于行业平均值，因此其可通过加盟零售店提升毛利率。加盟零售店的建设能在很大程度上减少供应链中间环节，提高企业的营业能力，扩大销量，从而提升企业销售毛利率。

(二) 加强成本费用支出的管理，提升资金管理效率

虽然云南白药集团有大额的销售成本支出，但其销售毛利率在同行业中却不占优势。因此，云南白药集团应该加强成本费用支出的管理，提升成本转化为收入的效率，优化企业的成本控制方法和审批流程，对直接影响企业利润的期间成本加强管理力度。

(三) 加紧创新，强化产品的核心竞争力

在"医药分开"改革的背景下，提升中医药企业的核心竞争力应摆在首要位置。核心竞争力主要体现在产品质量方面，云南白药集团只有勇于加强产品研发创新，提升产品质量，进一步占领市场份额，才能从根本上降低成本、增加利润。在"健康中国"的指引下，人民对于健康的需求也在不断增长，这使得中草药备受推崇，因此云南白药集团应该更加重视对中草药产品的创新研发。同时，云南白药集团要在保护专利的基础上加快新产品和新技术的研发，把传统工艺与现代科技相结合，不断丰富和优化公司核心产品。

综上所述，云南白药集团具有发展潜力，希望其能结合过去的财务状况适时地作出调整，提升企业的价值，为中医药的创新发展带来活力。

五、结论与展望

本文的研究初衷是对云南白药集团进行盈利能力分析，试图找出云南白药集团在经营过程中可能存在的问题，并就相关问题提出对应的解决措施。本文首先分析了在"医改"大背景下，中医药企业面临着生物制药企业的蓬勃发展的市场环境；其次选取了能够代表盈利能力的财务指标进行分析；最后选取了三家企业作为对比对象，将云南白药集团放入行业竞争之中，分析云南白药集团的竞争力水平。

由于笔者掌握的财务相关知识有限，同时缺乏企业经营实践经验，更缺乏企业管理者的经营决策经验，本文的案例研究难以避免有不足之处。例如，本文案例研究的关注点可能不够全面，对云南白药集团经营现状的分析存在局限性。

本文仅仅利用了能够代表盈利能力的财务指标对云南白药集团进行分析，且使用的财务指标较少。根据近年来的研究，企业盈利能力的影响因素是多种多样的，企业管理者、企业员工、企业文化、内部政策、外部市场、同行竞争者的策略调整都可能对公司的盈利能力产生微妙影响，但是本文更多地从宏观的财务角度进行分析。云南白药集团盈利能力的提升方向还有很多挖掘和深入探讨的地方，值得在今后的研究中作进一步分析。

参考文献：

[1] 吴遴遴. 云南白药和片仔癀产品多元化战略研究 [D]. 厦门：厦门大学，2018.

[2] 朱靖宇. 云南白药集团轻资产盈利模式财务绩效研究 [D]. 哈尔滨：哈尔滨商业大学，2020.

[3] 潘特. 医改政策变动对云南白药集团盈利能力的影响研究 [J]. 商业会计，2020（8）：64-67.

[4] 李小芳. 基于哈佛框架的中药企业财务分析 [D]. 石家庄：河北师范大学，2020.

[5] 王蒙. 中医药行业投资价值分析 [D]. 石家庄：河北经贸大学，2019.

[6] 刘庭芳. 构建"十四五"医改推进机制 [J]. 中国发展观察，2020（22）：12-17.

长安汽车亏损缘由探析

——基于公司财务报告的分析

黄晚秋

（重庆工商大学会计学院 重庆 400067）

摘 要： 重庆长安汽车股份有限公司（以下简称"长安汽车"）自上市以来，经营状况向好发展，盈利状况良好。根据长安汽车对外发布的 2019 年年报公告显示，2019 年长安汽车实现营业总收入 705.95 亿元，同比增长 6.48%；但是归属于母公司的净利润却出现前所未有的亏损，亏损金额高达 26.47 亿元，同比下降 488.81%。本文首先对长安汽车各项盈利指标进行分析，得出长安汽车亏损的主要原因是其合营企业与联营企业投资收益的大幅度下降，进而通过对其合营企业和联营企业亏损的内外部原因进行具体探索；其次，从投资主导型企业视角分析此次亏损背后的原因，进而从企业投资结构、创新能力等角度分散风险，为同行业企业提供借鉴。

关键词： 长安汽车；财务报告；亏损；投资收益

一、长安汽车简介及其财务概况

（一）长安汽车简介

长安汽车自 1996 年成立以来，经营范围涉猎甚广，是一家开发、制造、销售全系列乘用车和商用车的汽车公司，其主要产品涵盖全系列乘用车、小型商用车、轻型卡车、微型面包车和大中型客车等。自上市以来，长安汽车的经营状况良好，且稳步向前发展。据长安汽车的公开数据显示，长安汽车是全国最大的微型汽车生产企业之一，全国工业企业前 500 强，是中国国家科学技术委员会批准的计算机集成制造系统（CIMS）技术重点示范应用企业。

长安汽车在全球积极开展合资业务，控股、参股公司较多。据不完全统计，1993 年，长安汽车与日本铃木公司合资组建了重庆长安铃木汽车有限公司，主要生产和销售汽车及其零部件；2001 年，长安汽车与美国福特汽车公司合资组建了长安福特汽车有限公司，主要生产和销售福特汽车及其零部件；随后，重庆长安、长安马自达公司合资组建了长安马自达汽车有限公司，主要生产和销售马自达系列汽车及其零部件。根据长安汽车各年年报统计，其实现的净利润的 80% 以上均来自各合营企业和联营企业的投资收益。因此，长安汽车是一家典型的投资主导型企业。

（二）长安汽车 2019 年财务概况

根据长安汽车对外发布的 2019 年年报公告显示，2019 年长安汽车营业总收入同比增长 6.48%，而营业利润却出现严重的下滑，同比下降 946.03%。即使在营业收入未出现具体问题时，长安汽车实现的营业利润就大幅度下降直至亏损。显然，产生问题的原因与普通企业不同，下文就市场环境和企业自身状况对长安汽车亏损的原因进行深入探讨。

二、基于利润表的长安汽车的盈利情况分析

（一）企业净利润大幅下降

自上市以来，长安汽车的经营状况良好，我们通过整理长安汽车 2015—2019 年年报公开数据，得到长安汽车 2015—2019 年营业收入及归属上市公司股东的净利润（见图 1）。2015—2017 年，长安汽车的营业收入呈稳步上升趋势，由此可见期间长安汽车一直稳步向好发展，但在 2017 年出现转折，2017—2018 年出现一定程度的下降，直至 2019 年恢复稳步回升状态。然而此时归属于上市公司股东的各项权益也由 2015—2017 年的上升变为在 2017 年出现下降，直至 2019 年为负数。2015—2017 年，其所实现的营业收入并不来自长安汽车本身的经营活动，长安汽车净利润出现亏损的原因不是企业本身营业收入的问题。

图 1　长安汽车 2015—2019 年营业收入及归属上市公司股东的净利润变化情况

（二）投资出现严重亏损

我们可以由长安汽车 2019 年年报利润表数据整理得到表 1，然后通过直观呈现长安汽车 2018—2019 年利润表数据得到差异，寻求原因。以 2018—2019 年利润表的各项目数据变化为基础，我们可以直观看到，2019 年长安汽车亏损的主要原因是投资收益出现严重问题，即由 2018 年损失 71 306 776.79 元到 2019 年损失高达 2 109 369 113.31 元，其中最为严重的部分为对联营企业和合营企业的投资损失由 2018 年的 331 883 560.67 元到 2019 年损失高达 2 158 815 891.20 元。由此可见，长安汽车为典型的投资主导型企业。因此，长安汽车 2019 年出现的大数额的亏损归结于投资收益的大幅度下降。

表 1　利润表主要项目　　　　　　　　　　　单位：元

项目	2019 年	2018 年
营业收入	70 595 245 133.28	66 298 270 389.77
减：营业成本	60 232 585 428.08	56 583 468 369.14
税金及附加	2 488 057 067.83	2 305 917 984.34
销售费用	4 591 170 885.94	5 283 255 346.48
管理费用	2 265 231 518.65	2 141 231 988.91
研发费用	3 169 063 761.13	3 184 788 921.68
财务收入	−190 849 511.73	−427 062 035.06
加：其他收益	1 537 625 620.93	2 873 192 102.56
投资损失	−2 109 369 113.31	−71 306 776.79
其中：对联营企业和合营企业的投资损失	−2 158 815 891.20	−331 883 560.67

三、长安汽车亏损的原因分析

（一）汽车行业形势萧条

根据 2019 年汽车行业最新数据整理得到表 2，从 2019 年整个行业的产销状况来看，乘用车、商用车中的货车车型、皮卡车中的柴油车以及新能源汽车中的插电式混合动力车型的产量状况都呈现下降的趋势，然而乘用车、商用车、皮卡车中的汽油车车型以及新能源汽车中的纯电动车型和燃料电池车型的销量却同比增加，至此看来在大多数汽车制造商错误地谨慎预估了部分车型的销量状况之下，整个汽车行业的销量呈现一片向好的趋势。

表 2　2019 年汽车行业产销情况

车型	序号	产量同比增长	销量同比增长
乘用车	（1）	−9.2%	9.6%
客车	（2）	−3.5%	2.2%
货车	（3）	2.6%	0.9%
汽油车	（4）	21.6%	18.4%
柴油车	（5）	−11.7%	−11.7%
纯电动	（6）	3.4%	1.2%
插电式混合动力	（7）	−22.5%	−14.5%
燃料电池	（8）	85.5%	79.2%

由长安汽车各项资料可知，其各子公司的主攻车型为乘用车和商用车以及新能

源汽车，且其专攻的车型为大、中、小型乘用车。然而在汽车行业乘用车的销量向好发展时，长安汽车却出现了亏损，因此整个汽车行业的趋势不是其出现亏损的主要原因。

由长安汽车 2019 年年报数据整理得到表 3，从中可以看出，长安福特汽车有限公司、长安标致雪铁龙汽车有限公司出现的亏损都由 2018 年的千万元级上升至 2019 年的亿元级；长安马自达汽车有限公司盈利状况也由之前的亿元级下降至千万元级；江铃控股有限公司的亏损虽有所弥补，但仍是千万元级的损失。

表 3　按权益法核算的长期股权投资收益　　　　　　单位：元

被投资单位	2019 年	2018 年
长安福特汽车有限公司	−1 926 961 179.20	−415 641 597.09
长安马自达汽车有限公司	929 384 241.61	1 263 196 852.39
江铃控股有限公司	−363 836 163.49	−409 453 173.08
长安标致雪铁龙汽车有限公司	−1 110 480 084.87	−437 042 058.02

（二）联营及合营汽车企业销量持续下降

长安汽车是一个典型的投资主导型企业，由以前年度利润表整理可得，长安汽车实现利润的 80% 以下均来自对合营企业和联营企业的投资收益。其中，长安福特汽车有限公司所产生的收益占到总收益的 60% 以上，该收益被称作长安汽车的"利润奶牛"。

然而对于当前的长安汽车而言，"利润奶牛"不再产奶，并且绝大部分合资企业的销售收入呈现出大幅度下降趋势。根据汽车财经公开数据，2019 年销量前 10 名的厂商中，长安汽车由原来位居前 3 的位置掉落至第 10 名，即在长安汽车经营状况不佳时，同行业其他汽车厂商在不断进步并且超越了长安汽车。在此情况之下，长安汽车势必进行战略调整，以亏损为首的长安福特汽车有限公司和长安马自达汽车有限公司为代表来分析亏损背后的原因，从而为长安汽车战略调整提供依据。

1. 长安福特销量出现断崖式下降

长安福特汽车有限公司（以下简称"长安福特"）自 1997 年进入中国，至今已超过 20 年。最初，长安福特以江铃福特的身份通过合资方式进入中国市场，主营福特轻型商务车。此后，长安福特与长安汽车在 2001 年进行合资经营，长安福特主要生产福特轿车，从 2010 年 31.04 万辆稳步向前发展至 2013 年的 67.89 万辆，强势占据市场份额的 5%（见图 2）。

此后 6 年长安福特销量一路增长，直到 2016 年，长安福特全年销量达到 95.7 万辆，长安福特也在那时提出年销量突破百万辆的目标。然而，从 2017 年起，长安福特销量开始疲软，走向下坡。2018 年长安福特汽车累计销售 82.7 万辆，同比下降 14%。2018 年，长安福特的销量降幅进一步扩大，2018 年 1—6 月长安福特累计销量为 22.8 万辆，同比下降 38.9%，其中 6 月长安福特销量仅为 3.31 万辆，同比大跌 53%。长安福特全系车型均出现大幅下跌，其中销量主力福克斯车型的销量下滑幅度高达 59.6%。

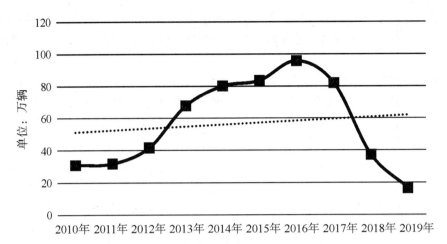

图2　长安福特汽车销量

2. 长安标致雪铁龙销量持续下降

自长安标致雪铁龙汽车有限公司（以下简称"长安标致雪铁龙"）进入中国市场以来，其对于自身产品定位即为 DS 系列高端车品牌。该系列车型有 DS4S、DS5LS、DS5、DS6、DS7，但看似丰富的车型背后实则是每况愈下的销量。由长安标致雪铁龙官网公开数据整理得到表4，可以看出，2019 年 1—12 月，其产销量都逐渐下滑，且下降幅度不断增大。

表4　2019 年长安标致雪铁龙产销情况

时间	累计产量/万辆	产量同比增长/%	累计销量/万辆	销量同比增长/%
2019 年 1 月	27	-94	303	7.1
2019 年 2 月	27	-94.3	453	-9.8
2019 年 3 月	36	-95.4	603	-25.8
2019 年 4 月	44	-96.8	812	-31.2
2019 年 5 月	43	-98.3	917	-46.7
2019 年 6 月	102	-97.1	1 720	-15.9
2019 年 7 月	272	-93.3	1 840	-16.2
2019 年 8 月	370	-91.3	1 952	-32.8
2019 年 9 月	366	-91.7	2 027	-40.5
2019 年 10 月	386	-91.4	2 035	-43.7
2019 年 11 月	397	-91.2	2 044	-44.9

纵观长安标致雪铁龙产品结构和相关策略，我们将其销量急剧下滑的原因总结如下：

第一，产品特性与中国消费者需求不相契合。对于长安标致雪铁龙而言，其面向的主要市场为欧洲市场，生产的主要车型也是中、小车型，而对于中国消费者而言，其更加偏爱的车型为微大型乘用车，即产品生产定位与中国消费者需求不相匹配。再加之其对于自身定位的偏高，乘用车的定价也偏高，又因其缺少品牌产品的宣传，因此中国消费者更愿意选择花同样的价格购买品牌知名度更高的奥迪、宝马等高端品牌的汽车。

第二，产品更新迭代速度缓慢。自进入中国市场以来，长安标致雪铁龙一直依赖于展现自身定位的代表品牌特性的 DS 系列车型，然而 DS 系列车型产品周期过长且未对其进行宣传，导致其进入中国市场多年之后也不受中国消费者过多青睐，销量急剧下降。由搜狐汽车网公开数据整理得到表 5，可以看出，在 2019 年第三季度的车型销量中，热销车型 DS6 是于 2014 年在中国广州与大众见面的，而销量不佳的 DS5 则是在 2013 年研发上市的，在此期间，长安标致雪铁龙未进行有效的产品研发，车型更新迭代速度缓慢。

表 5　2019 年第三季度各车型销量情况　　　　单位：万辆

车型	2019 年 7 月	2019 年 8 月	2019 年 9 月
DS6	33	9	11
DS4S	0	0	0
DS5	1	11	1
在所有企业中排名	82	66	70

由此所见，长安汽车大部分合营企业和联营企业的汽车销量下滑的原因除了自身产品与市场需求不匹配之外，还存在产品质量不过关、产品更新迭代速度极其缓慢、不能及时跟上消费者对于汽车更新迭代速度的要求以及库存管理不善的问题。

四、提高长安汽车盈利状况的对策建议

（一）调整投资企业结构

长安汽车是一个典型的投资主导型企业，其合营企业和联营企业相较于其他企业更为复杂。在 2019 年出现近 26 亿元亏损时，长安汽车分析企业整体结构，将其归结于被投资企业结构不合理导致投资收益的大幅度下降。那么，要实现扭亏为盈，首先便需要调整被投资企业的结构。

长安汽车首先对部分亏损严重且未来发展前景受限的被投资企业进行割舍，其中包括出售长安汽车所持有的长安标致雪铁龙 50% 的股权以及放弃长安汽车旗下的全资子公司长安新能源汽车的增资优先认购权。

（二）快速回笼资金

对于长安汽车而言，在企业出现大规模的亏损的前提下，能够快速回笼资金的办法就是出售自身所持有的股权，获得非经常性收益。长安汽车旗下全资子公司重庆长安新能源汽车科技有限公司引入战略投资者，长安汽车放弃增资优先认购权，从而使长安汽车获得了 21 亿元的净利润。同时，长安汽车出售了长安标致雪铁龙

的股权，获得约 14 亿元的收益。

（三）加强创新能力

2019 年，长安福特制定了"福特中国 2.0 战略""长安福特加速计划"等多个战略规划，提出到 2021 年年底将投放至少 18 款新车型，其中包含 5 款新能源产品，这改变了此前几年缺乏新品的处境。2019 年，长安福特已上市锐界中期改款、锐际等新车型，还将推出"福特探险者"，这些新产品将有益于长安福特重回主流合资轨道。

此外，长安福特还可以将产品生产线的创新能力与当今社会需求紧密结合。当下，人们都追求低碳生活，且能源使用殆尽问题亟待解决。汽车产品设计师在对车型进行有效设计时，应优先考虑新能源动力。

（四）加强产品监控力度

对于汽车生产而言，企业应该将消费者人身健康安全放在一切产品特性考虑的第一位。在对长安汽车旗下几个典型汽车制造企业进行分析之后发现，大多数企业的产品仍存在严重的产品质量问题。长安汽车应该重点观测产品研发过程中所产生的产品质量问题，设置样车试驾环节，同时增加产品质量监控人员，完善产品质量检测制度。

参考文献：

[1] 赵新江. 长安汽车扭亏为盈之道 [J]. 理财，2020，365（10）：44-45.

[2] 赵丽华. 长安汽车股份有限公司盈利能力及影响因素分析 [J]. 财务与金融，2020，187（5）：63-67.

[3] 杨梦如. 长安汽车盈利质量分析 [D]. 太原：山西大学，2020：27-35.

[4] 施富林. 长安汽车营销渠道冲突与管理 [D]. 石河子：石河子大学，2019：20-30.

[5] 陈珂. 政府补助对新能源汽车可持续发展的影响：基于长安汽车的案例分析 [D]. 成都：西南财经大学，2019：10-12.

中美贸易摩擦下海康威视的财务风险分析

颜小沆

（重庆工商大学会计学院　重庆　400067）

摘　要： 偿债能力是企业利益相关者最为关心的财务能力之一，它直接关系到公司的生存与发展。本文利用海康威视近5年的财务数据，运用比率分析法和行业对比法，并结合各报表项目的质量和盈利能力，对海康威视的短期偿债能力和长期偿债能力进行分析，得出海康威视整体财务状况较好、偿债能力较强的结论。

关键词： 海康威视；短期偿债能力；长期偿债能力；财务指标

一、公司简介

海康威视是以视频为核心的智能物联网解决方案和大数据服务提供商，其业务聚焦于综合安防、大数据服务和智慧业务。海康威视构建开放合作生态，为公共服务领域用户、企事业用户和中小企业用户提供服务，致力于构筑云边融合、物信融合、数智融合的智慧城市和数字化企业。在综合安防领域，根据Omdia报告，海康威视连续8年蝉联视频监控行业全球第一，拥有全球视频监控市场份额的24.1%。在《A&S：安全＆自动化》公布的"全球安防50强"榜单中，海康威视连续4年蝉联第一。在大数据服务领域，海康威视打造物信融合数据平台，为多个行业提供"多网汇聚、跨域融合"的大数据汇聚、治理和挖掘服务。在智慧业务领域，海康威视深耕行业智慧化业务，深度服务于智慧城市、平安城市、智能交通、数字企业、智慧社区等行业。

2010年5月，海康威视在深圳证券交易所（以下简称"深交所"）中小企业板上市。2019年，公司实现营业总收入576.58亿元，同比增长15.69%；实现归属于上市公司股东的净利润124.15亿元，同比增长9.36%。海康威视2019年整体毛利率为45.99%，同比增长1.14%。图1为海康威视发展历程。

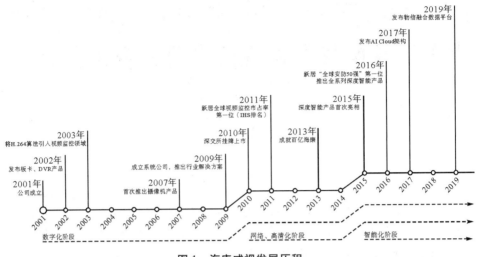

图 1 海康威视发展历程

二、公司财务概况

海康威视 2019 年负债总额为 2 988 514.14 万元，资本金为 934 501.07 万元，所有者权益为 4 547 285.89 万元，资产负债率为 39.66%。在其负债总额中，流动负债为 2 352 080.34 万元，占负债和权益总额的 31.21%；短期借款为 264 008.25 万元，非流动负债为 636 433.79 万元，金融性负债占资金来源总额的 11.95%。表 1 为海康威视 2017—2019 年主要财务数据。

表 1 海康威视 2017—2019 年主要财务数据   单位：万元

项目名称	2017 年	2018 年	2019 年
	数值	数值	数值
流动资产	4 465 330.92	5 363 394.02	6 402 634.28
非流动资产	691 765.42	985 756.85	1 133 165.65
资产总额	5 157 096.35	6 348 435.22	7 535 800.02
流动负债	3 060 412.14	3 796 413.64	2 352 080.34
非流动负债	1 720 149.06	2 470 941.15	636 433.79
负债总额	376 535.14	81 080.43	2 988 514.14
所有者权益	3 060 412.14	3 796 290.81	4 547 285.89
营业收入	4 190 547.66	4 983 713.25	5 765 811.01
经营活动产生的现金流量	4 283 803.66	9 113 288.6	776 772.02

图 2 为海康威视负债构成，图 3 为海康威视负债情况。

图 2　海康威视负债构成

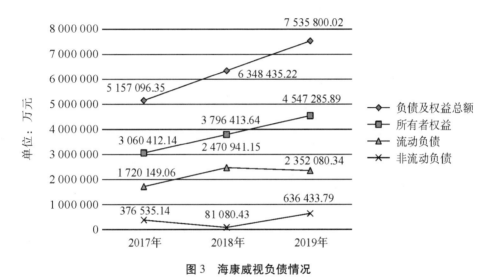

图 3　海康威视负债情况

三、公司短期偿债能力分析

（一）流动比率分析

流动比率是流动资产与流动负债的比率，用来衡量企业流动资产在短期债务到期以前，可以变为现金用于偿还负债的能力。

从图 4 可以看出海康威视目前流动比率不断下降，这不是一个好的信号，虽然一般说来，该比率越高，说明企业资产的变现能力越强，短期偿债能力越强；反之，则越弱。通过对海康威视近几年流动比率的分析不难发现，2015—2016 年公司的流动比率上升，2016—2018 年其流动比率下降。但总体而言，流动比率均远远高于标准值 2，即反映出海康威视的短期偿债能力强，短期债权人债权的安全程度高，企业资本营运能力好。虽然过高的流动比率也可能表明企业存在资产利用率低、资金闲置现象严重、企业经营过于保守、没有充分利用好财务杠杆等问题，但是从海康威视的企业类型来看，并不存在此类情况。公司 2017 年流动比率下降的原因主要是银行保本理财产品到期。速动资产可以进一步反映企业流动资产总体的变现能力，2015—2017 年公司流动比率均远远高于标准值 1，这体现了海康威视的短期偿债能力强，应收账款的变现能力强。

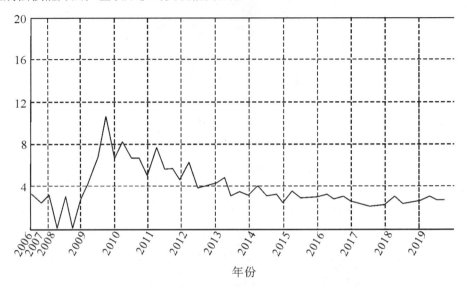

图 4　海康威视流动比率变动趋势

但作为一个龙头企业，这样持续下降的流动比率肯定是有原因的。流动比率＝流动资产/流动负债，查阅近几年的年报，我们可以发现 2017—2018 年海康威视大幅增加了短期借款，我们推测是当时利率合适，海康威视为了更好地周转资金，选择了借款。其流动比率在 2019 年有所回升，这是因为 2019 年海康威视存货出现爆发性增长，原材料价值增加了 14.37 亿元，半年时间增加 92.47%。非常有意思的一点是：这不仅符合管理层提到的为应对美国的实体清单打压而提前做的存货准备，也间接推动了流动比率的增长。

（二）速动比率分析

速动比率是指企业速动资产与流动负债的比率，速动资产是企业的流动资产减去存货和预付费用后的余额，主要包括现金、短期投资、应收票据、应收账款等项目。

如图 5 所示，通过对海康威视 2015—2019 年流动比率和速动比率的分析不难发现，2015—2016 年公司的流动比率和速动比率均有所上升，2016—2018 年流动比率和速动比率均有所下降，且数值变动较大，流动比率均远远高于标准值 2。这反映出海康威视的短期偿债能力强，短期债权人债权的安全程度高，企业资本营运能力好。虽然过高的速动比率也可能表明企业存在资产利用率低、资产闲置现象严重、企业经营过于保守、没有充分利用好财务杠杆等问题，但从企业类型来看，海康威视并不存在此类情况。公司 2017 年速动比率下降的原因主要是银行保本理财产品到期。速动资产可以进一步反映企业流动资产总体的变现能力，2015—2019 年海康威视的速动比率均远远高于标准值 1，体现出其短期偿债能力强，应收账款的变现能力强。

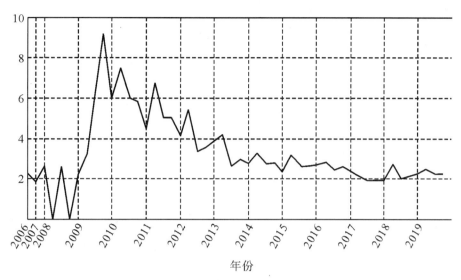

图5 海康威视速动比率变化趋势

海康威视的速动比率维持在2以上，且其波动特征与流动比率很像。因为两个指标都是针对短期偿债能力进行分析的，但速动比率用到的速动资产并不一定具有良好的变现能力，如应收账款等。海康威视在2019年应收账款增幅较大，而2018年的应收账款收回率达到90%，两年的收回率为60%，两年合计收回率高达96%。因此，我们有理由相信海康威视的大部分应收账款能够收回来，而这也就意味着企业的短期偿债能力仍然很强。

（三）现金流动负债比率分析

如图6所示，现金流动负债比率是企业一定时期的经营现金净流量同流动负债的比率，它可以从现金流量角度来反映企业当期偿付短期负债的能力。该指标不等同于现金比率，现金比率忽略了具有变现能力的其他流动资产。从过往年报数据可以看出，海康威视的现金流动负债比具有明显的周期性，通常会在年中下降，甚至成为负数。我们推测是因为海康威视作为大企业，每年都会得到政府拨款，而当上一期的财政拨款没有到达时，其只能通过自身的资金来进行周转，所以其现金流动负债比为负。此外，海康威视也作出解释：因为其年中的材料采购、缴纳税金、年终奖项等支出造成了自身现金流的减少。

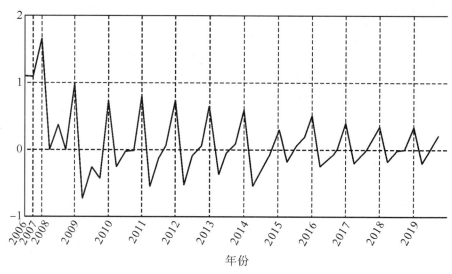

图 6　海康威视现金流动负债比变化趋势

四、公司长期偿债能力分析

（一）资产负债率

从近几年海康威视的资产负债率变化情况来看，公司的资产负债率持续稳定增长。2018—2019 年，海康威视的资产负债率基本稳定在 40%，相较于 2013 年的 20.38% 来说有了成倍的增长。这说明过去几年较低的资产负债率在一定程度上抑制了企业的活力，因而海康威视近年来有意识地提高其资产负债率，积极拓宽债务融资渠道，增加债务融资数量，充分利用财务杠杆的好处。

资产负债率更多地从债权人角度理解企业的长期偿债能力。从具体分析指标可以看出，企业的资产和负债几乎等比例增加，这说明公司管理层对于负债所带来的财务杠杆具有规划，其整体的发展扩张都是有策略的，因此海康威视的发展是稳步向好的，对于债权人而言这是良好的局面。但值得注意的是在 2020 年两个指标的增长都有了较为明显的停滞，一方面是因为企业的体量已经足够大，另一方面是因为美国在贸易摩擦中的打压。

（二）利息保障倍数

表 6 为海康威视 2016—2019 年利息保障倍数。

表 6　海康威视 2016—2019 年利息保障倍数

2016 年利息保障倍数	84.21
2017 年利息保障倍数	32.0
2018 年利息保障倍数	9.38
2019 年利息保障倍数	14.25

在利息支付的指标方面，我们从保障利息支出的角度，构造了利息保障倍数指

标。利息保障倍数等于息税前利润除以利息费用。息税前利润-营业收入-变动经营成本=固定经营成本，这是体现息税前利润最本质的公式，息税前利润是企业在经营过程中获得的全部利润，也就是没有扣除利息费用和所得税之前的利润。息税前利润=净利润+所得税+利息费用，这是倒推式。它是衡量企业长期偿债能力的指标。利息保障倍数越大，说明企业支付利息费用的能力越强。因此，债权人要分析利息保障倍数指标，以此来衡量债务资本的安全程度。

（三）行业对比分析

2016 年，海康威视的利息保障倍数超过 80，这说明海康威视的偿债能力非常强，能够支付很多次利息费用。但是在 2018 年其利息保障倍数却突然大跌，这有可能是因为 2018 年形势的急剧恶化——国内降杠杆、盲目融资、国外贸易战等都使各行各业受到了冲击。但是作为安保龙头企业，海康威视也得益于国家在国际交锋中的不落下风，因此其在 2019 年的利息保障倍数有了回升。

五、结论与总结

（一）公司整体财务运行状况较好，短期偿债能力比较强

从流动比率横向比较及排名情况来看，海康威视以略高于行业均值 1.98 的水平 2.44 位居中等地位（数据源自网易财经）。从整体行业来看，1.98 的均值说明我国高科技企业目前整体财务运行状况较好，短期偿债能力较强。而在整体向好的大环境下，海康威视也以略高于行业均值的水平为其他高科技企业的偿债能力的提高起到了示范带动作用。但是，这也反映出海康威视可能有大量的流动资产闲置，而这会极大地影响公司的资本利用率和运营效率。

（二）公司长期偿债能力较强，面临的财务风险较小

在横向对比中，根据网易财经的数据，海康威视的资产负债率位居行业中等地位，低于行业平均资产负债率 52.05%，这说明在行业发生波动时海康威视面临的财务风险较小，长期偿债能力较强。然而，这也表明海康威视对未来科技市场中的不确定因素持保守态度，因而在融资方面，海康威视更加倾向于选择风险较小的股权融资方式，但这也直接导致了企业的筹资成本高于行业平均水平，不利于其盈利能力的提升。

参考文献：

［1］岳玉珠，王翠荣. 万科企业偿债能力及影响因素分析［J］. 现代商业，2020（34）：97-99.

［2］黄宏斌，刘赵. 借壳上市助力企业财务绩效的提升了吗［J］. 财会月刊，2020（23）：44-51.

［3］陈姗姗. 以岭药业股票投资价值分析研究［J］. 经济研究导刊，2020（34）：66-67，78.

［4］李建凤. 基于企业战略的财务报表分析：以格力电器为例［J］. 财会通讯，2017（8）：67-71.

［5］邵铁柱，于莎. 基于因子分析的房地产上市公司财务绩效评价［J］. 科技与管理，2013，15（1）：90-93.

［6］李博雯，郑韵楚. *ST兴业被借壳上市后的财务绩效分析［J］. 商业会计，2012（16）：45-46.

［7］胡爱萍，秦国华. 营运资金管理评价方法研究［J］. 会计之友（上旬刊），2010（10）：36-39.

［8］余玉苗，吕凡. 财务舞弊风险的识别：基于财务指标增量信息的研究视角［J］. 经济评论，2010（4）：124-130.

［9］张立军，罗珍. 上市公司经营业绩评价指标的筛选方法［J］. 统计与决策，2008（18）：63-65.

［10］李晓，李娜，余玉苗. 企业财务能力评价模型及其运用［J］. 财会通讯（学术版），2005（7）：70-73，69.

［11］雷森，李传昭，李奔波. 我国上市公司债务期限结构实证分析［J］. 统计与决策，2005（6）：88-89.

［12］王欣荣，樊治平. 上市公司财务状况的动态多指标综合评价方法［J］. 系统工程理论与实践，2002（4）：54-57，140.

"互联网+" 新零售下永辉超市营运资金管理

曾　诚

（重庆工商大学会计学院　重庆　400067）

摘　要：作为新零售的典型例子，永辉超市的营运资金管理是使其能不断发展的重要环节。本文以"互联网+"新零售模式下的永辉超市为例，通过阐述其主要经营业务与营运资金及管理概念进而分析其营运资金管理现状，并通过分析其财务状况，对其进行基于渠道的营运资金管理进行绩效分析，提出建议，使其更好地顺应互联网时代发展，立足于新零售行业。

关键词：营运资金管理；永辉超市；"互联网+"新零售；绩效分析

一、引言

互联网时代，科学技术水平的进步以及技术的革新带给人们消费活动的创新，许多企业因原有的营销模式已不再能持续推动经济的发展，而面临发展的瓶颈与困境，迫切需要新的内生动力与经济增长点。因此，许多企业顺势而为，改进传统的营销模式，增加网上业务，线上线下联动地提升企业的绩效。

在企业的转型发展中，新零售的应运而生便是一种重大突破。互联网的发展不断地带来新的消费市场与营销活力，同时刺激经济增长，产生了新零售的商业模式。新零售业高速的扩展对传统零售业产生了极大的冲击，这种"互联网+"新零售的模式也逐渐普遍。同时，物流的发展以及供应链的技术提高也为新零售的发展提供了不竭的动力。

作为新零售的代表，永辉超市便是抓住互联网机遇的成功案例——借助网络扩展营销，融合线上线下的销售，一步步地拓展业务范围，屹立于竞争日益激烈的市场环境中。永辉超市在新零售转型期营运资金管理方面的营销理念，非常具有借鉴与分析的价值。

二、营运资金相关概念及理论研究

（一）营运资金相关概念

营运资金是企业在生产经营过程中所需要的资金，有狭义与广义之分。狭义的营运资金是企业的流动资产与流动负债的差额，而广义的营运资金是企业生产经营所涉及的所有流动资产资金，如货币资金、应收账款等。营运资金的合理流通能保障企业的各个环节资金的合理配置，达到效率最大化。本文从狭义的营运资金概念入手，对永辉超市的部分流动资产进行分析。

（二）相关理论概念

1. 基于渠道的营运资金管理概念

基于渠道的营运资金管理是指企业在发展过程中，通过对各渠道的资源的合理高效地利用提升管理水平、管理效率以及核心竞争力，巩固企业发展的过程，并且其着重对企业的渠道结构优化以及相互促进、互相配合。将各渠道进行有机整合，能够让企业的资金运营更加有效。

2. "新零售"概念

作为应时代而生的全新零售模式，新零售就是借助互联网技术，利用大数据、人工智能等一些高科技手段，对产品的生产、流通以及销售的过程进行升级改造，以此打通线上线下服务，将两者深度融合，从而形成符合时代潮流的新零售模式。

三、永辉超市营运资金管理现状

（一）永辉超市概况

永辉超市是福建省在推动传统农贸市场向现代流通方式转变过程中培育起来的民营股份制大型企业集团，是中国首批将生鲜农产品引进现代超市的流通企业之一，被国家七部委誉为中国"农改超"推广的典范，被百姓誉为"民生超市、百姓永辉"。

在当下的新零售背景下，永辉超市以独特的服务体系，高效、合理地将线上线下业务整合，并依托手机 App 等网络软件在线上与线下实体平台进行零售，是新零售强有力的代表之一。

（二）永辉超市财务指标分析

1. 发展能力分析

企业的发展能力分析是对企业生产经营活动与扩展自身的发展潜能进行分析，且其影响因素是多样的。发展能力的核心是企业价值增长率，通常用净收益增长率来近似描述。表 1 为 2015—2019 年永辉超市发展能力参数。图 1 为 2015—2019 年永辉超市发展能力参数柱状图。

表 1　2015—2019 年永辉超市发展能力参数

项目	2015 年	2016 年	2017 年	2018 年	2019 年
主营业务收入增长率	14.8%	16.8%	19.0%	20.4%	20.4%
净利润增长率	-29.7%	102.3%	38.8%	-40.8%	45.7%
净资产增长率	89.9%	56.7%	6.1%	-4.8%	5.3%
总资产增长率	31.2%	44.9%	11.7%	20.6%	32.1%

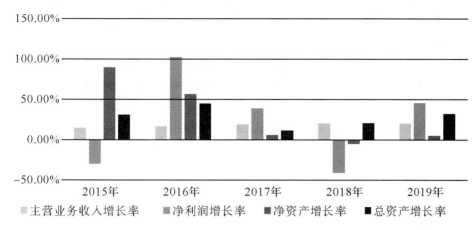

图1　2015—2019年永辉超市发展能力参数柱状图

通过表1和图1，可以看出在净利润增长方面永辉超市波动比较大，但总体呈上升趋势，其他3个指标也都有稳定的发展趋势。

在主营业务方面，永辉超市依靠其独特的销售模式，销售收入十分可观，由2015年的14.8%增长到2019年的20.4%。可见在新零售的背景下，永辉超市审时度势，在新的零售模式中表现较好。

在净资产增长率方面，永辉超市的增速放缓，由2015年的89.9%下降到2019年的5.3%。

在总资产增长率方面，永辉超市由2015年的31.2%下降到2018年的20.6%，增速有放缓趋势。

2. 盈利能力分析

盈利能力即为企业赚取利润的能力，盈利是企业经营的目标，是企业内部与外部利益相关者都十分关注的核心问题。盈利能力是一个相对的概念，对于新零售企业而言，利润是企业管理者所投入的资源的回报，能反映其经营的水平。表2为2015—2019年永辉超市盈利能力参数。图2为2015—2019年永辉超市盈利能力参数柱状图。

表2　2015—2019年永辉超市盈利能力参数

项目	2015年	2016年	2017年	2018年	2019年
净资产收益率	4.9%	6.5%	9.1%	7.7%	7.8%
销售净利率	1.4%	2.5%	2.9%	1.4%	1.7%
净资产报酬率	18.1%	16.6%	19.6%	19.2%	22.0%

通过对5年盈利能力的部分指标进行分析，可以看出永辉超市在净资产收益率、销售净利率、净资产报酬率方面都处于稳定增长的趋势，如销售净利率由2015年的1.4%增长到2019年的1.7%。

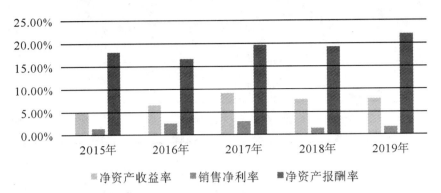

图 2　2015—2019 年永辉超市盈利能力参数柱状图

但总体而言，永辉超市的盈利能力水平是低于同行业的，可见在新零售模式下，永辉超市的成功转型付出了比较高昂的成本，其独特的营销模式虽然带来了很好的销售收入，但是成本也随着不断的业务扩展而同向增加。

3. 营运能力分析

营运能力分析是对企业资产运用、循环的效率的高低的能力分析，是体现企业的资金周转能力与对资金的运用管理的能力分析，主要体现了企业运营资金的效率和效益。表 3 为 2015—2019 年永辉超市营运能力参数。图 3 为 2015—2019 年永辉超市营运能力参数折线图。图 4 为 2015—2019 年永辉超市应收账款周转率。

表 3　2015—2019 年永辉超市营运能力参数

项目	2015 年	2016 年	2017 年	2018 年	2019 年
总资产周转率	2.4%	1.9%	1.9%	1.9%	1.8%
存货周转率	8.6%	8.2%	8.5%	8.0%	6.5%
流动资产周转率	4.2%	3.0%	2.9%	3.2%	3.1%
应收账款周转率	396.1%	167.3%	79.9%	46.0%	30.3%

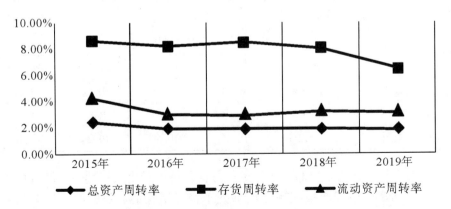

图 3　2015—2019 年永辉超市营运能力参数折线图

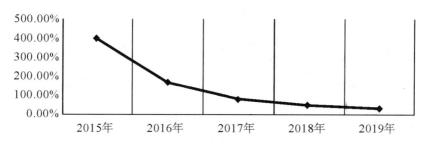

图4 2015—2019 年永辉超市应收账款周转率

在总资产周转率方面，永辉超市处于较为稳定的增长趋势，由 2015 年的 2.4%到 2019 年的 1.8%，但增速较缓慢甚至有下跌。可见在新零售的背景下，永辉超市的快速扩展必然会导致成本的上升，从而影响总资产增速的放缓。

在存货周转率方面，永辉超市由 2015 年的 8.6%到 2019 年的 6.5%，都处于较为稳定的增长趋势，这得益于其独特的经营理念以及特色化的产品销售模式。

在流动资产周转率方面，永辉超市由 2015 年的 4.2%下降到 2019 年的 3.1%，处于较稳定状态，但没有明显的上升趋势，是因为其固有的资金积压等问题亟待解决。

在应收账款周转率方面，永辉超市呈下降趋势，增速放缓明显，由 2015 年的 396.1%下降到 2019 年的 30.3%。这表明在新零售的时代下，其当前的经营模式以及资金的管理都有一定的问题，会产生风险，从而导致应收账款的款项增加，极易引起坏账的出现。

4. 偿债能力分析

偿债能力是指企业清偿债务的能力，是企业在经营活动中的收益偿还债务的能力，这项能力是企业健康持续发展的关键。表 4 为 2015—2019 年永辉超市偿债能力参数。图 5 为 2015—2019 年永辉超市偿债能力参数折线图。图 6 为 2015—2019 年永辉超市资产负债率。

表4 2015—2019 年永辉超市偿债能力参数

项目	2015 年	2016 年	2017 年	2018 年	2019 年
流动比率	1.5%	2.0%	1.7%	1.2%	0.9%
速动比率	0.97%	1.5%	1.2%	1.8%	0.6%
资产负债率	39.5%	34.7%	37.9%	50.9%	60.9%

可以看出，在流动比率方面永辉超市由 2015 年的 1.5%下降到 2019 年的 0.9%，处于缓慢下降趋势，可见在新零售的背景之下，持续的扩张势必会降低流动资产，相应的流动比率也会下降，但其总体水平较为稳定，有相当大的提升空间。

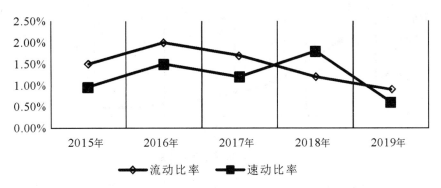

图5　2015—2019 年永辉超市偿债能力参数折线图

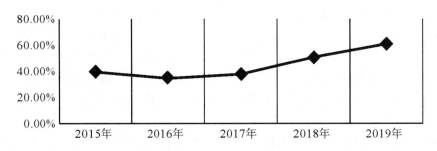

图6　2015—2019 年永辉超市资产负债率

在速动比率方面，永辉超市从 2015 年的 0.97%下降至 2019 年的 0.6%，虽有下降，但总体水平较为良好。速动比率的下跌也归咎于其目前新零售下的持续扩张，但其未来前景良好。

在资产负债率方面，永辉超市由 2015 年的 39.5%上升到 2019 年的 60.9%。在新零售的初期，永辉超市资产负债率较低，偿债能力较强，但在新零售的持续发展态势下，永辉超市因为自身的扩张需求对于资金的需求更多，会产生更多的负债，因此会提高资产负债率，从而降低偿债能力。

四、研究分析

（一）采购环节及其渠道的绩效分析

前文已经对永辉超市的财务状况进行了分析，下面将基于渠道对永辉超市进行更细致的绩效分析。永辉超市主要在经营活动方面的资金投入更多，因此本文选取经营活动进行分析，经营活动分为采购活动、生产活动和营销活动，而永辉超市的新零售成功之处在于采购环节和零售环节，并且零售业也很少涉及生产环节，因此本文着重对采购环节和营销环节两方面进行分析。

1. 采购环节

永辉超市选择直接找寻采购源头的方案，从供应商手上直接获取产品，与个体户直接合作，将超市所需要的产品清单直接发往供应商，直接在供应商的所在地了解、获得产品并大量采购。

2. 采购环节绩效分析

采购渠道的绩效分析指标为采购渠道营运资金周转期，其计算公式为采购渠道营运资金周转期＝采购渠道营运资金÷（营业收入÷360）。表 5 为 2015—2019 年永辉超市资产负债参数。表 6 为 2015—2019 年永辉超市采购渠道营运资金周转参数。图 7 为 2015—2019 年永辉超市采购渠道营运资金周转参数折线图。图 8 为 2015—2019 年永辉超市采购渠道营运资金周转期折线图。

表 5　2015—2019 年永辉超市资产负债参数　　　　单位：百万元

项目	2015 年	2016 年	2017 年	2018 年	2019 年
预付账款	106 304	144 300	190 423	210 501	239 808
应付账款	520 103	649 540	759 138	971 615	1 298 331

表 6　2015—2019 年永辉超市采购渠道营运资金周转期参数

金额单位：百万元

项目	2015 年	2016 年	2017 年	2018 年	2019 年
采购渠道营运资金	−413 799	−505 240	−568 715	−761 114	−1 058 523
营业收入	4 214 483	4 923 165	5 859 134	7 051 665	8 487 696
采购渠道营运资金周转期	−35.3	−37.8	−34.9	−38.9	−44.9

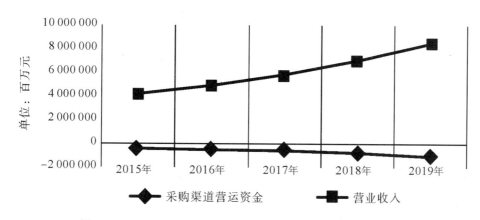

图 7　2015—2019 年永辉超市采购渠道营运资金周转参数折线图

可以看出，在采购渠道营运资金周转期方面，永辉超市是负值，但随着新零售的持续发展，负值有所减少，由 2015 年的−35.3 下降到 2017 年的−34.9，虽然后面有段时间有所增加，但主要原因是近两年积压的应付账款过多。这种情况是新零售模式下不断扩张的结果，但总体发展态势向好，营运资金的管理水平也在稳步地提升。

在采购渠道营运资金方面，永辉超市同样也是负值，应付账款的产生源于永辉超市大量占用供应商的资金，保持自身营运资金的充分流动，但长此以往会不利于企业与供应商之间保持良好的关系，且会招致更多不确定的信用风险与资金风险。

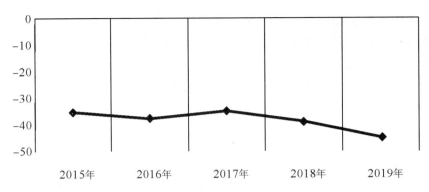

图 8　2015—2019 年永辉超市采购渠道营运资金周转期折线图

（二）营销环节及其渠道的绩效分析

1. 营销环节

营销环节可进一步细分为零售环节与物流配送环节。

在零售环节，新零售也是传统零售业的发展方向，永辉超市充分结合"互联网+"新零售，在形成自己的超级物种店后，充分联动线上线下，进行多元化、多部门的发展。

在物流配送环节，永辉超市利用先进物流配送技术，追求库存商品最小化，对各类商品进行严格把控，从数量和质量两方面加强商品的流通，同时对于热销商品也设置了安全库存数。

2. 营销环节绩效分析

营销环节的绩效分析指标为营销渠道营运资金周转期，其计算公式为营销渠道营运资金周转期=营销渠道营运资金÷（营业收入÷360）。表 7 为 2015—2019 年永辉超市资产负债表参数。

表 7　2015—2019 年永辉超市资产负债表参数　　单位：百万元

项目	2015 年	2016 年	2017 年	2018 年	2019 年
产成品存货	425 006	537 832	558 212	811 887	1 233 339
应收账款	10 155	48 690	98 004	208 505	351 510
预收账款	121 220	153 164	183 710	236 575	320 571
应交税费	21 168	29 222	40 805	33 480	39 617

表 8 为 2015—2019 年永辉超市营销渠道营运资金周转期参数。

表 8　2015—2019 年永辉超市营销渠道营运资金周转期参数

金额单位：百万元

项目	2015 年	2016 年	2017 年	2018 年	2019 年
营销渠道营运资金	292 773	404 156	431 701	750 337	1 224 661
营业收入	4 214 483	4 923 165	5 859 134	7 051 665	8 487 696
营销渠道营运资金周转期	24.9	29.6	26.7	38.2	51.9

图 9 为 2015—2019 年永辉超市营销渠道营运资金和营业收入折线图。

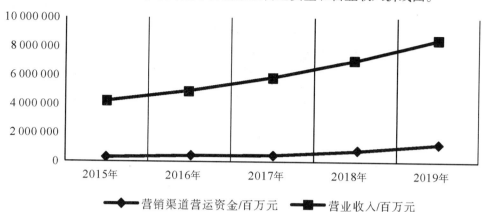

图 9　2015—2019 年永辉超市营销渠道营运资金和营业收入折线图

图 10 为 2015—2019 年永辉超市营销渠道营运资金周转期参数折线图。

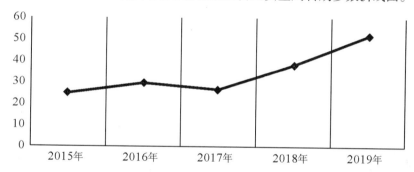

图 10　2015—2019 年永辉超市营销渠道营运资金周转期参数折线图

可以看出，永辉超市的营销渠道营运资金周转期在逐年延长，由 2015 年的 24.9 到 2019 年的 51.9，这是周转能力下降的反映（见图 10）。

在营销渠道营运资金中的产成品存货方面，永辉超市由 2015 年的 425 006 百万元上涨到 2019 年的 1 233 339 百万元，虽然呈增长趋势，但永辉超市面对新零售增长的趋势，大规模增加门店数量。伴随着规模的不断扩大，销售产品种类也持续增加，而相应的产品存货也会积压，过多的产品存货积压会导致资金积压，不利于资金的充分流动，会降低营运资金管理水平。

在应收账款方面，永辉超市由 2015 年的 10 155 百万元上涨到了 2019 年的 351 510 百万元，虽然应收账款的上升有利于企业与供应商之间保持良好的关系，但应综合考量风险与收益。永辉超市不应该只去弥补营销渠道的不足，应充分考虑企业的总体效益，加强资金周转能力，在保证资产流动的同时减少流动负债的增加。

在预收账款方面，永辉超市仍然有所欠缺，由 2015 年的 121 220 百万元到 2019 年的 320 571 百万元。预收账款的金额过大，会给企业的营运资金管理带来负担。

（三）永辉超市营运资金管理困境

从表3可以看出，看似强劲有力的策略却会导致资金的积压，导致流动资产的占用，会让大量富余的资金堆积在扩张方面，且会加剧成本的提高。同时，门店的扩张会加剧存货的堆积，存货就是另一种形式的资金，存货的堆积会再次影响存货周转率、流动资产周转率，并且进一步导致偿债能力的减弱。永辉超市采用的是直接采购的形式，这样的结果也不利于其与供应商保持良好的关系，会降低营运效率，不利于双方的共同利益。

面对零售的新模式，如何充分利用互联网营销是亟待解决的问题，如永辉超市目前用手机App形式来增加销售额，扩展消费者群体，但总的来说存货的销售速度赶不上门店扩展堆积更多存货的速度，存在一定的盲目性。永辉超市目前并没有完全充分理解"互联网+"与营运资金管理的关系。

在新零售的背景下，永辉超市借助信息技术提升物流技术，与供应商密切合作，但物流体系与存货是共生的，只把一方面做好，是无法实现长远发展的。目前从营运能力、偿债能力、营销渠道方面都能看出，永辉超市的存货管理存在弊端，会形成货物积压，放缓企业的业务增长速度。

五、结论与建议

（一）结论

永辉超市凭借独特的经营理念在新零售的趋势中成为领先代表企业，并利用与供应商直接采购的方法，使其在采购环节与其他企业形成差距，大幅度地节约了成本与时间，是自身独特的优势与成功之处。但是，永辉超市的资金占用问题仍然存在，其需要加强对营运资金的管控，将互联网技术与存货管理相结合。此外，永辉超市应该利用"互联网+"新零售的理念，及时获取市场信息，增强对消费者的了解，通过大数据联通线上线下业务，促进营运的效率提升。

（二）建议

首先，永辉超市应该转变与供应商的关系，将供应商关系与自身扩张平等看待，优化合作关系，保持供应链的稳定，开展深度合作，得到供应商的信任。这样既能提升效率，又能稳固发展水平，让企业在互联网时代走得更远。

其次，永辉超市应该充分利用互联网的优势，建立与消费者更加密切的联系，并将信息共享至各个环节，让各个环节进行有效的协调配置。完善的信息化链条，才能使各环节层层联系。信息共享不仅会促进各环节效率的提高，还有利于营运资金的流动，提高企业的整体效率。

最后，永辉超市应该根据各类商品的特点制定与其保存方式相符合的存货管理体系，从源头做起，从采购到物流配送再到销售一层一层相互连接，为商品提供专业的传导路径。

参考文献：

[1] 顾立新. 关于企业营运资金管理探究 [J]. 纳税，2020，14（1）：245-246.

[2] 王丽娟. 企业集团的营运资金管理改进研究 [J]. 财会学习，2019（20）：217-219.

[3] 陈征，杨宁霞. 营运资金管理绩效评价方法分析 [J]. 中国集体经济，2020（20）：141-142.

[4] 华汉民. 新形势下企业营运资金管理绩效研究 [J]. 全国流通经济，2020（16）：105-106.

[5] 刘玮. 基于价值链视角的企业营运资金管理研究 [J]. 财会学习，2020（6）：191-193.

大数据背景下企业财务管理转型研究

唐　俐　张超琼

（重庆工商大学会计学院　重庆　400067）

摘　要：党的十九届五中全会提出，要大力发展数字经济，推动数字经济和实体经济的深度融合。要实现产业数字化，就需要借助大数据、人工智能等新型信息技术，与企业日常生产经营活动产生联系，以智能化、协同化的新方式提升企业的生产质量与经济效益。本文在介绍传统路径下企业财务管理转型选择的基础上，通过分析在大数据背景下，企业在财务管理转型时遇到的问题，有针对性地提出相关建议，对企业财务管理转型具有重要的指导价值和现实意义，有助于企业更好地面对大数据时代带来的挑战。

关键词：大数据；企业财务管理；管理转型

一、引言

随着互联网技术的迅速发展，数据信息以指数形式扩增。与传统数据相比，大数据具有海量性、复杂性、迅速性和价值高等特性，这对相关信息的处理、存储和应用提出了更高的要求，大数据技术由此应运而生。在互联网技术迅速发展的今天，大数据的运用更能使企业跟上快速更新的节奏，适应迅速发展的新社会。作为一种新型资产，大数据的正确运用将给企业带来丰厚的经济利益，企业可以通过提高数据收集、处理的能力来实现数据的有效增值，从而给企业带来价值增值，有助于企业价值目标的实现。然而，传统的财务管理体系无法适应大数据的发展，海量数据的处理给企业传统的财务管理造成巨大冲击的同时，也给企业财务人员带来了空前的压力与挑战——如何在满足企业自身发展需求的基础上，结合大数据技术对企业财务管理体系进行融合改进，实现传统企业财务管理转型，进而帮助企业快速有效地实现数据信息的收集、处理与应用，最终实现企业价值目标。因此，关于大数据背景下的企业财务管理转型问题的探讨，对企业适应新型现代化发展至关重要。

二、企业财务管理转型的传统路径

虽然我国经济发展态势稳中向好，但是要适应不断变换的经济发展环境，企业仍需要进行财务战略转型，以求跟上时代发展步伐。虽然不同企业在资源配置方面存在差异，但是其财务管理转型的思路具有一致性，首要目标就是要以财务战略为核心，通过改进企业财务处理过程，实现企业未来发展目标，同时提升企业在市场中的竞争地位；通过对财务评估、预测活动进行控制，增强企业核心竞争优势，满足企业的长久经营策略。企业在财务战略转型时，不仅会受到行业结构、市场竞争等外部因素的影响，而且会受到自身生产技术、销售策略等内部因素的制约。因此，即使企业选择总体方向一致的财务管理转型策略，但在财务核算体系、财务预算体系等具体安排上仍存在着较大差异，不同企业在财务管理转型方面的侧重点不同。

（一）增加融资，提升企业的资本运作能力

资本运作是指利用一切产生价值的有限资源，借助资本的灵活性，通过市场法则最大限度发挥资本创利的能力。资本运作能直接反映企业对有限资本的安排与控制能力，间接反映企业是否有能力保障财务管理转型的顺利实施。企业可以通过拓展资本来源，增加可供使用的资金，提升企业通过资本运作来获利的能力。根据中国人民银行2020年社会融资规模存量统计数据报告，虽然我国2020年社会融资规模存量累计为284.75万亿元，同比增长3.3%，但信托贷款、未贴现银行承兑汇票和企业债券存量分别为6.34万亿元、3.51万亿元和27.55万亿元，分别占比2.2%、1.2%和9.7%，这说明我国企业普遍面临着融资难、融资渠道少、筹资能力弱等问题。因此，如何缓解融资压力、增加企业运营资本成为企业在进行财务管理转型时首要考虑的问题。万科集团为缓解自身的融资问题，在进行财务管理战略转型时以筹资活动为核心，通过借助海外资金、与其他集团开展合作、入股地方银行等方式来提升融资优势，成功丰富了融资来源路径，走出以往依靠银行、资本市场等单一的融资方式，这样既降低了融资成本，又规避了融资风险。万科集团相关筹资活动如表1所示。

表1 万科集团相关筹资活动

形式	具体方式		
海外融资	2020年配售H股来募集资金	海外发行美元债券	设立海外中期票据计划
开展合作	与深圳地铁合作开发	与多家企业联营合营	收购多家企业
入股银行	徽商银行		

（二）进行价值创造和价值管理

从"价值运动论"来看，MM理论、托宾Q理论等都认为企业的财务管理活动就是创造价值，因此，关注价值最大化的企业，可以选择以价值创造为核心的财务管理转型战略，通过价值链进行价值创造活动，提高企业的核心竞争力，实现企业长久发展。在进行财务管理转型时，企业要对自身创造价值的优势因素进行分析，进一步结合企业发展战略目标，最终制定出符合企业价值活动的战略安排，最大化利用企业的优势资源，达到资源的最优配置。从传统的财务管理体系来看，财务部门只是企业集团众多部门的组成部分，作为附属的一部分为整个企业提供财务核算、预算与决策，为企业的运营提供帮助。企业可以借助财务管理战略转型，摆脱单一的附属地位，从而提高公司整体效益。同时，企业也可以对整个财务体系进行重构，使转型后的财务管理战略更好地为企业的决策服务。海尔集团在转型之前，集团的财务管理目标是搭建全球化的国际财务体系，为集团全球化的战略目标服务。海尔集团从 2007 年开始逐步由制造业向服务业转型，因此以往单一的财务管理战略不再适合企业的经营发展。在此基础上，海尔集团开展了以"价值管理为中心"的财务管理转型，形成财务自主经营体。该体系以人的转型为核心，并以人的转型来固化财务管理体系，通过将财务业务单位划分为自主经营体，让每个经营体去发现用户需求，并整合企业内外部的资源来为用户服务，满足相关需求，实现自主经营体、海尔集团、用户的共赢，最终提升企业的整体价值。

（三）构建财务共享中心，实现资金管理

20 世纪 80 年代，美国福特汽车公司创立了世界上第一个财务共享中心。经过近 40 年的发展，许多跨国集团都建立了自己的财务共享中心。2012 年特许公认会计师公会（ACCA）在其全球财务转型报告中指出，财务共享服务已成为全球多数企业进行财务战略转型的首要选择。随着时间推移，劳动力成本会逐渐增加，依靠财务共享系统的"远程有效整合"，可以实现财务作业流程的高效化与精简化，形成账务处理的标准化和无纸质化的作业流程，强化母公司对子公司的财务管控，提升企业财务管理效率。碧桂园集团在进行财务管理转型前，采用集中管理模式对集团全部资金进行管理，但存在资金管控难度加大、支付审批流程缓慢等问题。碧桂园集团通过实施"构建财务共享中心"的财务管理转型战略，搭建财务共享体系，将整个财务共享中心分为 8 个共享区域，再对 8 个细分区域进行管控，实现各区域资金中心的自主运营，培养综合性的全能财务共享中心。碧桂园资金管理模式如图 1 所示。

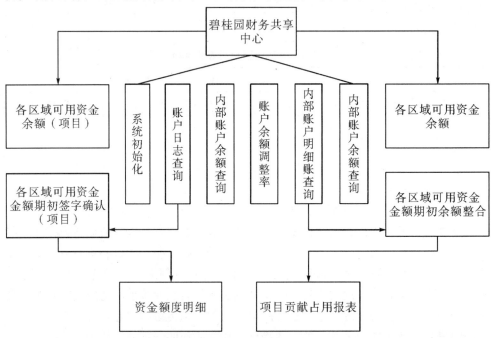

图 1　碧桂园资金管理模式

三、大数据背景下企业财务管理转型面临的困境

（一）缺乏财务管理理念

我国部分企业在财务管理方面存在理念不同的问题，且目前仍以会计电算化的方式对会计信息进行处理，主要考虑会计信息的核算、记录与存储，忽略了大数据技术的发展对传统财务管理作业流程带来的冲击。由于缺少大数据技术的专业知识，我国部分企业在进行财务管理时很少运用大数据技术，财务人员只对日常活动产生的相关财务数据进行浅层处理，很少对财务数据的内涵进行深层次的挖掘，这导致相关财务数据缺乏准确性、层次性，不利于财务信息使用者正确掌握企业的生产经营情况。为面对大数据发展给企业带来的冲击、实现企业业务与市场发展的深度融合，虽然多数企业在财务管理方面开展了不同方向、不同程度的改革，但是企业在财务管理方面缺少专业理念，财务人员的财务观念落后，不善于分辨信息的有用性，缺少进行财务分析的意识，导致财务管理工作得不到顺利开展。

（二）大数据运用加大了企业财务管理活动的难度

随着信息化时代的到来，人们的生活也在信息技术的影响下不断改变。同样，财务数据受信息化的影响，其多样性、复杂性也给企业财务管理活动带来了不小的难度和挑战。在大数据背景下，财务数据来源多样化，数据结构较为繁杂，对企业分辨和深度挖掘财务数据的能力提出了较高要求。如果处理信息的技术手段与财务数据的契合度不高，企业的经营发展也会受到不良影响。因此，如何将海量的数据信息加工整理为有助于企业管理决策的有用信息，是我国各企业财务管理人员在大数据背景下应当思考的首要问题。

（三）企业财务管理制度与结构存在缺陷

对日常活动发生的财务数据进行整理分析，可以进一步了解企业的资金运转情况，为经营者的管理决策活动起到帮助作用。在大数据背景下，企业财务信息与业务信息的联系越来越密切，业务与财务融合的趋势越来越明显。同时，财务数据来源渠道复杂，涉及范围也比较广泛，且在"流量为王"的时代，数据更新更为频繁，财务部门的工作量激增，工作的难度也在不断提升。因此，如何保证财务数据得到高质高量的处理，也是各企业财务管理人员应当考虑的问题。企业应该通过完善财务管理活动的控制机制，弥补结构方面的缺陷，提高财务部门与企业其他相关部门之间的工作效率，将工作任务和责任落到具体实际。

四、大数据背景下企业财务管理转型的探索思考

（一）强化企业财务管理理念

大数据的发展给企业财务管理活动带来了冲击，企业只有转变自身的财务管理思维，强化财务管理理念，才能更好地顺应大数据时代的发展。借助大数据技术，构建以大数据为中心的财务管理思维，将大数据技术与各环节的财务管理活动进行融合，能够提高企业财务处理的工作效率与准确度，确保企业财务管理理念更加科

学，促使企业的财务管理活动向信息化转型、企业的财务管理理念与作业流程更加科学合理。同时，企业应该组织财务人员参加大数据管理培训，强化财务人员对大数据的运用与掌握，并逐步改善财务管理理念。

（二）创新企业财务管理方法

为面对大数据技术的冲击，企业可通过创新财务管理方法，降低财务管理活动的难度。企业可借助大数据技术，将数据理念作为财务管理方法的创新点，确保大数据与企业日常财务管理活动的深度融合：①在成本核算环节，可以利用数据管理模型加强对成本管控的力度，保证企业资金链的良好运作；②在实施财务管理环节，可以借助大数据技术完善组织结构，明确财务人员的具体职责，确保财务部门的合理分工；③在预算管理方面，可以借助大数据技术构建全面的防控预警系统，确保企业各部门之间的业务联系，同时将风险意识与企业内部管理有机结合，强化企业整体的风险预警思维。

（三）完善企业财务管理制度与结构

首先，企业可以以大数据为基础，全面完善企业财务管理制度，并借助相关设施，使企业财务管理制度向信息化方向靠拢，同时加强企业对相关财务数据的收集整理工作，对数据信息进行深度挖掘，完善对财务数据的收集分析制度。其次，企业可以通过构建财务管理与大数据相结合的平台，充分挖掘财务部门的职能，完善企业财务管理结构，通过积极开展各项培训活动，提升财务人员运用大数据技术做出合理分析与评价的能力，并迅速汇总各部门的所有信息，使得各类信息能快速被企业管理层熟悉，并为企业的各项决策提供帮助，使决策更好地为企业的发展服务。

五、结语

随着网络科技的迅速发展，多种创新技术的结合使得企业面临的竞争市场更为激烈。企业应当根据自身的实际情况，借助大数据技术，构建符合企业发展的财务管理体系，并通过创新企业财务管理方法，提升财务人员的大数据运用能力，完善企业财务管理制度，提升企业整体的财务管理理念与素质，将大数据时代带来的冲击转化为机遇，实现企业长远发展的目标。

参考文献：

［1］陈委民. 大数据背景下企业财务管理转型研究［J］. 中共福建省委党校学报，2018（5）：88-92.

［2］周鲜华，王璐瑶，梁左惠子，等. 财务共享模式下集团企业资金管理模式研究：以碧桂园为例［J］. 财会通讯，2019（28）：22-26.

［3］丁平. 大数据思维与企业财务管理转型的几点思考［J］. 财务与会计，2020（6）：76-77.

［4］唐勇，胡先伟. 共享服务模式下企业财务数字化转型探讨［J］. 会计之友，2019（8）：122-125.

［5］王春英，陈宏民. 数字经济背景下企业数字化转型的问题研究［J］. 管理现代化，2021（2）：29-31.

［6］王满，何新宇. 企业财务战略转型之路的探索与实践［J］. 财务与会计，2017（4）：30-32.

［7］赵建辉. 大数据时代我国企业财务理论的研究［J］. 中国注册会计师，2019（7）：93-98.

东华能源资产剥离绩效评价

张文思

（重庆工商大学会计学院　重庆　400067）

摘　要：近年来，随着经济发展下行压力加大，通过资产剥离方式实现公司发展战略转型以及完成资产的合理配置，被越来越多的上市公司考虑并加以运用。资产剥离已经成为上市公司提升整体绩效、优化资源配置、调整产业布局以及增强核心竞争力的重要手段。与扩张性战略模式的资产并购不同，资产剥离属于收缩性战略的资产重组。本文以我国上市公司东华能源股份有限公司（以下简称"东华能源"）为基本案例进行研究，通过收集东华能源剥离的相关材料和数据，分别对公司概况、股权结构、财务状况、剥离实施情况进行详细说明，重点研究了其资产剥离的动因和剥离效果评价。从非财务绩效来看，资产剥离对企业在资本市场的短期反应积极，产生了超额收益；从财务绩效来看，公司在资产剥离后产生的非经常性损益可以在短期内提高企业业绩，改善盈利能力，提高企业竞争力。分析东华能源资产剥离事件可以为上市公司提供借鉴意义。

关键词：东华能源；资产剥离；剥离动因；剥离效果

一、引言

近年来，在企业大规模并购之时，越来越多的上市公司通过资产剥离这一资本运营行为来配合公司战略目标。在一系列收缩战略中，企业通过出售子公司、剥离相关经营业务部门、变卖固定资产或无形资产等方式来实现资产剥离战略，从而获取现金进行投资运作，将发展重心转移到公司的重要项目与核心业务。企业资产都有可能被处置，包括亏损项目、盈利业务、不良资产、优良资产等。企业通过资产剥离，将产业结构有序调整，使资源配置更加合理有效，从而提高企业核心竞争力，推动新项目产业的发展与主营业务的升级，实现企业最大化的利润目标，达到整体产业升级，走上可持续发展道路。

二、东华能源概况

（一）公司基本情况

东华能源股份有限公司成立于 1996 年，于 2008 年在深圳证券交易所上市，经过 20 多年的发展，现已位于中国 500 强前列。东华能源自成立以来一直专注于烷烃资源的进口和深加工，致力于将国际优质烷烃资源与中国广大的市场需求相结合，依托中东油田伴生气和北美页岩气的优质烷烃资源，大力发展战略性新兴产业，成为国内最大的聚丙烯新材料和氢能源的生产商。

（二）公司股权结构

随着东华能源规模的逐步壮大，其股权结构也更加完善。当前，东华能源主要股东包括东华石油（长江）有限公司、董事长周一峰、优尼科长江有限公司等。截至 2021 年 3 月 31 日，东华能源前 10 大股东股权结构如表 1 所示。

表 1　截至 2021 年 3 月 31 日东华能源前 10 大股东股权结构

名次	股东名称	持股数/股	占总股本持股比例
1	东华石油（长江）有限公司	325 360 000	19.73%
2	周一峰	152 610 440	9.25%
3	优尼科长江有限公司	131 296 700	7.96%
4	共青城胜帮投资管理有限公司-共青城胜帮凯米投资合伙企业（有限合伙）	97 472 712	5.91%
5	天津祎童源资产管理有限公司-祎童源领航成长私募证券投资基金	40 537 171	2.46%
6	深圳亿库资本管理有限公司-亿库创赢一号私募投资基金	39 683 265	2.41%
7	马森能源（南京）有限公司	31 684 854	1.92%
8	金鹰基金-浦发银行-渤海信托-渤海信托科闻 1 号单一资金信托	27 012 201	1.64%
9	陈春满	23 265 926	1.41%
10	南京金伯珠资产管理有限公司-金伯珠天枢星私募证券投资基金	20 952 905	1.27%
合计			53.96%

资料来源：东方财富网。

由表 1 可知，截至 2021 年 3 月 31 日，东华石油（长江）有限公司持有东华能源 19.73% 的股权，共计 325 360 000 股，为第一大股东；周一峰持股 9.25%；优尼科长江有限公司持有 7.96% 的股权；共青城胜帮投资管理有限公司持有 5.91% 的股权。除以上大股东以外，其余股东持股比例均低于 5%。东华能源前 10 大股东合计持有公司股份 53.96%，公司股权结构较为集中。

（三）公司产业结构及业务状况

在东华能源实施资产剥离以前，公司主要业务范围包括烷烃资源国际国内贸易、终端零售、烷烃资源深加工以及氢能综合利用等板块。截至 2019 年年末，东华能源的液化石油气（LPG）的贸易量占据全球前列，东华能源成为全球范围内最大的烷烃资源综合运营商。不仅如此，东华能源利用其丰富资源、完善分销体系以及综合产业优势，打造了一条完整的"丙烷-丙烯-聚丙烯"产业链，成功从丙烷贸易转型为丙烷脱氢（PDH）生产。丙烷产业链的拓展和完善是下一步目标，东华能源制定了"新能源、新材料"双线发展战略。东华能源的目标是将丙烯产业发展成为一个独立的产业，利用国际优质丙烷资源和国际先进的 PDH 技术实现公司发展，并且大力开发下游产业，以生产以聚丙烯为原材料的新材料丙烯为主。图1 为东华能源 2017—2019 年主营业务产品收入情况。表 2 为东华能源各项产品收入占比。

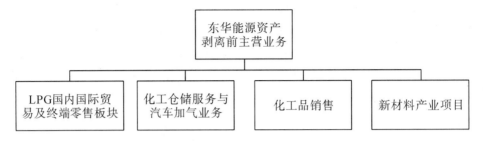

图1　东华能源 2017—2019 年主营业务产品收入情况

表 2　东华能源各项产品收入占比　　　　　　　　　金额单位：元

项目	2015 年		2016 年		2017 年		2018 年		2019 年	
产品分类	金额	占营业收入比重	金额	占营业收入比重	金额	占营业收入比重	金额	占营业收入比重	金额	占营业收入比重
液化石油气销售	17 085 666 848.74	99.36%	17 048 534 644.65	85.36%	23 653 979 108.16	72.38%	36 567 048 626.89	74.71%	35 951 635 640.44	77.84%
化工品销售	70 956 376.06	0.41%	2 905 125 094.98	14.54%	8 590 423 739.67	26.29%	11 837 124 046.99	24.19%	9 314 166 862.26	20.17%
化工仓储服务	38 502 608 55	0.22%	18 762 025.80	0.09%	2 626 949.12	0.01%	24 982 858.57	0.05%	75 115 580.51	0.16%
汽车燃气设备服务	855 747.40	0.01%	2 611 162.41	0.01%	3 080 612.30	0.01%	3 304 720.68	0.01%	3 677 266.73	0.01%
其他业务					428 174 361.48	1.13%	510 404 079.26	1.04%	843 028 250.24	1.82%

资料来源：根据东华能源年报整理。

东华能源连续多年成为中国最大的液化石油气进口商和分销商，行业龙头地位得到巩固。东华能源利用中东油田伴生气和北美页岩气优质资源，以新加坡国际运营中心为支点开展全球贸易，贸易规模位居全球行业前列。东华能源通过出口、转口、复出口等多种贸易方式，开展国际贸易以实现跨越式发展，在 LPG 国际贸易体系中具有领先优势，在全球 LPG 贸易行业有一定的话语权与主动权。由表 2 可以看出，东华能源在剥离资产前收入来源主要为液化石油气的销售，其占比达到营业收入的 70% 以上。

东华能源贸易资产和业务剥离后，主要业务板块包括：①PDH 制丙烯，以丙烷为原料，通过 PDH 工艺生产丙烯；②聚丙烯，通过丙烯单体聚合成聚丙烯；③氢气综合利用，重点是氢气作为清洁新能源载体方面的应用。

三、资产剥离情况简介

（一）资产剥离方案概况

2020 年 1 月 23 日，东华能源发出公告，集中资源建设茂名、宁波烷烃资源综合应用产业基地，并且以促进业绩增长与提高盈利能力、实现由烷烃资源综合商向绿色化工生产商和优质氢能源供应商转型为由，宣布退出 LPG 国际及国内贸易业务，并将相应的贸易类资产从公司剥离。

1. 交易标的

东华能源及其控股子公司的贸易类业务及对应的资产，包括：

（1）广西天盛港务有限公司（以下简称"广西天盛"）100% 股权。

（2）宁波优嘉清洁能源供应链有限公司（以下简称"宁波优嘉"）100% 股权。

（3）钦州东华能源有限公司（以下简称"钦州东华"）100% 股权。

2. 交易对手

马森能源（新加坡）有限公司（以下简称"马森能源"）及其全资或控股子公司。其主要经营业务包括：各种商品的批发贸易，包括采购、贸易、船运和分销（销售）。马森能源与东华能源受同一实际控制人实际控制。

3. 剥离业务情况

（1）退出 LPG 国际贸易业务。

（2）退出 LPG 国内批发业务。

（3）退出液化气仓储转运业务。

（4）委托经营船务。

（二）资产剥离过程

2020 年年初，东华能源正式启动贸易资产剥离，根据转型整体安排，相关剥离事项进展如下：

（1）2020 年 2 月 13 日，东华能源公告签署股权转让协议书，向马森能源（新加坡）的子公司马森能源（茂名）转让广西天盛港务有限公司 100% 的股权，交易价格为 5.17 亿元。

（2）东华能源先后退出国内批发业务、LPG 国际贸易业务，转售部分尚未到期的北美长约项下的货物，出售富余丙烷和进口丁烷。

（3）东华能源向关联方提供仓储转运等服务，同意其租用公司现有的部分码头和仓储资源。报告期内，按照费用结算价格，公司仓储服务费用收入实现 1.23 亿元。

（4）委托经营船务。东华能源拟将已有的 8 条租期为 10 年的大型全体运输船（VLGC）和 4 条租期 1 年的 VLGC 委托马森能源经营，马森能源承担船队运营的盈亏。该议案已于 2021 年 3 月 19 日经东华能源 2021 年第一次临时股东大会审议通过，议案正在执行中。

（5）钦州东华作为 LPG 业务批发和分销的子公司，已于 2020 年 3 月 1 日正式剥离。

（6）广西天盛的资产评估已经完成，相关剥离工作正在有序推进。

（7）报告期内，LPG 终端剥离工作有序开展。以 LPG 销售重点为底层资产的能源物联网公司已经组建，物联网运营平台已经搭建完成，资产评估正在有序推进中。图 2 是东华能源与 LPG 贸易业务受让方股权结构。

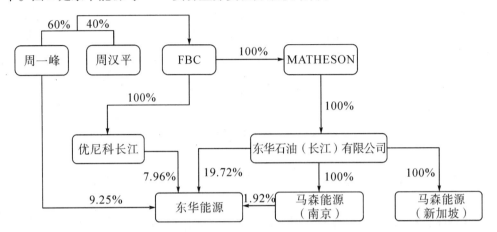

图 2　东华能源与 LPG 贸易业务受让方股权结构

资料来源：东华能源公司公告、海通证券研究所。

四、资产剥离动因分析

（一）东华能源资产剥离外部动因分析

1. 中美贸易摩擦

受中美贸易摩擦、地缘政治风险综合影响，LPG 价格整体处于低位区间震荡，2018 年 8 月起的超过 18 个月内，美国对中国进口产地货物征收高达 25% 的关税，东华能源相关 LPG 国际贸易业务只能被迫进行转口贸易。2019 年中美贸易冲突持续影响公司业务活动，不仅如此，受到宏观经济影响，石油产业链价格持续下行导致 LPG 贸易业务接连受挫。2019 年，国内 LPG 产量仍保持增长，但受 LPG 深加工产业的发展，国内 LPG 需求量增长较快，LPG 仍保持较高的对外依存度。各地市场价间的价格差直接影响了 LPG 贸易业务的利润率，在需求与供给双方都不利好的情况下，公司贸易业务毛利率呈持续下降趋势，东华能源 LPG 贸易业务毛利率从 2015 年的 5.74% 快速降至 2020 年的 1.03%，对毛利润的贡献比例逐年压缩。

2. 新冠肺炎疫情影响

2020 年以来，受到新冠肺炎疫情的影响，石油需求在世界多个国家大幅下降，再加上欧佩克+（OPEC+）成员国减产协议破裂，导致原油价格暴跌，沙特合同价（CP 价）和 LPG 价格亦大幅下降。LPG 价格频繁波动，而原油价格的变动也随 LPG 价格波动，因此整体处于较低水平。由于目前中国所需要的进口资源大都来自中东地区，所以 CP 价也成为东华能源资产剥离的影响因素之一。

3. 天然气（LNG）竞争市场

一方面，从安全性上看，与液化气相比，天然气安全性能更高一些。从环保的角度来看，LNG 燃烧时的二氧化硫和粉尘排放量只占 LPG 燃烧排放的一半左右，减少了 60%二氧化碳排放量和 50%氮氧化合物排放量，比起 LPG 和人工煤气更加环保清洁。而且，城市 LPG 燃气使用量出现大规模下降趋势，化工需求的占比又逐年提高，那么可以推测，化工用途替代燃料用途的竞争正在进一步加剧。

另一方面，天然气在城镇农村居民的大规模普及下，其替代 LPG 能源已经成为一种趋势，这导致 LPG 能源的民用气市场份额逐渐被压缩，需求增长停滞。在中国 LPG 市场由化工原料主导需求的大趋势背景下，许多工业企业选择采取工贸一体化的战略，这些企业的不断发展壮大，极大地冲击了东华能源贸易壁垒，导致公司在 LPG 贸易业务的议价能力减弱。

（二）东华能源资产剥离内部动因分析

1. 贸易业务盈利能力衰减

自东华能源上市以来，公司主营业务收入开始保持稳步增长趋势，2015 年前，营业收入的上升主要由 LPG 贸易量增长而拉动，营业收入增长速度一直维持在 50%左右，但因受到石油价格下降的影响，2015—2016 年 LPG 价格也随之下降，营业收入增速也因此虽有放缓但仍在小幅度增长。自 2015 年起，东华能源开始迈向下游 LPG 深加工产业，有转型趋势，开始投产张家港一期项目、宁波一期项目，随着装置产能逐步放量，收入再次拉高，但受到聚丙烯行业价格下降的影响，2019 年其主营收入产生小幅度的负增长。图 3 是东华能源 2013—2020 年营业收入情况。

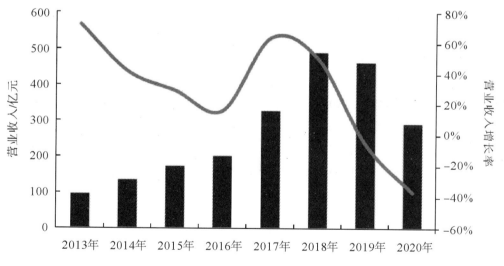

图 3　东华能源 2013—2020 年营业收入情况

图 4 为东华能源 2015—2019 年液化石油气、化工品销售情况。表 3 为东华能源 2015—2019 年液化石油气、化工品销售毛利率情况。

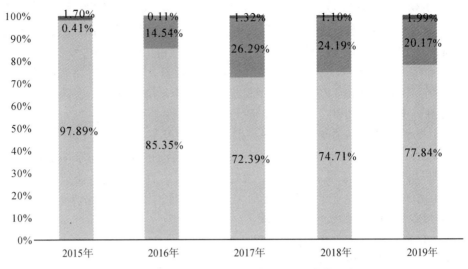

图 4　东华能源 2015—2019 年液化石油气、化工品销售情况

表 3　东华能源 2015—2019 年液化石油气、化工品销售毛利率情况

项目	2015 年	2016 年	2017 年	2018 年	2019 年
液化石油气销售	5.68%	5.37%	5.18%	2.84%	2.08%
化工品销售		13.71%	11.43%	12.33%	17.50%

数据来源：根据东华能源年报整理。

东华能源主要营业收入来自液化石油气，由图 3、图 4、表 3 可知，2015 年以来液化石油气的销售收入占比呈下降趋势，其销售收入自 2018 年起不再有明显增长优势。由于新冠肺炎疫情、中美贸易摩擦、石油价格等因素影响，东华能源的营业收入呈下行趋势，2020 年营业收入同比下降 50% 左右，且液化石油气业务的毛利率一直处于较低水平。2015—2017 年液化石油气贸易业务毛利率一直都在 5% 以上，而 2018—2019 年其毛利率连续下降至 2.08%，总体下降了 60%。从目前来看，依据 2020 年年报可知液化石油气毛利率进一步下滑至 1.03%，同比下降 50% 左右。由此推测，东华能源液化石油气业务盈利能力逐渐降低的原因可能是：其剥离资产贸易业务。

2. LPG 业务占用大量资金

一直以来 LPG 贸易业务都是东华能源业务核心，近年来东华能源不断地投产工厂建设，业务量的增加使公司贸易量不断增长，而业务增长导致公司的运营资金需求量大幅度增加。东华能源日常购销业务占据了公司大量的现金流，购买商品、接受劳务支付的现金占公司销售商品、提供劳务收到的现金的 90% 以上，给公司现金流造成一定的财务压力。图 5 是东华能源 2015—2019 年日常购销占据现金流情况。图 6 是东华能源 2015—2019 年负债情况。

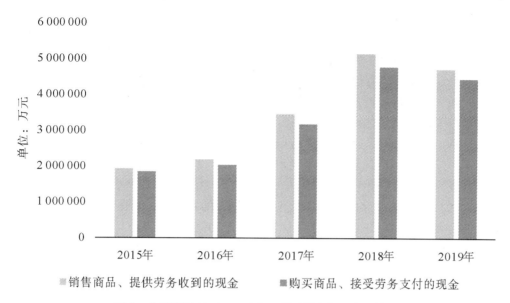

图 5　东华能源 2015—2019 年日常购销占据现金流情况

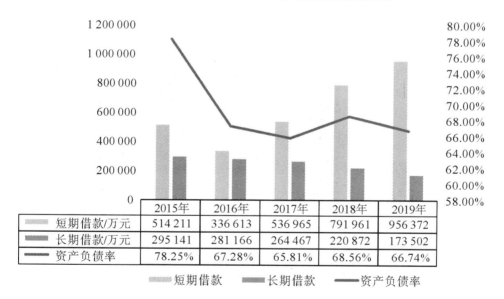

	2015年	2016年	2017年	2018年	2019年
短期借款/万元	514 211	336 613	536 965	791 961	956 372
长期借款/万元	295 141	281 166	264 467	220 872	173 502
资产负债率	78.25%	67.28%	65.81%	68.56%	66.74%

图 6　东华能源 2015—2019 年负债情况

数据来源：根据东华能源年报整理。

一方面，受中美贸易摩擦的影响，东华能源加大了转口贸易量，进而致使短期资金占用了公司现金流，并且伴随而来的是大幅度增加的短期借款债务。另一方面，LPG 贸易业务需要支付巨额的成本与信用保证金，而这些都占用了公司大部分流动资金。东华能源现金需求量较大，因此需要大量借入资金和银行授信。这两个因素导致了东华能源资产负债率一直处于高位运行状态，而资产剥离这一收缩战略，将完全处置占据资金的贸易业务，有利于减轻公司财务负担和资金压力，从而提高其盈利能力。

3. PDH 发展优势

由图 7、图 8 可知，东华能源化工品业务已成为其主要的利润来源，其销售毛利率相对较高，带动了整体毛利率的提升。2015 年前，东华能源主要利润来源为 LPG 业务，公司整体毛利率基本与 LPG 业务毛利率保持一致。随着下游化工生产产业的并入，PDH 装置工艺路线成本低，又加之公司原有 LPG 贸易业务这些优势，加速提高了化工品整体销售毛利率，由 5.78% 上升到 19.86%，增长幅度高达近 250%。2018 年后，受到中美贸易摩擦的影响，LPG 贸易业务毛利率下降至 2.08%，与此同时化工品销售业务毛利率保持快速增长，并且拉动整体业务毛利率上升，成为公司的主要毛利润来源。在实施 LPG 贸易业务资产剥离后，东华能源整体毛利率也从 2019 年的 5.31% 跃升至 2020 年的 8.63%，增长幅度达 60% 左右，盈利能力大幅提升。2020 年，东华能源的化工品销售收入为 81.28 亿元，毛利润为 22.79 亿元，毛利率为 28.0%。在剥离 LPG 业务后，东华能源现有及在建的 PDH 项目可以支持长期发展。

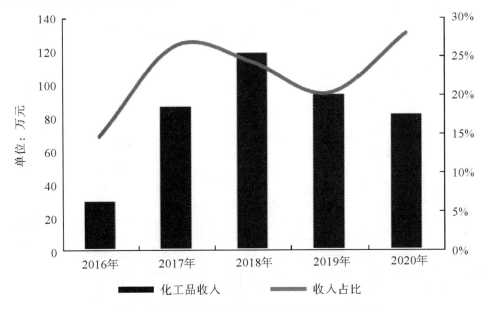

图 7　东华能源 2016—2020 年化工品收入及收入占比

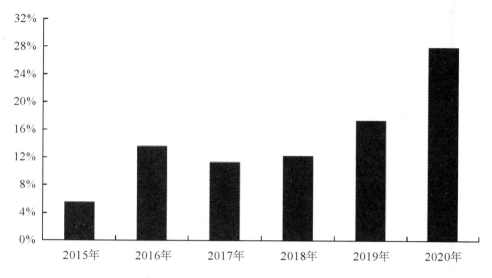

图 8 东华能源 2015—2020 年化工品销售业务毛利率
数据来源：根据东华能源年报整理。

五、资产剥离效果评价分析

（一）东华能源资产剥离的事件研究分析

事件研究法是通过研究事件发生时公司股票价格是否异常波动以及是否产生"超额收益率"，反映上市公司资产剥离的短期市场绩效。本文以东华能源资产剥离公告日 2020 年 1 月 23 日为事件基准日（$t=0$），采用市场指数调整模型（以市场指数收益率为正常收益率）计算超额收益率（ARit）：

$$ARit = Rit - Rmt$$

式中，Rit 为东华能源在 t 交易日的实际收益率；Rmt 为 t 交易日的市场收益率。

本文根据财务惯例，将事件窗口定为［-10，10］，也就是东华能源选择资产剥离日的前 10 日及后 10 日，这就代表东华能源此次进行资产剥离事件的考察期为 21 天。随后，本文整理总结了东华能源与深圳证券交易所成分股价指数的日收益率，并进行分析计算，计算得出相关超额收益率与累计超额收益率。

从表 4 和图 9 可以看出，东华能源的超额收益率（AR）指标在其进行宣布资产剥离的首次公告日即 2020 年 1 月 23 日之前的 10 个交易日中没有较大波动，较为平稳。与此同时，累计超额收益率（CAR）呈现震荡上升的趋势。但是，超额收益率指标（AR）在东华能源公告资产剥离事件后第一天出现了较大波动，由 4.03% 增长到 15.93%，上升了近 12%，波动幅度高达 300%，而公告发出后在窗口期内的 10 个交易日中，其有 5 天超额收益率为负数且变化较小，其余时间均为正值，并且在（1，10）区间内，而累计超额收益率曲线波动幅度加大，总体呈上升趋势，且都处于 0 值以上，并在事件发生后窗口期内所有时间都保持了正值。

表4 2020年1月23日事件日前后情况

事件窗口	Rit	Rmt	AR	CAR
−10	0.12%	1.79%	−1.66%	−1.66%
−9	−0.87%	−0.17%	−0.70%	−2.37%
−8	0.75%	1.47%	−0.72%	−3.09%
−7	0.25%	−0.47%	0.72%	−2.37%
−6	−1.00%	−0.15%	−0.85%	−3.22%
−5	−1.13%	−0.04%	−1.09%	−4.30%
−4	−0.89%	−0.12%	−0.77%	−5.07%
−3	0.90%	1.47%	−0.58%	−5.65%
−2	−2.16%	−1.46%	−0.70%	−6.35%
−1	3.64%	1.08%	2.55%	−3.79%
0	0.50%	−3.52%	4.03%	0.23%
1	7.48%	−8.45%	15.93%	16.16%
2	9.98%	3.17%	6.81%	22.97%
3	6.75%	2.14%	4.61%	27.58%
4	5.73%	2.87%	2.86%	30.44%
5	−5.61%	0.10%	−5.70%	24.73%
6	−0.99%	1.10%	−2.09%	22.64%
7	−6.00%	0.37%	−6.37%	16.27%
8	1.06%	1.60%	−0.53%	15.73%
9	1.47%	−0.70%	2.17%	17.91%
10	−4.98%	0.48%	−5.46%	12.45%

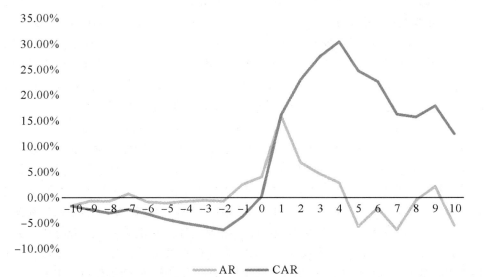

图9 2020年1月23日前后AR和CAR走势

根据数据分析的结果可以看出，东华能源在资产剥离活动之后，其股价出现了上升趋势，因此可以得出，此次东华能源的资产剥离活动对公司产生了正向的公告效应，该效应使得公司的股价在短期内得到了较快的上升，资产剥离给东华能源在股票市场上带来了积极的影响。

（二）东华能源资产剥离的财务效果评价

1. 产能优化提高公司盈利能力

在东华能源稳步推进LPG贸易板块剥离后，东华能源2020年度营业收入虽然有下降但其净利润却在上升。2020年上半年，LPG价格因受到石油价格急剧下跌的影响，始终处于低位运行，而高成本的LPG库存将严重影响公司利润，但随着LPG贸易业务资产剥离逐步推进，在处置了LPG货物后，贸易板块波动对东华能源整体业绩的影响有所减小，2020年净利润在稳步增长的同时呈现上升趋势。由表5可知，2020年东华能源的主要利润来源为聚丙烯与丙烯业务，其毛利率也远高于LPG贸易业务的毛利率。图10为东华能源2015—2020年净利润情况。图11为东华能源2015—2020年盈利能力各项指标。

表5 2020年东华能源各项产品情况

产品名称	利润比例	毛利率
液化石油气	8.99%	1.03%
聚丙烯	78.76%	28.13%
丙烯	11.74%	19.86%
其他	0.03%	0.51%
仓储	0.47%	7.05%
氢气、蒸汽	—	—
汽车燃气设备改造、钢瓶检测及物流服务	—	—

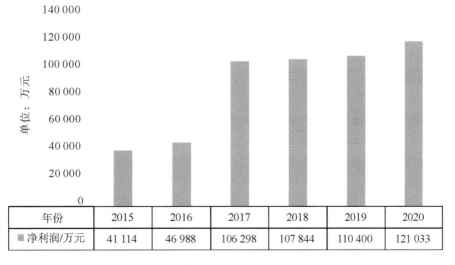

年份	2015	2016	2017	2018	2019	2020
▨ 净利润/万元	41 114	46 988	106 298	107 844	110 400	121 033

图10 东华能源2015—2020年净利润情况

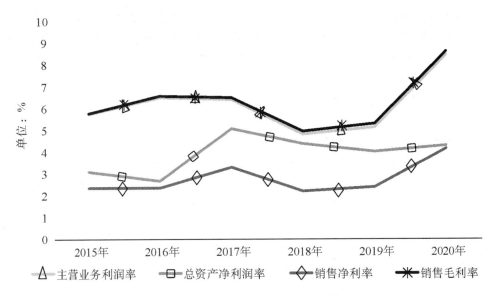

图 11 东华能源 2015—2020 年盈利能力各项指标

资料来源：根据东华能源年报整理。

由图 10 可以看出，东华能源 2020 年在剥离液化石油气这项占公司营业收入比重很大的贸易业务后，并未对公司整体经营业绩产生较大影响，不仅如此，东华能源 2020 年同比销售净利率从 2.4%增加到 4.17%，销售毛利率从 5.31%增加到 8.63%，都有大幅度上升趋势，并且公司总资产净利率也保持稳中上升，整体盈利能力增强。

2. LPG 业务对 PDH 业务提供产业优势

东华能源得益于 LPG 业务，近些年来为公司积累了丰富的上游资源，公司通过上游资源掌控、中游冷冻船、码头、冷冻库等分销设施完善，形成"丙烷-丙烯-聚丙烯-氢气"的体系全产业链（见图 12）。

东华能源经过 20 多年 LPG 业务的耕耘，成为全球最大的烷烃资源综合运营商。因此，剥离 LPG 贸易资产并不会影响公司未来采购能力，东华能源在丙烷资源采购方面仍具有很大优势。东华能源将剥离 LPG 贸易业务出售给了马森能源，而马森能源是其控股股东的全资子公司，由此可见，虽然东华能源处置了 LPG 贸易业务，但是其之后采购 PDH 自用资源仍具有较大优势。

东华能源可以最大化利用烷烃资源进行产业延伸，专注于烷烃资源深加工和氢能源综合利用，即通过在上游掌握资源、在中游完善分销体系和资产配套、在下游开展产业综合利用等手段，打造完整的"丙烷-丙烯-聚丙烯"产业链。由此一来，东华能源可以达到以下四个目标：①大幅度提高公司抗波动风险能力，降低聚丙烯、丙烯、丙烷的市场波动风险，提高整体盈利水平；②东华能源 PDH 项目布局于长三角地区，该地区是中国经济发达地区，这样的区位优势可以使得公司充分利用区域经济优化自身资源配置，为资源综合利用开拓了广阔的市场空间；③通过 LPG 码头、仓储的利用，提升 LPG 中游资产利用率，东华能源自身上下游一体化可以有效地整合 LPG 上中下游板块，合理配置储存的资源，最终实现产业链上整体利益最大化；④全力打造张家港、宁波、茂名新材料的产业基地，进一步完成从 LPG 到 PDH 的升级转型，拓展完善丙烷产业链，将东华能源规模优势与区域协同优势相结合，从而加速推进新能源、新材料向纵深发展。

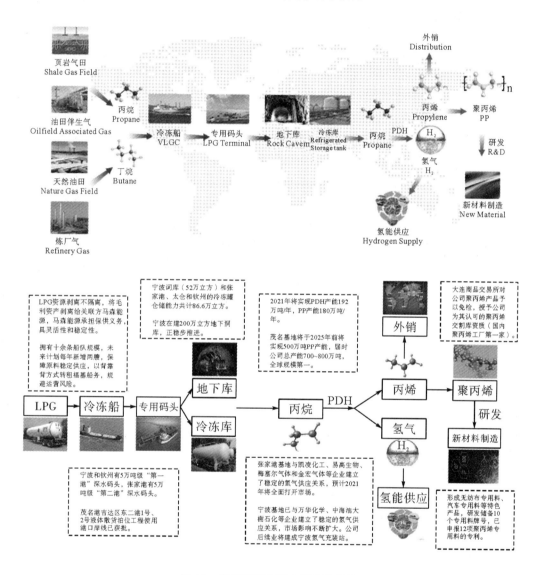

图 12　东华能源全产业链竞争优势

资料来源：东华能源官网公告、开源证券研究所。

3. 为 PDH 业务提供资金支持，提高核心竞争力

东华能源剥离 LPG 业务涉及子公司广西天盛港务有限公司 100% 股权、宁波优嘉清洁能源供应链有限公司 100% 股权、钦州东华能源有限公司 100% 股权。

目前东华能源在建 PDH 项目需要大量资金支持，而本次资产出售获得的资金，正好用于茂名项目的建设投入，为 PDH 核心产业发展提供资金支持。企业将部分毛利率低的业务对外出售后，不仅强化了公司的资本运作，降低了企业的资金压

力，减少了对占用资金大的业务板块的资源投入，而且加大了企业资金向优质资产和优势地区倾斜的力度，提高了企业的核心竞争力。

六、结论

公司在发展过程中，有可能面临业务的改变与战略的转型，通过资产剥离这一方式，可以扔掉业务包袱、优化资产、调整产业结构、发展核心业务，进而实现既定的战略目标，达到利润最大化。也有很多上市公司为了改善短期绩效、优化财务指标而选择资产剥离。对于东华能源来说，传统 LPG 业务不能再给公司带来盈利，反而会拖累公司发展，不再适合公司战略发展。因此，东华能源剥离资产可以将更多资源以及资金用于 PDH 项目，从而加强其核心竞争力。

通过上述对东华能源的分析中可以看出，企业想要通过资产剥离来完成转型，需要选择合适的剥离对象和时机，并且在资产剥离完之后需要及时对资源进行优化整合。此次东华能源资产剥离，一方面在短期市场反应中取得了积极效应；另一方面相对长期财务指标也有乐观的表现，提高了企业盈利能力，优化了产业结构。

资产剥离并非企业日常经营活动。企业在资产剥离中不仅要考虑短期绩效，而且要有长远发展意识，在剥离后的工作中更要注重资源的整合，发展核心业务增强竞争力，从而获得长期收益。总体来看，此次东华能源资产剥离，对想要通过资产剥离进行战略转型的企业有极大的借鉴意义。

参考文献：

［1］史习民，戴娟萍. 宝钢股份资产剥离：支撑抑或掏空？［J］. 财会月刊，2014（17）：51-54.

［2］王伟. 上市公司资产剥离行为经济影响分析［J］. 财会通讯，2017（29）：10-13.

［3］吕雅铭. 战略转型下资产剥离市场反应与财务绩效研究：以国新健康为例［J］. 现代商贸工业，2019，40（25）：113-114.

［4］郭伟，翟君，郭婧. 战略转型视角下的资产剥离与企业价值研究［J］. 软科学，2020，34（11）：95-100.

抚顺特钢财务造假后的复牌之路

陈泯劼

（重庆工商大学会计学院　重庆　400067）

摘　要：上市公司的财务舞弊行为严重地破坏了证券市场的正常秩序。本文将从公司内部治理的角度研究上市公司停牌后的自救手段。因此，本文选取抚顺特钢作为案例公司，对其财务造假事件进行梳理与描述，回顾其财务造假的始末，并从公司治理的角度分析该企业在面临退市风险后，如何加强企业内部控制、提高经营能力，最终在 3 年内成功实现复牌。本文试图根据案例公司的特点，总结其自救手段的实施效果，以给予类似上市公司一定的借鉴意义。

关键词：抚顺特钢；财务造假；复牌；应对措施

一、引言

上市公司财务造假这一现象，在世界各地都屡次发生，如美国史上最大的财务造假案"安然事件"、日本最严重的会计丑闻之一"奥林巴斯事件"等。在我国市场经济高速发展的今天，上市公司已然享受了优越的政策红利，然而由于内部控制薄弱、管理层存在侥幸心理等因素的存在，公司治理人常常铤而走险，踏上财务舞弊的道路。

抚顺特殊钢铁股份有限公司（以下简称"抚顺特钢"）位于辽宁省抚顺市，隶属于东北特钢集团。抚顺特钢具备雄厚的技术基础，产品被大量应用在航空、航天、兵器、核电、石油石化、交通运输、工程机械、医疗等范围和领域，覆盖 6 大洲、30 多个国家和地区，未来的发展前景可观。然而，抚顺特钢在 2019 年被证监会查出长达 8 年的财务造假，其中有 6 年将经营结果由亏损改为盈利。上市公司财务舞弊行为对市场、出资者等产生许多不利影响，抚顺特钢在被披露财务造假后，为恢复自身盈利能力，及时采取了适当的应对措施，从而在 3 年内实现摘帽。

二、公司治理理论

（一）委托代理理论

委托代理理论最早由 Berle 和 Means（1932）提出，他们发现随着公司股权的分散，公司的控制权实际上由经营者掌控，从而产生了委托代理问题。受到时间、精力和能力的限制，所有者委托专业经营者作为代理人进行经营，两者之间形成了委托代理关系。但是，由于委托人和代理人存在目标不一致、掌握信息不对称、责任不对等、契约不完备等情形，产生了"逆向选择"和"道德风险"问题，使得代理人有可能做出损害委托人利益的行为。

在 2017 年之前，抚顺特钢作为国有企业，存在较大的委托代理问题，其中信息不对称是产生该问题的根本缘故。同时，国有企业委托代理层级较多，中间代理层级的增加、所有者与委托人不一致也加重了信息不对称的程度。

（二）利益相关者理论

利益相关者理论是 20 世纪 60 年代左右在西方国家逐步发展起来的，进入 20 世纪 80 年代以后其影响迅速扩大，并开始影响英美等国的公司治理模式的选择，促进了企业管理方式的转变。

利益相关者理论认为，企业追求的是利益相关者的整体利益，而不仅仅是某些主体的利益。因此，企业的管理层在关注股东利益的同时，还需要在经营活动中平衡其他利益相关者的利益。利益相关者包括企业的股东、债权人、供应商等交易同伴，也包括政府部门、环保主义等压力集团。利益相关者对企业的经营和发展起着不可或缺的作用，因此不能忽视任何一种利益相关者的作用，否则会给企业带来严重的负面影响。随着公司治理理论的完善，利益相关者理论的作用也越来越显著。

三、事件回顾

（一）停牌到复牌时间点

2016 年 3 月 28 日，抚顺特钢的控股股东——东北特钢集团因无力偿还到期债券，向政府提交了债务重组申请，致使抚顺特钢于 2017 年 7 月 10 日宣布股票停牌。由于抚顺特钢的实际控股人发生变更，新控股人在对公司财务进行自查后，发布公告称企业存货实际余额与以往年度的财务报告记载数额存在重大差异，至此，抚顺特钢的财务造假案终于浮出水面。表 1 列示了抚顺特钢被证监会立案调查后到公司摘帽并复牌的时间点。

表 1　抚顺特钢被立案调查到复牌的时间点梳理

日期	发生事件
2018-03-21	抚顺特钢因涉嫌信息披露违法违规被证监会立案调查
2018-05-22	因抚顺特钢未在法定期限内披露定期报告，涉嫌违反证券法律法规，被证监会立案调查
2018-06-27	抚顺特钢因净利润、净资产等财务指标触及退市风险警示的局面，被实施退市风险警示，股票简称从"抚顺特钢"变更为"*ST 抚钢"
2019-03-28	抚顺特钢对退市风险警示情形进行逐项排查，符合申请撤销股票退市风险警示的条件
2019-04-03	上海证券交易所同意撤销对抚顺特钢股票实施的退市风险警示
2019-04-08	抚顺特钢被实施其他风险警示，股票简称从"*ST 抚钢"变更为"ST 抚钢"

表1（续）

日期	发生事件
2021-03-31	抚顺特钢涉及其他风险警示的情形已消除，符合申请撤销公司股票其他风险警示的前提
2021-04-14	上海证券交易所同意了抚顺特钢的申请
2021-04-16	抚顺特钢复牌

（二）财务造假手段

抚顺特钢通过"存货-在建工程-固定资产-折旧"这一经典财务造假手段，在2010—2017年8年之间虚增利润高达19.02亿元。证监会发布的调查报告显示，抚顺特钢把本该计入成本的材料消耗计入了存货，使存货虚增19.89亿元。同时，为了让这部分虚增存货不引人注意，抚顺特钢将其转入了在建工程，进而转入固定资产，在2013—2015年虚增了在建工程11.39亿元，固定资产8.42亿元。但固定资产的增加会导致折旧的上升而影响损益，为了降低对利润的影响，抚顺特钢在2015年通过固定资产会计估计变更，延长了固定资产折旧年限，降低了折旧的计提，从而在2014—2017年，抚顺特钢虚增了固定资产折旧0.87亿元。抚顺特钢在这8年间，利用伪造或修改会计凭证，作假财务系统数据，导致了主营业务成本异常，少结转成本金额19.89亿元，继而虚增利润总额19.02亿元。

四、抚顺特钢的复牌措施

抚顺特钢申请停牌后，继而又被爆出重大财务造假，接连的不利事件让企业一夜之间陷入困境。为此，抚顺特钢采取了一系列措施防范再次出现财务造假事件，同时努力提升自身的经营管理效率。

（一）申请重整找到利润增长点

抚顺特钢在2017年对公司资产失实涉及前期会计差错更正的情况进行了说明，在公司进行自查后，为隐瞒公司财务造假的事实，直接将该公司虚增存货、固定资产、在建工程等财务舞弊行为简单定义为会计差错问题，并称已将截至2016年度的相关金额追溯调整至各会计年度。如图1所示，在完成会计差错更正后，抚顺特钢连续两年经营亏损，其中2017年的营业利润甚至跌至-12.49亿元，从而面临退市风险。

2018年抚顺特钢因无力偿还到期债务，向抚顺市中级人民法院提出申请，对抚顺特钢进行重整，力图找到利润增长点，恢复经营能力。在此期间，抚顺特钢通过债务重组形成了28.81亿元的营业外收入，虽然年报显示其营业利润和扣非净利润仍然为负数，但其管理费用率也大幅度下降，说明此次重整计划使抚顺特钢优化了资源配置，提高了管理效率，为之后企业复牌奠定了基础。

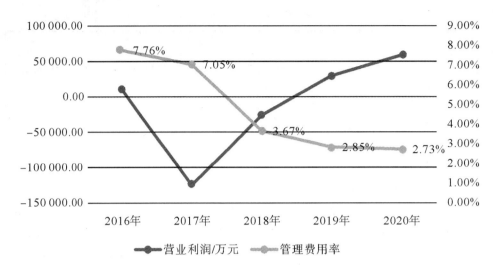

图 1　2016—2020 年营业利润和管理费用率的变化

（二）董事会、监事会换届选举

企业的经营决策由董事会成员决定，而监事会主要负责检查公司财务以及对董事、高级管理人员执行公司职务的行为进行监督。董事会和监事会应协同保证公司重大决策的正确性，在保护中小股东利益的同时，还应该考虑企业未来的长期发展。

抚顺特钢财务造假长达 8 年，其主要原因之一是企业 4 任董事长赵明远、杨华、董事、孙启在知晓财务欺诈行为的情况下，仍在涉案定期报告上签字确认，直接导致舞弊行为的发生。

抚顺特钢在 2010—2017 年通过虚增存货、在建工程等资产，继而虚增利润高达 19.02 亿元。因此，在证监会介入调查后，抚顺特钢在 2019 年 9 月 25 日及时更换了董事会、监事会成员，以季永新为首的 9 名董事会成员全部未持有公司股份，且未曾受过证监会及其他有关部门的处罚和证券交易所惩戒，这在一定程度上降低了董事会徇私舞弊的风险。

此外，抚顺特钢对公司监事会成员也开展了换届选举，值得注意的是其中有一名成员是职工代表监事。首先，这一举措使董事会的各项决策更加公正和科学，加强了监事会的监督力度。其次，这一举措进一步完善了企业的法人治理结构。职工作为企业的一员，既与出资者和管理者有共同的利益，又有各自独立的利益，职工监事的参与能在考虑企业整体利益时，更好地兼顾各方面的利益，使决策更加民主。最后，这一举措加强了董事会和监事会对职工意见的重视程度。职工监事在参与决策、进行监督的过程中，不仅能反映职工群众的心声，而且能告知广大群众董事会和监事会工作的具体情况，从而起到重要的纽带作用。

（三）制定年报披露信息重大差错责任追究制度

抚顺特钢此次重大财务造假行为对公司内部和资本市场造成了不同程度的消极影响，为避免再次出现类似舞弊行为、规范公司的经营运作，抚顺特钢在 2020 年 8 月 20 日制定了年报信息披露重大差错责任追究制度。该制度根据过错与责任相适应、责任与权利对等原则，对年报信息披露事务中有关职员不履行职责、义务或其他个人缘故，对公司造成重大经济损失或造成严重不良社会影响的行为进行追究与处理。

年报披露信息重大差错责任追究制度中还设置了一系列惩罚机制，如违反者将受到被调离职位、停职、降职、撤职等责任追究，情节严重者还需要移交司法机关处理。因此，该制度能够促使每一环节的相关负责人员恪尽职守，互相监督，严格遵守公司与财务报告相关的内部控制制度，协同保证信息披露的真实性和透明性。

（四）新设立全资子公司，拓宽销售渠道

目前国内特殊钢市场需求呈现出增长趋势，且随着抚顺特钢新建生产项目的逐步完成，公司还需要跟随大环境的步伐，大力开拓市场，优化产品的销售渠道。因此，抚顺特钢于 2020 年 12 月 18 日以自有资金 1 000 万元设立宁波北仑抚钢模具技术有限公司（以下简称"北仑公司"）。北仑公司的主要业务包括模具钢、工具钢、高速钢以及各类特殊钢销售，金属材料加工，特殊钢技术支持与服务等。北仑公司可以优化抚顺特钢的销售业务，易于公司发现和接近目标客户，进一步提升开拓市场的能力、技术服务能力，从而改善抚顺特钢的盈利情况，并对将来的经营效益产生积极作用。

（五）开展票据池业务，提效率降成本

票据池业务是指协议金融机构为满足企业对所持有的商业汇票进行统一管理、统筹使用的需求，向企业提供的集票据托管和托收、票据质押池融资、票据贴现、票据代理查询、业务统计等功能于一体的票据综合管理服务。

自 2018 年被曝财务造假以来，抚顺特钢经过 3 年的公司治理，逐渐步入正轨，企业经营规模进一步扩大。为提高流动资产周转率、优化财务结构，抚顺特钢于 2021 年 3 月 31 日开展票据池业务，其可质押票据额度最高可达 8 亿元。

抚顺特钢可以通过合理使用票据池尚未到期的存量有价票据资产作为质押，开具不超过 8 亿元的银行承兑汇票等有价票据，用以支付货款等经营产生的款项，进一步缩减货币资金的占用，达到提高流动资产周转率的目的。自 2021 年 3 月 31 日开展票据池业务以来，至 2021 年 6 月 30 日，抚顺特钢第二季度的流动资产周转率较前一季度已经有了一定程度的提高，从 34.81% 上升到了 36.39%。此外，票据池业务还可以降低成本。抚顺特钢可以将应收票据统一存入协议金融机构进行集中管理，由金融机构代为办理保管、托收等业务，以此减少公司对各类有价票据的管理成本，同时还可以将收到的商业汇票通过票据池向银行进行质押，实现零保证金开票，降低手续费比例，节省开票成本。

五、结论

本文从公司内部治理的角度出发，分析了抚顺特钢用以增强企业内部控制以及提高经营能力的措施，这些措施有以下作用：营业利润实现增长、董监会结构更完善、治理层权责更分明、扩宽销售渠道、提高流动资产使用率。但抚顺特钢复牌时间不长，如果想长久地发展下去，还需要继续加大内部控制力度，同时重视研发创新，巩固企业的行业地位。

参考文献：

[1] 江笑云. 上市公司财务报表舞弊及信息披露违规案例分析与启示 [J]. 改革与开放, 2018 (13)：4-7.

[2] 贺顺成. 基于公司治理视角的抚顺特钢财务舞弊案例研究 [D]. 广州：华南理工大学, 2020.

[3] 张良. 创业板上市公司金亚科技财务造假动因与治理探究 [D]. 南昌：江西财经大学, 2018.

[4] 刘祖恒. 浅析现代企业内部控制体系的构建 [J]. 财经界, 2017 (35)：1.

[5] 张彤. 中国上市公司财务报告舞弊手段、成因及对策研究 [J]. 财会学习, 2019 (12)：80-81.

基于 EVA 的业绩考评偏差及对策研究

文 岚

（重庆工商大学会计学院 重庆 400067）

摘 要：经济增加值（EVA）在使用过程中会受自身理论基础限制、国内外市场差异和公司具体复杂情况等因素的影响，其最终得到的绩效考评成绩可能会与真实绩效成果产生偏差。本文首先阐述了经济增加值的理论基础，尤其是其实质内涵和主要调整项目；其次计算了格力电器 2016—2018 年的经济增加值；再次分析出可能使 EVA 计算结果出现偏差或对结果分析造成影响的原因；最后针对目前已出现的问题，在能力范围内从调整项目选取、计算、结果分析利用和公司治理四个方面提出了对策，以期消除或缩小偏差，争取为企业经营业绩评价、公司管理层业绩考评提供一定的参考价值。希望通过本文的讨论，企业能逐步产生以股东财富最大化为目标、以价值为主导的经营理念，建立有效的绩效管理体系，加强员工对 EVA 内涵的理解，把 EVA 视作一种管理理念。

关键词：经济增加值；业绩考评；股东财富最大化

一、引言

（一）研究背景

2010 年，经济增加值指标在央企中全面开展，国有资产监督管理委员会（以下简称"国资委"）确切指出经济增加值是央企年度经营业绩考核基本指标之一。2016 年 12 月，国资委突出强调了经济增加值考核。以华为、宝钢、东风汽车、青岛啤酒为代表的一批企业也早在 20 世纪初，自发使用 EVA 对企业或管理层进行业绩考核评价。

在传统的绩效考评工作中，人们往往更加关注会计利润。然而，在实际运用中，会计利润所反映的股东财富逐渐出现了诸多不足和不便。经济增加值的出现有效弥补了传统会计指标在绩效考评、公司价值衡量方面的许多不足，受到国内外学者的广泛研究。

企业需要以业绩评价作为应用研究，在薪酬支付、企业战略规划和企业决策时，都离不开业绩评价的结果。恰当的业绩评价还可以督促企业提高经营管理的水平，最终提升企业价值。因为许多能为公司带来长期利益的投资，如研发费用等，在经济增加值的计算中被调整回来了，所以经济增加值与简单的会计利润相比，更全面地反映了公司的真实获利情况和公司经营的长期资本投入。

然而，经济增加值在实际应用中，在数据来源、调整过程、计算方式、结果分析等方面都逐渐出现了"水土不服"的情况，都或多或少地暴露出了问题。在研究中我们不能直接将基于经济增加值产生的结果判定为错误的，而应该将之视为同理想、真实绩效结果的偏差。

（二）研究目的

西方发达国家率先利用经济增加值进行企业价值评估和绩效考评，这些发达国家拥有比较健全的市场，满足使用经济增加值的一些特定要求。作为一种来自国外的绩效考评手段，经济增加值在使用过程中会受自身理论基础限制、国内外市场差异和公司具体复杂情况等因素的影响，其最终得到的绩效考评成绩可能会与真实绩效成果产生偏差。在承认经济增加值具有一定优势的前提下，本文希望能针对其目前已出现的问题提出对策，或者在一定程度上缩小偏差，争取为企业经营业绩评价、公司管理层业绩考评提供一定的参考价值。

为此，本文首先将对经济增加值进行概述；其次讨论如何基于经济增加值进行业绩考核评价；再次着重分析 4 种常见的偏差，找到有哪些可能的原因导致偏差；最后提出针对上述偏差的对策，以期能改善或纠正偏差，并进行总结。

二、EVA 概述

（一）实质内涵

EVA 是由美国 Stern Stewart 管理咨询公司于 1982 年提出的一种概念，该公司认为 EVA 的核心是"资本投入是有成本的，企业的盈利只有高于其全部资本成本（包括股权成本和债权成本）时才会为股东创造价值"。

EVA 实质上是从经济学的角度对会计利润进行重新定义。它不同于只要有利润就是盈利的说法，而是将调整后的税后净利润减去全部资本成本作为企业新创造的价值。也就是说，只有当股权和债权的成本之和能够小于企业税后经营利润时，才能说有真正富余的资本，也就是创造了真正的财富。

在实际的公司运营中，股东的投资被视作机会成本，其在股份投资的资金没有运用到企业的其他地方的情况下能够获取最大的收益。因此管理者如果只是一味地追求增加利润，就可能使股东的利益受到损害。遵循股东财富最大化的基于 EVA 的绩效考评，使人们开始重视之前经常被忽视的股东投入资本所耗费的费用。

（二）基本模型

1. 经济增加值计算公式

$$EVA = NOPAT - NA \times KW$$

NOPAT 是指经过一定调整后的税后净利润，后文统称税后经营利润；NA 代表资本投入总额；KW 是指考虑了债务资本成本和股权资本成本的平均成本率。

2. 管理会计应用指引对经济增加值的描述

根据管理会计应用指引第 602 号的描述，EVA 可以表示如下：

EVA = 税后净营业利润 ± 税后净营业利润调整项 − （平均资本占用 ± 平均资本占用调整项）× 加权平均资本成本

加权平均资本成本＝债务资本成本×债务资本权重+股权资本成本×股权资本权重

（三）EVA 与传统绩效评价方法相比的优势

1. EVA 能更加真实地反映企业经营业绩

以往较为传统的绩效评价方法利用净利润、净资产收益率等指标进行考核，其技术手段复杂多样，容易受到人为操纵，从而使得传统绩效考评结果存在一定程度的会计失真。EVA 在调整过程中，审慎选择调整项目，贴合企业实际经营情况。虽然 EVA 以传统会计利润为基础进行计算，但调整的过程也是去伪存真的过程，尽可能消除了不良影响，更完整真实地评价和考核企业的经营业绩。

2. EVA 更贴近价值管理的目标

依赖会计利润的传统绩效评价方法计量企业在一定时间内收益和成本的差值，只考虑债务成本，对于股权资本规模、成本、风险等的关注程度不高。EVA 在计算时考虑了全部的资本成本，搭建起了管理层利益和股东利益之间的桥梁，使得管理层在关注自身利益的同时，满足了股东财富最大化的需求。同时，在调整时，EVA 会对为公司带来长期利益的投资慎重地加回，这样能更好地反映公司真实的获利情况，以及公司的长期资本投入。当企业选择的价值管理目标是股东财富最大化时，股东财富的积累不能只着眼当下，而是要依赖于未来各期企业创造的经济增加值。

3. EVA 更注重可持续发展

计算 EVA 需要将研发支出加回，这就鼓励企业进行研发。研发可以为企业未来创造价值奠定良好的技术基础，有利于企业的可持续发展。EVA 经过一系列的调整，考虑了企业投入的所有资本，使得企业的长期投资得以资本化。而净利润、净资产收益率等传统的业绩考评指标重视该年度内的盈利，即相较而言，其更看重短期效益。

4. EVA 更有利于企业风险管理

当管理者为求稳固采取保守的经营策略时，使用 EVA 进行绩效考评比使用会计利润更能直观体现出管理者对企业价值作出的贡献。同时，当管理者想要通过粉饰报表数据，虚增利润时，传统绩效评价方法掩盖了企业的经营风险，但 EVA 可以将会计利润进行调整，更接近真实经营水平，尽可能避免经营风险被掩盖。

（四）主要会计调整项目

1. 利息支出

EVA 中资本成本既考虑了权益成本又考虑了债务成本，因此利息支出不应被减除，在计算 EVA 时应该加回财务费用的利息支出部分。

2. 研发费用

如果遵循传统的业绩评价思路，经营管理者可能从自身短期利益出发，减少研发支出。这种做法不利于企业未来较长时间内的发展，因此在计算 EVA 时应将研发费用资本化，并将摊销的费用加回营业利润。

3. 在建工程

在建工程作为企业资产的重要组成部分，具有一定的特殊性，在达到可使用状态之前，在建工程并未产生实际的经济收益。如果不扣除在建工程，EVA 会降低，会导致管理者对企业投资情况出现误判，长期投资会受到一定程度的影响。因此，扣除在建工程在计算 EVA 的过程中显得尤为重要。

4. 非经常性收益

非经常性收益包括主要业务资产收益、主要业务以外的非流动资产转让收益、与主要业务无关的资产处置交换收益等，这部分收益不能反映主营业务业绩，却将其计入了营业外收入，因此在计算 EVA 时应予以扣除。

5. 递延所得税

应纳所得税与会计所得税由于折旧方法的不一致造成时间性差异，形成递延税款。因此在计算税后经营利润时，要加上递延所得税负债，即递延税款的贷方余额应考虑加入税后经营利润，同时应当减去递延所得税资产。

6. 各项准备金

企业对资产计提坏账准备、对存货计提跌价准备、对长期股权投资计提跌价准备、对固定资产计提减值准备等，是尚未真实发生的业务，股东财富、企业价值并未流出。因此，应将当期增加的准备金加入税后净利润和资本，反之则扣除。

三、如何基于 EVA 进行考评——以格力电器为例

为了更好地发现基于 EVA 的业绩考评会产生哪些偏差，为何会产生这些偏差，本文将根据格力电器 2016—2018 年财务报表，计算得到相应年度的 EVA，期望得出基于 EVA 进行企业业绩考评可能产生的偏差之处。

（一）关于格力电器

珠海格力电器股份有限公司（以下简称"格力电器"）是一家集研发、生产、销售、服务于一体的国际化家电企业，拥有格力、TOSOT、晶弘三大品牌，主营家用空调、中央空调、空气能热水器、冰箱等产品。格力电器作为国有企业中开展全球化颇有成效的家电业龙头企业，较早开展了基于 EVA 的业绩考评。

（二）调整项目选取

不同的行业之间，企业所处的不同生长周期之间，不同规模、性质的企业之间，在 EVA 调整项目的选取中均有不同的考量。国资委针对中央企业、国有企业出台了相应的调整方法，这部分企业在基于 EVA 进行业绩考评时，仍需要结合自身情况，灵活机动地配合使用多种考评方法。但同时应该认识到其他企业在自行选用调整项目时，彼此之间选取的项目差别较大，这使得 EVA 的横向可比性降低。

（三）指标计算

1. 税后经营利润

表 1 是格力电器 2016—2018 年 NOPAT 值。

表 1 格力电器 2016—2018 年 NOPAT 值　　单位：万元

项目	2016 年	2017 年	2018 年
税后净利润	1 552 463.49	2 250 750.68	2 637 902.98
加：利息支出	9 331.75	19 589.09	4 534.19
递延所得税负债	23 239.60	25 461.09	31 138.03
固定资产减值准备	2 377.97	2 384.41	1 858.74
减：递延所得税资产	906 394.70	1 083 869.71	1 134 957.37
税后经营利润	681 018.11	1 214 315.56	1 540 476.57

2. 资本总额

表 2 是格力电器 2016—2018 年资本总额。

表 2 格力电器 2016—2018 年资本总额　　单位：万元

年份	2016	2017	2018
所有者权益合计	5 492 360.28	6 683 479.78	9 271 471.17
递延所得税负债	28 000.94	25 461.09	53 618.58
短期借款	1 070 108.16	1 864 609.50	2 206 775.00
减：在建工程	58 154.38	11 584.43	166 393.90
递延所得税资产	966 771.72	1 083 833.31	1 134 957.37
资本总额	5 565 543.29	7 478 132.63	10 230 513.48

3. 加权平均资本成本

本文使用资本资产定价模型来确定权益资本成本率。通过对比多篇文献，本文选取 4.4% 作为无风险收益率，这是 5 年期国债利率指标。我国市场风险溢价基本处于 3%~5%，因此本文将市场风险溢价确定为 4%。β 系数根据国内权威机构锐思数据库对格力电器企业资本资产定价模型风险因子的研究结果进行确定。表 3 为格力电器 2016—2018 年加权平均资本成本。

表 3 格力电器 2016—2018 年加权平均资本成本　　金额单位：万元

年份	2016	2017	2018
债务资本	9 823 540	11 109 900	11 283 848
股权资本	3 546 670	4 513 150	15 295 254
无风险利率	4.40%	4.40%	4.40%
风险因子（贝塔系数）	0.906 8	0.776	0.626 5
市场风险溢价	4%	4%	4%
加权平均资本成本率	4.04%	4.09%	4.15%

表 4 为格力电器 2016—2018 年各资本值。

表 4　格力电器 2016—2018 年各资本值

项目	2016 年		2017 年		2018 年	
	数值/万元	权重/%	数值/万元	权重/%	数值/万元	权重/%
债务资本	9 823 540	73.47	11 109 900	71.11	11 283 847.63	42.45
股权资本	3 546 670	26.53	4 513 150	28.89	15 295 254.27	57.55
加权平均资本	13 370 200	100	15 623 100	100	26 579 101.9	100

4. 经济增加值

表 5 为格力电器 2016—2018 年 EVA。

表 5　格力电器 2016—2018 年 EVA　　　　　金额单位：万元

年份	2016	2017	2018
税后经营利润	681 018.11	1 214 315.56	1 540 476.57
资本总额	5 565 543.29	7 478 132.63	10 230 513.48
加权平均资本成本率	4.04%	4.09%	4.15%
EVA	456 321.54	908 489.85	1 115 971.64

四、偏差及其产生原因

（一）资本成本确定方法有差异

大多数企业选取资本资产定价模型作为股权资本成本的确定方法。但该模型的假设条件与我国资本市场实际情况相差很大。首先，我国市场的实际情况是有交易成本和各种税费的，这一部分支出对于企业而言是不容忽视的。其次，该模型无法很好地衡量人力资产，它主要针对资本资产。最后，在实际情况中，不存在无风险资产与市场投资组合。

同时，我们也应清楚地认识到目前我国资本市场难以为该模型的实施提供相应环境。该模型主要针对上市公司，对于非上市公司而言，这种模型的可操作性和适用性并不高。但是，随着市场化改革的深入推进、各项法律法规的逐渐出台，我国的资本市场保持着向好发展。

企业在选用模型进行成本计算时可能出现的盲目，将直接影响最终 EVA 的数值。

（二）企业会计信息披露存在质量偏差

EVA 的计算基础来自会计报表，会计报表中的会计信息披露因为一些客观因素的存在，质量有高有低。

首先，会计信息披露内容格式具有一定的限制性。人力资源、商誉等同样对企业未来收益起到重大影响的信息，在会计报表中很难得到很好的体现。

其次，会计信息披露内容具有一定的滞后性。财务会计报告一般并不能在会计年度结束时立即披露，这之间的时间可以有 4 个月，中期财务会计报告可以晚 60 天。滞后的信息将会使得企业的决策、预算工作相应延后，或者对这些工作造成直接的影响。如果与未来相关的信息获取不及时，其价值必将受到折损。

最后，与会计信息披露有关的法律、法规有待进一步完善。我国的会计信息披露制度颁布较晚，是参考借鉴了西方国家已有的法律法规，再结合我国实际情况建立的。随着我国经济日新月异的蓬勃发展，不断涌现出的一些新的经济业务行为和新的经济工具使得现行的法律需要不断跟进、修正。当法律出现疏忽时，难免会给一些公司可乘之机，这些公司在利益的驱动下铤而走险，以不正当、不光明的方式牟取非法利益。

（三）仍存在利润操纵空间

1. 坏账的估计

坏账估计的方法有应收账款余额百分比法、账龄分析法、销货百分比法等。在使用应收账款余额百分比法时，发生的损失由应收账款余额与一个坏账率相乘，而这个坏账率常常由会计人员根据以往的数据资料加以确认。在使用账龄分析法时，会计人员应该结合入账时间自己判断、估计坏账损失的程度，得到一个百分比。在使用销货百分比法时，会计人员在估计坏账损失率时，往往离不开会计人员的自身经验。因此在坏账估计时，存在一定的空间供有心之人操纵企业的资产数值。

2. 收入的确认

新收入准则颁布后，经济利益很可能流入企业、企业资产增加或者负债减少、经济利益能够可靠计量这几点成为收入确定的要求。但也存在这样一种情况，复杂的合同条款使得部分资金的确认比较灵活。例如，很多大型设备的供货合同会约定质保金条款，会计人员需要仔细考虑合同的约定条款，结合买方的信用，考虑设备性质，从专业的角度出发，判断何时才能确认收入。

3. 固定资产折旧年限和净残值率的估计

所得税法明确规定了固定资产的最低折旧年限，但这只是基本要求。企业可以根据固定资产的属性和使用情况，使计提的折旧年限比规定的最低折旧年限长。

企业计提固定资产折旧的方法基本上可以分为两类，即直线法和加速折旧法。其中，直线法又包括年限平均法和工作量法，加速折旧法又包括年数总和法和双倍余额递减法。企业折旧方法不同，但折旧总额是确定的，因此当期计提折旧额仍相差很大。值得注意的是，企业所得税受折旧的影响很大，会直接影响计算 EVA 时调整后的税后营业净利润。

此外，Stern Stewart 公司列出可调整的项目超过 200 个，调整项目的选择存在一定程度的主观性。如果企业管理层代表股东进行基于 EVA 的业绩考评，那么管理层可能选取对自身更有利的项目。

（四）非财务指标、绿色指标不被重视

1. 营运效率、效果

分析企业的营运能力，可以了解企业的营业状况、经营管理水平和资金周转状况。EVA 计算的是某一时点下，企业的经营业绩情况，从经济学角度理解的利润；而营运效率是一段时期内企业的周转情况，至少需要期初和期末两个时间点的情况。所以在 EVA 的计算及使用中，容易忽视营运效率、效果。此外，流动资产周转率、存货周转率等指标需要结合企业的实际情况，进行具体分析，没有一个较为统一的评价标准。这也影响了企业对营运效率的重视程度。

2. 客户满意度、忠诚度

客户的满意与客户的忠诚，不仅直接影响当前的商品销售率，而且影响着下一次交易，关系企业的长远收益。客户满意度和忠诚度高实质上还有助于企业提升自身的竞争力，降低交易成本。客户满意度实质上不属于财会部门应该直接关心的问题，许多公司将其列为市场部的关心指标，职责的模糊划分导致其与企业业绩评价脱节。另外，即使市场部将客户满意度、忠诚度的结果交给了财会部门，如何进行量化也是十分困难的。

3. 绿色指标

本文以绿色指标来概括企业应承担的环境保护、生态恢复等义务，绿色指标与可持续发展有重要关系，影响着企业的长远利益。企业的税收减免、企业发生的环境事故、政府扶植和补助都与企业的经营业绩相关。企业不能没有社会责任感，拥有更好的社会形象的企业比其他拥有同等条件但社会形象较差的企业更受消费者青睐，这也进一步印证了良好的企业形象有助于提升企业竞争力，提高企业市场占有率。绿色指标包含的内容复杂，没有固定的计算公式，不同的企业情况不同，故不利于在业绩考评中量化该指标。而且，绿色指标受政策、市场环境和经济趋势的影响较大，具有灵活性、变动性。

（五）未区分经营性活动与金融性活动

经营性活动是企业进行的生产或者销售商品的活动，以及进行生产性投资的活动；金融性活动是企业进行的筹资活动，以及临时性的投资活动。净利润包含了公允价值变动损益、投资收益等与金融活动相关的数据。EVA 计算分析的是企业的经营净利润，强调企业的经营能力。金融性活动是否该囊括其中还有待讨论。

例如，企业通过投资债券筹资（可能并不是企业主要业务）给股东带来的财富存在极大的不确定性和波动性。是否应该将金融性活动同经营性活动相区分，企业金融性活动对经营性活动存在的影响是否该计入 EVA 的计算中，这些问题都需要结合实际情况进行分析。这些问题会给 EVA 的计算造成偏差，对业绩考评结果有一定程度的影响。

（六）人力、物力成本较高

企业的净利润如何调整需要审慎且专业。200 多项调整项目中，哪些属于影响力较大的因素，即驱动关键因素，哪些可以权衡后不计，都需要结合企业实际情况，反复揣摩、尝试。一般调整得越多，计算结果越精确，随之产生的成本和难度也相应增加。因此调整项目需要的人力成本很高，对企业的会计工作也提出了很高的要求。在成本面前，企业的态度决定了调整项目的选取。为了提高实际操作的可行性和降低计算成本，更多企业只能耗费更多的成本，这不利于 EVA 的发展，由此也会对 EVA 的最终结果产生偏差。

五、改善 EVA 考评效果的对策

针对以上可能使得基于 EVA 的绩效考评结果出现偏差的问题与影响，本文将从调整项目选取、计算、结果分析利用和 EVA 与公司治理 4 个方面进行讨论。

（一）调整项目选取方面

1. 个性化设计与调整原则结合

除了国家已出台的相关政策或指引中说明的调整项目，企业应该根据自身实际情况，充分考虑业务性质、发展阶段、战略重点和经营模式等要素，不断尝试修正、调整项目。

对于业务较多元化的企业，在横向比较各业务板块业绩时，要注意调整项目的一致性；在各业务板块内部进行行业业绩考评时，要有侧重点，便于纵向比较。

企业处于初创期和成长期时，捕捉机遇尤为关键，在建工程、研发支出、经营性筹资支出等数额较高不足为奇；当企业处于转折期时，战略调整和组织重组势必会对 EVA 的调整项目产生影响。

以海尔集团为例，海尔集团自 1984 年创立以来，经历了名牌战略发展阶段、多元化战略发展阶段、国际化战略发展阶段、全球化品牌战略发展阶段、网络化战略发展阶段。战略直接控制着资金支出的方向，不同阶段的经济增加值受不同战略目标的影响。处于全球化品牌战略发展阶段的海尔集团，因开拓国际市场而产生的销售费用和管理费用对经济增加值的影响较深，可以考虑将其计入调整项目。

企业的经营模式可以根据对产业链位置的不同选择，得出 8 种不同的组合，也就是可以得出 8 种不同的经营思想和模式，即分别为销售型、生产代工型、设计型、销售+设计型、生产+销售型、设计+生产型、设计+生产+销售型和信息服务型。仅仅在建工程这一项，信息服务型企业和生产型企业对其重要和依赖程度就具有很大不同。企业在选用调整项目时不应忽视经营模式这一关键非财务因素。

在调整项目的选取工作中，企业还可以结合自己的调整原则。青岛啤酒就依据重要性、相关性、可控性、可获得性、易理解性以及现金收支 6 个原则确定需要调整的项目。调整原则为调整项目的选取提供了方针性的指引，促进了 EVA 在企业中的应用，使得基于 EVA 的业绩考评更具适应性。

2. 精细财务工作，分解驱动因素

为了更好地选取调整项目，节约人力、物力成本，企业在日常经营活动中，应该努力提高财务管理水平，精细财务工作，为后续调整项目的选取工作提供更加便利和更加可靠的依据。

此外，在实际引入 EVA 进行业绩考评的过程中，盲目地遵守 200 多项调整项目是不可取的，企业需要根据实际情况尽量简化相应的指标，从众多需要调整的会计科目中选出影响力最大的几个因素来进行调整，减少无用功，紧密地结合实际工作，层层分解驱动因素。

（二）计算方面

1. 灵活选用资本成本计算方法

前文已阐述资本资产定价模型的弊端，在此举例说明灵活选用资本成本计算模型的成功案例。

华为最开始做通信电源的公司常被人们称为作华为电气，后来为了出售需要，将其更名为"安圣电气"。出售前的华为电气主要依靠自有资金运营，因此公司选择了以股权资本作为资本成本率的基础，采用了风险溢价模型。这不仅因为资本资产定价模型与我国资本市场还需要较长时间磨合，而且因为风险溢价模型更易于理解和便于操作。

资本成本计算方法直接影响最终的 EVA，因此企业需要灵活地选用最为适宜的模型，不应照抄照搬甚至直接以国外的案例为准。

2. 审慎考虑资本成本

市场中存在以股权资本为主、基本依靠自有资金运营的企业，在计算 EVA 时，这些企业可以用股权成本代替全部成本。这样的处理方式有两点好处：促进管理层更加重视股东投入的资本，更符合企业的实际情况。

3. 合理设定平均资本成本率

较多元化的企业拥有不同的业务，有些业务跨度较大，合理确定区分各自的资本成本率是计算 EVA 时需要注意的第三个问题。资本成本可以作为评价企业整体经营业绩的基准之一。在计算企业的资本成本率，特别是综合资本成本率时，各种资本在全部资本中所占的比重起着重要作用。企业各种资本的比重取决于各种资本价值的确定，各种资本价值的计量基础主要有 3 种选择：账面价值、市场价值和目标价值。很多企业都会选择使用市场价值，用市场价值确定资本比例比用目标价值更容易实现。为了便于得到结果，少数企业也会选择账面价值。而长期借款、长期债券、普通股的市场价值与账面价值存在的差异，势必会影响资本成本率。

因此，企业应在充分掌握自身资本特性的基础上，合理确定计量基础，从而使用最为准确可靠的资本成本率计算 EVA。

（三）结果分析利用方面

对于企业的业绩、管理层的绩效，仅仅通过经济增加值进行衡量和评价是不可取的。在业绩考评方面，经济增加值只是可利用的工具之一。为了更好地考核评价企业或管理层业绩，在计算出可信赖的 EVA 后，利用好 EVA 也是缩小偏差的有效途径。在此仅讨论与 EVA 有关的业绩考评内容，不对企业或管理层业绩考评进行系统阐述。

1. 结合财务分析

一方面，财务分析对应的是企业的财务能力，且这种分析更针对企业整体，可以剖析出企业经营活动中可能存在的问题。另一方面，企业可以通过财务分析考评企业整体、管理层、各分支单位的经营业绩，完善最终的业绩考评结果。

由上述内容可知，EVA 很好地展现了企业发展前景、资产管理水平与盈利能力，然而其对企业财务风险的关注度相对较弱，如果能结合偿债能力分析，则能更好地反映评价企业的财务状况与财务风险。

2. 重视并结合相关非财务因素

企业应该在使用 EVA 进行业绩考评的过程中，重视基于 EVA 进行业绩考评时容易受到忽视的"营运效率、效果""客户满意度、忠诚度"和"绿色指标"3点，并在结果分析时，努力结合相关非财务因素。对有关的非财务因素，企业应该自上而下重视起来，在考评体系建立时就将其纳入考评范围，根据实际情况确定各项目占结果的比例；明确提出各职能部门相应的职责；将员工的绩效考评与非财务因素挂钩，促进基于 EVA 进行的业绩考评更加完善。

3. 结合杜邦分析法、平衡记分卡

业绩考评的方法多种多样，企业可以自由选择。在成本允许的范围内，企业可以选取多种业绩考评方法，全面反映，取长补短，同时促进 EVA 调整项目的选择。

杜邦分析法实际上利用的是几种主要的财务比率。杜邦分析法的核心是股东权益报酬率，股东权益报酬率能够体现股东财富最大化的目标，这与经济增加值的理论相符合，反映了股东投入资本的盈利能力，企业筹资、投资和生产运营的效率。

平衡记分卡的设计包括 4 个方面：财务角度、顾客角度、内部经营流程、学习和成长，这几个角度分别代表企业 3 个主要的利益相关者——股东、顾客、员工。基于 EVA 进行业绩考评相对忽略了顾客和员工这两方面利益相关者，将二者结合使用，可以提升绩效考评的效率。

（四）EVA 与公司治理方面

缩小基于 EVA 的业绩考评的偏差，仅仅依靠技术手段是远远不够的。为了更有效地缩小偏差，也为了 EVA 能更好地在企业中得到利用，管理层在进行公司治理的过程中，可将 EVA 的理念落实到日常生产经营中，有条件的企业还可以建立一套完善的基于 EVA 的考核体系。归根到底，基于 EVA 的业绩考评是为企业考核评价整体经营业绩、管理层绩效而服务的，应注重与激励机制相融合。

1. 加深理解，普及理念

想要更好地实施基于 EVA 的业绩考评、纠正偏差，企业应该明确这项工作并不是一蹴而就的，而是循序渐进、自上而下实施的。企业可组织具有针对性的培训，使得总经理、总部人员、下属机构负责人、会计人员都有相应的工作重心。例如，企业应该使总经理理解并熟悉 EVA 的理念和原理，参考国内的成功案例；使会计人员能分析出驱动因素，提出关于调整项目的合理建议。分层次、多方位的培训可以使 EVA 理念贯彻到企业每一个部门、层层渗透，使其发挥更大作用。

2. 与激励机制深度融合

将 EVA 理念贯彻到日常工作中是很好的想法，落实好 EVA 理念需要企业将其与激励机制深度融合，让责任层层传递。激励机制让管理层利益与 EVA 结果捆绑在一起，也与将来的 EVA 捆绑在一起，从而充分发挥每一位相关成员的作用；同时能避免只是流于形式地对待 EVA；有效纠正人员动力不足导致的 EVA 计算产生的偏差。

六、结论

本文对 EVA 的实质内涵进行解释，从经济学的角度将会计利润重新定义为 EVA。EVA 与传统业绩考评方法相比，能更加真实反映企业经营业绩，更贴近价值管理的目标，更注重可持续发展，同时更有利于企业风险管理。在实际工作中，经常调整的项目有利息支出、研发费用、在建工程、非经常性收益、递延所得税以及各项准备金。明确了研究对象以后，本文以格力电器 2016—2018 年度财务报表为基础，计算其 EVA，并在计算的过程中，思考基于 EVA 进行业绩考评可能产生偏差的来源；然后分析出资本成本确定方法，得出：企业会计信息披露质量，利润操纵空间，非财务指标，绿色指标，经营性与金融性活动，股权资本成本定义和人力、物力成本共 7 个方面，可能使得 EVA 计算结果出现偏差或对结果分析造成影响。针对各种各样的原因，本文从 4 个方面提出了可供企业参考的对策，这 4 个方面分别是调整项目选取方面、计算方面、结果分析利用方面和 EVA 与公司治理方面。

本文通过研究讨论基于 EVA 业绩考评造成的偏差，得出：在调整偏差存在的情况下，基于 EVA 的业绩考评还有待改进。企业的真实获利情况和长期资本投入将因为 EVA 这一手段得到新的展现。企业需要以股东财富最大化为目标，树立以价值为主导的经营理念，建立有效的绩效管理体系，加强员工对 EVA 内涵的理解，把 EVA 视作一种管理理念。

参考文献：

[1] 池国华，吴亚丹. 中国式 EVA 考核实施典型案例的启示 [J]. 财会月刊，2020（3）：49-53.

[2] 李刚. 基于 EVA 的企业业绩评价方法的应用：以保利地产为例 [J]. 商业会计，2020（3）：72-74.

[3] 张杨兵. 基于 EVA 指标的企业业绩评价：以大鹏公司为例 [J]. 辽东学院学报（社会科学版），2019，21（6）：53-59.

[4] 张玉科. 企业业绩评价中财务指标与非财务指标的运用研究 [J]. 纳税，2019，13（32）：129-132.

[5] 杨虹. EVA 在企业集团业绩评价中的应用研究 [J]. 财会学习，2019（17）：197-199.

[6] 周仪，吴君，宋跃晋. 基于经济附加值的医药企业业绩评价实证研究 [J]. 中国药物经济学，2019，14（6）：31-34.

[7] 张旭. EVA 在我国国有企业业绩评价中的应用：以格力集团为例 [J]. 中国集体经济，2019（30）：30-31.

[8] 于慧雯，徐文博. 基于 EVA 的业绩评价：以 A 公司为例 [J]. 河北农机，2019（10）：121-122.

［9］甘莉萍. 经济增加值指标在绩效考核中的策略应用［J］. 企业改革与管理，2019（20）：9-10.

［10］王凡平. 经济增加值是比会计指标更好的考核工具吗？基于 A 股上市公司并购的研究［J］. 上海金融，2019（10）：36-40.

［11］张群，王婷. 国有企业经济增加值考核的利弊分析［J］. 纳税，2019，13（31）：206.

［12］刘亚鑫，范英杰. 改进的 EVA 在企业中的应用研究［J］. 商业会计，2019（24）：30-32.

［13］宛婧. 经济附加值与企业价值评估分析［J］. 现代商贸工业，2017（29）：100-101.

［14］郑华兴. 格力电器公司战略转型研究［D］. 泉州：华侨大学，2017.

［15］张艳秀. EVA 业绩评价体系在 TW 公司的应用研究［D］. 保定：河北大学，2013.

［16］荆新，王化成. 财务管理学［M］. 北京：中国人民大学出版社，2018：105-107.

［17］STEVEN J. STAFFA, DAVID ZURAKOWSKI. Competing risks analysis of time-to-event data for cardiovascular surgeons［J］. The Journal of Thoracic and Cardiovascular Surgery, 2019（159）：6.

［18］DARREN R. CULLINAN, PAUL E. WISE, KEITH A. DELMAN, et al. Interim analysis of a prospective multi-institutional study of surgery resident experience with flexibility in surgical training［J］. Journal of the Amrican College of Surgeons, 2018, 226（4）：228-294.

［19］NUFAZIL ALTAF. Economic value added or earnings: what explains market value in Indian firms?［J］. Future Business Journal, 2016, 2（2）152：166.

家电企业盈利能力分析

——以老板电器为例

黄 钞

（重庆工商大学会计学院 重庆 400067）

摘 要： 随着21世纪的到来，市场的竞争越来越激烈，人们更加意识到对企业盈利能力进行分析的必要性。盈利能力是指企业获取利润的能力，也被称为企业的资金和资本增值能力。本文在检索到的相关文献基础上，分析我国家电企业的盈利能力。本文以杭州老板电器股份有限公司（以下简称"老板电器"）作为研究案例。本文利用老板电器近5年的财务报表数据及年报相关信息，对公司的收入、成本费用和盈利能力相关指标进行分析；运用杜邦分析来进行综合分析，剖析老板电器如何提高其盈利能力，并建议其改善现有的问题，进而增强盈利能力。

关键词： 盈利能力；财务分析；杜邦分析；老板电器

一、盈利能力概述及其分析的意义

盈利能力是指企业充分利用不同的经济资源来获利的能力，是上市公司财务分析的重要内容。盈利是企业的重要经营目标，是企业生存和发展的物质基础，通常表现为一定时期内企业收益数额的多少及其水平的高低。进行盈利能力分析对企业债权人、所有者、管理者都有十分重要的意义。对于债权人而言，特别是长期债权人来说，其可以通过分析公司目前的盈利能力、财务状况，来推断企业未来的获利能力，是否有充足的现金流来偿还债务，能不能及时履行债务合同。债权人也可以通过企业的盈利能力来判断是否借款给公司、是否需要附加借款条件等。对于所有者而言，其可以通过企业获取利润的能力，评估企业价值或股票价值，判断该企业是否值得投资。管理者对企业的盈利能力以及未来是否能够可持续发展是非常关注的，他们可以通过企业的盈利能力来判断目前的经营战略是否正确，及时发现问题，采取补救措施；企业所有者也可以通过企业的盈利能力来评价、考核管理者的经营水平。

二、家电行业现状

2017年以前，整个厨房电器行业有充足的市场容量，但2017年开始，整个厨房电器行业受房地产市场宏观调控影响，其销售业绩整体增速有所下降，并且出现负增长的情况。根据中怡康零售检测报告显示，2017 年主要厨房电器产品——抽油烟机、燃气灶、消毒柜零售额的增长率分别为 4.84%、3.18%、-1.19%；而2018 年，由于受到房地产的调控和国内外宏观经济环境的影响，整个厨房电器行业销售额持续下降，2018 年主要厨房电器产品——抽油烟机、燃气灶、消毒柜零售额的增长率分别为-11.71%、-10.68%、-20.08%，厨房电器的主打产品都呈现出近年来少有的负增长。到 2019 年，受到房地产调控的形势依旧严峻、国内经济增速放缓的影响，厨房电器主要品类抽油烟机、燃气灶、消毒柜零售额的增长率分别为-11.4%、-8.5%、-18.1%。2020 年上半年，新冠肺炎疫情对许多行业造成严重冲击，厨房电器行业也受到较大影响，销售量整体大幅度下滑。厨房电器主要品类抽油烟机、燃气灶、消毒柜零售额较去年同期增长率分别为-28.0%、-27.1%、-31.1%，受疫情影响线下消费大幅下滑。在线上渠道，厨电套餐、抽油烟机、燃气灶零售额较去年同期增长率分别为-6.0%、7.2%、11.4%，线上零售额受疫情的影响相对较小。

三、老板电器盈利能力分析

（一）老板电器概况

杭州老板电器股份有限公司（以下简称"老板电器"）创立于 1979 年，一直深耕、精耕厨房电器产品的研发、生产、销售和综合服务的拓建，提供包括抽油烟机、燃气灶、消毒柜、蒸箱、烤箱、蒸烤一体机、洗碗机、净水器、热水器、微波炉、集成灶等家用厨房电器解决方案，致力于为万千家庭创造更高品质的厨房新生活。经过 40 余年的发展与壮大，公司的抽油烟机已经连续 22 年国内销量第一。老板电器现已成为中国厨房电器行业发展历史最悠久、市场份额最大、生产规模最大的企业。

（二）质量分析

1. 营业收入

营业收入是利润的基础，公司利润一般随着营业收入的变动而变动。老板电器的营业收入每年都呈递增趋势，从 2015 年的 45.43 亿元增长到 2019 年的 77.61 亿元，但 2017—2019 年，老板电器的营业收入增长幅度较前两年有所下降，这主要是受到房地产市场宏观调控、行业竞争加剧、国内经济增速放缓等因素的影响。整个电器制造行业 2019 年平均营业收入约 58 亿元，而老板电器在 2019 年销售收入达到 77.6 亿元，行业排名第 31 名。与处于厨房电器领军地位的方太集团相比，老板电器的销售收入还有待提升；华帝股份在 2019 年销售收入 57.48 亿元，达到整个电器制造行业的平均收入水平，与华帝股份相比，老板电器的销售收入还是十分可观的。同时，老板电器在 2019 年归属于母公司所有者的净利润达到 15.9 亿元，高于整个电器制造行业 2019 年平均净利润约 3.26 亿元，在行业排第 11 名。

根据老板电器在 2019 年销售收入占比，抽油烟机销售收入占比最大，为40.82 亿元，达到总销售收入的 52.59%；其次是燃气灶销售收入，为 18.43 亿元，占到总销售收入的 23.75%；再次是消毒柜销售收入，占到总销售收入的 7.23%。可见，公司销售的主要产品是抽油烟机和燃气灶，这两项收入就达到了公司总销售收入的 76.34%。老板电器自 2017 年以来销售收入的增长速度减缓，因此可以扩大规模，拓展市场，增加除了抽油烟机和燃气灶的其他销售产品销售额。图 1 为老板电器 2019 年销售收入占比。

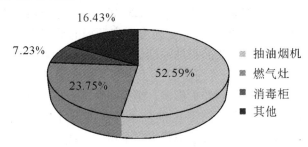

图 1　2019 年老板电器销售收入占比

2. 成本费用

成本费用是一个公司为了正常生产经营活动，而必定发生的耗费。2015—2019 年，老板电器的营业总成本是逐年增加的，而营业成本的增加主要是随着公司营业收入的增加，符合收入与费用的配比原则。

根据表 1，老板电器的营业成本率在 2015—2019 年有小幅上涨，华帝股份的营业成本率是由 2015 年的 63.64% 逐渐下降到 2019 年的 51.74%，虽然华帝股份的营业成本率在逐年下降，但是老板电器整体对生产成本的控制比华帝股份要好。老板电器的销售费用率是由 2015 年的 29.79% 下降到 2019 年的 24.85%，管理费用率也是有明显的下降，从 2015 年 7.8% 到 2019 年 3.66%。可见，老板电器在加强对销售费用、管理费用的控制。

表 1　费用占收入的比率

年份	2015	2016	2017	2018	2019
营业成本率	41.83%	42.69%	46.32%	46.48%	45.73%
销售费用率	29.79%	26.66%	23.91%	25.72%	24.85%
管理费用率	7.80%	7.75%	6.85%	3.67%	3.66%

（三）盈利能力相关指标分析

1. 销售毛利率

销售毛利率是公司销售毛利与营业收入净额的比值。这个指标可以反映公司的降价空间、竞争力和定价能力。该指标越高，说明公司通过销售来赚取利润的能力越强。如图 2 所示，老板电器的毛利率从整体上看在 2016 年开始逐年下降，到 2019 年达到 54.27%，连续 5 年的平均毛利率为 55.39%。老板电器在 2019 年的盈利能力与 2016 年相比有所下降，可见厨房电器行业在近几年的竞争加剧，行业市场空间紧缩，再加上受到房地产调控的影响，导致近几年公司的销售收入增长速度由 2015 年的 26.58% 下降至 2019 年的 4.52%。在 2018 年、2019 年，老板电器的存货有明显的增加，在 2019 年存货达到 13.48 亿元，占到了总资产的 12.67%，其中库存商品有 3.33 亿元，跌价准备为 932.20 万元。电器行业更新的速度很快，过多的存货可能会产生大量的跌价准备，使公司遭受损失，老板电器要注意对存货进行管控。与老板电器一样主打厨房电器的华帝股份，其销售毛利率呈逐年上升趋势，但其在 2019 年的销售毛利率还是低于老板电器，且在 2019 年的销售收入为 57.48 亿元，其成本的降低幅度较大，下降了 3.32%，使得销售毛利率增加。

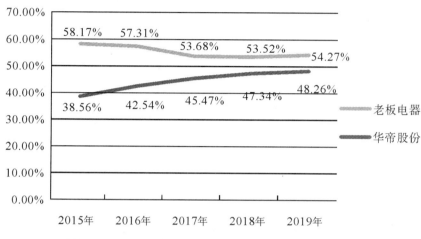

图 2　2015—2019 年老板电器与华帝股份销售毛利率对比

以下 5 家公司都是上市的小家电公司（见表 2），根据 2019 年各公司的销售毛利率进行排名。这 5 家公司的毛利率非常接近，老板电器位居第一，但与第二名的米技国际控股只差 0.01%，而与华帝股份差 6.01%，可见老板电器虽然从 2016 年开始盈利能力有所下降，但其在厨房电器行业的盈利能力还是较强的。

表 2　小家电上市企业 2019 年毛利率排行榜

排名	企业名称	毛利率
1	老板电器	54.27%
2	米技国际控股	54.26%
3	浙江美大	53.53%
4	奥普家居	49.08%
5	华帝股份	48.26%

2. 营业利润率

营业利润率是企业的营业利润与营业收入的比率，反映公司在不考虑非营业成本的情况下，企业管理者通过经营获取利润的能力。老板电器的营业利润率在 2015—2020 年整体呈上升趋势，由 2015 年的 20.98% 上升至 2020 年的 24.01%，这说明其商品销售额提供的营业利润在增加。而华帝股份的营业利润率在 2015—2019 年也是整体呈上升趋势，但在 2020 年，其营业利润率下降至 10.58%，老板电器的营业利润率高出华帝股份营业利润率近 15 个百分点。可见，老板电器通过经营获取利润的能力更强，公司的盈利能力更强。表3为2015—2020年老板电器与华帝股份营业利润率对比。

表3　2015—2020年老板电器与华帝股份营业利润率对比

年份	2015	2016	2017	2018	2019	2020
老板电器	20.98%	23.02%	24.08%	22.92%	24.12%	24.01%
华帝股份	5.96%	8.61%	10.68%	13.10%	14.20%	10.58%

（三）杜邦分析

1. 杜邦分析介绍

杜邦分析法是利用各主要财务比率指标间的内在联系，对企业财务状况及经济效益进行综合系统分析评价的方法。该体系是以净资产收益率为核心，通过资产净利率和权益乘数展开，重点揭示企业获利能力、权益乘数对净资产收益率的影响，以及各相关指标间的相互影响关系。

2. 具体分析

（1）净资产收益率。

净资产收益率是资产净利率与平均权益乘数的乘积，是一个最有代表性的财务比率，是杜邦分析的核心，主要受到资产净利率与权益乘数的影响。老板电器的净资产收益率在2015—2016年是持续上升的，而到2017—2019年呈连续下降趋势。公司的权益乘数围绕1.53小范围波动，资产净利率明显发生变动，所以净资产收益率下降的主要原因是资产净利率的下降，可见老板电器的生产经营活动的效率是有所下降的。表4为2015—2019年老板电器的资产净利率、权益乘数和净资产收益率。

表4　2015—2019年老板电器的资产净利率、权益乘数和净资产收益率

年份	2015	2016	2017	2018	2019
资产净利率/%	19.14	21.09	20.38	17.07	16.06
权益乘数	1.53	1.56	1.52	1.53	1.53
净资产收益率/%	29.32	33.10	31.15	26.06	24.64

为了更好地分析老板电器的盈利能力，本文引入了与老板电器具有同等竞争力的华帝股份来进行比较分析。华帝股份的净资产收益率在2015年因资产净利率的下降而下降，在2016—2019年持续上升，在2019年因为资产净利率与权益乘数同时下降而有所回落（见表5）。

表5　2015—2019年华帝股份的资产净利率、权益表数和净资产收益率

年份	2015	2016	2017	2018	2019
资产净利率/%	8.03	10.72	13.49	14.60	13.50
权益乘数	1.77	2.00	1.86	1.98	1.92
净资产收益率/%	14.21	21.44	25.09	28.91	25.92

老板电器在 2015—2017 年净资产收益率都是大于华帝股份的，但在 2017 年之后呈下降趋势，且在 2018 年、2019 年净资产收益率低于华帝股份的净资产收益率。根据两家公司的对比分析，老板电器的资产净利率是一直大于华帝股份的，但是由于公司的负债较少，没有短期借款、长期借款、长期债券等主动负债，公司的权益乘数较低且处于较小变动范围，所以老板电器的净资产收益率主要受到资产净利率的波动影响，而在 2017—2019 年老板电器的资产净利率处于连续下降的趋势，因此其净资产收益率在 2017—2019 年呈下降趋势。图 3 为 2015—2019 年老板电器与华帝股份净资产收益率对比。

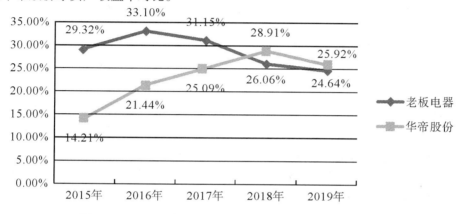

图 3　2015—2019 年老板电器与华帝股份净资产收益率对比

（2）资产净利率。

资产净利率是影响净资产收益率的关键指标，是反映公司盈利能力的重要指标，主要受到销售净利率和总资产周转率的影响。老板电器的资产净利率在 2015—2016 年逐年增加，从 2017 年开始连续 3 年下降。根据总资产周转率和销售净利率的变动可以看出，总资产周转率在 2015—2016 年存在小幅度的下降，但公司在这 3 年的资产净利率呈上涨趋势，这主要是受到销售净利率增加的影响，而在 2017—2019 年老板电器的销售净利率在小幅度范围内波动，可见资产净利率下降的主要原因是总资产周转率的下降。表 6 为老板电器 2015—2019 年资产净利率。

表 6　老板电器 2015—2019 年资产净利率

年份	2015	2016	2017	2018	2019
资产净利率	19.14%	21.09%	20.38%	17.07%	16.06%
总资产周转率	1.05	1.01	0.98	0.85	0.77
销售净利率	18.23%	20.83%	20.82%	19.98%	20.80%

（3）销售净利率。

销售净利率反映公司的净利润与销售收入的关系。要想提高公司的销售净利润一般需要从两个方面入手：一是提高公司的销售收入；二是合理地控制产品成本，降低公司的成本费用。老板电器的销售净利率在 2015—2016 年逐年增加，主要是因为公司的销售收入在大幅增加的同时，净利润增加得更多。而在 2017—2019 年，销售净利率出现小幅度的波动，这也是受到销售收入的影响。老板电器在这 3 年的销售收入增长速度减缓，对比华帝股份的销售净利率可以看出，老板电器通过销售赚取利润的能力还是比较强的。而近 2 年老板电器对成本费用的控制有所提升，因此要提高公司的销售净利率，还需要开拓市场，增加销售收入。表 7 为老板电器与华帝股份销售净利率对比。

表 7 2015—2019 年老板电器与华帝股份销售净利率对比

年份	2015	2016	2017	2018	2019
老板电器	18.23%	20.83%	20.82%	19.98%	20.80%
华帝股份	5.85%	7.77%	9.19%	11.38%	13.23%

（4）总资产周转率。

总资产周转率是销售收入与平均总资产之比，可以反映企业全部资产的使用效率，通过该指标可以看出公司是否在合理利用资产，是否具有合理的资本结构。表 8 的数据显示，在 2015—2019 年，老板电器的总资产周转率逐年下降，到 2019 年下降至 0.77，且整体低于华帝股份的总资产周转率，这说明老板电器利用其资产进行经营的效率较差。通过老板电器的资产负债表可知，以 2019 年为例，其在 2019 年资产的增加主要是货币资金较 2018 年增加近 18.6 亿元，公司的流动资产占总资产的 84.88%，而货币资金占比为 36.42%，其中的自由资金有 99.38%，除了有大量低收益的货币资金以外，老板电器还有近 13 亿元的交易性金融资产，全部源于银行理财，虽然这些资产具有较强的流动性，但收益率是较低的，这一部分资产的增加肯定会使老板电器经营的效率有所下降。而华帝股份的货币资金只占总资产的 14.69%，因此老板电器的资产比例不太合理，对资产的利用程度较低，老板电器可以考虑扩大生产规模，增加销售收入或者合理处理闲置资金，提高其对资产的利用率，进而提高公司的盈利能力。

表 8 2015—2019 年老板电器与华帝股份总资产周转率对比

年份	2015	2016	2017	2018	2019
老板电器	1.05	1.01	0.98	0.85	0.77
华帝股份	1.37	1.38	1.47	1.28	1.02

（5）权益乘数。

权益乘数既可以反映资产总额是股东权益总额的多少倍，也可以反映公司的财务杠杆大小。老板电器的权益乘数在 2015—2019 年维持在 1.53 左右，且公司的权益乘数低于华帝股份的权益乘数，这说明老板电器公司的股东投入的资本在资产中所占的比重较大，公司的资产主要是自有资产，公司负债较少，财务风险较小，同时公司有大量的现金流，并不存在长期偿债、应付债券等债务筹资，公司的资本主要来源于股东的投资，所以公司的权益乘数较低（见表 9）。

表9 2015—2019年老板电器与华帝股份权益乘数对比

年份	2015	2016	2017	2018	2019
老板电器	1.53	1.56	1.52	1.53	1.53
华帝股份	1.77	2.00	1.86	1.98	1.92

四、老板电器存在的问题及建议

(一) 存在的问题

1. 公司业绩处于低增长状态

受到房地产调控政策传导效应的影响，老板电器的营业收入增长率从2017年开始持续下降，到2018年处于5%左右的低增长状态（见图4），到2019年年底，营业收入增长率也低于5%，业绩低增长的情况并未改变。老板电器业绩处于低增长状态除了受到房地产调控政策的影响，还受到全新品类集成灶的冲击。在2018年、2019年老板电器的营业收入都处于5%左右的低增长情况时，以集成灶为主要销售产品的公司，如火星人厨具股份有限公司，在2018—2019年销售收入的增长率均维持在20%以上。

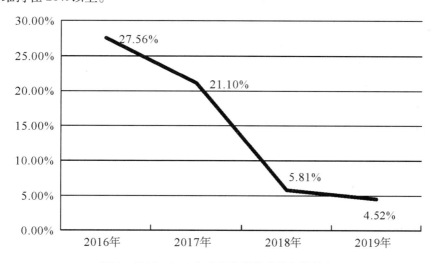

图4 2016—2019年老板电器营业收入增长率

2. 资产利用率较低

老板电器的盈利能力较好，现金流充足，但是公司的闲置资金较多。比如2019年公司货币资金有40.54亿元，其中银行存款有40.29亿元（见表10），占货币资金的99.38%，而受到限制的其他货币资金仅占0.61%。老板电器需要加强投资管理，合理使用闲置资金，从而获得更高的盈利。

表 10　2019 年货币资金项目

项目	金额/元
库存现金	218 775.77
银行存款	4 029 077 489.73
其他货币资金（均受到限制）	24 825 460.73
合计	4 054 121 726.23

3. 销售地区较为集中

老板电器的销售地区主要是华东地区，在 2018 年华东地区收入为 31.01 亿元，占总收入的 41.76%，2019 年占到总收入的 42.47%。到 2020 年上半年，老板电器在华东地区的收入占到了总销售收入的 50.07%，公司在华东地区的销售额占总销售额的比重逐步增加，且以一二线城市为主。而华帝股份的销售收入在各地区占比都较为平均，在华中地区、西南地区、东北地区、华北地区等都占到 15% 左右，销售收入最多的华南地区也仅为 19%。可见老板电器的销售地区较为集中。

（二）相关建议

1. 扩大规模，提升产品的市场份额

老板电器所处的厨房电器市场日趋饱和，特别是在抽油烟机和燃气灶市场，而老板电器对抽油烟机和燃气灶产品的销售额占到了总销售额的 75% 左右，这对公司以后的发展是非常不利的，所以公司要提升其他产品的销量及市场份额，不能仅仅依靠抽油烟机和燃气灶。公司可以提升净水器、热水器、微波炉这些产品的销售份额，目前公司微波炉的销售收入占总销售收入的 0.2% 左右，净水器、热水器的销售收入占比也不到总销售收入的 2%。此外，老板电器也可以加强集成灶产品的市场份额，在老板电器 2018—2019 年业绩陷入低增长状态时，以集成灶为主要销售产品的火星人公司还能维持 20% 以上的高增长态势，因此，老板电器可以考虑增加集成灶产品的市场份额。

2. 合理利用闲置资产

（1）加大研发投入。

老板电器多年来都坚持以抽油烟机为主要发展产品，导致品牌老化和产品断层，忽视了对手和市场的需求变化。2017—2019 年，老板电器的研发投入分别为 2.33 亿元、2.93 亿元、2.99 亿元，两年仅增加 6 600 万元。同期，万和电气的研发投入分别为 1.45 亿元、2.39 亿元、2.58 亿元，两年增加 1.13 亿元。在研发人员方面，老板电器在 2017—2019 年研发人数分别为 662 人、709 人、714 人，2019 年仅比 2018 年增加 5 人，而同期的万和电气研发人数分别为 581 人、557 人、778 人，2019 年比 2018 年增加 221 人。2019 年，万和电气的营业收入比老板电器少 15 亿元，但对研发方面的投入却与老板电器相差无几。老板电器目前有大量的闲余资金，可以考虑把一部分的闲置资金投入到产品研发中。

（2）短期金融资产代替部分货币资金。

老板电器流动资产占到总资产的 84.88%，货币资金占到总资产的 36.42%，其中货币资金中的不受限资金有 40.29 亿元，占货币资金总额的 99.39%。可见老板电器的资金充足，要合理地使用这些闲置资金，才能提高公司的盈利水平，因为持有货币资金是公司收益性最低的资产。老板电器可以用短期金融资产来代替一部分货币资金，短期金融资产比货币资产有更高的收益，同时也有较高的流动性和变现能力。

3. 拓展新市场，防止企业销售市场过度集中化

老板电器的销售地区较为集中，销售主要依赖华东地区，华东地区销售额占到总销售额的 50% 左右。因此，老板电器应该注意提升其他地区的销售额，分散销售地区较为集中的风险。现阶段，老板电器西北地区、东北地区、西南地区的销售额仅占总销售额的 5% 左右，远低于华东地区的销售额。

参考文献：

[1] 朱林娜，田京鑫. 上市公司盈利能力分析：以格力电器为例 [J]. 经贸实践，2018（1）：35-36.

[2] 李孟泽. 新能源上市公司盈利能力分析 [J]. 合作经济与科技，2021（2）：154-156.

[3] 史思源，秦玉文. 格力电器盈利能力分析 [J]. 合作经济与科技，2020（12）：132-133.

[4] 于悦，崔怀文. 上市公司供应商关系管理策略选择与经营绩效研究：以老板电器为例 [J]. 财务管理研究，2020（11）：23-31.

[5] 崔隽. 企业与供应商关系的竞争力财务分析：以老板电器为例 [J]. 现代商业，2019（19）：176-177.

[6] 李霞. 上市公司财务报表分析：以 A 上市公司为例 [J]. 改革与开级，2018（23）：5.

[7] 景怀敏. 杜邦财务模型在老板电器中的应用分析 [J]. 科技经济市场，2020（5）：97-99.

[8] 陈荣福. 企业盈利能力提升策略研究 [J]. 财会学习，2019（35）：179-181.

[9] 杨杲璇. 基于盈利模式分析的老板电器财务绩效研究 [J]. 中国乡镇企业会计，2019（3）：83-84.

[10] 师艳，牛溪苑. 海澜之家商业模式及盈利能力分析 [J]. 中国商论，2021（1）：6-7.

[11] 孙嘉璐，钱方明. 格力电器盈利能力分析 [J]. 现代营销（下旬刊），2020（12）：212-213.

[12] 王思语. 家电企业盈利能力分析：美的与海尔盈利能力的比较 [J]. 广西质量监督导报，2020（7）：104-105.

[13] 王思语. 海尔集团的盈利能力分析 [J]. 广西质量监督导报，2020（7）：125-126.

[14] 郭瑾，孟晓娜. 杜邦法分析法在浙江苏泊尔有限公司的应用 [J]. 商场现代化，2019（20）：3.

梦洁家纺股份回购效果研究

——基于事件研究法的分析①

杨美婷　　周家琛

（重庆工商大学会计学院　重庆　400067）

摘　要： 本文选择梦洁家纺股份回购作为案例研究，介绍了梦洁家纺的基本情况、股份回购过程，并从市场效应的角度对股份回购所带来的后果进行分析。本文发现回购能够带来股价在短期内提升、经营状况有所改善等积极效应，但同时也带来了一些问题，主要包括股价提升的长期效果不明显、资金流出导致支付风险增加。本文根据上述问题从公司以及政策监管的角度提出了针对性的建议，期望能为梦洁家纺后续的股份回购以及其他上市公司提供一定的参考依据。

关键词： 梦洁家纺；事件研究法；股份回购；回购效果

一、引言

股份回购兴起于西方资本主义国家——美国的资本市场。20 世纪 80 年代，美国证监会出台了一系列法规，对实施股份回购作出了具体规定，同时 1987 年美国金融市场出现了较大波动，股价出现大幅度下跌，经济的萧条严重打击了投资者的信心，因此上市公司纷纷采取股份回购的方式来阻止股价进一步下跌，从而向投资者传递信心。在发达的市场环境下，股份回购早已成为上市公司进行资本运作的常见方式。

相较于西方国家发达的资本市场，股份回购在中国的发展较晚，在早期上市公司实施股份回购存在较多限制。随后，我国证监会逐渐放开了对于上市公司股份回购的限制，完善了股份回购的各项制度。2015 年起，我国股市一度处于低迷状态，因此股份回购吸引了公众的关注。回顾股份回购历史，我国主要出现了 3 次大批量回购浪潮，分别是 2015 年、2018 年以及 2019 年。2019 年有 566 家上市公司实施股份回购，回购金额达 1 034.92 亿元，较 2018 年的 252.16 亿元增加了 310.42%，创造了 A 股回购历史上的金额新高。在上市公司纷纷采取股份回购的背景下，研究上市公司实施股份回购后产生的影响，探索股份回购是否能够给公司带来正向效应，是具有现实意义的。

---

①　本文是重庆工商大学科学研究项目"去杠杆背景下国有企业内部资本市场运行机制研究"（项目号：1951027）的阶段性研究成果之一。

二、概念界定与理论基础

（一）股份回购相关概念

股份回购是指上市公司利用其盈余资金或者债务融资，按照一定的程序对本公司发行或者流通在外的股份进行回购的行为。在回购后，上市公司对其收回的股份通常有两个选择，一是将回购的股份直接进行注销，从而减少资本；二是将回购的股份作为库存股不参与每股收益的计算以及收益的分配，而是用于后期的股权激励、员工持股计划或者发行可转债等。

（二）理论基础

1. 信号传递理论

信号传递理论是被学者们最广泛接受的一个理论，最早由学者 Spense 在 1974 年提出。该理论是基于投资者与管理层之间信息不对称而提出的，是指由于外部投资者了解公司内部信息的渠道比较少，通常仅能通过公司所披露的信息来判断公司的经营情况和财务状况，从而可能对公司的价值存在误判的情况。

2. 委托代理理论

委托代理理论是在 20 世纪 30 年代由美国经济学家伯利和米恩斯提出的，是指当企业保留剩余索取权、将经营权转让时，委托人与代理人之间会存在信息不对称的情况。代理人负责公司的日常经营，对公司的经营业务情况更为了解，处于信息优势方的地位，而委托方由于不直接参与公司经营活动，处于信息劣势方的地位。同时，二者各自的目标也会存在一定的差异，委托人需要关注代理人目标是否存在偏差，否则就会损害到自身的利益。

三、梦洁家纺股份回购事件回顾

（一）梦洁家纺概况

湖南梦洁家纺股份有限公司（以下简称"梦洁家纺"）始于 1956 年，秉承"爱在家庭"核心理念的同时恪守品格与博爱的企业文化。梦洁家纺凭借着深厚的历史底蕴，不懈追求本真的生活态度和精益求精的生产理念，已然成为业界翘楚，于 2010 年成功转型为上市公司，品牌价值高达 14 亿元。同时，梦洁家纺在德国收购 SICHOU Gmbh（丝绸）公司后，成功代理 Somma、Kauffmann、Hamam、Venini、Billerbeck、Drahoma 等 9 大海外家居品牌，全面引领家纺行业，综合实力和持续发展能力在中国家纺行业稳居第一。

（二）梦洁家纺股份回购过程

1. 股份回购流程

2018 年 9 月 28 日，梦洁家纺召开第四届董事会第二十七次会议，审议通过了《股份公司关于回购公司股份的预案》，并于 2018 年 10 月 16 日召开 2018 年第二次临时股东大会审议通过了上述议案。2018 年 11 月 6 日，梦洁家纺披露了《关于以集中竞价交易方式回购股份的报告书》。2018 年 11 月 23 日，梦洁家纺实施了首次股份回购，并于 2018 年 11 月 24 日披露了《关于首次回购公司股份的公告》。

2. 股份回购进展

2018 年 11 月 24 日至 2019 年 10 月 18 日，梦洁家纺完成了本次股份回购。根据相关规定，梦洁家仿需要披露股份回购进展。表 1 是梦洁家纺股份回购历程。

表 1 梦洁家纺股份回购历程

回购日期	累计回购数量/股	累计占总股本比例/%	最高价/元	最低价/元	累计支付金额/元
2018-11-23	2 308 015	0.3	5.14	4.98	11 750 597.16
2018-11-30	7 113 015	0.91	5.26	4.74	35 974 219.35
2018-12-31	7 619 015	0.98	5.26	4.43	38 243 253.35
2019-01-2	8 006 915	1.03	5.26	4.13	39 863 575.23
2019-01-31	8 006 915	1.03	5.26	4.13	39 863 575.23
2019-02-28	8 006 915	1.03	5.26	4.13	39 863 575.23
2019-03-31	8 006 915	1.03	5.26	4.13	39 863 575.23
2019-04-30	9 376 915	1.2	6.13	4.13	48 190 445.97
2019-05-31	9 708 915	1.25	6.13	4.13	49 917 798.97
2019-06-30	13 314 715	1.71	6.13	4.13	69 239 014.12
2019-07-30	13 314 715	1.72	6.13	4.13	69 239 014.12
2019-08-31	14 296 317	1.85	6.13	4.13	74 200 273.21
2019-09-30	14 967 717	1.93	6.13	4.13	77 558 165.57
2019-10-16	15 483 317	1.999 4	6.13	4.13	80 166 328.57

截至 2019 年 10 月 16 日，梦洁家纺完成了本次股份回购。其通过股票回购专用证券账户以集中竞价交易方式累计回购股份数量为 15 483 317 股，占梦洁家纺目前总股本的 1.999 4%，最高成交价为 6.13 元/股，最低成交价为 4.13 元/股，支付的总金额为 80 166 328.57 元（不含交易费用）。

3. 股份回购前后的股价变化

梦洁家纺在 2018 年 9 月 22 日发布了回购公司股份的预案，而该日是休盘日，因此向后顺延。本文选取股份回购前后各 10 天的股价以及与同期内大盘指数的走势进行对比，分析本次股份回购对公司股价造成的影响，绘制成图 1 和图 2。

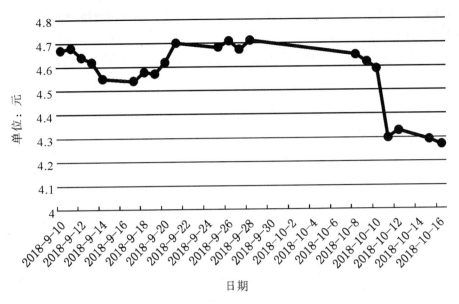

图 1　梦洁家纺回购前后股价变化

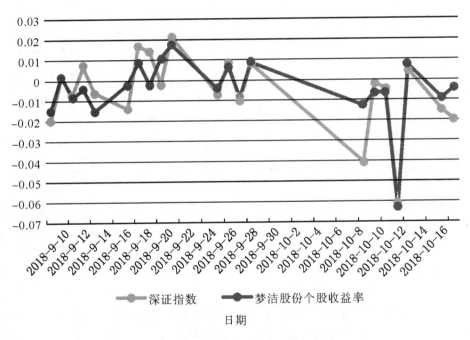

图 2　深证指数与梦洁股份个股收益率对比

从图 1 中能够看出，梦洁家纺的股价在 2018 年 9 月 21 日之前呈现下降的趋势，由 2018 年 9 月 10 日的 4.67 元下降到 2018 年 9 月 17 日的 4.54 元，2018 年 9 月 28 日后小幅上升至 2018 年 9 月 20 日的 4.62 元。而在发布公告后的第一天，梦洁家纺的股价直线上升至 4.7 元，随后略微下降，但整体呈现上升趋势。这说明本次股份回购信息的发布对梦洁家纺的股价起到了积极的作用。同时根据梦洁家纺个股收益率与深证指数的对比也能够看出，在回购前其收益率与深证指数趋势基本相同，而且略低于深证指数。而在公告发布后的 10 天内，梦洁家纺的收益率涨势明显优于大盘指数，相比较下股价涨幅更大、跌幅更小。这说明本次回购向市场传递了积极的信号，在短期之内起到了很好的效果。

四、研究设计

（一）基于事件研究法的市场反应分析

上文通过简单的股价对比，能够看出本次股份回购给梦洁家纺的股价带来了积极的影响，下面将运用事件研究法分析该事件对公司的市场效应。首先确定事件日，事件日是指市场接收到某一信息的时间，也就是梦洁家纺发布回购股份预案的时间 2018 年 9 月 22 日，但因为该日是休盘日，因此向后顺延，将 9 月 25 日作为事件日，即 T（0）；然后确定窗口期，选取事件日前后各 10 天的数据对该事件对市场的影响进行研究，即 T（-10，10）一共 21 个交易日；接下来确定估计窗口，估计窗口是指上市公司不受这一事件的影响，在市场上正常表现的区间，因此选取股份回购前 90 天来计算公司的正常收益率，即 T（-100，-11）。本文使用修正后的 CAPM 模型——市场模型（Market Model）计算预期收益率 Rit，此时 Rit 的计算公式如下：

$$Rit = \alpha i + \beta i \times Rmt$$

其中，Rit 是公司不受影响的正常收益率，Rmt 是市场收益率。由于梦洁家纺是在深圳证券交易所上市的，因此市场收益率选取深证指数。以估计窗口期间的数据为样本，运用上述公式，进行回归分析，能够得出梦洁家纺的回归方程：

$$Rit = 0.831 Rmt - 0.000\ 716$$

将事件窗口期的深证指数带入到公式中，能够求出预期收益率 R'it，再根据超额收益率的求解方程计算出其异常收益率（AR）。

$$AR = Rit - R'it$$

对算出的收益率进行累加，求出其累计超额收益率（见表 2）。

表 2　窗口期收益率计算

窗口期	个股收益率	深证成指	预期收益率	超额收益率	累计超额收益率
-10	-0.014 768	-0.019 691 2	-0.016 724 913	0.001 956 981	0.001 956 981
-9	0.002 141 3	0.001 178 45	0.000 242 083	0.001 899 245	0.003 856 225
-8	-0.008 547	-0.006 971 5	-0.006 383 828	-0.002 163 181	0.001 693 044
-7	-0.004 31	0.006 485 17	0.004 556 44	-0.008 866 785	-0.007 173 74
-6	-0.015 152	-0.006 109 4	-0.005 682 975	-0.009 468 54	-0.016 642 28
-5	-0.002 198	-0.014 116 2	-0.012 192 45	0.009 994 648	-0.006 647 632
-4	0.008 810 6	0.016 735 22	0.012 889 731	-0.004 079 159	-0.010 726 791
-3	-0.002 183	0.014 127 21	0.010 769 425	-0.012 952 831	-0.023 679 622
-2	0.010 940 9	-0.001 725 1	-0.002 118 504	0.013 059 423	-0.010 620 199

表2（续）

窗口期	个股收益率	深证成指	预期收益率	超额收益率	累计超额收益率
−1	0.017 316	0.021 288 9	0.016 591 873	0.000 724 144	−0.009 896 055
0	−0.004 255	−0.006 636	−0.006 111 048	0.001 855 729	−0.008 040 327
1	0.006 410 3	0.008 040 52	0.005 820 944	0.000 589 312	−0.007 451 015
2	−0.008 493	−0.010 188 3	−0.008 999 049	0.000 506 48	−0.006 944 534
3	0.008 565 3	0.007 959 3	0.005 754 913	0.002 810 398	−0.004 134 137
4	−0.012 739	−0.040 501 8	−0.033 643 96	0.020 905 106	0.016 770 97
5	−0.006 452	−0.001 791 8	−0.002 172 724	−0.004 278 889	0.012 492 08
6	−0.006 494	−0.004 436 7	−0.004 323 057	−0.002 170 45	0.010 321 631
7	−0.063 181	−0.060 743 2	−0.050 100 214	−0.013 080 614	−0.002 758 983
8	0.006 976 7	0.004 543 34	0.002 977 734	0.003 999 01	0.001 240 027
9	−0.009 238	−0.015 055 9	−0.012 956 418	0.003 718 543	0.004 958 57
10	−0.004 662	−0.019 544 9	−0.016 606 011	0.011 944 007	0.016 902 577

根据图3中超额收益率的趋势来看，其在−10到−6之间波动较大，由−10的0.001 96下降到−6的0.009 47，随后呈现一个小幅度上升的趋势，但又在−5有所下降，在−3开始上升，一直增长到事件日当天的0.001 86；超额收益率在4达到最大值0.020 9，并在4到7期间呈现下降的趋势，在7~10又呈现出上升的趋势。而从累计超额收益率来看，在−10到−3期间是出现下降到负值状态的，最低值是在−3的−0.023 7，从−3开始，其累计超额收益率开始呈现出上升的趋势，从3到4之间，累计超额收益率直线上升，由0.002 81上升到了0.020 9，此后虽然累计超额收益率有所下降，但也一直维持在正值。

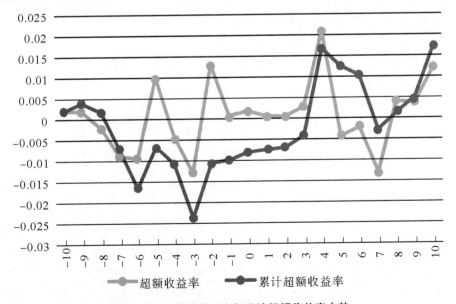

图3　窗口期超额收益率与累计超额收益率走势

通过对上述数据的描述，我们能够看出在股份回购前，梦洁家纺的超额收益率和累计超额收益率处于较低迷的状态，在事件日当天都呈现出不同幅度的上升，这说明市场在接收梦洁家纺本次回购股份信息之后，给予了十分积极的回应。投资者们看好本次回购的行为推动了其股价的上涨，而累计超额收益率的持续上升更能说明公告的发布带来了积极的影响，在短期之内的市场效果较好，本次股份回购行为受到了投资者的广泛关注。

（二）梦洁家纺股份回购存在的问题

在前文的分析中，我们能够看到在股份回购前，受经济下行的影响，梦洁家纺的股价呈现下跌的趋势，因此其采取股份回购的方式，期望能够起到促使公司股价回归到实际价值的作用，而在实施股份回购的短期之内，梦洁家纺的股价的确有所提升。从图4中我们可以看出，从2018年12月开始直到2019年4月，梦洁家纺股价上涨，但是其股价在之后一直没有上升的趋势，这说明股份回购所带来的股价上升的作用是短暂的，仅在开始实施的初期有所提升，长期股价提升的效果并不明显。因此，在整体市场环境都低迷、整个家纺行业都表现不佳的情况下，梦洁家纺期望单纯通过股份回购来达到其预期的目的是不太可行的。

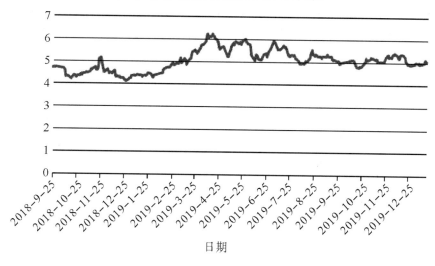

日期

图4　梦洁家纺股份回购后股价走势

五、结论与建议

（一）结论

随着近年来股份回购概念大热，实施股份回购的上市公司逐年增加，股份回购所带来的效应引起了理论界与实务界的关注与思考。本文结合国内外现有理论，对梦洁家纺股份回购的效果进行了研究，得出了以下结论：梦洁家纺股份回购能够在短期之内有一定的正向效应，短期市场反应良好，优化了公司的资本结构，改善了公司的经营状况，完善了公司的股利分配政策以及树立了良好的公司形象，但梦洁家纺实施股份回购也存在股价提升的长期效果并不明显的问题。

（二）建议

公司应该了解股份回购所带来的作用是短期的，如果想要维持长期稳定的高股价，还是要从经营发展、增强公司的实力入手。从政策监管的角度来看，一是要规范股份回购相关信息披露，对于违法行为加大打击力度；二是要继续完善股份回购定价及相关制度，规范股份回购的定价。

参考文献：

［1］乌日嘎. 上市公司股份回购动因及效果研究 ［D］. 呼和浩特：内蒙古农业大学，2020.

［2］李银香，骆翔. 上市公司股份回购、现金持有水平与企业价值 ［J］. 财会通讯，2019（19）：19-22.

［3］薛媛. 上市企业股票回购行为财务效应分析：以 A 企业为例 ［J］. 会计之友，2018（7）：116-119.

［4］何瑛，黄洁，李娇. 中国上市公司股份回购的经济后果研究：来自 A 股市场 2005—2013 年的经验数据 ［J］. 经济管理，2014，36（10）：53-63.

浅析财务共享服务在企业的应用

——以 M 企业为例

胡馨予

（重庆工商大学会计学院　重庆　400067）

摘　要：随着经济全球化的不断推进、企业国际化趋势的愈发明显，许多大型企业面临着财务体系分散而带来的种种挑战：财务信息质量的降低、管理效率的降低以及企业运营成本和管理成本不断升高等。面对这些挑战，信息技术与财务结合的财务共享管理模式应运而生。财务共享服务将互联网技术与财务相结合，这种新的管理模式打破了固有的传统财务模式。财务共享服务中心（financial shared service center, FSSC）的建立将分散的财务业务规范化、集中化，极大地提高了财务管理效率，降低了财务管理成本，促进了企业管理层进一步强化财务管控，实现了财务一体化。

本文以 M 企业建立 FSSC 作为案例，试图浅析财务共享服务在企业中的应用。基于 M 企业的案例分析，本文得出：FSSC 的建立在 M 企业优化财务流程、提高财务信息质量、提升管理效率、强化财务管控以及降低管理成本等方面都发挥了积极作用。虽然在建设期间资金投入、财务人员调控和企业相关组织结构调整等方面的因素可能会导致企业发展不会十分顺畅，并且 M 企业作为该行业企业在建立 FSSC 方面的探路者，缺乏同行业的参考经验，其在探索过程中会遇到一些挑战，但总体来说，FSSC 的建立对企业还是起到了较大的积极作用。

关键词：M 企业；财务共享；财务共享服务中心；应用效果

一、引言

（一）写作背景和意义

1. 写作背景

随着经济全球化的不断推进、企业国际化趋势愈发明显，越来越多的企业不断扩大其规模，跨国、跨区域的企业逐渐增多。这些企业在各地投入巨大资源，扩展其业务，形成诸多分支机构，但与此同时其财务体系也因为分支机构的增多愈发分散，多个财务部门的设置降低了企业的管理效率，增加了企业的监管难度，同时也使企业运营成本和管理成本不断升高。不同地域分支机构的会计核算标准以及会计政策不统一，业务与业务间缺乏统一化、标准化流程，这些都会导致企业财务信息质量的降低、财务体系的混乱。此外，管理规模的不断扩大、管理层级的逐渐增多，可能会使企业内部财务信息传递效率逐渐变得低下，导致财务员工及管理层之间难以协调，从而大大加剧企业运营的财务风险。

面对这一挑战，信息技术与财务结合的财务共享管理模式应运而生。财务共享服务将互联网技术与财务相结合。随着科学信息技术的迅猛发展，新的管理模式打破固有的传统财务模式：在信息系统中嵌入财务预算、资金、风险等内部管控措施，将分散的财务业务集中、整合、共享，进行标准化、规范化处理，极大地提高了财务信息质量，为企业运营提供了财务支持。财务共享服务中心（financial shared service center，FSSC）的建立将分散的财务业务规范化、集中化，极大地提高了财务管理效率，降低了财务管理成本，促进了企业管理层进一步强化财务管控，实现了财务一体化。同时，FSSC 的存在可以简化财务管理结构，促进企业组织结构扁平化，以此提升财务信息传递速度和准确度。

财务部在《企业会计信息化工作规范》（财会〔2013〕20 号）与《财政部关于全面推进管理会计体系建设的指导意见》（财会〔2014〕27 号）中也曾鼓励大型企业建立 FSSC，指明了未来建立 FSSC 的可行性和必要性。从 2005 年中兴集团建立国内第一个 FSSC 以来，我国越来越多的企业走上财务共享的道路。财务共享服务，作为当今企业财务管理中极具发展潜力的先进领域，在信息技术发展迅猛的当下一定能促进我国企业财务体系的长远发展。

2. 写作意义

在信息技术飞速发展、经济全球化不断推进的当下，财务共享服务以及 FSSC 对企业发展都有着重要意义。首先，本文希望能为在财务共享领域起步较晚的我国企业，在财务共享服务流程、应用效果以及 FSSC 建立优势等方面提供一些理论帮助，为企业走上财务共享道路做出一些积极贡献；其次，本文希望通过对 M 企业案例的分析，展现财务共享服务以及 FSSC 的建立能为企业在财务质量、财务管控、管理效率以及经营成本等方面带来的有利影响，鼓励并支持企业采用财务共享服务和建立 FSSC；最后，本文希望通过分析 M 企业在应用财务共享中心过程中存在的问题及其原因，以小见大，对解决企业财务共享方面存在的一些问题提供一些支持并尝试提出一些解决建议，为财务共享领域的发展贡献一分力量。

（二）文献综述

1. 财务共享服务概念研究现状

自 20 世纪 80 年代美国福特汽车公司最早将财务共享服务概念实际运用到企业运营中，建立全球第一个共享服务中心以来，越来越多企业开始走上财务共享的道路。Gunn 等（1993）首先提出财务共享的新型管理概念，此时财务共享服务主要在企业内部提供。之后 Donna（1996）认为 FSSC 还可以对企业外部客户提供服务，同时收取一定服务费用来抵偿成本。Bergeron（2003）认为财务共享将分散在不同业务单位的财务业务集中、整合在一个半自治的全新业务单位，以此提供更高质量的服务，可以提升企业工作效率，降低成本。我国较晚进入该领域，国内对于该领域的研究大多在国外研究的基础上进行。刘汉进（2004）认为财务共享将财务、人力等多个板块的业务抽离、集中、整合后进行专业化、标准化的处理。陈虎和董皓（2008）较早地在国内系统梳理总结国内外已有财务共享服务理论，在此基础上提出，财务共享服务的本质是由信息网络技术推动的运营管理模式的变革与创新。此后，马建军（2017）提出财务共享的目的是优化财务组织结构、创造企业价值等，它是以先进的信息技术为基础的。国内外对于 FSSC 的概念基本统一，可粗浅归纳为 FSSC 是依托于信息技术，将分散于不同业务单元内的同类业务抽取出来，整合起来集中进行标准化的财务流程处理的财务管理模式。

2. 财务共享服务应用效果研究现状

财务共享服务作为新型财务管理模式，如果想要被国内外更多企业接受，就需要让企业明白财务共享服务的应用效果，鼓励企业应用财务共享服务。李春雨和朱先军（2009）提出，财务共享服务只有应用于规模庞大的大型企业才能通过经济规模效应节约成本，其只适合大型企业。Deloitte（2009）的调研结果显示：全球各地域的企业中，有 70% 都认为 FSSC 的规范化、标准化财务流程降低了财务管理成本，提升了业务效率。Martin（2015）认为财务共享与互联网相结合，为企业优化了财务组织结构，本质上是一场财务管理模式改革，为企业创造了价值。此后，Amin 等（2016）指出财务共享有效提升了财务处理速度和透明度。崔凤祥（2016）认为建立 FSSC 可以提升企业整体财务管理水平。李娟（2019）对中国石油的西安财务进行了近一年的试点研究，在此基础上提出财务共享的实施可以在提升客户满意度、提高各部门员工信息传递效率和准确性、推动企业财务转型等方面带来优势。

3. FSSC 模式研究现状

企业建立 FSSC 时需要结合自身实际状况考虑 FSSC 的建造标准，即选择什么样的 FSSC 模式。Moller（1997）首先提出了 FSSC 可以作为独立经营的经济体存在。此后，Barbara 等（2001）对 FSSC 做出深入研究，提出了 FSSC 四种模式：基本模式、市场模式、高级市场模式以及独立经营模式，这四种模式呈现出阶梯递进的关系。我国企业在文化、法律、制度、业务流程处理等方面与外国企业存在差异，因此国内财务共享服务模式研究更多考虑中国企业环境背景。刘婷婷（2007）将 FSSC 的四种模式再分为两类，将基础模式归类为托管模式，将另三种模式归类为自愿模式。张育强和林金腾（2011）根据实施背景及目标差异，将财务共享服务模式划分为服务模式和管控模式。张庆龙和王泽（2017）表明"众包"可以作为一种新型财务共享服务模式在我国应用，原因是我国有较充足的劳动力资源，如果能够合理设计任务，企业业务处理将会变得十分迅速。财务共享服务的模式会受到不同环境的影响，国内外学者都应全方面考虑、探讨如何为企业构建科学可行的财务共享服务模式。

4. 结论

在信息技术飞速进步、经济全球化日益推进的今天，财务共享作为一个全新管理模式，被全球的企业接受和应用。通过上述相关文献可以看出，财务共享领域研究最先起源于西方发达国家，在国外有较长的研究时间、较多的探讨领域、较多元的研究方式以及大量的案例和经验。而我国对于财务共享的研究起步较晚，更多是在国外已有研究基础上，结合我国企业情况进行研究，我国相关领域探讨主要集中财务领域，研究方式较为单一。但我国一直在积极努力探寻适合我国的财务共享领域新进展，目前已有越来越多的财务共享理论研究和应用研究出现，它们促进了我国企业财务共享新型管理模式的长足发展。

（三）写作方法

1. 文献研究法

本文通过阅读分析关于财务共享服务及 FSSC 的期刊、论文等，对财务共享概念、FSSC 建立流程、发展现状等做更深入全面的了解；同时通过财经类网站等搜集有关上市公司的财务共享现状、建立 FSSC 的情况以及财务共享相关理论和最新动态，了解其发展状况、实施状况，希望能对财务共享发展贡献一分力量。

2. 案例分析法

本文以 M 企业为案例，通过了解 M 企业的财务共享现状以及运用财务共享服务为企业带来的优势变化，分析 M 企业在财务共享方面存在的问题并提出一些建议。本文在分析 M 企业的基础上，尝试总结应用财务共享为企业带来的优势，并对可能存在的普遍问题加以分析后提出建议，希望以小见大，促进企业财务共享领域发展。

二、财务共享的相关概述

（一）财务共享的相关概念

依托于信息技术，将分散于不同业务单元内的同类业务抽取、整合、集中并进行标准化的财务流程处理的财务管理模式被称为财务共享服务（financial shared service），以此降低管理成本、提高处理效率并强化财务管控。共享是一种新的管理理念以及一种新的组织架构：将可共享的会计核算、信息报告等业务归纳为服务，让多个业务单元分享这些服务，而原来的业务单元只专注于预算管理、资金筹划、税务规划等有竞争力、附加值高的业务，促进核心业务发展，进而使组织瘦身或扁平化，同时为企业的整体发展战略提供更好的财务支持。

为企业实现上述财务共享服务的独立职能部门被称为财务共享服务中心。FSSC 主要适用于拥有许多分支机构的跨国或跨地区的大型企业，但某些国家的法律规定会限制其运作，因此并不适用于所有国家的企业。

（二）财务共享服务的特点

1. 规模性

财务共享服务通过对同类业务进行有效整合、集中处理来形成规模经济，降低财务边际成本，进而达到降低企业整体运营成本的目的。

2. 规范性

财务共享服务的规模性决定了其还应当具有规范性。FSSC 能节约成本并提高工作效率的关键正是其建立了规范化的操作流程，即只有通过如同车间流水线一般的规范标准操作，财务业务的处理才能如此合规、高效。

3. 技术性

财务共享服务必须依托计算机信息技术和互联网技术。

4. 专业性

财务共享服务是以丰富的专业知识、技术以及服务水平，为客户提供专业化服务的，专业性是财务共享的核心。

5. 服务性

财务共享服务的本质是为客户服务。

（三）财务共享的理论基础

1. 规模经济理论

规模经济理论作为经济学上的著名理论历史悠久，应用广泛。企业经常在大规模生产中或是通过对内部资源的充分利用达到内部规模效应，或是通过企业外部多企业合作分工达到外部规模效应。随着生产规模的不断扩大，专业化的分工使生产的固定成本变化较小，单位成本、边际成本得以减少，逐渐靠近最佳经济效益。财务共享服务正是运用了规模经济理论，通过合理分工，让具备专业化技术的人员专注于财务业务，使原本分散的业务能集中进行规模化处理，以此减少冗余人员，降低人力成本和管理成本，提升工作效率，促进企业的长足发展。

2. 流程再造理论和组织扁平化理论

哈默和钱皮在 20 世纪 90 年代提出了流程的管理思想，流程再造理论是组织扁平化理论的起源之一。流程再造理论是以业务流程为对象，将业务流程进行合理再规划，对业务流程进行根本性改革，从而对组织结构进行优化，提升企业整体运营效率和管理效率，降低管理成本。而组织扁平化理论中的扁平化组织结构的特点就是尽量减少中间层、强调灵活指挥和加大管理跨度等。这样横宽纵窄的组织结构有利于企业管理层更好地进行信息的交流和沟通，即管理者能更好地掌握底层动态和市场情况，底层员工也能更有效地理解管理者的决策意图，有效减少信息失真，加快信息传递速度。当今社会高效率和快节奏的环境对企业内部的沟通效率和准确性提出更高的要求，因此扁平化的组织结构更适合当下的社会节奏。

3. 标准化管理理论

泰勒提出科学管理理论，并将"标准化"这一概念引入其中。在现代企业中，FSSC 的建立将大量重复的财务业务集中、整合并进行标准化、流程化的处理，形成流水线般的财务业务处理流程，避免了因标准不一可能造成的财务混乱和差错。统一的操作步骤极大程度地保证了企业财务信息及财务报告的质量，降低出错率，提升工作效率。财务共享服务所提供的标准化、规范化流程极大提升了企业财务质量和管理效率，促进企业长远发展。

三、M 企业简介及 FSSC 建设情况

（一）M 企业简介

1999 年 8 月，M 企业作为今后的乳制品行业龙头企业、全球乳业前 10 强，在内蒙古呼和浩特市设立总部。经过多年发展，M 企业专注于研发生产适合国人健康的乳制品，已经成为国家农业产业化重点企业。2009 年 7 月，随着中国最大的粮油食品企业——中粮集团入股 M 企业并成为第一大股东，M 企业进入"食品安

全更趋国际化，战略资源配置更趋全球化，原料到产品更趋一体化"的阶段。2014 年 3 月，随着 M 企业在香港的上市，其股票成为中国第一家乳制品企业蓝筹股。2017 年 12 月，M 企业已经在中国境内建立了 38 个生产基地，在新西兰建立了一个生产基地。随着这些根据市场潜力及产品策略布局建立的基地的有效运转，M 企业的年产能已经能合计达到 922 万吨。2020 年 M 企业实现销售收入 760.35 亿元，净利润 35.25 亿元[①]，M 企业作为乳制品行业龙头企业不断创造着奇迹。

至今，M 企业已经创建了酸奶、液态奶、冰激凌、原奶、奶粉、奶酪等多品的产品矩阵系列，并一直以"国际化+数字化"双轨战略驱动创新，全力打造乳制品数字化工厂、数据中心。数字化正在重新定义企业的运营发展。随着 M 企业的不断发展以及大数据时代带来的新机遇和新挑战，利用信息系统进行财务管理以降低管理成本、提升财务效率、提高核心竞争力已成必然。M 企业一直积极利用大数据等信息技术进行产业升级以及财务战略重塑，并通过大数据创新，助力 FSSC 实现从探路者到引路者的跨越。

（二）M 企业财务共享服务建设过程

如图 1 所示，M 企业于 2009 提出建立 FSSC 的构想，并于 2012 年提出具体建设思路。M 企业在 2009—2012 年完成了大量准备工作，为后续 FSSC 的建立进行了业务流程、信息系统等方面的规范化建设工作。M 企业将 FSSC 作为企业财务战略转型规划中的一步，搭建以财务共享为基础的新财务系统。

图 1　M 企业 FSSC 建设过程

2013 年年末，M 企业在一个北京分支机构开始了建立 FSSC 的探索。2014 年，M 企业对 13 个法人单位进行试点先行。2015 年 3 月，M 企业正式启动项目建设，并于 2015 年 11 月正式成立属于 M 企业的 FSSC。

2016 年 2 月，M 企业在之前试点单位的基础上开展了 FSSC 二期项目，将 FSSC 进行全面推广，并于 2016 年年末完成了 59 家法人单位的共享迁移。

2017 年起，M 企业一直致力于优化完善 FSSC 的建设，逐渐将人力资源、IT 采购等一些业务纳入其中。

---

① 数据来源：M 企业 2020 年财务报表。

四、M 企业建立财务共享服务中心的战略目标及应用效果

（一）战略目标

1. 提升财务信息质量

M 企业作为创建了酸奶、液态奶、冰激凌、原奶、奶粉、奶酪等多品的产品矩阵系列的乳制品企业，其多元化的经营发展以及不同分支机构的地域差异为企业财务信息的标准统一带来挑战。而建立 FSSC 则可以对财务处理流程进行整体规范，将流程集中统一，运用统一标准规范进行会计处理，为决策者提供完善、统一的财务信息，提高财务信息质量，为财务决策提供重要的财务支持。

2. 加强财务管控

M 企业作为有着极长的产业链的企业，生产加工等各环节流程复杂，所需要分析的数据众多，数字化转型成为必然。传统模式下，企业内部各个系列产业链的财务信息交错复杂，信息传递速度缓慢甚至可能失真，为管理层进行财务管控带来压力。而大数据时代下的 FSSC 可以帮助企业在管理层和员工之间进行财务共享，信息系统的高速发展促使财务共享实现及时、准确并有效的信息传递；同时 FSSC 的建立促使企业组织结构扁平化、财务体系一体化，有利于管理层加强财务管控。

3. 减少财务风险

M 企业作为在中国境内乃至海外建立了多个生产基地的龙头企业，公司规模巨大，下属分支单位分散，公司员工众多，因此，在众多分支机构进行大量重复财务流程使企业承担高额的管理成本，而高额的管理费用也为企业带来一定的财务风险。在这种情况下，采用财务共享服务这一新型管理模式无疑能为 M 企业财务管理带来转机。通过建立 FSSC，将重复的财务流程进行标准化、集中化处理，使所有分支机构都使用同一个财务处理系统，大大减少了重复操作次数，降低了不必要的管理成本。同时，FSSC 的建立优化了财务管理制度，降低了企业因原本的财务分散而带来的潜在财务风险。

（二）应用效果

1. 规范财务流程，提高财务质量

财务数据以及财务信息的质量对于一个企业的管理、运营、决策等多个方面都具有重要的作用，是一个企业发展的关键。在传统模式下，M 企业因为其多元化的经营发展以及不同分支机构的地域差异，使得不同产品系列和不同地方分支机构的财务信息各有各的标准。繁杂的财务信息因为执行标准以及财务人员水平的参差不齐给企业的运营和管理带来压力，同时降低了财务信息质量，为决策者们带来困扰。FSSC 的建立帮助企业规范财务处理流程，对财务业务进行集中化、统一化、规范化甚至自动化处理，对数据信息的处理口径进行统一，消除了不一致性。

截至 2017 年年底，M 企业成功建设 FSSC，企业财务质量显著提升。首先，随着 FSSC 的建成，会计流程逐渐智能化、自动化，预算系统与 CE 平台打通，涵盖

费用预算的事前、事中过程，当预算超额时不予通过；其次，基于 CE 平台与 ERP① 系统对接，物料采购类的付款可通过 CE 平台直接抽取并自动完成资金支付，免去了手工提交、审核、签字、传递以及录入、审核等线下工作环节。其成果展示如图 1 所示，自动生成付款单比例由 60% 上升为 97%；M 企业开始采用自动生成会计凭证的形式进行处理，该比例已达到 99%；同时自动配置现金流的比例也从 30% 升高至 99%。数据的自动化无疑使数据的真实性、及时性、准确性、完整性得到保证，减少了人为失误、干预甚至造假的可能性，极大地提高了财务信息质量。大数据时代下，互联网与财务相结合的 FSSC 能够促进企业财务流程自动化，与此同时统一规范的财务体系能够逐渐消除财务信息的不一致，为企业提供更规范的高质量财务信息。高质量的财务信息还体现在改单率由改建前的 13.8% 下降为改建后的 3.6%，降低了企业的操作修正频次。客户满意度也是能很好反映企业财务质量的指标之一，客户满意度高说明企业运转流畅，企业在市场上的竞争力较强，数据质量较好。这一指标从改建前的 44.1% 变为改建后的 86.1%。

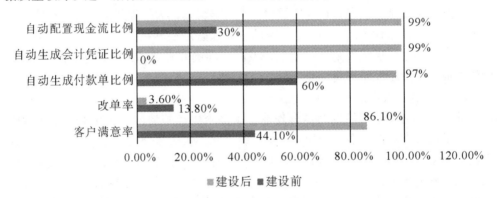

图 2　M 企业 FSSC 建设前后部分数据对比

数据来源：https：//baijiahao. baidu. com/s? id=1617463812028192454&wfr=spider&for=pc.

2. 提高管理效率，加强财务管控

企业规模越庞大，相应的管理难度就越大，其管理效率就可能随之降低。M 企业作为有着极长产业链的企业，生产加工等环节流程复杂，所需要分析的数据众多，给管理层进行财务管控带来挑战。由于较多分支机构以及较长产业链的存在，M 企业的信息传递需要通过多个环节，这无疑会降低信息传递速度和质量，从而降低管理效率。FSSC 的建立使得数个财务部门融合为一个统一的财务共享服务中心，财务信息可以在 FSSC 中进行整合并直接向上或向下传递信息，使企业的组织结构更加扁平化，财务体系更加一体化，加快了信息传递速度并提高了信息质量，为管理层提升管理效率带来巨大帮助，促使企业加强财务管控。

截至 2017 年年底，M 企业成功建设 FSSC 为止，企业运转速度和管理速度已经得到提升。首先，如表 1 所示，M 企业的财务流程总体效率已提升 25%，其中

---

　　① ERP 全称是 enterprise resource planning，即企业资源计划的简称，是集物资资源管理、人力资源管理、财务资源管理、信息资源管理于一体的企业管理软件。

结算流程缩短 1 天，支付处理效率和报销速度分别提高 70% 和 36%。财务流程效率的提升会提高企业财务运转效率，进而提高整个企业的管理效率，信息能更及时、准确地传递，相关的命令也能更迅速下达到执行层。其次，单据审批时效方面也有较大改进，FSSC 通过使用 BPM① 自动审批流，将原来的手工模式用户提单变为系统自动产生审批流节点，如表 2 所示，审批时效由建立 FSSC 初的 26 小时降至 11.8 小时，效率提升了 54.6%，使 M 企业做到了自动流转。同时，企业管理报告和合并报表的报送时间的效率也分别提升了 25%（由每月 16 日提前至 12 日）和 30%（由每月 10 日提前至 7 日），这些方面的提速促进管理层更及时地掌握企业状况，强化财务管控。再次，随着产品周转天数从 4.8 天下降至 3.6 天，企业的整体运转速度、运转周期也有一定提高。不仅如此，FSSC 的建立还改变了财务职能占比，使决策支持的时间占比由 20% 提升为 49%，而相应的交易处理时间占比由 41% 降为 15%，即企业将更多时间投入在决策过程而减少在交易处理方面的时间投入，这使得财务人员将更多精力集中在高附加值的财务活动，提升了工作效率和管理效率。

表 1　FSSC 建立前后财务流程效率数据对比

财务流程效率	前后数据对比
结算流程	缩短 1 天
支付处理效率	提高了 70%
报销速度	提高了 36%
总体效率	提高了 25%

数据来源：https：//baijiahao. baidu. com/s? id = 1617463812028192454&wfr = spider&for = pc.

表 2　FSSC 建立前后部分数据对比

项目	改建前	改建后
单据审批时效	26 小时	11.8 小时
管理报告报送时间	16 日	12 日
合并报表报送时间	10 日	7 日
产品周转天数	4.8 日	3.6 日
决策支持时间占比	20%	49%
交易处理时间占比	41%	15%

数据来源：https：//baijiahao. baidu. com/s? id = 1617463812028192454&wfr = spider&for = pc.

3. 降低管理成本，减少财务风险

M 企业作为在中国境内乃至海外建立了多个生产基地的龙头企业，巨大的公

---

① BPM 全称是 business process management，即业务流程管理的简称，是将生产流程、业务流程、各类行政申请流程、财务审批流程、人事处理流程、质量控制及客服流程等 70% 以上需要两人以上协作实施的任务。

司规模、分散的分支单位以及繁多的公司员工使企业承担高额的管理成本，不利于企业效益的提升。多个分支机构重复进行的基础财务流程，使企业为这些重复的流程承担着不必要的管理成本。FSSC 的建立将诸多重复财务流程集中起来，进行统一处理，产生规模效应，降低了重复操作的成本，优化了财务管理制度，降低了潜在财务风险。

截至 2017 年年底，M 企业成功建设 FSSC，且已经在降低管理费用方面取得初步成效。首先，M 企业 FSSC 的建立降低了人力需求，以前需要 323 个标准工作人，现在仅需 241 个标准工作人即可全部承接①，这在一定程度上降低了人力资源成本。其次，如图 3 所示，就 M 企业 2009—2017 年报数据而言，从 M 企业建立 FSSC 初期开始，企业管理费用占企业总资产的比例呈下降趋势，由 2009 年的 6.13% 下降至 2017 年的 4.3%。2016 年，M 企业收购后计提商誉减值准备，使得总资产减少，从而导致管理费用与总资产比例异常上升。总体而言，管理费用与总资产比例呈下降趋势，M 企业通过 FSSC 的建立在一定程度上降低了管理成本占比，对减少财务风险起到了积极作用。

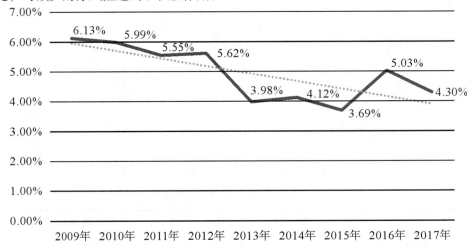

图 3　2009—2017 年 M 企业管理费用与总资产比值

数据来源：M 企业 2009—2017 年公开财务报表。

五、M 企业财务共享服务存在的问题

（一）企业效益提高不足

M 企业在建设 FSSC 前后，虽然管理费用占总资产的比例呈下降趋势，但 M 企业的盈利能力并没有得到提升。如图 4 所示，M 企业的资产报酬率和股东权益报酬率在 FSSC 的建设期间均呈下降趋势，其中资产报酬率从 12.52% 降为 7.55%，股东权益报酬率也从 7.92% 下降到 3.52%。其可能是因为建设期间的资金投入、变

---

① 数据来源：https://baijiahao.baidu.com/s? id=1617463812028192454&wfr=spider&for=pc.

革期间的调整以及财务人员迁移培训等，且 M 企业作为建立 FSSC 的探路者，缺乏同行业的参考经验。

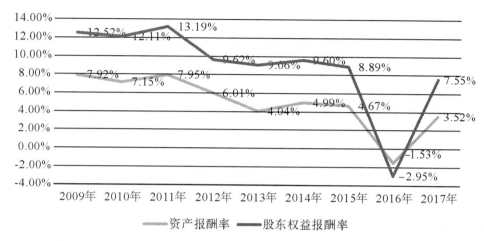

图 4　M 企业 2009—2017 年资产报酬率及股东权益报酬率

数据来源：M 企业 2009—2017 年公开财务报表。

（二）关键财务人员的缺失

FSSC 的建立也对 M 企业内部的财务岗位带来挑战。随着 FSSC 的建立，与之相关的资金业务、财务业务都集中在 FSSC 进行处理，因此企业原本的许多基础岗位的工作人员不再被需要，而是急需更多熟练使用 FSSC 相关软件系统的财务人员、管理人员以及决策者。这要求 M 企业财务人员拥有更高专业水平，能够与时俱进，运用大数据进行财务分析，熟练掌握管理会计技能，具有战略性眼光，不断提高自身综合素质。这种复合型高精尖的关键财务人员的缺失为 M 企业的转型带来挑战。

（三）资金管理高度集中

通过建立 FSSC，M 企业将更多的财务流程以及资金管理集中在一起，这可能不完全有利于整个企业的运转。M 企业总部集中管理企业资金，可以对提高决策效率、管理效率带来一定帮助，但同时也可能会影响分支机构的独立运营。分支机构在进行相关决策时可能会因此受到限制，甚至因为资金流受限导致其工作积极性受到打击，进而可能造成企业总部与分支机构的矛盾。

六、M 企业财务共享服务提升建议

（一）进一步优化 FSSC 建设

虽然管理费用占企业总资产的比例呈下降趋势，但是资产报酬率及股东权益报酬率等数据却并不太理想，因此 FSSC 的建设还需要进一步优化。M 企业应该积极创新，不仅要对财务流程进行标准化、集中化，而且应该从管理层角度、监督部门角度等出发不断完善。不仅如此，企业还应该注意风险控制，大数据时代的信息技术为财务共享提供支持，但同时也可能带来潜在的风险。企业还应该注重财务系统中的风险防控体系，为 FSSC 的运转甚至优化提供保障。

（二）完善财务人员招聘与培训计划

面对因建立 FSSC 而对 M 企业造成的人员变动，企业应全面协调，力求给相关财务人员及部门交上一份满意的答卷。首先，对于财务人员的转岗，应该细心沟通，联系企业各部门进行合理人员调配。其次，对于原先执行基础工作岗位的工作人员，应该进行相关的人才培训，进行进一步的专业方面、FSSC 财务软件系统方面以及管理方面等的相关学习培训，促进财务人员向适合企业 FSSC 发展的方向转换。最后，对于一些由于财务人员转岗不协调而导致的岗位空缺，FSSC 也可直接进行招聘，与高校合作，寻找合适的复合型人才。

（三）管理层的支持

管理层可以说是企业运转的推动者，FSSC 的建立必然离不开管理层的支持。FSSC 的建立牵涉了众多分支机构、部分权力和结构的调整，部分人员的转迁和培训，这些变革甚至会带来部分利益矛盾，这需要管理层的有效处理和支持。就资金集中管理而言，可能还是应该给予分支机构一定程度上的经营和资金方面的自主权，这样更有利于分支机构高效运转，与企业总部配合，推动企业整体发展。管理层应该对 FSSC 的建设有正面反馈，联合企业各部门全力支持，灵活应变。

七、结语

在大数据时代已经到来的当今，互联网与财务相结合的财务共享新型管理模式已经成为大型企业发展的必然趋势。本文以 M 企业建立 FSSC 为案例，试图浅析财务共享在企业中的应用。本文通过观察 M 企业在建立 FSSC 的 2009—2017 年期间的财务数据，分析 M 企业的 FSSC 建立状况、相关影响以及期间存在的一些问题，试图为我国企业的 FSSC 建设提供部分经验。基于 M 企业的案例分析，我们发现 FSSC 的建立在企业优化财务流程、提高财务信息质量、提升管理效率，强化财务管控以及降低管理成本等方面都发挥积极作用。虽然在建设期间资金投入、财务人员调控和企业相关组织结构调整等方面的因素可能会导致企业发展不会十分顺畅，并且 M 企业作为在建立 FSSC 方面的探路者，缺乏同行业的参考经验，其在探索过程中会遇到一些挑战，但总体而言，FSSC 的建立还是对企业起到了积极作用。

参考文献：

[1] 陈虎，孙彦丛. 财务共享服务 [M]. 北京：中国财政财经出版社，2017：25-64.

[2] 崔凤祥. 新能源企业财务共享中心建设的必要性及实施效果 [J]. 会计之友，2017（11）：28.

[3] 黄宁. G 集团财务共享服务应用研究 [D]. 武汉：中南财经政法大学，2019.

[4] 李春雨，朱先军. 财务共享服务中心模式分析与研究 [J]. 财务与会计，

2009（4）：1.

［5］李娟. 中国石油集团财务共享服务的应用研究［J］. 中国市场，2019（18）：2.

［6］刘汉进. 共享服务的决策、实施与评价研究［D］. 上海：上海交通大学，2004.

［7］刘婷婷. 企业财务共享服务管理模式探讨［J］. 财会研究，2007（2）：2.

［8］吴梦琳. 财务共享模式在乳制品行业的应用：以蒙牛集团为例［D］. 青岛：青岛理工大学，2019.

［9］夏嘉一. 基于财务共享服务模式下蒙牛集团资金管理探究［J］. 现代商业，2019（20）：2.

［10］易蕾. 蒙牛乳业构建财务共享服务中心的效果及关键影响因素分析［D］. 南昌：江西财经大学，2019.

［11］张敏. DQ 集团财务共享服务优化研究［D］. 武汉：中南财经政法大学，2019.

［12］张育强，林金腾. 企业集团财务共享服务模式的比较分析［J］. 会计之友，2011（1）：4.

［13］赵溢彬. ZT 公司财务共享优化研究［D］. 沈阳：沈阳理工大学，2020.

［14］周寒. D 企业集团财务共享服务研究［D］. 哈尔滨：哈尔滨商业大学，2018.

［15］AMIN HAKIM, MAJID GHEITASI, FARZAD SOLTANI. Fuzzy model on selecting processes in business process reengineering［J］. Business Process Management Journal, 2016, 22（6）：33-35.

［16］BERGERON BRYAN. Essential of shared services［M］. United States：John Wiley& Sons Inc, 2002.

［17］DELOITTE. 2009 Global shared services survey results［J］. Deloitte Consulting LP, 2009（3）：21-27.

［18］DONNA K. HIRSCHFELD R. The benefits of sharing［J］. HR focus, 1996, 73（9）：76-79.

［19］MARTIN FATHY. The financial future［J］. Financial Management, 2015（42）：101-105.

［20］MOLLER P. Implementing shared services in Europe［J］. Treasury Management International, 1997, 7（2）：91-98.

［21］ROBERT W. GUNN, DAVID P. CARBERRY, ROBERT FRIGO, et al. Shared services：major companies are re-engineering their accounting functions［J］. Management Accounting, 1993, 75（2）：111-118.

万华化学扩张战略及财务风险分析①

孙宁宁　　陈　欢

（重庆工商大学会计学院　重庆　400067）

摘　要： 财务风险的发生不仅与企业财务有关，也与企业生产经营的各个环节有关。在如今的社会经济环境中，企业经济活动和资金活动面临着诸多不确定因素，这些因素使财务活动的结果具有不确定性和风险性。因此，要想降低企业财务风险、提高企业经营管理效率和财务风险防范能力，首先要识别企业的财务风险，评价其发生的可能性。本文通过报表分析法对万华化学2012—2019年的在建工程、负债结构、投资活动现金流量进行分析，识别其扩张中的财务风险，预测公司未来的发展前景。

关键词： 发展战略；企业扩张；财务风险

一、引言

企业对财务风险的管控在改善企业管理环境中发挥着重要的作用，并且随着不同行业竞争的加剧，企业财务管理难度变得越来越大。企业在发展过程中面临着不断变化的社会环境，会受到来自企业内部和外部环境中的各种因素的影响，从而导致企业可能获得收益，也可能蒙受损失。本文通过分析万华化学的案例，使得企业的经营者意识到财务风险不只是通过财务指标来判断，还要具体分析企业的在建工程以及负债结构。全面的财务分析能够有效地识别并且降低财务风险隐患，从而减少公司不必要的损失，提高企业经营收益。

万华化学集团股份有限公司（以下简称"万华化学"），成立于1998年12月20日，在职员工9 000多人，主要从事以二苯基甲烷二异氰酸酯（MDI）为主的异氰酸酯系列产品、芳香多胺系列产品、热塑性聚氨酯弹性体系列产品的研究开发、生产和销售，是全球最大的MDI制造企业。万华化学共有三套MDI装置，产能达到200万吨/年，产品质量和单位消耗均达到国际先进水平。

---

①　本文是重庆工商大学科学研究项目"去杠杆背景下国有企业内部资本市场运行机制研究"（项目编号：1951027）的阶段性研究成果之一。

二、万华化学资产规模扩张战略

（一）公司在建工程预算情况

领先企业在扩张中靠新建，即通过新建不断提升企业的产能，提高企业的竞争实力。万华化学从 2012 年开始大量投入在建工程项目，以持续提高企业的产能和未来的发展能力。2012—2019 年，万华化学的高速扩张主要分为两个阶段：第一阶段是 2012—2016 年，该阶段万华化学主要围绕着万华烟台工业园项目开展；第二阶段是 2017—2019 年，该阶段万华化学主要围绕着聚氨酯产业链延伸及配套项目、乙烯项目和美国一体化项目开展。接下来笔者将对每个在建项目的具体情况展开分析。

如表 1 所示，在建工程预算占总资产的比例均超过 60%，在 2012 年，甚至达到 159%。这体现了万华化学高速扩张的发展战略。

表 1   2012—2019 年万华化学在建工程预算与总资产的比较

年份	2012	2013	2014	2015	2016	2017	2018	2019
在建工程预算/亿元	359	335	330	343	325	688	702	846
总资产/亿元	225	311	416	478	508	658	769	969
在建工程预算占总资产的比例	159%	108%	79%	72%	64%	104%	91%	87%

如图 1 所示，2012—2019 年，万华化学的总资产呈快速上涨趋势，在建工程预算呈先降后升的趋势。其中，在建工程的预算在一些年份有所降低，原因是有些项目已经完成转固。

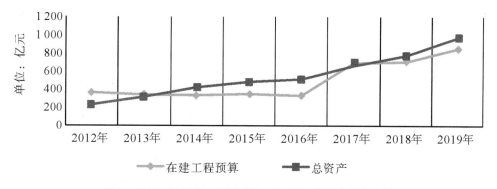

图 1   2012—2019 年万华化学在建工程预算与总资产趋势

（二）投资活动现金流量情况分析

如表 2 所示，万华化学在 2012—2019 年构建固定资产、无形资产和其他长期资产支付的现金处于 39 亿元~178.15 亿元，尤其在 2018 年和 2019 年，由于聚氨酯产业链延伸及配套项目和乙烯项目的开展，2018 年涨幅为 72.68%，2019 年为 73.31%，这些项目一旦投入，金额过于巨大，对企业而言，将形成巨大的退出壁垒，未来公司如何发展以及价值如何增长，都受到这些项目的影响。目前，除了美国一体化项目受到国际形势的影响，未来不可预测，其他项目均可以顺利开展。因此，万华化学产能进一步提升指日可待。

表2 2012—2019年万华化学投资活动现金流量

年份	2012	2013	2014	2015	2016	2017	2018	2019
购建固定资产、无形资产和其他长期资产支付的现金/亿元	39	68	91	52	41	60	103	178
投资活动产生的现金流量净额/亿元	−39	−68	−90	−52	−40	−60	−103	−184

（三）在建项目变动情况分析

如表3所示，万华烟台工业园项目是万华化学2012—2016年的重点在建项目，其预算280亿元，占2012年在建预算总额的77.89%，同时也占2012年资产总额的124.22%，足以表明该项目的重要性。企业未来如何发展，该项目转入固定资产的比例与投产至关重要。万华烟台工业园项目的转固金额在2014年、2015年和2016年这3年大幅增加，随着转入固定资产金额的增加，产能提升加速，也带来了利润的爆发式增长。到2017年，该项目所带来的产能效益基本发挥，这使得企业利润由2016年的45.48亿元上涨至2017年的133.09亿元。

表3 2012—2019年万华烟台工业园项目情况

年份	2012	2013	2014	2015	2016	2017	2018	2019
预算数/亿元	280	280	280	280	280	238	243.35	245.25
转固金额/亿元	0	0.26	54.25	108.72	210.64	215.3	231.68	237.35
工程进度	6%	25.57%	56.98%	78.24%	86.09%	96.55%	99.88%	99.79%

如表4所示，宁波万华二期项目一次技改和宁波万华二期项目是万华化学2012年和2013年的重点项目，项目进度很快，宁波万华二期项目一次技改在2012年工程进度为51%，在2013年工程进度为100%；宁波万华二期项目在2012年完工进度为100%。在和万华烟台工业园280亿元的大项目同时推进的情况下，这两个项目的进度依然很快。这表明万华化学有足够的资金和意愿去推进这种大型项目。

表4 宁波万华二期项目进展情况　　　　　　　　　金额单位：亿元

宁波万华二期项目一次技改			宁波万华二期项目	
年份	2012	2013	年份	2012
预算数/亿元	30.44	18.1	预算数	34.72

宁波万华二期项目一次技改			宁波万华二期项目	
转固金额/亿元	0.07	17.4	转固金额	1.87
工程进度	51%	100%	工程进度	100%

如表5所示，在2017年，随着万华烟台工业园项目的基本完工，万华化学开始了新一轮的扩张。在该阶段，万华化学扩张所依靠的重点项目有三项：一是聚氨酯产业链延伸及配套项目，预算175亿元，占2017年在建工程总预算的25.45%；二是乙烯项目，预算为175亿元，占2017年在建工程总预算的25.45%；三是美国一体化项目，预算为78亿元，占在建工程总预算的11.35%。这三个项目预算总额占在建工程总预算的62.25%，因此万华化学未来如何发展以及未来的价值如何变动受到这3个项目的进度和投产的影响。

表5　2017年万华化学扩张的重点项目

项目	聚氨酯产业链延伸配套项目			乙烯项目			美国一体化项目		
年份	2017	2018	2019	2017	2018	2019	2017	2018	2019
预算数/亿元	175	175	296.62	175	175	168	78	85	85.79
转固金额/亿元	6.33	23.6	56.61	0	0	0.27	0	0	3.1
工程进度	24.21%	47.09%	53.44%	1.73%	6.73%	42.22%	1.69%	4.73%	9.73%

聚氨酯产业链延伸及配套项目的项目进展在2017—2019年分别为24.21%、47.09%和53.44%，虽然2019年较上2018年只增长了6.35%，但是由于2019年该项目的预算由175亿元调到296.62亿元，因此该项目这3年的进度是很快的。

乙烯项目在2017年和2018年的项目进度分别为1.73%和6.73%，项目进展过于缓慢，但是在2019年其项目进度为42.22%，这表明万华化学资金有限或者聚氨酯产业链延伸及配套项目目前对企业更加重要。企业在2017年和2018年，将资金和其他各种优质资源集中在聚氨酯产业链延伸及配套项目上，而在2019年，企业重点推进乙烯项目，这和万华化学的发展战略和管理层的决策息息相关。

美国一体化项目在2017—2019年的项目进度分别为1.69%、4.73%和9.73%，一直处于很低的进度。万华化学2019年年报对该现象解释如下：美国建设MDI一体化项目，在开展初步设计过程中，由于外部环境快速变化，项目投资成本大幅增加，集团正在重新评估美国项目的建设范围和选址。调整建设范围以及选址变更导致部分先期设计无效而产生减值损失。

资产发生减值，表明企业资产质量很差。2018年和2019年，中美发生贸易摩擦，美国一体化项目的延期推进，对于万华化学来说是正确选择。在国际环境不明了的情况下，暂停推进受到国际环境影响的项目，是明智的选择，万华化学应将资金集中在优质项目上，如聚氨酯产业链延伸及配套项目和乙烯项目中，以保持企业良好的竞争优势。

三、万华化学规模扩张的效益与风险分析

（一）公司资产规模扩张带来的效益分析

如表6所示，2012—2019年，万华化学固定资产快速增长，在建工程呈现出先下降后上升的趋势，原因如下：如表3所示，在2016年，万华烟台工业园项目进度为86.09%，在2017年，万华烟台工业园项目几乎完工。万华化学又新投入3个重点在建工程项目：聚氨酯产业链延伸及配套项目、乙烯项目、美国一体化项目。万华化学的固定资产加在建工程的总额占总资产的比例基本都达到50%以上，表明了企业持续扩张的发展战略。

2012—2019年，万华化学的货币资金呈稳中有增的趋势，在企业高速扩张的背景下，万华化学维持一定量的货币资金能够预防企业资金量断裂以及降低企业持续经营出现问题的风险（见表6）。

表6 主要资产项目和净利润

年份	2012	2013	2014	2015	2016	2017	2018	2019
货币资金/亿元	13.73	9.89	10.25	20.66	19.87	30.63	50.96	45.66
固定资产/亿元	73.31	85.82	151.95	200.46	284.68	276.1	291.2	374.78
在建工程/亿元	36.3	81.11	117.25	124.09	42.46	64.2	102.51	240.66
固定资产占比	49%	54%	65%	68%	64%	52%	51%	64%
净利润/亿元	30.19	37.66	32.18	22.8	45.48	133.09	128.3	105.93

万华化学的净利润整体呈上升趋势，2012—2013年持续上涨，2014—2015年有所下降，2016—2017年快速增长。随着企业在建工程转入固定资产，企业产能不断提升，因此，万华化学的净利润不断增加。2014—2015年万华化学净利润下降的主要原因是产品价格的下降。而在2016年由于产品价格上涨，在建工程投产，万华化学的净利润大幅增加（见表7）。

表7 总资产报酬率的计算

年份	2012	2013	2014	2015	2016	2017	2018	2019
总资产/亿元	225.4	311.4	415.9	478.0	507.7	658.3	769.1	968.7
利润总额/亿元	35.7	44.3	41.7	29.5	56.5	167.5	159.8	122.6
利息费用/亿元	2.8	3.0	4.0	6.1	9.6	8.5	9.0	12.0
息税前利润/亿元	38.5	47.3	45.6	35.7	66.1	176.0	168.7	134.6
净利润/亿元	30.2	37.7	32.2	22.8	45.5	133.1	128.3	105.9
总资产报酬率=息税前利润/平均总资产	19%	18%	13%	8%	13%	30%	24%	16%

表7（续）

年份	2012	2013	2014	2015	2016	2017	2018	2019
利息率	4%	4%	6%	5%	5%	5%	5%	4%
两者差额	15%	14%	7%	3%	9%	25%	19%	11%

注：借入资金的利息率取财务报表附注借款年利率最高值。

总资产报酬率大于借入资金利息率，表明财务杠杆发挥了正的作用。如表7所示，2012—2019 年，万华化学的总资产报酬率不低于 7%，在 2017 年甚至高达 30%，而借入资金利息率即使按照最大值估计，也不超过 6%，总资产报酬率与借入资金利息率差额也在 3%~25%。因此，财务杠杆发挥了正向作用，万华化学在高速扩张时带来了高风险，但同时也带来了高收益。

（二）公司扩张过程中存在财务风险分析

2012—2019 年，万华化学处于高速扩张阶段，高速的扩张给企业带来了高风险，同时，高风险也伴随着高收益，高风险即企业资金链断裂的风险。如图 2 所示，万华化学的流动负债、非流动负债以及有息负债和负债总额都是呈持续上涨的趋势，因为公司在快速扩张的时候，需要内部资金以及大量的外部借款来支持扩张所需的资金。

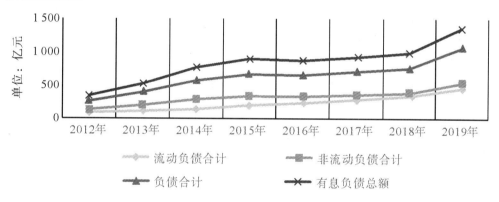

图2　2012—2019 年万华化学负债的变化趋势

2012—2019 年，万华化学的流动负债占总负债的比例不低于53%，在 2018 年甚至达到了 87.57%；而且有息负债占总负债的比例不低于56%，如此高比例的流动负债和有息负债表明了万华化学具有很高的财务风险。但高财务风险不一定对企业不利，通过发挥财务杠杆正向作用，高财务风险也可能带来高的收益。例如通过对 2019 年流动负债进行分析，其中最主要的流动负债是短期借款200.34 亿元、应付票据 83.86 亿元、应付账款 80.24 亿元、预收账款 23.35 亿元，大量的应付票据和应付账款表明企业在供应链中处于优势地位，利用商业信用盘活供应商的资金，对企业而言是有利的。大量的预收账款表明万华化学能够提前收到客户的定金，这对企业而言是有利的，是企业强势的表现。

四、结论

万华化学在 2012—2019 年高速扩张，拥有高比例的流动负债和有息负债，财务风险很高。其在建项目的资金靠的是内部资金和外部借款，内部资金成本最低，外部借款含有大量无担保、无抵押的低利率信用借款，且公司的总资产报酬率高于借入资金的利息率，财务杠杆发挥着正向作用。在流动负债中，高比例的应付票据、应付账款和预收账款正是万华化学在供应链中处于强势地位的表现。随着在建项目的不断投产，企业的利润也不断增加。未来万华化学企业的价值受到 2017 年投产的三个项目的影响，万华化学在生产聚氨酯和乙烯等方面非常专业，因此项目成功概率也很高。高风险不一定对企业发展不利，高风险也可以带来高的收益。万华化学虽然具有很高的财务风险，但其投产的项目也给企业带来了高的收益，使得企业保持了全球第一的地位。随着聚氨酯产业链延伸及配套项目和乙烯项目的投产，未来万华化学在行业的地位也会更高。

参考文献：

[1] 耿嘉隆. 万华化学财务战略管理案例研究 [D]. 北京：中国财政科学研究院，2019.

[2] 徐晟. 企业扩张的财务风险防控研究 [D]. 南昌：华东交通大学，2020.

[3] 于军. 新形势下制造业企业财务风险的控制策略 [J]. 财会学习，2021（2）：47-48.

银河生物会计信息披露违规案例研究

李 壮

（重庆工商大学会计学院　重庆　400067）

摘　要： 上市公司信息披露制度设立的初始目标是为证券市场上各利益相关方提供最基础的公司会计信息。但近些年，有些上市公司所披露的信息是不完整和不充分的。部分上市公司甚至恶意篡改所要披露的本公司会计信息，隐瞒公司内部问题。为了改善国内形势，我国政府也在不断探索上市公司信息披露制度的建设道路。因此，本文通过对银河生物年报、半年报、内部控制审计报告和证监会行政处罚通告等资料的研究，分析银河生物近几年会计信息披露违法违规的原因，探讨如何解决公司管理漏洞和制度缺陷，希望能够提出改善上市公司信息披露质量的建议。

关键词： 会计信息披露违规；企业内部控制；资金占用；违规担保

一、引言

现代企业和公司在证券市场上上市的主要目的就在于向社会大众公开筹集资金。而社会大众进行分析考量的基础就是上市公司对外所披露的会计信息。因此，上市公司对外所披露的会计信息是投资者、监管者和意向投资人了解公司的最主要的途径之一，其真实性与客观性至关重要。然而部分上市公司管理层因为自身道德水平和职业素养能力等问题，致使所披露的信息不完整、不充分、不及时甚至不真实。部分上市公司甚至恶意篡改所要披露的本公司会计信息，隐瞒公司内部问题，误导利益相关方做出错误决策。本文以北海银河生物会计信息披露违规事件为研究案例，分析其信息披露违规的具体原因，对银河生物内部控制的具体情况进行探讨，提出解决上市公司信息披露严重违规的建议，促进公司健康平稳发展。

二、公司简介

北海银河生物产业投资股份有限公司（以下简称"银河生物"）成立于1993年。公司于1998年在深圳证券交易所主板上市（股票代码SZ000806），是银河天成集团有限公司（以下简称"银河集团"）旗下两家上市公司之一。银河生物的主要业务领域涵盖生物医药产业、输配电产业及电子信息产业。在电子信息领域，其控股子公司——四川永兴电子公司（原893厂）是中国电子元件百强企业、国家一类军工产品定点生产企业，在输配电领域的变压器设备供应中也占有相当高比例的整流变压器市场份额。银河生物在 2015 年决定全面转型至生物医药领域，但转型并不顺利。2020 年财务报告显示，医药生物收入仅占总收入的 0.66%，为 725.9 万元。表 1 为银河生物近 5 年归属于上市公司股东的净利润情况。

表 1　银河生物近 5 年归属于上市公司股东的净利润情况

年份	归属于上市公司股东的净利润/元	本年比上年增减	归属于上市公司股东的扣除非经常性损益的净利润/元	本年比上年增减
2016	12 873 440.77	—	−1 164 805.03	—
2017	9 552 612.25	−25.80%	−13 415 825.77	−1 051.77%
2018	−710 445 811.38	−7 531.19%	−750 975 426.01	−5 497.68%
2019	−1 366 532 070.61	92.35%	−1 015 481 059.17	−35.22%
2020	58 309 771.84	104.27%	69 202 841.95	106.81%

三、信息披露违规事项

（一）未按规定披露关联方非经营性占用资金的关联交易

银河生物的控股股东银河集团以其名义对外借款及通过其他方式直接或间接占用上市公司资金。2020 年年度报告显示，公司控股股东银河集团违规占用非经营性资金总计 4.46 亿元。资金的对外流动情况，并未经过股东大会或董事会的批准，财务部门对于此资金流动也没有相关会计处理和记载。银河集团 5 笔非经营性资金占用全部未偿还，偿还金额为 0 元（见表 2）。

表 2　万华化学部分银河生物非经营性资金被占用情况

股东或关联人名称	占用时间	发生原因	占用金额/万元
银河集团	2018 年 1 月 1 日至今	因周转资金等需求向公司拆借资金形成资金占用	33 467.00
银河集团	2017 年 3 月 14 日至今	控股股东以上市公司名义对外借款并形成资金占用	2 469.97
银河集团	2017 年 11 月 15 日至今	公司控股股东及其关联方与上市公司对外共同借款 3 900 万元	3 900.00
银河集团	2019 年 2 月 20 日至今	公司向银河集团提供短期借款，银河集团到期未归还	4 623.36
银河集团	2020 年 9 月 14 日至今	因公司对银河集团违规担保承担连带清偿责任形成的资金占用	85.75

（二）未按规定披露为关联方提供担保的情况

银河生物存在未履行审议程序对控股股东银河天成集团有限公司及其关联方债

务提供担保的情形。此担保行为同样没有经过公司治理机构的公开审批，财务部门在董事长唐新林和总裁徐宏军的要求下，违规操作此担保行为，违反了公司相关制度规定和章程规定。2019 年公司自查发现违规担保事项 1 起，将前期已被披露涉及诉讼的 7 项担保事项确认为违规担保。2020 年年度报告显示，公司违规对外担保金额为 197 022.81 万元（不含利息）、已解除金额 9 585.75 万元、担保余额为 187 437.06 万元（不含利息）。担保余额占最近一期净资产比例的 2 801.49%。

广西证监局查明，在银河集团总裁姚国平的支持下，银河生物董事长唐新林和总裁徐宏军仅 2016—2018 年操控银河生物为银河集团提供担保 15 次，累计担保金额为 154 430 万元。相关对外担保事宜未对股东大会和董事会进行汇报，没有履行相关法律和公司章程所规定的手续流程。

（三）未按规定披露重大诉讼信息和银河集团所持银河生物股份被司法冻结事项

截至 2019 年 1 月，银河生物涉及商业诉讼 18 起，涉诉金额合计不少于 156 546.37 万元。根据证监会和深圳证券交易所相关规定，对于上述重大诉讼事项，银河生物均有法定义务在 2018 年度半年报中进行及时和准确披露。然而根据广西证监局的调查发现，银河生物直至 2019 年 2 月 20 日才开始陆续对外公布相关商业诉讼事宜，其未在银河生物 2018 年半年报中予以披露，披露不够及时。

据广西证监局调查，银河集团所持有的银河股份被深圳市中级人民法院、上海市第二中级人民法院和北京市朝阳区人民法院冻结和轮候冻结，上述冻结股份数合计占银河集团所持银河生物股份数的 100%，占银河生物总股份数的 47.79%。调查报告显示，银河生物公司内部，有专职的财务人员负责查看公司股票的相关状态。这也就说明了银河生物在事后已经获悉控股股东所持有的全部股权被冻结一事。然而，银河生物却未能在当期及时披露控股股东银河集团所持有股份已被全部冻结的事宜。

四、银河生物会计信息披露违规原因分析

（一）组织架构形式独立

银河生物按照国家有关法律法规，建立了股东大会、董事会和监事会等组织结构，其组织架构在理论上是可行的，但是银河生物的此架构却在运行中受控股股东影响，形同虚设，未能化解公司顶层的舞弊风险。治理控制作为企业内部控制的最高层次，就是为了维护公司整体利益，尤其是中小股东利益。银河生物控股股东治理层次控制不健全，直接导致作业控制受影响，财务与会计控制亦不能摆脱其影响。

虽然银河生物从形式上看是独立的，但未能摆脱大股东的非正常影响。从公司股权结构看，"银河集团"一家独大，持股比例为 40.39%。而银河集团亦被潘琦以 52.27% 的持股比例实际控制。各中小股东持有的公司股权比例与大股东银河集团相差甚远，难以形成股权制衡。潘琦实际上已能够操控银河生物董事会和监事会的选举。而"银河系"事实上也完全越过股东大会进行了违规担保。而这些担保行为却又仅是由唐新林和徐宏军两人一起操作，完全没有经过银河生物的股东大会

或董事会的讨论与审批。由此可见，公司治理层已完全丧失了维护中小股东权益和公司自身利益的最初责任和义务。银河生物的内部控制系统已丧失了对董事长和总裁的制约作用，未能维护公司整体利益，使公司完全由控股股东操控，其漏洞导致企业资金流失、承担担保风险责任。

银河生物前 10 大股东构成和银河集团控股占比如表 3 所示。

表 3　银河生物前 10 大股东持股情况

4902 股东名称	股东性质	持股比例	持股数量/股	质押或冻结状况	
				股份状态	数量/股
银河集团	境内非国有法人	40.39%	444 303 141	质押	440 902 989
				冻结	444 303 141
孙洪杰	境内自然人	4.91%	54 000 000		
杨玉标	境内自然人	1.00%	11 000 000		
吴国彪	境内自然人	0.38%	4 189 900		
施跃其	境内自然人	0.37%	4 066 275		
郑乐燕	境内自然人	0.34%	3 718 272		
高敏江	境内自然人	0.28%	3 088 800		
陈维恩	境内自然人	0.26%	2 903 200		
冯小莉	境内自然人	0.24%	2 661 600		
潘君	境内自然人	0.23%	2 579 613		

数据来源：银河生物 2020 年年报。

（二）财务与会计控制完全失效

银河生物的审计委员会、内控审计部和财务部没有将企业大额资金的违规流动报告董事会和股东大会。监事会亦毫无发现异常。潘琦所控制的"银河系"占用银河生物非经营性资金的方式多样，如通过直接或间接向关联企业划转资金、代关联方还款、对外借款供关联企业使用、向关联方开具没有真实交易背景的商业承兑汇票等。虽然方式多样，但是多途径也意味着高风险，相关审计与财务部门在资金被违规占用时竟完全没有对外报告与披露。划转资金、代关联方还款、接受无保证的商业承兑汇票这些财务活动，一定会经过公司财务人员之手进行操作，但是货币资金的申请、审批、复核、支出这套控制流程并没有得到严格执行。

（三）以前年度内部控制重大缺陷仍然存在

银河生物控股股东违规占用资金、公司违规进行担保等事件其实已早有发生。公司董监和管理层甚至悉数参与到公司财务造假案，集体被证监会处罚。治理控制的缺陷自银河生物建立之初就已经存在，且被证监会公之于众。银河生物前身——银河科技在 2006 年就承认了公司在以前年度进行了财务造假，造假金额合计达到 6.6 亿元。同年二度承认业绩造假，虚增净利润 5 000 万元。2011 年，银河科技再次被曝出现公司财务造假和其他众多信息披露违规事项。公司"董、监、高"等管理层悉数参与。

由此可见，相关内部控制的缺陷早已存在并暴露出来，但自银河生物董事会建立至第十届董事会，其违规占用资金、违规担保等问题依然存在。公司管理层对内部控制的建设只是存在于纸面的年度报告中。

（四）管理者法律责任意识淡薄

非法占用银河生物经营性资金的控股股东银河集团，其实际的"潘系"股东（潘琦、潘勇和姚国平）在之前均因违规违法行为遭受过证监会的处罚。潘琦（实际控制人）、潘勇（潘琦弟弟）和姚国平（潘琦妹夫）各遭受过年额不等的证券市场禁入处罚。此次处罚事件之前，潘琦担任董事长的银河科技在2002—2006年被多次举报财务造假，最终被证监会查实操纵收入和成本，虚增利润和其他众多的信息披露违规事项。证监会对此案措辞严厉，称其为"系统性、团体化的上市公司信息披露违法大案"和"集上市公司信息披露违法之大成"。潘琦被认为是此案的幕后实际操纵人。此案持续时间长，情节特别严重，影响极为恶劣。证监会对潘琦予以严惩，禁入证券市场10年，处罚30万元。

2020年6月9号，银河生物发布公告称实际控制人潘琦再次被罚款30万元，且在上一个10年市场禁入未到期的情况下，再次被采取10年证券市场禁入措施；时任董事长、董事和财务总监等均被证监会处以罚款和市场禁入措施。

银河生物治理层从实际控制人到董事再到管理层均有处罚记录，都实际参与了相关违规操作，法律意识淡薄可见一斑。银河生物最主要的管理层，都不是为了实现银河生物企业价值最大化，而是为了控股股东银河集团的利益。表4为银河生物及其高管部分受处罚情况。

表4　银河生物及其高管部分受处罚情况

名称/姓名	类型	结论	披露日期
银河集团	持股5%以上的股东	责令整改，给予警告，并处以40万元罚款	2019年12月27日
银河生物	其他	给予公开谴责的处分	2019年9月25日
银河集团	持股5%以上的股东	给予公开谴责的处分	2019年9月25日
潘琦	董事	给予公开谴责的处分	2019年9月25日
唐新林	董事	给予公开谴责的处分	2019年9月25日
徐宏军	董事	给予公开谴责的处分	2019年9月25日

数据来源：银河生物2019年年报。

（五）内部监管和审计体系未发挥作用

上市公司内部的多位独立董事、监事会和审计委员会共同构成了公司内部监管和内部审计体系，负责监管公司内部控制制度的实行。而银河生物内部的这三个监管部门却在此前众多年份中完全没有发挥出监督作用：对内没有提出异议，对相关违规事项视而不见；对外没有披露公司异常经营情况，没有引入外部政府监管机构的介入。

（六）政府监管体系存在漏洞

我国证券监管机构缺乏对上市公司会计信息披露内容和内部控制制度的监管。我国金融证券市场发展较晚，相关制度正在逐步完善。证监会等监管机构的工作已"审核批准"为主，而没有下沉到详细的单个公司监管。这些监管机构是受到成本的限制的，导致了人手不足和精力不够的情况。以银河生物为例，其 2003 年和 2006 年的财务造假和其他信息披露违规事项被立案调查，起因是律师举报和社会媒体爆料之后才收到证监会的立案调查通知。而且证监会等机构调查周期漫长，调查和处罚缺乏及时性。以银河生物为例，证监会广西监管局 2006 年对银河科技（银河生物前身）2003—2006 年的财务造假和信息披露问题进行立案调查。但调查的结果却一直拖到 5 年后的 2011 年才公布。之后进行的处罚未免太过缺乏时效性。而针对银河生物 2016—2018 年的会计信息披露违规事件的调查，证监会广西监管局也是一直到 2019 年才出具处罚告知书。

五、银河生物会计信息披露违规的启示

（一）强化顶层治理部门的独立性

董事会应引进外部专业独立董事，完善独立董事制度。在选择独立董事时，要严格审查是否独立于控股股东，加强独立董事的制约监督力量，通过引入外部社会力量，加强董事会的独立性。同时，要对独立董事进行考核，以期能够对"内部人"进行制约，维护中小股东权益。

审计委员会中应该存在具有审计专业背景的独立董事，降低控股股东对审计委员会的影响，加强对经理层提供的财务报告和内部控制评价报告的监督，监督内部审计，提高独立性，建立一个在信息披露和内部审计方面独立的监督和控制机制。

（二）严格执行资金审批流程

要完善分级审批制度，对资金活动进行严格审查，防止收到没有真实交易背景的商业承兑汇票，控制经营资金的流出；对审批签字进行复核和保管，以保证未来的责任回溯的可行性；加强内部审计建设，内审与财务部密切关注与关联方的业务往来，定期核查与关联方的资金往来明细，跟踪分析大规模的资金流动，审核相关审批流程，及时披露相关信息，履行义务；强化印章管理与使用，切实规范用章行为，通过外部审计的定期和不定期检查落实印章的管理情况。

（三）对旧有已暴露的问题及时整改

内部控制制度的完善不仅仅在于董事会对相关事项和内部控制缺陷进行专项说明。要建立完善"回头"核查机制，全面核查公司已暴露内控漏洞的补缺整改情况，监督相应整改方案的落实。

相关监管部门如证监会等，要转变监管思维，将初衷设立在更好地促进上市公司发展之上。对于上市公司多次财务造假和信息披露不真实的问题，我们要去探讨相关处罚行为是否过轻，失去了对违规行为的震慑力。比如银河生物一案，实际控制人潘琦实际被罚款仅有 60 万元，如此低的违规成本大大低于违规操作所带来的高额暴利。证监会相关惩罚标准与规定应跟随中国证券市场的发展和现代企业制度

的发展而更改。

（四）强化外部监督

在治理控制失效、最高层无法保持独立性的情况下，内部控制审计的独立性也就无从谈起，这时就需要借助税务部门等强力外部力量介入。税务部门等外部力量完全不受大股东影响，在形成监管合力的情况下，倒逼公司完善自身内部控制制度。公司要审慎选择会计师事务所，利用这些专业的外部力量，独立客观公正地评价企业内控制度，监督企业对自身内部控制制度的整改，防止舞弊行为。此外，政府应该完善公司内部控制标准体系，形成一个统一的内控标准。立法机构应该进一步探讨现行对违规上市公司的处罚标准的合理性，增加处罚力度，使得证监会等监管机构的处罚能形成真正的威慑力。

六、结语

通过对银河生物会计信息披露违规案例的分析，本文发现该公司完全受制于实际控制人，未能保护中小股东权益，内部控制中的治理控制完全失效，出现了控股股东占用大额营运资金和对控股股东违规担保的现象。银河生物的相关控股股东资金占用问题，体现了治理控制对整个内部控制系统的重要性，反映了上市公司信息披露制度的部分缺陷。因此，只有首先建设好顶层治理控制系统，才能确保管理层和作业层控制系统的有效运行，才能更好地完成所有权与管理权的适当配置与权力监督，才能有效维护企业所有股东和其他利益相关者的权益。

参考文献：

［1］周娜. *ST保千会计信息披露违规案例研究［D］. 长春：吉林大学，2020.

［2］汪馨妮. 浅议中小企业内部控制信息披露的问题及对策［J］. 财会学习，2020（17）：283-284.

［3］白璐. 上市公司内部控制信息披露质量研究：基于公司治理结构视角［J］. 经营与管理，2020（7）：37-40.

实验实践

创新创业基础实验项目的设计

陈文涛

（重庆科技学院　重庆　401331）

摘　要：我们身处在一个大众创业、万众创新的时代。创新创业教育的根本问题就是力求推动学生从"想"到"做"的意识、胆识和见识。本文以重庆科技学院开设的创新创业基础为案例，在分析课程性质的基础上，重点思考课程中实验项目基本内容的设计、实验教学的组织和考核，并进一步探索如何通过线上线下混合模式的实验，赋予课程新的内涵，帮助学生掌握基本技能，打破思维惯性，激发他们创新创业的热情和斗志。

关键词：创新创业；思政元素；创业竞赛

一、课程性质概述

创新创业基础是一门面向重庆科技学院本科专业学生的通识必修理论课，课程在弘扬以爱国主义为核心的民族精神和以改革创新为核心的时代精神的基础上，以培养具有创业基本素质和创新型人才为目标，以培育在校学生的创业意识、创新精神、创新创业能力为主线，分阶段、分层次地进行创新思维培养和创业能力锻炼的教育。通过课程的学习，我们希望实现以下 3 个目标：

第一，理解基本创新思维方法及其应用、创业基础知识、基本理论。

第二，掌握创新的常用方法和主要途径，具备创业机遇识别、把握创业动机和风险的能力，商业模式识别和选择的能力。

第三，理解创业企业的基本历程，掌握商业计划书撰写方法以及路演技巧，初步具备创业的基本技能，增强学生勇于探索的创新精神、善于解决问题的能力。

二、实验项目的基本内容设计及实施方法

本课程教学内容包括 3 个部分：创新实训、创业实训、商业计划书实训。本文在梳理课程目标的基础上，将实验项目细分为以下 7 个部分。

（一）绘制思维导图

创新思维是创新的核心，而创新思维方式的展现可以借助特定的工具，工具的应用可以强化创新思维。思维导图又称脑图、心智地图、脑力激荡图、灵感触发图、概念地图、树状图、树枝图或思维地图，是一种图像式思维的工具。

该实验项目能够培养学生使用具体创新思维工具分析问题，并利用创新思维工具、创新方法提炼创业实践点子的能力。

（二）测评创业者素质

创业者素质的理论基础有两个模型：冰山模型和洋葱模型。1973 年美国心理学家麦克利兰提出了冰山模型，他将人的素质划分为冰山以上的显性部分与冰山以下的隐性部分。冰山以上的表象包括经验、知识和技能，冰山以下的潜在部分包括能力、个性、动机等。基于冰山理论所产生的胜任力模型能够对在一个特定的组织中从事某项工作需要什么样的能力、知识与个性特质，以及什么样的行为表现对工作的高绩效有最显著、直接的影响进行清晰的描述。

洋葱模型是由美国学者理查德·博亚特兹对麦克利兰的素质理论进行了深入和广泛的研究后而得出的概念。他指出素质洋葱模型中的各核心要素由内至外分别是动机、个性、自我形象与价值观、社会角色、态度、知识、技能等。

（三）创业决策评估

创业具有高难度、高风险和高不确定性的特征，即高失败率。要想创业成功，必须进行创业风险的管理，包括创业者创业自身动机与能力再评估，对商机、团队以及资源的再评估。

（四）分析团队角色

贝尔宾团队角色理论认为，高效的团队工作有赖于默契协作。团队成员必须清楚其他人所扮演的角色，了解如何相互弥补不足、发挥优势。成功的团队协作可以提高生产力，鼓舞士气，激励创新。贝尔宾认为一支结构合理的团队应该由八种角色组成，后来修订为九种角色。

（五）商业模式画布

商业模式画布是指一种能够帮助创业者催生创意、降低猜测、确保他们找对目标用户、合理解决问题的工具。商业模式画布不仅能够提供更多灵活多变的计划，而且更容易满足用户的需求。更重要的是，它可以将商业模式中的元素标准化，并强调元素间的相互作用。商业模式画布图由 9 个方格组成：客户细分、价值主张、渠道通路、客户关系、收入来源、核心资源、关键业务、重要伙伴、成本结构。

（六）财务预测

财务预测是创业公司对资金使用、经营收支和财务成果等信息的书面文书，反映公司预期的财务业绩，是企业的价值化表现。财务数据主要通过利润表、资产负债表、现金流量表来体现。

（1）利润表主要反映创业公司在模拟时期内的盈利和亏损情况（见表1）。

表 1　利润表（简表）

编制单位：　　　　　　　　　　××××年　　　　　　　　　　单位：元

项目	第一年	第二年	第三年
一、营业收入			
减：营业成本			

项目	第一年	第二年	第三年
税金及附加			
销售费用			
管理费用			
财务费用			
加：投资收益			
二、营业利润			
加：营业外收入			
减：营业外支出			
三、利润总额			
减：所得税费用			
四、净利润			

（2）资产负债表可以反映企业在特定日期的财务状况，主要由资产、负债和所有者权益3部分构成。该表可以提供某一特定日期的资产总额及其构成，表明企业拥有或控制的经济资源及其分布情况，分析资产分布是否合理；可以提供某一特定日期的负债总额及其结构，表明企业未来需要用多少资产或劳务清偿以及清偿时间；可以反映所有者所拥有的权益，据以判断资本保值、增值情况及其对负债的保障程度（见表2）。

表2　资产负债表（简表）

编制单位：　　　　　　　　××××年　月　日　　　　　　　　金额：元

资产	第1年	第2年	负债和所有者权益	第1年	第2年
流动资产：			流动负债：		
货币资金			短期借款		
交易性金融资产			应付账款		
应收票据			应付票据		
应收账款			预收账款		
预付账款			应付职工薪酬		
其他应收款			应交税费		
存货			流动负债合计		
……			非流动负债：		
……			长期借款		
流动资产合计			非流动负债合计		

表2（续）

资产	第 1 年	第 2 年	负债和所有者权益	第 1 年	第 2 年
非流动资产：			负债合计		
固定资产			所有者权益：		
在建工程			实收资本		
无形资产			资本公积		
长期待摊费用			盈余公积		
			未分配利润		
非流动资产合计			所有者权益合计		
资产总计			负债和所有者权益总计		

（3）现金流量表是反映一定时期内企业经营活动、投资活动和筹资活动对其现金及现金等价物所产生影响的财务报表。该表的编制相对难度大，本文暂不涉及。

（七）商业计划书

商业计划书是指一个组织或创业团队、企业和项目单位为了达到招商引资和其他目的，根据本组织的现有资源和未来期许，在对项目进行科学的调研、分析、收集和整理有关数据的基础上，按照一定的格式和内容要求，撰写的一份向听众全面展示企业和项目目前状况以及未来发展潜力的书面材料，包括封面、摘要、公司介绍、产品与服务、营销计划、生产运营、公司管理、财务预测、风险对策、附录等内容。

三、实验教学的组织

本课程内容多、学科交叉性强、实践要求高，课程采取"线上+线下"的混合式翻转课堂的教学方式，选择相应理论配套教材中的部分习题进行随堂练习。

（一）实验项目的开设

实施实验教学时，将采取不同的方式来进行。

1. 绘制融入思政元素的思维导图

在该环节，将思政元素贯穿到项目中，引导学生结合本专业思考行业的先进人物及行业的创新举措，确定选题，任务分为以下两个部分：

（1）小组任务。讲解手绘思维导图的要点，将彩色笔和绘图纸发给每个小组，根据教师的引导自定义选题，确定核心主题后，画出思维导图，并在课堂上展示、分享。

（2）个人任务。教师给学生提供分析素材或者学生自主选题，引导学生围绕所学专业的先进事迹和人物以及社会发展、经济运行情况，产业科技发展进行思考。其具体要求如下：第一级至少有四个及以上分类；每个层次下最好有两个及以上典型人物或示例。课程结束后，学生需要提交实训报告，实训报告的成绩将作为平时成绩。

2. 测评创业者素质

为了帮助创业者更好地理解自己是否具备创业者的素质，我们可以结合使用人力资源的测试软件和表格，来测试个性特征、创业能力、决策技能等。

在实验中，原则上由个人完成参考教材中的测试问题，完成后查看参考答案，进行自我评价，不计入平时成绩。

3. 创业决策评估

创业决策评估借助小组讨论，分析雷军在大学期间创业动机及具备的创业者素质以及创业失败的原因，个人填写提交实训报告，计入平时成绩。

4. 分析团队角色

贝尔宾自评问卷，能在不同程度上描绘人的行为倾向与行为特质。自评部分共分为 8 个大题，每题 10 句话，受测者需要将每题的总分 10 分，分配给其中的 10 句话。分数分配的原则是：最能体现你行为的句子分最高，以此类推。最极端的情况是：10 分全部分配给其中的某一句话，或在每句话上分配 1 分。受测者可以根据日常实际情况，将分数填入对应句子的复选框内。整个答题时长在 15 分钟左右。该实验项目由个人完成，不计入平时成绩。

5. 商业模式画布

该实验项目要求小组运用商业模式画布分析案例企业的具体商业模式，进行课堂讨论并分享观点；要求个人分析奇虎360的商业模式，完成实训报告的填写，计入平时成绩。

6. 财务预测

该实验项目由学生自行练习，有助于学生对项目进行量化分析，由小组讨论并完成，包含在商业计划书中，不单独计入平时成绩。

7. 商业计划书

商业计划书制作的核心步骤包括：行业和市场情况、营运模块、团队建设、财务预测。实验项目要求小组完成商业计划书并进行路演，计入结业成绩。

（二）以赛促教

在开设实验项目的同时，应以竞赛促进课程的建设。构建实践教学所需要的竞赛教学体系、竞赛制度体系，包括学分和奖励、证书体系等。体系的构建思路是：以课程教学需要为出发点，建设与之匹配的竞赛项目和竞赛形式。

（1）以班级为对象的竞赛项目。面向全体学生开展，突出问题导向，竞赛成绩构成课程教学考核成绩。因此，竞赛内容相对单一、竞赛过程相对易组织、完成难度相对降低。

（2）以年级为对象的跨专业竞赛项目。竞赛内容具有综合性、跨学科交叉的特点。一般以学期、学年为时间跨度，探索多专业合作开展创新创业竞赛的模式。

（3）以面向学校所有学生为对象的校级竞赛项目。构建以多竞赛主题为基础的项目库，探索跨学科、跨年级、多形式、多层次的竞赛形式。

（4）在此基础上，组织学生参加市级和国家级、跨地区性的竞赛。

四、实验教学的考核方法

制定合理的考核评价标准并据此对学生的实验结果进行评定，是教学的重要环节之一，评定标准如表3所示。

表3 考核内容及成绩评定方法

序号	考核内容	成绩评定方式	成绩占总评分比例
1	思维导图	递交实训报告	5%
2	创业决策评估	递交实训报告	5%
3	商业模式画布	递交实训报告	5%
4	商业计划书	递交商业计划书及路演	35%
5	线上学习及作业	平台成绩	50%
合计			100%

1~3项均是实验环节，实训作业具体表现为3次学生的实训报告，由教师根据学生的完成情况给出成绩。第4项商业计划书属于结业报告，采用非标准考试的形式进行，围绕1次路演实操实训作业开展分析，并形成路演版计划书（及PPT）；考核成绩由教师评分和小组组内学生评分构成。

实训作业成绩＝教师对小组的表现评分（参考下表中的评分标准）$\times a$＋小组内学生评分（学生小组自评，优秀、良好、中等、及格、不及格的比例为 $c：d：e：f：g$）$\times b$。

a、b 的取值可由教师根据具体实施情况确定，但需要满足 $a+b=100\%$；并且 $c+d+e+f+g=100\%$。对应目标的评分标准如表4所示。

表4 评分标准表

对应目标	目标1	目标2	目标3
考查点	利用创新思维工具、创新方法提炼创业实践点子	商业机会、创业模式的分析	能够结合商业计划主题，分析商业计划可行性
总评分占比	20%	40%	40%

表4(续)

对应目标		目标1	目标2	目标3
评分标准	90%~100%	主题能够体现创新方法和工具的应用，创业点明确、创新性高	方案设计合理，基础数据翔实，分析全面到位、逻辑性强	能够分析商业机会，阐述实施条件和可行性
	80%~89.9%	主题能够体现创新方法和工具的应用，创业点明确、有一定创新性	方案设计合理，基础数据翔实，分析全面到位	能够分析商业机会，对实施条件和可行性进行了一定分析
	70%~79.9%	主题基本体现创新方法和工具的应用，创业点明确	方案设计合理，基础数据较全面，完成了基本的分析	基本分析了商业机会、实施条件
	60%~69.9%	主题创业点明确	方案设计基本合理，有一定要的基础数据和分析	对实施条件等单项有一定的分析
	0~59.9%	所达主题不能体现具体创业点	方案设计缺乏合理性，缺少必要的基础数据和分析	没有分析相应机会和可行性

五、结语

本文未涉及的后续课程实践支持体系有建设实习基地、孵化基地、创业种子信息库、基金信息库、创业政策信息库、创业辅导导师库等内容，有待进行下一步研究。

参考文献：

[1] 万玺.创新创业基础实训教程［M］.成都：西南财经大学出版社，2020.

基于创新创业能力培养的税收
专业"教、赛、学一体化"教学模式探析①

白 玉 杨 娟

（重庆工商大学经济学院 重庆 400067）

摘 要：目前，我国高校的税收专业都在探索采用"教、赛、学一体化"的教学模式来促进专业知识的教学和推动创新创业教育。这一教学模式提高了学生创新创业能力和专业能力，但在课程设置、教师队伍建设、平台建设方面仍然存在不足。为更好地发挥这一教学模式的作用，我们需要在"教、赛、学一体化"需求导向之下，更新教学内容、增加实践课程比重；优化教师结构、提升教师能力；加快竞赛平台和成果转化平台的建设，实现教学相长、以赛促教、以赛促学的良性互动，提升教学实效，促进学生创新创业能力的提升。

关键词：创新创业；能力培养；税收专业；教、赛、学一体化

在我国"大众创业、万众创新"的大潮中，大学生是最为重要的生力军。大学生创新创业的前提和基础是专业教育，没有专业知识作铺垫的创新创业无异于"空中楼阁"[1]。作为一门实践性很强的应用经济学专业学科，我国各地高校税收专业都在探索采用"教、赛、学一体化"的教学模式。目前，这一模式已经在融合专业教育和创新创业能力培养方面起到了较好的作用，但也存在不少问题，从而影响其功能的发挥。对这一教学模式进行深入研究，找出其存在的问题并加以解决，有助于实现既定目标，更好地培养税收专业大学生的创新创业能力。

一、"教、赛、学一体化"教学模式对税收专业学生创新创业能力培养的意义

（一）"教、赛、学一体化"教学模式强化了创新创业能力培养的目标

大学生创新创业能力主要体现在创新创业过程中根据实际情况解决问题而运用的策略、手段、方法等，需要靠不断的实践和后天的学习而获得[2]。根据大学生创新创业能力的 CTP 模型评估体系，大学生的创新创业能力主要包括创新创业意识、创新创业理论、创新创业实践 3 个主要因素，因此对大学生创新创业能力的培

---

① 本文是 2018 年度重庆工商大学教育教学改革研究项目"'一带一路'建设下重庆市大学生创新创业能力培养研究"的研究成果之一。

养模式构建和培养效果的考核也是围绕着这 3 个因素展开的。

"教、赛、学一体化"教学模式是指以技能竞赛为教学背景，以项目式教学为载体，以解决问题为导向，在教学过程中将理论和实践充分融合，将教师的教和学生的学有机结合起来[3]。首先，"教、赛、学一体化"教学模式，以参加技能竞赛、解决实际问题为导向，往往要求学生以团队合作的方式创新地解决问题，有助于激发学生主动学习的兴趣和求知欲，培养学生的创新创业意识。其次，"教、赛、学一体化"教学模式要求学生将其所学到的理论知识联系与社会实际相结合，这就要求学生有较好的理论知识储备，才能解决实际问题，因此学生应该更加扎实地学好理论基础知识。最后，"教、赛、学一体化"教学模式的关键是参与竞赛、提交具有创新性的作品，这是创新创业实践的过程。

（二）"教、赛、学一体化"教学模式促进了创新创业能力和专业能力的融合

1. "教、赛、学一体化"教学模式以专业能力的打造为基础

在"教、赛、学一体化"教学模式下，专业竞赛对税收专业教学提出了导向性的需求，即全方位考查参赛学生的专业知识基础和专业技能水平。例如，税收领域知名的专业技能竞赛——"衡信杯"全国税务技能大赛通过专业化的理论知识考查和专业技能考核，要求学生精准地掌握中国各主要税种的基础知识和国际税收的相关知识，并能熟练进行主要税种的纳税申报和税收筹划、税收风险管控的实际操作。由此可见，在这一模式下，教和学的开展都需要围绕专业知识的传授和专业技能的培养来进行，这也是创新创业型人才培养的首要任务。

2. "教、赛、学一体化"教学模式以创新创业能力的提升为目标

"教、赛、学一体化模式"以"赛"连接了"教"和"学"，给学生展示真实的问题并让其寻找解决之道。创新创业能力的培养是指在教育过程中通过引导学生在表面看似重复单调的内容中寻求突破创新，以让学生从不同的角度提出见解[4]。在"教、赛、学一体化"教学模式中，学生必须以团队参赛，并在项目驱动下自主进行任务分解、设计和完成任务要求。例如，在税收技能大赛中，不同参赛队伍应该扮演办税员、税务主管、税务公务员等角色进行税务技能综合比拼，开展增值税、企业所得税等税种的纳税申报。在这一过程中，学生会接触一些实践方面的知识。例如，企业办税员需要根据财务报表填报纳税申报表，税务公务员需要找出已经提交的纳税申报表存在的问题并进行修正。这些实际问题要求学生们必须群策群力、创新性地解决问题，呈现工作成果。这就是学生创新创业能力提升的过程。

二、基于创新创业能力培养的税收专业"教、赛、学一体化"教学模式存在的问题

（一）创新创业能力培养的教学体系不合理

1. 教学内容与培养目标脱节

利用"教、赛、学一体化"教学模式来提升学生的创新创业能力，要求教师在课堂上教授最前沿、热门的税收专业知识。例如，讲授个人所得税的变革到数字

经济税收的发展以及国际避税与反避税的最新动态。在此基础上，学生才能通过专业赛事的锻炼，在比赛中检验所学知识、创新性地发现和解决问题。但目前国内高校税收专业的教材在内容更新上严重滞后，大量教师怠于学习，并不了解最新的税收知识动态。同样，这一教学模式还要求教学内容具有丰富性和综合性，以此提升学生的创新能力。但目前各税收专业的教学内容缺乏与其他学科的融合，同时学生对法律、管理等方面的知识掌握不足，直接导致了学生在税收技能大赛中无法运用相关的法律、管理知识来帮助企业享受税收协定的优惠待遇或者防范国际反避税的风险。

2. 实践教学达不到培养目标的要求

利用"教、赛、学一体化"教学模式来提升学生的创新创业能力，强调实践课程的重要性。税收学是一门具有高度实践性的学科。校园内的税收实验课程，校外企业、税务机关或税务中介机构的上岗实践对税收专业学生的专业技能的培养都至关重要。但是，目前各大高校的实践类课程的教学时间和学分设置都偏低。笔者所在大学的财税专业实验课为选修课，且只在大四开课，不少学生都因为已经修足学分而放弃实验课程。因此，在全国性税收技能大赛里，不少平时成绩不错的同学在实际操作环节往往因为缺乏实践训练而表现欠佳。实践平台和实践机会的缺乏，严重影响了学生在专业赛事中的表现，也浪费了其提升创新创业能力的机会。

（二）创新创业能力培养的教学力量薄弱

1. 教师专业知识储备不足

在"教、赛、学一体化"教学模式中，课堂教学是教师的首要任务，其重要性不言而喻。但客观的现实是：在我国，很大一部分在高校教授税收专业知识的教师毕业于经济学、财政学、会计学等专业，他们对系统的税收知识的掌握本就不牢固。虽然其都学习了专业知识，但是因为税收知识专业性、复杂性强且变化快，教师如果不认真学习、及时更新知识，就会跟不上专业知识的变化。如果教师不及时更新知识、照本宣科地给学生讲授已经作废的税法条款，那么学生的创新创业能力就得不到提高。更严重的是，教授税法知识的教师可能是相近学科毕业的博士，并没有系统学习税法的知识。在创新创业能力培养中，教师应是主导，理应以税法专家的姿态推动教学工作、组织专业赛事，但众多教师自身专业知识基础薄弱，不能更好地提高学生的创新创业能力。

2. 教师专业技能匮乏

在"教、赛、学一体化"教学模式中，教师通过课堂教学和实践，引导学生参加各种专业赛事。高校税收专业人才培养方案中存在大量的诸如税务代理、纳税检查、税收筹划、纳税评估等实践课程，但实际上因为专业知识薄弱或缺乏必要的实践机会，许多课程的任课教师并没有填写纳税申报表或缺乏独立开展税收筹划的经历和能力，这样的现状导致学生在参与各项专业赛事时只能自己摸索，从而直接影响学生的各项专业比赛成绩。例如，税收技能比赛要求学生通过阅读公司的基本情况和各项财务报表来判断公司存在的纳税风险并提出应对措施。有较好的实践能力的教师会带领学生通过研究公司的组织形式、资本构成和财务报表，再从公司所处的行业和地区着手，分析出公司应适用的相关税收优惠政策和存在的反避税风险，并设计出规避方案。如果教师缺乏相应的实践能力，就无法引领学生在各项专业技能的学习中发现问题。

（三）创新创业能力培养的平台建设滞后

1. 专业竞赛平台建设进度缓慢

在"教、赛、学一体化"教学模式中，专业竞赛平台也是有效提升学生创新创业能力的平台，但专业赛事竞赛平台建设本身是涉及教师、学生、学校、网络建设单位、竞赛软件设计公司的教学结合、校企结合、产融结合的复杂工程，推行起来有许多障碍。除此之外，一些高校出于"面子工程"的需要，热衷于组织优秀学生参与竞赛但却舍不得投资打造教学实验平台。还有不少高校的税收教学实验平台设备的更新赶不上最新的税收征管形势。例如，各高校在税收实践中基本都在使用"金税三期"系统，且在即将根据国家税收征管的实际情况适用"金税四期"报税系统的情形下，有些高校的财税实验室的模拟报税系统还停留在"金税二期"时代。这样的现状导致学生不能在最新的税收征管系统里进行学习、训练，不利于他们创新创业意识的提升和创新创业能力的培养。

2. 专业赛事成果转化平台不足

在"教、赛、学一体化"教学模式中，各项专业赛事的作品成果在一定程度上是学生创新创业能力提升的凭据。创新创业需要知识的积累。因此，大学生通过知识创造出新的产品与服务，是整个国家创新创业的重要内容[5]。从表面上看，虽然我国各高校都在积极组织税收专业学生参与"挑战杯""税收技能大赛""税收筹划案例大赛"等较为专业的税收技能比赛，也取得了不少成效，但实际上由于转化平台的缺失，相当多通过各种竞赛打造出来的创新创业类作品——各种税收筹划方案、各个纳税申报程序设计和各项税制改革建议的现实转化率都不高，这容易扼杀学生创新创业的积极性和创造性。

三、基于创新创业能力培养的税收专业"教、赛、学一体化"教学模式的优化路径

（一）以"教、赛、学一体化"为中心，完善创新创业能力培养教学内容

1. 更新课堂教学内容

系统化的理论培训和创新创业专业知识技能的训练，是大学生创新创业前必要的知识储备[6]。以"教、赛、学一体化"教学模式来培养税收专业学生的创新创业能力，首先意味着教学中的课程设置和教学内容的安排都要具有创新性、实用性，将中国税制和国际税制的最新变化、热点和焦点问题体现出来，同时还要指导学生理论联系实际地解决问题。例如，在中国税制课程的企业所得税相关知识学习中，教师应该结合案例讲解各种税收优惠的类型，尤其要让学生了解大学生从事创新创业的税收优惠政策。其次，学校要优化课程设置，增加交叉学科的教学内容，加大税收专业教学中学科融合的力度，增加会计、审计、企业管理、金融、投资、法律方面的教学内容。

2. 增加实践教学环节

专业实践技能对于学生来说极为重要，在"教、赛、学一体化"教学模式中，比赛也是一种重要的实践，也是专业技能提升和创新创业能力培养的方式。一方面，学校要将实践环节设为专业必修课，增加实践环节的学分和课时数；另一方面，学校要认真落实实践环节教学任务的开展与考核，不能让教学实践流于形式，如加强对教学实践环节的过程考核、对学生实践环节进行指导与监督。例如，在企业纳税实务、税收理论与实务、国家税收等课程的上机操作过程中，教师可以让学生从纳税人、税务机关或中介机构等不同角度开展税收征管或缴纳工作，并对每一个环节完成的工作任务进行评价，使学生在勇于创新的过程中提升专业技能。

（二）以"教、赛、学一体化"为导向，强化创新创业能力培养的师资力量

1. 鼓励教师加强学习，改革教师管理制度

首先，鼓励教师围绕专业赛事，关注最新的税收知识动态，如支持"一带一路"建设和支持新冠肺炎疫情防控的有关税收政策。其次，创造机会让教师提升税收专业技能，如选派教师去税务局挂职锻炼，去企业、税务师事务所参加税务专业实践，让其更有底气地组织和指导学生参与各种专业赛事。最后，对教师的准入制度和考核制度进行改革。引进专业教师时，在同等条件下应该优先考虑拥有税务师、注册会计师证书、能够指导专业赛事的教师；职称评定时，应该取消"重科研、轻教学"的传统做法，给予在专业赛事指导中表现优异的教师相应的肯定和支持，激发教师的积极性。

2. 构建课堂内外共同育人的体系

首先，"教、赛、学一体化"教学模式需要大量的从业人员充当兼职教师。高校可以从税务局、税务师事务所或者企业邀请专业税收工作人员成为外聘教师或者客座教师。其次，"教、赛、学一体化"教学模式还需要辅导员、团委教师、组织专业赛事的企业人员参与，以此形成一体化的人才培养模式，充分调动学生的积极性，提升其创新创业能力。

（三）以"教、赛、学一体化"为驱动，加强创新创业能力培养的平台建设

1. 继续推进竞赛平台建设

在推进竞赛平台建设方面，学校首先需要加大资金投入，继续加大线下学习中心、网络教学平台、财税专业实验平台的建设力度，形成与课堂教学平台的有效互动。学校要通过购置税收经典图书、税收数据库以及配备先进的模拟网上报税系统，为税收专业学生的创新学习提供软硬件设备。师生们可以在一起进行前沿知识讲座、论文写作技巧分享、科研课题讨论。其次，各高校可以积极与当地的各类企业、税务师事务所、税务局联合建设校外实践基地，促进校企之间的合作与互动，组织学生每年都到当地税务局、大型企业、税务中介机构或者专业赛事机构进行专业技能锻炼和专业竞赛的适应性练习。

2. 加快建设竞赛成果转化平台

学校要深入推动校企融合，加快建设赛事成果转化平台。一是向专业赛事平台赋能，实现"教、赛、学一体化"教学模式的成效最大化。专业赛事平台扩容后，高校不仅能承办税收筹划方案大赛、税收专业技能大赛等专业赛事，还能从中挑选

优秀的作品，进行成果转化。二是进行校企融合，建立专门的成果转化基地。学校通过与校外实践基地、专业公司的合作，甄选出优秀的专业赛事作品进行转化，产生经济效益和社会效益，激发学生的创新精神、提高教师的教学积极性，共同提升税收专业大学生的创新创业能力。

参考文献：

［1］樊慧霞. 创新创业教育与专业教育深度融合的税收学专业内涵建设思考［J］. 内蒙古财经大学学报，2019（2）：93-97.

［2］王雅君. 浅析大学生创新创业教育的内容、重要性和对策［J］. 张家口职业技术学院学报，2016（2）：3.

［3］王振力，刘政宇. "教赛学一体化"教学模式的研究与实践［J］. 科技创新导报，2019（16）：196.

［4］鲍晓萍. 徐国辉. 高校学生创新意识、创业精神及创新创业能力的培养：评《大学生创新创业教育基础与能力训练》［J］. 教育理论与实践，2018（23）：1.

［5］薛钢，颜博，王薇. 大学生创业视角下的税收政策优化［J］. 税务研究，2017（10）：5.

［6］门瑞雪. 大学生创新创业能力评估及评价模型的研究［J］. 吉林省教育学院学报，2015（10）：2.

近 20 年经管实验教学
研究的文献计量分析

成 肖

（重庆工商大学经济学院 重庆 400067）

摘 要：本文利用 CiteSpace 软件，对近 20 年 693 篇经管实验教学研究核心期刊文献进行文献计量分析。研究发现：2002—2020 年，经管实验教学研究核心期刊发文量呈现出明显的先增后降趋势；高产研究机构发文量持平，并未形成一家独大的局面，但需要进一步加强与机构和研究者的合作；热点关键词主要涵盖理论研究、平台研究和专业 3 个方面；关键词聚类集中在开放性实验、模糊综合评价、仿真、毕业实习、系统管理员、柔性教育、描述性统计、问题探讨、人文教育、筹资决策、创新能力的培养、互动式教学 12 个方面；经管实验教学的研究最早集中于会计专业，后向经济学等专业拓展，当前研究的前沿领域为虚拟仿真。

关键词：经管实验教学；文献计量分析；CiteSpace

人才是实现民族振兴、赢得国际竞争主动的战略资源。高校是培养高素质人才的重要基地，需要不断满足人民群众日益增长的教育需求，把提高教育质量放在更加突出的重要位置。长期以来，高校经管类专业人才培养普遍存在以知识灌输为主、缺乏实践环节、学生专业能力不强、缺乏创新特质等问题[1]，而实验教学对于提升学生的综合素质、培养学生的创新精神、提高学生的实践能力具有特殊作用。随着现代信息技术的深入发展和广泛应用，在经管类专业人才培养过程中开展实验教学势在必行。早在 2001 年，教育部印发《关于加强高校本科教学工作提高教学质量的若干意见》，强调"进一步加强实践教学，注重学生创新精神和实践能力的培养"。近年来，经管实验教学成果令人耳目一新，实验教学从辅路向主线跨越，但许多工作仍须继续探索。本文利用 CiteSpace 软件，对近 20 年经管实验教学研究核心期刊文献进行文献计量分析，探讨国内经管实验教学研究领域的现状、热点和发展趋势，以期为推动实验教学的理论研究和教学实践提供参考。

一、数据来源与分析工具

本文以中国知网（CNKI）数据库收录的期刊文献为数据样本，文献分类为"经济与管理科学"，检索主题词为"实验教学"，文献来源类别选择"核心期刊"，检索时间至 2020 年 12 月，共检索到 748 篇文献。通过手工筛选，本文剔除了报道、会议通知、征稿启事、新闻等不相关文献。由于 2002 年前经管实验教学研究较为匮乏，因此本文选取 2002—2020 年有效文献 693 篇，包括作者、标题、摘要、关键词、作者单位等信息。

本文利用 CiteSpace 软件对近 20 年经管实验教学研究的现状、热点与发展趋势进行知识图谱分析。CiteSpace 是在科学计量学、数据可视化背景下逐渐发展起来的一款引文可视化分析软件，其功能按钮主要有作者、机构或者国家的合作网络分析，主题、关键词或 WoS 分类的共现分析，文献的共被引分析、作者的共被引分析以及期刊的共被引分析等。近年来，CiteSpace 被广泛应用于混合教学、创新创业教育等教育研究中[2-4]。

利用 CiteSpace 进行经管实验教学研究分析的具体步骤如下：以 CiteSpace 自带数据格式转换工具，将 CNKI 中导出的 Refworks 格式的文献转化为 CiteSpace 可识别的数据格式；将时间跨度设置为 2002—2020 年，间隔为 1 年；选择标准设定为 G 指数；选择路径发现的剪切连接方式以简化网络结构突出其重要特征，并采用聚类静态和展示整个网络的可视化方式呈现最终分析图谱。

二、经管实验教学研究的发文量分析

（一）年度发文量

2002—2020 年，经管实验教学研究核心期刊文献数量呈现出明显的先增后降趋势（见图 1）。2002 年，经管实验教学研究核心期刊文献仅 1 篇，这反映出在世纪之交，高校经管类专业实验教学改革存在着巨大的发展空间。为推动高校实验教学改革和实验教学中心的建设与发展，培养大学生的创新精神和实践能力，2005 年教育部印发《关于开展高等学校实验教学示范中心建设和评审工作的通知》，开展国家级实验教学示范中心建设工作。这极大地推动了高校实践环节教学改革，实践教学成为教学工作评估的关键性指标，实验教学观念、实验教学体系、实验教学队伍、实验教学环境与管理机制等日趋优化，实验教学水平全面提升。2004—2011 年，经管实验教学研究成为热点问题，相关的核心期刊文献由 4 篇迅猛增长至 98 篇，年均增长率高达 57.9%。之后，随着经管实验教学研究的深入与成熟，该主题在核心期刊上的发文量逐年回落。在"大众创业、万众创新"的国家战略背景下，我国逐步强化创新创业教育。2015 年，国务院下发《统筹推进世界一流大学和一流学科建设总体方案》，提出要"加强创新创业教育，大力推进个性化培养，全面提升学生的综合素质、国际视野、科学精神和创业意识、创造能力"。因此，经管实验教学研究在核心期刊发文量的下降趋势得以扭转，并在近 2 年呈现出良好的上升势头。

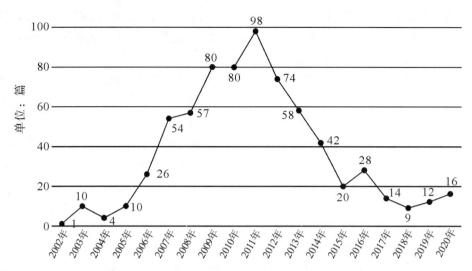

图 1　2002—2020 年经管实验教学研究年度发文量

（二）研究机构发文量

2002—2020 年，经管实验教学研究前 10 个高产研究机构如图 2 所示，前 10 个高产研究机构发文总量共计 67 篇，占比 9.7%。其中，广西财经学院、上海立信会计学院和重庆工商大学经济管理实验教学中心分别于 2006 年、2007 年和 2009 年开始关注经管实验教学研究，并逐步形成了代表性成果，占据发文量前 3 名。北京工商大学文科实践中心和四川大学商学院分别自 2011 年和 2013 年开始逐渐形成代表性观点，具有较强的研究潜力。整体来看，排名前 10 的高产研究机构发文量相当，这说明我国经管实验教学研究已受到多部门、多机构的广泛关注，并未形成一家独大的局面。

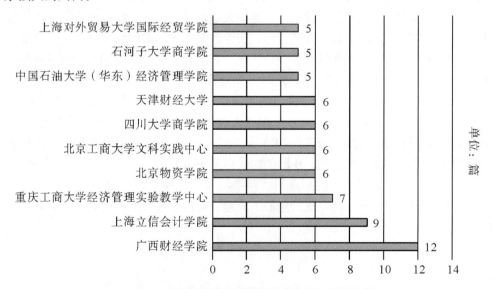

图 2　2002—2020 年经管实验教学研究高产研究机构发文量

三、经管实验教学研究的内容分析

(一) 关键词热点的可视化分析

关键词是一篇文献对研究内容概括和凝练的核心词汇。关键词的中心性是衡量关键词节点在网络中重要性的一个指标，而中心性不仅与出现频次有关，也与节点间的关联性有关。中心性赋值越高，说明该节点在该领域越重要。在 CiteSpace 软件的关键词共线网络图谱的基础上，输出 2002—2020 年经管实验教学研究核心期刊文献中的高频次关键词的出现频次、中心性和首次出现年份等数据（见表 1），可以发现经管实验教学研究文献中热点关键词主要包括以下 3 个方面：一是理论研究方面的关键词，如实验教学、教学改革、教学模式、教学体系等；二是平台研究方面的关键词，如实验室建设、实验教学示范中心等；三是专业方面的关键词，如经济管理、会计、电子商务等。

中心性高于 0.1 的关键词分别是实验教学、会计实验教学、会计人才、会计专业、教学改革和实践教学，这表明会计实验教学是一段时间内众多学者共同关注的问题，在经管实验教学领域具有较高地位。会计教育高度重视会计实验教学，早在 20 世纪 80 年代，天津财经大学、中南财经大学、东北财经大学等财经院校就建立了会计实验室或开设了会计实验课[5]。

表 1 2002—2020 年经管实验教学研究领域前 20 个高频次的关键词

序号	关键词	频次	中心性	首次出现年份
1	实验教学	181	0.56	2003
2	实践教学	47	0.10	2006
3	会计实验教学	41	0.25	2003
4	经济管理	30	0.07	2008
5	教学改革	29	0.11	2007
6	实验室建设	23	0.07	2008
7	会计实验	22	0.04	2006
8	ERP	18	0.09	2005
9	会计专业	16	0.12	2003
10	实验教学体系	16	0.05	2008
11	会计	15	0.06	2008
12	教学模式	15	0.02	2007
13	虚拟仿真	14	0.04	2010
14	创新能力	14	0.04	2014
15	实践教学体系	13	0.04	2005

表1（续）

序号	关键词	频次	中心性	首次出现年份
16	教学体系	12	0.05	2009
17	电子商务	11	0.05	2009
18	实验教学示范中心	11	0.02	2008
19	会计学	11	0.03	2010
20	会计人才	10	0.14	2005

（二）关键词热点的聚类分析

CiteSpace 的关键词聚类功能可以明确某研究领域的热点和发展趋势，采用 CiteSpace 软件对经管实验教学研究领域的关键词进行聚类分析，结果如图 3 所示。其聚类模块值（Q 值）为 0.313 4，则表明聚类结构显著；聚类平均轮廓值（S 值）为 0.908 2，则认为聚类是合理可信的。在图谱中，圆表示关键词节点，圆越大说明对应主题出现的频次越高，带#标签的即为关键词聚类的名称。

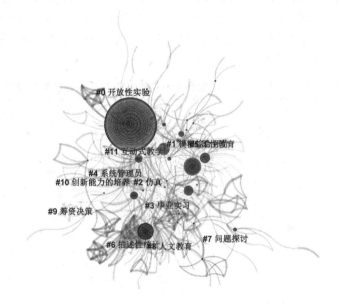

图 3　2002—2020 年经管实验教学研究领域关键词的聚类图谱

如图 3 所示，经管实验教学的关键词聚类集中在开放性实验、模糊综合评价、仿真、毕业实习、系统管理员、柔性教育、描述性统计、问题探讨、人文教育、筹资决策、创新能力的培养、互动式教学 12 个方面。聚类开放性实验中的高频关键词包括实验教学、教学体系、实验教学方法、专业实验等；聚类模糊综合评价中的关键词包括改革、不足、教学模式、教学效果等；聚类仿真中的关键词包括经济管理、虚拟仿真、物流工程、供应链管理等；聚类毕业实习中的关键词包括企业资源计划、交叉学科、会计人才、手工模拟实训等；聚类系统管理员中的关键词包括 ERP、Excel、会计信息系统、XBRL 等；聚类柔性教育中的关键词包括教学方法、教学质量、局限性实验教学模式、情景式教学等；聚类描述性统计中的关键词包括就业导向、会计教育改革、对策建议、探索者等；聚类问题探讨中的关键词包括审计实验、"沙盘"演示教学、会计循环、会计专业知识；聚类人文教育中的关键词包括专业实践教学、企业经营模拟沙盘、指标体系等；聚类筹资决策中的关键词包括应用型人才、卓越会计师、金融工程等；聚类创新能力的培养中的关键词包括创新能力、产学研合作、实践能力等；聚类互动式教学中的关键词包括体验式、实训体系、"三自主"学习法等。

（三）高频突现词的前沿领域分析

突现词是指在较短时间内出现较多次或使用频率较高的词。利用 CiteSpace 分析高频突现词，可以判断研究领域的前沿与趋势。表 2 呈现了经管实验教学研究中的突现词及对应的强度值、被引历史曲线等信息。突现词强度值越大，说明受到的关注度越高。近 20 年的经管实验教学研究中，突现词强度值最高的前 5 个关键词分别是虚拟仿真（6.63）、会计实验教学（6.06）、实验教学示范中心（4.23）、会计模拟实验（4.04）和会计模拟实验教学（3.92）。结合时间维度进行分析，可以得出如下两条基本结论：一是经管实验教学研究早前集中于会计专业的实验教学，之后向经济学等专业拓展；二是当前经管实验教学研究的前沿领域为虚拟仿真。为适应信息化条件下知识获取方式和传授方式、教和学关系等发生革命性变化的要求，加强信息技术与教育教学深度融合，2013 年教育部印发《关于开展国家级虚拟仿真实验教学中心建设工作的通知》，决定开展国家级虚拟仿真实验教学中心建设工作。虚拟仿真实验教学是学科专业与信息技术深度融合的产物，以全面提高高校学生创新精神和实践能力为宗旨，以共享优质实验教学资源为核心，以建设信息化实验教学资源为重点，持续推进实验教学信息化建设，推动高校实验教学改革与创新。

表 2　2002—2020 年经管实验教学研究领域 30 个高频突现词

关键词	年份	强度值	起始年份	截止年份	2002—2020 年
会计实验教学	2002	6.06	2003	2007	
会计模拟实验教学	2002	3.92	2003	2006	
会计专业	2002	1.59	2003	2008	
会计电算化实验	2002	2.55	2004	2007	
会计人才	2002	3.40	2005	2007	
会计学	2002	1.83	2005	2007	
实验项目	2002	1.80	2005	2006	
会计教学	2002	2.88	2006	2008	
会计电算化	2002	1.96	2006	2007	
会计模拟实验	2002	4.04	2007	2008	
会计实验室	2002	2.64	2007	2008	

表2（续）

关键词	年份	强度值	起始年份	截止年份	2002—2020 年
实验	2002	1.55	2007	2009	
会计	2002	3.55	2008	2009	
电子商务	2002	2.46	2008	2010	
会计实践教学	2002	2.06	2008	2010	
财务管理	2002	2.05	2008	2009	
教学方法	2002	2.95	2009	2011	
实验中心	2002	2.45	2009	2010	
改革	2002	1.92	2009	2011	
经济管理	2002	3.39	2010	2013	
审计实验教学	2002	2.87	2010	2011	
创新能力	2002	1.97	2010	2011	
实验室建设	2002	2.04	2011	2013	
实验课程体系	2002	1.68	2011	2013	
人才培养	2002	1.76	2012	2013	
物流工程	2002	1.70	2012	2016	
实验教学示范中心	2002	4.23	2013	2016	
教学模式	2002	1.85	2013	2014	
虚拟仿真	2002	6.63	2014	2020	
经济学	2002	2.08	2014	2018	

四、结论

本文利用 CiteSpace 软件，对近 20 年 693 篇经管实验教学研究核心期刊文献进行文献计量分析，基本结论如下：第一，2002—2020 年经管实验教学研究核心期刊发文量呈现明显的先增后降趋势，2011 年发文量达到历史最高值 98 篇。第二，高产研究机构发文量持平，并未形成一家独大的局面，但研究团队较为分散，需要进一步加强机构合作和研究者合作。第三，研究文献中热点关键词主要包括以下三个方面：一是理论研究方面，如实验教学、实践教学、教学改革、教学模式、教学体系等；二是平台研究方面，如实验室建设、实验教学示范中心等；三是专业方面，如经济管理、会计、电子商务等。其中，中心性高于0.1的关键词分别是实验教学、会计实验教学、会计人才、会计专业、教学改革和实践教学。第四，关键词聚类集中在开放性实验、模糊综合评价、仿真、毕业实习、系统管理员、柔性教育、描述性统计、问题探讨、人文教育、筹资决策、创新能力的培养、互动式教学

12 个方面。第四，经管实验教学最早的研究集中于会计专业，之后向经济学等专业拓展，2014 年以来虚拟仿真成为经管实验教学研究的热点。

注重富有创新精神和实践能力的各类创新型、应用型、复合型优秀人才的培养是国家创新驱动发展的重要一环。新文科教育的创新发展是时代所需。随着人工智能、大数据、物联网、虚拟技术等现代化信息技术的快速发展，高校应持续改进经管类人才培养模式，促进实验教学内容、实验教学方法与手段、实验教学资源、实验教学平台改革创新，提升经管类实验教学团队的教学与管理水平，着力解决经管类实验教学工作的热点问题，更好地发挥经管实验教学提高人才培养质量的作用，助推高等教育教学质量不断提升。

参考文献：

［1］张洪. 基于应用型创新人才培养的实践教学改革探究［J］. 现代教育技术，2015，25（10）：7.

［2］潘黎，王素. 近十年来教育研究的热点领域和前沿主题：基于八种教育学期刊 2000—2009 年刊载文献关键词共现知识图谱的计量分析［J］. 教育研究，2011，32（2）：7.

［3］武毅英，杨冬. 近 20 年中国高校创新创业教育研究的知识图谱［J］. 现代大学教育，2019（4）：11.

［4］马兴铭，张皓，李玲，等. 基于文献计量分析的国内混合教学模式研究现状与发展趋势［J］. 中国医学教育技术，2021，35（1）：21-26，61.

［5］于玉林. 21 世纪会计实验教学的发展趋势［J］. 实验室研究与探索，2004（7）：3.

经管类实验教学与信息技术的深度融合

董海蓉

（重庆工商大学会计学院　重庆　400067）

摘　要： 历时许久，备受关注与青睐的经管类专业教学建立了自己专有的教学模式，但是在实际教学中，传统教学模式也开始出现了一些弊端和需要改进的问题。面对以创新为核心的时代精神，经管类专业的教学又该走向何处呢？各大高校经管类专业在促进实验教学的同时需要推动经管类实验教学与人工智能（AI）、虚拟现实（VR）、互联网+、大数据等信息技术的深度融合，并利用信息技术推动教学水平的提升。

关键词： 经管类实验教学；教学改革；信息技术；实践教学

一、我国高校经管类专业目前的状况和发展趋势

经管类专业由经济学和管理学两大部分组成，主要包括的专业有：会计、财务管理、财务会计电算化、审计、人力资源管理、市场营销、旅游管理、物流管理、电子商务、信息管理与信息系统等。经管类热门专业则包括了信用管理、金融学、财政学、国际经济与贸易、经济学、管理科学与工程、物流管理等。这些热门专业目前的状况和发展趋势又如何呢？

（一）信用管理专业

信用管理专业与金融工程专业是教育部 2001 年批准首次招生的 2 个新专业，主要培养金融领域和信用系统的设计、开发、管理人才。信用管理专业学生的主要专业课包括：国家信用管理体系、企业信用管理学、个人信用管理学、财务报表分析、信用经济学、信用评级、信用风险管理、中国信用问题研究、信用法律法规、资产评估和管理、项目评估、资本运作与债务重整、信用分析模型等。

信用管理专业的学生毕业后适合担任：金融监管部门的高级管理人员；商业银行、投资银行、证券公司、保险公司、工商行政部门的风险管理、信用管理人员，上述金融机构的资本运作人员、理财人员；资信评估公司、投资咨询公司、基金管理公司的高级管理人员；各类企业尤其是上市公司的财务管理人员、资本运作人员。

（二）金融学专业

金融学专业是国内近 10 年来最热门的专业之一。金融学是研究人们在不确定环境中如何进行资源的跨时期配置的学科。学习金融学的理由通常是：管理家庭的

资产，处理商务中的资金融通与管理等问题。金融学学科的主要专业方向有：货币银行学、证券投资理财学和国际金融学。保险学以前包含在金融学专业内，目前已作为独立的本科专业单列。货币银行学主要研究一国的货币制度与货币政策的功能及其作用方式以及商业银行等金融中介机构在国民经济中的功能、作用及其经营管理。证券投资学涉及金融市场、金融资产投资管理、投资银行的经营与管理以及期货、期权等金融衍生工具的交易等内容。国际金融学主要探讨一国的国际收支、国际储备、汇率的决定与变动、资本的国际流动以及国际货币与金融制度的安排及其影响。国际金融学对全球化背景下进行跨国经营和投资的企业、金融机构和个人有着越来越重要的应用价值。

（三）财政学专业

财政学属于应用经济学的二级学科，主要研究政府的一些重大政策问题。如何筹集和使用公共资金和公共资产是财政学的中心议题。近几年来，上海财经大学财政学专业毕业的学生就业状况良好，毕业后就业的主要去向是财政、税务等政府机关、企事业单位、银行、证券公司、会计师事务所以及资产评估事务所等中介机构。

（四）国际经济与贸易专业

国际经济与贸易专业所学课程除了宏观经济学、国际金融、国际贸易、国际会计、公司财务、国际商法、国际市场营销、国际企业管理等外，还包括项目管理、信息经济学、电子商务、现代物流等。

（五）经济学专业

本科经济学门类下的经济学专业，主要设在综合性大学和财经类大学，主要培养具有深厚经济学基础理论，适应综合经济管理、经济政策研究、理论研究和经济应用方面的人才。相对于应用经济学专业，经济学专业更侧重于对经济现象的理论分析，为解决经济问题提供思路和方法。1998 年国家首批确定了中国人民大学、复旦大学、南开大学、武汉大学、北京大学、厦门大学、吉林大学、西南财经大学、西北大学、福建师范大学、上海财经大学 11 所高校的经济学专业为国家经济学基础人才培养基地，而在 2 年后南京大学和辽宁大学也被确定为国家经济学基础人才培养基地。这些高校的经济学专业的特色主要表现在专业领域的优势，如北京大学的政治经济学、外国经济学说史，南开大学的政治经济学、世界经济学，中国人民大学的政治经济学、西方经济学，复旦大学的世界经济、政治经济，上海财经大学的经济思想史等。综上所述，经管类专业中有多门专业受到学生、家长及社会各界人士的青睐，同时专业本身也具有较强的竞争力和专业性。

二、经管类专业教学存在的问题

历时许久，备受关注与青睐的经管类专业教学建立了自己专有的教学模式，但是在实际教学与时代发展的冲击中，传统教学模式也开始出现一些弊端和需要改进的问题。①缺乏对实践教学的认识。经管类专业学科具有较强的实践性，其实践价值主要体现在将经济管理方法根据实际情况灵活地应用于经管类的实际问题当中。

但在当前，大多数高校的经管类专业教学普遍存在实践教学课时不足、教师缺乏对实践教学重要性的正确认识等问题。很多经管类专业教师仍然采用传统的考核模式，考核方式单一、陈旧，以闭卷考试为主，缺乏对学生实践能力、创新能力进行考查的意识。②缺乏创新创业教育。采用传统教学模式培养出来的学生往往缺乏创新创业能力。一方面，大学生的实践教学是一个系统的学习过程，是理论知识与实际情况相结合以培养学生的创新创业能力、实践能力的过程。而当前高校的创新创业教育与实践教学处于相互分离的状态。虽然在"双创"背景下，创新创业教育越来越被高校重视，但总体来说，创新创业课程和实践类课程在总课程中所占的比例仍然很小。如果学生仅仅掌握了一些理论知识，没有很好地将理论联系实际，是远不能满足大学生的创业需求的，更谈不上达到创新创业教育的目的。另一方面，一些高校虽然开设了创新创业类课程，但缺乏在社会中进行实践教学的途径。如果缺少教学实践环节，学生对于创新创业理论知识的感性认识并不能升华为理性认识，也就无法将理论知识内化于心，转化为自身的专业实践能力。

三、经管类实验教学的未来发展方向

在这个创新的时代，经管类专业的教学又该走向何处呢？2014年9月，自从李克强总理在夏季达沃斯论坛上提出"大众创业、万众创新"以来，我国掀起了"大众创业""草根创业"的新浪潮，形成"万众创新""人人创新"的新势态。国家在大力推动"双创"政策的同时，各大高校也开始重视"双创"人才的培养。国家从教育层面为"双创"人才的培养提供支持，加之近年来"互联网+"、VR等信息技术的发展，对经管类专业来说是一个良好的发展契机，能促进经管类专业学生未来实现更高质量的就业，同时也能使学生实现自我价值和社会价值的和谐统一。因此，各大高校经管类专业在促进实验教学的同时需要推动经管类实验教学与AI、VR、"互联网+"、大数据等信息技术的深度融合，通过信息技术促进教学水平的提升。

目前经管类实验教学改革已经形成了自己的教学体系，我们需要清楚经管类实验教学的现状。一方面，经管类实验课程的开设要解决的问题是经管类实验的可行性，即是否能通过相关实验帮助学生掌握甚至发现经济规律。从经济类专业看，德国大学的实验经济学研究与教学已从国民经济学延伸到企业经济学，涌现了若干在实验领域具有强大实力的大学、学科带头人与学术梯队，并在经济学领域取得了不少的研究成果。管理类实验课程的目的是通过理论教学，使学生将理论知识转化为工作所需的各种能力，了解管理运作过程及不同方案的差异。另一方面，我们需要了解当前经管类实验教学的具体实施案例。目前，经管类实践教学活动大致可按照功能、综合程度、接近现实程度、组织形式、学生的作用以及活动场所等分为实训型实践教学、实验型实践教学、实习型实践教学、毕业论文型实践教学、课程实践教学、专业实践教学、跨学科实践教学、模拟实践教学、仿真实践教学、实地实践教学、学生自主型实践教学、教师指导型实践教学、个体式实践教学、团体式实践教学、校内实践教学、校外实践教学等。而在此种教学体系中，信息技术的发展起

着至关重要的作用。如何使经管类实验教学与 AI、VR、"互联网+"、大数据等信息技术深度融合，并通过信息技术促进教学水平的提升，也逐渐成为经管类实验教学中重要的课题。

在经管类实验教学与信息技术的深度融合案例中，最典型、最广泛的即是跨专业虚拟仿真实验教学项目建设。本文探讨经管类实验教学与信息技术的融合也以实验教学与跨专业虚拟仿真实验平台的融合发展为例进行讨论。跨专业仿真实验平台是以现代信息技术为依托，建立仿真经济环境的经营模拟演练教学平台。这种实训平台可以对经管类专业学生的教学内容和训练模式进行创新，各高校已经纷纷建立了此实训平台。但是如何利用好该平台，切实提高实践教学质量、提高学生综合素质和就业率，使仿真实验与经济管理的专业教育真正融合，还是有待深入探讨的课题。本文从跨专业仿真实验教学理念的转变和课程开发两个方面探讨跨专业仿真实验与经济管理类专业教育融合的方法，希望可以为相关领域的教学改革提供借鉴。

首先，要提高经管类专业学生的综合专业技能，必须重视实践教学这一重要环节。从教学实践来看，学生到企业中学习锻炼后很难达到预期的教学效果，所以高校需要提供多个综合性的实验平台供经管类专业学生进行实践。跨专业仿真实验课程依托跨专业仿真综合实习平台开展课程教学，该平台是一个模拟经济环境的经营仿真演练教学平台。它依托院校的基础硬件进行仿真环境设计，以企业经营与管理为主线，采用信息技术建立对抗演练环境。该平台可以同时进行多组织对抗、多人协同的模拟经营和业务运作，通过体验式综合实验教学，强化学生对产业环境、企业经营决策、企业管理、竞争对抗、业务训练等专业技能的认知，有效培养和提升学生的职业素养和创新创业能力，最终实现创新型、应用型高素质人才的培养目标。与传统的教育方式相比，它能突破空间限制，最大限度地给予学生独特的体验。仿真实验教学可以将多门课程的理论知识与实践知识相结合，将教学知识与当前的信息技术紧密结合，更好地实现资源共享，让虚拟化的实验和网络化的教育平台在实验中得到体现。对于企业来说，这在一定程度上降低了资源的投入以及实验室的投入。

其次，高校不仅需要引入跨专业仿真实验平台，而且要在实验教学功能和教学方法上构建全新的实验教学理念。实验教学功能的设计应该是包括从教学设计到评价设计的一整套完整的驱动式功能设计。同时，实验教学方法也应该顺应教学功能的改变。高校需要建立"双主"教学模式和体验式的教学方法，在多种专业背景、多种角色配合中提升学生综合能力素质，最终才能对接产业人才需求。高校应该从以下3个方面改进教学方法。第一，采用"学生为主体，教师为主导"的"双主"模式，激发学生自主学习。对于这种综合性实验课程，高校一定要改变"教师教、学生学"的被动式教学模式，要给学生最大的自由度和发挥的空间。教师只负责规则的解读，由学生主动发挥积极性、创造性地去完成工作。学生自行组建团队进行经营策划、组织与实施，发挥主体作用。教师只起到教学设计、指导、监控（激励、答疑、纠错）和评估的作用。这种"双主"的教学模式，有利于发挥学生的积极性和创造性，有利于教师分别指导和因材施教，提高实训的效果和质量。第二，采用"虚拟场景、体验式"的教法，达到"学用结合"的效果。跨专业仿真实验平台最突出的特点就是其"仿真性"，该平台通过构建模拟供应链下各企业运作的仿真环境，让学生在仿真环境中运用所学的专业知识进行企业运作的模拟演练和业务对抗。这种模拟场景使学生在环境中体验、在体验中学习，形成探究式、讨论式、沉浸式的学习环境，培养其创新型思维。这种教学模式应该注意3个问题：①体验式教学要有理论基础，学生在虚拟环境中体验的是理论的应用，而不是脱离理论的实践。②教师一定要提前设计好教学内容，用体验的方式完成教师的教学任务，从而达到教学目的。③创新考核制度，从实验过程、业绩到报告进行全方位的考核。第三，"课后反思总结"。强化体验式教学方法的重点环节是体验后的分析和总结。只有体验，没有分析和总结，就像带着学生"做游戏"一样，无法获得深层次的理性认识，更无法达到预定的教学目标。教师和学生都需要进行总结。学生要每天写好工作日志，既要对当天的工作进行分析，又要对第二天的业务开展进行规划。教师在学生总结的基础上再次进行全面总结，使学生养成总结经验教训的习惯，不断强化仿真实验的成果。

高校经管类专业信息技术知识与专业知识融合的课程教学改革是一项长期的任务，需要随着信息技术的发展而不断进行革新。因此，更加积极地探索信息技术知识与财经专业知识融合的课程教学改革，不仅是经济发展的需要，而且是高校自身发展的需要。高校必须通过深化教学改革，发挥学校、教师和学生的积极性、主动性、创造性，才能提高经管类专业学生的专业素质。

旅游管理类专业实验室建设，"工+商"融合实验室建设模式浅析

——以重庆工商大学感官品鉴实验室为例

郭文正

（重庆工商大学工商管理学院　重庆　400067）

摘　要：高校实验室建设中普遍存在利用率不高、专业之间互通性差等问题。本文结合重庆工商大学实际和旅游管理类专业的实训需求，探索出将工科院系需求和商科专业相结合的模式，提出采用"工+商"融合实验室建设模式。在新的模式下，高校能够更好地培养学生的能力并为其未来的实训和科研打好基础。

关键词：旅游与酒店专业；实验实训室建设；"工+商"融合

　　商科类实验实训是教学的重要组成部分。通过实验实训课程，教师可以更加完整地呈现教学内容，学生则可以加深对相关课程知识的理解。但是高校实验室建设长期存在一些共性问题，如安全管理等。商科类专业中旅游管理类专业具有操作性强和工作情况多变等特点。近年来，旅游行业处于高速发展中，对人才的动手能力要求也逐渐提升。在本科院校中，旅游管理类专业的培养仍然以知识积累和传授为主，对于学生的工作能力培养不足。实验实训室是补足这个短板的重要手段。

一、旅游管理类专业实验实训室面临的困境

（一）旅游管理类专业实训实验室数量不足

　　旅游管理类专业普遍面临着实验实训不足的问题。首先，相较于工商管理专业，旅游管理类专业的影响力更小、经费更少。因此，在实验室建设中，旅游管理类学院可以申请到的经费相对较少，能够用来建设相关实验室的经费往往不足。其次，旅游管理类专业实训涉及面广。旅游管理类专业可以细分为旅游管理专业、酒店管理专业和会展管理专业三个分支。旅游管理涉及导游实训、旅行社模拟经营行程规划和景区规划等；酒店实训涉及酒店客房实训、酒店前台实训和酒店餐饮实训等；会展实训涉及会展策划实训、会议模拟实训和展览模拟实训等。种类繁多的实验实训室使得很多院校在设计之初就望而却步，致使相关专业实训室建设滞后。

（二）旅游管理类专业实训室利用率不高

　　纵观全国，除了专门院校外，旅游管理类专业人数相对其他专业更少。以重庆

工商大学为例，旅游管理系包含旅游系、酒店管理系和会展系，学生共计 1 000 人。由此我们可以看出，即使是同一间实训室可供使用的学生数量，旅游管理类专业也远远低于热门专业。客观来说，这确实使院校在建设实验实训室时会担心覆盖的学生数量少、实训室使用率低，从而缺乏建设的动力。

二、国内融合实验室的建设现状

（一）重视教学与科研的融合

国内的融合实验室将重点放在教学与科研的融合上。这是因为大学实验室，尤其是理工科实验室，集中了大量的先进设备和优秀的科研人才。这不仅为许多前沿的科学探索提供了条件，而且为科研工作提供了条件。因此，许多高校实验室以此为契机，将积极促进教学与科研的融合。

（二）以技术革新为基础

由于新技术在实验室建设中的不断应用，高校实验室可以通过不断地吸收和消化新的技术，提高自身的教学效果。虚拟现实等新技术也使新的教学方式成为可能，这些技术使实验室的功能得以大大延展。

三、"工+商"融合模式与旅游管理类专业实验实训室的新探索

（一）"工+商"融合模式的可行性

作为一个工科、商科齐备的学校，重庆工商大学具备建设创新实验室的客观条件。以酒店管理专业和食品工程专业为例，这两个专业可以在现阶段融合的基础上做出进一步发展。一方面，酒店管理涉及的酒品需要搭配食品品鉴；另一方面，食品卫生和生物工程专业具备生产日常食品的能力。如果能将这两个专业的特长相结合，则可以将葡萄酒品鉴中的食物搭配完整地呈现给两个专业的学生。两个专业的学生都可以有更深刻的理解，学生可以对特定品种的红酒、白葡萄酒与食物搭配的优劣有更直观的认识。同时，学生对于不能搭配的组合也能有除了感官体验以外的数据支撑。

（二）"工+商"融合模式面临的挑战

"工+商"融合模式的挑战源自两个专业的特性。虽然这两个专业对诸多品类都有涉及，但是其教学方式、教学目的完全不相同。要打通这两个专业的壁垒，营造"工+商"融合模式相互借鉴、取长补短、共同发展的环境，需要工科类和商科类教师们共同携手打磨课程。否则，这种合作必然会流于形式，成为共用却泾渭分明的独立课程。

四、"工+商"融合模式实验实训室发展的未来趋势

自从教育部提出"新商科"建设要求以来，高校在经管类实验室建设方面做出了许多探索。"工+商"融合模式是对这一指导思想的延伸和探索。

(一) 以"工+商"融合模式实验实训室为基础的学生培养

通过"工+商"融合模式,学校相关院系能够深化相关课程改革。学校通过新的教学内容的引入,提高学生对专业知识的掌握能力。更为重要的是,学生能融入更多学科的知识,为培养复合型的人才打下坚实的基础。

(二) 以"工+商"融合模式实验实训室为基础的课程建设

以"工+商"融合模式打造特色课程。教师们相互交流,将商科知识和工科知识相结合,创造出新的课程品类,拓宽学生视野。

(三) 以"工+商"融合模式实验实训室为基础的相关科研

以"工+商"融合模式,形成更多的真实数据。通过对这些数据的实际分析,学校可以形成学术成果。这些成果可以涵盖学生和教师的教学改革论文。这既能提升学生的学术能力,又能提升相关院系的学术水平。

参考文献:

[1] 杨秀平. 旅游管理专业实验室建设研究 [J]. 实验技术与管理,2009 (6):26-6.

[2] 陈丹红,赵冰梅. 旅游管理专业实践教学的体系构建和实施途径 [N]. 沈阳航空工业学院学报,2006-12-26.

[3] 王锐,雷雨. 基于新商科背景下大学生创客实验室建设探讨:以产教一体化创客实验室为例 [J]. 知识经济,2018 (11):2.

[4] 肖泽磊,韩顺法,张镁予. 商科专业管理心理学实验室的建设 [J]. 实验室研究与探索,2012 (12):12-31.

[5] 雷鸿斌. 地方高校商科实验教学示范中心建设研究 [J]. 实验技术与管理,2015 (8):32.

基于教学大数据的新型经管类学科教学构想

陈俞霖

（重庆工商大学派斯学院　重庆　401520）

摘　要：基于大数据理念的新教学反馈模式，可以把各类教学大数据进行有机联系、深度挖掘和分析，提高教学监测和评价的质量和效益。基于大数据的教学数据收集与分析平台的开发与应用，也将为学校制定积极的发展政策和适度的奖惩政策，夯实基础，有利于实现教师分类管理，促进教师不断更新教育理念，提高业务素质和师德修养，为学校实现内涵式发展创建优良的政策空间，同时也为新兴高校教学模式改革提供了新的契机。

关键词：辅助教学；教研系统；教学变革；大数据

2018 年 4 月，教育部发布的《教育信息化 2.0 行动计划》提出要大力推进"互联网+教育"的发展。教研员作为教育教学改革的中坚力量和教育质量提升的保障力量，在教学中有赖于信息技术及大数据的运用是一个必然的趋势[1]。现代社会的发展已经迎来了大数据时代。高校从生源建设、教学条件建设、保障性资源建设、科学研究、社会服务、文化建设、就业考研等方面积累了大量的、多样的教学数据。将各类教学数据进行有机联系并进行深度分析，提高新数据生产的效率，快速进入大数据辅助教学时代，解决学校教学活动中产生的各类问题，必将成为引领学校内涵式发展、实现更高水平教学的必然选择。在传统教研中，教研员往往基于主观经验或直观认知，对区域教育事实中的问题进行模糊判断。在现代教育中，大数据技术的诞生，意味着学科教研与信息技术相融合成为可能。高校需要进一步借助信息化工具跟踪教师教学行为与课堂质量，并结合大数据技术智能化来处理教研中发现的问题，提升教学质量，最终实现教研资源、教研管理、教研行为和教研评估的转变，使教研员在主观经验不足时能够及时得到大数据技术的教学反馈与指导意见，从而提高教研员的教学质量与效率[3]。

一、学校建设进入稳定上升期，大数据技术辅助教学成为可能

在校生规模稳定、师资数量稳步提升、办学层次集中、保障条件满足、学科专业结构丰富，是学校发展条件成熟的主要标志。因此，大数据技术辅助可以驱动教学发展。在以规模扩张为标志的外延式发展阶段，学校招生规模逐渐扩大，教学的基本建设投入力度巨大，学校在校生和工程建设数据变化幅度巨大。在外延式发展结束的一段时期内，学校通过改善实验设施、增加专业数量、充实教师队伍并提高

教师教学质量、提高教学保障水平，来弥补规模扩张带来的学校教学条件不成熟的短板。考虑到师资队伍的数量，学校更不宜采取在短期大量引进教师的激进政策。

重庆工商大学派斯学院于 2003 年 12 月经教育部批准成为全日制本科独立学院，已经进入内涵式发展的成熟期，教学数据驱动教学发展的各项条件基本具备。

一是学校办学条件日趋完善。重庆工商大学派斯学院创办于 1999 年，学校办学 20 年多来，得到各级领导的关心与支持。学校的办学成就得到了政府和社会的高度评价和肯定，先后获得"重庆市学校社会力量办学先进单位"（2002 年）、"重庆市安全文明校园"（2008 年）、"全国最具品牌影响力独立学院"（2009 年）、"重庆市平安校园"（2010 年）、"全国民办教育先进单位"（2010 年）、"重庆市平安校园反诈行活动示范学校"（2018 年）等荣誉。经过 20 多年的建设，学校大力进行教学条件的建设，师资队伍、教学资源等相关教学条件也日益完善，专职教师队伍的规模、结构和质量发生了较大变化，学校进入稳定上升阶段。

二是在校学生规模趋于稳定。1999 年 6 月，第三次全国教育工作会议召开，高等教育开始走向大众化。1999 年，全国普通高校招生总数达 160 万人，比上年增加 52 万人。目前，重庆工商大学派斯学院在校学生 11 200 余人，教职工 800 余人。学校设有金融学院、管理学院、会计学院、文学与传媒学院、外国语学院、软件工程学院、基础部 7 个二级学院（部），开设了会计学、金融学、投资学、税收学、金融工程、工商管理、市场营销、审计学、财务管理、旅游管理、英语、商务英语、广播电视学、汉语言文学、计算机科学与技术、物联网工程、汽车服务工程、物流工程、房地产开发与管理等 24 个本科专业和市场营销、会计学、证券与期货 3 个专科专业。学校现有 1 个重庆市级重点培育学科（工商管理）、2 个重庆市级专业综合改革试点项目、3 个重庆市级特色专业（会计学、金融学、工商管理），是重庆市首批本科高校"会计学"特色专业建设项目中唯一一所获批的民办高校。

综上所述，学校以质量建设为标志的办学条件从 2010 年基本成熟。2018 年以来，学校办学条件完善，在校生规模稳定，办学层次集中，专业类型较多。学校累计为社会培养并输送了 2 万余名本专科毕业生。学校在办学过程中积累了海量的教学数据。

二、大数据驱动精准教研的实践案例分析及启发

通过对北京市房山区的智能教育公共服务平台教研改进案例进行分析，我们能够看出大数据技术的介入对教学产生的影响。房山区汇聚了全区 20 000 多名学生的过程性学习数据，这为教研员分析教学中存在的问题提供了全面且客观的教育数据。

（一）汇聚多维度数据，精准配置教学资源

面对区域教研需求不明确、学生疲于应对考试等问题，房山区充分利用智能教育公共服务平台，通过对多维度数据的分析，重新调整教学资源的分配，进而提高区域教研质量。例如，通过分析房山区历次物理考试成绩，我们可以发现学生的知

识掌握能力明显低于课堂要求，因此，教师要思考如何在教学过程中提高学生学习能力与教学效率。同时，房山区物理学科教研组多次发动专家组对教师进行教学培训，改变教师教学理念。此外，物理学科教研组还在每年开学初期进行数据分析，方便调整学段衔接的教研活动设计，便于新任教师了解学生个性化需求，因材施教。与此同时，房山区 40 多所学校全面开展信息化教学，记录学生学习过程中指标数据，生成学生个人学习数据报告，基于学生的个体差异来推荐与此相适应的学习资源，进而提高学生学习效率。

（二）数据驱动教学管理，精准开展区域教研

房山区通过分析学生期中、期末考试数据，为大数据分析技术提供基本数据支持，借助数据分析手段，深挖区域教学的根本问题，精准确定教研内容及目标。房山区将传统感性的教研设计与现代大数据技术结合，在数据驱动下合理规划教研重点，形成高效、合理的教研过程，为解决教育实践中的教学问题、打造学科特色奠定基础。

三、由案例启发的新型经管类学科教学构想

（一）精细化教研行为，打造经济学科特色教学模式

面对各校师资力量差异较大、教学方法陈旧等一系列问题，如何借助学科专家以及教研组的力量，分析数据背后的教学行为，找出关键教学问题，从而提升教师专业能力，树立区域典范，成为亟须解决的问题。首先，教师在课程开始前需要了解学生的优势和劣势，清楚教学的重点和难点，深入了解学生的学习需求。在这个过程中，教师可以借助大数据课堂资源，分析学生学习相关经济行为与模型的难点，从而有针对性地进行教学设计。其次，学科专家、教研员和教师共同讨论并参与教学方法的设计，基于课前诊断报告帮助授课教师明确教学目标，模拟教学情境，根据重点、难点来设计教学环节，探讨课后诊断评价测试，从而完善教学设计。

（二）依托教研评估，汇总教学问题，开展小课题研究

对在教研过程当中普遍存在的数据报告统计显示时间较长、效率低下等问题进行收集和分类整理。教师需要基于数据研究形成课题，并将其融入日常教学，深入教学探究，实现以科研视角开展教学研究的目标。例如，在专题设计与开发的小课题研究中，部分经济理论与模型比较复杂，传统的教学方式比如板书，无法使学生在课堂中有效地理解相关知识点。对此，教师需要基于课程标准要求开展微型专题设计与开发，阐述专题设计方法，解决专题设计问题。

四、运用现代信息技术，开发教学监测与评价平台，实现基于大数据反馈的教学模式改变

（一）基于现代信息技术的大数据反馈教学结构设想

图 1 为基于大数据反馈的教学模型。

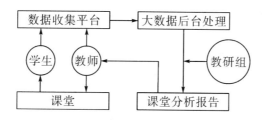

图 1　基于大数据反馈的教学模型

（二）开发教学监测与评价平台，科学地构建监测评价体系

首先要从影响教学质量的核心环节——课堂教学开始，慢慢地延伸到实践教学、毕业生跟踪；其次基于教学质量信息与教学基本状态数据，建立数据模型，为学校做出相应决策提供依据。

引入大数据分析可以提升数据样本质量。高校可以根据数据采集、数据决策架构开发数据模型，使用日常监测数据模型生成最终评价结果，使评价结果更加真实地反映教学状态，进一步使监测与评价结果应用于教学管理，不断提高教师教学能力，不断提升人才培养质量。

（1）数据收集平台：开发基于微信小程序的教学反馈数据收集平台，该平台具有成本低、易维护、普及面广以及效率高的特点。

（2）数据收集方式：定期运用 5 分钟课堂时间从学生与教师两方面收集课堂评价，然后运用数据分析手段针对不同领域的课堂以及教师对教学目标的设置来对收集到的反馈信息进行评价。

（3）大数据反馈教学：根据生成的教学评价信息，由专门的教研组来定期进行分析并给出指导意见。教师则可以根据生成的教学评价信息对课程内容进行相应的教学调整。

五、结语

课堂教学质量评价是世界性难题，哈佛大学从 1925 年开始就进行课堂教学质量评价。90 多年来，哈佛大学的教学评价仍未取得预想中的效果。重庆工商大学派斯学院开展课堂教学质量评价已经将近 10 年，近 6 个学期评价结果在 90 分以上的教师占 95%以上，评价结果显然失真从而无法评判真实的教学状态，抑制了教师发展政策和教学反馈系统应该具备的效能。基于大数据理念创立的新评价模式，将评价结果建立在大数据的基础上，评价结果更加科学。在运行模式上，绝对评价

为进行大数据分析提供了基础，相对评价为拉开教师档次提供了可能。利用过程监测数据与教师和学生的即时反馈数据生成评价结果，能够使教学过程决定课堂评价结果，实现了对课堂教学的高频过程监控与高效管理。分阶段形成评价结果有利于校院两级教学督导组提前在过程中介入督导，强化了督导工作的目的性和针对性，提升督导工作效率，提高了督导质量，挖掘出教师在教学过程中的发展潜力。大数据技术的引入，使学校、学院、部门、教师、学生能够及时获取相关评价信息，优化了教学组织与管理，便于学校制定相应政策，从而快速地提出解决方案。

同时，传统教学反馈手段需要学生针对固定的问题作出回答，耗费时间长且学生参与度较低。此外，传统教学反馈手段的反馈频率较低，很多高校采取学期反馈的方式，学生无法看到自己的评价所能带来的课堂教学质量的改变，从而参与积极性不高。基于大数据的反馈教学模型相比于传统的教学反馈模式能够做到少量多次地采样，能够让学生意识到自己的意见能够被实时反馈到课堂教学中，从而激发学生的积极性并降低总体时间投入。

大数据时代给教学变革带来了新的机会，因此如何通过数据更好地开展教研与教学是很多高校在持续研究的问题。然而，教研实践中仍然存在不少问题，如部分教研员与教师教龄较长，对信息化环境中的教研转变缺乏兴趣与积极性，致使教研效率不高。一些教研员与教师习惯于经验式教学，面对大数据时代的教学变革比较抗拒，对如何通过数据更好开展教研与教学持有消极态度。因此，转变教研员和教师观念，共同努力构建大数据时代新型教研模式，仍是值得所有教育人思索并亟待解决的重要问题。

参考文献：

[1] 郝军，王战英. 大数据驱动区域教研范式转型与变革 [J]. 辽宁教育行政学院学报，2018（5）：56-59.

[2] 李占起，王徜祥，魏淑珍. 大数据驱动精准教研 [J]. 中小学数字化教学，2020（1）：82-84.

[3] 韩力，宁镭，汪晓彤. 让教学大数据驱动教学大发展 [J]. 山东农业教育，2015（3）：23-25.

[4] 王磊，周冬冬，支瑶，等. 学科能力发展评学教系统的建设与应用模式研究 [J]. 中国电化教育，2019（1）：7.

基于实践的会计学专业课程改革研究

李潇童

（重庆工商大学会计学院 重庆 400067）

摘　要：会计学是经济管理类专业的核心教学专业，同时也是具有非常强的实践性的专业。随着社会经济和教学实践的发展，传统教学方式的弊端逐步显现。在现有教学模式下，学校向社会输送的人才现状与当今社会对应用型人才的需要之间产生了一定的矛盾。要处理好这一矛盾，高校应对会计学专业的教学课程、教学内容以及教学方式进行改革，在实践的基础上对会计学课程推行教学改革，深化在操作方法、考核过程、教学模式等方面的研究。

关键词：实践；经管类；会计学；课程改革

会计学是一门实践性很强的学科，它的研究范围既包括会计的原理、原则，探求那些能揭示会计发展规律的理论体系与概念结构，又包括会计原理和原则的具体应用。会计学从理论和方法两个方面为会计实践服务，成为人们改进会计工作、完善会计系统的指南。2018 年，教育部印发的《教育部关于加快建设高水平本科教育全面提高人才培养能力的意见》强调高校必须牢牢抓住全面提高人才培养能力这个核心点，深化教学改革，提升学生综合素质。随着时代的进步，我们要及时发现并顺应当今社会对应用型人才的需求以及教育对培养高层次专业人才的新要求，针对传统教学方式显现出的弊端，对会计学教学进行适当的改革。在此背景下，本文将以培养学生的实践能力为重点，对会计学专业课程改革提出一些可行的意见与建议。

一、会计学专业课程定位

（一）会计学行业的时代变革

曾经的会计学行业都是人工地将所有的信息进行录入整理，会计从业人员主要的工作围绕记账、做账展开。随着社会经济的发展和人工智能技术的出现，最基础的会计工作出现了由财务机器人来完成的新趋势。现代化技术的运用解放了基础的会计从业人员，进而对会计人员的业务能力提出了新的要求，那么在现有教学模式下培养出的会计从业人员所应具备的业务能力就应该进行更新和扩展，所以会计学专业的教学定位需要进行改变，以前对会计学专业学生的教学定位已经满足不了会计行业的需求。

（二）用人单位的能力需求

通过对用人单位的调查，会计学专业的毕业生在走上工作岗位之后，普遍出现了业务处理不熟练、理论知识运用灵活性差、理论知识与实际操作难以结合等问题。毕业生的业务能力与用人单位的要求存在较大的差距，这就要求必须对会计学专业的教学进行改革，因此会计学专业的教学改革迫在眉睫。

二、传统会计学教学方式的弊端

（一）偏向理论知识的传授且教学方式单一

会计学知识点多且抽象繁杂，教师在课堂教学的过程中一般以理论讲解为主，更偏向于对理论知识的解释说明，缺乏对学生理解知识的思维引导和启发，这就导致课堂教学出现了比较枯燥乏味的问题。学生对于理论知识的理解不到位，又碍于掌握会计学理论的压力进而就在学习中对许多知识点死记硬背，缺乏对知识深度的理解，进而难以在实践中灵活运用。学生学到的知识零碎且难成体系，对学科知识的整体把握不够，也使得学生在遇到问题时难以进行知识迁移，缺乏主动思考能力和创新能力，因此学生在接下来的课程学习中难以发挥学习的主动性和创造性。

（二）缺少企业实践经验

会计学作为一个实践性非常强的专业，所有的理论知识都要运用到实践中去，很多学生都存在着理论知识记得比较娴熟但很难在实际操作中游刃有余的问题，学生往往在实践过程中会发现实际操作跟自己在教室里学到的知识有着不小的差别。部分高校教师在传授知识的过程中，也只是按照教材的理论知识展开授课，缺乏结合实际案例的讲授，学生不能明确整个实际操作过程和业务流程，也不知道这门课程在未来工作中的重要性。

（三）课程考核体系单一且缺乏创造性

会计学课程开设的最主要的目的是让学生在以后的工作中能够用在书本上所学的理论知识去解决实际问题、做出经济决策。但很多高校在课程评价考核体系中仍然过多地选用最传统的卷面做账、写会计分录的方式作为考核标准，与实际的做账相差甚远，这种考核方式违背了这门课程的教学目标和初衷。

三、会计学课程的教学改革与实践

（一）定位教学目标，构建课程体系

制定正确的会计学课程教学目标是经济管理类专业会计学课程教学改革实践中的重要内容。高校应准确地定位会计学课程教学的教学目标，调整课程教学的重点，不但要培养能够运用会计学理论知识解决实际问题的应用型会计人才，而且要培养能站在管理者的角度上思考问题、有一定能力进行经济决策的管理型人才。除此之外，高校还要针对会计学专业协调性、系统性的特点，构建一套完整的包括教材、习题册、案例库、试题库在内的立体化、科学化的课程体系，同时可以建立独立的会计实验教学中心。该会计实验教学中心应科学构建集教学实训、教学实验、社会调研、专业实习、综合实习（毕业实习）、毕业论文（设计）等环节于一体的实验实践教学体系。会计实验教学中心可以围绕综合实验教学、校内仿真实习和校内创新创业实践三大主要着力点进行建设，学生在这里可以进行企业管理挑战等模拟实习。通过一系列的项目，学生便能"足不出户"了解企业实际的业务流程。再加上毕业前的校外实习经验，毕业生便具有更全面的业务能力，能更加符合用人单位的需求。

（二）完善教学方法，优化教学手段

在会计学课程的教学中，教学活动的多样化开展包括了理论教学、团队协作、随堂测试、实验教学、社会实践5个主要方面。

1. 理论教学

理论教学在整堂课的教学中可以分阶段、分环节进行，即根据理论知识背后的逻辑关系，根据学生的知识背景和学习能力水平，选择恰当的教学方法展开教学。在课堂教学的导入环节，可以选用与本节课的理论知识相关的问题进行导入或者展示案例，以设计好的层层递进的问题展开授课。这样一方面能够帮助学生快速进入状态，另一方面可以帮助学生从整体上把握会计业务实操流程。在课堂的理论知识教学中，教师可以采用讲授法、案例教学法或者多种教学方法有机结合的方式进行教学。会计学的教学虽然要多进行实践模拟，但教师对于知识点的讲授还是必不可少的。教师以自身丰富的理论知识储备在课堂上展开理论教学，相比于学生只靠自己在实践中来理解知识更加重要。没有理论基础便没有上层建筑，将基础知识悉数传授给学生，学生才能更好地进行实际运用。案例教学法是比较贴近实际的教学方法，一方面学生通过接触真实的典型案例，自主研究财务报表、企业年报、招股说明书等，在看到数字的变化和变动的趋势中展开思考，究竟是什么原因才能引发这样的结果，在研究的过程中也能激发学生的学习主动性和探索欲，学生自己切切实实研究一个案例并在实践中进行知识迁移，实现理论与实际的相结合；另一方面，在案例教学法中，学生在遇到自己解决不了的问题时，能更认真地听教师的讲解，捕捉教师在解决问题过程中所使用的的理论知识，进行深度思考，从而加深对理论知识的理解。

2. 团队协作

学生的知识背景、能力水平各不相同。由于学生个体差异性的存在，采用单一的教学方法并不能兼顾每一个学生的学习效果。如果在课堂教学中运用情景模拟法，那么学生可以在课堂上分组扮演不同的角色，亲身带入首席执行官（CEO）、首席财务官（CFO）等身份，站在不同角度发现、思考问题并提出解决方案。教师在课后可以布置小组作业，让学生将课堂上的所思所想记录下来并形成报告，每个成员从不同的角度思考问题，在这一过程中学生与学生之间产生思维的碰撞，在听取别人的观点中对自己原有的看法产生了新的思考，每个人不但可以独立思考还能吸收其他同学的观点，真正达到"1+1>2"的效果。这样不仅能巩固所学的知识，而且能大大提高学生的课堂参与积极性，从而培养学生的团队协作意识、表达和交流的能力。

3. 随堂测试

随堂测试对于教师来说能直接快速地了解教学中学生对于知识点的掌握程度，有助于教师及时发现教学过程中存在的问题，找到学生学习的疑点、难点，再有针对性地进行补充讲授，也有利于教师掌握学生的学习水平和教学进度，针对学生的特点改进接下来的教学方式。从学生的角度来说，随堂测试能提高学生上课的专注度，对学生的课堂学习起到监督和督促的作用，从而提高学生课堂学习的效果。随堂测试也可设置一些开放性的问答，让学生集思广益，在交流的过程中碰撞出新的火花。教师可以要求学生在课后将观点整合成一篇小论文，这样不但能加深学生对课堂知识的理解，还能达到课后回顾的效果，同时锻炼学生的整合能力和概括能力。

4. 实验教学

对于刚接触会计基础的学生来说，实验教学显得尤为重要，许多会计学专业学生两三年都没有见过真正的会计凭证和明细表，因此学生缺乏在实践中运用理论知识的过程，这对于理论知识点的记忆清晰度和准确度便会产生负面的影响。实验教学可以让学生将理论与实践相结合，一方面有利于学生对理论知识的掌握，提高对知识记忆的准确性，另一方面也能提高学生对课程知识的系统性掌握，帮助学生自主构建知识体系。教师可以让学生按照出纳、制单、稽核、记账等不同的岗位进行分工协作，定期轮岗；小组成员可以在沟通交流中体会各个岗位之间的合作与制衡，这样不但能提高学生的动手能力，而且能增强团队的凝聚力，树立正确的会计职业道德观，提高会计职业素质。

5. 社会实践

实验教学大多在教学的初级阶段实施，随着学生学习内容的不断丰富，简单的实验教学可能不能满足部分学生的实践需求，因此社会实践是十分重要的。学生在社会实践的初期可能会遇到困难，但社会实践确实是学生积累实战经验最高效的方法。学生通过接触真实的项目，完成主管人员分配的任务，可以极大地提高自身的动手实践能力，培养主动思考的意识，这是课堂教学难以达到的效果。学生通过主动思考、完成项主管分配的工作，不但能从实践中巩固所学的知识，而且能学习一些课堂教学中学不到的知识。

（三）创新考核方式，建立考核体系

会计学专业的课程评价标准应当注重评价标准的多元化和评价主体的多样化，在注重结果的同时更加注重过程。对于学生的评价考核不能以单一的传统卷面考核为准，只采用传统的卷面考核方法会偏离课程的初衷。对学生的考核方式应该更多样化，更注重学生的学习过程，可分为课程考核和期末考核。课程考核具体分为平时表现、技能项目、随堂测试、课后作业、案例汇报和结课考试。应该加大课程作业、技能测试考核力度，例如课程作业、技能测试考核可占最后总成绩的40%，其中包括出勤（5%）、随堂测试（10%）、技能测试（5%）、课后作业（10%）以及案例汇报（10%）。期末考核的内容和题型也要突出能力评价，提高主观题占比，可提高至80%。其中，一般业务题占50%，综合类题目占30%，剩下的20%是以记忆为主的客观题。当然，期末考核也不一定是卷面考核，也可以以案例为考

题，让学生主动探索研究，最后以课程论文的形式提交，根据论文和学生答辩汇报的总体情况来决定学生的期末考核成绩。这样不但能了解学生对于课程内容掌握的情况，还能将案例融入考核，提高学生分析问题、解决问题的能力，培养学生的创新能力和判断能力。所以科学的课程考核体系、多样化的考核方式，对于提高学生整体能力是必不可少的。会计学专业的课程考核评价标准一方面要对学生的学习进行考核评价，另一方面也要对教师的教学进行考核评价。在对教师教学的考核评价中，学校可以针对教师的理论讲授、教学方法使用等方面展开评价。

四、结语

教学改革需要增强学生的主观能动性，提高学生的创新性和积极性，不拘泥于课本，其目标就是为社会输送其所需要的人才。实践是认识的基础，实践是认识的来源、目的和归宿。会计学的教学不能脱离学生的实际需求，也不能脱离社会的需求。实践是检验真理的唯一标准，会计学专业的课程改革创新是适应社会经济和时代发展的必由之路。会计学作为一门工具性的学科，更应该从实践出发，适应社会经济的发展和时代的进步，与时俱进，在学校教师和学生的共同努力下，为社会输送更多能适应中国特色社会主义市场经济发展需要的管理型、全能型高素质人才，为祖国的建设添砖加瓦。

参考文献：

[1] 李玉兰. 以能力培养为导向的《会计学原理》课程教改研究 [J]. 教学研究，2019，42（3）：70-74.

[2] 刘玥. 互联网+下《初级会计学》教改方案探讨 [J]. 科技视界，2018（18）：113-115.

[3] 邹丽. 应用型人才培养模式下会计学课程教学改革模型的构建 [J]. 商业会计，2013（21）：128-129.

[4] 赵祺. 应用型人才培养模式下《会计学原理》课程教学改革研究 [J]. 鸡西大学学报，2016（11）：8-10.

[5] 李桂荣，戎来. 课程教学范式改革中的重点难点问题研究 [J]. 河北经贸大学学报（综合版），2017（6）：83-87.

浅析能力培养的经管类
专业实践教学体系构建

毛 萍

（重庆工商大学经济学院 重庆 400067）

摘 要：学生对于理论知识的掌握程度要通过实践环节才能得以检验。通过实践性教学，我们能帮助学生发现问题，巩固专业知识。学生实践能力的培养，对学生日后的就业创业有很大的帮助。本文通过分析高校经管类专业实践教学的重要性，重点探讨了其当前的发展现状和取得的教学效果，总结其实践教学体系存在的一系列问题，并针对其实践教学体系的构建提出了相关的策略。

关键词：能力素质培养；大学生；实践教学；体系构建

一、引言

当前我国经济高速发展，国内外经济贸易日益频繁，这对我国经管类专业毕业生的职业能力水平有着更高的要求。高校要积极顺应社会经济发展对学生综合能力的需要，培养一批专业素质高、职业能力强的经管类人才。因此，学校要加强对学生的实践性教学，推动理论教学与实践教学相结合，全面提高学生的专业能力，以促进社会经济的发展。而高校经管类专业实践教学体系的建构是众多经管类教育工作者值得深思的问题。

二、高校经管类专业实践教学体系构建的重要性

（一）推动高校培养目标的进一步实现

高校经管类专业的目标就是让学生全面掌握专业知识技能，提升综合能力，实现更好的就业创业目标，同时为社会经济的发展作出贡献。学校实践教学体系的构建，使得学生在学习理论知识后能进行专业技能的实践。在实践中不断巩固专业理论知识，也能推动学生综合职业能力的提升，为学生的就业和创业提供有效的保障，进而推动高校培养目标的进一步实现。

（二）提高学生的岗位适应性

高校的实践教学能够帮助学生提高其岗位适应性。许多学生在就业后需要直面岗位业务，单位要求其必须尽快掌握众多的岗位技能，且较多单位为了节约资源不

再提供岗前培训，因此学生需要直接负责相关工作。这时，高校实践教学的益处就充分体现出来了。学生在理论课程结束后由老师引导进入实践教学环节，在这一环节中，学生的实践项目大多是针对本专业就业所需的职业技能的锻炼，能够培养学生熟练掌握各种职业技能，使其能迅速适应岗位需求。

（三）提升学生的综合职业能力

在学校的实践教学过程中，有些项目需要几个人共同合作来推动项目的圆满完成，有利于培养学生的团队协作意识。实践教学过程更加注重学生主观能动性的发挥，有利于培养学生的创新意识和创新精神。此外，高校实践教学在一定程度上能够实现与用人企业的对接，提前让学生体验企业的经营与管理全过程，不断提高自身的职业能力。

三、高校经管类专业当前实践教学的现状分析

目前我国高校的实践教学形式主要有以下几种：专业课的实践教学、寒暑假期间的专业性社会实践活动、专业知识技能竞赛以及大学生就业创业大赛等。这些实践课程和实践活动的开展，能满足学生的多样化诉求，对培养经管类学生的专业能力，促进其全面发展有着重要的意义。

当前高校经管类专业的课程实践范围较广。教师与学生踊跃参加社会实践教学，能有效保证社会实践教学的有序进行。学校实践课程大多安排在学期的前几周和后几周，共计两周时间。实践教学的形式有以下几种：专业课实践教学、校内实训、校外合作单位实习以及开展学科竞赛等。各类实践活动对学生而言能起到不同的作用。专业课的实践教学能帮助学生进一步提高专业技能，提高其思考问题、解决问题的能力；寒暑假期间的专业性社会实践活动大多在校外单位进行，能够有效提高学生的岗位适应性，让学生提前熟悉就业单位的相关岗位知识，熟悉企业的相关经营流程，在相关的实践活动中，不断提高人际交往能力、岗位环境适应能力。

四、实践教学效果调查与分析

（一）实践教学实施

有近八成的学生对学校实践教学的实施比较满意，但还有近两成的学生对学校实践教学实施不太满意。他们认为实践教学的老师数量较少，老师的精力有限，没有或很少主动与学生进行交流，无法完全知晓学生实习过程和质量，教学无法具体落实到每一个学生，使得整体的教学效果不太理想。实践教学依然沿用传统模式，学生的积极主动性不高，学习兴趣不够浓厚。这都说明学校实践教学的实施需要采取有力措施来加以改进。

（二）实践教学师资水平

专业能力突出的老师对实践教学的指导以及学生在实践教学中的成长都有着莫大的帮助作用。当前，高校中许多学生认为开展实践教学的课程指导老师能力水平和专业度不够，无法在教学过程中给学生提供良好导向。因此，学校需要迫切提高

实践教学的师资力量和教师的能力水平及教学水平。

（三）实践教学的时间安排

学校实践教学的时间一般是由学校统一安排的，但有时候会与学生的其他课程产生冲突。因此，学校应该对学生的课程进行综合分析，将实践教学环节安排在恰当的时间，这样学生就有充足的时间全身心地投入到实践教学中。

（四）实践教学的基础设施

众多学生认为学校实践教学的基础设施不够完善，无法满足现代化实践教学的需求，而导致实践教学流于形式化。所谓实践教学，重点就是学生的动手实践，但由于学校设施方面的局限，实践教学环节大多由老师理论讲授并进行简单演示，而学生没有材料和设备可以使用，以致无法下手，实践教学彻底流于形式，教学水平相当低。

（五）实践教学方式

学生对学校实践教学的方式都有不同的看法，大部分学生希望学校在开展实践教学的同时能一步到位帮助其联系或者指定专门的实践单位，并在其实践过程中提供专门指导。还有少部分学生觉得实践就是要自己独立参与并完成，因而希望学校只提出实践的相关任务和要求，后续的一切都由自己来完成。

五、经管类专业实践教学中存在的一系列问题

（一）实践教学脱离专业实际

当前许多高校经管类专业实践教学脱离专业实际现象严重，学校没有针对学生的实践教学课程来制定具体的专业教学目标，而直接由指导老师随意给学生指定实践教学的任务，这样容易导致学生的实践教学脱离专业实际，无法在实践的教学中培养学生的专业技能。

（二）实践教学环节缺乏整体规划

学校为了加强经管类专业学生与企业相关岗位的对接，在教学环节设置了多样化的实践教学手段，如校内实训、校外实习、企业对口的岗位实习等，但学校没有根据学生的发展实际制定整体的教学目标和教学规划。因此，整体的实践教学效果不太理想。

（三）校外实习基地少

由于企业接纳能力有限，学院会压缩实习时间，将企业现场实习实训、参观等改为线上或校内讲座。因此，还会存在以下问题：实习单位不对口，学生提供的实习材料不够完善，实习日志专业性不突出，实习单位没有对学生进行更多的指导。

六、基于能力培养的经管类专业实践教学体系构建策略

（一）从整体出发，制定具体的培养目标

学校实践教学体系的构建应该把提高学生的综合职业能力作为整个实践教学环节的具体目标。根据这一目标，学校需要明确各实践教学阶段的教学内容，全方

位、多层次地培养学生的能力，为学生的就业创业打下坚实的基础。

（二）校企合作开展多渠道的实践教学

学校应与企业进行校企合作，大力开展多种渠道的实践教学，比如在校内构建实训基地从而加强与企业的合作。企业方提供相关工作岗位给学生进行对口实习，在真实的工作环境中全面提高学生的综合职业能力，从而提高其就业的岗位适应性。

（三）建立专门的实践教学考评制度

实践教学的考评与传统的学业考试测评有着很大的不同，不仅考查学生对专业知识技能的掌握程度，而且对学生的动手能力、分析问题和解决问题的能力、创新意识以及团队合作能力都有着严格的要求。因此，学校要建立专门的实践教学考评制度，将实践教学环节中学生的参与度及其表现都作为考评的重要参考。

（四）规范实习日志

学生实习日志应杜绝流水账和杜撰，必须细化梳理每天的工作内容和自己的感悟。除了工作场景照片、工作成果照片或扫描件、复印件外，动态影像也可以附在实习材料中。

七、结语

综上所述，经管类专业的实践教学环节能帮助学生更好地掌握专业技能，锻炼其动手实践能力，进一步巩固其专业基础，从而全面提高其综合职业能力，以实现学校培养目标的要求。因此，学校要积极探索，加强实践教学体系的构建，全面培养学生的职业能力。

参考文献：

［1］牛红军，张丙乾，董继刚. 以创新能力培养为导向的经管类专业实验实践教学改革探索［J］. 实验室科学，2012，15（1）：31.

［2］牟燕妮. 基于创新创业能力培养的经管类专业实践教学体系构建［J］. 佳木斯职业学院学报，2015（7）：267.

［3］辛云鹏，李宏卓，姚姝伊. 基于能力培养的经管类专业实践教学体系构建研究［J］. 北方文学，2019（1）：150.

资产评估实训课程教学
存在的问题及对策

徐 茜 聂 金

（重庆工商大学会计学院

重庆华康资产评估土地房地产估价有限责任公司 重庆 400067）

摘 要：在立德树人理念的指导下，资产评估专业目标及课程教学目标需要与时俱进。在此基础上，本文针对资产评估实训课程教学存在的问题，如未引入思政理念、实训操作缺乏灵活性、不利于提升学生专业能力以及未引入新兴技术等，提出了相应的解决对策。

关键词：资产评估实训；问题；对策

一、资产评估专业目标及课程教学目标需要与时俱进

培养什么人、怎样培养人、为谁培养人是教育的根本问题，立德树人成效是检验高校工作的根本标准。落实立德树人根本任务，必须将价值塑造、知识传授和能力培养三者融为一体、不可割裂。资产评估专业的专业目标、课程教学目标都要与时俱进，适应新时代育人要求。

（一）资产评估专业的目标

资产评估专业的目标应将价值塑造、知识传授和能力培养三者融为一体，落实立德树人目标；培养具有社会主义核心价值观，适应社会主义市场经济发展需要，政治素质过硬、理论基础扎实、知识面广、专业能力强、富有创新精神，具备良好职业道德修养，能够在资产评估领域胜任专业工作的高素质、复合型管理人才。学生毕业后，要能够胜任资产评估公司、金融机构、政府财税管理及国有资产管理部门、企事业单位财务和资产管理部门的资产价值评估与投资管理等实际工作和科学研究工作。

（二）资产评估实训课程的教学目标

资产评估实训课程的教学目标不仅仅是能力目标，而应是能力目标和思政目标的统一。

1. 能力目标

（1）基础能力：第一层次能力要求，包含诚实守信、基础知识、信息收集及处理、沟通能力等。

（2）支撑能力：第二层次能力要求，包含职业道德、专业相关知识、协作能力等。

（3）执业能力：第三层次能力要求，包含专业素质、专业技能、项目管理能力。

2. 思政目标

2016 年，习近平总书记在全国高校思想政治工作会议上强调"要坚持把立德树人作为中心环节，把思想政治工作贯穿教育教学全过程，实现全程育人、全方位育人"。思想政治教育工作必须贯穿学生的学习生涯，从而培养合格的高水平、创新型人才。按照教育部《高等学校课程思政建设指导纲要》精神：把思想政治教育贯穿人才培养体系，全面推进高校课程思政建设，才能发挥每门课程的育人作用。资产评估专业的课程思政目标可以概括为 4 个方面：①培养爱国主义情怀，防止国有资产流失；②增强法治意识，依法执行评估业务；③培育和践行社会主义核心价值观，树立正确的价值判断标准；④强化职业道德教育，讲诚信，守规则。

二、资产评估实训课程的现状及问题

目前，我校针对资产评估专业大三学生开设资产评估实训课程，实训内容通过福斯特软件来完成。其实训内容包括单项资产评估和整体资产评估。单项资产评估包含房地产评估、机器设备评估、无形资产评估和长期股权投资评估。该软件的功能特色是操作仿真、岗位仿真、流程仿真、业务仿真和数据仿真。教师可以对班级进行分组、跟踪指导和在线评分，学生可以实现一人一岗、一人多岗等分工协作。目前资产评估实训存在的主要问题如下：

（一）资产评估实训未引入思政理念

资产评估是一项实务性很强的技术工作，因此长期以来，资产评估实训课程注重如何完成一项具体资产评估业务，如评估具体的资产，注重资产评估程序的设计、资产评估方法的选择以及资产评估报告的撰写等。但是要做好资产评估，最重要的是清楚资产评估服务的目的、资产评估需要遵守的相关法律法规及职业道德准则。过去，我们没有强调将思政理念融入专业课程，因此资产评估实训内容缺乏思政理念的融入。

（二）资产评估实训操作缺乏灵活性

目前的资产评估实训通过软件来完成。软件按照不同资产的类别设置评估案例，每个案例的评估资料是固定的，学生只需要按照设定的程序要求操作，将需要的内容进行复制粘贴即可。而现实中资产评估业务的影响因素很多，尤其是外部环境因素变化，如新冠肺炎疫情的突然暴发，导致执行资产评估业务的评估程序需要进行调整。所以软件设定的评估案例缺乏灵活性，实训预期效果不够理想。

（三）实训案例不利于提升学生专业能力

由于福斯特软件采用的案例分析资料是将评估业务设定在特定情境中，是静态的，学生只需要根据案例提供的信息去选择评估方法、评估参数，最后做出评估结论。但实际上资产评估处于特定情境中，不同的情境会使资产价值发生变化。实践中，学生需要去识别情境，并对情境变化可能影响价值的资料进行深入分析，有时候一点小变化都可能使评估结果产生很大差异。因此，目前实训案例不利于培养学生的实践能力。

（四）实训未引入人工智能等新兴技术

互联网技术、大数据、人工智能正在改变着不同行业的经营管理方式。新形势下，资产评估工作也会随之发生变革，资产评估工作模式正不断朝着智能化、多元化方向发展。当前资产评估实训课程尚未引入新兴技术，学生们对云计算、大数据和人工智能等新兴技术不够了解，难以适应社会技术的飞速发展，容易被时代淘汰。

三、对策

（一）实训案例中贯穿思政理念，集思政与专业于一体

资产评估专业人才是市场经济的看门人，需要拥有正确的价值观。教师可以通过对福斯特软件中的案例资料进行补充或者引入新实训案例的方式将思政理念融入其中。思政理念融入方式包括画龙点睛式、案例穿插式、专题嵌入式、隐性渗透式、讨论辨析式等，教师可以在一个案例中灵活运用多种融入方式，起到润物细无声的效果。教师可以布置课前案例阅读作业，把案例内容涉及的爱国主义、宪法法治等理念传达给学生；在实训过程中通过案例穿插式和讨论辨析式，让学生思考：实训案例中涉及评估岗位的职责是什么？评估人员在哪些评估环节上违规？教师在点评中以画龙点睛式指出有爱国之心、有社会主义核心价值观的评估人员才能在评估中自觉维护国有资产及其公共利益，从根本上制止国有资产流失。在完成实训报告环节，教师应该要求学生阅读《资产评估职业道德准则》、与实训案例相关的资产评估执业准则。

（二）创建真实评估场景，提升学生体验式感受

实训的目的是让学生通过真实的评估实践来融会贯通所学的评估专业知识。因此创建真实的场景至关重要。资产评估实训课程不能仅仅局限于学校实验实训室，而应增加校外实习基地，并鼓励学生积极参加全国的资产评估实务比赛。学校可以给学生提供现实环境中的真实项目，增强学生的体验性，培养学生创新思维及分析解决实际问题的能力，进而提高学生的就业竞争力。

（三）创新实训模式，提升学生创新能力

资产评估实训要为创新创业服务，从而不断提升学生创新能力，一个行之有效的方法就是由学生自己开发评估案例。教师可以先把学生划分为若干小组，指定一个主题，让学生通过现场调查、网络等途径收集评估资料，确定评估方法，规划评估程序，编制资产评估报告。教师应该鼓励学生参与科技创新，学生可以通过选择科技创新课程、参加科技竞赛，用资产评估专业技能为科技创新服务，这也是资产评估实训的应用和拓展。

（四）引入新兴技术，开展智能评估

资产评估实训项目涉及的学科知识多，涉及的工作量大，内容繁杂。目前人工

智能、大数据和云计算新兴技术的兴起，对解决资产评估实训项目现实问题十分有效，而且能提高实训效果，如云估值 App 的应用可为资产评估人员实时采集和传回所需信息，极大提升资产评估工作的效率；大数据资源使得信息收集变得便捷高效，资产评估人员可以顺利获取大量实例数据进行分析，提高评估结果的客观性与准确性；新型资产评估软件可以为日常估值工作的开展提供便利。资产评估实训课程要引入人工智能、大数据及云计算方面的技能训练，让学生适应新时代的发展特点。

参考文献：

［1］董春生，彭东生. 基于评估实务的资产评估专业（林业产权评估方向）实训体系构建［J］. 科技信息. 2009（6）：21-22.

［2］王磊钦. 资产评估专业教育的探讨：基于大数据与人工智能科技背景［J］. 中国资产评估，2019（7）：35-37.

关于资产评估实训引入自做自编案例的思考①

温蓓 徐茜

（重庆工商大学会计学院 重庆 400067）

摘 要：资产评估非常强调理论和实践相结合，资产评估实训是提升学生资产评估实践技能的重要环节。为了帮助学生掌握资产评估实操性专业技能，学校在资产评估实训中引入了学生自做自编评估案例。本文分析了引入学生自做自编评估案例的优势，对自做自编案例的具体实施以及学生收获进行了论述。

关键词：资产评估实训；自做自编案例

资产评估非常强调理论和实践相结合，资产评估实训是提升学生资产评估实践技能的重要环节。本文为了帮助学生掌握资产评估实操性专业技能，以学生为主体，发挥学生能动性，引导学生从现实生活中选择评估对象，依据所学知识进行实地评估并编制成评估案例，使其专业能力得到质的飞跃。

一、资产评估实训引入自做自编案例的优势

资产评估专业实际操作性强，需要一定的经验积累。因此，在资产评估实训中引入自做自编评估案例变得尤为重要。在这种模式下，学生们通过分组确定评估方案，小组内部进行分工，然后按照评估程序实施评估，形成评估结论和资产评估报告，最后在课堂上进行分享。

（一）自做自编案例综合性强

同学们在选择自编案例时，其具体评估对象的选择体现了较强的针对性。如果评估对象为商标权，则案例是无形资产评估；如果评估对象为进口机床，则案例是机器设备评估。而综合性体现在自做自编案例的全过程。资产评估是一项综合性很强的技术工作，涉及法律、财务、税收、估值等多方面的知识，要求学生不仅要掌握专业知识，而且要掌握其他相关的知识。在自做自编评估案例的过程中，学生需要查找和学习很多知识，其综合素质会得到极大的提升。

（二）培养学生动手能力、实践能力和社会能力

自做自编评估案例以真实案例为基础，首先要查阅类似评估项目的评估情况，结合评估项目的特点制订评估计划；其次需要学生到现场勘查评估对象，要与委托

① 本文得到重庆工商大学教育教学改革研究项目"'大智移云'驱动下财务教学模式变革的探索与实践"（项目号：2020302）的资助。

方及被评估方进行交流沟通；最后要收集和分析评估资料，选择评估方法，编写评估报告。在整个过程中，学生不仅需要具备扎实的专业知识，而且需要具备较强的动手能力、实践能力。

（三）学生综合素质整体提高

自做自编案例是学生综合素质的集中体现，它要求学生深刻理解和掌握评估基础理论及互联网等新兴技术。除了以上条件，团队成员还需要充分沟通协调，才能够顺利完成自做自编评估案例。

二、学生自做自编案例的实施

（一）自做自编案例前的准备工作

自做自编案例前的准备工作分为两个部分，即知识准备和组织准备。知识准备又涉及专业知识准备和技术准备。专业知识准备要求学生能熟练运用 3 种基本评估方法；掌握资产评估必须采取的评估程序的内容及各程序的重点；熟悉与资产评估相关的法律、法规。技术准备包含资产评估软件的操作，熟悉基础的大数据分析技术等。组织准备是指确定每组人数，让学生采取自愿组队的方式，分成若干小组，每个小组需要完成一个自做自编案例。

（二）确定评估对象和范围

每组需要根据实际情况，选择评估类型，如动产评估、无形资产评估、不动产评估、企业价值评估等；然后再根据收集资料的情况来确定具体评估对象及评估范围。以无形资产评估为例，明确评估对象要着重明确 4 个方面的问题：一要根据引起资产评估的具体经济行为，明确评估对象是知识型无形资产、权利型无形资产、关系型无形资产或其他哪种类型的无形资产；二要明确评估对象是有专门的法律保护无形资产还是无专门法律保护或法律不保护无形资产；三要明确无形资产是自创无形资产还是外购无形资产；四要明确无形资产是可辨认无形资产还是不可辨认无形资产。

（三）确定评估目的及价值类型

为实现不同的评估目的，同一评估对象可能会在评估价值前提、评估价值类型、评估技术参数和评估方法方面有所不同，进而导致评估结果的差异。因此确定明确的评估目的至关重要。

（四）选择评估方法

成本法是指按照重建或者重置被评估对象的思路，将重建或者重置成本作为确定评估对象价值的基础，扣除相关贬值，以此确定评估对象价值的评估方法的总称。成本法包括多种具体方法，如复原重置成本法、更新重置成本法、成本加和法（也称资产基础法）等。成本法应用的前提条件通常有 3 个：①评估对象能正常使用或者在用；②评估对象能够通过重置途径获得；③评估对象的重置成本以及相关贬值能够合理估算。收益法是指通过将评估对象的预期收益资本化或者折现，来确定其价值的各种评估方法的总称。收益法包括多种具体方法，如增量收益法、超额收益法、节省许可费法、收益分成法等。收益法应用的前提条件包括：①评估对象的未来收益可以合理预期并用货币计量；②预期收益所对应的风险能够度量；③收益期限能够确定或者合理预期。市场法也称比较法、市场比较法，是指通过将评估对象与可比参照物进行比较，以可比参照物的市场价格为基础确定评估对象价值的评估方法的总称。市场法应用的前提条件有 2 个：①评估对象的可比参照物具有公开的市场以及活跃的交易；②有关交易的必要信息可以获得。

在充分掌握以上 3 种方法的原理后，结合案例制作的实际情况，确定评估方法。每组在实训报告书上需要明确写出选择该评估方法的原因。

（五）确定评估步骤

每组需要根据案例实际情况及已确定的具体评估方法来思考并确定具体的评估步骤。如果评估对象为无形资产，其具体评估步骤如下：

（1）与委托方接洽后，明确无形资产评估目的。评估人员根据本次案例项目经济行为的特性确定评估目的、评估对象及价值类型；对评估对象及范围的具体内容进行初步了解，与委托方协商确定评估基准日，拟订评估计划，签订评估委托合同。

（2）完成前期准备工作，按照《资产评估执业准则——资产评估程序》的规定，指导产权持有单位清查资产，进行企业盈利预测，填报相关表格。

（3）评估人员进入评估现场，开始进行现场勘查，通过询问、核对、勘查等方式进行必要的调查，了解资产的经济技术使用情况和法律权属状况，分析评估对象的具体情况，验证各项资料是否真实、完整，并对资产法律权属状况给予必要的关注。

（4）按照评估相关的法律、准则、取价依据等规定，根据资产具体情况分别采用适用的评估方法，收集市场价格信息资料并以其作为取价参考依据，对核实后的账面价值进行评定估算，确定评估值。

（5）评估结果汇总，分析评估结论，撰写评估报告。

（六）评定估算过程

在通过各类评估技术途径和方法得出被估无形资产的初步评估结论后，评估机构和评估师需要做必要的检查和测试，避免因参数选用或模型运用偏差导致评估结论有误。在无形资产评估实务中，通常采用三级复核的方式对评估初步结果进行审核，以便为出具评估报告做好准备。

（七）编制资产评估报告

在撰写评估报告的过程中，应当坚持理论联系实际和繁简有序原则，在保证评估报告的专业性和质量的基础上，尽量做到通俗易懂、便于阅读。评估机构在提交评估报告后，还需要根据相关评估准则的要求，及时整理评估工作底稿，并与评估报告一并形成评估档案。例如，无形资产评估报告的撰写应该符合《资产评估准则——无形资产》和《资产评估准则——评估报告》的要求，应该着重阐述评估结论产生的前提、假设及限定条件，各种参数的选用依据，评估方法使用的理由及逻辑推理方式。无形资产评估报告的撰写应当清晰、明确和客观，避免误导。

（八）宣讲及互评

每组将制作好的资产评估报告在实训课堂上宣讲，然后由同学们互问互答，展开互评，彼此交流，查漏补缺。

（九）完善自做自编案例

每组在认真阅读互评信息后，根据提出的问题对资产评估报告进行修改完善，最终形成自做自编案例。

三、学生收获

如果在资产评估实训中让学生自做自编案例，学生待收获颇丰，这主要体现在以下几个方面：第一，对关键点（评估的基本事项、评估方法的选择、成本法模型及参数确定）的把握由感性认识走向理性认识；第二，不仅能使学生系统了解所选评估对象的整个评估过程，而且能使学生接触到特定因素对被估对象价值的影响；第三，学生能将评估方法的相关理论和案例的实际情况相结合，灵活使用评估模型及参数估算，充分提高学生实际操作能力，提升学生面对复杂评估业务时的应对能力；第四，鼓励同学们采用估值软件（云估值 App 等）以及大数据技术，提高信息收集的速度，提高评估结果的客观性和准确性。

参考文献：

[1] 张采英，刘洋. 资产评估模拟实验教学的可行性分析及实践探索：以内蒙古财经学院为例. 财会通讯，2009（7）：3.

人工智能在会计实训课程中的应用

徐 茜 彭玺匀 吕吉潇 颜小沆

（重庆工商大学会计学院 重庆 400067）

摘 要：人工智能技术的持续发展已成为不可逆的趋势，其不仅引发了行业的巨大变革，而且引发了高校会计实训课程的变革。本文分析了将人工智能引入会计实训课程的意义，找出了传统会计实训课程存在的问题，并在此基础上探讨了当前人工智能在会计实训课程中的四大应用。随着人工智能技术的进步以及与会计专业知识结合的紧密度进一步加强，其应用会不断发展并变得更加灵活，与社会实际工作的联系也会更为紧密。

关键词：人工智能；会计实训；应用

一、人工智能引入会计实训课程的意义

（一）提升会计实训课程质量

传统会计实训课程没有引入人工智能。会计实训课程需要同步更新，引入人工智能、大数据才能增强学生对财会数据的管理能力和分析能力，培养学生在智能化环境下的计算机软件和财会软件实操能力，为未来进入企业从事财务工作奠定基础。

（二）培养学生战略分析思维

根据美国注册会计师协会（AICPA）对会计学专业人才的要求，会计学专业学生应具备三项基本素质：一是专业能力；二是良好的职业道德；三是敏锐的战略分析思维。战略分析思维难以直接通过学习理论知识来培养，因此就需要进行专业的实操训练，而人工智能实训是培养学生战略分析思维的绝佳途径。引入人工智能的目的是帮助会计学专业的学生利用人工智能迅速完成烦琐、冗长的做账过程，培养学生站在企业战略的角度去规划公司未来的发展之路，并在人工智能辅助下迅速提供公司财务数据并进行风险分析，从战略层层面做出合理的管理决策。

（三）帮助学生积累实战经验

会计学专业的学生可以将理论知识运用与会计实际操作相结合，培养综合技能。因此，参加各种类型的商业大赛，无疑是检验和巩固人工智能实训课程学习效果的最佳方式。会计学专业学生可以参加各类商业大赛，比如安永 Go Beyond、毕马威商业案例分析、德勤精英挑战赛等。商业大赛不仅能培养学生实际软件的操作技能，比如用 Excel 画一些商务风的图表，用 PS 做宣传海报，用 Python 采集数据，

而且能培养学生思维层面的软技能，如行业分析能力、案例分析能力、数据建模能力、战略规划能力等。更重要的是，这些商业大赛可以提供直通实习机会，极大丰富学生的实践经验。

（四）增加就业率

大多数企业为了适应时代发展，大量引进人工智能技术，导致大量财务人员下岗，也迫使财务人员转型升级。因此，企业需要的不再是只会简单重复做账的财务人员，而是具有战略思维的中、高层财务人员。作为会计学专业学生，在迅速变化的时代，我们必须紧跟"人工智能+"的行业发展浪潮，掌握人工智能相关技术，成为适应时代发展的复合型人才。只有这样，我们才能形成竞争优势，满足社会发展的需要，提高就业优势。

二、传统会计实训课程存在的问题

（一）财务软件和新兴技术运用不足

各大财经类高校的会计实训课程很少引入新兴技术，学生对云计算、大数据和人工智能等新兴技术不够了解。部分高校虽设有会计学专业专用机房，但是配套的会计软件跟不上时代发展的步伐，也未引入人工智能，难以适应社会的飞速发展，容易被时代淘汰。换句话说，传统的会计实训课程所运用的软件和技术仍然没有更新发展，仍旧是多年前开发的产品，没有引入新兴的人工智能技术，所以即使会计学专业学生将基础知识掌握得再扎实，也难以实现理论与实际的灵活转变，难以解决现实中新的财务问题。

因此，在传统会计实训课程中，学生运用的新兴技术越少、接触的财务软件越少，就会对这个时代的会计发展越生疏，不能实现会计实训课程真正的价值。

（二）手工做账比重高

在传统的会计实训课程中，还没有大范围实现会计电算化，学生只能接触到手工凭证。手工凭证处理设置了登记明细账、总账等环节，使得记账凭证上的数据被多次转抄。同一数据的大量重复，不仅造成存储浪费，而且容易导致数据的不兼容，因此时常会发生账证不符、账表不符的现象。

总的来说，传统的会计实训课程偏重手工做账，学生在一叠叠会计凭证中填写、核对企业的经济业务，转抄错误和计算错误都难以避免，因此其准确性较差；而且，账务处理的工作量很大，再加上手工处理速度缓慢，因此账务处理的整体速度较慢。传统的会计实训课程效率较低，难以让学生在短期内掌握会计实操的知识。

（三）实训范围狭窄

传统的会计实训课程只是针对企业经营的会计年度的经济业务进行处理，学生在模拟做账时，并不能全面地了解企业的经营背景、适用的折旧方法、职工薪酬及福利等情况，因此只能了解到企业局部的财务信息。而且，在一个会计年度内所发生的经济业务是有限的，学生们在会计实训课程中对局部的会计业务进行处理，只能巩固他们所学到的部分理论会计学知识，并不能真正了解企业的整体运行情况。

因此，传统的会计实训课程只能培养学生局部的、片面的财务思维，难以形成全面的财务全局观。

（四）缺乏系统的课程规划和考评体系

部分学校的会计专业实训课程只是将知识进行拆分，缺乏综合规划；或者受到客观环境的限制，只能进行单项训练。会计实训课程的单一化，重、难点不突出，缺少系统性课程规划，不利于学生综合能力的提高以及会计实践操作技能的掌握。此外，会计实训课程考核评价也没有正确的定位，对实训过程关注过少，将重心放在最终成绩，考核评价非常不合理。这种评价使学生重视结果，不利于调动学生的学习积极性，严重制约了会计实训课程的发展。

三、人工智能在会计实训课程中的应用

（一）运用新兴技术

目前一些大型的金融机构已经开始在日常业务中普及人工智能，德勤推出了德勤财务机器人，更具有普遍性的是由金蝶公司推出的智能财务系统，该财务系统能够协助财务人员完成财务处理的整个流程。人工智能系统不是只会死板地记账，更重要的是能进行自主学习和自我完善来实现自我认知，进而出具智能报表。

人工智能不仅适用于企业财会技术的改革发展，而且对会计实训课程提出了新要求。学校应在会计实训课程中引进人工智能技术，教师应引导学生去学习和运用新技术，让学生将实际操作和新技术结合起来。学校和会计学院应统筹规划购买资金以及其他费用，如计算机维护费用。人工智能的引入会改变过去会计实训只需要纸和笔的思想，以发展的眼光去看待技术革新给会计实训带来的变化，进而为学生学习新技术提供一个良好的平台。

（二）实施会计电算化

为满员社会发展对财务会计储备人员的需求，各高校对会计相关课程的教学方法等进行了相应的变革。

计算机能够长时间大量存储数据，并以极高的速度和准确性自动地进行运算和数据处理，从而打破了手工操作的局限性，可以为经济管理工作提供更为详细、更加及时的信息。使用会计电算化，而不采用手工做账方式，可以降低学校的材料成本。手工做账材料是一次性的，做账速度缓慢，出现错误就需要重新做账，效率低下，而会计电算化可以直接通过反记账等方式进行纠正，可以在降低成本的前提下提高工作质量。

（三）扩大实训的时间和空间范围

人工智能是用于模拟、延伸人脑的思维方式的计算机科学，包括模式识别、机器学习、数据挖掘、智能算法技术。

利用人工智能技术，学生可以首先获取一家公司从创立至今的全部原始财务信息，能够对公司的成立背景、经营情况、财务风险等有一个初步的、直观的了解；其次能迅速获取某个公司上年度财务数据，并进行期初建账，自动检索公司今年的固定资产折旧情况、员工的薪酬及福利情况、编制报表的规章制度等有没有发生更

新；最后，根据会计实训课程所提供的该公司本年所发生的所有经济业务，来进行自动化的登账、结账程序，模拟运行公司全年的经济业务。可见，人工智能技术扩大了实训的空间范围，能帮助学生从企业整体运行角度思考问题，培养财务全局观。

（四）完善课程规划，改革考评体系

在完善会计实训课程规划方面，高校需要做好两件事。第一，合理控制实训课时间。会计实训课程规划应切实考虑学生完成会计实训课程所需时间，为学生制定合理的实训课时，不能为了满足相关要求而虚设虚报实训课时，更不能为了在学期内加快完成任务而将过多课时设置在紧凑的时间段内。第二，明确授课内容和实训目标。教师需要结合行业企业实际工作需要，将会计实训课程教学内容与最新会计准则和税收等相关法规标准对接，将实训教学过程与企业会计工作过程对接，完善和规范会计实训课程标准，提高实训实践课程效果，培养学生动手实践能力。

建立多元化、过程化的实训考评体系。首先，考核主体应从单一化向多元化转变，建议设置教师评价、学生自评、同行互评、计算机辅助评价、企业评价等相结合的多元化考核主体，合理设定各主体评价所占权重来解决评价主体单一的问题。其次，应提高过程化考核标准。传统会计实训课程只注重学生最终成绩，会影响独立完成实训任务的学生的学习积极性。因此应提高过程性考核所占权重，客观公正地进行课程考核评价。最后，应严格控制评价标准，适当增加难度。多种改革措施会很好地提升会计实训课程的实训效果。

综上所述，人工智能技术将持续向好发展已然成为不可逆的趋势。这不仅引起了市场上行业的巨大变革，而且会持续引起高校会计实训课程的变革。随着人工智能技术与专业知识结合更加紧密，技术运用会更加灵活，与社会实际工作的联系会更为广泛。人工智能与会计实训课程结合，打开了新的科技之门，让大家对未来世界充满了憧憬。当代大学生要紧跟时代步伐，努力学习科学文化知识，提升自己的专业技能，以适应社会发展需要。

参考文献：

［1］蒋明琳，林晓伟. 人工智能时代普通高校财务会计课程教学研究［J］. 金融理论与教学，2020（6）：99-102.

［2］卢映芝，黄静. 人工智能与会计课程实操的结合探讨：VR 技术的引进［J］. 现代商贸工业，2018，39（30）：164-165.

［3］段丽娜. 基于案例和实训的管理会计课程教学改革研究［J］. 中国乡镇企业会计，2021（1）：185-186.

［4］许泽想，王梓懿. 应用型高校会计信息系统课程改革与探索：基于用友 ERP-U8 V10.1 的教学经验［J］. 教育教学论坛，2020（52）：175-177.

［5］张晓华. 会计电算化的作用与优势［J］. 养殖技术顾问，2011（7）：280.

［6］陈赢赢，王樱，刘怀阁，等. 人工智能对企业管理的影响研究［J］. 中国

市场，2020（2）：186-188.

    ［7］魏贤富. 新时期职业院校会计实训课程改革探索：以 A 学院为例［J］. 安徽职业技术学院学报，2020，19（2）：85-88.

基于应用型人才培养的审计专业
虚拟仿真实验课程建设与改革研究[①]

李晓羽

（重庆工商大学会计学院　重庆　400067）

摘　要：审计是党和国家监督体系的重要组成部分，已然被提升至国家治理层面。建设高素质、专业化的审计队伍是推动审计事业长远发展的重要保障。在新文科背景下，如何培养出适应时代要求的有职业道德、创新能力、实践能力、融通能力的应用型、复合型审计人才，已是审计专业高等院校亟待思考与解决的问题。基于此，本文从虚拟仿真实验课程视角，探讨如何进行审计专业实验实践课程的建设与教学改革，以期实现审计专业人才培养从知识育才到德才双育的转变、从传统教学到数字转型的转变、从理论教学到实践教学的转变、从学科交叉到学科融合的转变，从根本上提升审计专业教育教学的有效性及其质量。

关键词：虚拟仿真实验；审计；应用型人才；教学改革

一、引言

2018 年 6 月教育部在成都召开了新时代全国高校本科教育工作会议，会议强调：全面振兴本科教育，坚持"以本为本"，推进"四个回归"；高教大计、本科为本，本科不牢、地动山摇；高等教育要回归常识、回归本分、回归初心、回归梦想。之后，教育部相继发布了《教育部关于狠抓新时代全国高等学校本科教育工作会议精神落实的通知》，明确提出："各高校要全面梳理各门课程的教学内容，淘汰'水课'、打造'金课'，合理提升学业挑战度、增加课程难度、拓展课程深度，切实提高课程教学质量。"此外，《教育部关于加快建设高水平本科教育全面提高人才培养能力的意见》提出：围绕激发学生学习兴趣和潜能深化教学改革；大力推进一流专业建设，实施一流专业建设"双万计划"；推进现代信息技术与教育教学深度融合等要求。教育部高教司长吴岩进一步提出了对"金课"的标准，即高阶性、创新性、挑战度；以及建设五大"金课"的目标，即线下"金课"、线

---

① 本文是 2018 年度重庆市社科规划项目"基于大数据背景下财务审计模式变更及效率提升研究"（项目号：2018PY66）、2019 年度重庆工商大学会计学院教育改革与研究项目"基于国际化视角与大数据背景下的《审计专业英语》课程改革与教学模式探索研究"（项目号：KJ1903）的研究成果之一。

上"金课"、线上线下混合式"金课"、虚拟仿真"金课"和社会实践"金课"。作为"五大金课"之一的虚拟仿真实验课程建设由此备受关注。

信息时代已然到来，对于虚拟仿真实验课程的建设，高校应紧紧围绕立德树人的根本任务，适应经济社会快速发展对人才培养的新要求，结合现代大学生成长的新特点，遵循信息化时代教育教学的新规律，以提高学生实践能力和创新精神为核心，以现代信息技术为依托，以完整的实验教学项目为基础，建设虚拟仿真实验教学项目，逐步形成高等教育实验教学的个性化、智能化、泛在化的新模式，形成教学效果优良、开放共享有效的信息化实验教学项目的新体系，以此支撑高等教育教学质量全面提高的需求。当前，实验教学已然成为现代化大学的核心标志之一。本文以审计专业教学为切入点，分析与探讨基于应用型人才培养的审计专业虚拟仿真实验课程建设的教学改革问题。

二、新文科背景下对审计专业课程建设的新要求

2020年11月教育部发布了《新文科建设宣言》，教育部高教司司长吴岩作了题为《积势蓄势谋势 识变应变求变全面推进新文科建设》的主题报告，报告明确提出"'新文科'就是文科教育的创新发展。新文科要培养知中国、爱中国、堪当民族复兴大任新时代文科人才；培育新时代社会科学家；构建哲学社会科学中国学派；创造光耀时代、光耀世界的中华文化"。随着社会的发展与进步，各行各业对哲学社会科学人才的需求日益增加，拥有思想、素质、自信心、自豪感、自主性的人才是一国繁荣发展的基石，也是国家软实力的体现。推进新文科建设需要遵循守正创新、价值引领、分类推进三个基本原则，把握专业优化、课程提质、模式创新三大重要抓手，以培养出适应时代要求的应用型、复合型文科人才。

审计是党和国家监督体系的重要组成部分，已被提升至国家治理层面，建设高素质专业化的审计队伍是推动审计事业长远发展的重要保障。习近平总书记多次强调：要深化审计制度改革，解放思想、与时俱进，创新审计理念，及时揭示和反映经济社会各领域的新情况、新问题、新趋势；要坚持科技强审，加强审计信息化建设；要努力建设信念坚定、业务精通、作风务实、清正廉洁的高素质专业化审计干部队伍。即在新文科背景下，对审计人才的培养提出了进一步的要求。审计专业教学需要融入具有中国特色的审计理论和实践创新的最新成果，需要结合时代特征，提升审计专业教育教学的时代性、学术性与针对性，同时完成以下转变：①从知识育才到德才双育；②从传统教学到数字转型；③从理论教学到实践教学；④从学科交叉到学科融合等。这样才能培养出具有职业道德、创新能力、实践能力、融通能力的应用型、复合型审计人才。其中，对于实践能力与融通能力的提升，虚拟仿真实验课程建设是一大有效途径，值得深入开发与探索。

三、虚拟仿真实验的科学内涵

20世纪40年代，随着计算机技术的发展，仿真（simulation）技术（或称模拟

技术）应运而生。仿真技术是指运用计算机技术模仿另一个真实系统的技术[1]。随着计算机技术的高速发展，20 世纪 80 年代杰伦·拉尼尔（Jaron Lanier）提出了虚拟现实（virtual reality）技术，也可以称为灵境技术。其在当时是一种十分先进的仿真技术手段，具有沉浸性、交互性和构想性等特点。其是集人工智能技术、计算机图形技术、计算机仿真技术、人机交互技术、传感技术等于一体的一种综合集成技术。实验者可通过视觉、听觉、触觉等感知三维虚拟世界（虚拟环境），"身临其境"地进行人机交互，并实时做出反应与决策。其不仅可以根据现实中存在的情境进行立体模拟，还可以创造完全虚构的情境。体验者在虚拟技术所创造的空间情境内可以通过自身的感官进行自由操作，产生非常真实的体感。虚拟仿真技术是将仿真技术与虚拟现实技术相结合，并在此基础上发展而成的高阶仿真技术。实体在虚拟环境中相互作用或与虚拟环境作用，以表现客观世界的真实特征。其集成化、虚拟化与网络化的特征，已基本满足现代仿真技术的发展需求。

21 世纪以来，随着人工智能与互联网技术的高速发展，虚拟仿真技术在交互性、沉浸感、趣味性、智能性等方面的性能得以进一步提高，将其运用于课程教学已具备现实可操作性。将虚拟仿真技术引入课程教学的本质是利用计算机系统构建实验场景，以实验教学目的实现实验过程，并以内嵌模型驱动虚拟仿真场景和对象的交互，以使其成为真实世界的"镜像"。基于此特性，虚拟仿真实验教学可以让实验者感性、直观、生动地认识相关知识点所涉及的内容，以"亲临"的方式提升学生理论与实践的结合能力，切实提升实践技能与综合解决问题的能力。同时，虚拟仿真实验教学还可以解决实体实验不能解决或不便解决的问题，可以克服实体实验的空间局限。此外，其成本低、安全性高、操作方便，且与人工智能结合后，实验的效率也得以大幅提升，对实验结果的分析也将更全面与智能。

四、审计专业虚拟仿真实验课程设计与思考

（一）审计学教学的现状

审计学是在审计实践的基础上产生的，是经过实践检验和证明了的，是客观事物本质及其规律的正确反映。同时，审计学也是一门具有交叉性质的应用科学，是审计实践经验的总结，审计学课程的教学也必须具有综合性和实践性的特征。然而，审计专业学生普遍反映审计学知识点较多，且较为抽象、相对枯燥、难以理解，从而导致学生学习的积极性与主动性较低，审计学也历来被认为是会计学相关专业课程中最枯燥、最难学的课程之一。图 1 是审计学的学科交叉性。

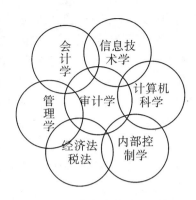

图 1　审计学的学科交叉性

一门实务性较强的课程为何演变为学生眼中内容枯燥、抽象、难懂的课程，其原因是：传统教学模式以理论教学为主，教师作为知识的传播者，主要通过课堂讲授的形式将审计理论知识灌输给学生。在以教师讲授为主的教学方式下，学生实战训练甚少，难以实现在实践中学习相关知识。理论与实务的脱离，导致学生难以学以致用，对知识点的理解也较为片面。对此，不少高校在对审计专业的教育教学中加入了实训教学。实训教学一般分为两种类型：一是进行审计实验，即运用一套简化的企业资料，进行审计作业；二是参加会计师事务所的短期实习。上述方式在一定程度上解决了理论与实践的结合问题，但收效并不佳。高校进行的审计实验，虽能相对完整地将审计流程在一个企业案例中进行运用，但很多题目的设置相对理想化，剔除了相对复杂的多情景问题，与真实的审计实务存在一定的差距；会计师事务所的短期实习，虽能提供真实的审计作业，但是由于保密性、专业胜任能力等方面的原因，在校实习生难以去实操相关的审计作业。随着虚拟仿真技术引入高校教学，虚拟仿真实验或将成为有效解决审计学教学问题的一大利器。

（二）审计学虚拟仿真实验课程设计

1. 虚拟仿真实验教学项目的建设目标

审计专业虚拟仿真实验教学课程的建设以《教育信息化 2.0 行动计划》、"六卓越一拔尖"计划 2.0、《关于实施一流本科专业建设"双万计划"的通知》以及《新文科建设宣言》等政策文件为背景，紧紧围绕"立德树人"的根本任务，立足新时代、顺应对人才培养的新需求，以现代化信息技术为依托，以提高学生实践能力、创新能力为目标，实现实验教学的个性化、智能化与泛在化，提升教学效果、实现实验资源的开放共享，逐步推进"三位一体"的高等教育信息化实验教学项目新体系的形成，促进高等教育教学质量的全面提升。

2. 审计专业实验教学体系的构建

审计专业虚拟仿真实验教学课程的开发与设计要以完成审计学教学要求和内容为目标，综合应用多媒体、大数据、三维建模、人工智能、人机交互、虚拟现实、增强现实、云计算等网络化、数字化、智能化技术等手段，提高实验教学项目的吸引力和教学有效度，注重学生对相关教学知识点的全方位、多层次的领悟，以真正做到审计理论与审计实务的融合。其中，夯实实验教学体系为第一步。图 2 是审计专业实验教学体系的构建。

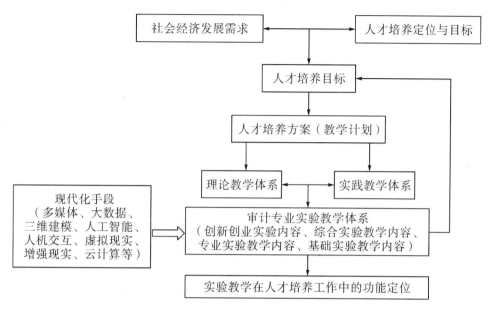

图2　审计专业实验教学体系的构建

3. 审计专业虚拟仿真实验教学课程的内容设计

审计专业虚拟仿真实验教学课程的内容设计主要涉及三大步骤：①针对审计学的框架体系，明确主题。审计一般分为三大类，即政府审计、注册会计师审计、内部审计。学校可结合本校的特色专业或优势专业确定实验主题，如以注册会计师审计为主题。②进行知识点的选择。知识点的选择不宜过多，满足15步左右的实验内容即可，若知识点过多，实验时间过长，不利于实验效果的提升，实验者也存在视觉疲劳。例如，可按注册会计师审计循环进行划分，一个虚拟仿真实验针对一个审计循环，可以针对货币资金循环审计程序的虚拟仿真实验课程，在该实验课程中须包含完整的货币资金循环审计程序相关的知识点，尽可能将相对复杂的情景分析纳入其中。③针对①和②确定的内容进行案例开发。案例开发步骤为实验项目的核心部分，主要包括以下内容：实验背景的设定（包括学生扮演角色的确定，相关企业与机构的背景介绍等）、实验拟涉及的场景与人物（包括动画的设置、实验人物的互动设置等）、相关知识点的嵌入、实验问题的设置、评分等。在对虚拟仿真实验项目内容的设计中，需要坚持"能实不虚"的原则，满足"三高一类"（高成本、高难度、高危险以及现实不可及）的需求。图3为虚拟仿真实验项目的开发流程。

图3　虚拟仿真实验项目的开发流程

与此同时，审计专业虚拟仿真实验项目亦可融入课程思政的元素。例如，以政府审计为主题的虚拟仿真实验课程中，可基于大数据背景下的精准扶贫审计设计虚拟仿真实验课程，使学生以沉浸式、交互式的实验方式在虚拟的实验空间中直观感受国家相关体制、政策等方面的益处等。

五、结语

新时代、新技术催生并推动新文科的发展，在信息技术快速发展与新文科背景下，审计专业人才培养面临着严峻挑战。虚拟仿真实验教学课程较好地适应了新文科建设的需要，拓展了实验教学内容的广度与深度，延伸了实验教学空间，可实现全程、全方位的育人实践，有利于学生理论知识、实践能力、价值观的统一，促进学生综合能力、创新能力的提升，顺应时代对人才培养的要求；有利于促进高等教育教学水平与质量的提升，推动高校实验教学的改革与创新。审计专业虚拟仿真实验课程建设是一项系统工程，以期逐步实现审计智慧教室，重构审计教学空间，培育出顺应时代需求的应用型、复合型审计人才，为高素质专业化审计队伍的建设提供有力保障。

参考文献：

［1］吴文娟. 基于虚拟仿真技术的高校英语课堂学生自我效能感研究［J］. 教育现代化，2018（11）：18-19.

［2］王洋洋. 虚拟现实技术在现代高校教育系统建设中的应用［J］. 中国管理信息化，2019，22（22）：208-209.

［3］郑立海，刘峰，黄彬. 职业院校网络学习空间建设与应用现状调查研究［J］. 电化教育研究，2019，40（10）：96-101，128.

基于智慧社会背景下智能
财务共享课程的教学研究

马菡嵘

（重庆工商大学会计学院　重庆　400067）

摘　要：随着智慧社会的到来、智能技术的发展和普及，社会对经管类人才提出了新的要求。为适应这一趋势，高校积极寻求培养经管类专业学生的新途径与新思路，通过建立经管类实验中心来满足学生的实训需求。本文以重庆工商大学智能财务共享服务课程为例，首先分析了课程开设情况，其次探讨了课程开设中可能存在的问题，最后针对问题提出了改进路径，以期为智能财务共享服务这一课程的开设与完善提供可参考的思路。

关键词：智慧社会；智能财务共享课程；教学研究

一、引言

当时代的变化随着技术的进步越来越快时，当新一代的信息技术与人工智能的应用在社会生活中已经占据了不可替代的地位时，21 世纪的"智慧社会"阶段也随之而来。党的十九大报告中，习近平总书记特别提出要加快建设创新型国家，"为建设科技强国、质量强国、航天强国、网络强国、交通强国、数字中国、智慧社会提供有力支撑"。身处智慧社会这一时代大背景下，如果缺乏过硬的专业技术能力与智能时代要求的职业素质，想在时代的更迭中站稳脚跟无疑难上加难，尤其对于从事经管类工作的人而言，数字经济时代推动着财务工作模式的转型，财务人员也应当在此紧迫感下寻求一条适应新阶段的路径。而财经类高校作为未来经管类人才的主要储备地，如何将经管专业学生培养成能够适应智慧社会下财务转型的新型人才无疑是一个值得探讨的话题。随着财务共享服务中心在越来越多的企业中得到应用，很多财经类高校为了做到与时俱进，也纷纷建设了财务共享实验室，开设了智能财务课程，以期通过此类智能财务实验类课程的开设来帮助学生掌握财务共享服务功能。但一门新课程的开设总不是一帆风顺的，如何从现有的课程设计中挖掘课程开设中可能存在的问题，从而寻求改进路径对财经类高校而言具有重要的意义。

二、财务转型与智慧社会背景下对学生素质的需求现状分析

在智慧社会的大背景下，创新型、应用型、技能型的人才成为更受青睐的对象，而随着传统财务向现代化财务的转型，社会对经管类人才提出了新的要求。

（一）信息应用技术能力

在以大数据、"互联网+"、云计算等为主的新型信息技术的飞速发展下，在人工智能技术不断取得突破进展的条件下，新时代已经蜕变为一个信息时代。无论在哪个行业中，信息技术的重要性都不言而喻，无论在什么样的业务与工作中，对信息技术的运用所能提供的效率性、创新性、规范性都是传统的手工流水线不能比拟的。在这样的背景下，高校经管类学科学生作为经管类人才的储备力量，更应在学生阶段就具备相应的信息应用技术能力来适应社会对经管类人才的新需求。对于经管类学生而言，掌握相关专业的财务类信息技术系统的应用，接触并操作经管类工作中具有代表性的应用系统无疑是一个提高自身信息应用技术能力的途径。

（二）系统分析与规划设计能力

传统的企业采用流水线工作方式，经管类工作只需要按部就班，按照既定的流程规划凡事亲力亲为即可，但智能化时代与数字化时代的到来使得现代化的工作流程中，基础性、底层性的工作岗位有了可替代性，智能机器在各个环节的参与不仅让基础工作的人工被替代，同时也创造了新的需求。这就需要从事经管类工作的人员具备系统分析与规划设计的能力。

（三）管理决策分析能力

智能技术的发展变革所带来的不只是财务的转型，更推动了对经管类人才的需求从传统的核算型向管理型转型，这也是近年来管理型会计相较于财务型会计更受青睐的原因。大数据的智能时代是飞速变幻的时代，经管类专业未来职能的转变更决定了其从业者需要具备在各个不同场景、各类不同条件下都能独立思考、管理决策的能力。然而对于大多数高校学生而言，其接触实务的机会较少，对知识的学习大多局限于书本中的理论，在应用操作型的实验课程中寻求锻炼机会、提高自己的管理决策分析能力无疑是一个具有较高可行性的方法。

（四）表达与合作能力

当技术革新的浪潮席卷而来，所带来的好处很多：生产效率的提高、交流方式的改变、工作模式的改进等，但随之产生的问题是：在这样方便的条件下，年轻一代缺少了很多面对面交流、相互合作的机会。人工智能越是盛行的时代，人与人之间的交流与合作越是弥足珍贵且至关重要，表达能力作为智慧社会中的润滑剂，合作能力作为增进管理决策效率的助推器，理应成为现代经管类专业学生应当具备的基础能力。

三、智能财务共享课程现状

本文以重庆工商大学智能财务共享课程实施情况为例，分析智能财务共享课程现状。

（一）重庆工商大学经济管理实验教学中心简介

重庆工商大学经济管理实验教学中心成立于 2003 年，于 2006 年 8 月由重庆市教育委员会批准成为"重庆市高校市级实验教学示范中心"（以下简称中心）。2007 年 11 月，中心被教育部、财政部确定为"国家级实验教学示范中心建设单位"。2012 年 11 月，中心顺利通过教育部国家级实验教学示范中心合格验收。中心于 2016 年 1 月获批教育部国家级虚拟仿真实验教学中心。

中心下设经济学、管理学和创新创业 3 个分中心，综合管理、实验教学管理 2 个办公室，拥有一支 230 余人专兼结合的高素质实验教学和管理服务队伍。中心设有经济学、金融学、ERP、物流管理、经济管理博弈等 22 个专业实验室，建有经济管理创新创业实训基地，且现有实验实训场地面积约 5 500 平方米，实验教学设备（软件）资产总值 2 200 万元，为全校 10 个经济管理类学院、40 个专业、12 000 余名本科生和研究生提供专业实验、综合实训、创新创业等实验教学和管理服务。

中心从学科专业开放实验、跨学科综合实训与学科竞赛、创新创业实战以及实验教学研究和项目与课程开发的内在关联和实际需求出发，分别搭建了学科专业开放实验平台、跨学科综合实训及竞赛平台、创业实战综合经营平台和实验教学研发平台，形成了平台整合、流程一体、层次分明、逐级推进的虚拟仿真实验教学一体化平台，在西部地区乃至全国高校发挥了显著的示范辐射作用。

（二）智能财务共享课程情况介绍

1. 智能财务共享实验室

隶属于经管实验中心的智能财务共享实验室是开设智能财务共享课程的主要教学场所，是为了满足学生独立上机和自由组合、分组讨论、分组模拟式的实验实训教学需要而建立的，以某种会计软件作为教学实验依托，以会计课程作为实验对象，将财务共享作为实训方法，帮助学生了解并掌握财务共享服务技能的实验室。

2. 智能财务共享课程目标

课程以培养学生专通结合的综合实践能力、研究思维、前瞻与创新思维为主要目标，让学生了解财务共享服务的前沿趋势、理论与技术，深度理解"财务数字转型"的方法论与价值，掌握财务共享服务中心的规划与运营过程及电子发票、电子影像、电子档案、共享作业等云会计的相关技术应用，能够开展基于共享服务下财务信息化的分析、优化设计与价值创新，从而培养学生在财务共享服务中心的规划、业财流程设计与优化、业务处理、运营管理等方面的核心能力。

3. 智能财务共享课程教学模式

智能财务共享课程目前采取的是：理解目标—规划设计—研讨交流—构建测试—分析说明—展示分享的教学模式。在课前准备阶段，以布置预习作业的方式，安排学生了解教学案例现状业务，学习财务共享服务知识，通过对财务共享服务企业案例的自主预习来实现对教学内容的提前了解。在课程开始阶段，由教师对智能财务共享课程进行介绍，完成团队的组建，在后续的实践课程中采取团队合作的模式完成构建测试。在课程进行阶段，学生以教师选取的案例作为背景与蓝本，通过在战略定位、组织岗位、中心选址、业务流程、运营管理、IT 技术几个方面内容的设计与完善来完成共享服务中心的规划与设计。另外,在课程考核方面,采用平时成绩与期末考核成绩加权统计的方式进行评分。

四、智能财务共享课程开设中可能存在的问题

智能财务共享课程的开设势在必行,但是因开设时间短,尚处于探索阶段,可能存在诸多问题。

(一) 有限的学时与丰富的教学内容间的矛盾

在高校中,一门课程的授课时间仅仅是一个学期,而对于实验类的课程而言,高校往往会安排更少的课时。对于实践教学,高校采取的教学模式通常都是以教师讲解为先、讨论实践为后,又加之在实践操作之前要了解的知识体系较为庞杂,学生在首次接触本门实验课程之前,在该领域的知识储备较为薄弱。因此教师需要花费更多的教学课时进行更为详细具体的讲解,并且学生在完成实践操作内容之后,很难再有相应的时间进行学习内容的交流分享。学生对课程的学习大部分局限于上课时间所授内容,由于缺乏相应的教学安排与统一的教学资源,学生课前自主预习了解课程的时间较少,课后更处于一旦下课,课程内容便抛掷脑后的"暂时性学习"情况。而学习往往是一个持续性的过程,对于高校学生而言,预习与总结的重要性更是有别于以往学习模式,是增进知识吸收与理解的重要步骤。

(二) 教师缺少灵活变通的教学能力

智能财务共享是一门实践操作性很强的课程,需要教师在实践操作方面具备充分的专业性,不仅如此,财务共享这一概念的新颖性、智能财务共享课程的前瞻性同时要求教师对于财务共享与智能财务这一领域的未来趋势有方向性的把握,要结合课程大趋势与智能时代的大背景来进行有的放矢且紧跟热点的时效性教学。但是对于高校而言,以财务共享作为主要研究方向的教师较少,虽然年轻教师的教学理念与专业理解更新更快,但教学经验相较于资历型教师更少一些,专业知识储备相较而言也可能薄弱一些。就课程的教学内容本身而言,不论是财务共享服务中心的搭建还是中心业务流程的处理,步骤之繁多、内容之冗杂,都可能造成教师的教学照本宣科、脱离实际业务的情况。

(三) 学生能动性不足

智能财务共享课程虽然是一门实践操作型的课程,但由于专业性较强,学生在财务共享与智能系统方面的知识储备不足,再加之实践性课程课堂管理难度较大,当教师的讲解主要借助单一的控制学生屏幕来进行而缺乏课中互动时,学生在课程学习中的专注度与能动性也会随之下降。本应该帮助学生巩固知识,联系实际的实践操作阶段很可能会变为"复制粘贴"式的任务工程,例如对于实践操作的内容,学生可能会直接利用手机录屏,在其后的操作中采取机械性地步骤重复,在实践操作中本来可能会暴露的实际问题,也很难被发现。

(四) 考核模式较为单一

目前对于智能财务共享课程考核,虽然考核内容并不单一,但缺少理论考核与实践考核的平衡统一。在当前的考核体系中,平时成绩与期末成绩的结合虽然使得

教学成果的阶段性能够内化于考核结果中，但是考核内容大多集中在实践操作，对于理论基础知识考核较少，这就导致学生可能在课程学习中对理论知识的重视程度不足，缺乏一定的思考积极性，难以做到"知"与"行"的有效结合。此外，财务共享服务中心的搭建与业务处理作为考核内容时，考核结果展示仅限于系统根据填列内容进行系统内部的评分，作为决策根据的文字分析缺少合理的评价，也会引起考核结果的不够全面，同时导致教师并不能从一个单一的系统评分中解读出学生在实践操作过程中的思路，找出学生可能存在的问题。

五、智能财务共享课程的改进路径

针对智能财务共享课程开设中可能存在的问题，需要找到改进的路径和方法。

（一）"双线"授课相结合

针对教学课时有限的问题，教师可以采取线上线下"双线"结合的授课模式。首先，应当剖析课程教学内容，结合课程教学经验与可参考的课程教学既往案例，明确教学中的重难点，做好课时分配，将重难点且需要教师引导学习或者实际操作解决的内容与问题放入线下课时规划中。其次，对于其他的如课程相关材料、案例基本资料、拓展了解内容、理论练习题等可以通过采用"SPOC"的教学模式，以发布在线上平台的形式，让学生在课下能通过线上平台实现对课程知识的提前了解与课后温习。这种模式既能帮助教师合理利用有限的线下教学课时，又能为学生提供更全面的教学资源，促进学生夯实基础，加深对课程的理解。

（二）校企联合教学

智能财务共享课程要求教师既要具备丰富的专业知识储备，又要具备创新的教学理念与随着智能技术不断更新的应用实践能力。引进相关研究方向的教师人才虽然是一个可以解决近渴的方法，但对校内师资力量的有效运用与悉心培养也是一个很好的方法。一方面，学校可以为校内的教师安排财务共享相关的专业培训，同时促进开设同样课程的高校之间进行交流与经验学习分享。另一方面，学校可以鼓励教师通过挂职或者科研的方式到财务共享中心进行实地的考察学习，增强对实务的了解。除了对校内师资的培养，也可以通过校企联合，即引入实务界辅助教学的方式来弥补现有师资力量的不足。一是可以由学校邀请实务界中具有丰富实践经验的专业人员来校开展讲座。二是从企业中聘请具备娴熟技术能力的操作人员来进行具体流程的分享与教学。这种方式既扩大了师资队伍，又能间接帮助学生了解职业发展情况。

（三）"PBL"模式的应用

在智能财务共享课程中，对财务共享服务中心进行构建测试与具体业务流程操作时，可以应用"PBL"的教学模式。"PBL"作为一种项目式教学方法，能让学生通过自主的探究与调查来获得知识与技能，以解决真实的、有吸引力和复杂的问题。这种模式能更大程度地发挥学生的主观能动性，帮助学生在操作中提高解决实际问题的能力，以任务驱动式的教学模式提高学生思考的积极性，从而以主动性作为学习效率提升的驱动力。

（四）建立多维考核模式

现有的课程考核评分方式其实已经达到了对平时课堂表现、课堂内容吸收程度、业务流程了解程度等方面的衡量，但如果想更进一步通过考核模式的设置来助推学生学习效果的提高，可以考虑建立多维的考核模式。一是需要针对不一样的课堂内容设置不同的考核体系，因为理论知识的学习内化效果仅仅通过实践平台上的操作结果评分来体现是不科学的，学生对基本理论与重要知识点的掌握可以借助卷面的方式在线上进行阶段性的测试。二是在期末考核阶段，可以在实践操作考核的基础上添加小论文考核方式，一方面考核学生在实践操作层面的熟练程度与掌握程度，另一方面可以利用小论文这种考核模式促使学生在课程结束后进行深入的总结与思考。

参考文献：

［1］康小晔，张京依，祝子丽. 基于财务共享的高校会计专业人才培养调查研究［J］. 中国市场，2020（28）：188-189.

［2］杨英. 财务共享模式下高校管理会计信息化课程体系建设与创新［J］. 当代会计，2020（14）：6-8.

［3］王佳宝. 财务共享背景下会计实验教学模式研究［J］. 现代商贸工业，2020，41（23）：136-137.

［4］戴秀青. 财务共享实验室条件下的教学设计：行业会计比较课程 ADDIE 模型设计［J］. 商业会计，2020（2）：117-120.

［5］王纯杰. 财务转型背景下高校财务共享课程建设研究［J］. 商业会计，2020（1）：124-126.

新文科视野下基于"严出"理念的经管类实验教学探索①

蒋　弘　徐玉霜

（重庆工商大学会计学院　重庆　400067）

摘　要：在新文科背景下，经管类实验教学只有突破传统文科教学模式、把握新文科建设要求、探索新文科建设规律，才能更好地发挥其连接理论与实践的作用，培养出更多高素质的应用型人才。然而，目前经管类实验教学仍滞后于时代发展的需要，存在理论研究不足、管理混乱等问题。本文将聚焦以上问题，秉持"严出"理念，从经管类实验教学的内容、方法和考核三方面进行探索，旨在促进经管类实验教学高质量发展。

关键词：新文科；严出；经管类；实验教学；高质量发展

科技的飞速发展和经济的空前繁荣，让我们迎来新时代，走进新文科。新文科倡导将新技术、新理念融入传统文科教学中，进行文理交叉重组。它是对传统文科教学的继承与发展，是帮助学生实现跨学科学习的一种途径。随着《新文科建设宣言》的发布和社会呼吁，各专业领域达成了文科教学必须加快创新发展的共识。为顺应时代发展潮流，我们应高举新文科建设旗帜，将经管类实验教学积极融入新文科建设之中，通过探索，解决当下经管类实验教学理论研究不足的问题，发挥经管类实验教学的最大效用。

本文从分析高校经管类实验教学中存在的不足入手，基于"严出"理念和新文科背景下对经管类实验教学的新要求，从经管类实验教学的内容、手段以及考核三个方面提出相应对策，力促新文科发挥文化固力和文化贯通的功能，实现经管类实验教学高质量发展。

一、"严出"理念的提出和重要意义

2019 年 10 月，教育部印发《关于深化本科教育教学改革 全面提高人才培养质量的意见》，进一步指出高校教育要围绕学生忙起来、教师强起来、管理严起来、效果实起来的理念，继续深化本科教育改革。在教育改革中，要把重心放在严

---

①　本文是重庆工商大学教育教学改革与研究项目"基于'严出'理念的会计专业学生危机意识培养和竞争优势构建"（项目号：2019211）的研究成果之一。

把考试和毕业出口关上，严肃处理各类学术不端行为，并落实学士学位管理办法，健全学士学位管理制度。由此，"严出"理念在高校教育改革中逐渐兴起。

随着"严出"理念渗透到各高校的论文写作、科研实践、论文答辩等人才培养的全过程，一些高校严肃查处了不符合人才培养要求的学生。"严出"理念的贯彻执行不仅充分调动了学生学习的主动性、积极性、创造性，而且净化了学术氛围，保证了学术的严肃性和学历的含金量。

二、目前经管类实验教学存在的不足

经管类专业作为新文科的重要组成部分，其实验教学的改革创新刻不容缓。我国经管类专业发展迅速，就读该专业的学生数量庞大，而经管类实验教学作为培养高素质应用型人才的重要途径，目前虽然有着较丰富的教育成果，但仍存在思想认识不足、管理体制混乱和理论指导匮乏等方面的问题。

（一）认识不足，理论体系建设滞后

2020年11月，教育部高等教育司副司长徐青森在新文科经管人才培养研讨会暨第二届全国高校经管院长本科教学联席会议中指出：推进新文科建设，要坚持正确的方向、坚持立足国情、坚持改革创新，同时要把握好新和老的关系、变与不变的关系、形式和内容的关系、科学与价值的关系、共性与个性的关系、立足国情和吸引借鉴的关系。过去，我们对经管类实验教学的作用产生怀疑，并没有深刻地认识到新时代发展对经管类人才创新实践能力的要求将会"更上一层楼"，也没有把握时机、与时俱进更新理论来指导实践。这导致我们缺乏经管类实验教学成果的实证研究，造成实践无法反哺理论的局面，经管类实验教学在新文科发展浪潮的冲击下节节败退。以2018年的辽宁省高校本科教育为例，在首批116个教学实验改革试点专业中，经管类专业仅有7个在列，其数量占比劣势直接导致质量的下降。经管类实验教学缺少经验总结，理论体系的建立便会受到阻碍。

（二）管理混乱，制约实验教学开展

经管类实验中心以前多数由院系负责，随着高校对经管类实验教学的重视，经管类实验中心逐渐转为学校统一管理。经管类实验教学难免会出现权责不明确、管理制度不健全和多重管理等现象，从而冲击了经管类实验教学的正常秩序，导致学校实验室申请使用流程烦琐、实验室正常开放时间被迫缩短、实验室基础设施维护不到位等问题。同时，管理不善也会造成实验室教学人才流失，最终造成无法正常开展实验教学课程的局面。

（三）方法固化，教学效果差强人意

实验教学作为经管类专业教学的重要环节，是提高经管类学生应用能力和操作能力的重要途径。然而在实际教学中，经管类实验的教学方法存在以下问题：一是秉持"教师为主，学生为辅"的教师主导型实验教学；二是完全凭学生自己学习领悟力的放养型实验教学。前者无法充分调动学生积极性和主观能动性，后者使学生学习效率低下，学习效果差强人意。

（四）内容唯本，能力不能有效提高

在教学内容上，教师没有更多地演示验证、模拟实践，也未加入跨专业实验内容和真实企业案例。因此，学生的创新创业能力和职业素养无法得到有效提高。

三、新文科视野下"严出"理念对经管类实验教学的要求

（一）教学内容要跨界

新文科的发展要求经管类实验教学注入时代特征，其教学内容不能一成不变，要根据社会发展动向和需求有效更新，使之与社会实践相统一，不应仅局限于国内的教材知识，还应以更广阔的视野，在符合自身国情的情况下，引入国外经管类教学实验的成功案例经验，增长学生见识，培养他们多元化思维和国际意识。同时，还应打破教学内容上对文科和理科的明确界限，通过跨学科教学来培养学生解决社会经济发展出现的新问题的能力，满足社会的新需求。

（二）教学手段要更新

新文科背景下，经管类实验教学的方法，应随大数据时代、互联网技术的发展更新。既要以纸质书本讲授专业知识，也要引入网上课程教学，还要引入企业实际案例和沙盘对抗等实验教学，在改变学生学习方式的同时，有效改进教学方式，从而促进教师和学生的多学科交流，增长学生的才干。

（三）考核方式要科学

在新文科背景下，应该提高平时成绩的占比，增加平时作业和实验教学的次数，详细记录学生每次成绩并加以量化；引入同学评分这一环节，使考核结果不单由教师主导。而且期末考试的范围不能给得过于详细，从而让学生能够面面俱到地去复习，达到巩固学习成果的目的。

四、新文科视野下经管类实验教学贯彻"严出"理念的探索和构想

（一）新文科视野下经管类实验教学贯彻"严出"理念的探索

将"严出"理念贯穿于经管类实验教学的过程之中，以向社会输送胜任信息化、智能化时代经管类工作需要的技术经管人才和战略经管人员为导向，通过经管类专业学生危机意识的培养和竞争优势的构建，全面提升学生的战略思维能力、科学决策能力、综合分析能力、实务操作能力、协同创新能力，探索出一种与国家级特色专业相符合的、可供推广的人才培养模式，为社会创造更大的价值。

1. 探索教学新内容

第一，学校应当鼓励和协助教师进行以信息化、智能化为基础的实验教学改革，教师应定期收集整理经管类专业实务领域出现的新知识、新情况、新问题，并将其融入实验教学之中，为学生讲解。教师需要定期定时答疑，并形成相关记录供检查。第二，在教学课程设置上，探索实践教学课程体系的重构，适当进行课程合并，最大限度地减少教学实践中的重复内容，适度提高合并课程的课时，取消纯粹

为学生拿学分而设置的"水"课。学校一方面应在现有课程中增加适应时代发展需要的内容；另一方面，弥补目前课程体系在学生知识结构形成上的不足，建设新课程，通过走精而全的课程改革之路，形成无缝互补、顺序递进的课程群组。

2. 探索教学新手段

经管类实验教学不再采取以单纯理论讲授实验教学的单一模式，而应采取多种教学方法层层推进的教学手段。早在 2014 年的 23 份高校使用慕课的调研数据中，就有占比 71.88% 的高校开展慕课。根据近年来吉林财经大学学生使用慕课的情况调查相关数据结果，我们了解到，在调查的 1 237 份问卷中，仅有 12.95% 的被调查者"很了解且经常在用"，而 53.48% 的大学生都停留在听说过或并未了解的层面上。这说明使用慕课进行教学补充的发展空间仍很大，需要不断挖掘，充分利用。而且在调查中，同学们接受慕课的原因虽然不同，但是大多数愿意以慕课的形式进行学习上的有益补充。

新文科背景下，经管类实验教学的方法除了要引入网上课程教学，还要引入企业实际案例和沙盘对抗等实验教学。教师可以首先从理论教学着手，为接下来的实验教学打下基础，其次让学生通过仿真软件模拟实验熟练上手，最后进行实际案例模拟。学校还可以建立校企合作模式，聘请企业高管人员来讲授实践知识，将经管类专业发生的真实案例融入课堂中，让学生有机会接触与实际工作情况相符的环境，培养出符合就业需求的人才，为企业输送毕业就能上岗的应用型人才。学校在提升学生实践能力的同时，应经常安排与经管类专业相关的学术沙龙等，并在鼓励学生搞学术创作的同时，支持学生考取相关专业的资格证书，参与相关竞赛。

3. 探索考核新方式

一是探索过程考核的改进。对平时作业做强制要求，并增加平时作业通过线上布置和提交的形式，重视分组讨论以及该环节中每个学生的参与和评价，形成对所有过程考核在完成时间、完成结果、完成质量等方面可检查和可追溯的监督机制。二是探索学业预警和不合格学生退出机制。在经管类教学中考虑运用信息技术引入学业预警，将本科生教育管理信息系统、个人邮箱、手机号码进行绑定，当出现学业问题时，学生、辅导员、家长可以同步接收到包括成绩预警、考勤预警等在内的学业预警信息，以便及时干预，避免问题扩大；对考核不合格的学生，取消补考环节，直接跟班重修，统一参加该班级的过程考核和期末考核，并在成绩单中对重修予以体现；学生在重修期间，不能参加与重修课程形成承接关系的课程的学习；学校应规定能够重修的次数，针对超过重修次数仍不合格或不愿继续重修的学生，建立适当的退出机制，比如转入其他专业、本科转专科等。三是经管类教学的考核方式为写论文，并且要求对相关事件进行以定量分析为主、定性分析为辅的研究，分析内容要占论文绝大篇幅，并要求提供用于分析的原始数据，而指导教师主要从分析问题和解决问题的基础上对论文做出评价。

（二）对经管类实验教学的构想

以 ERP 沙盘实验为例，构建"筑基础—练操作—容学科—双互动—搭平台—严考核"的教学新模式（简称 ZLRSDY 模式）。第一，夯实基础。开设财务会计、财务管理、企业管理等基础课程，为学生打下坚实的理论基础。第二，实际操作。进行简单的 ERP 沙盘实验操练，了解和熟悉实验流程步骤。第三，融合学科。在学生了解和熟悉 ERP 沙盘实验的基础上，让学生进一步学习其他学科相关知识，进行多专业融合的 ERP 沙盘实验。第四，师生互动。基于上述实验改革，学校进一步健全相关课程体系，建立中心库，将实践数据和成果收集起来，为经管类实验教学提供宝贵经验。在这个过程中，学校可以派专业教师去指导实践并分享一些内容创新的网课资源，教师与学生也要发挥"双主体"作用，多互动、多沟通，大胆试错。第五，搭建平台。学校与政府、企业可以相互合作，为学生提供真实舞台，帮助学生更好地实践。第六，严格考核。在 ERP 沙盘实践中，评分由课程讲授环节和实践环节构成，设置考核标准，课程讲授环节成绩占比为 30%～40%，而实践环节的占比为 60%～70%。课程讲授环节成绩由平时作业和期末考试组成，平时作业次数和成绩要予以量化。实践环节的打分不仅需要教师参与，还要有小组成员和企业等相关人员的参与，多方面、多途径严格把控成绩，做到分数结果有据可依，由此进一步提高经管类实验教学的质量。

五、结语

纸上得来终觉浅，绝知此事要躬行。经管类实验教学是连接理论与实践的纽带，我们需要在新文科的号召下，以"严出"的姿态从经管类实验教学的教学内容、教学手段和考核方式三个方面着手，让学生有足够的时间和机会勇敢尝试，提高学生的应用能力和创新创造能力，让学生在反复失败和成功中积累经验教训，打造实用型人才。当然，新文科建设下的经管类实验教学改革，不仅要靠高校、教师和学生的努力，还需要政府的大力支持：第一，在思想引领上，改变高校对经管类专业实验教学的偏见，在进行充分讨论和调研的基础上，加快出台一系列保障实验教学顺利和高质量开展的政策措施，并且监督这些政策落实下去；第二，在资金方面，成立经管类实验教学专项资金，严格把控资金的流入流出，保证其真正投入实践教学之中；第三，在教学模式和功能上，坚持科教融合，改变单一专业设置实验室的现状，在对人才进行共性培养的基础上，抓住其个性进行系统教育；第四，在队伍保障上，狠抓落实，促进经管类中心高质量发展的队伍保障措施，保障教师的权益，进一步提高师资队伍的专业水平，从而顺应新时代发展趋势，推动我国教育内涵式发展和提高我国文化软实力。

参考文献：

[1] 彭岚，兰璞. 新文科背景下地方高校经管类实验中心高质量发展研究 [J]. 西昌学院学报（社会科学版），2020，32（3）：102-105.

[2] 高碧聪. 向应用型转变背景下经管类专业综合实验教学中心建设的实证

研究 [J]. 北京城市学院学报，2019 (4)：8.

[3] 郭金录. 新文科背景下经管类教材建设的探索与展望 [J]. 新闻研究导刊，2020，11 (17)：208-210.

[4] 王丽颖，刘军君，蔺荷惠. 大学生对"慕课"的认知和使用情况调查分析：以吉林财经大学为例 [J]. 西部素质教育，2018，4 (1)：132-133.

融入课程思政的审计学实验课程
教学改革探索①

蒋秋菊

（重庆工商大学会计学院　重庆　400067）

摘　要： 审计学课程是审计学专业的一门必修专业主干课程，目前开设的与之配套的审计学实验课程在内容设置、教学方法等方面存在一些问题。因此，为培养具有高素质的审计专业人才，该课程需要进行实验教学改革。本文以重庆工商大学审计学实验课程教学改革为例，阐述如何设计有关课程思政的实验内容，如何优化审计学实验教学方法，以及如何建立完善的、以学生为中心的教学模式，为培养具有家国情怀、社会责任和职业道德等高素质的审计专业人才打下坚实基础。

关键词： 审计学实验；课程思政；教学改革；探索

一、课程思政背景下审计类人才需求特点

课程思政较早起源于上海高校的教育教学改革探索，其目的是解决思想政治理论课与其他课程之间存在的"两张皮"现象，力图通过挖掘非思政课程的思政元素，充分发挥其价值引领功能，达到协同育人的效果。重庆高校的课程思政实践，得到了教育部的重视及国内其他高校的关注和进一步探索。重庆工商大学是我国最早从事经济与管理类教学与科研的单位之一。学校传承和弘扬"含弘自强、经邦济民"的重庆工商大学精神，秉持"质量立校、特色兴校、人才强校"的办学理念，遵循"厚德博学、求是创新"的校训，不断深化教育教学改革，坚定不移地走内涵发展之路。

近年来，重庆工商大学高度重视课程思政教学改革探索。为深入贯彻落实习近平总书记关于教育的重要论述和全国教育大会精神，切实落实中共中央办公厅、国务院办公厅《关于深化新时代学校思想政治理论课改革创新的若干意见》和中共教育部党组《高校思想政治工作质量提升工程实施纲要》及重庆市相关文件精神，学校于 2020 年 9 月组织了"重庆市教育委员会办公室关于开展 2020 年高等教育教

---

① 本文是重庆工商大学高等教育教学改革指导项目"基于政府审计改革背景下的审计教学改革与实践"（项目号：2019305）、重庆工商大学校内科研项目"基于领导干部自然资源资产离任审计视角的生态环境监管体系研究"（项目号：1951022）的研究成果之一。

学改革研究项目课程思政专项"的申报工作，并于 10 月 10 日召开课程思政工作专题会，研讨部署推进学校课程思政工作，要求："把课程思政变'可有'为'必有'，变'部分有'为'全有'，变'一般认可'为'高度认可'；在抓好教师课程思政意识培养的同时，也要提高教师课程思政能力；不仅要强化全体教师课程思政意识，充分认识和适应课程思政新常态、新要求，也要及时总结典型案例和好的做法，通过交流分享和技能培训，全面提升教师课程思政教学方法、教学组织、课堂设计、教学资源转化等能力；此外，也要处理好课程思政和思政课程的关系、处理好科学处理专业教育与课程思政的关系、处理好第一课堂和第二课堂的关系；积极总结典型案例，形成显性成果和建立健全课程思政激励机制；在职称评审、一流专业和课程建设、教研教改立项等方面对课程思政工作成效突出的教师给予积极支持。"通过上述举措，学校达到尽快实现课程思政工作推进全覆盖，所有专业、课程、教师全覆盖的预期目标。本文基于重庆工商大学会计学院审计系审计学实验的课程思政教学改革实施的实践，总结其经验和不足。

二、审计学实验课程概述

2002 年，重庆工商大学会计学院成立审计系并招收本科生，同年设立审计学、审计学实验、政府审计理论与实务等本科生专业必修课程。审计学实验课程的教学，可以使学生掌握审计流程的实验研究方法和基本实验技能。该实验课程要求学生能利用所学基本理论知识，结合文献信息对实验现象、实验数据和实验结果进行分析推理、归纳总结和环境评价，了解各种审计失败对利益相关者的利益和社会发展产生的制约和影响，针对不同的审计问题，提出合理的审计优化程序，增强学生的科学研究和审计实务的技能，培养学生独立分析问题和解决问题的能力，以提高学生的审计实践能力、创新意识和团队合作精神。本课程旨在培养学生理论和实际相结合、独立思考、分析问题和总结归纳的能力；培养学生实践技能，将所学专业知识应用于解决注册会计师审计、政府审计和内部审计中实际复杂问题的能力；提高学生创新意识和团队合作能力等。

近年来，会计学院要求课程教学大纲要有明确的课程思政内容、课程教学日历和课程思政的具体计划与做法，并开展课程思政观摩示范课、"立德垂范"党员示范课、课程思政调研与培训，以及学院的免监考、诚信宣誓、新教师和大二学生的入院宣誓等活动。学院的课程思政建设已取得一定的成效，在校园网、《重庆日报》、新华网有一些总结报道，但仍需要再接再厉，积极探索"三全育人"的路径，提升教师课程思政的自觉意识和融合能力。

三、当前我国高校审计实验教学存在的不足

（一）审计学实验教学未能有效激发学生的学习热情

在审计教学过程中，理论教学与实践教学脱节问题较为严重，大部分的课堂仍然是以教师为主体，学生被动地接受教师传授的知识，导致学生被动地接受教师讲

解的各种审计理论与案例。主动学习的缺失，影响了审计课程教学的效果。这也是造成审计教学课堂缺乏兴趣、气氛不活跃的原因之一，对学生审计实践能力的提升产生了不利的影响。

（二）审计学教学理论与实验不同步

审计学实验作为审计专业的必修课程，需要学生具备基础会计、财务管理、税法等相关的理论基础之后才能很好地学习审计。在掌握了基础理论课程的基础上，学生才能按照审计学课程的一些主要理论、学习方法，对审计领域的专题和内容进行理论学习和实践的练习。在审计教学的过程中，有部分学生没有很好地具备各种基础理论知识，导致在进行一些审计实践锻炼的时候，没有办法下手，影响了审计评价和建议的效果。

（三）团队协作意识的培养较为缺乏

每一个审计任务的实施与完成，需要两个以上的审计人员来进行。所以，审计组的集体合作精神，是保证审计质量和审计效果的因素之一。具备良好团队合作意识的审计工作者，更有利于和谐工作环境的创建，提升审计人员相互之间的信任与合作效果，对提升审计组成员的合作效果，有着重要的意义。目前，在审计教学的过程中，因为大部分学生都是独生子女，以自我为中心的现象较为普遍，这就更加需要加强对学生团队协作精神的培养[4]。

（四）重视技能的培养，忽视学生综合素质的培养

习近平总书记在 2016 年 12 月召开的全国高校思想政治工作会议中强调："高校思想政治工作关系高校培养什么样的人、如何培养人以及为谁培养人这个根本问题。要坚持把立德树人作为中心环节，把思想政治工作贯穿教育教学全过程，实现全程育人、全方位育人，努力开创我国高等教育事业发展新局面。"

审计学实验课程通常重视对学生技能的培养，但欠缺德育元素，缺乏结合实验教学对学生思想政治教育进行设计的教学环节。在当前国家倡导课程思政的大背景下，经管实验课教师对在实验教学中融入课程思政的理念还较为缺乏，对如何在实验课中融入"知识、哲理、案例、时事和历史"等课程思政元素还没有经验，难以培养学生的综合素质。

四、当前我国高校审计学实验教学改革思路

（一）在实验背景和目的讲解阶段，引入典型案例，培养学生职业道德素养

维护审计独立性，防范导致损害审计独立性的不利因素，从而保护审计师声誉，对于每一个审计人员都责无旁贷。鉴于此，课程组成员积极进行课程改革。例如，探讨独立性对对审计师职业的重要性具有十分重要的意义，以此来启发学生的思考：审计学专业学生作为未来的审计行业相关工作者，能为此做些什么呢？

以在国内外产生较大影响的康美药业财务舞弊事件为例，通过列举财务舞弊并简述审计师在执行审计工作时面临的情况，说明在全世界范围内审计失败与审计师独立性之间的关系一直以来都是社会关注的问题。

实际案例的引入让学生们更加清晰直观地认识到目前财务舞弊问题的严重性及

治理的迫切性。明确开展"接受业务委托"实验的实际价值和意义，有助于提高学生做实验的积极性和主观能动性。相比于往常仅告知学生如何按部就班地进行实验操作，财务舞弊和审计失败的典型案例的引入，有助于激发学生实验操作的热情并触发其积极主动思考和讨论问题，强化学生采用专业知识解决实际问题的意识，培养学生在本行业的职业道德和社会责任。

（二）在实验步骤讲解和演示阶段规范实验操作

规范实验操作是培养学生理论联系实际能力的前提条件。近年来，理论教学与实验教学脱节现象较为严重，学生难以将课堂所学的理论知识运用到实验中，动手操作能力弱。因此，培养学生理论联系实际的能力，对于提高学生的学习兴趣和进取精神具有重要意义。

课程组结合"实施风险评估程序"实验所涉及的"了解被审计单位及其环境"和"对被审计单位的重大错报风险进行评估"这两个具体过程，以标准操作流程规范学生操作，将行业规范融入其中，明确提出涉及实验的各个方面，包括识别重大错报风险、判断重大错报风险的层次、受影响的交易类别、账户余额和管理层认定等。教师应该提醒学生在未来从事审计工作时，在与审计执业有关的各个方面表现出专业和负责精神，养成规范操作的习惯，并做到事无巨细地发现实验过程中的问题。在实验步骤的讲解和演示阶段规范实验操作不仅对预防审计失败具有重要意义，而且有利于学生操作技能的提高、专业素养的培养、执业水平的提升。

（三）学术诚信教育贯穿教学始终，培养学生养成良好的科研习惯

科研行为不端对我国科技事业的发展和科技人才的培养产生了严重的影响，产生此问题的根源之一在于人们对于基本学术道德规范的认识欠缺。因此，在本科阶段培养学生对于学术诚信的认识至关重要，鉴于此，课程组通过开设关于科研活动涉及的基本道德规范课程，把科研诚信融入实验课教学。

具体而言，课程组基于学术诚信理念，给学生多次强调获得有效和可靠数据的途径和过程。在数据的记录和处理特别是在实验报告撰写阶段方面，教师应该给学生提出一些明确、具体的要求，包括采用水笔填写实验报告上面的数据，不能使用铅笔，因为原始数据坚决不允许被修改；如果发现实验数据不符合预期，可通过重复实验来排除实验中潜在的错误操作，杜绝介入主观因素的数据筛选；原则上，至少3次的平行实验才能作为实验结论的数据支撑；对于实验报告中出现的所有计算结果，都必须提供详细的计算过程。

科研人员养成良好的科研习惯对于确保研究诚信具有重要意义。课程组决心将学术诚信教育贯穿实验教学始终，反复强调与科研诚信相关的一些规范操作，有利于学生从切实的角度和方面规范自己的科研行为，让学生在实践过程中切身体会学术诚信，有利于学生掌握和领会什么是科研诚信，如何做到科研诚信。

总的来说，将课程思政融入审计学实验课程中，不仅可以激发学生的学习热情，也有助于更好地实现审计学教学理论与实验的同步，更有助于提高学生的综合素质，塑造出具有宏大家国情怀、良好职业道德、较高科学素养和严谨科学精神的高素质审计人才。

五、结语

本文以重庆工商大学会计学院审计系开设的审计学课程中的审计学实验思政建设为典型案例，详述了审计学实验教学的思政元素的融入应立足于原始课程审计学的教学内容。课程改革的措施包括：①在实验背景和目的讲解阶段，引入典型案例，培养学生职业道德素养的意识；②在实验步骤讲解和在演示阶段规范实验操作，塑造学生严谨的科学精神；③在实验报告撰写阶段，进一步强调学术诚信和道德规范，培养学生养成良好的科研习惯。总的来说，重庆工商大学会计学院开展的系列教学活动注重以学生为主体，通过精心设计和多样化安排，切实将思政元素融入教学全过程，全方位育人，充分发挥了专业课教师在思想政治教育中的作用。

参考文献：

[1] 罗敏蓉, 张静, 卢丽娟. "课程思政"理念下实验室安全教育体系的构建与实践 [J]. 黑龙江教育（高教研究与评估）, 2021（4）：90-92.

[2] 陈英梅, 刘玉昌, 张影. 经管类专业管理学课程思政建设探讨 [J]. 锦州医科大学学报（社会科学版）, 2021, 19（2）：86-88.

[3] 孙欢欢. 经管类专业管理学课程思政教学探究 [J]. 老字号品牌营销, 2021（4）：139-140.

[4] 周凤芹. 翻转课堂模式下数学实验的"双提升、三融合"教学实践研究 [J]. 科技视界, 2021（9）：55-57.

[5] 曹瑾. "大思政"视域下《产业经济学》立体教学模式的构建与探索 [J]. 河西学院学报, 2021, 37（1）：124-128.

[6] 柏丽, 宋广文. "课程思政"背景下经管专业教学改革与实践 [J]. 吉林化工学院学报, 2021, 38（2）：25-27.

[7] 于洋, 余彦君, 熊聪聪, 等. 将硬核课程打造成混合式金课的研究与实践：以"计算机组成原理"课程和实验教学资源建设为例 [J]. 科技与创新, 2021（3）：113-114, 117.

[8] 隋庶. 经管类专业基础课进行课程思政的探讨 [J]. 沈阳工程学院学报（社会科学版）, 2020, 16（3）：141-144.

学科竞赛软件融入综合
实训课程的探索与实践

蒋　毅

（重庆工商大学经济管理实验教学中心　重庆　400067）

摘　要：经管类的综合实训课程，会在教学中综合应用多学科的专业知识和专业技能，而要将其有机融合并让学生在知识与技能方面都能得到提升，需要创新教学内容和教学方式，达到教学目的，并且为学科竞赛提供源源不断的人才储备，能有效、持续不断地选拔优秀竞赛选手。

关键词：综合实训；学科竞赛软件；教学改革

重庆工商大学经济管理专业人才培养目标定位为培养适应经济社会发展需要的高素质应用型人才。经管类专业人才需要具备扎实的基础知识、过硬的业务技能和较高的综合素质。课程安排包括基础课、专业基础课、专业课、综合实训课多个层次。综合实训课程是我校经管类专业全日制本科生毕业实习前的一门综合性、实践性较强的实训课程。目前，有6门跨专业综合实训课程可供学生选修。本文探讨的是企业经营决策与管理综合实训这门课程。

一、实训课程教学内容与软件的概述

企业经营决策与管理综合实训这门课程是将分散、零碎的经济管理专业知识碎片整合起来，通过实训，让学生体会不同专业课程知识在实践应用中的内在逻辑联系，从而提高学生专业知识的综合应用能力和系统思维能力。本课程的内容包括了企业经营过程中的公司战略、全面预算、营销管理、生产运作管理、人力资源管理、财务管理等各经营环节的管理全过程。这门课程使用的软件是商道，这款软件是一款企业经营模拟软件，其采用模拟方式将企业置于市场经济环境之中，通过学生团队的分析、研判、决策、实施来模拟公司的运行。

二、模拟软件与实训课程相结合的三步教学措施

（一）夯实专业知识

为实现我校"三型一化"人才培养目标，企业经营决策与管理综合实训是通过仿真企业经营过程来进行经营决策和管理的，在实训的过程中不再对单一的专业知识

进行学习，而是对前续课程，包括管理学、会计学、统计学、人力资源管理、市场营销等一系列学科知识的综合应用。个别专业的学生对部分知识有所欠缺，还需要进行学习、补充、完善，从理论上查漏补缺，然后将相关专业知识进行梳理。只有将理论知识夯实，学生在实际操作应用时才能得心应手。

（二）软件的界面、内容要了解清楚

该软件客户端菜单包括了一个放在屏幕顶部的菜单条和一个菜单主界面。学生在综合实训操作的过程中几乎会使用到所有的菜单项，每个菜单项又是相互关联的。因此学生先要花时间来熟悉这些菜单，明确其功能、内容以及数据。如图1所示，该软件的主界面会呈现多个主菜单选项，有公司的年度预算、运营管理、项目改造、产能调控、产品配送、自有品牌、网络市场、贴牌市场、名人签约、财务管理。同时，用户还可以查看公司报告、报表及其分析数据。

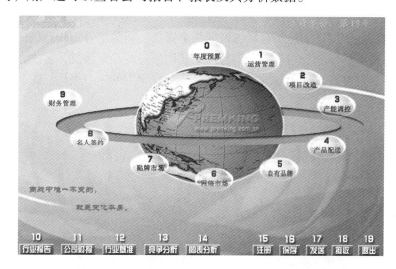

图1　商道软件的主界面

（三）学生不断练习，进行实际操作

学生在实际操作中要进行团队合作，将以前积累的专业知识充分融合并加以利用。通过该软件，学生需要熟悉企业经营管理工作业务流程和内容，明确各个生产与管理岗位的职责，掌握企业经营管理工作的具体内容、方法，熟练运用软件系统进行企业年度预算、战略管理、销售管理、生产管理、财务管理、人力资源管理等企业经营管理类核心工作，熟练处理公司设立、战略业务、销售业务、生产业务、财务业务、人力资源业务，有效提高学生的实践应用能力，为学生就业奠定基础。

三、竞赛软件应用到综合实训后的成效

（一）夯实实训教学效果，提升学生的实践能力

实训过程不再限于形式，以前的综合实训采用的是电子表单的形式，学生们的时间紧、任务重，但是实训的重点主要在单一公司内部数据的决策，受外部环境的影响较小，易于把握。而采用竞赛软件之后，学生不仅要考虑自身公司内部的决

策，还要考虑在整个行业平台中其他竞争对手的经营情况。教师需要引导学生改变考虑问题的角度，扩大视野。

（二）学生的学习兴趣得到提升

让学生在虚拟企业中扮演决策者、管理者等多重角色，能够给学生更直观的认知，让实训课程富有参与性、互动性、趣味性、挑战性。不到最后提交时刻，数据和结果都具有不确定性，更能提高学生的预先研判能力。行业基准值评定、竞争者分析和公司财报中包括了前一年的样品数据。这些报表除了包括附加竞争者或行业的信息外，并未新加任何信息。要在所有公司都在规定的时间内都提交了数据，才能更新新一年的结果。在每一期的竞赛过程中，每个小组在规定时间内提交决策数据后，平台都会及时排出名次，那么学生就会很关注本企业在该期的排名，关心名次是否上升？自己公司为什么会排在这个名次？本企业所填制的数据在大环境下与自己的预期差距有多大？为什么会产生这些差距？下次决策时要着重考虑的因素会有哪些变化？名次的排列是平台系统根据每个模拟公司的综合加权总值作为客观条件来进行评估的，每个公司都能看到自己及其他公司的经营情况，名次和得分都由平台给出，非常客观。这种激励机制能更好地激发学生的学习兴趣。图2是学生学习的场景。

图2 学生学习的场景

（三）多元评价体系，提升学生学习的内驱力

企业经营决策与管理综合实训虚拟实训课程以企业管理职业岗位能力培养为目标，主要包括：基本实践技能培养、企业管理职业岗位能力培养和团队意识培养。该课程通过分岗实训、虚拟公司等实训方式的设计与运用，培养学生的职业精神，强化学生对法律法规和管理制度的运用，使学生理解经管类职业环境，提高其交流与沟通能力。通过实训，学生需要掌握企业管理的业务内容和流程、市场经营决策与管理综合实训的战略战术、管理的方法和手段，具备企业经营管理的基本知识，提高学生经营管理企业的综合能力。

竞赛软件在综合实训课程中的应用使课程评价由教师主观评价结果向开放化、

过程化、标准化转变。首先，该课程考核坚持过程考核与结果考核并重的原则，采用开放式评价，将小组团队考核与成员个人考核相结合。其次，该课程改变了传统的评价做法，设计"过程+结果"并重的评价机制，以鼓励学生在实训过程中注重职业道德、职业规范及团队精神的培养，提高学生的实训效率。最后，该课程为了评价的客观性，对实训"过程与结果"的考核制定量化考核标准，实现教学评价开放性和多元性，解决原有实践教学考核主观性过大的问题，提高学生实训的积极性并使学生充分发挥学习的主动性。

（四）提供人才储备

商道的推出，适应了高校实验教学发展的需要，成为"企业经营与决策"课程的系统软件。事实上，商道已经成为一个卓有成效的人才测评工具。各类企业经营模拟比赛的优胜队的队员，已成为各大企事业单位高薪聘用、培养和挖掘的对象。

学生通过实训课程中软件的应用，提高了兴趣，掌握了方法，再让其进行集中强化训练，参加全国大赛，就很有可能获得名次，得到企业的青睐。有的学生提早与企业完成了签约，从而促使更多的学生参加到这一平台的学习，这样就形成了人才培养的良性发展，达到了综合实训的目的。

四、在教学中发现的新问题

（一）时间仓促，硬、软件设施不够完善

在综合实训的过程中，大多数学生都是首次接触该软件，因此，他们对该软件比较陌生。同时，该软件对环境的要求较为简单，因此其兼容性受到一定的限制，学生需要花费一定的时间去摸索、处理。

（二）学生心理准备不足，短时间内无法适应

学生已经习惯专业知识的学习模式，而采用竞赛软件之后，学生需要通过专业知识随时分析企业经营环境并作出决策，更多体现的是预测与最终结果是否接近。每个模拟企业并不能独立出来，而是和经营环境有着千丝万缕的联系。因此，学生在做决策时不仅要做好数据分析，还必须考虑企业赖以生存的经营环境，预测竞争对手的决策走向。

参考文献：

［1］张苛，李文龙，谢巍，等. 基于学科竞赛和工程实践的实验实训中心建设探索［J］. 中国多媒体与网络教学学报（上旬刊），2021（2）：129-131.

［2］郑棋雨. 职业技能竞赛选手培养选拔的探索与实践［J］. 就业与保障，2020（24）：124-125.

经管类跨专业综合模拟实验教学平台建设存在的问题及发展策略①

储　伟　舒珊珊

（重庆工商大学法学与社会学学院

重庆工商大学经济管理实验教学中心　重庆　400067）

摘　要：现代社会的发展对经管类复合型人才提出了更大的需求和更高的要求。本文通过分析经管类跨专业综合模拟实验教学平台的现状及存在的问题，从政府扶持、高校加大投入、教师队伍提升自身能力、教材编写等方面提出了经管类跨专业综合模拟实验教学平台的发展策略，为高校经管类专业利用现代教育技术和方法建设跨专业综合实验仿真教学平台提供参考。

关键词：经管类跨专业综合实验；经管类高校；经管类人才培养；发展策略

一、经管类跨专业综合模拟实验教学平台简介及文献综述

（一）平台简介

随着当今社会的迅速发展，社会对经管类复合型人才的需求日益增加，因此经管类高校有必要进行跨专业综合模拟实验。综合模拟实验也必须建立在一定的基础之上。这一基础就是我们要介绍的经管类跨专业综合模拟实验教学平台。

跨专业综合模拟实验教学平台是一种基于电脑硬件的软件网络系统。该平台通过建立虚拟政务环境、公共服务环境、商务环境和企业经营的"微型经济社会"，采用信息技术建立对抗演练环境，进行多组织对抗和多人协同的模拟经营和业务运作实践，以形成具有务实性、新颖性、场景化和竞赛机制的特色实践教学体系，培养学生系统性思维和创新能力。

该平台以现代生产制造企业经营管理竞争模拟为主实验，以工商局、税务局、商业银行、会计师事务所、招投标公司、国内第三方物流公司、国际货运代理公司等外部服务部门的业务模拟与交互实验为辅实验，在一定实验假设、数据模型与实验规则下，通过企业内部经营与外部服务业若干实验项目交互，使学生在企业真实的业务流、资金流与数据流中体会现代企业经营与现代服务业的内在联系。

①　本文是重庆工商大学本科教育教学改革研究项目"重庆工商大学经管类跨专业综合模拟实验教学平台建设计划"（项目号：217010）的研究成果之一。

跨专业综合模拟实验教学平台为各类高校培养经管类复合型人才奠定了坚实的基础，是科技发展在教育行业的具体应用。

（二）文献综述

近年来，许多相关学者对经管类跨专业综合实验教学平台的研究层出不穷，不仅对该类平台的建设提供了相应的建议，也分析了建设过程中存在的问题以及解决对策。跨专业综合实训就是要站在企业全局的角度，侧重培养学生综合管理的能力，站在企业生产运作、经营管理角度进行综合实训。高校需要加快对经管类跨专业综合实验体系进行构建与实践，一是要建构对接产业链的经管类跨专业实训组织模式，二是要搭建立体化的经管类跨专业综合实训平台，三是要构建协同育人体系。高校应该通过产学研合作引入市场资源，将科研与教学紧密结合，构建跨专业的、能满足市场需求的经管类实训体系，引导学生面向产业链完善自己的知识体系，提升学生的创新创造能力和职业适应能力。

二、高校经管类跨专业综合实验平台的发展现状

（一）发展成效

随着国内经管类高校的深入实践，经管类跨专业综合实验教学平台建设也已经步入深入发展阶段。在高校的实践和运用过程中，该平台的优势也逐渐发挥出来，给高校和社会带来了良好的效益。

1. 培养综合性、复合型经管类人才

该平台建设的初衷就是培养经管类综合性、复合型人才。通过中国各个高校的努力实践，该平台的建设和运用确实给高校的人才培养模式带来了很大的改善和提高。高校通过运用经管类跨专业综合实验平台，将原来的单一专业教学模式转变为综合专业教学模式。学生们学到的知识不仅局限于自己本专业，而且还可以学到与本专业相关或相邻的其他专业的知识。一方面，学生可以掌握与本专业相关的其他专业的技能和知识；另一方面，学生也能很好地满足社会对综合性人才的需求，从而提高高校毕业生竞争力。

近年来，企业对高校人才的吸纳反映出，国内高校的经管类跨专业综合性人才的技能得到很大提高，以此也可以证明，国内高校的经管类跨专业综合实验平台的运用确实为高校培养综合性、复合型经管类人才做出了贡献。

2. 拓宽了学生视野，提高了学生综合素质

该平台的运用，在高校教学领域也算是一次较大的突破和革新。它打破了原有的封闭教学理念，学生们不仅学到本专业的基础知识，还可以学到与本专业相关的其他专业的知识，能够放眼其他专业和领域。

在综合教学过程中，学生们相互交流与沟通。学生们都是以小组为单位，注重小组的合作与分工，并且加强虚拟教学中的各部门之间的联系。这样一来，就锻炼了学生的人际交往能力，从而提高了学生的综合素质。

3. 活跃课堂气氛，寓乐于学

在综合模拟实验教学平台的课堂上，学生们不再像以前那样枯燥无味地听着教

师的讲解，而是在教师的讲解之后，和自己的小伙伴进行一系列的"买卖"，在这些交易的过程当中，学生们感觉到了快乐，师生之间的关系也更加融洽。笔者通过走访了解到，大部分的学生在学习这样的一门课程当中都会感觉很轻松、很愉快。这说明，该平台的实施有助于活跃课堂的气氛。

（二）存在的问题

经管类跨专业综合模拟实验教学平台在使用过程中仍然会存在一些问题和不足之处，主要表现在以下几点：

1. 软件并不是很成熟

目前来说，国内高校的经管类跨专业综合模拟实验教学平台都是基于某个公司的应用软件。市场上的软件参差不齐，从而给高校的选择带来了一些困扰。总的来说，各高校使用的软件或多或少都存在一些问题。这是大部分软件都存在的问题，特别是在几个班级的学生一起上课的时候，就会出现卡顿，甚至是闪退的现象。这给教学带来了一定的压力，给学生和教师的学习体验并不好。

2. 缺乏配套教材

该平台的教学内容是综合经管类专业知识。其突出特色就在于综合性，但就目前市场来看，还没有与之相匹配的教材。许多高校在教学过程中都没有使用教材。但是无论是不使用教材还是使用多本教材，都不能够很好地对综合模拟实验教学平台进行详细的讲述，这导致学生只能在上课时认真听讲，课后无从学习。所以，学生们在课后就不能够通过教材来温习学过的内容，也不能够提前预习教材的内容。

3. 教师的综合知识储备不足

高校教师大部分都是某个专业出身，教师们所完成的教学也是针对某个专业或学科而言的。而经管类跨专业综合模拟实验教学的课程，对教师的要求会更高。此类课程要求教师具备相应的综合知识，以及讲解能力和实践操作能力。所以此类课程的开设对高校教师来说也是一大新的挑战。

4. 教学场地和设备缺乏

各个学校由于开设水平的不同，在管理模式上也会有所差异。所以在此类平台的建设当中，经费和场地都会面临一些困难，如实验室电脑数量不够、学校教室不够等。这些都是经管类跨专业综合模拟实验教学所面临的一大障碍。在这一方面，由于经费问题，民办高校面临的问题会更加突出，而公办高校的经费相对充足，政府支持力度大，其面临的问题正在逐步解决中。

三、经管类跨专业综合模拟实验教学平台发展策略

针对上述该平台实施过程中出现的问题，本文将提出相应的解决对策，具体如下：

（一）政府应加大力度扶持软件公司对此类产品的开发

市场上各类软件公司规模有大有小，开发出来的软件质量参差不齐，政府应该发挥正确的引领作用，让不同的产品运用在不同的教学环境当中，并且让产品与环境相适应。同时，政府应加大对此类软件公司的支持力度，让软件公司开发出性能

更优越、能满足不同高校需求的产品。学校在选择此类软件的时候，应选择适合自己学校的软件，避免盲目跟风和浪费。

政府要发挥积极的作用，制定相关的政策促进软件公司对此类产品的研发和创新，不断优化此类软件，给各类高校提供舒适、安全的教学环境。例如，政府可以对此类软件平台开发商给予相应的资金支持和政策优惠，为软件开发提供一个良好的环境。

（二）组织教学团队编写教材

市场上缺少此类综合性专业知识的教材，所以各高校无法统一采购。各高校可以根据自身教学情况，组织本校和其他高校专业教师编写教材。所以，各个高校必须成立相应的综合模拟实验教学小组，对本校的教学情况和教学内容进行详细的评估，从而得出所要解决的问题和需要注意的问题。各高校需要根据本校的实际情况，邀请专家和学者对教材进行可行性评估。

（三）加强教师队伍建设

教师作为教学中不可或缺的一部分，在教学过程中起到了重要的作用。而经管类跨专业综合模拟实验教学对教师的要求会更高，教师不仅要了解一个或两个专业的知识，还要掌握同类专业的相应知识。在我国高校教学当中，很少有高校采取综合教学的模式，所以培养出来的人才也很少具有综合专业知识。因此，高校应当积极地对教师进行培训和深造，培养具有综合专业知识的教师队伍。

高校还应当积极地与其他同类高校交流和合作，并且加强同专业的教师相互学习，不断地提高教师综合素质。例如，本校的计算机专业与金融专业的教师可以相互学习。在相互学习和交流的过程当中，教师可以不断更新自己的知识，提升自己的专业水平。

教师队伍建设是一项艰巨而漫长的任务，不能急于求成，也不能一味追求高学历、高学术。只有具有综合专业知识的教师，才符合此类课程的教学要求，才能够促进此类课程教学的不断优化和发展。

（四）高校应当加大投入建设相应的场地和设备

目前高校场地和设备不足的原因主要是经费不足，所以各类高校应当加大此类课程的投入：①民办高校要对此类学科有所倾斜，加大对此类学科教学经费的投入和建设力度，优化教学团队，提升教学环境和质量；②公办高校要积极争取政府项目经费，对此类学科有所倾斜，加大力度建设相应的教室和设备，不断增强教师队伍建设。

四、结语

近年来，各类高校通过经管类跨专业综合模拟实验教学平台的建设，取得了丰硕的成果。各类高校培育的学生综合素质有大幅提高，在提高各高校输出人才的竞争力的同时也提升了学校的口碑和声誉。

学生在学习过程中体会到寓乐于学，提高了学生对学习的兴趣，有利于学生学习全面综合的专业知识。教师们可以在不断教学的过程中，总结教学方法，创新教学模式，不断摸索出适合学校、适合学生的教学方法，以此不断提高教学质量。

随着跨专业综合模拟实验教学的深入开展和实践，各类高校应该不断创新教育教学模式，使培养的人才能够更好地适应社会经济发展的需要。这顺应了经济社会发展的历史时代潮流，为经济社会发展作出了贡献。

参考文献：

[1] 铁晓华. 经管类 VBSE 跨专业综合实训课程教学设计及实施探究 [J]. 财富时代，2019 (11)：95-96.

[2] 曹刚. 经管类跨专业综合实验课程的设计与实施 [J]. 实验技术与管理，2016 (1)：218-221.

[3] 伍启凤，何小强. MEBS 跨专业综合实训平台服务创新创业教育研究 [J]. 产业创新研究，2020 (20)：163-164.

[4] 王代花. 关于民办应用型本科高校《跨专业经管仿真综合实训》的教学思考：以贵州财经大学商务学院为例 [J]. 国际公关，2020 (2)：86-87.

[5] 白晶. 高职院校经管类跨专业综合实训校内实训平台的建设与应用 [J]. 经济师，2017 (7)：183-185.

[6] 吴玲霞，加瑞芳，杨令. 应用型本科院校经管类专业实践教学体系构建 [J]. 中国商论，2020 (13)：189-190.

[7] 王攀娜，徐博韬. 经管类跨专业综合实践仿真教学平台建设实践 [J]. 商业会计，2020 (23)：124-126.

[8] 朱静. 经管类跨专业综合实训平台建设探索 [J]. 实验技术与管理，2017，34 (7)：196-199，213.

[9] 刘飞燕，黄培伦，管青，等. 经管类大规模跨专业综合仿真实习实践研究 [J]. 实验室研究与探索，2017，36 (7)：218-282，291.

[10] 麦海娟，麦海燕. "翻转课堂" 在会计仿真模拟实验教学中的实践与探索 [J]. 商业会计，2014 (23)：106-108.

经管类实验教学的思考与启发

阿恩古子

（重庆工商大学工商管理学院　重庆　400067）

摘　要：高校经管类实验教学体系建设是经管类学生得到个性和技能发展的重要路径。实验教学不仅可以帮助学生认识到当代科学技术的发展，培养学生在基础知识、应用、复合与创新发展方面的能力，而且可以提高学生对社会和事物的认知能力。学生在实验教学中熟悉具体的操作流程，在知识与实践中成长，在实际操作中发挥才能。本文选取重庆工商大学对工商管理专业的学生开设的实验教学，如ERP实验教学、钉钉App等课程的开设与成果，研究经管类实验教学对学生个性化培养的重要性与必要性。

关键词：实验教学；个性化；经管类专业；技能发展

一、经管类实验教学

经管类实验教学有极大的实际意义。学校对学生得到创新创业学分和新儒商学分提出了硬性要求，因此几乎所有的学生都十分注重知识和实践的联系。学生们在获取知识和学业学分的同时，参加了各种活动，锻炼了实践能力，提高了实训技能。各个学院都积极响应国家政策，开设实训活动和实验课程等提高学生的综合素质，如工商管理学院开设ERP实验课程、钉钉等软件培训等与我们现在专业和未来就业十分相关的课程。教师在演示实验过程中启发学生观察实验现象、过程，并进行思维分析，从而得出科学的结论，进而使学生在实际操作过程中能形象、生动、直观地理解和掌握专业知识，并学会以科学务实的态度考虑问题、分析问题、处理问题。

二、实验心得

（1）要认真听课，熟知实际操作中的步骤以及注意事项。

（2）要注意数据信息。比如部门列表、各个子部门和上级部门。

（3）要认真按流程进行操作。

（4）注重与理论结合。虽然操作较简单但其背后所联系的信息技术和库存知识是非常重要的。

（5）与同学合作学习，共同进步。对于本次实验课程，每个同学都有相应的问题和心得总结。相互交流有利于我们对知识的二次回顾和深化。由于剩余时间较充裕，同学们一起讨论了与实验课相关的知识。

三、论经管类实验教学心得

（一）实验教学与学生个性化发展的必然联系

学校应该重视培养实验创新能力，实现实验教学中理论与实践科学的有机结合。

探索性实验是由化学实验进一步发展而来的。在循序渐进的实验教学中，通过综合问题、分析问题、归纳问题、总结经验等步骤来获取知识，进而要求学生有较多的思考和讨论。学生在不断地主动探索知识的过程中，锻炼实践能力，提高知识理解能力，并培养创新能力。探索性实验教学可以调动每一个学生的参与积极性，培养学生的观察能力、思维能力、分析能力、解决问题的能力和实验设计操作的能力。学生可以在实际的操作中解决似懂非懂的问题，掌握重要的专业知识和专业技能。

（二）加强实验教学的理论依据

1. 授以良好的学习方法，培养创造精神

教师在实验教学中发挥主导作用，其目的是提高学生的观察力、思维能力，从而培养和发挥学生的创造精神。课堂教学需要将教师的主导作用与学生的主体作用有机结合，从而提高教学质量，提高学生的文化素质。

2. 重视实验教学的现实意义

学习最好的方法和目的就是调动学生的学习积极性，充分发挥学生的主观能动性。学生对课本中的理论知识学习缺乏兴趣，而实验教学过程则能充分调动学生的积极性、参与意识和表现意识。实验教学使学生能形象生动地掌握原来枯燥无味的理论知识，又锻炼了学生的动手能力和创造能力，从而最大限度地激发了学生的学习兴趣。因此，重视和加强实验教学，是激发学生学习兴趣的关键。

实验教学可以有效地激发学生浓厚的学习兴趣，调动每一个学生的积极性，培养学生的观察能力、思维能力、分析能力以及自己动手解决问题的能力。实验教学可以使学生进一步理解与巩固理论知识，开发学生智能，培养学生的动手能力，分析问题、解决问题能力。

参考文献：

［1］张晓英. 新文科背景下经管类虚拟仿真实验教学中心建设研究［J］. 质量与市场，2021（12）：54-56.

［2］鄢丹. 新文科背景下经管类虚拟仿真"金课"建设路径分析：以湖北省省级虚拟仿真实验教学一流课程为例［J］. 中国现代教育装备，2021（9）：43-45，62.

［3］潘星，晏再庚. 经管类实验教学网络学习空间的构建与应用：以企业行为

模拟课程为例 [J]. 广西广播电视大学学报, 2021, 32 (2): 47-55.

[4] 崔苗. 经管类专业创业虚拟仿真实验教学设计与实践 [J]. 北京财贸职业学院学报, 2020, 36 (6): 67-72.

[5] 许亚锋, 尹晗, 张际平. 学习空间: 概念内涵、研究现状与实践进展 [J]. 现代远程教育研究, 2015 (3): 82-94, 112.

[6] 李宏伟, 徐建勤. 经管类实验教学质量监管探讨 [J]. 大学教育, 2020 (10): 139-142.

渝商精神引领重庆高校
开展大学生就业责任教育

田　娇　朱　沙

（重庆工商大学经济学院　重庆　400067）

摘　要：本文从渝商精神的角度出发，结合重庆地方特色和区域文化背景，对重庆高校开展大学生就业责任教育展开论述，并认为渝商精神引领重庆高校开展大学生就业责任教育对于提高大学生就业责任意识、提升重庆教育教学质量、营造良好的文化氛围具有不可替代的作用。

关键词：就业责任教育；渝商精神；重庆；大学生

一、引言

开展大学生就业责任教育，培养具有高度就业责任意识的人才是经济社会发展对高校提出的新要求。2020 年 10 月底通过的《中共中央关于制定国民经济和社会发展第十四个五年规划和二〇三五年远景目标的建议》明确提出了要增强大学生的责任教育，就业责任教育也应列入其中。随着高校扩招，我国高校毕业生人数从 2000 年的 94.98 万人增加到 2020 年的 874 万人，与此同时，企业提供的就业岗位数却不及毕业人数的 50%，高校毕业生的就业形势不容乐观，并且还时常出现大学毕业生不愿就业、就业后又频繁跳槽等现象。就 2020 年企业离职率统计来看，大学毕业生入职一年后离职的比例高达 35.4%。因此，在如此严峻的就业形势下，加强大学生就业责任教育尤为重要。

重庆作为内陆战略高地，处于"一带一路"和"西部陆海新通道"的交汇点，是最具发展潜力和发展活力的城市之一，也因此产生了一代代渝商人。渝商是在粤商、晋商等商帮概念上提出来的，是对与重庆有千丝万缕联系的商人的总称，既指在重庆经商的重庆人，也可指在外经商的重庆人及在重庆经商的外地人。随着渝商的发展壮大，逐渐形成了独具特色的渝商精神。渝商精神不仅在于"重信重义、自强不息"的品性，还在于刻在渝商骨子里的吃苦耐劳的奋斗精神和高度的社会责任感。渝商精神自形成起，不仅为重庆经济的发展做出了贡献，而且影响并引领着重庆人文精神的形成与提升。因此，在渝商精神的引领下，重庆高校开展大学生就业责任教育，提升高校学生的就业责任意识，具有一定的可行性。

二、大学生对就业责任的欠缺

大学毕业生就业难已成为我国各地区普遍存在的问题。在这种就业困难的形势下，大学毕业生群体中仍存在不顾就业合同、缺乏就业责任而随意跳槽等无责任感的现象，这让企业和社会对大学生的素质产生了怀疑，因此相关企业不愿意为大学毕业生提供更多的就业岗位，从而加剧了大学毕业生就业难的问题。大学生缺乏就业责任感的原因是多方面的，一般源于以下三个方面：一是自身原因，即不能以乐观、积极的心态面对求职中遇到的困难，缺乏正确的就业竞争意识，抗压能力弱，遇到难以解决的问题只想逃避。更有部分毕业生，一毕业就选择回家待业，即所谓的主动性的"毕业即失业"，无正确的就业观。二是家庭原因，当代大学生一般为独生子女，父母的溺爱与过度保护和重视物质生活、轻视精神培育的家庭教育模式导致学生心理承受能力差，喜欢依赖他人，独立解决难题的能力较弱，难以适应职场生活。三是学校教育体系的原因，就业责任教育被大部分学校轻视，即便是思政教育也不是教学内容的主要组成部分。在大学阶段，重庆高校一般都开设了就业指导课、就业规划课等课程帮助学生顺利就业，却唯独缺少了就业责任教育相关课程。

三、渝商精神为重庆高校开展就业责任教育提供文化支持

重庆是历史文化名城，在其独特的地理位置和悠久的历史中形成了独具特色的渝商精神。渝商精神所强调的诚信义气、吃苦耐劳和高度的社会责任感等商业精神也正是当代重庆大学生所欠缺的。因此，在渝商精神的引领下，重庆地方高校开展就业责任教育，培养学生吃苦耐劳、勇于开拓的精神和敢于承担就业责任的意识，是有必要且有意义的。

渝商人以自强不息与吃苦耐劳行天下。重庆以山城著称，险山险水的自然环境造就了一代又一代自强不息的渝商人。20世纪90年代初，在创业条件如此艰难的情况下，涌现出重庆力帆、龙湖集团等一批优秀的本地企业，将渝商人吃苦耐劳的奋斗精神展现得淋漓尽致。渝商，凭借自强不息的开拓精神和吃苦耐劳的奋斗精神，在中国工商业中占据一席之地，为重庆和中国经济社会的发展做出贡献，成就了自身的辉煌。渝商以勇于承担社会责任闻名遐迩。在老一代渝商中，以卢作孚为代表的渝商们在民族危难之际勇担社会责任，捐钱、出力，甚至奉献生命也在所不惜，展现出了高度的社会责任感。新一代渝商传承并发扬了这种优良传统，在发展自身的同时回报社会。例如，新冠肺炎疫情暴发之后，重庆民营企业高度关注，积极响应，累计捐款捐物超过1.5亿元，为疫情防控工作贡献力量。

新、老渝商人用行动传承并弘扬吃苦耐劳的奋进精神和勇担社会责任的决心，使得渝商精神享誉海外。在渝商精神的引领下，重庆高校开展就业责任教育具有得天独厚的优势。吃苦耐劳的渝商精神鼓励大学生要在就业中艰苦奋斗，在工作中实现就业责任，遇到困难敢于迎难而上，找到解决难题的办法；强调责任感的渝商文

化引领大学生就业过程中不能背离职业道德，违背就业合同随意跳槽，而应在工作中学会承担就业责任，履行职责。因此，在渝商精神的指引下重庆高校开展就业责任教育具有深远的意义。

四、渝商精神融入重庆高校就业责任教育实践分析

渝商精神强调自强不息、吃苦耐劳，这种商业精神在国内其他地方也得到了赞扬和学习。因此，将渝商精神融于重庆高校对大学生的就业责任教育中，不仅发扬了渝商精神，而且有利于重庆建立富有地区特色的就业责任教育体系。

为将渝商精神和重庆高校大学生就业责任教育实践有效融合，高校在具体实践中，首先，应在校园里广泛宣传渝商精神和就业责任的重要性，在校园里形成积极向上、勇于担当责任的风气，让大学生有肩负就业责任的意识；其次，将课堂上的理论传授与校外实践教育相结合，从实践教育中提取经验并吸取教训，从而完善重庆高校就业责任教育实践体系。具体说来，重庆高校应从以下三个方面考虑引入渝商精神并完善大学生就业责任教育体系：第一，在师资结构上，采用"传统教师+渝商商人"的模式。传统教师以讲授理论知识为主，让学生们明白就业责任的意义，而渝商商人则可以结合自身创业、就业等经历，讲述自身故事，传递发扬渝商精神，在寓教于乐中帮助学生树立就业责任教育。第二，在教学内容上，更多地向学生们展示渝商精神中的吃苦耐劳精神和高度的社会责任感，教师在做好理论知识铺垫的同时，应结合具体事例让学生明白就业是个奋进的过程，也是承担自身就业责任的过程。第三，在教学方法上，不能只囿于传统的教师教授、学生被动接受的教学方法，而应让学生真正参与到就业责任教育实践的过程中，如带学生去渝商企业参观，由企业资深员工为学生讲述企业建立、发展、壮大等的历程，让学生在倾听中领悟渝商精神与就业责任；又如，与渝商企业展开深度合作，接受学生来此进行实践教学，即将学生看作是公司正式职员并在此参与工作一段时间，完成学习报告，在行动中体会渝商精神就业责任等。

五、渝商精神引领下重庆高校开展就业责任教育的意义

教育学理论认为，教育能够促进学生的社会化和个性化的发展。同时，社会学理论认为每个人的思想观念、行为习惯与文化背景、社会风气息息相关。因此，在学生进入社会之前，重庆高校应该结合区域特色，引入渝商精神，开展大学生就业责任教育，通过教育的手段培养学生吃苦耐劳的奋斗精神和树立强烈的就业责任意识。

（一）有助于提高大学生就业责任意识，缓解就业困境

大学生就业难已困扰学生、高校和社会多年，国内专家从提高大学生就业能力、高校或政府提供多元的就业服务等方面探讨如何解决当前大学毕业生的就业困境，但却忽视了大学生自身的因素。在社会主义市场经济的大环境下，部分大学生在就业过程中，存在无良好的就业心态、欠缺正确的竞争意识、看重眼下利益、就

业后又随意跳槽等现象，归根结底就是因为其缺乏吃苦耐劳精神和就业责任感。而在重庆，渝商人充分展现了吃苦耐劳和高度的社会责任感，从 2008 年的汶川地震捐款超 2 000 万元，到新冠肺炎疫情重庆民营企业纷纷为防控助力，无一不体现了渝商精神。将渝商精神引入重庆高校的就业责任教育的课堂中，以渝商人的亲身经历作为典型事例进行教学，更能够增强大学生就业责任意识，鼓励大学生积极寻找就业机会，在就业过程中为社会做贡献，为实现自我价值而努力奋斗。

（二）有益于提升重庆高校教育教学质量，健全教育体制

高校教育是培养高级知识人才的重要一环，建立完善的教育体系、提高教育教学质量对于培养符合经济社会发展的人才具有关键作用。目前，重庆高校普遍利用就业指导课、就业规划课、设立就业创业帮扶中心等方式帮助大学毕业生顺利实现就业，但却尚未发现就业责任教育对促进大学生就业的重要作用和开设就业责任教育课的紧迫性，同时也未意识到渝商精神对塑造大学生健全的人格品质和综合素质的促进作用。因此，渝商精神引领重庆高校开展大学生就业责任教育，能有效促进重庆高校尽快搭建就业责任教育的基础体系，完善就业责任教育相关内容。这不仅是对重庆高校教育体制机制的完善，而且对提高教育教学质量也有积极影响。

（三）有利于营造奋进和强调责任感的文化氛围，推进和谐社会

将渝商精神引入重庆高校的就业责任教育课堂，是对渝商文化的认可和推广，也是对校园文化的补充。在经济社会的大背景下，社会普遍强调经济建设，对于文化的宣扬、建设相对不足。而将渝商精神引入课堂，弘扬渝商"重信重义、自强不息"的精神品性，以及一代代渝商人传承下来的吃苦耐劳的奋进精神和高度社会责任感，既能丰富校园文化，又可以充实重庆文化体系。同时，在渝商精神的引领下，有利于形成一股积极向上、吃苦耐劳、勇于担当责任的社会风气，推进社会的健康和谐发展。

参考文献：

［1］付琼.大学生就业难的成因及对策分析［J］.科技经济导论，2020，28（8）：168.

［2］吴丽红，刘文霞.甬商精神对商贸类高职学生就业责任教育的启示［J］.职教通讯，2013（5）：46-48.

［3］刘思伦.弘扬企业家精神 打造有梦想有情怀有作为的渝商队伍［N］.中华工商时报，2018-07-08.

［4］陈中耀.渝商精神演进发展及融入职业精神培养研究［J］.江苏商论，2018（3）：3-7.

［5］齐莹.疫情形势下思想政治教育促进大学生就业的重要意义及路径选择［J］.就业与保障，2020（23）：194-196.

"后疫情"时代下在线实验教学常态化应用的推进与实践

李 虹

（重庆工商大学经济管理实验教学中心 重庆 400067）

摘 要： 一场突如其来的新冠肺炎疫情，在中国乃至世界引发了线上教学的改革。教育部印发《关于在疫情防控期间做好普通高等学校在线教学组织与管理工作的指导意见》，决定高校全面实施在线教学。这使本来褒贬不一的线上教学取代了传统的面对面讲授，成为疫情防控时期学校知识教学的唯一方式。而随着学生陆续返校复课，实验教学逐渐恢复面对面授课的传统方式，学校教育进入"后疫情"时代。疫情防控期间的线上实验教学常态化应用的推进，将对现有在线教学模式、质量与效果进行革新。将在线实验教学常态化应用推进，构建小规模限制性在线课程（SPOC）模式下在线实验课程设计，推进在线实验的"游戏化翻转课堂"的互动势在必行。

关键词： "后疫情"时代；在线实验教学；常态化应用

一、"后疫情"时代下在线实验教学常态化应用推进的背景与意义

2020年年初突发的新冠肺炎疫情导致了学校知识教学的"被动式"变革。受疫情影响，国内学校多次延迟开学，教育部印发《关于在疫情防控期间做好普通高等学校在线教学组织与管理工作的指导意见》，创造性地提出了"停课不停学"的应对举措，传统知识教学的形式被强制性熔断，而固定的教学空间、稳定的教学时间、纸质的教科书和课程资源、面对面的讲授和师生互动这些传统的知识教学要素也随之被网络空间、线上资源、教学平台、媒体工具、手机 App 等所取代。可见，疫情之下，知识教学的核心要素发生了不同于传统学校知识教学的变化，教什么知识、在哪里教以及如何教的传统被完全颠覆了。这场发端于疫情的知识教学变革，既有因疫情防控期间学校不得不"关闭"，师生无法面对面而被迫通过互联网进行交流的偶然性，又有大数据、人工智能等新技术驱动教育变革和知识教学发展的必然性。它一方面呼应了对学校传统知识教学存在的弊端进行变革的要求，另一方面顺应了互联网、大数据、人工智能等新技术被应用于教育、推动知识教学变革的需要。

随着学生陆续返校复课、知识教学恢复面对面授课的传统方式，学校教育将进

入"后疫情"时代。而有别于传统理论教学的实验教学,如何在"后疫情"时代下将在线实验教学常态化应用推进,保障线上教学与线下实验教学质量,成为"后疫情"时代下高校实验教学改革的突破口。本文首先对在线实验教学常态化应用平台进行深入研究,促进线上教学与线下实验的有机互动,提高实验教学效率和实际应用价值;其次,通过 SPOC,即小规模限制性在线课程设计,结合"游戏化翻转实验课堂"的互动实施,推动"后疫情"时代下在线实验教学常态化稳定发展,并最终推动高校实验教学的创新改革与示范引领。

二、在线实验教学常态化应用平台建设

（一）在线教学平台现状

目前,虽然我国使用在线教学平台较国外稍晚一些,但其发展速度快,已形成规模的国内在线教学平台有大规模开放在线课程（MOOC）、好大学在线以及学堂在线。从课程质量来看,它们以高校特色课程为核心,为学生提供国内外一流高校的课程体系,打破校园间的围墙,实现各类教育资源共享。而受到广泛推崇的MOOC,具有无可比拟的开放性与规模性特点,但经过实践教学发现,MOOC 依然存在诸多问题,如高弃课率、与学校教学内容衔接不紧密、学习体验和课程标准缺失、学习诚信难以保证等。

（二）小规模限制性在线课程（SPOC）的加入

为了实现 MOOC 与高校课堂教学的融合,同时针对 MOOC 教学模式中的"大规模"和"无限制条件"特点,加州大学福克斯教授提出了一种新型的教学模式——SPOC（小规模限制性在线课程）。SPOC 弥补了 MOOC 的缺点,是 MOOC 的继承与创新,在高等教育中更具有可操作性和实际应用价值。

SPOC 是指将上课人数限制在几十人到几百人之内;它设置了学生限制性准入条件,只有达到该课程条件的学生才允许进入课堂。因此,这种模式可以有效改善MOOC 课堂中学习者的高弃课率和低课程完成率的不足,从而提高教学效率。

SPOC 是利用 MOOC 的相关资源进行线上、线下相结合的混合式教学,即由线上教学（网络教学）和线下教学（课堂教学）两部分构成。线上教学包含线上视频课程的学习、线上作业和线上师生交流讨论;线下教学包含小组作业汇报、课堂答疑、实验操作考核。

（三）SPOC 在实验教学中的应用案例分析

SPOC 先后在马德里卡洛斯三世大学、加州大学伯克利分校、哈佛大学等高校进行教学实践。

马德里卡洛斯三世大学尝试采用 SPOC,开启 Genghis 项目,实现线上线下教学有机互动,通过能量积分实施游戏化策略以激发学生学习积极性;它强大的学习分析模块,帮助教师直观、客观了解学生的学习情况,增加论坛功能以促进师生之间的交流,形成了基于视频发布、学生学习到线上交流的互动机制。

加州大学伯克利分校采用 SPOC 开展混合式教学,学生可以通过系统自动反馈成绩,完全掌控自己的成绩情况,获得更为详尽的实验评分结果与分析报告。

顺应 SPOC 潮流引领，越来越多的国内高校已开设自己的 SPOC 平台，并进行教学实践。清华大学开通"智学堂"，南京大学、武汉大学、重庆大学、陕西师范大学等纷纷推出适合本校的 SPOC 平台。SPOC 能有效整合线上、线下教学的优势，激发学生的学习主动性，调动教师教学的积极性，丰富教学实践手段，扩展教学时间与空间，有利于因材施教，深度挖掘学生学习能力，满足个性化发展需求。

三、SPOC 下在线实验教学常态化应用的课程设计

（一）课前准备

教师在进行线上教学设计与线下教学设计前，需要对教学对象、教学资源等进行学情分析，包括对学生的学习能力、学习特点、学生已有的知识储备等进行分析，便于教师更科学地进行教学设计，指导实践教学。

（二）线上教学设计

在线上教学设计阶段，教师根据教学大纲、教学目标、教学计划录制与本课程相关的教学视频。学生通过网络资源进行课程视频相关学习并完成线上测试，记录课程疑难点。这个环节是重要的预习环节，是 SPOC 的重要组成部分，可以为后续教学奠定基础。

（三）线下教学设计

线下教学设计是对线上教学设计的检验，是对线上学习知识点的复习、巩固与消化吸收，教师在这个环节会对学生线上学习的数据进行收集、整理、分析、记录，重点是对疑难知识点进行二次讲解。在整个线下教学的环节中，教师要让学生完成知识点内化任务，重点培养学生的综合学习能力、知识运用能力、协作分工能力和实践操作能力。

（四）课后巩固

线下教学是学生知识内化与吸收的核心环节，学生在知识的巩固阶段则依靠课后复习环节。在 SPOC 教学模式下，学生的课后复习环节将起到很好的监督作用，学生在线上提交作业，教师在线上及时批改作业，可以对学生的作业错误进行一对一的纠错指导。学生可以针对教学疑难点在平台上反复查看线上教学资源，不受时空限制，完成知识的内化吸收。

（五）教学评价

传统的教学质量评估是以学生的期末成绩进行量化考核，方式简单。而 SPOC 融合了大数据和传统课堂教学两部分，数据更加全面、多样、灵活。系统中每项任务的完成都会有原始记录，学生课前预习的线上视频学习、线上实验任务完成与讨论的具体表现、课后作业完成质量以及线下课堂的表现等都被纳入考核体系中，从而可以做出全方位、综合、客观的教学评价，如图 1 所示。

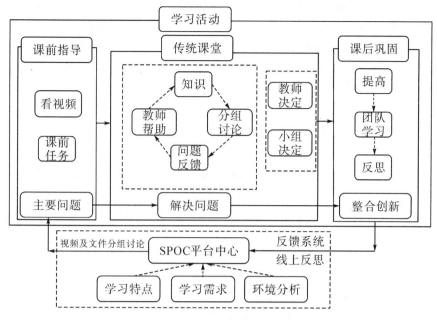

图1 SPOC 混合教学模式

四、在线实验教学"游戏化翻转实验课堂"的互动实施与分析

"后疫情"时代下，在线实验教学常态化应用推进，需要采用 SPOC 混合教学模式，依靠游戏化智慧在线平台课堂，以学生的学习需求为起点，以学习目标的达成为终点，分课前、课中、课后三个阶段。此外，其在评价方面也有了新的变化，首先，评价贯穿于整个实验教学过程；其次，除传统的在某一相对完整的教育阶段结束后，对整个教学目标实现的程度作出终结性评价外，该模式更加关注在教学过程中通过教师观察、活动记录、问卷调查、学生自评、学生互评等形式对学生的学习行为、学习能力、学习态度和合作精神等进行持续性评价，即形成性评价。这种评价方式重过程、轻结果，评价主体为学生、同伴、教师。这种评价是在一种开放的、宽松的和非正式的氛围中进行的，一般采用描述性评价、等级评定或评分等形式来体现。其目的是激励学生学习，帮助学生有效把控自己的学习过程，使学生获得成就感，增强其自信心，培养其合作精神，提高其自主学习的能力。

当然，该实验教学过程的实施也不是一成不变的，各个环节之间的界定并非十分明确，前一环节可以融合在后一环节中。例如，教师进行实验教学的设计，既可以是前端分析，也可以是上一节课的评价，任何一个环节都可以依据实际情况进行修改、增减、跳过、重新组合，从而达到最佳教学效果。

（一）课前线上游戏教学设计

课前线上游戏教学设计即线上游戏准备，分为两个部分：游戏的选择和创建。游戏的选择也分为两部分。第一，教师设计出针对整个教学计划的游戏化思维游戏模块，如线上的卡牌、火柴棍、数字类游戏；第二，课堂中的游戏选择，这是由实验教学内容的特点决定的，每一节课的游戏都有所变化。

为了成为创新思维的王者，学生将会踏上游戏的征程，其间他们将会以个人或小组形式去探索和发现不同领域，接受挑战，磨炼技能。学生及其团队每通过一个挑战都将获得相应的经验积分和虚拟金币，经验积分越高其在荣誉排行榜的排名就越靠前。经过几轮挑战后，将会决出最有"思维价值"的人，并授予相应的荣誉和奖励。

将实验教学所涉及的知识因素和纪律因素量化为游戏中的奖惩，可以帮助学生形成一套自主的学习系统和积极的学习环境系统，保持其游戏学习的兴趣。同时，团队的合作和竞争也打造了良好的学习环境。在完成前端分析以及教学和游戏准备后，将之融合在后 7 个环节中，又按照时间顺序又将其分成课前和课中的实验教学设计。其中课前的教学设计又分为任务单的设计和课前教学视频的设计。

（二）课中游戏教学设计

1. 设计理念

课中游戏教学设计以思维技能培养为主题，培养学生沿着不同的途径思考问题，探求多种问题的解决方法，掌握多角度进行全面整合处理的能力，创造性地解决问题。课程采用 SPOC 混合教学模式进行授课，培养学生拥有创新意识，领悟创新精髓，学会创新思维，使自己的创新能力有所突破，最终实现将创新思维运用到工作实践中。

2. 设计内容

实验内容涵盖学生创新意识训练、发散思维训练、逆向思维训练、逻辑思维训练、聚合思维训练、管理创新思维训练、分析创新思维训练、沟通创新思维训练、服务创新思维训练、学习创新思维训练、随机应变思维训练和自我超越能力训练 12 个内容。

3. 设计方法

课程采取线上虚拟仿真的"游戏教学法"进行授课——将游戏的元素、机制与创新思维训练方法、要点结合起来，发挥游戏激发动机、促进协作的优势，提高学生的科学探究等高阶思维能力，满足游戏教学与学生个体探索性娱乐创新活动相融合且可操作的线上虚拟仿真教学实践方法，即采取"自测自检—寓言启发—案例示范—游戏体验—典型真实案例剖析"结合的 SPOC 混合教学模式。首先，通过视频讲解、在线答疑等方式了解各类思维方法的基础知识点，并辅以网上自测自检等反馈和检测形式，可以使学生加深对基础知识点的理解；其次，增加思维游戏训练与案例分析过程中的线上讨论和教师线上指导。传统的实验环节中学生讨论和教师指导只能局限于课堂时间，而 SPOC 混合教学模式通过增加网络平台上的互动讨论和指导，进一步丰富实验环节的信息交流和沟通，促进学生对思维训练兴趣与技能的提升，让枯燥的思维训练变得生动有趣，且在游戏实战与案例剖析环节，采取线上"团队协作+时间抢答"的形式进行，培养学生在有限的时间内快速、高效、协作地完成任务的能力。

4. 课堂教学组织

课程教学以虚拟仿真的创新思维游戏训练为主线展开。每个思维训练开始前，学生需要进行思维自检自测，进入案例库进行寓言故事启发，再进入游戏库开展线上思维训练实战，全程采取"团队协作+时间抢答"模式进行。实行线上与线下混合教学，包括课前预习、课中答疑与反馈、课后思考总结等，借助教学平台使思维训练课程更加生动有趣，使学生的思维能力水平得到快速提升。

五、结语

高校应该以在线实验常态化应用推进与实践为基准，打造小规模限制性在线课程（SPOC）平台。实验教学采用游戏化翻转课堂进行互动实施，推动"后疫情"时代下在线实验教学常态化稳定发展与实践，并最终推动实验教学的创新改革与示范引领。

参考文献：

［1］王波. 创新能力培训全案［M］. 北京：人民邮电出版社，2008.

［2］郑艳敏. 国内外翻转课堂教学实践案例分析［J］. 教与学，2017（2）：44-47.

［3］王雪琴. 高校课堂学生创新思维训练原则与方法研究［J］. 中国电力教育，2014（2）：67-68.

［4］杨刚，杨文正，陈立. 十大"翻转课堂"精彩案例［J］. 中小学信息技术教育，2012（3）：11-13.

经管类虚拟仿真实验
教学项目建设的探索与实践

李 鑫

（重庆工商大学会计学院 重庆 400067）

摘 要： 经管类专业传统的理论教学和实验实践教学如今已经不能适应时代发展的要求，暴露了一些弊端，而经管类虚拟仿真实验教学项目的建设有助于克服这些传统的弊端。近几年来，我国经管类虚拟仿真实验教学项目的建设取得了显著的进展，但是仍然存在创新性不足、探究性不足、个性化不足等问题，这需要我们对这些问题从平台建设到实验内容改革、实验方案改进等方面进行有效改正，从而适应新时代教育教学的发展规律，全面提升经管类虚拟仿真实验教学项目建设的水平。

关键词： 经管类；虚拟仿真；实验教学；项目建设

为了能够有效解决经管类专业传统理论教学和实验实践教学的弊端，我们需要大力推进虚拟仿真实验教学项目的建设，提升教学质量的水平，同时这也是高等教育教学改革的必然方向。2017 年教育部下发了《关于 2017—2020 年开展示范性虚拟仿真实验教学项目建设的通知》，其目的是推进信息技术和高等教育实验教学深度结合。该通知对虚拟仿真实验教学项目提出了建设的要求，也确立了标准。

本文首先分析了经管类虚拟仿真实验教学项目建设的必要性；其次提出了目前经管类虚拟仿真项目建设中存在的不足，从不足点出发指出如何推进高质量的虚拟仿真实验教学项目的建设以及相关配套设施的建设，力求实现经管类虚拟仿真实验教学项目的高质量发展。

一、经管类虚拟仿真实验教学项目建设的必要性

虚拟仿真实验教学项目建设，是经管类实验教学改革的重要方向。因为经管类专业具有很强的应用性、实践性，使得其天然具有仿真的性质。而传统经管类理论教学多以理论原理为核心，缺少在真实或类似真实的环境中进行课程实践的环节，这种"知识传授型"教学模式限制了学生创新思维的发展。传统实验通常依托相关软件，侧重业务层面的标准化流程，限制了学生应用创新能力的培养。传统的实践教学活动也存在安排难度大、受时空限制影响、处理业务岗位单一、难以接触核心业务等诸多困难和问题。这些因素导致了校外专业实践和实习往往流于形式，不利于缩短经管类应用创新型人才的培养时间。

因此，建设虚拟仿真实验项目可以有效地解决传统理论教学缺乏实验教学的问题，最大限度地将现实的场景模拟出来，从而培养学生的自主创新能力。虚拟仿真实验项目将大数据和智能化、信息化技术引入到教学当中来，可以有效解决传统理论教学和实验实习"做不到、做不好、做不了"的问题。虚拟仿真实验能够弥补理论教学过于抽象的不足，实现教学的智能化和场景化，以其直观性、体验性、仿真性，帮助学生克服学习经济管理理论知识的畏难心理。

二、目前经管类虚拟仿真项目建设存在的不足

目前，我国已经有1 000多家的高校开设了经管类的相关专业，这意味着我国经管类的专业发展迅速，对经管类教学的要求也在不断提高。虚拟仿真项目的建设可以弥补传统教学的不足，但是由于我国经管类虚拟仿真实验教学项目的建设起步相对比较晚，有一些项目的建设仍然存在创新性不足、个性化不足、探究性不足和内容、教学组织等方面的问题，这些都是亟待解决的问题。

（一）创新性不足

现在的经管类虚拟仿真项目的建设大多数都没有自主研发或者说体现一定的科研成果。创新性要体现项目的先进性和时代性，然而现在的大多数项目没有紧跟时代的发展潮流，教学实验的内容都不具前沿性，教学内容比较陈旧，这样的培养方式和传统的培养方式相比没有多大的进步，培养出的人才仍然不能满足社会发展的需要。

（二）设计个性化和探究性不足

虚拟仿真项目的设计应该要以学生为中心，根据不同学生的兴趣来进行引导，围绕每个学生提供个性化的学习路径，引导学生主动去开发探索，以实现更好的自我发展。对于经管类学科而言，项目设计应体现参数的多变性及结果的多样性，但多数项目设计仅涉及经济社会发展的一般特征，忽视了经济社会现实的复杂性和不确定性。标准化的教学内容设计，必然导致个性化、探索性不足，不利于培养学生多元化思维和实践能力。

（三）内容侧重点错误，不够全面

现在的虚拟仿真项目的内容侧重点在于对学生进行知识点的传授，只关注对概念性知识的记忆和理解，并且对于知识点的运用都仅仅停留在初级层面，局限于培养学生的基本知识及业务技能，而正确的做法应该是知识能力素质的有机融合，旨在培养学生的高级认知及解决复杂问题的综合能力。虚假仿真项目要在以分析、评价和创造为核心要素的高级认知方面做更多的设计，这样才有利于提高学生能力，培养学生的综合能力。

（四）缺乏相应考核制度

经管类虚拟仿真项目的建设只是侧重对学生的知识传授，目的是让学生获得知识的技能，但是一个项目的建设离不开考核制度，因此需要对学生的知识学习情况进行相应的考核，并且要根据社会的进步，对学生的技能和创新能力进行一定的考核设计，而且要不断地提高考核的标准和要求，这样才能够促使当代的学生严于律

己，积极向上，寻求进步。

三、推进高质量的虚拟仿真实验教学项目建设

（一）高质量平台的建设

经管类综合实验实习平台可以在虚拟环境仿真和业务流程仿真的基础之上，融合各方面的专业知识，在教学中提供虚拟岗位角色。每个实验主体可以根据业务流程扮演不同的岗位角色，做出相应行动和决策。在此平台下，教师可以将课件、视频教学、模拟考试、网络教学等资源与网络环境进行有机结合，为学生提供线上实验选课、课件预习、实践、考核以及成绩查询等服务。该平台具有数据导入、导出功能，方便教师和学生进行数据收集、分析和处理。教师可以在线监控学生实验进程，以进行实时指导。该平台还提供了师生交流功能，便于线上互动、及时答疑。信息化综合实验平台的搭建，保证了项目开放、互动式的教学效果。

（二）高质量的教学内容设计

首先，高质量的教学内容包括前期的方案设计。虚拟仿真实验的项目教学内容要以培养应用型、创新型人才为目标，根据现实的社会需求来制定培养方案，通过方案的设计来培养学生的技能。其次，高质量的教学内容包括内容的选择，主要是可以使得学生通过可视化操作学习到和某些实务操作一样的过程，能够让其体验到亲身参与的感觉，培养学生的综合能力。最后，高质量的教学内容包括知识和能力培养并重的评价体系，既要注重学生实践操作的规范性和严谨性，也要考核学生的分析问题和解决问题的合理性。基于这些才构成新的高质量的教学内容。

四、新时代虚拟仿真实验教学项目建设探索

（一）跨境电商通关商品查验虚拟仿真实验

通关是指进口或者转运货物出入一国关境时，依照各项法律法规和规定应当履行的手续。这样的虚拟仿真实验项目，可以使得经济学专业的学生能够模拟现场进行实验。目前，我国对于跨境电商的支持力度比较大，未来的跨境电商也将得到飞速的发展，因此建设这样的虚拟仿真实验项目有着相当重要的意义。

（二）新儒商之道虚拟仿真实验项目

实验项目基于虚拟企业经营的市场环境、虚拟仿真的形式，模拟企业的管理决策，帮助学生了解企业经营管理全过程，提升学员的综合实践能力。①企业经营环境仿真。新儒商之道虚拟仿真实验项目包含企业经营完整供应链的各个环节，以及相关服务业、行政管理机构等多种形态的仿真组织。虚拟企业、税务行政部门、工商行政部门、咨询机构、银行等经营环境，要求学生虚拟实现经营中的政策分析、市场预测、产品生产、销售、售后服务、企业内部管理等。对机构中的关键的职能部门和主要的工作岗位都进行了提炼与模拟，实现了完整的虚拟商业社会环境的构筑。②流程仿真。新儒商之道虚拟仿真实验项目上下游组织均参考了国内主流企业的业务流程；针对实习岗位提炼的多项关键任务和日常工作任务均有近似组织经营

现实的设计，实现流程仿真。③决策的博弈仿真。新儒商之道虚拟仿真实验项目可划分为若干个企业化运作的经营体，学生扮演企业中不同角色，包括总经理、营销经理、财务经理等。项目解决了学生无法在传统实验中受训的问题。该项目的建设能够帮助学生实地了解企业的管理全过程，提高实践操作能力，为学生以后的工作打下坚实的基础。

（三）资金循环审计程序虚拟仿真实验

该项目综合运用大数据、云计算、人工智能等技术，通过互动问答、角色扮演、情景分析等方式，全方位模拟仿真货币资金循环审计的"真实场景"，再现货币资金循环"审计计划→风险评估→控制测试→实质性程序→审计调整"等关键审计环节，让学生身临其境地掌握货币资金循环审计中内部控制测试、重大项目波动分析、银行对账单及余额调节表分析、函证程序、汇兑损益测算、编制审计底稿等基本审计原理、方法和技巧，识别和分析企业资金循环常见的重大错报风险。该项目可以拉近我们和现实审计之间的距离，不再局限于书本知识，身临其境地进行货币资金的循环审计，从而提高学生的实践操作能力，使其更好地适应未来的大数据审计工作。

五、新时代虚拟仿真实验教学项目的配套机制建设探索

（一）校企联合教学团队的建立

虚拟仿真实验项目教学的建设需要与之相适应的教学团队。经管类专业的教学对象范围比较广，课程的开发和教学的难度比较大，需要照顾的面很多，这就需要教学团队的专业性。不仅如此，实验实践项目需要行业的应用型人才的专业指导，因为许多高校的教师更加注重理论的学习，缺乏实践经验。虚拟仿真实验教学项目能够满足线上线下的教学需要，因此实验教学开发一定要符合当代社会发展需求，这就使得学校应该建立校企联合的教学团队。

（二）高校后方的大力支持

虚拟仿真实验教学项目的建设是一个非常漫长的过程，既然如此，就需要学校的大力支持才可以更好地进行下去。在建设初期，学校要成立专门的建设团队，研究国家的相关政策，国内外研究的成果、实验教学技术标准等内容，为建设虚拟仿真实验项目教学提供支持。不仅如此，学校也需要对项目进行充足的经费投入，给予教学团队支持。在建设过程中，学校也需要紧跟政策和时代的需求，及时地对教学内容进行适当调整。

（三）建设质量监控机制

建设质量监控体系首先要建立实验教学质量保障的管理组织，如成立专门的委员会对教学内容进行把控，对各个环节的教学质量进行保障。其次要制定一些管理制度，从而确保管理职责的有效实施。为保障实验教学工作的有序进行，教学管理团队还需要对教学团队、教学资源等教学条件进行监控，开展师资队伍建设，引进先进的教学设备；严格落实教学督导工作和教学检查工作，通过校、院、系等多层级的教学质量督导机制深入实验课堂，开展常规例行督导和期初、期中、期末等重

点教学检查工作，对实验教学过程和结果进行检查，加强教学过程及教学环节管理。最后，要通过课堂督导、问卷调查、座谈会等方式获取考评信息，充分利用虚拟仿真实验的优势，通过线上实验软件后台数据获取教学成效。

六、结语

在信息化的背景下，经管类虚拟仿真实验项目的建设是大势所趋，探索研究虚拟仿真实验项目的建设有助于把握信息化时代教育教学新规律，提升经管类虚拟仿真实验教学项目建设的水平。经管类学科应按照教育部"两性一度""金课"标准，结合学科特点和人才培养要求，打造高质量虚拟仿真实验教学项目，持续推动教育教学改革和人才培养模式创新。建设虚拟仿真实验项目不仅需要国家的大力支持，也需要学校和社会各界人士的共同努力。在这么好的条件下，新时代的学生应该把握好机遇，顺应时代发展潮流，努力提升自己，在充实理论基础的前提下进行实验实践的操作，培养自身的综合能力，为国家和社会做出贡献。

参考文献：

[1] 祖强，魏永军国家级示范性虚拟仿真实验教学项目申报策略探讨 [J]. 实验技术与管理，2018（9）：236-238.

[2] 李平，毛昌杰，等. 开展国家级虚拟仿真实验教学中心建设，提高高校实验教学信息化水平 [J]. 实验室研究与探索，2013（11）：5-8.

[3] [1] 刘丹，陈珊. 经管类虚拟仿真实验项目教学质量保障体系研究 [J]. 湖北第二师范学院学报，2020，37（1）：48-51.

[4] 马丽. 高校金融学专业虚拟仿真实验教学项目研究 [J]. 时代金融，2020（9）：142-143，145.

从创新创业实践中培养学生能力

——学生专业社团开展"学创杯"大赛的相关问题

李星雨

（重庆工商大学数学与统计学院　重庆　400067）

摘　要： 随着社会的不断发展，各大高校应届生的竞争异常激烈，在"双创"热潮的背景下，如何培养大学生的创新创业能力，如何提高大学生实践能力，如何开展相关能力培训工作俨然成为各大高校亟待解决的核心问题。学生通过参与创新创业实践活动，达到提升创新意识和创新能力、提高综合能力的目的。本文以"大学生创新创业联盟"为例，从学生视角提出了目前学生专业社团协办以"学创杯"为主的各项创新创业实践活动存在的问题，思考如何有效加强创新创业实践活动的内涵以及对学生各方面能力提升产生的积极影响，进而提出大力发展学生专业社团优势等有效措施来解决目前所发现的问题。

关键词： 创新创业实践活动；学生专业社团；学创杯

一、引言

（一）研究背景

重庆工商大学"大学生创新创业联盟"于 2011 年 11 月 20 日成立，这标志着重庆工商大学经济管理实验教学中心基本完成了以学生专业社团为依托的学生自主实验模式框架的构建。"大学生创新创业联盟"作为学生专业社团，在这些年的发展中完全遵循经济管理实验教学中心"发动学生、依托学生、服务学生、培养学生"开展工作的基本思路和出发点。社团充分利用同学们的课余时间自主开展多种专业创新创业实践活动，多次协办了如"学创杯""服务外包"等创新创业大赛，使经济管理实验教学中心的资源物尽其用，并得到了教师与同学们的大力支持和鼓励。

（二）研究内容

本文以"大学生创新创业联盟"多次协办的"学创杯"全国大学生创业综合模拟大赛为例，紧贴学生视角，探究学生专业社团开展相关竞赛活动时存在的问题，进而思考如何有效强化创新创业实践活动的内涵，以及学生专业社团自主开展创新创业实践活动有哪些方面的积极影响和对学生的综合素质能力有哪些方面的提升。

（三）研究目的

鉴于创新创业实践活动对于大学生学习生活的重要性与必要性，本文通过对学生专业社团自主开展创新创业实践活动现存问题和学生综合素质能力培养提升的探索，旨在提高学生参加实践活动的积极性和有效性，并提升学生专业社团的专业性与综合能力，使学生明确所参加的活动或比赛背后的教学内涵，加强培养学生的创新思维和各项能力，落实"教、赛、学"的教学改革，力求回归各大创新创业类比赛举办的初心。

二、相关理论

（一）概念

创新能力是人们革故立新和创造新事物的能力，包括发现问题、分析问题、解决问题以及在解决问题的过程中进一步发现新问题和新方法，从而推动事物发展的能力。

创业能力是一种集智商、情商和财商于一体的综合能力。创业能力由对市场需求和行情的把控能力、敏锐捕捉机会的决策能力、资本筹措的融资能力、组建多元团队的选人、用人能力、组织管理的协调能力、适应环境的应变能力、面对高压的心理承受能力、解决问题的专业能力和务实求变的创新能力等多种能力构成。

（二）重要性及必要性

创新意识和综合能力的培养是创新型人才培养的核心。我校通过动员学生参加创新创业类竞赛，增强学生的创新思维、实践能力和合作竞争意识，培养学生的创新能力和团队精神。创新创业能力的培养可以更好地使大学生顺应社会主义市场经济发展的需求，为推动创新型国家建设夯实基础。创新创业类竞赛将成为第二课堂创新实践的核心载体，在培养具有较强创新能力和国际视野的创新型人才中发挥举足轻重的作用。

三、现状、积极影响及存在的问题

（一）现状

以"大学生创新创业联盟"协办的"学创杯"全国大学生创业综合模拟大赛为例，我校从第一届举办此比赛至今，可谓与"学创杯"渊源深厚，具有较为丰富的经验。

（二）积极影响

"学创杯"旨在鼓励大学生弘扬民族时代精神，培养创新创业意识，提高创新创业能力，促进高校就业创业教育的蓬勃开展，发现和培养一批具备创新性思维和创业潜质的杰出人才，同时鼓励高校组建创业模拟实践教学平台，积极开展各类大学生创新创业类实践活动。它对大学生创新创业能力培养有着积极的影响。

1. 对参赛学生而言

在大学生创新能力方面，能够营造创新氛围，培养学生发现问题、分析问题、解决问题的独立思考能力。学生根据季度变化、其他小组的决策表现，不断提出更具有创新性的决策方案，从而不断提高创新思维能力。

在大学生创业能力方面，每次训练赛都会持续几个小时，需要团队 3 人共同商讨，制定多种决策方案，承担好各自的角色，经营好各个部门，合理分配创业初始金，并敏锐感知市场变化，迅速调整方案，这会提升学生经营管理能力、团队沟通协作能力、分析决策能力、应变能力和充沛的体力以及良好的心理素质能力。

除此之外，同学们通过参加"学创杯"等相关竞赛将课堂知识转化为实践能力，所谓实践出真知，就是通过自己的亲身尝试与探索，才能真正认识、理解乃至掌握相关知识。"学创杯"不仅仅是提供给对应专业学生内化的平台，也是提供给广大学子展现自我、丰富自我的平台。

2. 对学生专业社团而言

由学生专业社团协办此类创新创业类大赛，可以提供给更多同学策划大型比赛的机会，尤其对于创办活动的主要负责人而言，从比赛一开始和教师的协商与策划，到随时跟进各部门任务进度，再到培训、比赛具体场次和人员安排，最后总结比赛与后续事宜的处理，可以全方面大幅提高相关学生的综合能力，具体表现为提高了统筹规划能力、组织管理能力、表达能力、时间管理能力、团队协作能力、自主思考能力、自我约束能力等。

对于整个社团而言，其通过不断举行活动比赛，积累了宝贵经验，可以逐步扩大社团影响力与承办活动的专业能力，使之逐渐向规范化、系统化方向发展，形成一个可以不断优化的内部流程体系，使多部门有效配合，不断提高工作效率，搭建一个能更好为师生服务、让学生更好展现自我风采的平台。

（三）存在的问题

"学创杯"全国大学生创业综合模拟大赛为中国高等教育学会《2020 全国普通高校大学生竞赛排行榜》竞赛项目之一，其主体活动的创业综合模拟主要是通过创业之星软件来模拟经营一家创业型公司，全程模拟营销实战。"大学生创新创业联盟"曾多次协办校内"学创杯"比赛，在这个过程中，我们发现存在的一些值得思考和解决的问题。

1. 训练机会少，成效不显著

在协办比赛的过程中可以发现，除去学生专业社团中的部分同学熟悉软件的操作，甚至通过寒暑假的频繁练习已经掌握软件操作的本质外，其他的同学基本上没有途径接触这个软件的实际操作。这个软件的比赛实验开启有诸多限制，比如需要满足人数、服务器等条件。因此，在日常学习中，有大量同学没有单独训练的机会，这也就导致在"学创杯"的校内赛中，不会操作软件的同学比比皆是。虽然学生专业社团会举行赛前的培训以及训练赛，但是受制于服务器问题，只能提供给同学们有限的名额，而仅仅是赛前的一个简单培训与训练赛，对于学生的创新思维、综合能力的培养几乎收效甚微。他们想要在无人指导且只训练了一两场的情况下领会比赛的内涵与规则具有较大的难度。基于这样的现状，"学创杯"目前在我校的发展大致取决于学生专业社团及其成员，如果没有学生专业社团对其成员进行引导及培养，很难使得同学们极快地入门，并对其产生浓厚的兴趣；或者说如果学生专业社团的成员在未来没有如现在成员一样有兴趣并努力钻研，那将会出现人才的短缺。虽然以目前我校同学所取得的成绩及新生力量的情况来看，近几年这一担忧或许并不会成为现实，但是站在另一角度看这也严重遏制了竞赛在学校的发展。

2. 服务器不给力

服务器其实也是限制"学创杯"发展的一大突出问题。在 2019 年我校学生荣获全国特等奖之后，学校开创了向外校借用高品质服务器的先河。使用优质服务器的软件进行比赛需要花上半天的时间，但如果使用我校自己的服务器，会导致无法顺利完成整场比赛。因此一个好的服务器对于这个比赛而言至关重要。

四、有效措施

（一）发展学生专业社团优势

学生专业社团在协办比赛的同时也积累了许多宝贵经验与人才。"学创杯"的举行对于创办活动的主要负责人来说极大地提高了其统筹规划能力和团队协作能力等。由于学生专业社团成员有更多的机会接触到软件比赛以及校外网赛，且有多名荣获国家级奖项人才的引领和传授，会形成互相帮助、促进学习、不断发展的良好氛围，在学生专业社团成员中产生更多能够为我校争光的人才，从而充分展现了实践教学与学生自主提升能力的卓越成效。

除此之外，学生专业社团需要和相关负责教师紧密联系。比赛承办的诸多相关事宜需要由双方共同协商完成，学生专业社团作为具体落实的一方，更加明确比赛进度与学生的问题和需求，如果学生专业社团有更多的自主权会有利于比赛的举行与赛程的把控。因此学生专业社团与负责教师之间、学生专业社团与同学之间都需要做好协调配合工作。

（二）促进相关培训活动发展

另外，在具体的促进发展中，需要提供给除学生专业社团成员外的学生接触训练创业之星软件更多的机会，只有当学生在课外有了实践基础，才能更好地掌握软件的基本知识和核心内涵，这在一定程度上能更好地形成共同进步、全面发展的氛围，真正地从软件模拟实验中学习到相关知识，有效地避免学生急功近利、为获奖和学分而参与比赛。

除了提供更多的机会外，形成专业的培训课程也至关重要，目前在"学创杯"荣获国奖的同学都是经历了许多实践，通过不断探索和总结归纳才取得了现在的成绩。虽然学生通过自主学习可以提高创新能力，但是如果有专业教师向学生们讲解软件原理、分享优秀方案等，会使学生更好地理解软件的内涵，并有针对性地去进行训练与思考反思，而不是盲目甚至是迷茫地陷入无效的试错中。

（三）提升硬件设备

升级我校服务器对于目前"学创杯"的发展是很有必要的，越来越多的同学在"双创"的热潮下不断重视创新创业比赛，加入"学创杯"中。一直依靠学生专业社团成员与外校的良好关系借用服务器并不是长久之计，只有提升自身的硬件设备，才能为后续的发展夯实根基、提供有力保障。这也可以解决每次举办比赛因服务器问题而产生的"捉襟见肘"的情况，同时也可以在平时提供更多的机会给其他学生。

五、结语

大学生作为具备开拓性的建设与创造的主力军，是推动社会进步发展的瑚琏之器，站在时代的转折点上，肩负着历史重任，而要实现创新型国家战略还需培养属于我们国家自己的创新型人才，因此大学生需要通过各种途径使之具备创新创业思维和能力，不断发展综合实力。以"学创杯"全国大学生创业综合模拟大赛为例，不仅需要学校加大对创新创业活动的关注、支持和鼓励力度，为顺应时代发展与要求，了解并满足学生需求，明确问题所在并加以解决，而且需要学生深刻意识到自主能力培养的重要性，有意识地积极参加创新创业类实践活动，从书本与实践中共同汲取养分，响应国家号召，努力成为创新创业型人才。

参考文献：

[1] 重庆工商大学. 大学生创新创业社团 [Z/OL]. （发布日期不详）[2021-03-30]. https://jxcg.ctbu.edu.cn/info/1085/1232.htm.

[12] 任泽中. 构建"纵横有道"的大学生创新创业能力培育体系 [J]. 中国高等教育，2016（12）：60-62.

[3] 黄炜. 面向学科竞赛的实验室资源共享问题与对策 [J]. 实验技术与管理，2016，33（3）：248-250.

[4] 李广玉. 加强企业经营管理能力的有效途径探讨 [J]. 科技经济市场，2018（8）：79-80.

[5] 李智炜，宋兵，王玺. 基于竞赛项目培养大学生创新意识和综合能力的实践与探索 [J]. 教育教学论坛，2020（46）：202-204.

[6] 付曙光. 湖北省大学生创业大赛落幕 [J]. 中国就业，2014（7）：62-62.

[7] 靳洪，柯园. 学科竞赛对大学生创新创业能力的影响分析：以"学创杯"全国大学生创业综合模拟大赛为例 [J]. 高教学刊，2020（6）：27-29.

新文科背景下"四跨"融合经管类人才培养模式探索

陈永丽　庞　茜

（重庆工商大学会计学院　重庆　400067）

摘　要：在新时代经济和科技高质量发展的背景下，社会对经管类人才的知识、能力、素质等培养目标提出了新要求。目前，我国高校传统文科教学模式已暴露弊端，存在课程设置紊乱、实验教学弱化、学生实践能力弱等问题。因此开启新文科建设是新时代、新技术背景下的适时应变之举，必须对传统经管类专业教育进行彻底改造。本文将聚焦以上高校经管类人才建设问题，运用"四跨"融合理念，从四个角度对经管类人才培养模式进行探索，希望能对我国高校经管人才培养模式提出可行性建议。

关键词：新文科；"四跨"融合；人才培养

随着经济和新技术的迅猛发展，我国社会的商业模式、生活模式都发生了巨变，社会亟须更多高素质新型文科人才。但目前我国高校文科仍以传统理论教学为主，跟不上时代发展的步伐，无法回应社会的需求。在此背景下，高校文科教育改革势在必行，必须紧跟社会发展步伐，在教学方式、课程设计等方面进行创新，以培养更多具备跨专业综合性、应用型人才。2019 年，我国推进新文科建设运动，高校如何在此次变革中突破传统经管类人才培养模式，打破现有教学框架，在文科教育中融合人工智能、物联网、大数据等信息技术，在课程设置中实现文理交叉重组等，是经管类学科在新文科建设中需要解决的问题。

本文在当前高校经管类人才培养的模式深入分析基础之上，基于当前新文科背景下对人才培养的要求，阐述进行"四跨"融合的必要性，同时提出经管类专业教学模式改革的对策，这对于有效提升新文科背景下地方高校经管类人才的培养质量具有现实意义。

一、"新文科"和"四跨"融合的内涵

"新文科"这个词早已存在，但在每个时代的内涵都不同。2017 年美国西拉姆学院提出新文科主要是专业重组，不同专业的学生打破专业课程界限进行综合性的跨学科学习。我国新时代"新文科"概念的提出在 2018 年，它的提出至少与 3 个方面有关：新技术的推动、新需求的产生以及新国情的要求。该概念与西方不尽相同，除了

专业重组、学科交叉，还包括强调中国特色，用中国理论解释中国现象、解决中国问题等。2019年5月"六卓越一拔尖"计划2.0工程启动，全国开始全面推进"新工科""新医科""新农科""新文科"建设，新文科建设成为经管类专业人才培养模式改革创新的风向标。"新商科"是在"新文科"理念下开展经济管理类教育的新概念，是新文科发展的重要组成部分，传统商科采用西方理论和案例，而"新商科"着力构建具有中国特色的话语体系，主动回应技术创新和社会变革，适应企业的转型升级，培养拥有复合型知识结构的人才，侧重于提高应用型能力水平。

新商科人才培养的构建基于"四跨"融合，主要分为："跨学科"知识体系、线上线下"跨域"融合的"教"与"学"新模式、产教融合的"跨界"资源共享方式，以及境内境外双向交流的"跨境"合作模式，探索重构新文科背景下经管类人才的培养方案。

二、目前我国经管类专业教学存在的困境

我国拥有全球最大的经济管理教育供给系统，96%以上的中国高校都开设了相关专业。其中地方本科院校是经管类应用型人才培养的主体，但由于自身教育模式单一、教学资源不够丰富、教育理念更新滞后等原因，其在课程设计、教学模式上存在很多问题，仍是"填鸭式"教学，比如"水课"泛滥、课程设置侧重点紊乱、考核重点错误等。这导致学生"毕业即失业"，无法满足信息时代对经管类人才的需求。目前，我国地方高校经管专业普遍存在"发展定位不准确""人才培养供给侧与地方经济、行业企业需求不匹配""理论知识学习与行业企业经管实践相割裂"等问题。

（一）课程设置中缺乏重点

在经管类教学中，"水课"泛滥现象仍然存在，高校设置了少许不重要的课程，这会导致学生学习没有重点，缺乏有效引导，学生浪费了大量时间去完成各种类型的课程。在经管类专业的课程设置中，部分高校没有针对"职业道德"对学生进行专门培训，导致学生职业道德感不强。同时高校"双师型"教师匮乏，学生只有校内的学业导师授课，没有事业型导师在就业方面进行引导，这导致学生对于企业的认知不足。

（二）实习实践教学体系不完善

对于经管类专业学生来说，实习实践非常重要，是将理论知识与实际操作相结合的重要一步。但是部分院校对此缺乏重视，实验教学流于形式，缺乏完整的实验教学方案，各环节之间割裂，没有实际地从岗位能力的需求出发，导致学生实践能力差。同时部分学校对于实验教学的重视不够，实验教学时间、内容和模式与理论课程要求不匹配。

处于经济发展前沿、最渴求新型人才的是一线企业。校企合作能够帮助学校开展深度产教融合、提升教学质量。然而部分高校在安排实习时与企业联系不够紧密，导致学生在实习实践时认识不足从而敷衍了事。学校也缺乏完善的考核体系，导致学生实践能力不强，难以符合社会对于经管类人才的需求，毕业时难以找到心

仪的工作。

（三）与时代脱轨

部分地方高校实验教学手段落后，教学资源不够丰富，没有专业智能实践教学平台、仿真实验课堂和文科实验室等资源；拘泥于教材中的传统理论知识，没有与新时代的大数据、预测技术、物联网、人工智能等新技术进行融合，导致培养的人才无法与新时代接轨，难以满足时代的需求。

三、探索基于"四跨"融合理念的人才培养模式

在新文科建设背景下，高校经管类专业应紧扣"四跨"融合理论，结合高校特色和地方区域经济产业特点，遵循"健全高等教育学术人才和应用型人才分类培养体系"的指导思想，构建有特色的经管类创新人才培养体系；在"四跨"融合基础上，因材施教，实施产教融合、科教融合、双创融合的课程体系，最终培养出符合社会需求、切实解决中国经济问题的高质量经管类人才。

（一）深化学科融合，设置文理交叉的跨界课程体系

在教学课程设置上，高校应当跨学科布局，打破学科专业壁垒，实现文理交叉。如除专业课外，高校可安排学生自愿选修外院学科，可按照具体情况安排选修学分，包括但不限于法学、社会学、统计学、大数据应用等。外院学科与经管学科交叉协同，有助于拓展学生知识面。经管知识与社会学密不可分，选修社会学知识可以帮助学生分析社会体系与规律；选修统计学可加强学生观察、分析、总结数据的能力。同时，高校可设置新的专业学科，如金融工程专业融合了金融学、数学、统计学、计算机科学等专业，很适合开展新文科建设。

高校应构建小而精的课程体系，全面规划专业教科书和参考教材，适当进行课程合并，减少"水课"课时和教学实践中的重复内容；顺应时代发展，开设大数据技术应用、会计职业道德课程、商业道德和企业伦理等课程；形成多角度、全方位的专业课程教育体系，提高学生身体与心理素质、道德修养和思辨能力。

（二）创新发展线上线下"跨域"融合的"教"与"学"模式

随着新技术革命的推进，高校不仅应当将信息技术与教学内容融合，还应当不再拘泥于书本讲授，应当根据不同课程性质和特点，运用慕课、学习通等平台进行线上教学，满足新时代学习与教学的需求，层层推进，最终形成以学生为主体，跨时空与区域、线上线下结合的"教"与"学"模式。这种模式是未来学习模式的发展方向，其优点是帮助学生灵活运用碎片化时间进行学习，实现资源共享，扩展学习的空间；其缺点也很显著。如何确保学生在线上教学的效率与参与度是亟须解决的问题。

2020年新冠肺炎疫情期间全国高校组织了线上教学，厦门大学教师发展中心开展了线上教学情况调查，共有334所高校，13 997名教师，256 504名学生参于其中。其中教师关于"与传统线下教学效果相比，线上教学效果如何？"的结果显示，"比传统线下教学效果好，质量有保障""比传统线下教学效果差，质量没有保障""没有变化"的均值分别为3.00、3.00和2.35。认为"线上教学效果差，质量没有保障"的教师人数和认为"线上效果好，质量有保障"的教师人数相差不大，前者略

高于后者。由此可知,线上教学效果还有待时间检验。图1为对线上教学和线下教学的效果比较评价。

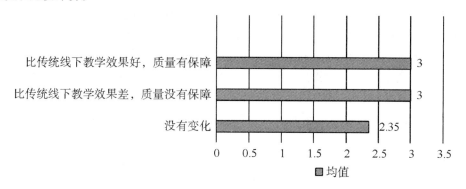

图1 对线上教学和线下教学的效果比较评价

从调查结果看,超过70%的教师赞成"部分教学内容不适合线上课程"。70%左右的教师赞成"学生自主学习能力弱""未养成线上学习的良好习惯";60%~70%教师赞成"学生参与度不够"以及"课堂教学秩序不好"。教师感到相对比较困难的是如何调动学生学习积极性,维持课堂秩序、组织课堂讨论以及线上交流反馈及讨论。

线上线下结合的教学模式是未来的发展方向,目前高校更多地安排学生观看课程的教学视频,并没有确保学生的学习效率。学生代刷课程视频现象屡禁不止,大量学生边看视频边分心做其他事,严重影响了学习效率。同时除了观看视频外,平台上的课后习题、师生交流答疑等环节没有充分利用起来。

(三)产教"跨界"融合,校内校外资源共享

经管类教学需要理论与实践结合,二者缺一不可。在实践方面,学校应构建"跨界"资源共享的经管教育新模式。

在校外实践方面,高校应当与企业加强联系,建立以院校为中心、以众多企业为轮辐的"中心+轮辐"式人才培养网络体系。高校可以构建"双导师"机制,让企业的高管担任学生创新创业导师,加强与企业的交流联系。高校还可以与龙头企业联合共建产业学院或设立"××企业班",将高校人才资源与企业的人才就业需求结合,在课程设置中对接行业所需人才的重点,培养出社会所需的创新型、复合型经管人才,实现校企双赢。

在校内实践方面,高校应搭建经管类实验中心,促进研究方法创新与学科交叉融合。如果高校资金、资源丰富,可将VR、虚拟仿真技术运用至实践教学中,搭建经管类虚拟仿真实验室。此实验室可以将实验教学场景化、真实化,能让学生在实践中了解企业运行全貌,在分析市场、制定战略、营销策划等活动中运用专业理论知识,培养创新能力、团队意识等。但由于虚拟仿真在经管类专业的应用还处于起步阶段,其教学定位、教学内容设计、教学组织过程还没有形成体系。

同时,高校应结合不同经管类专业特点积极开展实践教育活动,如财会专业和金融类专业可组织开展防范"校园贷"公益宣传活动,财税专业可协同税务部门开展"税收宣传月"系列活动。

（四）境内境外双向交流，实现"跨境"融合

地方高校除了加强与当地企业合作外，还应该与境外的高校进行联合，建立良好合作关系，加强交流，取长补短。高校应该积极推进境内境外双向合作活动，重视师生对外交流交换环节，与境外各类高校、企业合作，派遣优秀师生相互学习，并给予一定资助，实现不同国家和不同专业的师生间双向"跨境"合作与交流。具体交流方式包括但不局限于交换生、教师学习、学生境外短期游学，鼓励优秀中青年教师出国（境）访学，积极引进归国留学博士来学院任教等形式。目前，我国多地高校已开展与境外的双向交流，"引进来"和"走出去"同步发展。

四、结语

结合上述建议，"新文科"人才培养模式应注重实践教学，结合多重指标进行评分。目前高校期末成绩评定一般采用：期末成绩＝平时成绩×60%＋期末考试成绩×40%。

在平时分中，可细化如下：

平时成绩＝理论教学×30%＋仿真软件模拟实验×30%＋实践教学×20%（见表1）。

表1　实践教学期末成绩评定

理论教学（30%）		仿真软件模拟实验（10%）	实践教学（20%）
主修	经济学		
	初级会计学	管理仿真模拟	
	管理学原理	管理沙盘	视频学习
	统计学	Python教学	仿真软件学习
	货币金融学	中央银行业务模拟	小组讨论
	……		小组案例演示
选修	金融数学	Python、金融建模	小组互评
	证券投资学	证券投资模拟	教师点评
	互联网金融	房展实验室	教师点评
	社会学等课程		
	……		

新时代经管类专业教育应当坚持创新发展，实现学科知识交叉融合；培养出具有扎实的理论知识、丰富的实践能力、善于协作的经管类优秀人才。关于新时代的人才培养教学改革，一流大学主要运用"科教融合"模式培养学术型创新人才，职业院校主要运用"产教融合"培养具有实践能力的技术工人。不管是哪个层次的学校，针对人才培养都应该因地制宜，因材施教，细分经管类人才培养目标，为学术型人才和应用能力强的实践人才提供相应的平台与资源。所以构建有特色的"跨界融合"经管类人才培养体系尤其重要，一方面有利于促进专业特色建设，助

力我国教育改革发展，融入中国特色，切实解决中国经济问题；另一方面有利于高校经管类人才与行业人才需求的精准对接，推动地方区域经济与产业发展，实现多方合作共赢。

参考文献：

［1］彭岚，兰璞. 新文科背景下地方高校经管类实验中心高质量发展研究［J］. 西昌学院学报（社会科学版），2020 32（3）：102-105.

［2］唐衍军，蒋尧明. 论"四跨"融合下新时代新文科审计人才培养［J］. 财会月刊，2021（6）：105-108.

［3］范晓男，鲍晓娜，戴明华. 新文科背景下"跨界融合"经管人才培养体系研究［J］. 黑龙江教育（高教研究与评估），2020（6）：88-90.

［4］李建忠. 新商科背景下经管类跨专业虚拟仿真综合实训课程的设计［J］. 创新创业理论研究与实践，2020，3（17）：187-188.

区块链技术与审计实验教学深度融合研究[①]

王杏芬 陈永丽

（重庆工商大学会计学院 重庆工商大学经济管理实验教学中心 重庆 400067）

摘 要：2019 年 10 月 24 日，习近平总书记提出区块链技术的集成应用要在新的技术革新和产业变革中发挥重要作用。虽然众多学者呼吁将区块链与各种产业结合，但将其与审计产业、审计教学改革相结合的研究极少，而其与审计实验教学改革相结合的研究更为鲜见。为克服传统审计模式的不足，确保审计教学的高质量发展，本文基于产业融合理论和区块链理论，将区块链特有的技术优势与审计实验教学进行深度、有机融合，构建了"区块链+审计学实验+实地应用"的新机制，期望既拓展相关研究视野，又促进审计教学和经管类实验教学高质量发展，为社会提供与需求高度匹配的高质量专业人才。

关键词：审计；实验教学；区块链技术；深度融合

"区块链+审计"对审计教学，尤其是实验教学改革，具有重大而深远的创新意义。2019 年 10 月 24 日，习近平总书记在中共中央政治局第十八次集体学习中，特别强调加快区块链技术的应用和发展的重要性。区块链技术是一种利用密码学方法产生的数据区块按时间顺序进行链接所组合而成的链式数据结构，它具有去中心化、不可篡改、公开透明、去信任化、时间戳和匿名性等特征（王琳、向际刚，2020）。2018 年 8 月 10 日，全国首张区块链电子发票在深圳国贸旋转餐厅开出。截至 2019 年 8 月 10 日，深圳区块链电子发票已开出超 600 万张，已有超过 5 300 家企业注册使用区块链电子发票，其中包括招商银行、平安银行、微众银行、太平保险、沃尔玛、百果园、国大药房、深圳地铁、深港出租车、西湖出租车、万科物业、碧桂园等多家大型重点企业。区块链电子发票未来可以代替纸质发票，并且更安全。新时代方兴未艾的区块链技术给审计行业带来了新机遇和挑战，它将成为审计革命的触发点，全面为审计工作"赋能"（陈华、胡晓龙，2020）。将区块链模式应用于审计、与现有审计模式融合，被称为区块链审计模式。这种应用必将引起审计作业模式的重塑，还可以实现实时审计风险的评价与预警，改善传统审计行业的弊端与漏洞，降低审计成本，提高审计效率。区块链技术在审计行业也受到了安永、德勤等会计师事务所的重视，它们对这项技术正在进行不断探索与研究。因此，这就倒逼审计教学及其实验教学改革必须先行一步，以满足社会的新需求。为

[①] 本文是 2019 年重庆市研究生教育优质课程建设项目"审计理论与实务"、2021 年校级教改课题"经管类实验教学与区块链技术深度融合研究与实践：以审计学专业为例"（项目号：217003）的研究成果之一。

克服传统审计模式的不足，确保审计教学的高质量发展，本文将区块链特有的技术优势与审计实验教学有机结合，并拟构建"区块链+审计学实验+虚拟仿真+实地应用"的新模式。本文的具体安排如下：第一部分是文献述评，第二部分将进行模型构建，第三、第四部分将分别进行模拟和实际调查研究。

一、文献综述

（一）区块链与审计

无论从近期还是远期来看，区块链都无法消除对审计的需求，而且还会促进审计的转型升级，基于区块链的审计和对区块链的审计将会成为主流。区块链对当前的审计模式（包括审计抽样、常规取证程序、审计测试流程和审计报告时效性等），形成了巨大冲击，但断言区块链技术将颠覆审计行业为时尚早。因为，区块链技术的完善需要时间，政府部门和审计人员都应客观看待区块链对审计行业的冲击和推进（陈波、邬培琴，2019）。区块链技术在对审计行业造成冲击的同时，也必将带来革新（高廷帆、陈甬军，2019）。

区块链技术的特征与审计关系、审计行为的要求存在内在耦合性。基于双链架构的混合审计模式能在一定程度上提升审计效率和审计质量，并在一定程度上缩小与审计期望差距，但仍须关注其面临的现实困难和潜在风险（房巧玲、高思凡等，2020）。程嘉阳（2019）发现，区块链技术的应用能推动审计目标的转型，促进审计模式创新，简化审计程序，推动审计师角色的转变以及促进审计成果的综合运用，从而提高审计效率，达到精准审计的最终目标。

（二）区块链与内部审计

区块链与内部审计关系的相关研究极少。其中，丁淑芹、李姿含（2020）从信息技术应用视角提出基于区块链的财务共享模式内部审计策略，即确定基本思路，明确目标；建立以业务流程为基本链条的区块链；所有的参与者统一制定规则，并实时进行全链条发布；内部审计人员利用区块链上的实时信息实施内部审计策略。

（三）区块链与国家审计

区块链将会对审计信息化等领域的发展带来深远影响（杨明、郑晨光，2018）。蒋文龙（2020）从区块链审计平台、区块链审计流程、区块链审计监督模式三方面探究应用于国家审计的私有链兼联盟链模式。王颖、涂滨泉等（2020）认为，区块链技术能有效改善传统审计模式下精准扶贫审计存在的一些问题，主要表现在：①提升审计独立性；②提高审计效率，降低审计成本，增强审计效果；③有助于实现全过程精准扶贫审计。将区块链技术用于精准扶贫审计既是科技强审的要求，又是改变审计理念和方法的迫切需要，为揭露"虚假脱贫""数字脱贫"等问题提供了新思路。"区块链+审计"是审计作业模式的一种创新，其仍然是围绕数据分析这一主题开展审计工作（刘杰、汪川琳等，2019）。唐衍军等（2020）尝试构建区块链信息平台，使其与审计相结合形成区块链审计数据中心，期望通过区块链的"时间戳"特征来保证实时监督，即实现以"区块链+审计"模式防止

"扇贝再逃"。王琳、向际钢（2020）认为区块链技术可帮助达成实时审计，并构建了包括财务处理区域、数据存储区域、审计应用服务区域及实时审计访问区域的区块链实时审计框架模型。该模型可与工程造价审计的职能相融合，在工程建设不同阶段通过该技术进行审计革新，从而提升经济效益（李丽，2020）。

（四）区块链与审计实验教学

区块链与审计实验教学方面，只有严伟祥（2019）在区块链与虚拟仿真耦合下，对既有的审计学实验教学体系进行创新，构建了一个实验教学体系并取得了较显著的教学效果。

（五）述评

（1）理论价值有待进一步挖掘。前述区块链与审计实务的研究大多为纯理论探索，且仅涉及微观的工程造价审计和消耗性生物资产审计。本文与此类研究的相同之处在于：均运用区块链原理和优势；区别在于：研究对象不同、特点和研究设计的创新模式不同。最重要的是，本文重点研究区块链与审计学实验教学的协同创新模式与路径。因此，与以往研究相比，本文无疑具有极为重要的理论价值。

（2）应用价值尚须进一步彰显。区块链最大的特点和优势是运用分布式记账原理，将海量数据分布存储。这些数据即使被篡改一个，还有成千上万份数据，因而能很大程度上保证数据不被篡改。借助这一先进技术，有利于尽快实现产、学、教深度融合，尤其是实现以教育推动实体经济高质量发展的目标。习近平总书记指出要提高运用和管理区块链技术能力，使其在建设网络强国、发展数字经济、助力经济社会发展等方面发挥更大作用。本文正是响应这一号召，率先进行教学改革探索，不仅对审计学，而且对经管类实验教学模式的创新均具有极大的现实参考意义。

二、区块链与审计教学深度融合的理论分析

（一）区块链实践、理论审计与实验教学改革深度融合的必要性

2020年至今，我国不断出台区块链专项发展政策，使得区块链快速发展并逐渐渗透到经济发展各个领域，并成为数字经济、数字教育发展的重要手段。区块链技术与其他新技术的协同发展将为产业发展开辟新道路。因此，区块链与审计实验教学融合极为重要，主要表现在以下几个方面：

（1）政府支持和产业发展，使得审计实验教学必须拥抱区块链。与世界各国的区块链相关法案主要集中在推动创新、加强监管、区块链采用等鼓励发展一样，我国区块链应用的顶层设计已经得到进一步完善，相关专项政策持续出台。我国主要围绕区块链扶持与监管、区块链产业应用展开。随着党和国家领导人对区块链的高度重视，作为新基建的重要内容和核心技术自主创新的重要突破口，区块链的顶层设计、专项政策、监管体系将进一步完善，并将真正奠定其信息基础设施地位，同时向融合基础设施方向演进，全面开启我国区块链发展新格局。在此背景下，区块链审计方面的监管人才显然亟须跟进，因此必须尽快布局审计实验教学等改革。

（2）区块链核心技术的不断进步和创新趋向多元化，促进审计监管技术不断

创新。整体而言，区块链核心技术创新取得进一步提高，技术创新呈多元化发展，主要涉及区块链跨链、区块链隐私保护、区块链数据安全等技术方面。据统计，2020 年我国公开的区块链专利数量达 10 393 项，并保持平稳增长趋势。针对区块链之间无法互联互通的问题，目前我国已经有公证人机制、侧链、哈希锁定等跨链技术解决方法。随着我国对区块链技术创新的不断投入，明确主攻方向，着力攻克一批关键核心技术、增强可拓展性、互操性，加强数据隐私保护将成为区块链核心技术突破的主要方向。其中，区块链在审计领域的拓展和操作也是一个重要的方向，因此需要审计实验及相关教学的率先探索和大胆研究。

（3）区块链企业数量稳步增长，核心竞争力不断提升，亟待区块链审计发挥治理效应。目前，在各地区政府、区块链团体的高度重视和大力扶持下，我国区块链产业凭借其价值潜力，区块链技术和产业应用得到长足发展。2020 年，其产业链上、中、下游三层较 2019 年更加完善。区块链产业链主要以金融应用、数据服务、媒体社区和基础协议为主，占比分别为 8%、6%、5%、4%；信息安全、智能合约等方面较少，均占比 2%。投融资方面，区块链企业融资趋于合理。受新冠肺炎疫情影响，投融资项目增速有所降低，但总体趋势仍处增长趋势，行业覆盖规模逐步扩大。随着该产业链的不断完善，社会认知逐步提高，场景日益丰富，区块链的应用效果逐步显现。为确保产业健康发展，区块链审计需要对国家扶持政策的精准发力发挥治理作用，这就需要专门的高级审计人才，进而需要区块链审计实验教学的创新。

（4）区块链应用领域持续拓展、项目实施落地的加速推进均需要持续进行审计监督评价。2020 年年底，区块链在金融、政务服务、司法、医疗健康、产品溯源、公益慈善、社区服务、智慧城市等众多领域共有 400 多个项目落地实施。其中，金融领域、政府服务和司法存证领域排名前三。这表明区块链的行业应用水平得到提升。此外，其在溯源物流及征信领域也在加速发展。随着新基建的谋划布局与国家产业结构调整，区块链对传统制造业、软件及信息化业、金融业等支柱型产业的变革和升级作用将进一步凸显。值得深思的是，这些支柱型产业均需要审计监管确保持续发展，因而在审计实务方面的应用领域将不断扩大，并逐步实现技术与经济产业、教育产业等的深度融合与创新发展。作为实践指导的审计理论、审计教育和审计人才的培养均需要与之实现同频共振，协同发展。

（5）区块链与新基建集成应用，推动数字经济创新发展，更激发区块链审计教学改革。2020 年 4 月 20 日，区块链被纳入国家明确的新基建范围中。随后，全国范围内的新基建开始从部署层面向落地阶段稳步推进。新基建的本质代表的是数字技术基础设施，而数字经济在技术层面包括大数据、云计算、物联网、区块链、人工智能、5G 通信等新兴技术，推动生产力发展的经济形态。区块链技术作为其中一员，与新基建其他内容的融合能促进产业数字化的深度转型，打造信息化时代下的新型价值体系。目前，区块链技术已经催生出了一批以云计算、大数据、物联网、人工智能等新一代信息技术为基础"新零售""新制造"等新产业、新业态和新模式。从产业角度看，在"新基建"背景下，区块链作为"新基建"的重要内容，将推动数字经济下产业数字化平台的建设，催生出一批"区块链+物联网"

"区块链+工业互联网"等技术融合平台，为全球消费者提供更多优质解决方案。从技术角度看，区块链技术有望推动数据要素流通和数据要素确权，一方面将有助于政府和社会数据资源的共享和开放，另一方面将推动数字经济下数字资产交易的有序发展。因此，这些都需要审计理论、审计教学等探索的积极配合和引领，并催生出"区块链+审计"的技术融合趋势。

（二）区块链与审计产业融合对审计实验教学产业的影响

1. 区块链与审计产业的有机融合（以下简称区审融合）符合产业融合的规律和要求

产业融合（industry convergence）是在经济全球化、高新技术迅猛发展的大背景下，产业提高生产率和竞争力的一种发展模式和产业组织形式，是不同产业或同一产业不同行业相互渗透、相互交叉，最终融合为一体，逐步形成新产业的动态发展过程，也是在产业层面通过资源优化配置实现资源优化再生、推动产业升级的系统工程。其相关的融合方式主要有：①高新技术的渗透融合，即高新技术及其相关产业向其他产业渗透、融合，并形成新的产业。区块链属于高新技术，它与审计产业结合将会形成新的区块链审计行业。②产业间的延伸融合，即通过产业间的互补和延伸实现产业间的融合，其中第三产业即服务业正加速向第二产业的生产前期研究、生产中期设计和生产后期的信息反馈过程展开全方位的渗透，金融、法律、管理、培训、研发、设计、客户服务、技术创新、贮存、运输、批发、广告等服务在第二产业中的比重和作用日趋加大，相互之间融合成不分彼此的新型产业体系。根据这一定义和方式不难发现，属于第三产业的审计服务行业，一旦实现了与属于高新技术产业的区块链的有机融合，则可实现双方在生产率和竞争力方面的突飞猛进。

2. 区块链与审计教学，尤其是实验教学的融合是现代教育发展的必经阶段

体现以人为中心发展观的产业融合，能多维度提高产业、产品的附加值，不断形成新的产业或新的经济增长点。同样地，区块链与审计实验教学的深度融合（以下简称"区审实验教学融合"）会导致审计对象和审计内容发生天翻地覆的变化，进而给审计技术方法及审计实践的供给侧——审计教学，尤其审计实验教学带来如下积极影响：

（1）产业融合能对审计实验教学产生创新性优化效应。区审实验教学融合促进了传统审计教学创新，进而推进审计实验教学结构的优化与发展。高新技术产业——区块链与审计教育产业间的融合过程中产生的新技术、新产品、新服务客观上提高了审计实务工作的需求层次，取代了某些传统技术、产品和服务，造成这些市场需求逐渐萎缩，在整个产业结构中的地位和作用不断下降。同时，由二者催生出的新技术将融合更多的传统教育部门，改变传统教育产业的服务方式，促使其产品（培养的学生，下同）与服务结构升级。例如，审计实验教育产业内部信息含量较高的部门得到较快发展，其所占的比重越来越大，进而推动整个审计服务业向信息化、网络化方向发展。

（2）产业融合对审计实验教学带来竞争性结构效应。从实务层面看，区审教学融合培养的学生形成规模后能促使审计市场结构在审计主体之间，尤其是会计师

事务所（以下简称事务所）之间竞争合作关系的变动中不断趋于合理化。产业融合后，各产业间市场边界的消失及政府管制的放松会导致市场结构产生两种互逆效应：①二者的融合使审计产业内事务所数量迅速增加，并不断有新进入者参与到竞争中来，从而大幅降低融合产业的市场集中度。②社会需求的个性化与综合化趋势促使事务所服务由大规模、标准化逐步向小批量、多品种过渡，规模经济在事务所战略中的地位被范围经济取代。推动事务所间的横向并购或混合并购，会导致竞争性事务所数量减少，从而提高产业的市场集中度。在信息产品行业和产品差异性小的审计服务市场，产业融合使市场从垄断竞争向完全竞争转变，经济效率大幅度提高。市场的高效率是建立在信息效率之上，因此地域更广、时间更受限制的市场受到垄断的困扰会更少。这种审计需求端的变化，客观上要求供给端的审计实验教学及时进行调整和优化。

（3）产业融合能给审计实验教学带来组织性结构效应。产业融合不仅导致事务所组织之间产权结构的重大调整，且引发了事务所组织内部结构的创新，其对市场行为的影响集中体现在事务所的组织调整策略层面上。事务所并购开始从纵向并购向横向并购或混合并购演变，技术融合的加快是其从简单并购向复杂并购转变的主要动因之一。在交易成本的共同作用下，事务所组织结构开始由纵向一体化逐渐向横向一体化、混合一体化、虚拟一体化发展。各种网络事务所的不断盛行充分证明了这一点。审计实务产业界的这些变革，都给审计实验教学的变革带来了巨大动力和压力。

（4）产业融合能够促使审计实验教学产生竞争性能力效应。产业融合有助于产业竞争力的提升，二者的发展过程具有内在的动态一致性。其中，技术融合为其提供了可能性，事务所把融合过程推进到各个运作层面，从而把产业融合的可能性转化为现实。不同产业内事务所间的横向一体化在加速产业融合进程，提高其自身竞争力、产业竞争力的同时，区审融合对事务所一体化战略也提出了新挑战：产业内的事务所数量不断增加，事务所间的竞争不断加剧，其创新与灵活性被提升到新的战略高度。在这场技术革命与产业变革中，创新能力弱、灵活性差的事务所会以更快的速度被淘汰出局。为了能长久地立于不败之地，为事务所提供高端人才，审计教学，尤其是实验教学必须直面这一现实，尽快做出正确的调整和应对。

（5）产业融合有助于企业消费能力的提升，倒逼审计实验教学发挥消费性能力效应。这主要体现在：①催生了许多新产品和新服务，满足了企业收入水平提高后对更高层次审计消费品的需求。②促进了更多参与者进入和开辟市场，增强了市场的竞争性和新市场结构的塑造。产业链的延伸和产业间的整合成本（包括规模化生产成本，事务所组织治理成本和交易成本）节约，使得大批事务所的价值增值，最终通过收入增长和价格下降促进消费。③需要一大批复合型高级人才。人才培养和人力资本投资是促进经济良性循环的助推器，它具有显著的双重经济效应：其本身是一个有良好劳动力市场前景的高级人才生产过程，可增加就业及提高劳动生产效率；人力资本"消费"作为经济运行的最终拉动力量，能极大地带动生产增长。因此，作为审计人才培养摇篮的审计教学，尤其是审计实验教学至关重要。

（6）产业融合催生审计实验教学的区域效应，即推动区域经济、区域教育一体化。这表现在：①促进区域产业结构多样化、复杂化。②提高区域之间的贸易效应和竞争效应，加速区域之间资源的流动与重组。因为它可以打破传统事务所之间、不同高校之间、不同审计教育的界限，特别是地区之间的界限，利用信息技术平台实现业务重组，发展新业务，加速区域之间的资源流动和重组，产生贸易效应和竞争效应。③促进事务所网络和审计教育网络的发展，尤其是审计实验教学网络的发展，有助于打破区域之间的壁垒，增强区域之间联系。④扩大区域中心的多极化和扩散效应，改善区域的空间二元结构。⑤促进区域经济一体化、区域教育一体化、区域审计教学，尤其是审计实验教学改革及其制度建设。

三、区块链与审计实验教学深度融合的机制构建

（一）区块链与审计实验教学深度融合的实现机制

1. 区审实验教学深度融合的目标

（1）整体目标。区审实验教学深度融合旨在搭建以"区块链技术+审计学实验+虚拟仿真+实习基地+实地调研"为支撑的实时审计教学平台，通过对审计实验教学内容与区块链技术对接过程的优势和困难进行分析，将区块链技术成功与审计学实验的教学内容精准对接，试图构建最新的区审实验教学模式。

（2）具体目标。企业是国家经济的细胞，因此本文以企业区块链审计为例，把企业的主要业务分为销售与收款循环、采购与付款循环、生产与存货循环、投融资循环和货币资金五个模块，并选择其中共性的内容和普遍性规律来设计区审实验教学的主要目标，以达到举一反三的目的。

2. 区审实验教学深度融合的实现机制构建

教学系统作为复杂的社会系统中的一个组织，不可能构建出一种机制，使其完全成为一个不需要管理者干预的自适应系统，但在设计实验教学的运行模式时，应该把机制构建作为重点来把握。这有助于提高教学管理效率，提高管理措施的针对性和适用性，降低管理成本，减少随意性和个案处理的概率。从"人治"走向"法治"，才有可能使得培养的人才在激烈的竞争中立于不败之地。因此，根据机制的本质内涵，为实现区审实验教学深度融合，培养符合前述条件的高质量区审人才，必须满足如下条件：

图1显示，一个科学合理的区审实验教学深度融合机制主要包括以下五个方面：

（1）高质量的区块链审计师资力量。这个可以采用培养和引进双模式。

（2）区块链审计实验教学所需的配套教材作为标准化教学和确保教学质量的重要前提条件。

（3）匹配的实验室、空调和电脑等硬件设施。

（4）与区块链审计相关的教学软件或应用性软件。据笔者了解，目前尚未有相关软件，但已经有了区块链发票和税务监管的相关实务。因此，前期需要借鉴相关实务流程自行设计，同时随时跟踪商业软件公司的开发结果，或采取与之联合开发的方法。

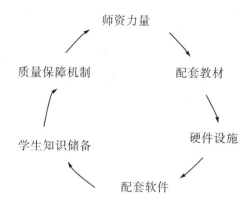

图1　区审实验教学深度融合的实现机制

（5）学生知识储备。要想确保区审实验教学质量，必须让学生进行区块链知识和审计专业知识的前期学习和教学作为基础。

（6）质量保障机制需要学校、学院和审计系对教师教学质量进行不定时的评估、激励与监督，对教学实施过程中出现的问题和难点进行及时处理。

（二）区块链与审计教学深度融合的主要内容

审计业务的大部分环节都可搭建区块链，并实现二者的精准对接。首先，审计教学中的很多个环节，均可采用区块链来记录相关信息，这些资料组成的分布式数据库，即审计教学内容区块链。有了这些"链"，审计实验的诸多内容便有迹可循，后续审计教学也可顺藤摸瓜，事半功倍。本文重点研究二者对接的主要内容。以乡村振兴战略项目审计为例，将区块链嵌入A市乡村林盘旅游振兴项目并形成区块链的过程，可分为以下五个部分（见图2）：

（1）资料整合阶段。首先，将项目申报书中的申报对象及条件、建设内容、绩效目标等都作为原始资料存档，项目获批书也存档备查。其次，项目实施过程中，所有能证明采购、销售资金动向的数据、图片材料等都需要存档，这也是后文审计中的关键环节。再次，为监督乡村振兴项目实施领导责任，整合相关领导与该项目有关的所有资料，如会议纪要、讲话、决议及资金流动数据。最后，收集反映该项目实施中期考核和期末考核的所有材料。

（2）资料存储阶段。来自不同部门的工作人员在各自的权限内，将第一步已整理出的资料上传至资料区块中，包括相关结构化数据和非结构化数据。此时，上载数据的节点会迅速将新数据传送到全网。

（3）核实资料阶段。为保证资料的准确性，需要上级、同级部门通过密钥进入区块核实。这部分经多方确认过的资料形成该项目的"基础资料区块"。该操作步骤不同于以往的集中化，而是利用区块链去中心化的特征，使多方对资料快速达成共识。例如，与该项目有资金往来的上下游企业都可进入该数据库对这些材料进行核实，并经多方确认后形成项目"实施过程区块"。在领导责任方面，部分可公开信息将向社会公布，接受社会监督，一些机要信息则加密仅受相关部门监督，经多方核实后这部分资料形成"领导责任资料区块"。

（4）业务流程阶段。区块链的去中心化特征使各个区块信息互相链接，最终形成业务流程的分布式账本。对于项目而言，其实施过程中的各个环节就构成了该乡村振兴项目的区块链，从而完成和保证了项目数据的完整收录。

（5）数据分析阶段。在"区块链+审计"模式下，这部分将成为审计内容的核心。找到审计发现问题的前世今生，追根溯源，最终实现组织治理和国家治理的目的。

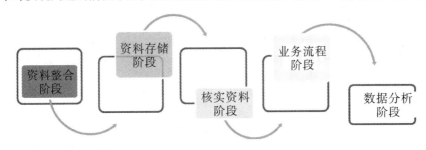

图2　区审实验教学融合的主要内容

综上，与乡村振兴项目相关的各个环节都能在区块中得以体现，与之相关的信息经多方达成"共识"而在最大程度上保证准确且可实时更新。更重要的是，经过实时分析后，可为类似项目的成功完成提供具体可行的借鉴。因此，其他审计实验内容也可以用该思路进行虚拟仿真和在线或线下实验。进一步地，我们可以将上述实验思路运用到企业审计实务中进行模拟，再逐渐运用到企业实际审计过程中，进而不断完善内容，优化区块链审计流程，最终为有效实现区块链审计监管提供参考依据。

四、区块链与审计实验教学深度融合的难点

（一）区块链核心技术在审计实验教学中的应用问题

在技术和应用方面，无论公链还是联盟链，资产链上的问题仍是最大的挑战之一。目前在资产链上链下数据同步、确权和定价方面仍需要进一步探索。另一个挑战在于跨链，不同链之间信息和资产的互操作性问题亟待解决。此外，区块链可拓展性较弱，尤其是（TPS系统吞吐量）较低，亟须通过改进共识算法、提升硬件环境、采用更高效的加密算法记忆落盘数据库等方式进行改进。目前，从申请与获批的区块链专利数量来看，我国在全球处于领先地位，但相较于西方国家，我国在区块链发展上更偏重应用，在核心技术上仍有一定差距。进一步地，我们更需要思考、探索如何进行相关基础研究和多方面尝试，攻关核心技术，提升我国在区块链审计领域的国际话语权和规则制定权。从审计实验教学角度看，其与审计理论、审计技术方法以及审计实验教学的关系亟待厘清，需要找到并建立区块链的核心技术与审计实验教学相互协同、共同发展的突破口。

（二）区块链审计实务与教育的高端专业人才相对紧缺

区块链是密码学、计算机科学、经济学等多学科的融合技术，在新时代背景下其健康持续发展需要与其他前沿技术融合和高端人才持续助力。据统计，我国区块链招聘企业数量、招聘职位、招聘人才需求持续增加。但区块链人才市场技术型人才与高端复合型人才需求缺口仍然较大，尤其是"区块链+产业"的复合型人才面

临供不应求局面。高校须加强区块链职业教育培训的规模和力度，而区块链审计教育，尤其是实验教学模式的不断探索则是重中之重。

（三）深耕区块链在审计领域中的集成应用问题

作为数字经济的一大重要技术的区块链，虽然行业应用快速增长，但目前为止没有大规模服务在实体经济，特别是审计领域进行落地应用，原因如下：

（1）区块链技术的普及和推广程度远低于大数据、物联网、云计算等新一代信息技术，其应用效果普遍未达预期。同时，部分地区的主管部门无法理解区块链技术和创新应用模式对经济发展、高等教育发展等的积极意义。

（2）区块链的系统建设涉及多方数据互联互通，受制于各部门间信息化建设程度参差不齐，建设和协调成本较高，其兼容性和相互操作性较差。面对新挑战，部分部门主观上没有推动的动因和激励机制。因此，必须尽快打破部门间的职能屏障和数据孤岛。

（3）除金融、政务、溯源等领域区块链技术的应用反映较好外，其他如交通、家电等行业部分已落地运行的区块链应用，大多数还在小范围的试点运行中，还未能够引起预期的社会反响。而在高等教育领域，尤其是审计学实验教学方面，知道或运用尝试的人极少。

（四）聚焦区块链应用的监管问题

一方面，随着我国顶层设计的不断完善，监管体系更加健全；另一方面，在新基建背景下，区块链底层基础设施建设不断加快，国内已有小蚁链、比原链、量子链等公有链，但目前公有链的应用落地存在一定金融风险，从而对我国的监管提出了更高要求。随着未来区块链技术与多个行业领域的进一步融合，对其监管范围也应随之扩大，但由于监管场景更加复杂，这就需要国家层面的监管及时跟上金融科技的发展脚步，通过建立监管规范、提高监管水平做到对金融科技的有效管理，实现监管的规范化、有序化。其中，审计监管不可或缺，这也倒逼审计从业人员知己知彼，才能确保监管质量和效果。因此，审计教学，尤其是实验教学必须紧跟时代步伐。

（五）需要进一步推进区块链与其他新技术和审计等行业的融合

新基建不仅包括区块链，还包括5G、物联网、工业互联网、人工智能、云计算等新一代信息技术。区块链作为服务于新型基础设施建设的一项重要技术，与这些技术的融合是关键。因此，探索利用区块链技术与各种新技术的融合，与三大审计行业的融合，有利于加快我国政务服务、新型智慧城市建设、城市间信息、资金、人才、征信等方面的互联互通，更重要的是有利于创新数字经济发展模式，打造便捷高效、公平竞争、稳定透明的营商环境，进而有利于提升国家治理现代化和治理能力，最终推动我国现代化建设目标的实现。

五、提升区块链与审计实验教学深度融合的对策建议

（一）提高区块链技术的创新能力，推动核心技术自主可控

1. 充分发挥政府推动作用，鼓励区块链与审计监管技术创新的研究和应用

围绕区块链关键技术与应用，通过设立应急科学研究项目、重点项目群或重大

研究计划项目等方式支持区块链基础理论和关键技术的突破，促进产学研协同健康发展。

2. 全面整合、优化区块链技术创新的各种资源

集聚产学研用多方资源，密切关注国际技术前沿，打造区块链基础研究平台，降低区块链技术应用落地的难度。

3. 结合区块链审计应用的适用条件和场景，明确主攻方向和重点领域

要紧密结合各个产业的应用场景，在进行 SWOT 分析后，明确主攻方向，攻克关键核心技术，推动区块链与经济社会各领域、各行业的深度融合速度，鼓励创建区块链融合应用和产业发展集群，努力构建全国层面从上到下、具有较强创新能力和自主可控的区块链发展生态网络体系。

（二）加快区块链审计学科体系建设，提升人才培养能力

1. 围绕区块链技术创新与应用，加快区块链审计学科建设

搭建其基础研究与审计交叉学科研究的创新平台，推动政府、高校、企业、科研院所和社会培训机构等联动，形成人才链，培养学科交叉、知识融合、技术集成的复合型人才。

2. 积极构建区块链审计人才支撑体系

加快构建产学研用一体化的人才培养模式，以高校、科研院所为主体，以企业需求为导向，以科技园区、实训基地为平台，加快培育区块链领域专业人才。同时，鼓励区块链企业创办"企业大学"，以区块链应用推广为抓手，向全社会普及区块链应用，搭建社会再培训平台。

3. 加强区块链审计人才的国际交流

积极引进国外区块链审计技术的前沿技术开发人才，同时鼓励国内相关人员"走出去"，积极参与国际上重要的区块链审计技术研讨会，通过与国外技术人员的交流，了解最新的行业动向，加快国内区块链审计人才的培养速度。

（三）开展前沿技术融合的应用研究，推动新兴技术融合发展

在应用与落地的过程中，逐步推进区块链与其他新技术的融合，鼓励建立示范试点项目与融合发展平台。同时，新基建和高等教育领域本身也是"区块链+"落地应用的重要领域，要将产业区块链与这些领域深度融合，共同为实体产业的转型升级赋能。区块链不仅是一个单点技术，还是一个需要与各种信息技术和各种产业相融合、相连接，未来需要多种技术融合、产业融合形成组合架构的模型。因此，要紧盯前沿技术，通过区块链技术与前沿技术与教育的深度融合和协同创新，引领信息领域、教育领域关键核心技术的创新与突破，包括布局与量子技术、云计算、大数据、物联网、人工智能、智慧监管等新兴技术的融合等。加快创建多学科交叉的组合型技术科学创新体系，推动区块链技术的集成应用，攻克一批关键核心技术，加快推动区块链技术与各种产业的创新发展。

（四）建立健全监管体系，保障区块链产业规范发展

1. 加强区块链基础设施的安全监管

要针对区块链基础设施面临的安全风险，研究区块链共识机制、密码机制、数据存储、对等网络、智能合约、运维管理等的安全监测、审计、评估、预警和认证

技术；要加快相关政策法规的制定，为区块链产业生态系统发展提供法制化环境；推动单向监管和被动监管与区块链产业的自我监管相结合，积极应对新技术变革的潜在风险；建设区块链安全风险预警监控平台，重点监控区块链企业项目的安全动态，实现区块链行业的态势感知、运行、监测、动态预警、风险评估以及事后审计分析。

2. 鼓励行业机构开展认证服务

为区块链产业监管提供第三方评价，保障区块链产业规范、健康、持续发展。

（五）加速集成创新，积极开展区块链应用试点示范工作

（1）加速区块链与人工智能、大数据、5G、云计算的深度融合。推动建立一批基于新一代信息技术的融合应用基础设施，打造一批公共服务平台、综合性解决方案和应用示范。

（2）国家及各地政府应积极开展以区块链为基础的新型基础设施应用试点示范工作，树立典型行业案例，形成示范效应。目前，我国区块链技术在金融、政府服务、电子存证等领域发展较为快速。针对这些已有良好基础的领域，由国家及各地政府牵头，联合相关科研单位、高校，尤其是审计实务和教育研究领域，重点组织开展区块链在这些重点行业和领域的应用，树立典型，加速形成以点带面、点面结合的示范推广效应，以区块链平台为基础推动实体经济和高等教育产业的科学发展。

（3）我国区块链技术在医疗健康、公益慈善、物流、工业制造等领域发展渐成气候，但这些领域都离不开国家审计、注册会计师审计和内部审计的监督评价。因此，应进一步在这些领域找准区块链审计的突破口，开展审计行业专项应用试点示范，提升区块链技术在审计实体经济领域的应用水平，推动我国数字经济的进一步发展。

六、结论

基于区块链技术在各行各业的迅猛发展和相关人才极为稀缺这一时代背景，为确保区块链集成应用在新的技术革新和产业变革中发挥更大作用，本文分别运用产业融合理论和区块链理论，首先提出区块链与审计实验教学相融合的必要性；其次给出了区块链审计的整体目标和具体目标、实现机制和主要内容；最后提出了确保二者有效融合的前提条件和对策建议。希望本文的粗浅研究，既可以拓展相关研究视野，又可以促进审计实验教学，乃至促进经管类实验教学的高质量发展，最终为社会提供更多与需求高度匹配的高质量区块链审计人才。当然，本文仍存在诸多不足，需要在未来作进一步探索。

参考文献：

［1］中共中央政治局第十八次集体学习：区块链技术发展现状和趋势［Z/OL］．

(2019-10-24) [2019-10-25]. http://www.cac.gov.cn/2019-10/25/c_157353501 3319838. htm.

[2] 王琳, 向际钢. 基于区块链技术的实时审计框架构建 [J]. 财会通讯, 2020 (9): 139-142, 147.

[3] 陈华, 胡晓龙. 区块链技术在审计中的应用及未来发展 [J]. 审计月刊, 2020 (3): 8-10.

[4] 陈波, 邬培琴. 区块链技术会颠覆审计行业吗? ——对于区块链环境下审计模式的探讨 [J]. 中国注册会计师, 2019 (11): 110-114.

[5] 高廷帆, 陈甬军. 区块链技术如何影响审计的未来: 一个技术创新与产业生命周期视角 [J]. 审计研究, 2019 (2): 3-10.

[6] 房巧玲, 高思凡, 曹丽霞. 区块链驱动下基于双链架构的混合审计模式探索 [J]. 审计研究, 2020 (3): 12-19.

[7] 程嘉阳. 大数据背景下区块链助推精准审计的路径 [J]. 区域治理, 2019 (35): 207-209.

[8] 丁淑芹, 李姿含. 财务共享模式的内部审计研究: 信息技术风险识别与应用视角 [J]. 会计之友, 2020 (20): 15-20.

[9] 杨明, 郑晨光. 区块链背景下政府治理与审计模式研究 [J]. 会计之友, 2018 (17): 157-160.

[10] 蒋文龙. 区块链审计模式探究 [J]. 审计月刊, 2020 (7): 10-12.

[11] 王颖, 涂滨泉, 杨桅. 区块链技术在精准扶贫审计工作中的应用探究 [J]. 会计之友, 2020 (18): 156-160.

[12] 刘杰, 汪川琳, 韩洪灵, 等. "区块链+审计" 作业模式的理想与现实 [J]. 财会月刊, 2019 (8): 3-10.

[13] 唐衍军, 黄益, 蒋尧明. 从獐子岛事件看区块链审计应用 [J]. 财会月刊, 2020 (11): 101-105.

[14] 李丽. 试论区块链技术在工程造价审计中的应用前景 [J]. 建筑经济, 2020 (6): 80-83.

[15] 严伟祥. 区块链与虚拟仿真耦合下的审计学实验教学创新研究: 以南京审计大学为例 [J]. 河南教育 (高教), 2019 (2): 102-104.

基于虚拟仿真技术的线上
可视化学科竞赛研究

——以重庆工商大学"管理系统思维大赛"为例①

饶 莉

（重庆工商大学工商管理学院　重庆　400067）

摘　要：本文在认知心理学的专业技能学习理论基础上，提出了策略学习属于大学里的高阶学习活动，强调了视觉学习在促进知识脉络概括化、实现系统学习方面具有重要意义。本文总结了可视化教学尤其是线上可视化教学的现实意义。本文以重庆工商大学"管理系统思维大赛"为例，从设计原理、可视化实现方式、实施效果与启示等方面，介绍了虚拟仿真技术实现的可视化在帮助学生实现策略学习的作用。

关键词：学科竞赛；可视化教学；虚拟仿真技术；在线学习

一、来自认知心理学专业技能学习理论的启示

认知心理学指出技能的发展包括三个阶段：第一个阶段叫作认知阶段，发生在这一阶段的学习被称为技法学习。学生在该阶段通过练习逐渐掌握解决某一小类问题所需要的动作序列，记住一系列和技能有关的事实。人们在最初使用技能时通常都表现为复述这些事实。第二个阶段是关联阶段。在这一时期人们在第一阶段中的错误理解会被逐渐发现和改正；同时，对所习得的程序所包含各要素之间的联系也得到不断强化。学生在技法学习中记住了动作序列，在应用中会经常看到很多小问题，会运用之前习得的方法去解决。然而，复杂问题虽不会重复出现，但会有类似结构，所以这一阶段的人会学习如何把问题解决的过程组织起来，以把握某大类问题的一般结构，这一学习过程在认知心理学中被称为策略学习。第三阶段叫作自主阶段。在这个阶段，整个过程变得越来越自动化和迅速，即熟能生巧，这对于学习者来说是一个获得专家技能的过程。在这期间，人们学会了感知问题的有效解决过程，获得了一种能更有利于产生有效解决方案的问题感知能力。这种能力建立在了学习者对自己专业领域

---

① 本文是2020年重庆工商大学教改研究项目"疫情过后，基于虚拟仿真实验项目的线上可视化学科竞赛研究——以'经理人系统思维训练'项目为例"（项目号：2020307）的研究成果之一。

内的相关信息超强的长时间记忆基础上，使得专家能够识别在很多问题中重复出现的各种要素及其模式，并做到了当这些模式出现时，能不假思索就知道该怎么做。

大学生对专业知识的学习规律，必然遵从上述三个阶段。技法学习出现在和课堂有关的教学活动，形成大学生的第一个认知阶段；各类实践教学活动带领大学生进入第二个关联阶段，帮助他们进行策略学习；排在第三的自主阶段一般发生在离开校园走进工作岗位之后，毕业生长期接触来自工作一线的大量信息，逐渐获得把问题的表面特征映射到深层原理的能力，建构起专家的工作模式。由此可见，在校期间借助实践进行策略学习，是大学培养专业人才的高阶活动。

二、视觉认知的学习意义

视觉是所有感官中最具认识性的感官。通过视觉，人们可以获知事物的更多信息，帮助他们自主选择，认识世界及把握规律。有研究表明，人类获得80%以上的外部信息是通过视觉通道获得的，人类处理视觉信息比处理文字信息快6 000倍，使用视觉辅助能够将学习效率提高400%。视觉是人类收集信息的主要渠道，人类思维强烈倾向于实物和图像信息，在色彩鲜明、结构清晰的视觉冲击作用下，基于视觉信息展开发散性、逻辑性和想象性的思考，可以促进知识脉络概括化，增强大脑对于信息知识的系统性学习。

实践教学活动相对于理论课堂，无疑具有强烈的视觉冲击。无论是课程设计还是实验，参观实习或顶岗实习能不同程度带给学生直观的外部信息，这对他们提高学习效率，展开"眼见为实"的思考大有裨益。

近年来，学科竞赛作为一种新兴的实践教学活动，在各高校受到越来越多的重视。但目前众多在内容上以知识型为主的学科竞赛，并没有在视觉方面提供足够多的信息帮助学生进入学习的关联阶段，大多仍停留在认知阶段的技法学习。

三、可视化技术在教学中的应用和意义

可视化技术是指通过对人的眼脑系统特点进行利用，在进行数据处理的过程中，将人类对于图形信息的处理能力加以应用，使得人们能够更加直观地对数据信息进行了解，进而提高信息处理效果的相关手段和途径。

可视化技术应用在教育教学中就是可视化教学。在教学中，可视化技术让学生对以图像形式的知识结构模型进行观察、体验、利用、发现甚至创建，在这一系列过程基础之上探索知识的本质，使得学生的认知能力和创新能力得到显著提升。

可视化教学的特点主要有：①感知可视化。即通过可视化的形式使得学生更加直观地感受新鲜的事物，使得学生在观察以及体验各种事物变化的过程中看到的不仅仅是表面现象而是事物的本质，进而提升学生的感知能力。②想象可视化。可以将学生想象思维的对象转化成可视化的图像，进而拓展学生的想象能力。③知识可视化。学习资料的可视化，有助于突出知识信息的主旨，可以方便学生更好地理解以及掌握。④推理可视化。通过可视化的技术设备与学生进行双向交互，做到对学

生实时的干预以及引导，进而影响学生的推理方法和能力。⑤思想可视化。将各门学科中抽象的基本理论以及观念形象化，使之更加清晰明确、易懂，进而增进学生的理解，提高其创新发展能力。

可视化技术在教学中的作用主要有以下两个方面：

第一，有助于改变学习方式。现代化的教学方式强调教与学的一体化，更加突出学生的主体地位，在讲授知识的过程中通过引导学生思考，激发学生的学习兴趣。可视化技术在教育中的应用，使虚拟与现实进行有效结合，展现出一个形象逼真的虚拟环境供学生学习。这种教学模式改变了学生的学习态度，学生不再是一味地被动听讲。随着教学模式的转变，包括教材在内的学习资源也随之发生相应变化，逐渐转变为由学习者控制。可见，可视化教学模式使得教学内容变得更加丰富，有助于改变传统的教学方式。

第二，有助于激发学习兴趣。可视化教学的生动性以及形象性强烈地吸引着学生的注意力，现代化技术带来的学习交互性提高了学生的学习兴趣，使得学生的理解能力以及接受能力有了很大的提升。

四、线上教育的可视化技术

互联网科技成为社会革新的重要力量，信息技术已成为教育领域打破常规的重要支撑。虚拟现实技术是近年来问世的一种高新技术，将仿真技术、图形处理技术等结合在一起，通过计算机对三维虚拟空间进行模拟，再以人工智能、多媒体等工具模拟出一系列的感官刺激，让人产生环境沉浸感。其仿真性强，实现了人机交互，能方便人们实时获取最真实的反馈信息，因此备受人们喜爱，在网络游戏中得到迅速推广，并开始应用在一些课程的实验教学中。但是目前虚拟现实技术设备的高昂成本，导致用户购买力不足，也使其在线上教育和可视化教学中的应用和推广受到制约。

3D可视化技术也能实现数据分析和交互，能实现逼真和实时渲染3D图像。3D可视化教学资源是指利用三维场景、动画、立体化图片和可视化等技术来制作教学资源库，目的是使抽象的二维平面教学内容实现直观化和立体化。3D可视化教学资源力图创设一个高度可视化和强沉浸感的视觉教学环境，与应用虚拟现实技术相比，其物美价廉，能更好地带给学习者直观化的教学体验。相较于传统多媒体教学资源，3D可视化教学资源具有直观性、交互性、临场感、真实感和参与性的特点。

五、基于可视化技术的线上学科竞赛——管理系统思维大赛的设计和运行

如前所述，在专业技能形成的三个阶段中，大学需要帮助学生完成认知阶段和关联阶段。工商管理类专业学生在传统课堂教学通过技法学习，习得了专业的基本概念和条块分割的知识板块，经历了认知阶段。接下来，为了让工商管理类学生获得执行所学管理技能的程序，帮助其进入学习的关联阶段，我们在重庆工商大学给学生创建了一个如下的策略学习环境：借助可视化技术打造了一个含有真实情景系

统化信息的实时管理工作场景，以丰富的信息，训练学生从人力资源管理的视角，把企业管理决策需要解决的问题用一个过程组织起来，从而帮助其习得运用系统观解决管理问题的思维方式。同时，我们借助开展学科竞赛这一富含探索、创新、挑战的活动，帮助大学生在实践中发现、分析和解决问题，锻炼其意志力、创新思维以及创新能力。

（一）大赛的设计原理

大赛设计的初衷是防止学生因实践经验不足而对管理知识应用的生搬硬套。大赛设计的原理在于：人的思维模式是一种习惯，其形成及水平高低跟长期的训练和经验有关。大学生表现出的线性思维方式来自传统课堂教学，是被局限在条块分割知识板块中的认知阶段。人的行为受动机支配，系统思维的动机强度，决定了人愿意进行系统思考的动力大小。因此，要想学生实现系统思维，一是需要获得系统化的信息支持，二是要能够激发运用系统思维的动机，三是促进系统思维模式的建立，如图1所示。

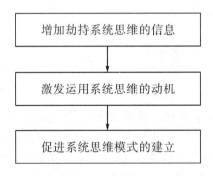

图1 系统思维模式的实现机理

围绕设计原理的三个方面，首先，大赛的内容在增加支持系统思维的信息方面，模拟了企业的人力资源配置、市场竞争关系等情景，丰富了决策信息，为学生系统思维的产生创造了虚拟的物化条件。在竞赛中学生可随时了解并模拟公司人力资源实时变化情况，观察公司各部门之间的分工与协作关系的变化，分析人力资源环境对管理活动的影响并制定对策。其次，在激发运用系统思维的动机方面，大赛设计了一些活动，让学生通过制定人力资源管理的各项决策，调整公司人才配置，并进而观察到投入要素的改变对产出结果的影响，从而触发其对原有战术乃至思维方式的反思。信息技术条件可以使系统自动完成所有人机交互并存储数据。最后，在大赛评价指标的导向下，学生通过线性思维的惯性不断试错，促进其系统思维方式的建立。大赛的软件使用等差数列和冒泡排序算法，形成了一个类似排序机器人的后台服务。大赛平台借助这个评价子系统，已具备初步的人工智能技术，可以代替教师发挥引导和强化参赛学生建立系统思维方式的作用。

（二）大赛的可视化实现

出于将可视化技术运用于整个竞赛的实践教学过程的考虑，在经费预算许可的范围之内，管理系统思维大赛开发的软件采用了2.5D技术。在将不同参赛者的决策形成交互数据，保存在决策轨迹，便于参赛者在试错总结和复盘反思的基础上，特别注重了形象、直观地展现大赛用以体现人力资源管理视角的实时管理工作场景，满足学习者视觉认知的强烈需求。

大赛可视化的核心场景是一个具有上帝视野的公司全貌，是参赛者决策操作模拟企业的形象化情景（见图 2），能让参赛者对自己掌控的企业资源产生直观认识，并能在相应决策之后看到决策结果的直观效果。

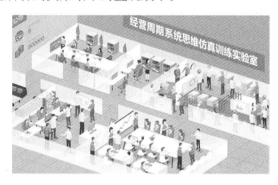

图 2　管理系统思维大赛模拟企业场景的可视化效果

需要说明的是，图 2 的可视化场景并非一张静态的图片，而是在简单动画的基础上，所展现的企业人力资源数量及其结构分布的实时状况，其会随着参赛者的决策结果带给企业的影响而实时变化。虚拟仿真技术赋予该学科竞赛的这一可视化效果，带给参赛者体验上的真实感和强烈冲击，会令其获得不一样的外部认识。通过图 2 可知，借助可视化技术，企业的（人力）资源数据不再是一个个抽象的数字，而是看得见、与企业的决策环境融为一体的管理场景。参赛者可以随时查看此画面，认识企业资源，实现企业各类人与事的匹配，平衡战术选择与战略目标的关系。

除此之外，大赛还采用图 3 所包含的四个画面来展示竞赛中的重要决策——在不同渠道进行员工招聘活动的场景。

图 3　不同渠道招聘现场的可视化效果

（三）大赛的实施及效果反馈

大赛自 2019 年 11 月创办以来，已举办了两届，现主要面向工商管理类专业学生进行宣传，累计参赛人数 220 余人次。参赛学生自愿组队，2~3 人一组，每 6 个组通过抽签形成一个小组赛场，小组赛出线者依次进入复赛、半决赛，由决赛决定最终奖级。每次竞赛设置一等奖 1 个、二等奖 2 个、三等奖 3 个。

在对两届竞赛的 59 名参赛者参与的问卷调查中，89.83% 的学生认为大赛软件的虚拟仿真工作场景增加了比赛的趣味性；100% 的学生认为软件的虚拟仿真工作场景对自己认识管理环境有帮助，其中有 55.93% 的学生认为其帮助很大；相比较于其他模拟决策软件，76.27% 的学生认为大赛的可视化场景对自己制定管理决策更有帮助；83.05% 的学生认为可视化技术在管理系统思维大赛中具有明显价值。可见，参赛学生对借助虚拟仿真技术实现可视化学习的认同度还是相当高的。这给笔者很大的鼓舞和启发，即在模拟类学科竞赛中探索可视化表现很有价值，虚拟仿真技术在实现线上学习的可视化中大有可为。

六、结语

未来，学习者所追求的已不再是理解和识记知识，而是建构知识和锻造思维。在信息技术对我们的生活和学习方式带来颠覆式变革的今天，作为专门促发群体性学习活动场所的学校，需要探索更多的方式，更好地营造网络学习环境，融入现代社会，并推动社会发展。可视化教学资源改变了传统教学资源平面化、表现力不足的问题，在信息技术支持下所创设的形象、直观的可视化学习资源将成为一种主流趋势。这种身临其境的学习环境与学科竞赛的相融合，将在激发学生的学习兴趣、促成讨论交流、建构自身知识体系和锻造思维方面，产生积极作用。

参考文献：

[1] 安德森. 认知心理学及其启示 [M]. 秦裕林, 译. 北京：人民邮电出版社, 2012.

[2] 丁紫晴, 代建军. 思维可视化教学的表征研究 [J]. 教育理论与实践, 2019 (4)：57-60.

[3] 何海生. "互联网 + 教育" 视角下可视化技术的创新应用 [J]. 信息记录材料, 2017 (9)：142-143.

[4] 张建奇, 刘丽. 基于工作场所的 "可视化" 教学设计与实践 [J]. 广州城市职业学院学报, 2020 (9)：12-17.

[5] 董红娟, 谢志昆. 3D 可视化教学资源在教学中的应用研究 [J]. 中国教育信息化, 2020 (13)：60-63.

[6] 王良, 曾斌, 车晓毅. 基于学科竞赛的大学生实践创新能力提升的探究与实践 [J]. 大学教育, 2020 (10)：192-195.

智能财务共享实验线上线下
混合式课程教学改革创新实践①

石道元　　何佳琦

（重庆工商大学会计学院　重庆　400067）

摘　要： 财务共享是企业重整财务组织、推进财务转型、提升管理水平的重要手段，但高校财会类专业的教学远远滞后于快速发展的财务共享实践。重庆工商大学智能财务共享实验课程以"鸿途集团股份有限公司财务共享服务中心"实景项目为载体，将课程教学内容重构为12个教学项目、26个典型任务，通过丰富的岗位、仿真的工作情境和具体的工作数据，使教学过程工作化、工作过程系统化，让学生在完成具体项目的过程中构建财务共享相关理论体系。系列课程教学改革创新，增强了智能财务共享实验课程活力，取得了显著的教学效果和良好的示范效应。

关键词： 智能财务共享实验；线上线下；混合式教学；教学创新

一、智能财务共享实验课程教学改革创新背景

借助现代信息技术，构建财务共享服务中心，已经成为企业利用信息整合优势、提高竞争力、实现价值增值的重要手段。然而，财务共享服务中心并非想象中的财务组织架构的一次调整，而是观念、流程、系统、组织、人员的再造，需要财务共享中心的管理者及团队转变思维，结合本公司的业务，从战略、技术及团队人员等方面不断优化运营管理，提升绩效，对决策支持提供更加充分、及时、准确的信息。近年来，财务共享服务得到了众多企业的高度重视和广泛应用。然而研究数据表明，绝大多数的财务共享服务中心并没有和高校之间建立合作关系，高校会计专业的教学远远滞后于快速发展的财务共享实践；会计学作为一门理论与实践并重的学科，利用互联网和云技术加强教学内容创新不仅符合专业人才培养需要，而且是迎合市场经济发展的重要途径。另外，有关财务共享的课程较少，大都是理论讲授、案例分析，缺乏系统完整的课程设计。基于此，利用本课程优秀的教学设计实

① 本文是重庆工商大学本科教育教学改革研究项目"经管类实验教学改革与研究专项"（项目号：217005）、重庆市教育科学规划重点项目"基于移动云平台的混合式教学研究——以会计信息化课程为例"（项目号：2018-GX-024）的研究成果之一。

践使财务共享教学与实务实时同步，显得尤为重要。

二、智能财务共享实验线上线下混合式课程教学改革创新路径

（一）课程定位

智能财务共享实验课程共 32 学时，是会计学院会计学、审计学和财务管理等财会专业的一门专业课程。本课程主要面向大三年级学生，这些学生已经具备较系统的财会专业知识和能力，如图 1 所示。

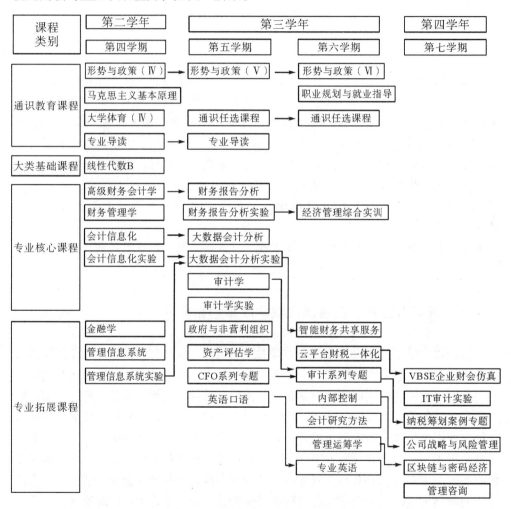

图 1　智能财务共享实验在会计学人才培养中的地位与作用

一方面，现今的大学生思维活跃、热爱新生事物，对移动互联网、大数据等新技术较感兴趣；另一方面，其不喜欢刻板的"填鸭式"教学，感知能力缺乏，创新应用能力有待提升。基于此，本课程以培养学生的综合实践能力、研究思维、前瞻与创新思维为主要目标，让学生认识财务共享服务的前沿趋势、理论与技术，深刻理解"财务数字转型"的价值，掌握财务共享服务中心的规划与运营过程及共

享作业等云会计的相关技术应用，能够开展基于共享服务下财务信息化分析、优化设计与价值创新，从而培养学生在财务共享服务中心的规划、业务流程设计与优化、业务处理、运营管理等方面的核心能力，团队协作精神和会计诚信品质。

（二）课程设计

本课程基于"互联网+"云技术教学创新，让财务共享教学与实务实时同步。课程设计体现了"以行业需求为导向、企业案例为主线、项目课程为主体、能力开发为目标"的教学理念，如图2所示。

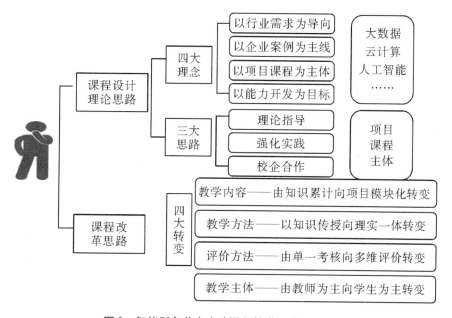

图2 智能财务共享实验课程教学设计理论思路

本课程按照"项目课程主体"的总体设计思路，深化校企合作，从工作结构中获得课程结构，并根据工作任务特点组织课程教学实施。各教学项目的设计遵循成果导向原则，以解决财务共享服务环境下的业务和财务问题为出发点，通过丰富的岗位、仿真的工作情境和具体的工作数据，使教学过程工作化、工作过程系统化。

（三）课程内容选取

课程根据会计学专业课程体系的要求，在进行广泛企业调研的基础上，综合企业专家意见，注重毕业生信息反馈，确立各项工作任务与要求，明确课程培养目标，有针对性地优化课程内容，侧重于学生专业知识、能力和素质的培养，从而更好地适应财务共享服务人才的需求，具有较强的社会针对性、适应性和先进性，如图3所示。

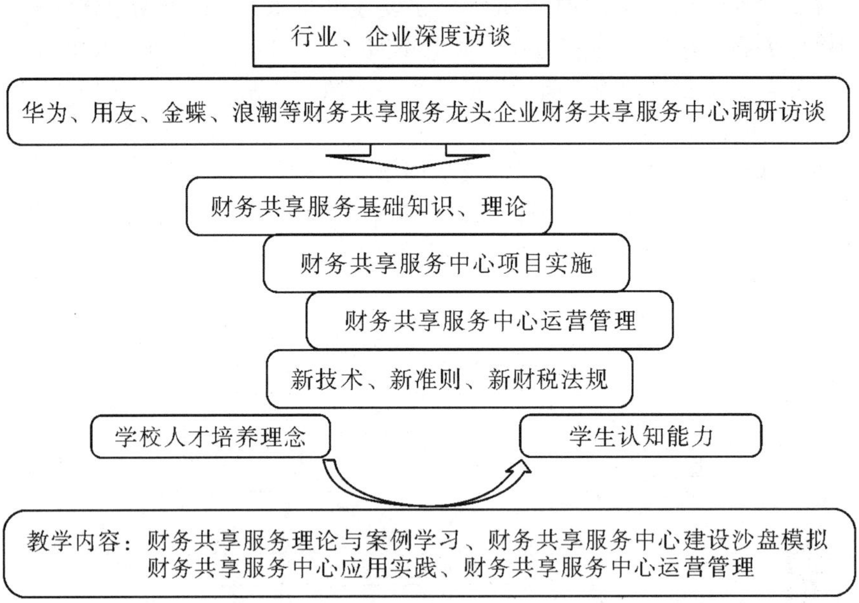

图3 智能财务共享实验课程内容选取

本课程着眼于学生财务共享核心能力的培养和会计职业素质的养成,关注学生团队协作精神和会计诚信品质的培养。本课程按"项目课程主体"的设计思路,将4大板块教学内容重构为12个教学项目、26个典型任务,通过丰富的岗位、仿真的工作情境和真实的工作数据,使教学过程工作化、工作过程系统化,让学生在完成具体项目的过程中构建财务共享相关理论体系,如表1所示。

表1 课程教学内容的选取

教学项目	教学任务	
项目01 认知课程	任务1-1 课程介绍	任务1-2 团队组建
项目02 认知财务共享服务	任务2-1 财务共享服务介绍	任务2-2 财务共享服务黑科技
项目03 财务共享服务规划与设计	任务3-1 认知案例企业	任务3-2 财务共享服务规划与设计
项目04 费用共享	任务4-1 认知费用报销业务	任务4-2 差旅费用报销业务
	任务4-3 智能商旅服务	任务4-4 市场会议费用报销业务
项目05 采购管理-应付共享	任务5-1 认知采购管理-应付业务	任务5-2 备品备件采购业务
	任务5-3 原材料采购业务	
项目06 销售管理-应收共享	任务6-1 认知销售管理-应收业务	任务6-2 产成品销售业务
	任务6-3 其他商品销售业务	
项目07 资金结算共享	任务7-1 收款/付款合同结算	任务7-2 资金结算业务

表1（续）

教学项目	教学任务	
项目08 财资管理	任务8-1 认知财资管理	任务8-2 资金上收下拨业务
	任务8-3 外部委托付款业务	
项目09 固定资产共享	任务9-1 新增固定资产业务	任务9-2 固定资产变动业务
	任务9-3 结转损益	任务9-4 期末结账
项目10 总账共享	任务10-1 总账&RPA应用业务	
项目11 财务共享作业绩效	任务11-1 财务共享作业绩效	
项目12 财务共享作业稽核	任务12-1 财务共享作业稽核	

（四）课程教学内容组织与安排

本课程以培养财务共享服务实施与运营管理人才为出发点，以"鸿途集团股份有限公司财务共享服务中心"实景项目为载体，与新道科技股份有限公司等企业合作进行课程规划设计、教学实施，其总体安排如图4所示。

图4　智能财务共享实验课程整体教学组织安排

其中，课前准备为4学时；认知共享服务为4学时；共享服务中心规划与设计为8学时；端到端业财流程共享服务为12学时；共享服务中心运营与绩效为4学时。本课程将项目教学法、任务驱动法、角色扮演法等融入课程教学中，让学生在"教、学、做、评"的过程中掌握财务共享服务知识理论、理念及应用。

（五）课程教学过程

混合式教学就是将在线教学和传统教学的优势结合起来的一种"线上+线下"的教学，通过两种教学组织形式的有机结合，可以把学习者的学习由浅到深地引向深度学习。本课程将"互联网+"技术充分融入具体教学活动，构建线上线下"三段"

混合式教学设计模型。这里所说的"三段"是指，"课前"以学情分析为核心，"课后"以个性化辅导为重点，"课中"以师生互动为关键，主要涵盖理解目标、规划设计、研讨交流、构建测试、分析说明和展示分享 6 个教学过程，如图 5 所示。

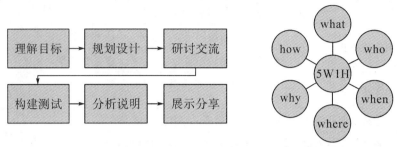

图5　智能财务共享实验线上线下混合式课堂教学组织

（六）课程数字化教学资源

课程基于一流网络课程教学与学习系统，建立并提供丰富的多种媒体立体化教学资源，建有 268 个辅助电子教学资源、45 个课程授课视频，支持协作式学习及自主性学习，如图 6 所示。

图6　智能财务共享实验课程数字化教学资源示例

（七）课程考核评价

本课程的考核方案分 4 个维度：测评考核（测评题）、学习行为考核（签到、学习时间、学习次数）、作业考核（教师评价、互评）、实践成果考核（实践报告）。除了"实践成果考核"为教师主观评判外，其余维度均由教学平台自动评价。教师可以根据本校具体情况，在教学平台上自由调整各维度的考核权重。本考核方案主要考核评价学生对财务共享基本概念的理解、对各种业务财务和共享财务岗位职能和工作流程的掌握，如表2所示。

表2　课程考核评价

考察点	平时成绩	期末考试
知识	由教师根据各项目的知识目标，根据平时作业、课堂抽查进行评价，占10%	在试题库中进行组卷、闭卷笔试，占15%
技能	主要对实务操作、案例分析完成情况进行评价，由教师主观评价或学生主观互评，占25%	使用智能学习系统中的自动甄别功能，根据学生实训完成情况进行评分，占25%
素质	主要对素质素养进行评价，占25%，详见表3	—
合计	60%	40%

对学生素质或素养的评价，可以依据表3进行考评。

表3　课程素质或素养评价

素质测评考核项目		
项目	评价标准	分值
学习态度和课堂表现	课堂考勤，按时上课，不得迟到早退，占10%	10
	根据其在线学习的次数和时长，给出合理的分数，占10%	10
发现问题、解决问题能力	根据学生的项目报告或课程报告，给出合理分数，占20%	20
团队合作能力	根据团队作业报告，给出合理的分数，占20%	20
创新能力	根据项目实训报告的创新性，给出合理的分数，占20%	20
演讲沟通能力	根据课程汇报、项目汇报演讲效果、观众反应等给出合理分数，占20%	20
共计		100

三、智能财务共享实验课程创新特色

（一）课程项目化

我们将从工作结构中获得课程结构，并根据工作任务特点组织课程教学实施；各教学项目的设计遵循成果导向原则，以解决财务共享服务环境下的业务和财务处理问题为出发点，通过丰富的岗位、仿真的工作情境和具体的工作数据，使教学过程工作化、工作过程系统化，如图7所示。

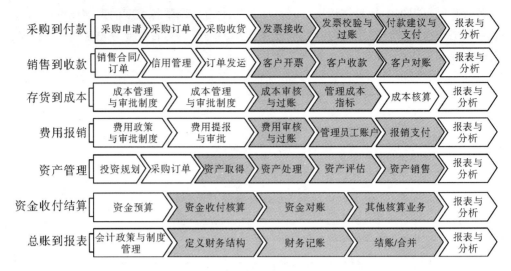

图7 典型端对端工作业务流程

（二）教学数字化

一方面，本课程基于"互联网+"云教学数字化设计，将课堂教学与企业级实施案例实务同步；另一方面，本课程利用完备的数字化教学资源、实景体验式的数字化设计和灵活的智能考核机制，构建了数字化课程教学体系（见图8），全方位实现了自主式、探究式和合作式教学。

图8 财务共享服务电子沙盘推演智能测评

四、结语

我校智能财务共享实验课程以企业级的财务共享实施案例和先进的智能财务共

享信息系统为基础，还原公司管理运营环境，以建设线上线下混合式一流课程为目标，重构课程教学设计实践体系，增强了课程活力、取得了显著的教学效果和良好的示范效应，具体体现在以下几个方面：

首先，依托课程，先后完成"智能财务与会计创新实践中心"央地共建项目1项、"智能财务共享财务服务中心实践基地建设"教育部产学合作协同育人项目1项，完善了立体化、数字化教学环境。

其次，完成了课程教学内容、教学模式、教学方法、课程考核等系列教学改革创新，建成了一流在线课程教学与学习系统，完善了理论教学、案例教学、网络教学、实践教学、自测教学及自主学习"六位一体"线上线下混合式课程教学体系，增强了学生学习主动性与教学互动。

最后，本课程作为会计学院"立德垂范"党员示范课程，也是会计学院财会类本科生和研究生的重要的专业课程，深受师生们广泛好评。同时，本课程的教学多次得到市内外兄弟院校教学观摩，起到了一定示范效应。

过往华章，序启未来。下一步，我们将依托智能财务共享信息化教学平台，进一步丰富数字化教学资源，完全实现课程智能化、网络化、场景化辅助教学，为社会培养更多的财务共享会计人才。

参考文献：

[1] 徐晨阳，王满，沙秀娟，等. 财务共享、供应链管理与业财融合：中国会计学会管理会计专业委员会 2017 年度专题研讨会 [J]. 会计研究，2017（11）：93-95.

[2] 叶蕊. 论某食品有限公司绩效考核 [J]. 财会学习，2019（18）：218-219.

[3] 林瑞芳. 人工智能背景下应用型本科会计人才培养模式研究 [J]. 吉林工程技术师范学院学报，2020，36（5）：40-42.

[4] 张丽. 高校会展策划课程教学改革实施探索 [J]. 南昌教育学院学报，2013，28（12）：98，104.

[5] 林荣花. 高职高专《警务英语》课程改革的实践与探索：以海南政法职业学院《警务英语》课程改革为例 [J]. 海南广播电视大学学报，2012，13（4）：139-142.

[6] 李小举. 通识教育理念下高职（高专）院校公共音乐教育的现状与对策研究 [D]. 长春：东北师范大学，2018.

[7] 王晶晶. 吉林省高职商务英语专业项目课程模式改革研究 [D]. 长春：吉林农业大学，2011.

普通高校经管类跨学科虚拟仿真实验
课程考核评价体系的构建与探索①

石永明　李　斌

（重庆工商大学经济管理实验教学中心

重庆工商大学公共管理学院　重庆　400067）

摘　要： 跨学科虚拟仿真实验课程设置对于应用型、复合型、创新型高质量人才的培养具有关键作用，而课程考核方式的合理设计，不仅有助于课程建设的推进，而且有助于衡量课程设置是否可以提升学生综合能力。本文以 3S 与区域经济综合实训跨学科虚拟仿真实验课程为例，从基础知识教学环节、虚拟仿真实验项目环节、虚拟仿真综合实验环节、课外成果环节 4 个方面构建评价模型，设计课程考核方案，并付诸教学实践。

关键词： 虚拟仿真；跨学科；实验课程；考核方案

随着信息技术的快速发展，虚拟仿真实验教学对于教育高质量体系建设、提升人才培养质量有着重要的引领作用。《教育部关于一流本科课程建设的实施意见》提出，启动一流本科课程建设"双万计划"，将"金课"分为线上一流课程、线下一流课程、线上线下混合式一流课程、虚拟仿真实验教学一流课程和社会实践一流课程 5 种类型。2020 年 11 月，根据《教育部关于公布首批国家级一流本科课程认定结果的通知》，虚拟仿真实验教学一流课程包括 728 门。虚拟仿真实验课程作为"金课"内容之一，在未来教育教学中的作用日益凸显。跨学科虚拟仿真实验教学就是依托虚拟现实、多媒体、人机交互、数据库、网络通信等技术，突破专业和学科壁垒，将多学科知识进行融合，提升学生综合素质，实现创新型、复合型、应用型人才培养目标。但随着跨学科虚拟仿真实验课程的建设，如何构建合理的考核体系是当前课程面临的重要问题之一。本文以"3S 与区域经济综合实训"跨学科虚拟仿真实验课程为研究对象，从虚拟仿真实验项目、虚拟仿真综合实验项目、虚拟仿真实践操作等多个层面构建考核体系，旨在为跨学科虚拟仿真实验课程考核体系设计提供理论和实践基础。

目前，国内学者针对跨学科经管类虚拟仿真实验课程的研究较少，但对虚拟仿

---

①　本文是重庆市高等教育教学改革研究项目"地方高校经管类虚拟仿真实验项目建设探索与实践"（项目号：193132）、重庆市高等教育教学改革研究项目"管理类虚拟仿真实验教学质量保障研究"（项目号：183107）的研究成果之一。

真实验教学和跨学科实验课程的研究较多。在虚拟仿真实验教学方面，国内学者从经管类学科的特性出发，分别围绕虚拟仿真课程内容设计、技术手段实现、实验项目建设等方面展开了多角度的研究。在跨学科实验课程方面，国外学者主要是针对研究生教育围绕跨学科教育理念、课程设置、支撑机制等做了大量研究，旨在探讨人才培养目标中跨学科课程设置及重要举措；国内学者围绕人才培养目标、课程体系构建、教学模式、师资队伍进行了较多的研究。综上所述，国内外学者都围绕跨学科课程和虚拟仿真课程做了一定的研究，且多数是从人才培养、课程设计等宏观角度进行的，而对跨学科虚拟仿真实验课程的考核评价体系研究较少。为此，本文以"3S与区域经济综合实训"跨学科虚拟仿真实验课程为例，从微观角度构建考核评价体系，为提升教学质量提供理论借鉴。

一、跨学科虚拟仿真实验课程考核现状

（一）上机考核

当前，上机考核仍是跨学科虚拟仿真实验课程考核的常用方式之一。通过日常实验练习，授课教师将知识点融合为几个实验项目并开展闭卷式上机操作。该方式从传统考核的方式出发，注重对知识本身的考核，而忽略了现代信息技术应用于实验教学的综合体现。此外，上机考核对学生的整体要求较高，学生多数以单纯式记忆为主来参加考核，忽略了跨学科虚拟仿真实验的趣味性、综合性和创新性，在一定程度上影响了学生的积极性。

（二）过程考核

目前，过程考核被高校各个虚拟仿真实验课程广泛引用，其做法主要是将课程分解成若干个小实验项目，学生通过提交各个实验报告作为考核评价的主要依据。该考核方法从一定程度上提升了学生学习实验的积极性，丰富了考核评价体系。但由于考核仅仅局限于课内书本知识的应用，忽略了跨学科虚拟仿真实验课程综合实践的应用，课堂虚拟仿真融合考核力度不够，不能充分体现课程的虚拟仿真性、实践性和综合性。

（三）综合考核

部分高校教师会选取自身科研课题或相关热点问题作为考核的题目，将学生分成若干个小组，通过文献查阅、分组讨论、报告撰写、成果展示等方式最终完成课题项目。该考核方式形式灵活、内容丰富，对于协调团队合作能力、提升学生实践能力、提高综合分析问题能力及培养高层次学术研究性人才有着积极的作用。但该方式的弊端就是最终的考核成绩只能以团队的形式给出，无法衡量小组成员的个体成绩，缺乏对学生个体差异的准确评价。个别学生为求考核通过，以某些网络资料作为内容，考核效果不尽如人意。

二、跨学科虚拟仿真实验课程考核的改革思路与要求

（一）改革思路

1. 考核内容的多元化

考试是衡量学生掌握课程知识的重要手段，也是教学工作的重要环节。对于本科生来讲，课程考核的重要性已不是教学目的，而应更为关注学生掌握知识的能力、创新思维的训练以及综合实践的能力。跨学科虚拟仿真实验课程内容涉及多个学科、多种专业知识，考核的目的不仅仅是了解学生对单一学科知识的掌握程度，而是掌握学生对学科间的交叉融合、虚拟教学要素的的理解。为此，课程在最终考核中，设计的考试内容既包括课程虚拟仿真实验系统又包括对综合实践能力的考查，同时又能体现对学生分析问题能力、创新思维新能力、表达能力的考查。由于课程内容设置涉及多学科交叉融合，对学生考核的重点呈现多元化，考试内容涉及跨学科知识点、理论创新、课程实验、实践以及应用能力等方面，在逐步引导学生掌握相关知识的同时，培养学生的实践能力、创新思维能力、应用能力，以达到复合型、应用型、创新型人才培养的目的。

2. 考核形式的多样化

跨学科虚拟仿真实验课程考核内容的多元化客观上要求考核形式也要多样化。多样化的考核机制，对于提升学生学习兴趣、激发学生学习主动性有着极大的推动作用。跨学科实验课程涉及多学科融合，故而传统的考核方式在一定程度上无法真实反映学生对本课程知识的掌握程度，考核方式的改革应以虚拟仿真实验项目考核、综合实验项目考核、课内外实践考核等多种形式开展，从而给予最终的课程成绩。学生可以通过不同阶段的学习、不同形式的考核，从多个层面激发自身的创新实践精神，逐步了解学科前沿知识，拓展创新思维，提升分析解决问题的能力。"3S与区域经济综合实训"跨学科虚拟仿真实验课程在考核时打破传统的考核方式，而是以多种形式如虚拟仿真系统、综合实践成绩（具体实验操作）、科研课题应用成绩（与课程相关的课题研究）等分阶段、分权重给予成绩，充分体现了课程考核的灵活性，达到了课程教学目标。

3. 考核过程的全面化

跨学科虚拟仿真实验课程考核改革的重点之一就是实现对过程的考核。传统的学期末终结性考核模式对于跨学科课程来说存在着一定的弊端。在人才培养过程中，我们注重的是学生的创新思维能力、综合实践能力、多向思维能力，而终结性考核模式无法衡量学生创新思维、综合实践能力。采用全面的阶段化过程考核，除了能够提升学生自主学习能力外，还能够从不同层面使学生了解到跨学科知识在实际问题中各个阶段的不同应用，激发知识探索欲，为培养高素质人才提供重要的途径。图1为跨学科虚拟仿真实验课程考核改革理念。

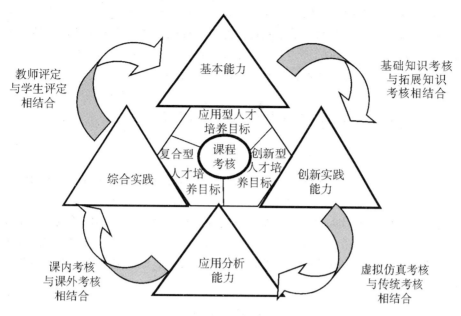

图 1　虚拟仿真跨学科实验课程考核改革理念

（二）改革要求

1. 基础知识考核与拓展知识考核相结合

本科人才培养的核心是培养高素质的应用型、创新型人才。跨学科虚拟仿真实验课程内容不仅要涉及多个学科，而且还应注重实验内容的虚拟仿真性，授课教师在关注单一学科基础知识的同时应注重学科间知识的融合及实验内容虚拟空间、虚拟要素的科学性和真实性。在设计考核体系时，要与课程内容相一致，既要满足对基础知识的考核又要注重对多学科相关的拓展知识的考核，激发学生创新思维能力，促进学生探索科学技术发展的主动性和积极性。

2. 虚拟仿真考核与传统考核相结合

跨学科虚拟仿真实验课程在课程设置中，针对某一实验项目开发设计虚拟仿真系统，因此在设置考核体系时不仅要注重对课程综合项目的验证考核，更重要的是要注重对虚拟仿真实验项目教学的考核。在实验教学过程中，要结合目前的信息技术对实验教学的需求，合理开发虚拟仿真系统。学生通过虚拟仿真项目的训练与考核，进一步实现与现实的紧密衔接，提高处理现实问题的实践能力。

3. 课内考核与课外考核相结合

跨学科虚拟仿真实验课程涉及多个学科、多种专业知识，因此在制定考核方案时，不仅要考虑学生课内知识完成情况，更应注重利用课程知识开展了哪些科学研究，获得了哪些科研成果。为此，可将与课程相关的课外科研课题成果、各类竞赛成果、各类论文发表情况作为考核的依据之一，使课内考核与课外考核相结合，最大限度地培养学生的分析能力。

4. 教师评定与学生评定相结合

跨学科虚拟仿真实验课程涉及多学科交叉，在设置课程内容时，应注重团队任务的设定。为此，在构建考核评价体系时，一方面考核主体可由授课教师给予某一环节的考核成绩；另一方面，学生间可以通过互评的形式来给各个团队完成任务的情况给予一定的成绩。教师评定与学生评定相结合，既可以促进教师与学生的互动，又可以培养团队协作精神，达到考核的最终目的。

三、跨学科虚拟仿真实验课程考核方案设计

（一）考核方案模型设计

跨学科虚拟仿真实验课程紧紧围绕人才培养目标设置课程内容，重视对学生创新能力、综合实践能力、应用能力的培养。跨学科课程考核设计时，既要注重个人考核，也要注重科研团队考核；既要注重过程考核，也要注重结果考核；既要注重理论知识，也要注重综合实践；既要注重基础知识学习，也要注重创新思维能力的培养。为此，根据跨学科实验课程改革的思路与要求，结合其特性，构建课程考核模型，具体如下：

$$C = \sum_{i=1}^{n} A_i \times Q_i \tag{1}$$

式中，C表示终结性考核成绩；A_i表示各环节考核成绩；Q_i表示各环节考核权重。

（二）考核方案指标体系设计

课程考核离不开教学内容的设计。跨学科实验课程学科交叉融合的特性，决定了课程教学内容的复杂性和多样性，多环节教学内容的设计是跨学科虚拟仿真实验课程改革的必然趋势。结合对部分高校跨学科课程的文献查阅及调查，跨学科虚拟仿真实验课程内容大致包括：基础知识学习环节、虚拟仿真实验项目环节、虚拟仿真综合实验项目环节、课外成果环节（包括与课程相关的论文发表、科研课题、校内外竞赛等）。因此，课程考核评价指标的设定与课程内容基本保持一致，根据公式（1），结合考核理念和要求，可得到公式（2）。由于跨学科实验课程涉及多个学科，对公式（2）中Q_i权重的确定，利用层次分析法，给予每一环节权重，且个别教师可作为评教专家来参与最终的考核成绩设定（如表1所示）。

$$C = A_1 \times Q_1 + A_2 \times Q_2 + A_3 \times Q_3 + A_4 \times Q_4 \tag{2}$$

式中，A_1为基础知识学习环节。授课教师可根据日常考勤完成状况将其分成优、良、差3个等级；日常课程活跃度可分为优、良、差3个档次；平时作业可分为优、良、差3个等级。Q_1为基础知识学习环节占总成绩的权重，因为各类跨学科实验课程内容有差异，所以其对学生的要求也有差异，权重的设定由授课教师团队根据实际教学情况确定。本文根据实际教学情况，建议权重取值为10%左右（可根据需求自行调整权重）。

A_2为虚拟仿真实验项目环节。授课教师利用课程中已开发的虚拟仿真实验项目系统，结合实验项目要求，指导学生进入虚拟仿真实验系统开展实验，利用虚拟仿真实验系统中的考核评价模块确定实验项目成绩。Q_2为虚拟仿真实验项目环节占总成绩的权重，因为本环节是虚拟仿真跨学科实验课程的核心部分，建议权重取值为40%左右（可根据需求自行调整权重）。

A_3为虚拟仿真综合实验环节。授课教师在利用单个虚拟仿真实验项目系统的基础上，结合课程其他实验项目，利用真实数据、真实空间、真实环境要素设计虚拟仿真综合实验项目，根据学生对综合实验项目的完成情况作为考核成绩的评定依据。Q_3为实验实践环节占总成绩的权重，因本环节为学生综合应用分析能力培养的体现，建议权重取值为40%左右（可根据需求自行调整权重）。

A_4为课外成果环节。课外成果作为考核依据的首要条件，与成果内容和课程知识相关。授课教师可根据论文发表、科研课题申报、校内外获奖情况确定最终的成绩。本环节为应用实践考核阶段，因此可由1~3人组成团队共同讨论、完成。在给予分值时，授课教师可邀请相关教师参与评价，小组之间也可互评成绩，汇总折算系数得出最后成绩。Q_4为课外成果环节占总成绩的权重，因为本环节是学生综合实践能力、应用能力、创新能力的总体体现，建议权重取值为10%左右（可根据需求自行调整权重）。

表1　跨学科虚拟仿真实验课程考核评价指标及方案设计表

名称	考核环节	建议考核内容	项目及分值	建议权重/%	总分	考核目标
跨学科虚拟仿真实验课程成绩构成	基础知识学习环节	日常考勤	分值×权重	10	C_1	基本素质能力
		课堂活跃度	分值×权重			
		平时作业	分值×权重			
	虚拟仿真实验项目环节	虚拟仿真实验项目系统设计的考核模块	实验项目完成情况	40	C_2	创新实践能力
	虚拟仿真综合实验环节	真实数据、真实空间、真实环境要素设计虚拟仿真综合实验项目完成	综合实验报告完成情况	40	C_3	应用分析能力
	与课程相关的课外成果环节	课外成果展示（相关论文发表、科研课题完成、各类竞赛获奖作品）	教师评定成绩（分值×权重）	10	C_4	综合实践能力
			小组互评成绩（分值×权重）			
课程学期期末总成绩				$C = C_1 + C_2 + C_3 + C_4$		

四、跨学科虚拟仿真实验课程考核方案教学实践

跨学科虚拟仿真实验课程考核评价方案能否符合课程要求，需要相应的实验课程进行实践教学。本文以"3S与区域经济综合实训"跨学科虚拟仿真实验课程为教学实践对象，从教学内容设计、考核方案设计、考核方案效果分析3个方面开展教学实践研究。

（一）课程教学内容设计

"3S与区域经济综合实训"跨学科虚拟仿真实验课程主要针对经济管理类本科

生及产业经济学、区域经济学研究生在综合分析 3S 技术向经济类管理类学科领域渗透前提下，结合现代教育教学特点，利用虚拟仿真技术，围绕人才培养目标，将 3S 技术与经济地理相结合开展理论与实践教学，其主要教学目标是培养学生运用先进技术进行区域空间分析的技能，提高学生综合分析能力和创新实践能力。为体现课程多学科融合交叉的特点，本文主要从基础知识教学、虚拟仿真实验项目、虚拟仿真综合实验、课外成果 4 个方面进行教学内容设计（如表 2 所示）。

表 2   "3S 与区域经济综合实训"虚拟仿真实验课程主要内容

教学环节		教学时数	教学内容	基本要求	培养能力
理论知识教学环节	3S 技术的概念及与相关学科的关系	6	由于 3S 涉及多个学科领域，本环节主要是在认识 3S 概念的技术上，重点以 GIS 为主要讲授内容，明确其概念、功能、组成、学科性质、数据分析等方面的知识	掌握矢量数据与栅格数据的概念及数据编辑与存储	基本素质能力
	基础实验操作	12	本环节主要是从 GIS 界面认识、空间要素的输入输出、专题地图的可视化、投影坐标的设置等方面进行实验教学	明晰 ARCGIS 软件基本操作	
虚拟仿真实验项目	虚拟仿真实验项目系统的操作	6	结合 3S 技术的应用，利用虚拟仿真实验系统开展外业调查实验项目	利用虚拟仿真实验系统，按照实验项目要求	创新实践能力
	虚拟仿真实验项目系统考核评价				
虚拟仿真综合实验	综合实验报告写作	6	在掌握基本操作和虚拟仿真实验项目的前提下，以实际案例数据为课程的教学内容，体验 GIS 空间分析方法在不同学科间的应用	综合实验报告的完成及汇报情况	应用分析能力
	实验汇报	6			
课外成果（选修）	论文写作或发表	4	教师指导学生将课程知识用于论文写作、科研课题以及校内外竞赛活动并将成果进行展示	能基本掌握与课程相关知识的多领域应用	综合实践能力
	科研课题				
	竞赛奖励				

（二）课程考核方案设计

根据表 2 中 3S 与区域经济综合实训课程教学内容，结合跨学科虚拟仿真实验课程考核思路及公式（1）、（2），设计课程考核方案（如表 3 所示）。在设计考核方案过程中，专门邀请了区域经济学、产业经济学、地理信息系统、土地规划学、遥感、地图学、区域规划等方面的专业教师，对评价体系的权重做了讨论，使得评价体系更客观、更能反映出学生的实际能力。

表 3　3S 与经济地理分析课程考核方案设计

名称	考核环节	考核内容	项目及分值	权重/%	总分
跨学科虚拟仿真实验课程 3S 与经济地理分析成绩构成	基础知识学习环节	考勤情况	分值×权重（30%）	10	C_1
		平时作业完成情况	分值×权重（70%）		
	虚拟仿真实验项目环节	利用虚拟仿真实验项目系统考核评价模块进行考核	100%	40	C_2
	虚拟仿真综合实验项目环节	综合实验报告	分值×权重（70%）	40	C_3
		实验汇报	分值×权重（30%）		
	课外成果	科研成果展示（相关论文发表、科研课题完成、校内外各类竞赛获奖作品）	教师评定成绩分值×权重（65%）	10	C_4
			小组互评成绩分值×权重（35%）		
课程学期期末总成绩					$C = C_1 + C_2 + C_3 + C_4$

（三）实践效果分析

为了验证课程考核方案实施效果，从 2016 年 3S 与区域经济综合实训课程确定为虚拟仿真实验课程以来，我校结合虚拟仿真实验项目的开发及对部分高校虚拟仿真实验项目的应用，对 2013—2018 级的本科生及 2016、2017 级区域经济学、产业经济学研究生采用虚拟仿真跨学科实验课程考核方案进行考核。其与 2012 级同专业传统课程论文考核相比，有了明显的不同：一是在学习兴趣方面。学生在新考核模式下更能主动地查阅文献、参与讨论、参与科研课题，且经常利用虚拟仿真系统开展学习，学习兴趣相比 2012 级同学有质的改变。二是在创新实践能力提升方面。相比 2012 级同学，新考核方案下的学生将 3S 技术与区域经济、产业经济方面的结合在多个角度进行了创新与融合，一些同学利用 3S 技术与自身专业结合开展毕业论文写作及论文的发表。三是在综合实践能力的提高方面。通过新考核方案，学生利用 3S 技术参与科研课题、竞赛活动并获得了一定的成果。可见，跨学科课程考核方案的实施，对于提高学生学习兴趣、提升学生创新实践能力、综合实践能力有着重要的推动作用。

五、结语

经过近 4 年的课程实践，大部分学生对跨学科虚拟仿真实验课程考核方式感到满意，在课内知识与课外实验实践的完成有明显效果，且在学生创新实践能力、应用分析能力、综合实践能力提升的同时，学生的满意度较高。跨学科虚拟仿真实验课程考核方案的改革是对学生考核的全新尝试，考核涉及的环节较多，对授课教师的课程内容、专业知识面、科研分析能力有着较高的要求，也加大了授课教师的教学工作量。为此，学校及学院应加大跨学科实验课程的支持力度，加快课程教学改革，推动课程考核方式改革，真正实现通过以教师为主导和充分发挥以学生为主体的课堂教学模式，提高教学效果，达到复合型、应用型、创新型高质量人才的培养目标。

参考文献：

[1] 李建忠. 新商科背景下经管类跨专业虚拟仿真综合实训课程的设计 [J]. 创新创业理论研究与实践，2020 (17)：187-188.

[2] 叶海燕. 经管跨专业虚拟仿真实验教学平台建设与实践 [J]. 佳木斯职业学院学报，2017 (3)：253-254.

[3] 卿春，何颖. 财经类高校经济管理虚拟仿真综合实验课程建设研究与探索 [J]. 贵州商学院学报，2017，30 (2)：70-73.

[4] 薛永基，陈建成，王明天. 经管类专业虚拟仿真实验教学探索与实践 [J]. 实验室研究与探索，2017，36 (10)：283-286.

[5] 刘丹，陈珊. 经管类虚拟仿真实验项目教学质量保障体系研究 [J]. 湖北第二师范学院学报，2020，37 (1)：48-51.

[6] 王兆君，任兴旺. 国外跨学科研究生教育经验及其对我国跨学科研究生培养的启示 [J]. 青岛科技大学学报，2018，34 (2)：109-116.

[7] 包水梅，谢心怡. 美国研究型大学博士生跨学科培养的基本路径与支撑机制研究：以普林斯顿大学为例 [J]. 江苏高教，2018 (3)：95-100.

[8] 张莉. 跨学科研究生培养的误区分析及对策研究 [J]. 研究生教育，2018，47 (5)：18-22.

[9] 张良. 高等学校跨学科研究生培养的现状分析与对策研究 [J]. 研究生教育，2012 (4)：11-15.

[10] 刘峻杉. 教育学领域跨学科研究生培养的特征、挑战和对策 [J]. 学位与研究生教育，2012，(6)：18-23.

[11] 周元玲. 基于"科教融合、校企合作"的研究生跨学科课程体系初探 [J]. 牡丹江大学学报，2019，28 (2)：133-135.

[12] 陆静. 武器类专业研究生课程体系建设研究：以南京理工大学机械工程学院为例 [J]. 课程教育研究，2018 (7)：244-245.

[13] 赵红，王宁，郭晨，等. "双一流"建设背景下研究生课程教学改革与实践：以"智能控制理论与应用"课程为例 [J]. 航海教育研究，2019，36 (2)：80-86.

[14] KLAASSEN, R.G. Interdisciplinary education：a case study [J]. European Journal of Engineering Education，2018 (25)：101-105.

[15] SAUNDERS, et al. Eleven quick tips for running an interdisciplinary short course for new graduate students [J]. Plos Computational Biology，2018 14 (3)：39.

基于新文科跨学科交叉需求的经管类跨专业实训研究

韩　旭　杨晨斓

（重庆工商大学金融学院　重庆　400067）

摘　要： 我国新文科建设开始于 2018 年。2018 年 9 月，党中央召开全国教育大会，发出了加快推进教育现代化的动员令，提出建设"新文科"的要求。在新文科建设背景下，重庆工商大学经管类实训改革要努力进行学科交叉，在学科边界上形成与拓展新的知识领域，尤其是要与科技相结合，实现文理交叉，对文科来说，就是提升文科的科学性，探索"人文为本，科技为用，文理融合"的新文科实训建设。

关键词： 新文科交叉需求；文理融合

新科技革命和产业快速变革，正在重构人类的生产方式、生活方式和价值理念，新时代新形势呼唤高等文科教育的创新发展。2018 年 9 月，党中央召开全国教育大会，发出了加快推进教育现代化的动员令，提出建设"新文科"的要求。

新科技的发展，创造了大量的新知识，如大数据、人工智能、基因技术和区块链等技术突破，催生了许多跨界融合的新行业、新学科和新业态——"互联网+""大数据+""虚拟技术+"被人们热烈追求，新产业和新行业的快速发展，催生交叉新专业，促进开设新课程，探索实验教学新模式，推动传统经管实训项目升级改造。因此，"新文科"建设的重点在于文理交叉引致传统文科专业人才培养模式的改造升级。

基于新时代对新文科跨学科交叉需求的要求，重庆工商大学经管类实训改革应当把握"新文科"的要义，努力进行学科交叉，在学科边界上形成与拓展新的知识领域，尤其是要与科技相结合，实现文理交叉，对文科来说，就是提升文科的科学性，从而推进新文科的建设。

一、新文科背景下跨专业实训要求

2017 年美国希拉姆学院率先提出"新文科"。有学者认为，新文科是以继承与创新、交叉与融合、协同与共享为主要途径，促进多学科交叉与深度融合，推动传统文科更新升级，使其从学科导向转向以需求为导向，从专业分割转向交叉融合，从适应服务转向支撑引领。还有学者指出，新文科建设要在传统文科知识积累的基础上，更加强调哲学社会科学研究的实践意义。另有学者强调认识新文科要关注新的研究问题、新的研究方法、新的理论视角等。

上述关于"文科"和"新文科"的认识和研究，是我们进一步深化理解新文科的重要基础。那么，新文科到底"新"在什么地方呢？

（一）"新"在人文精神的变化上

"新文科"注重养成人文精神，但不同时代的人文精神对新文科的要求也不同。弗兰克曾说过，"来自人文学科的一切道德、美学和精神性的发现还能揭示人类经历的共通之处，为成功而充实的生活打好基础""人文教育与幸福感和充实感密切相关；它深化人们对于生命意义的认识，拓展生活体验的广度和深度；它给人内心以力量，这种力量来自对生命本质问题进行批判思考的能力"。可以说，以人为中心，体现人文精神的主题、跟随时代脚步不断进步是"新文科"最大的特点。

（二）"新"在多学科交叉融合上

文理交叉是新文科的重要特点，学科与科技融合已经成为新文科建设的重要动力。这就要求我们"聚焦建设学科，加强学科协同交叉融合""着重围绕以大物理科学与大社会科学为代表的基础学科、以生命科学为代表的前沿学科、以信息科学为代表的应用学科，组建交叉学科，促进哲学社会科学、自然科学、工程技术之间的交叉融合"。在新文科背景下，文理学科的界限不再明显，交叉融合文理学科已经成为时代趋势。

（三）"新"在教育方式和学习方法上

数字化为人文社会科学研究带来了新的历史发展机遇，我们要推进大数据、人工智能等信息技术与人文社会科学研究深度融合，进而全方位、全领域、全要素地建构数字化时代人文社会科学研究体系。在经管类实训中，要注重新兴科技与教学融合，"探索实施网络化、数字化、智能化、个性化的教育，推动形成'互联网+高等教育'新形态，以现代信息技术推动高等教育质量实现'变轨超车'"。以大数据、互联网、多媒体等技术的极大发展为标志的新科技革命和产业革命，深刻改变着我们的学习和教育方式，为新文科建设提供了便利的手段。

二、文科跨专业综合实训建设概况

实训基地建设是服务社会、提高教育教学质量和办学效益、抓好高等院校内涵建设、增强综合竞争力的着力点和重要途径，尽管各高校相继建立了经管综合实训专业实验中心，但实验中心的建设仅针对单专业、单课程，缺乏整合性，实验教学资源缺乏共享性。

（一）实训方式机械化，内容过于单一

许多高校经管专业综合实训仅涉及经管类专业，在文理专业之间缺乏交叉性。对经管类专业进行实训的过程仅在于文科专业（如物流专业）、单个软件（如物流软件），文理专业界限明显，并且实训的内容过于单一，学生只需要按照教师要求进行操作即可得到实验结果。这种过于机械的训练容易僵化学生思维，不利于创新型人才的培养。

（二）实训行业环境刻板且与现实不够契合

大多数高校经管专业实训主要是对本专业应用的深化，注重软件操作，实训课程内容设计缺乏创新，课程内容的时效性和真实性不足，导致实验与现实不够契合，不利于培养学生的创新实践能力。行业环境过于刻板，缺乏竞争力，不能激发学生的能动性，降低了教师及学生的积极性，不能达到真正的实训效果。

（三）学生自由度和创新意识不强

在目前地方本科高校经管类实训体系不够完善的情况下，很多同学都是为了完成实验作业而实验。在教学内容方面，目前的教学主要采用教师演示软件的使用方法，学生按照教材按部就班操作。这样很难激发学生的创新精神和实践意识。缺乏社会经验使得他们没有意识到动手能力和实践能力的重要性。学生实践创新意识淡薄，会导致经管类专业实验教学效果与开设实验课程培养学生创新思维和实践创新能力的初衷背道而驰。

三、重庆工商大学经管类实训概述

重庆工商大学经济管理实验教学中心成立于 2003 年，目前，经管类综合实训平台包括企业经营决策管理综合实训、宏观经济运行模拟分析综合实训、3S 与区域经济综合分析实训、SCM 模式下物流与商务综合实训、投资理财综合实训、创业综合模拟实训 6 门跨学科综合实训课程，且自 2007 级开始纳入人才培养方案，为经管类各专业必修集中实训教学环节。

经过课程组全体教师 2007 年以来艰辛的建设、试运行，不断探索完善，2009—2010 学年第 2 学期第 19~20 周和下学期第 1 周，重庆工商大学所有经管类共 9 个学院（含国际商学院）2007 级 950 余人开展了综合实训。实训期间，中心随机选取了参加实训的不同专业的 90 位同学，对组织的运行、实训内容安排、指导情况、课堂交流情况、考核方式、实训效果、对能力培养的作用、实训条件等方面的情况进行了问卷调查。问卷反馈分析显示，综合实训得到了广大同学的认可，同学们普遍认为效果很好。通过实训，学生的跨学科知识综合运用能力、综合分析能力得到提升，综合素质得到提高。

重庆工商大学经管类实训项目主要面向经济学、贸易经济、国际贸易、财政学、金融学、保险学、统计学、应用数学、工商管理、物流管理、市场营销、会计学等专业而开展。

四、新文科背景下重庆工商大学经管类实训改革研究

（一）探索"人文为本，科技为用，文理融合"的新文科实训建设

探索"人文为本，科技为用，文理融合"的跨学科专业培养模式。其中，人文是以"人"为中心，彰显人文精神；"科技"部分涵盖大数据、多媒体和互联网等；"文理融合"部分涵盖文理多学科交叉综合。

（二）经管类实训融入新科技

随着新科技革命和产业变革的到来，文科与新科技革命融合已成为时代需求。随着科技的进步，人工智能、大数据、区块链、基因技术、虚拟技术和5G技术等催生了以跨界融合为特征的产业革命，互联网金融、互联网营销、互联网教育方兴未艾，新业态、新产业的发展对学科融合、实践能力强的创新型人才需求迫切。因此，笔者在此提出"大数据+实训""人工智能+实训""虚拟技术+实训"的实现方式。

（1）融入新媒体、互联网、大数据教育，培养学生利用相关理论、方法与技术进行数据的采集、整合、分析和利用，为政府部门及企事业单位提供分析和管理决策的服务能力。但是，由于大部分文科专业理论课相关课程较少，学生直接进行实践操作会有一些困难，建议学校可以采购相关基础理论和实验书籍，在实验课程开设前，进行基础培训，重点培养经管类专业科学思维、综合思维和数字化思维，培养企业所需的创新型人才。

（2）在经管类专业实验教学中开设大数据、多媒体和互联网相关课程，不是为了让课堂内容更加炫目，而应当体现"新文科"所追求的人文精神。当前，部分高校存在技术至上、忽视思想、片面强调应用能力的问题。高校应该因课而异，运用新科技，使学生思维更灵活、理解更深刻，文理思维、能力相融合，培养具有创新性和实践性的人才。因此，重庆工商大学实训课程改革应当重视学生能力培养，不能流于表面，要站在学生角度，深入调研学生实验现状和效果，使实验改革效果落到实处，以学生为本，彰显人文精神。

（三）开发文理交叉实训新课程

在课程开发之前我们要明确实训课程的类型。实训课程分为封闭式课程和开放式课程，封闭式课程在国内已经广泛实行，如虚拟仿真实验，但是开放式课程在国内高校还未普及。开放式课程有多种优点：①形式多样，不拘泥于仿真软件，有利于文理多学科综合；②实践性强，学习目标明确，以解决实际问题为导向，学生积极性高；③将"新文科"建设的三大特征——人文、学科、科技结合在一起，创新人才培养方式。在开放性实训课程方面，广州大学的"会展项目策划与运营"实验课程取得了丰厚成果，笔者借鉴广州大学的成果改革方案，为重庆工商大学实训改革提出建议。

（1）以实践和创新培养为导向。文科跨专业实验课程的设计不仅要关注"做什么"和"怎么做"，更要关注"为什么这样做"以及"怎样才能做更好"。当前，重庆工商大学的实训项目仅仅采用软件实训，重视的是"做什么"，而不是"为什么，怎样做"，这样的教学方式容易使学生思维机械化，打击学生积极性，不利于学生创新思维和动手能力的培养。所以，我们要重视不同专业学生运用相关知识完成实验项目，强调综合实践能力和实践创新能力的培养，强调相关科学方法论的训练和团队合作意识的培养。

（2）以实验项目为核心。文理交叉实训课程不同于传统的实训课，它不是以预先设置的仿真虚拟软件为载体，而是根据实验项目完成的需要来组织课程内容。开放性的实验项目，并不要求学生按照严格的操作程序进行操作，而是需要他们根据问题情境和教师提出的实验主题自主协商、合作设计实验过程，在实验项目完成后，需要有一个最终的产品。这个产品可以是问题的解决方案，也可以是一个实在的物品等。

（3）以可实践性为基础。在重庆工商大学文理交叉实训课程开发中，实验项目是最重要的环节，其项目可以从理科学院的发明创造项目或者教师科研成果中提炼，同时要注重实验环节具有可实践性，并考虑重庆工商大学当前拥有的资源、场地和设备。

当前，基于真实的、开放的实训项目课程开发较少，可供借鉴的经验非常有限，在开发过程中难免会碰到不少困难，如教学形式复杂、标准不统一、来自不同专业学生选课时间和选课教师指导时间不同、现场指导匮乏等，如果管理不协调、标准不统一，就容易陷于表面化。重庆工商大学在实训课程开发中应当注重此类问题，使实训项目流程规范化，完善评价体系，更好地培养学科融合、实践能力强的创新型人才。

五、结语

综上所述，在新文科建设已经成为当下世界各国教育界的新潮流的背景下，思考如何促进多学科交叉与深度融合，培养社会亟须的创新型、实践型和学科融合的人才，理应成为高等教育创新和质量提升的重要内容。重庆工商大学也应当抓住历史机遇，承担历史使命，探索多学科融合的实验实训新模式。

参考文献：

[1] 樊丽明. "新文科"：时代需求与建设重点 [J]. 中国大学教学，2020（5）：4-8.

[2] 张俊宗. 新文科：四个维度的解读 [J]. 西北师大学报（社会科学版），2019，56（5）：13-17.

[3] 王铭玉，张涛. 高校"新文科"建设：概念与行动 [N]. 中国社会科学报，2019-03-21.

[4] 李永杰. 推进新时代文科建设 [N]. 中国社会科学报，2019-06-03.

[5] 马费成. 推进大数据、人工智能等信息技术与人文社会科学研究深度融合 [N]. 光明日报，2018-07-16.

[6] 朱静. 经管类跨专业综合实训平台建设探索 [J]. 实验技术与管理，2017，34（7）：196-199，213.

[7] 郑丽娜. 信息化背景下地方本科高校经管类专业实验教学改革探讨 [J]. 现代商贸工业，2020（31）：144-145.

[8] 廖祥忠. 探索"文理工艺"交叉融合的新文科建设范式 [J]. 中国高等教育，2020（24）：6-7.

[9] 赵建华，林瀚，吴水田. 文科跨专业实验课程开发的探索 [J]. 实验室研究与探索，2015，34（7）：250-253.

基于 OBE 教育理念打造"五动一体"创新思维与创业实践课程的探索与实践①

尹元福

（重庆工商大学经济管理实验教学中心　重庆　400067）

摘　要：大学生是实施创新驱动发展战略和推进"大众创业、万众创新"的主力军，是最具创业活力和潜力的群体。在高校开展大学生创新创业教育，是深化高等教育综合改革、培养学生创新精神和实践能力的重要途径。创新创业教育的核心是培养大学生创新精神、创业意识和创业能力。本文基于 OBE 教育理念分析创新思维与创业实践课程的教学改革，以期能更好地培养大学生的创业能力。

关键词：OBE 教育理念；创业能力

2018 年 6 月 21 日，教育部在四川大学主会场召开了改革开放以来第一次新时代中国高校本科教育工作会议。这次会议吹响了建设"一流课程教育"的集结号。目前，创新创业类课程普遍存在以下问题：一是教学方式方法缺乏创新；二是课程教学内容偏重理论；三是与专业教育的融合度不够；四是评价考核模式单一；五是在创新思维基础上开设创新创业类课程较少。这门课程不仅对教师要求比较高，对学生的学习能力也提出了更高的要求，需要学生付出更多，要求他们深度思考，创新性地去思考问题。针对以上问题，结合本科生教育的要求，教学团队提出了基于 OBE 教育理念打造"五动一体"的教学实践探索。

一、研究背景

2018 年，国务院印发《关于推动创新创业高质量发展打造"双创"升级版的意见》提出，要打造创新创业教育改革的升级版，找到将创新创业教育改革不断推向深入、持续高质量发展的措施和途径。各院校创新创业课程应是集理论性、政策性、科学性和实践性于一体的综合性课程，可以培育本科生创新精神和创业意识，改变学生的思维局限性，提升学生从事创新创业相关活动的能力，从而促进本科生职业生涯的发展，提高学生的就业率；引导本科生树立正确的人生观、世界观、价值观和成才观，促进学生成长成才。在"大众创业、万众创新"的时代背

---

①　本文是重庆工商大学教育教学改革与研究项目"校际合作协同，创新创业人才培养路径的探索与实践——以重庆工商大学为例"（项目号：2019241）的研究成果之一。

景下，各院校积极推进大学生创新创业教育，构建自己的教学体系，实现了创新创业教育的全覆盖，但是，创新创业教育课程的实际教学效果并不尽如人意。

二、存在的问题

一是教学方式方法缺乏创新。由于创新创业教育理念的滞后，部分教师开展创新创业教育的意识欠缺。部分教师在教学中缺少对课程目标的定位、课程教学方式的深入研究和系统思考，课程的价值取向不明确，容易忽略对本科生创新创业素质、能力提高和可持续发展的全面考虑。二是课程教学内容偏重理论。创新创业教育具有极强的实践性，但是很多院校的创新创业课程偏重理论教学，缺乏理论与实践的融合。加之部分教师没有实际的创新创业经历，教学过程缺乏时效性和应用性。三是与专业教育的融合度不够。创新创业教育与专业教育"两张皮"现象仍然存在。将专业教学内容融入学生创业意识与创业精神培养的力度不够，创新创业课程的课外实践内容与专业结合不密切，创新创业活动与专业理论知识融合度也不高。四是评价考核模式单一。创新创业课程的考核方式不能沿用传统的试卷考试，目前大多采用小组作业或者论文的考核模式，形式过于单一，效果欠佳。五是在创新思维基础上开设的创新创业类课程较少。我国面临着产业结构转型升级、经济增速放缓的新常态，迫切需要实施以培育创新能力为核心的创新驱动战略来打破传统经济增长方式的制约，迎接知识经济的挑战。"大众创业、万众创新"成为中国经济发展的引擎和国家创新驱动战略的重要实施途径。创新创业人才培养已经成为当前国家的人才战略。培养具有创新精神和专业技能的复合型创新人才，成为各高校财经专业本科生培养深化创新创业课程改革的重要议题。

基于 OBE 教育理念的院校创新创业教育课程教学模式，关注学生取得的学习成果和改革现有的教育方式，OBE 教育理论强调深化院校创新创业教育课程改革，回归创新创业教育的本质和基础，回归创新创业教育的课堂，去向课堂要质量、要效果。

三、拟解决的问题

本文拟解决的问题如下：基于 OBE 教育理念，变以教学内容驱动为以学习结果驱动，探索"学习结果——教学内容设计——评价体系"的本科生创新创业教育课程新教学模式。以成果为导向，通过评估学生能力为基础制定教学大纲；以学生为中心，按照全体学生需求为标准设计教学过程；以能力为本，遵循学生个性化发展的需求改革考核方式；以发展为重点，坚持以持续改进的方式构建教学质量的促进模式。充分利用大型开放式网络课程（MOOC）开放性、碎片化的特点，实现线上线下学习的有机融合。深化完善"互联网+创新"人才培养模式，提高创新创业教育通识课的教学质量，提高学生的创新意识、创业能力。

通过确定预期课堂教学成果——设计教学活动——设计合理的评价系统——制定评价准则四个环节形成"学习结果——教学内容设计——评价体系"的院校创

新创业教育课程的新教学模式。将这种新教学模式推广到其他课程实践中，实现新教学模式的迭代增值。"五动一体"课堂实践教学模式如图1所示。

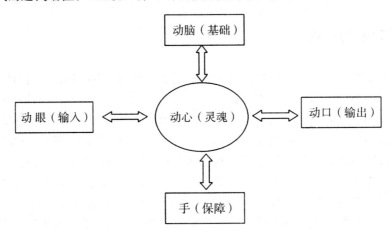

图1 "五动一体"课堂实践教学模式

　　动眼是指要拓宽学生视野，所谓见识先要看见，才有知识。动口是指安排学生参与辩论、分组对话、案例讨论、小组分享、计划书答辩、模拟上市路演等活动，真正做到以学生为中心。有了高质量的输入，不一定有高质量的输出，因为看不等于看见，听也不等于听见。创新是要和别人看同样的东西，有不一样的看法；面对同样的问题，有不一样的解法。要达到这一点，就必须要动脑——为学生提供多元化的思维模型，学习创新的技法，升级大脑这个操作系统。动脑之后还要落地，就必须要让学生动手。让学生多动手，多训练，可以布置一些创新性的作业，如去从事某件商品或服务的销售；也可以与企业合作，让他们提供一些真实的、稍微简单的项目让学生去锻炼。创新创业本身是一件困难的事情，不管是动眼还是动口，动脑还是动手，要高质量地完成都是一件不容易的事情，没有一颗强大的心脏，是无法长期坚持创新创业的，所以还要去动心，打开学生的畏难心结，打败创新创业路上的心魔。

　　因此，需要达到以下目标：一是提高本科生创新创业教育课程的课堂获得感。创新创业教育课程的教学模式，要让学生充分从"教学内容—教学方式—教学评价"全过程感受到创新创业教育的魅力，提高学生的课堂获得感。二是转变教师角色，变革传统教学模式。以结果为导向、以学生为中心、以评价为动力，弥补传统教学模式的缺陷，充分调动师生的积极性，提高教与学的有效性。三是搭建校际、校企合作的平台。以当前创新创业教育存在的问题为导向，瞄准问题，搭建校际、校企合作的平台，探讨资源共享、协同育人的模式。四是促进创新创业教育与专业教育的有机融合。在课程大纲、教学活动以及考核的过程中，嵌入专业知识，促进专业技能与创新创业能力的提升。

四、建议

　　（1）教学理念方面：本项目以本科生创新创业教育课程教学为研究内容，直面本科生创新创业教育的目标与传统教学模式问题，强调以学生为本，注重教与学的互动，探索基于 OBE 教育理念下的创新创业教育课程的新教学模式。

按照"实践—理论—实践—理论"的循环往复、螺旋上升的研究思路，突破教育理论探讨与教学改革研究分立的传统，实现教育理论研究与实践探究互相促进、项目的理论性与实践性并进。

（2）教学模式方面：改变以往偏重于"教"和市场供给的角度考察创新创业教育教学模式，从学生需求出发，基于"学"和市场需求的基本情况，充分运用现代信息化成果分享（创新创业 MOOC 视频）、典型案例分析、团队协作等方式，提高学生课堂教学的获得感；从市场需求出发，翻转课堂，推进创新创业教育。

（3）教学手段方面：强调动眼、动手、动口、动脑、动心的"五动一体"实现路径。

（4）教学团队方面：结合校外资源，整合校内资源，引入优质的企业平台资源、优秀的校外导师加入教学团队，搭建"教、赛、学、创"一体化的资源团队。

参考文献：

［1］沈丽娟，吴江武. 福建高职院校创新创业课程建设的思考［J］. 淮南职业技术学院学报，2017（5）：65-67.

［2］付朝渊. 基于就业视角的大学创业教育课程建设［J］. 中国成人教育，2012（12）：165-167.

［3］舒喆醒，王俊玲，王悦，等. 普通高校创新创业教育课程体系的构建［J］. 创新与创业教育，2019（2）：35-39.

［4］李洪修，马罗丹. 美国大学创业课程建设的经验与启示［J］. 高等工程教育研究，2017（1）：164-168.

论"三实"教学与创新创业教学的改革

肖　瑶

（重庆工商大学管理科学与工程学院　重庆　400067）

摘　要： 近年来，随着我国经济发展的突飞猛进，经管类人才综合素质与经济发展迫切需要之间的不平衡问题日益凸显。高校经管类专业"三实"教学与创新创业教学的经验交流和资源共享不能结合专业优势进行改革，难以达到预想的理论与实践相结合的目标，因此将实验、实训、实习相结合的教育体系与创新创业教育相结合是一个亟待解决的问题。为培养学生的实践能力，本文就经管类实验教学综合改革进行研究。

关键词： "三实"教学；创新创业教学；综合改革

一、地方高校经管类专业"三实"教学与创新创业教学的现状

"三实"教育是一种将实验、实训、实习相结合的教育体系，在当代的大学教育中如何将"三实"教育与创新创业教育相结合是一个亟待解决的问题。因此，党的十九届五中全会指出做好高校创新创业计划的根本遵循是深化创新创业教育改革。

目前，许多高校对经管类学科的教学质量评估体系和方法没有针对性，国内外对课堂教育教学方面的研究多集中在自然科学领域，但经管类学科与自然科学学科有着不同的学习方法。自然科学学科的目的是说明自然现象，而对社会现象和经济发展规律的研究则归属于经管类学科。因此，采用自然科学学科的管理方法来发展经管类学科是不合理的。虽然近年来我国对经管类教育教学进行着不断的探索，但尚未形成完善的体系，对该领域的探究依然任重而道远。

在教学形式和课程考核方面，目前大多数地方高校仍然以实训课教师讲授为主、学生操作为辅，考核方式多为撰写课程报告或者制订模拟经营计划，较为单一。此外，地方高校在经管类实训课教学中普遍存在教学设备不完善、实训基地建设不健全、实训教学课程内容体系重理论轻实践、教学方法和手段过于单一等问题，这些问题已经成为制约经管类实训课教学效果提高的障碍。

二、地方高校经管类专业"三实"教学与创新创业教学需要解决的问题

（一）实训基地建设存在问题

部分地方高校由于办学资金有限，校内实训基础设施配置不够完善，不能完全配备每门实训课所需要的实训软件，不能达到实训基地的标准。即使有单独的教室与几十台电脑，也不能满足实训课的需要与学生兴趣能力的培养。同时，校外实训基地的建设难以实现。实训基地建设需要资金支持，学校对外界企业没有相关的业务联系，较难与其达成长期有效的合作关系。

（二）部分实训课教学时间配置不合理

例如，在本校管理科学与工程学院下属的工程管理专业，开设了一门工程造价实训课。该课程每周三开设一节，在短短的90分钟里，教师需要在讲授理论知识的基础上，再进行实训的操作讲解与学生的自我练习。但在实际上课过程中，造价理论课程繁重，学生难以跟上实训课的节奏，导致了操作在前、理论在后的局面。这让学生们有苦说不出，也让教师感受到巨大的压力。

（三）教学方式陈旧，实践机会缺乏

实验、实训、实习是培养实践能力的教学形式，如果仅仅依赖于传统的以讲授为主的教学方式，那么以实践为辅的教学方式是很难有所突破和创新的。具有实践性的课程需要将课程与实际相结合，然而目前的课程较少将课程与实际相结合。把真正有用的理论知识、操作方法运用到真实的项目设计，甚至成功落实项目的机会少之又少。倘若仅限于课堂，学生与教师均难以获得成就感与参与感。

（四）双素质型教师的缺乏

高校经管类教师很少有在社会企业中工作的经历，本身缺乏实践经验，对于课堂与社会实践中的问题较难从本质上进行思考。部分有相关经验的教师由于投身教育事业，容易与日新月异的企业和市场脱节，导致教授内容与实际市场存在偏差。

三、地方高校经管类专业"三实"教学与创新创业教学相关问题的解决办法

（一）优化资源配置，提供资金扶持

"三实"教学体系不仅仅是停留在开设几门与创业有关的公选课、选修课，或者是简单让学生进行一些创业模拟操作层面的，而是一项非常严谨、非常系统，甚至非常科学的教学体系。高校必须有大量的资金支持，才能建立完善的"三实"教学体系。①学校要准备专项资金，专款专用，"三实"教学体系的建立需要庞大的资金作为支撑。首先便是实训环境，要拥有专门的实训教室、电脑设备以及其他硬件设施，让学生们将知识与实践进行融合。其次，大多实训课堂也依赖于软件的支持，备齐所需要的软件与模拟程序等是必不可少的前提。②建立创业投资基金。依

靠学校的经济实力与社会各界人士与企业的帮扶，吸引可靠的资金来源，逐步扩大投资基金的规模。并以此为契机，友好联系各方并积极承担相应的风险与校外事务，保证创业投资基金的稳定性，形成可持续发展的态势。

（二）转变思想，培育创新型、应用型、实践型人才

转变陈旧的思想与观念是"三实"教学首先要改革的地方。与陈旧对应的就是创新，创新是引领发展的生产力，这在新信息经济时代下对经管类人才也提出了更高的要求。培养创新型、应用型以及实践型人才，与以往一贯采用的培养研究型、综合型人才的方式有所不同，更偏向于实务。在授课过程中，要把培养创新型、应用型、实践型人才作为内核，并以此内核不断凝聚教师的学术功底，将更多的创新型、应用型以及实践型人才培养到经济建设的历史洪流中去，为社会与经济发展助力。

（三）促进校企合作，搭建互通平台

"校企合作"是一条可以选择的道路，但由于学校性质与企业特点的不同，其实现难度仍然很大。总而言之，地方高校应与部分企业建立良好的沟通渠道，不断加大合作力度，搭建校企对接平台。学生们可以到企业中去深化学习和巩固知识，企业可以将真实的经济活动拆分为细节单元并交给不同的学生，让学生可以在真实的案例中实现自己的价值与知识的价值。当然，教师也应具备相关的工作经验，发挥自己的能力为学生答疑解惑。在成功搭建校企对接平台后，要针对不同的岗位与不同的学生设置实训课的教学理论与操作内容，将学生代入企业建设，同时又将企业带入学校，让学生更早、更好、更快地接触岗位工作，做到学以致用。这样不仅可以提高学生在实际工作中分析和解决问题的能力，还能提高学生的学习热情与专业知识运用能力。

（四）进行项目实践，以赛代训

部分高校所拥有的创新创业基地，是以学校或者学院为单位建立起来的供全校师生使用的基地。然而，一所高校所拥有的院系及其专业十分庞大，一个创新创业基地包含的院系很可能不够全面。例如，重庆工商大学的"香樟林大学生创业训练营"，旨在贯彻国务院"创新驱动"发展战略和教育部"以人为本"的新时代高等人才培养要求，扎实推进创新创业与人才培养模式的改革。学校可以利用好社会资源，为学生创业与就业提供平台。例如，积极组建或参与创新创业大赛，在提供资源与信息共享的前提下，不仅可以有效地让学生在活动中树立良好的就业观、择业观和价值观，还能增强学生的创新创业能力。高校可以通过真实的项目实践与创新创业比赛来激发学生的学习兴趣、提高学生的实践能力并建立相互的网上交流通道，为学生、教师、企业等多方提供交流信息、共享成果的平台。

（五）优化双素质教师队伍，培养学生综合素质

教育活动的主体是教师，教师的思想潜移默化地影响着学生，并让学生从中汲取养分。同时教师也是学生的启明星，在其学业和道德上的影响也是巨大的。因此，在"三实"教学体系建立的同时也可以有针对性地做出一些要求。①拓宽师资队伍的来源。高校可以聘用有专业工作经历的、具有专业技能的或者具有企业管理和人力资源管理的专家为专业教师。这类教师既具有理论功底，又具有实践工作

经验，对学生就业和创业实际技能的培养是非常好的导师。另外，高校可以聘请校外知名企业家、成功的创业者担任创业指导顾问，他们是创业教育师资的补充力量。他们教学的方式是定期开展创业培训和讲座，通过主题报告、案例分析、提供咨询等形式介绍自己以及当今社会创业的成功案例、经验，与学生进行互动交流，以他们丰富的经历、亲身的实践来激发学生的创业灵感，鼓励学生树立创业理念，引导学生创业成功。②教师进行自我提升。通过系统化学习，参加培训并互相交流，总结经验。选取适合自己的企业进行实地探访、学习调研，不断完善自己，并让自己的知识得以与日新月异的大环境相匹配，从而在日常的授课过程中，将自己的经验教训和收获分享给学生，实现双向提升。③提升学生综合素质。近年来，经管类毕业生的素质与能力越来越受到招聘企业或单位的重视。在完成学校的人才培养方案后，学生能否成功走出校门才是检验课程教育体系成与败的指标。这就要求学生们进一步提升综合素质与学习能力，在掌握理论学习的前提下，将理论基础与实际技能相结合，并不断进取求胜。

四、总结

高校应该以校园竞赛为基石，培养学生们的创新思维；以创新实践为依托，提高学生们的创新能力；以社会实践为跳板，提高学生们的创新创业实践能力。"三实"教育与创新创业教育的改革旨在培养更多的创新型、应用型以及实践型人才，让学生们能够投入到经济建设的历史洪流中去，为社会建设与经济发展助力。

参考文献：

[1] 张静. 高校经管类专业课堂教育教学质量的现状、存在问题及对策研究[J]. 市场周刊（理论研究），2012（3）：157-158.

[2] 孙乃娟. 地方高校经管类实训课教学模式改革的推进路径[J]. 黑龙江教育（高教研究与评估），2016（4）：14-15.

[3] 王佳，黄文军，任国岩. 创业导向会展专业"三实"教学体系综合改革[J]. 教育教学论坛，2015（38）：113-114.

创新性比赛对于大学生发展的作用

谢小密

（重庆工商大学管理科学与工程学院　重庆　400067）

摘　要： 加强实验与实践教育，提高大学生创新创业能力，是培养本科一流人才的重要组成部分。大学生创新创业大赛是国家发展战略的重要体现。它为当代大学生的全面发展提供了优质平台，也促进了产学研的融合发展。为帮助大学生更好地创新创业，我国举办了各种创新创业大赛，如"挑战杯"全国大学生课外学术科技作品竞赛、"互联网+"大学生创新创业大赛等。

创业计划大赛源于美国，美国已有包括麻省理工学院、斯坦福大学等在内的10多所大学每年举办这种竞赛。1997年，清华大学学生将创业计划大赛引入中国，并于1998年开展活动。2015年，"大众创业、万众创新"系列活动如火如荼，国务院更是出台文件指出要建设创新创业平台，增强支撑作用，支持各类创业创新大赛。伴随着高校创新创业教育的推进，高校创新创业大赛也随之迅速发展。

一、创新创业大赛的开展

创新关系国家命运与民族未来，是世界大势所趋、全球发展的动力之源。创新创业教育就是要把激昂的青春梦融入伟大的中国梦，为国家创新发展培养一批又一批具有创新创业能力、德才兼备的有为人才。近年来，中国创新创业教育改革呈现出星火燎原之势。创新创业教育是新时期大学生素质教育的新突破，是高校人才培养模式的新探索，是当代大学生绽放自我、展现风采、服务国家的新平台，是中国为国际高等教育改革和发展贡献的新经验。

创新创业竞赛作为大学生培养创新创业能力的主要方式之一，在社会上和各大高校中都越来越受到重视，各类竞赛层出不穷。创新创业大赛一般由第三方机构发起主办，如非营利性组织、基金会或者企业机构等，然后向社会人员发布参加邀请。比如，为进一步激发高校学生创新创业热情，展示高校创新创业教育成果，教育部牵头举办首届中国"互联网+"大学生创新创业大赛。从"挑战杯"中国大学生创业计划竞赛到各省市创业竞赛，从地级市创业竞赛到行业协会类的创业竞赛，创业竞赛已经初步形成网络。

二、创新创业大赛在校内开展的情况

创新创业大赛总体来说大致分为两个方向，一是停留在创意层面的，二是已经付诸实践的。大赛要求参赛者以团队为单位报名参赛，接受跨院校组建团队。大赛首先以高校为单位开展校级初赛，遴选参加省级复赛的项目；其次以各省为单位组织开展省级复赛，遴选优秀项目参加全国总决赛。

本文针对大学生对于创新创业大赛的看法进行校内问卷调查后，经过分析得出了如下几点结论：

（一）当代大学生对创新创业活动的认知

问卷结果显示，近56%的大学生不了解创新创业活动，43%的大学生知道有创新创业活动。其了解的途径也各有不同，41%的大学生通过学校了解，15%的大学生是自主浏览活动网站获取的，33%的大学生是周围同学告知的，11%的大学生是教师推荐的。由此可见，创新创业活动在高校的推广力度不够，宣传方式不具有吸引力。

（二）当代大学生参与创新创业活动的程度

仅有31%的大学生参加过创新创业活动，69%的大学生从未参与过创新创业活动。其中有78%的大学生参加过1~2次，超过3次的人数比例不足10%。此数据表明目前高校只有少数大学生参与了创新创业活动，并且基本上处于参加1~2次的状态。

（三）影响大学生参与创新创业活动的因素

调查显示，81%的大学生认为参加创新创业活动能够培养个人能力，56%的大学生对创新创业活动有强烈的兴趣，46%的大学生是为了丰富大学生活、增加未来就业机会而参加创新创业活动的。而不愿参与创新创业活动的大学生有76%是因为不够了解活动，对自己参与活动的能力信心不足，61%的大学生则是由于没有找到合适的团队和成员而放弃参加创新创业活动。

（四）大学生对学校开展创新创业活动的需求

71%的大学生认为能够参加创新创业活动必须具备较强的相关专业知识，73%的大学生认为需要有出色的沟通社交能力，42%的大学生认为需要有较强的组织策划能力。近75%的大学生渴望参加创新创业活动的培训、相关的大赛等来提高自己的技能。此外，绝大多数大学生对于高校目前对创新创业的选修课程开设、学分认定方式等予以充分肯定，并希望进一步搭建大学生创新创业活动的交流平台。

三、当代大学生创新创业活动现状的原因分析

（一）大学生对创新创业活动的信息来源渠道单一

多数高校对创新创业活动的宣传是以学生社团、学生会干部作为主力军开展的，学生干部的宣传力度的有限性、宣传范围的局限性，导致部分大学生不清楚活动的来龙去脉，无法深刻了解相关赛事，尤其是积极性相对缺乏的大学生。

（二）大学生创新创业活动系统建设不完善

创新创业活动具有多样性，而现存的各类活动都是独立的，这就会导致大学生难以合理有效地规划自己在大学期间参与活动的时间，同时大学生渴望参与活动的延续性也会受到阻碍。

（三）大学生参与创新创业活动的政策执行力不够

大学生参与创新创业活动，会获得适当的资金扶持。但是由于扶持的力度有限，资金仍然是困扰大学生开展活动的关键问题。同时，资金申请审批流程复杂和周期运转速度慢都会影响大学生参与活动的积极性。

（四）大学生创新创业活动的成果转化不明显

目前，大学生创新创业实践平台和创新创业孵化器是大学生创新创业成果转化的主渠道，但绝大多数大学生对于高校创新创业实践平台缺乏了解，因此孵化成功率不高，进而削弱了大学生参与活动的积极性。

四、大学生创新创业意识培养的意义

创新意识是指人们根据社会生活发展的需要，创造前所未有的事物或观念，并在创造活动中表现出的意向、愿望和设想。它是人类意识活动中的一种积极的、富有成果性的表现形式，是人们进行创造活动的出发点和内在动力，是创造性思维和创造力的前提。青年学生是最容易接受新生事物、最富创新精神的一个群体，祖国未来的发展要靠青年学生，发展的希望在创新，创新的希望在青年学生，要建设创新型国家，必须从培养青年学生的创新意识着手。

（一）大学生创新创业能力是缓解不断扩大的社会就业压力的需要

21世纪后，我国普通高校毕业生已突破200万大关，虽然毕业生数量增幅较大，但社会整体就业岗位没有明显增加的趋势。在毕业生数量年年大幅度增长的同时，离校毕业生待业的现象开始出现且其数量逐年上升。教育部的有关统计显示，全国高校毕业生平均就业率始终只有70%左右，仅大学本科毕业生的待业人数就很多。面对日趋严峻的就业形势，在大学生中开展创业教育，树立正确的职业理想和择业观念，培养创造性思维，提高综合素质和创业能力，对于大学生参与社会竞争，具有很强的现实意义。

（二）大学生创新创业能力是适应社会主义市场经济发展的需要

随着市场经济的发展，城乡产业结构将依据市场的不断变化进行相应调整，从而带来劳动力的转移和职业岗位的转换——要具备新技术、新工艺的实施以及新产品的开发和创造能力，这也要求未来的劳动者不仅要具备从业能力，还必须具备创新创业能力。因此，不断加强大学生创新创业能力的培养正是适应了社会主义市场经济对人才培养方面的诸多要求，同时也能促进高等教育自身的改革与发展需要。

（三）大学生创新创业能力是推动创新型国家建设的需要

创新是一个民族进步的灵魂，是一个国家兴旺发达的不竭动力。一个拥有创新能力和大量高素质人力资源的国家，将具备发展知识经济的巨大潜力；一个缺少雄厚科学储备和创新能力的国家将失去知识经济带来的机遇。21世纪的竞争是经济和综合国力的竞争，是科技和教育的竞争，归根到底是高素质人才的竞争。高校是人才培养的摇篮，培养基础知识扎实、富有创新精神、能够适应未来社会发展和挑战的人才，是各类高校在教育创新中担负的首要任务。大力培养大学生创新创业能力是建立高校创新体系的关键性环节和基础性内容，能有效地支持和推动国家创新体系的建立，对建设创新型国家也会起到积极的作用。

五、提高大学生创新创业活动成效的途径与方法

（一）搭建多重创新创业活动平台，营造师生全员参与活动的良好氛围

优化师资队伍的结构，引进优秀的管理人才、技术专家和教学名师，根据实际需求对他们进行指导帮扶。通过第二课堂的创新就业培训，为有志于参与创新创业活动的大学生搭建平台。提供有助于转化成果的长期固定场地，保证创新创业实践成果的可持续性。

（二）整合相关资源，营造良好的政策环境

对于大学生创新创业实践要适度放宽政策限制，加大扶持政策的力度，如放宽大学生创新创业的行业背景限制，简化审批步骤。同时，学校与企业的合作是创新创业活动实践的关键点，因此学校相关部门应该创造条件与大量专业对口的企业建立合作关系，让企业参与高校创新创业活动。此外，应该充分利用网络优势积极宣传和推广创新创业政策，建立省级创新创业信息网上服务系统。

（三）要提高自身的创业素质

一些大学生创业者对公司运作的认识过于简单，他们不清楚如何融资、如何打造管理团队等，甚至连基本的财务、管理方面的常识都很缺乏。因此，在创业前，创业者需要进行相对系统的培训。

一要进行充分的市场调研。既然是在市场经济环境下进行创业，那么创业就必须符合市场规律，不经过市场调研就盲目投资，成功的可能性就很小。因此，在创业之前，应该冷静地思考，确定需要进入的行业。建议最好先到相关行业去做一些兼职，熟悉一些行业的运作规律和流程，也可以进行见习培训，在见习培训中选择创业方向。

二要充分熟悉政策。对毕业后选择自主创业的大学生，政府通常有不少相关的优惠政策，大学生创业者应该充分了解这些政策，在创业之初节约资金。

三要有坚忍不拔的精神。心理脆弱是大多数大学生的通病，遇到一点点挫折和困难就轻言放弃，是不会取得终极成功的。创业的道路不可能一帆风顺，强大的心理承受能力是必不可少的。

（四）强化大学生创新创业意识

创新创业教育是对创新精神和创造能力的具体要求，是人才培养的重要渠道。其目的在于引导学生主动参与学习，加强基础知识与实践能力的培养，注重知识的实际运用，重视综合能力的发展，使学生在知识掌握能力、心理承受能力及创新思维开发等方面得到发展。所以，强化大学生创新创业意识，是培养大学生创业及实践能力的前提和基础，也是当前高校开展创业教育的重点。高校首先要教育和引导大学生全面理解自主创业的深刻内涵，增强创新意识和创业精神；其次要通过新闻媒体广泛宣传成功企业家和自主创业的先进典型，通过他们的事迹坚定大学生创新创业的信心，鼓励和扶植更多具备自主创业条件的大学生凭借知识、智慧和胆识去开创能发挥一己之长的事业；最后要形成以项目为载体、以团队或社团为组织形式

的"创业教育"实践群体来激发大学生的创新意识和创业精神，让大学生的创业动力在具体实践中找到恰当的结合点，使其形成自主创新创业的理念。

六、结语

习近平总书记给第三届中国"互联网+"大学生创新创业大赛"青年红色筑梦之旅"的大学生的回信，高度肯定了同学们把激昂的青春梦融入伟大的中国梦的奋发有为的精神风貌；高度赞扬了大学生学习延安精神，坚定理想信念，积极进取的意志品质；深切勉励青年学生扎根中国大地了解国情民情，用青春书写无愧于时代、无愧于历史的华彩篇章，为青年一代的成长成才指明了方向。习近平总书记的回信将创新创业教育和创新创业大赛推向了新高度、新高潮。

我们将以习近平总书记的回信精神为指针，积极响应创新驱动发展，汇聚各方力量，积极参与每一届大赛。同时，我们将以大赛为渠道和助力，在竞赛中培养自己的创新创业理念，利用就业从业教育到创新创业教育的战略转型的节点，不断提高自身能力，为实现中华民族伟大复兴做出新的更大贡献！

"互联网+"教育视域下
高校实验教学的创新与实践①

许晓静

（重庆工商大学经济管理实验教学中心　重庆　400067）

摘　要： 以互联网技术为主导的教育技术快速发展，有力地促进了教育领域信息化。高校实验教学在信息技术的快速发展的推动下，探索虚拟实验项目、协同实验平台、沉浸式实验软件以及开放教育资源的建设与应用，使实验教学理念、模式、方法及手段发生了深刻的变革。本文以重庆工商大学投资理财综合实训课程为例，探讨"互联网+"技术推动下实验教学体系的构建。

关键词： 互联网技术；在线教学；实验教学体系

2021年7月，教育部联合网信办、国家发展改革委等六部门发布了《关于推进教育新型基础设施建设构建高质量教育支撑体系的指导意见》，要求建设"互联网+教育"大平台，在建设智慧校园方面，依托感知交互、仿真实验等设备，打造生动、直观、形象的新课堂，创新信息化评价工具，全面记录学生实践经历，客观分析学生能力。依托互联网技术，线上教学已在高校推广，特别是在新冠肺炎疫情期间，高校通过线上教学实现了"停课不停学"。然而，实验课程在线上教学的过程中遇到了一些特殊的情况。比如，实验教学所需的设施如何在线上实现？线上教学如何开展实验演示和指导？学生在线上的实验成绩如何考评？本文以教育部的指导意见为方向，结合疫情以来开展的线上实验教学的实践经验，以重庆工商大学投资理财综合实训课程为例，探讨"互联网+"技术推动下的实验教学体系。

一、研究现状

以互联网技术为主导的教育技术的快速发展，有力地促进了教育领域信息化。为克服在线教育和网络课程缺乏实验环节的不足，美国斯坦福大学、麻省理工学院、哥伦比亚大学、佐治亚理工学院等知名高校以及英国开放大学，相继在一些网络开放课程中增加了以虚拟实验室为依托的实践教学内容，并采用三种形式的实验

① 本文是重庆工商大学教育教学改革研究项目"项目驱动，智能融入，经管类虚拟仿真实验金课建设与实践"（项目号：217012）、重庆工商大学教育教学改革研究项目"大数据导向构建金融专业群虚拟仿真实验教学体系的实践研究"（项目号：2019202）的研究成果之一。

手段，即基于手持式设备（平板电脑、智能手机、可穿戴计算机）的移动式交互实验；基于虚拟世界、教育游戏软件的个性化自主实验；基于遥感技术的远程交互协同实验。美国印第安纳大学和普渡大学印第安纳波利斯联合分校的普通化学课、生物学导论课都将电子教材、交互式多媒体课件、虚拟仿真软件、网络实验室以及视频资料等整合于在线学习环境之中。国内高校实验教学在信息技术快速发展的推动下，探索虚拟实验项目、协同实验平台、沉浸式实验软件以及开放教育资源的建设与应用，使实验教学理念、模式、方法及手段发生了深刻的变革。

二、重构实验教学体系

为适应"互联网+"技术背景下教育信息化的发展，各高校以整合技术、创新应用、智慧教学为理念，构建多维度反馈、集成展示、智能实验"三位一体"的实验教学体系。

（一）多维度反馈

在线上实验课程设计时，从教、练、评、学四个维度进行建设。"教"主要体现在教学组织方面，即利用在线教学平台展示先行课程知识点与本课程知识点的关系、学习目标、知识的掌握状态、知识结构的理解程度等，上传包括教学引导视频、微课件等教学资源。"练"是通过线上实验可视化地呈现，让学生在仿真的情境中实战练习，理解知识点之间的关联，了解学习进度，完成对知识的整合和应用。"评"是对学生实验的评价，从学习态度、线上资源利用率、实验操作熟练度、实验内容正确性、实验过程连贯性五个方面加权计算，综合考评。"学"是通过反馈实验报告和考评结果，促进学生对学习成功和失败的反思，完成认知的自我更新。

（二）集成展示

课程将多种线上教学技术，如可视化技术、人机交互技术、仿真技术、虚拟现实技术等有效整合、归并起来，集成展示出来，丰富线上实验教学内容，达到线下实验教学效果。虚拟仿真实验教学是高等教育信息化建设的重要内容，是学科专业与信息技术深度融合的过程。通过构建高度仿真的实验环境和实验对象，各高校结合现有实体环境和条件，开展虚实结合、相互补充的虚拟仿真实验，提高学生把书本知识转化成解决问题的能力，提高大学生适应新时代需要的综合素质。

（三）智能实验

以学生为中心，以教师为主导，以智能软件和终端为依托，在学生做实验的过程中，实验系统会记录实验的每一个步骤，并给出纠错提示。实验系统会根据实验过程和结果，自动评分并生成实验报告，让学生每做一次实验都能看到学习经过，及时反馈学习效果。

三、教学实践

综合实训是实验教学的重要组成部分，是学生学完全部专业课程之后的一门实践课程，既是毕业前的一次大演习，又是能力培养的重要环节。本文以投资理财综合实训课程为例，重构"互联网+"技术下线上实验教学体系，如图1所示。

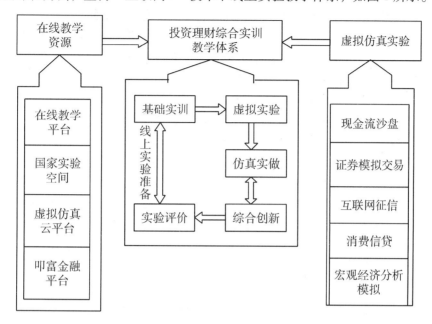

图1　投资理财综合实训线上教学体系

（1）改进综合实训教学体系，将原有的基础实训、模拟实训、综合创新实训的教学体系，改进为以基础实训、虚拟实验、仿真实做、综合设计为主体的教学体系。其中，虚拟实验、仿真实做、综合设计三个环节是重点。基础实训主要利用网络教学平台，将先行知识点、实验原理等上传至教学平台，学生可以进行自主学习，延伸了实验课堂的空间和时间。虚拟实验环节主要是完成财商训练、互联网征信实验，利用国家实验空间和学校虚拟仿真云空间访问；学生的实验数据、实验报告等均可通过在线实验空间查询。仿真实做环节主要是利用企业微信在线课堂完成现金流沙盘、宏观经济分析等实验。综合设计环节主要是通过在线教学平台完成消费支出规划、现金规划、投资理财综合设计等实验项目。

（2）运用虚实结合的投资理财综合实训教学方式，实现线上线下交互学习。

①充分利用虚拟实验教学平台和网络教学平台，把虚拟仿真实验平台的资源融入综合实训教学中，加强虚拟仿真教学实训环节。将叩富金融等软件的使用空间和时间扩大和延长，让学生在实训课内、课后都能同步了解国内外金融市场的行情，利用现有的虚拟仿真软件和资源，实现虚拟实验的教学内容在线上、线下的交互学习模式。

②改进现金流沙盘，帮助学生体验生活中的财务困境，做最接近于现实的模拟。通过调整沙盘使用难度、增加贴近我国现有国情的虚拟情境、适当调整游戏规则等方式，让学生真实地体会到生活中存在的个人或家庭的财务困惑，从而提高学生的理财能力。

③提升学生理财规划的综合设计能力，通过挖掘、更新案例，为学生提供更贴

近现实的案例素材，使学生在综合设计的教学过程中能充分运用所学的投资理财知识，并能在综合设计环节结合国际、国内经济现状，挖掘适合最新经济形势和自身现状的投资理财方式，提高学生对知识的综合应用能力和创新能力。

④充分利用虚拟仿真实验教学云平台的资源，进一步提高经管类学生的综合应用能力和创新能力培养的功能。借助虚拟要素、虚拟空间、虚拟场景、虚拟角色等虚拟仿真手段，将金融市场、实体经济的真实数据和案例融入投资理财综合实训教学中，让学生深刻体验到如何识别和把握投资理财的风险和机会，让学生在真实的市场数据和情境中实训实做，增强实训课程的体验感和操作性。

（3）改进考核方式。将实验全过程纵向评价和各个实验内容、要素横向评价相结合，利用互联网技术、人工智能技术，在虚拟仿真实验中设计人机交互功能，同时嵌入计分模型，与实验步骤一一对应，在动态仿真实验中融入教学管理和教学评价。在学生做实验过程中，实验系统会记录过程并给出纠错提示，自动评分，生成实验报告，让学生每做一次实验都能够得到新的提高。

四、教学效果

投资理财综合实训课程在疫情期间实施线上教学，学生对课程组教师评分均高于 90 分，在线课程学生访问量达 28 776 次，在 2020 年获评学校优秀课程教学团队，课程组教师获评重庆工商大学颁发的"精品在线课程教学优秀奖"。互联网征信虚拟仿真实验项目获重庆市虚拟仿真实验教学一流课程，已有重庆科技大学、青岛大学、福建师范大学、南京审计大学、重庆财经学院、重庆工商大学派斯学院、北京工商大学、山西财经大学、安徽大学、成都大学、重庆第十一中学 11 所学校运用此项目开展教学，国家实验空间访问量达 33 562 人，获得专家好评。

参考文献：

［1］万海鹏，余胜全，王琦，等. 基于学习认知地图的开放学习者模型研究［J］. 现代教育技术，2021（4）：97-104.

［2］彭常玲，石映辉，杨浩. 智慧教室环境感知与互联网自我效能感的关系研究［J］. 现代教育技术，2021（4）：51-57.

［3］陈海泉，林自葵. 经济管理类虚拟仿真实验教学平台建设［J］. 实验室研究与探索，2017（1）：265-268.

［4］王森，高东峰. 在线开放虚拟仿真实验项目建设的思考［J］. 实验技术与管理，2018，35（5）：115-118.

［5］祖强，魏永军，熊宏齐. 省级在线开放虚拟仿真实验教学项目建设探讨［J］. 实验技术与管理，2017，43（10）：153-157.

［6］贺占魁，黄涛. 虚拟仿真实验教学项目建设探索［J］. 实验技术与管理，2018，35（2）：108-111，116.

［7］吴宁，胡欣，吴遵秋，等. 基于虚拟仿真平台引入综合性设计性实验项目［J］. 实验技术与管理，2017，34（4）：6-8.

［8］靳晓燕，张进宝. 十大新技术，教育大变样［N］. 光明日报，2014-06-24.

新文科背景下保险专业
虚拟仿真教学的思考与设计

庞　楷　魏文洁

（重庆工商大学金融学院　重庆　400067）

摘　要：随着保险业的高速发展，保险公司对保险人才提出了更高的要求，但保险专业传统教学中存在着教学理论性过强、实践性不足、与实践脱节等问题。本文从新文科建设的视角对保险专业虚拟仿真教学现状、存在的问题进行探讨，并设计了一个兼具综合性和开放性的虚拟仿真实验项目。本文通过建立虚拟仿真实验场景、模拟保险公司经营环境以及角色扮演的形式增进学生对保险公司各业务流程的理解，从而实现在实验环境下逼近行业公司业务实际的教学效果。

关键词：新文科；保险；虚拟仿真；教学

一、新文科的建设要求

我国"新文科"概念源于 2018 年教育部提出的要求——全面推进"新工科、新医科、新农科、新文科"的建设。我国对新文科提出了两点要求：一是中国的文科不能停留在西方国家文科的基础上发展，而应融入中国传统文化，充分吸收好的理论并摒弃糟粕，建设中国特色哲学社会科学。习近平指出，中国特色哲学社会科学具有的特点应把握三个方面：体现继承性、民族性，体现原创性、时代性，体现系统性、专业性。要"坚持、完善和发展中国特色社会主义国家制度与法律制度""坚定道路自信、理论自信、制度自信、文化自信"。二是中国的文科要以服务国家、增强我国国际话语权为目标，参与世界竞争，建设高水平学科。习近平指出："一个没有发达的自然科学的国家不可能走在世界前列，一个没有繁荣的哲学社会科学的国家也不可能走在世界前列。"

具体到建设内涵方面，新文科要求高校"以生为本"，加强教学体系建设。聆听专业发展的诉求，追求学科创新融合，将新兴学科与交叉学科融入教学体系中，打破学科壁垒，以更加科学的方式开展文科研究。高校应该要求学生在专业内部将细化知识融会贯通，构建更完整的体系；在专业外部要求学生学习计算机、人工智能等知识，培养创新型人才。

二、保险业发展引发的人才需求变化

改革开放以来，随着我国保险机构数量、保险从业人员数量等不断增多，保险业迅速崛起，行业日趋繁荣，竞争日趋激烈。保险监管、保险公司经营管理手段和保险产品变化的同时也带来了保险业人才需求变化。

从保险监管变化看，我国保险监管日益完善。我国加强了对保险行业以及保险市场的监管。保险中介相关法则和政策越来越完善，保险行业越来越规范，条款也越来越精细。保险公司在经营管理中对具有法律知识的人才需求增加。

从保险公司经营管理手段变化看，主要是对风险管理进行技术革新。即将大数据和人工智能等技术运用其中，让保险公司开始能够去主动预测、干预和防范风险。这些技术需要数据人才的支持，文理知识的交叉应用对保险从业人员的素质要求更高，需要他们额外学习，如要会使用一些软件对数据进行处理等。

从保险产品变化看，追求产品差异化。以往保险公司的产品同质化严重，市场上保险产品大同小异，缺乏创新性。比如平安公司推出新保险产品，其他保险公司就会紧随其后，或者直接在公司原有保险产品的基础上进行修改，甚至在专业服务上都趋于同质。但随着保险业发展，保险公司为了扩大保险需求，必须追求险种以及专业服务的多样化。实现多样化这一目标需要创新型人才的加盟。

保险业需要具备以下三种能力的保险人才：一是夯实保险理论基础并拥有应用能力的人才；二是具备适应保险业快速发展变革的创新型人才；三是具有多学科知识技能的复合型人才。

三、保险专业虚拟仿真实验教学现状及问题

1989 年，美国学者威廉·沃尔夫首次提出虚拟实验室的概念，至此国外虚拟教学已经发展了 30 多年，普及度高，应用广泛。我国较发达国家而言在实验教学方面起步晚，但在 2015 年教育部、国家发展和改革委员会、财政部下发了关于引导部分地方普通本科高校向应用型转变的指导意见后，各大高校越来越重视虚拟实践教学在本科教学中的主要地位，纷纷建立实验室，虚拟实验教学得以迅速推广运用。保险专业也开始运用虚拟实验教学，各大高校陆续建立了一些保险实验室。据不完全统计，绝大多数开办保险专业的高校都开展了实验项目，同时部分高校已经建成了少量的虚拟仿真实验室，具体项目如表 1 所示。

表 1 部分高校的虚拟仿真实验室

学校名称	实验项目名称
山东财经大学	交通事故保险理赔虚拟仿真实验室
南开大学	金融与保险仿真实验室
广东金融学院	保险综合仿真实验室

表1（续）

学校名称	实验项目名称
辽宁大学	银行保险模拟实训
广西财经学院	洪涝灾害机动车车辆保险查勘定损虚拟仿真实验教学项目
上海立信会计金融学院	机动车车辆保险查勘定损虚拟仿真实验

保险实验室在常规实验方面主要分为专业课程实验流程、保险业务实验流程、产品销售实验流程、承保软件实验流程、客户服务实验流程、风险评估实验流程、保险法规实验流程等。大多数高校的实验教学仅仅停留在通过电脑上机操作，对保险业务相关工作进行简单模拟，如上海逸景财产保险考评教学系统和浙科保险实务模拟教学软件。学生在线上切换客户、保险公司、经纪公司、保险代理人等角色，从财产保险和人寿保险两个角度去熟悉不同角色的操作，了解保险公司经营管理的一整套流程。这种实验教学的运用对学生掌握相关知识具有一定作用，新增的教学形式也使得同学们在实践能力上有了一定提升，但并不能实现培养创新型、应用型、复合型人才的目标。

除此之外，保险专业虚拟仿真教学在形式和内容上还存在不少问题。例如，实验课程教学缺少自主性，无法调动学生积极性，实验课程指导书籍匮乏，教学实验软件种类少，缺乏趣味性，文字描述过多，模拟真实性不足以及考核方式单一等。

四、保险专业虚拟仿真实验教学设计

基于对新文科建设要求、保险行业发展带来保险人才需求变化和保险虚拟仿真教学存在问题，我们应将丰富的保险知识与技能操作融合到真实有趣的实验教学中，培养创新型、应用型、复合型保险人才，建立综合性和开放性的教学体系。

（一）实验项目介绍

虚拟仿真实验项目分为三大板块，分别是保险业务流程实验、风险管理实验和保险法规实验。

1. 保险业务流程实验

通过保险业务流程实验课程，同学们可以了解人寿保险和财产保险的各种保险产品，近距离接触到投保单、保险单、批单、赔款通知单等保险单证，熟悉业务流程，明确各业务环节以及掌握这些过程中的操作步骤，正确理解各种保险业务的内容和要求。学生通过扮演客户、保险人、保险经纪人等角色进行模拟演练，知晓操作流程注意事项并熟练掌握其基本职能。学生可以回顾实验过程，发现问题并进行反思总结，以此提升业务能力，为就业打下坚实的实践基础。

为了使课程更加生动，提高学生积极性，教师可以在实验模式上进行创新，采用线上线下、多角色扮演与实验软件相结合的模式，将角色的分配回归线下，对学生进行分组。不同小组分别扮演客户、保险公司和保险经纪人，小组之间相互交换。课程运用虚拟现实（VR）技术高度还原保险公司真实场景，同时借助实验软件完成各项任务，进行情景模拟，让学生充分了解保险公司的业务流程。在情景设计上，课程增加案件真实性，丰富实验环节，如在理赔环节增加投保人报案，通过接打电话的方式呈现案件，高度还原保险公司实际操作。在教学案例中，教师可以适当加入骗保的案例，通过动画设计现场查勘环节，通过搜证证明案件的不合理之处，提高学生的辨别能力，同时增加实验教学所缺乏的趣味性。

2. 风险管理实验

风险管理实验是一门运用现代风险管理方法对各个经济体进行风险识别与风险衡量的课程。课程通过案例分析，让学生将所学的理论知识运用到实际中，进行风险管理实践操作，使学生在理论课程中学到基础知识，按照风险识别和风险衡量基本步骤与方法，熟练使用风险管理系统进行分析与计算；使学生掌握现代风险管理分析方法与计算原理，学会对风险管理中的数据进行处理，并接触相关数据库。

有条件并且能够得到充足数据的学校可以与保险公司合作，采用案例讨论与实验软件相结合的模式；时间不足且条件有限的学校可以选择简化实验流程，因材施教。课程可从学生的生活中取材，采用静态分析，研究校园生活和学习中的非故意、非计划和非预期的经济价值的减少，如大学生意外伤害风险、大学生信贷风险等；从自己的角度出发，贴近学生们的日常生活，使学生能够更清楚地对风险进行识别，也极大地减少了风险衡量中对于数据的需求，降低实验成本。课程可在软件中设计不同的风险板块，让学生可以根据自己的兴趣进行选择。此外，课程还可以采用情景模拟及视频播放的方式，让同学们识别风险；通过调查问卷方法，直接在软件中得到数据后，再让学生根据数据进行验算。

3. 保险法规实验

课程在实验中将保险法律知识与实际保险业务和案例结合起来，设计了两个板块。一是保险案例情景模拟。紧贴理论教学内容，采用案例教学模式，利用实验教学软件进行角色扮演，模拟法庭实验教学。教师需要记录庭审流程的全程，可以针对学生实训情况作出及时点评、纠正和指导。对学生而言，课程提供了实践性的保险法律学习支持。课程还采用动画形式高度还原案件真实情况以及不同环节任务，让学生对于保险案例纠纷有一个更形象直观的了解。二是保险业务情景模拟。保险公司在实际业务流程中，对保险法规有着灵活的运用。在客户投保时，保险代理人需要对保险合同中的保险条款进行讲解，理解不可抗辩条款，明白投保资料的重要性，保证信息的正确性，减少信息遗漏；当为客户提供保单复效服务时，保险代理人要了解合同效力中止原因，如投保人未及时缴纳保费在宽限期也未补缴导致等，理解复效的法定条件，才能更好地为客户服务。

（二）教学环节设计

1. 教学准备

虚拟仿真实验课程对硬件设备和软件设施都有一定的要求。硬件设备主要是指实验室环境，我们应该对保险公司真实经营环境进行模仿，尽量做到等比例复制。除模拟真实办公环境、将专业实验室改造成企业工位的模式外，还可以模拟真实出险现场，设置客服部来做好客户咨询等。在软件设施上，尽量采用与保险公司系统相吻合的软件，将虚拟和现实结合，高度还原办公操作。教师在教学方式上，应该抛弃传统模式，运用企业模式管理学生，制定规章制度。在教学中，教师可以充当公司管理者的角色，调动学生扮演员工角色的积极性。

2. 基础知识引入

虚拟仿真实验教学是建立在理论教学的基础上的，离不开基础知识与基本概念。其实验教学综合性强，不只是涉及单个课程知识，而是对多种课程知识的运用。为了保证教学效果，在正式开始实验教学之前，需要对与教学相关的知识点进行基本的复习导入。教师可以提前要求学生对相关内容进行预习，运用多媒体设备展示梳理。为了检测学生对知识的掌握程度，教师还可以利用软件系统对学生水平进行评估，做到查漏补缺。

3. 实验内容简介

不同实验内容有差别，但都是对经营环境的仿真再现。当下保险业务实验流程更为普遍，也比较容易开展。因此保险业务实验流程是本项目的核心，是构成虚拟仿真实验教学的关键环节。围绕竞争和合作制定与现实商业环境较一致的规则便是虚拟仿真实验教学的重要内容。这部分强调的实验内容不是指规定具体事项而是通过制定保险行业规则，让学生在确定规则下自行开展实验。高度模拟企业经营情况，可以更好地培养学生创新能力，使其在实践运用中掌握知识。

4. 具体实验操作

进行具体实验的操作，一定要建立在上一环节的基础上，赋予学生一定的权利和责任，让他们自主经营。教师只负责下达指标任务，学生需要自行或者小组讨论确定具体细则，教师不要过多参与。学生通过自主操作，最大程度还原真实的企业经营环境。在实验过程中，学生需要完成投保、核保、查勘、出险等工作。实践操作要求学生减少对教师的依赖。这一环节是教学的中心环节。学生要在虚拟仿真的过程中熟悉和掌握保险公司员工的基本要求和职能，实现对保险经营管理全过程的虚拟仿真。

5. 点评与总结

完成实验操作后，在软件自动评价的基础上，教师还要提出学生操作过程中的问题，指出不规范操作的危害。学生要根据教师的意见积极改正。除此之外，还可以建立奖励机制，评选优秀部门与优秀员工；举办表彰大会，邀请获奖同学分享操作经验；在小组内部开展自评与互评，寻找各自优缺点，加强团队建设，实现合作共赢。完成实验操作后，教师可以要求学生撰写实验报告，进行总结反思。

参考文献：

[1] 习近平. 坚持、完善和发展中国特色社会主义国家制度与法律制度 [J]. 求是, 2019 (23): 4-8.

[2] RUIZL, MARTINEZ-PEDRAJAS C, GOMEZ-NIETO MA. Design and development of computer-aided chemical systems: representation and balance of inorganic chemical reactions [J]. Journal of Chemical Information and Computer Sciences, 2000, 40 (3): 744-752.

　　[3] 晋颖，王宁. 保险专业综合性、设计性实验项目开发与设计研究：以河北金融学院实际教学情况为例 [J]. 山东纺织经济，2013（6）：100-102.

　　[4] 薛永基，张元. 虚拟仿真实验教学在 MBA 培养中的应用思考与设计 [J]. 学位与研究生教育，2015（4）：46-49.

信息化背景下高校经管类实验教学改革研究

郭小雨

（重庆工商大学会计学院　重庆　400067）

摘　要：随着信息化时代的到来，人们的生活方式和生产方式都发生了巨大的改变。高校经管类专业实验教学是经济管理类专业人才培养的重要环节，是提高学生综合实践能力和创新创业能力的重要手段。全球信息化的发展给高校经管类专业实验教学的改革与创新带来了新的机遇和挑战。本文在对高校经管类专业实验教学现状进行分析的基础上，概括了当前高校经管类专业实验教学存在的问题，在信息化的背景下，有针对性地提出了高校经管类专业实验教学改革方案，从而提升经管类专业实验教学水平，培养符合时代发展的经管类专业人才。

关键词：信息化；实验教学；教学改革

随着人工智能（AI）、虚拟现实（VR）、互联网+、大数据等信息技术的飞速发展，我们迎来了信息化时代，企业需要更多熟悉大数据方面知识的经管类人才，这对经管类教学提出了更高的要求。在此背景下，高校经管类实验教学的改革与创新迎来了新的挑战。高校经管类专业在人才培养中面临着如何提高教学质量、办出专业特色、更好地培养出符合企业需要的经济管理类应用型人才等巨大压力。依托信息化背景，大力推动人才培养模式改革，是高校经管类专业缓解人才培养压力，突破人才培养瓶颈的有效途径。

一、信息化的特点及重要意义

（一）信息化的特点

信息化是在计算机技术、数字化技术和生物工程技术等先进技术基础上产生的，是指以信息、知识为主要资源，以计算机技术为支撑，以信息处理为主要方式的过程。信息化具有数字化、网络化、可视化、智能化的特征。随着 AI、VR、互联网+、大数据等信息技术的飞速发展，我们的社会也发生了翻天覆地的变化，人们的生活也越来越方便。因此，高校经管类教学应顺应时代的发展，使学生学习科学分析数据和处理数据的方法，这样才能在大数据背景下跟上时代发展的步伐，培养符合企业和社会需要的人才。

（二）信息化建设的意义

1. 积极推动学科专业教学改革

将大数据等信息化技术融入课程体系建设中，可以更好地推动教学创新改革。

而针对经管类课程信息化建设工作，其无论是在构建过程中，还是在实践应用过程中，都展现出更强烈的现代化教学的氛围。教师及学生在新的教学氛围中，"教"与"学"的互动性更强。信息化技术不仅可以使学生更好地吸收专业知识、提高专业技能，而且可以促使教师们积极进行自我提升，积极完善教学手段，不断优化整个教学体系。

2. 科学转变学生认知模式

信息化背景下，计算机思维会逐渐成为人们基本的思维方式之一。在这样的环境中，人们通过计算机语言与数据，借助海量的实验数据等，利用更具备分享属性的途径，获得未来发展的预测性结论。而经管类课程的相关信息的表达可利用更多的数据进行传输，改变学生及教师的认知模式，令其更清晰、客观、科学，从而更准确地掌握管理行为规律等，促进学科的发展。

3. 培养社会需要的应用型人才

在信息化时代，企业对人才的需求不再局限于专业知识的掌握，而更加注重实践操作能力和信息化的视野。经管类专业属于应用型的专业科学，企业更加注重实践操作能力。因此，学校要加强与企业的合作，有针对性地进行教学活动，而不仅仅是理论教学与案例分析。

二、目前经管类实验教学现状及主要问题

信息化时代，教育改革创新才能顺应时代潮流，培养符合时代发展的经管类专业人才。但是目前，高校的经管类专业教学仍存在一些问题，主要包括以下几个方面：

（一）教学培养目标与社会脱节

信息化背景下，时代的发展日新月异，人才的培养目标应符合时代发展的潮流，即要培养具有专业性的人才，才能满足当下社会对人才的需求。但是，许多教师受传统教学理念的影响，对于人才的培养只注重理论不注重实践，仅限于教授课本知识，满足不了现代企业对于经管类人才的需求，而且会导致学生在就业方面受到一定限制。

（二）教学课程不科学

信息化涉及生活和生产经营活动的方方面面，企业的经营和管理越来越依赖于信息化对客户信息的分析和整合，但是高校在这些方面的教育课程设置并不科学。而且，目前高校经管类专业的大数据实验教学课程还处于初级实验阶段，教学内容的设计简单，理论与实际脱节，学生只是拥有了简单的数据采集和分析能力，并不能将所学知识运用到实际的决策中去，很难对结构化和非结构化的数据进行创新分析，更不能将分析结果熟练运用到实际当中。因此，想要提高学生的数据分析和运用能力，就要与时俱进地开展多种形式的实验教学，才能使学生真正地拥有数据分析和整合能力，提高数据运用能力，达到教学目的。

（三）教学模式落后

传统的教学方式以教师讲授为主，很少根据学生所掌握的知识开展实验教学，

但是理论及案例的宣讲教学只能在学生的脑海中留下浅显的理论框架和逻辑，并不能帮助学生理解现实经济的内在联系和本质，当他们遇到实际问题时，往往无从下手，缺乏创造力。传统的教学模式已经不能满足大数据背景下经管类专业的教学需求。为了培养专业的经管类人才，高校应该对教学方式进行创新，才能有效锻炼学生的独立分析能力，发挥学生的主观能动性，提高学生的学习兴趣。

（四）实验教学体系不完善

在课程设置方面，高校往往没有将实验课程与理论课程统筹兼顾，课程设置不规范，一般是在理论课程结束后才安排实验课程，而且理论课时多、实验课时少。课程设计缺乏特色，课程内容的针对性、时效性及可行性不足，导致实验教学环节与具体实际情况无法衔接，无法有效地培养学生的实践创新能力。在教学内容方面，目前教师采用演示软件的方法进行教学，学生按照教材按部就班地进行实验操作，这样很难激发学生的创新精神和实践意识；在考核方式方面，经管类专业的实验教学考核方式一般是对学生提交的实验报告进行打分，根本无法对学生的实践能力进行真正意义上的考核。

三、信息化背景下经管类实验教学改革的探索

信息化背景下，信息化被广泛应用于经管类学科中。因此，经管类专业的学生更需要掌握大数据的分析和运用能力，才能在未来的发展中更具有优势。

（一）加强应用型教学

大数据时代背景下，海量的数据信息错综复杂，大大增加了数据的收集、整理和分析的难度。因此，大数据背景下，我们要提高对复杂数据的分析和整理能力。经管类专业的学生要加强对大数据理论知识的学习，同时提高实践操作能力和软件操作能力，这样才能在面对复杂的数据时，有能力进行分析和整理，满足企业的需求，帮助企业解决实际问题。因此，高校要加强对应用型教学的重视，提高学生将理论知识与实践相结合的能力，培养企业需要的应用型人才。

（二）合理优化理论课与实践课的结构

信息化背景下，只有提高学生的实践操作能力、软件操作能力，才能有效提高学生的数据分析能力。经管类专业是一个操作性比较强的专业，学生的实践课程少，将导致理论知识与实践能力发展不平衡，学生软件的实际操作水平和运用能力较差。因此，教师要在教授理论知识的同时，要不断培养学生的实践能力，合理安排理论课程与实践课程的时间。首先，要及时进行上机实操，才能有效提高学生的软件操作能力。教师在教授完理论知识后，要带学生进行上机练习，才能帮助学生更好地巩固和消化理论知识，提高实践能力。其次，教师可以将实际案例引入教学当中，帮助学生在实际案例中，加深对所学知识的认识，将理论与实践相结合，更加灵活地消化理论知识。最后，教师还要合理安排理论课程与实践课程的时间，提高实践课程的比重，根据实际情况优化课程结构，这样可以使学生有更多的时间进行实践操作，提高学生的软件操作能力和数据分析能力。

（三）建立以学生为主导的教学模式

为了提高学生参与度，培养学生的实践能力，教师应及时转变自己的教学角色，从教学的领导者转变成教学的引导者，提高学生的主体地位。教师可以引导学生进行数据的收集和学习，组织学生以团队协作的方式自主完成教学任务，形成以学生自学为主、教师引导为辅的新型教学方式。教师要创新教学方式，突出学生的主体地位，鼓励学生进行自主设计。教师可以对学生遇到的问题加以指导，但不能干涉和打击学生的想法，要让学生以团队协作的形式来进行项目试验。同时，在设计实验项目时，教师应根据学生的需求和知识结构进行分层设计，这样才更能发挥学生的特长。传统的教学模式已经不能满足信息化背景下经管类专业的教学需求，为了培养专业的经管类人才，高校应该对教学方式进行创新，这样才能有效锻炼学生的独立分析能力，发挥学生的主观能动性，提高学生的学习兴趣。

（四）建设更具有时效性的网络化课程

信息化背景下，学校应将 AI、VR、互联网＋、大数据等信息技术与经管类课程的网络化建设深度融合，从而建设更具有时效性的网络化经管类课程体系。在具体落实建设工作过程中，学校应明确专业设置与前沿技术进行结合的优势，并能最大化突出大数据等技术在经管类专业课程的教学价值。同时，学校要科学构建公共基础、学科大类基础及网络化教学平台，创建更加完善的课程培养体系。其中，网络化课程体系可分为基础课程、专业课程、选修课程、信息实践与应用课程等，并且要确保各个课程间具有系统性，使得学生在学习理论知识的过程中，交叉融合各个学科，具有全局观，更好地应用理论知识。

（五）构建经管类专业实验教学综合管理平台

高校可以借助现代信息技术手段整合经管类专业实验教学资源，建立经管类专业实验教学综合管理平台，有效提高实验教学水平。建立包括信息管理平台、教学管理系统、数据管理中心以及移动终端等经管类专业实验教学综合管理平台，可以有效整合各种实验教学资源，实现信息和资源的共享与流通。信息管理平台需要覆盖全校经管类专业实验室及教学资源，对全校的实验教学进行信息化管理，包括账户管理、资源管理、权限管理、后台管理。通过对人员信息的集成，实现对实验教学相关人员账户的管理；通过资源管理，合理分配教学资源；通过后台管理，控制用户的访问权限以及对系统的安全性进行监控等。教学管理系统应该集实验室排课、学生选课、课程管理、考核评价等功能于一体。除此之外，实验教学管理系统还应包括机房管理系统、课堂考勤系统、多媒体教学系统、教学资源共享系统、监控系统等子系统，以满足各类实验教学需求，辅助学生开展实验。数据管理中心可以使用 SQL Server 等工具，实现对实验教学数据的信息化管理，对相关数据进行统计与分析，以便改进相关模块功能，提高实验教学综合管理平台效率。学生可以通过手机 App、微信小程序等多种方式预约实验，解决了实验室资源利用不合理等问题，实现了远程在线实验。

四、结语

全球信息化的发展既是机遇，也是挑战。高校经管类教学虽然存在教学目标未与时俱进、教学课程不科学、教学模式落后、实验教学体系不完善等问题，但是，信息化背景下，如果高校能够与 AI、VR、互联网+、大数据等信息技术进行深度融合，抓住机遇，与时俱进，大刀阔斧地进行改革，从教育思维方式上进行根本改变，建立以学生为主导的教学模式，以应用型教学为目标，将实践课与理论课科学相结合的模式进行教学，并且建立经管类实验教学综合平台，利用信息化技术创新实验教学方式方法，整合实验室资源，为学生提供便捷、舒适的环境等，那么就能从根本上提高学生的洞察力、逻辑思维能力、决策力，提高办学水平，满足企业的发展需求，帮助学生和企业更好地迎接新时代的挑战。

参考文献：

［1］王伟芳，景永平. 高素质应用型人才定位下实践教学问题与对策研究：以本科经管类专业为例［J］. 国家教育行政学院学报，2018（3）：56-62.

［2］姚梦懿. "双一流"建设视角下高校经管类创新性实验教学体系研究［J］. 科教导刊（上旬刊），2019（34）：32-33.

［3］崔苗. 经管类专业创业虚拟仿真实验教学设计与实践［J］. 北京财贸职业学院学报，2020，36（6）：67-72.

［4］陈颖悦，张艳清. 本科高校开放共享型经管类实验平台建设与探索［J］. 山西能源学院学报，2019，32（6）：51-53.

经管类实验教学与互联网
技术深度融合的研究与实践

——以重庆工商大学工程管理专业工程项目管理实验为例

徐保健

（重庆工商大学管理科学与工程学院　重庆　400067）

摘　要：随着互联网技术的快速发展和普及，我国各行各业都将互联网技术与自身行业进行有机结合。建筑信息模型（BIM）技术作为建筑行业的专业性技术，因其所具有的强大的数字化、信息化和可视化的功能，目前在我国得到了很大的发展和应用。本文分析我校工程管理专业工程项目管理实验教学目前的教学模式及在这种教学模式下学生的学习情况，从而对以往教学模式中存在的不足进行思考和总结。本文希望将 BIM 技术引入实验教学中，将其与以往教学模式相结合来解决实验教学中存在的问题。

关键词：互联网技术；BIM 技术；工程项目管理实验

一、BIM 技术及其应用趋势

建筑信息模型（building information modeling，BIM）源于美国，现如今已在北美洲以及欧洲得到了广泛使用。然而，由于我国接触 BIM 技术相对较晚，整体上还处于探索阶段，普及规模和发展程度相较于美国还都不足。

1. BIM 技术在高校中的使用情况

自我国实施"互联网+"行动计划以后，BIM 技术迎来了很好的发展机遇，目前 BIM 技术正处于蓬勃发展时期。例如，随着 BIM 技术的发展，我国建筑行业从传统的 2D 向 3D、4D、5D 甚至 6D 发展，由以往的二维绘图发展发展到了现在的三维信息化模型，由以往的手工算量算价到目前的电算化。然而，BIM 技术自 2013—2014 年进入高校以来，主要以参加相关竞赛以及 BIM 实训中心的方式进行学习与推广，所实行的更多还是一种课外学习的模式，这对于人才的培养力度是远远不够的。目前，我校所开设的工程管理专业的实验教学中将 BIM 技术（广联达土建算量 GTJ2021 以及广联达云计价平台 GCCP6.0）引进课堂的就只有工程造价实验和 BIM 理论课程，其余 BIM 技术系列软件主要通过引导学生参加比赛进行课外学习。该现象并不是只有我校存在，很多高校土木类、工程管理类专业也存在类似现象。例如，2020 年住房与城乡建设部下属协会——中国建设教育协会举办的 2020 年全国大学数字建筑模型创新应用大赛（该比赛是基于 BIM 技术开展的）总共有 2 000 多支队伍参加，参赛队伍对 BIM 软件的学习主要是以网络资源学习为主。

2. BIM 技术的政府政策支持情况

目前，政府对 BIM 技术的应用已经从最初的推广和引导转变为当下的出台政策支持，关于 BIM 技术的相关规范标准已经在陆续出台，最新的《建筑工程设计信息模型制图标准》已经出台并即将实施。2020 年 12 月 31 日，《重庆市住房和城乡建设委员会关于推进智能建造的实施意见》发布，该意见提出重庆市政府推进智能建造的相关意见，并指出智能建造是建筑业供给侧结构性改革的重要内容，是建筑业转型升级的重要手段，是绿色发展、创新发展的重要举措。此外，该意见还指出，其重点任务是推广自主可控的 BIM 技术，加快构建数字设计基础平台和集成系统，实现设计、工艺、制造协同；依托 BIM 项目管理平台和 BIM 数据中心，实现数据在勘察、设计、生产、施工、交易、验收等环节的有效传递和实时共享。与此同时，2021 年 3 月，深圳市住房和建设局、深圳市交通运输局联合发布了七部工程建设 BIM 地方标准：《城市道路工程信息模型分类和编码标准》（SJG 88-2021）、《道路工程勘察信息模型交付标准》（SJG 89-2021）、《市政道路工程信息模型设计交付标准》（SJG 90-2021）、《市政桥涵工程信息模型设计交付标准》（SJG 91-2021）、《市政隧道工程信息模型设计交付标准》（SJG 92-2021）、《市政道路管线工程信息模型设计交付标准》（SJG 94-2021）、《综合管廊工程信息模型设计交付标准》（SJG 93-2021），旨在推动 BIM 技术的发展和应用。

3. BIM 技术的实际应用情况

随着建筑行业的发展，装配式建筑将会是未来发展的一个趋势。在装配式建筑的推行过程中，BIM 技术作为一种数字化、智能化、信息化的手段，为装配式建筑全生命周期各个阶段的运行提供了技术支持，如运用 BIM 技术进行标准化设计，运用 BIM 技术进行工厂化施工，运用 BIM 技术进行一体化装修。我们可以在管道施工过程中通过 Rivet 软件进行三维模型搭建，可以同时对三维模型进行碰撞检测，提高工作效率。

综上所述，BIM 技术不仅有很大的人才需求市场，而且已经得到政府的政策支持，并且在实际应用中也突出了其优越性。这将会进一步地推动 BIM 技术的发展，同时也表明了将 BIM 技术引入工程项目管理实验教学的必要性。

二、对目前我校工程管理专业工程项目管理实验的教学模式的思考

1. 工程项目管理实验的教学模式

我校工程管理专业旨在培养具备管理学、经济学、法学以及土木工程技术的基本知识，掌握现代管理科学的基本理论、方法和手段，能在国内外房地产和建设领域从事项目决策和开发、招投标管理、施工管理、造价咨询及管理、房地产估价的应用型、复合型管理人才。我校工程管理专业要求毕业生掌握工程信息技术，具备

应用最新的信息技术、软件和计算机辅助解决工程管理专业及相关问题的基本能力。而工程项目管理课程作为工程管理专业的一门核心课程，在专业课程中具有相当高的地位。

但是以工程项目管理作为理论基础的工程项目管理实验课程，对现代技术（如BIM技术）的使用相当薄弱。目前，我校工程管理专业工程项目管理实验教学主要采用沙盘模拟进行实验教学，即通过"凯旋门""世纪大桥"实验教学案例对项目前期资金筹措、临设搭建、材料采购、设备租赁、施工建设等过程中的资金安排、人员管理、材料调配、设备协调等一系列工作进行分组沙盘实训演练，进而锻炼学生的全过程管理、财务管理、进度管理、成本管理的能力，同时锻炼同小组同学的团队意识和小组团队协作能力。这种教学模式通常将学生分成5~6人一组，理论上这种分组是比较科学合理的，因为这样的分组可以使项目经理、生产经理、经营经理、采购经理、财务经理分别由一个同学担任，进而让每个同学都能得到锻炼。然而这样的分组并不能很好地达到预期效果，总会出现有的组只有1~2个人在做而其他人在做其他事或者不知道从何下手的情况，这就造成有的同学在实验过程中把所有职位都担任过一遍，而有的同学在实验结束后都不知道做了什么、实验内容是什么。这就造成了严重的两极分化，同时也使得后期的实验报告内容及水平有很大的差别。

而实验对BIM软件设计并不多，由于线上视频学习多以理论教学为主，学生缺乏实操演练，从而使得学生对软件的使用及功能模块不熟悉，不能很好地将该技术用于本课程。

2. 将BIM软件引入实验教学中

所谓将BIM技术引入实验教学，即是以学科理论为基础，以BIM5D技术为平台进行实验教学。BIM5D（见图1），即从五个维度进行的工程项目管理，在3D的基础上加入了4D时间和5D成本。BIM5D软件可以通过导入建筑模型、合同预算文件和成本预算文件、斑马网络图或横道图，将模型各个构件与斑马网络图或横道图进行关联，将合同预算文件或成本预算文件与模型构件进行关联；然后即可对项目进行合同管理、自动排砖、资金关联、材料管理、进度管理、物资量查询等模块的智能化操作，并根据实际需求导出Excel文件帮助学生在沙盘模拟演练中提供决策依据。例如可以通过查询物资量清单合理安排材料进场，劳务班组进出场；通过查询资金使用情况帮助学生进行合理的财务管理；通过合约视图中的清单对比和三算对比及时调整偏差等。

BIM5D具有很强的综合性，涉及一系列的BIM技术。如果数据导入时需要用到合同预算文件和成本预算文件，则预算文件的编制需要计价软件广联达云计价平台GCCP系列软件和广联达BIM土建计量GTJ系列软件来完成；如果施工模拟中需要导入进度计划，则需要project或者斑马梦龙网络计划编制系列软件中的任意一个软件进行进度计划的编制；进行沙盘演练时可以使用BIM场部软件进行现场布置，实现学生二维演练到三维模型的转换，帮助学生了解现实施工场景，有助于项目管理。因此，在将BIM5D引入工程项目管理实验教学中的同时，也要将其他BIM系列软件一并引入到工程项目实验教学当中，这不仅将BIM技术与实验教学进行了有机结合，同时也提升了学生的综合技能。

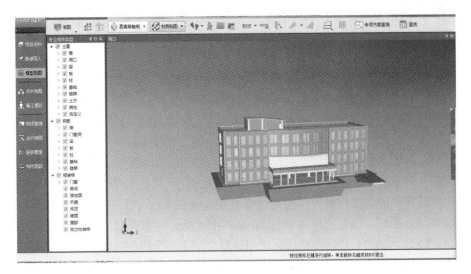

图 1　BIM5D 软件界面

三、引入 BIM 系列软件给实验教学带来的主要问题及解决措施

（一）主要问题

1. 教学课时及教学任务增加

BIM 技术的融入，使得教师在原有的教学课时基础上增加实验教学的内容，并且还会改变原有的教学计划，这给授课教师带来了一定的教学压力。

2. 学生学习任务加重

BIM 软件的引入使得学生不但要学习现有的实验教学内容，还要对软件进行理论学习和实际操作练习，进一步增加了学生学习压力。

3. 原有考核模式不再适用

BIM 软件模块的导入使得原有的课程考核不再适用，需要重新制定新的比较科学的考核方式。

4. 实验设备需要更新

BIM 的导入使得原有的纯沙盘模拟不再满足新的教学要求，需要对现有的实验设备进行更新。

（二）解决措施

1. 采用"任务导向+线上线下教学相结合+模块化"的教学模式开展教学

（1）教学模式。

随着互联网技术的发展以及新冠肺炎疫情的暴发，在线教育迎来了发展的大机遇，各种在线教育软件纷纷被开发出来，并且到目前为止在线教育的技术已经相对成熟。而且线上教学有很多优势，教学过程与行为记录具有实时性，效果评价具有透明性等。因此，可以将在线教育引入实验教学中来解决课时不够的问题，即采用以实验任务为导向分模块地进行线上软件学习、线下实训演练的模式（见图 2）进行教学。

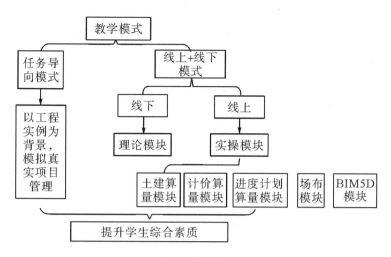

图2　教学模式

（2）教学组织。

教学采取分组教学的方式。利用我校在线学习平台，教师可提前对学生进行分组并由学生自行选定 BIM 软件进行学习；将软件学习视频及软件提前一到两周上传至教学平台，要求学生在实验课程开始前将视频看完并学会软件。教师可以通过在线平台掌握学生学习情况并进行实时督促；在实验教学开始时给学生提供教学模型、施工工序的工程量、施工图纸。学生应该完成施工现场布置、网络计划图、横道图、预算文件的编制，然后将所有文件导入到 BIM5D 中，进行构建模型关联，关联完成后将文件保存。教师带领学生通过 BIM5D 完成第一个教学案例的沙盘演练，之后由学生自主完成第二个教学案例（见图3）。

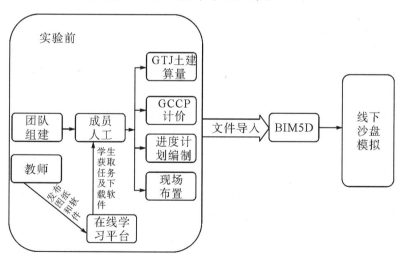

图3　教学组织

2. 以赛促教

鼓励和引导学生参加 BIM 系列比赛，帮助学生熟练运用 BIM 软件，进而提高教学水平。每年都会有很多 BIM 相关比赛，如由广联达举办的 BIM 技能认证大赛、由中国建设教育协会举办的全国大学生数字建筑模型创新应用大赛等，都是基于 BIM 软件开展的。教师可以提前动员学生参加这些比赛，在比赛中学生可以通过比赛方提供的软件培训提前学习相关实际操作。比赛的竞争性强，题目难度大，学生可以通过比赛得到软件操作的锻炼，进一步提升学生软件操作能力。这可以提前解决学生软件操作上的难题，进一步加快教学进度。近年来，我校参加的相关比赛如表 1 所示。

表 1　专业竞赛一览表

竞赛名称	举办次数	举办单位	使用软件
全国高等院校技能认证大赛	2 次/年	广联达科技股份有限公司	广联达 BIM5D 广联达斑马网络计划 广联达 BIM 施工图现场布置 广联达施工建模设计软件 BIMMAKE 广联达 BIM 土建计量平台 GTJ2018 广联达云计价平台 GCCP5.0 Revit2016
数字建筑创新应用大赛	1 次/年	中国建设教育协会	
全国大学生先进成图技术与产品信息建模创新应用大赛	1 次/年	中国图学学会	
全国大学生智能建造与管理创新竞赛	1 次/年	中国建设教育协会	

3. 以"广联达工程教育测评认证平台+重庆工商大学在线学习平台"双平台进行学生辅导与考核

（1）学生考核。

该实验原有的考核模式采用"平时成绩+实验报告"的方式，这种考核模式会导致学生产生惰性思想。该考核模式对学生来说没有意义，因为本课程采用的是分组教学的模式，实验报告是小组式的，所以只要小组人员有人做了即是其他人做了，并且该模式下教师对学生的辅导很不方便。因此教师可以通过引入广联达工程教育测评认证平台（见图 4、图 5），对学生进行软件模块的考核。该平台主要有以下两大优势：①对于教师来说，可以直接在该平台发布软件模块的实验图纸及实验内容，并导入实验评分标准，学生完成后直接在该平台提交，然后平台自动评分，教师端可以在后台查看学生成绩。②对于学生而言，学生可以在平台进行大量重复的实验练习，并且可以及时得到成绩反馈，并根据评分报告进行实验内容完善。教师可对每个模块分值进行加权计算总分，建议分值如表 2 所示。

图 4　广联达工程教育测评认证平台界面（一）

图 5　广联达工程教育测评认证平台界面（二）

表2　评分表

	小组成员	软件	分值	备注
小组评分	成员 A	广联达斑马网络计划	10分	实验报告：40分
	成员 B	广联达 BIM 施工图 现场布置	10分	
	成员 C	广联达 BIM 土建计量平台 GTJ2018	10分	
	成员 D	广联达 BIM5D	20分	
	成员 E			
	成员 F	广联达云计价平台 GCCP5.0	10分	
总分			100分	

（2）学生辅导。

学生辅导可以充分利用我校在校学习平台（见图6），该平台可以进行理论作业、教学视频、教学软件、实验指导资料等教学资料的发布，并且还提供了答疑讨论、课程问卷等功能，学生可以在平台上公开发布学习中遇到的问题，然后由学生或教师进行解答，既能解决学生问题又能带动学生学习积极性，实现了人人都是"科代表"的学习氛围。

图6　重庆工商大学在线学习平台界面

4. 加强实验室建设

目前我校工程项目管理实验课程主要以沙盘模拟为主，并且每个沙盘配备有四台电脑，所以学校只需要购买相应软件授权即可。此外，目前我校工程管理专业工程造价实验所用的即是广联达 BIM 土建算量 GTJ2021 和广联达云计价平台 GCCP6，因此我校目前已经拥有这两个软件的加密锁，只需要在这基础上开通其他软件授权即可。

四、结语

随着互联网技术的飞速发展，工程建筑行业呈现出信息化、数字化、智能化的发展趋势。随着装配式建筑的出现，智慧建筑、智能建造、绿色建筑的发展成为未来的一种发展趋势。高校作为人才培养的基地，应该面向未来进行人才培养。高校经管类专业应该结合自身专业特点，将行业新技术与自身专业进行有机结合，培养一批掌握专业知识又拥有行业新技术的人才。

参考文献：

［1］KIM G D, AHW B K, KIM J, et al. Improved hydrodynamic analysis of marine propellers using a b-spline-based higher-order panel method［J］. Journal of Marine Science and Technology, 2015（20）: 670-678.

［2］许剑峰, 李立. 基于 BIM 技术的教学改革模式研究［J］. 实验技术与管理, 2020（11）: 218-221.

［3］陈敬武, 班立杰. 基于建筑信息模型促进装配式建筑精益建造的精益管理模式［J］. 科技管理研究, 2020, 40（10）: 196-205.

新商科需求下经管类
实验教学体系的改革与实践

徐尹凤

（重庆工商大学管理科学与工程学院　重庆　400067）

摘　要：按照新商科人才培养理念和目标，本文就重庆工商大学经管类专业实验课程体系改革与实践、优化专业实验课程体系顶层设计主题展开深入研究，分析了当前经管类实验教学体系存在的问题，提出了改进实验教学体系建设的策略——以虚拟仿真立体式案例实验教学思想为中心进行建设，以提高经管类专业实验课程的实用性和专业性为目的，推动复合型、创新型、应用型经管类人才培养，提升学科发展能力。

关键词：新商科；案例教学；虚拟仿真；大数据；人工智能

一、引言

传统商科以工业经济为背景，而新商科以数字经济为背景，数字经济迫切需要一批具有全球视野和数字商业价值观、掌握数字商业规律、知识技能跨界复合、多种思维交叉融合、智商情商双高、终身学习持续发展等鲜明特征的复合型新商科人才，从而为商业转型升级提供必要的人才支撑。传统商科以职能为导向培养专门人才，如市场营销、金融、财务、人力资源管理等；新商科以行业为导向培养跨学科复合型人才，如财富管理、金融科技、云营销等。因此，新商科建设不是将传统商科推倒重来，而是要在数字经济时代赋予商科新的内涵。

目前，新商科在建设过程中，实验课程的问题不断凸显，经管类专业的实践课程教学体系改革势在必行。不合理的专业课程设计，使得很多学生重视理论而轻视了实践；实践经验不丰富的教师队伍，使得实践课程的教学质量受到了影响，加之有些教师引导不当，让学生在实践教学中感到挫败；学校对于实践教学的经费支持力度不足，使教师和学生无法开展相应的实践教学。改革实践教学、完善新的课程建设，是适应现代社会对人才需求的必由之路。

二、新商科的深刻内涵及经管类实验教学的新要求

（一）新商科的深刻内涵

新商科是融合现代新技术的综合性学科。传统商科以职能为导向培养专门人才，如市场营销、金融、财务、人力资源管理等；新商科趋于以行业为导向培养跨学科复合型人才，如财富管理、金融科技、云营销等。新商科应主动回应技术创新和社会变革。当前，互联网、大数据、人工智能等技术正在改变人们的生活方式和商业模式，学生应学习和掌握一定的相关技术，以适应商界的转型升级。

新商科是突出中国理论与方法的商学教育。传统商科采用西方理论和案例；新商科着力构建中国特色的话语体系，采用中国案例，用中国理论解释中国现象、解决中国问题、指导中国的经济发展实践。

新商科是产教深度融合的全新培养模式。我国拥有全球最大的经济管理教育供给系统，96%以上的中国高校都开设了相关专业。然而，部分学校的商科教育还处在"填鸭式"教学、"水课"泛滥、"双师型"教师匮乏、实践教学能力差的状态。

（二）经管类实验教学的新要求

实验教学是培养经管类专业学生实践能力的重要手段。经管类专业学生不仅要熟练掌握理论知识，更要具备较强的实践能力。在人工智能时代，强调以数据为基础进行研究，并快速做出决策，这不仅扩大了掌握大数据思维和技术的人才需求量，而且对经管类专业人才培养提出了新的要求。因此，在大数据背景下应充分认识实验教学对经管类专业学生实践技能的重要性，科学、全面地构建面向数据分析和管理的实验教学体系，以适应大数据背景下经管类专业人才的培养需求。

三、目前学校经管类实验教学体系存在的问题与不足

目前，经管类的实验教学大致分为两类，第一类是与各经管类专业课程高度融合的专业实验，如客户关系管理实验所用的超兔软件；第二类则是偏理论应用的实验，如网络营销实验。这两类实验课程相较于传统的理论教学课堂而言，对于应对现实场景的经济问题作用不明显。

（一）不合理的实践课程设计

经管类专业的实践课程学分与总学分相比，所占的比例不高，但经管类专业的课程实践性强。经管类专业的课程设计不合理，使得在教学过程中出现了轻实践、重理论的现象，教师过多地重视学生理论知识的学习，忽略了对学生实践技能的培养。校内的实践教学一般采用实验室上机方式进行，让学生在实践中提高对专业知识的掌握程度，而校外的课程实践多采用专业见习、参观采访等方式进行。而这些经管类专业的实践课程教学实践性不强、目的性不强，实践课程有些重复，有些实践课程与专业课程内容脱节，理论与实践未能做到优化整合。

（二）实验课程缺乏实践

传统实验课程给人的印象是呆板、枯燥和难以理解，课堂互动性差。在经管类实验教学中，最应当注重的问题是：教师不再引导学生去"想当然"，而是注重培养学生在理解的基础上动手操作并完成实验作品的能力。因此，实验课程的前半部分应为理论讲解，然后再让学生投入案例实践，并在一定时间内完成个人或小组作品。

（三）实践经费投入不足，实验室设备不完善

学校的经费相对欠缺，实践课程教学的开展受到限制。由于经费不足，很多实验室的电脑配置跟不上时代的发展，很多经管类专业所需软件滞后，电脑数据陈旧，实践与课程教学内容严重脱轨。教师无法保障学生的实践能力能够得到提升，教师在实践中需要检查的次数也不得不缩减，很多实践工作无法正常开展，学生在实践中的教学效果很难达到预期效果。

目前，学校的实验室仅在上课时间才能使用，周末或者晚上均不开放，开放时间短，没有发挥实验室引导学生自主学习的功能。很多时候学生没有做完实验也只能被迫离开，因为实验室很早就关门了。

（四）教学内容与实际联系度不高

某一些课程的理论内容都还是十几年前的，实验课程也只是在理论的基础上继续讲解而已，没有与现实相接轨的实际操作。因此，学生从课程里面能学习并运用的知识也就非常少。

教师的经管类专业知识深厚，但是部分教师的实践经验并不丰富，对校外实践课程的了解并不全面，这些教师更适合从事经管类理论课程而非实践课程。同时，很多的经管类专业没有完整、实用性强的实践教材，多数实践性教材年代久远，实践性对策跟不上时代的发展，漏洞较多。

四、新商科背景下经管类实验教学体系的优化与重塑

（一）将案例教学融入课堂

目前，学校的经管类实验课程仍然以理论教学为主，以撰写实验报告为辅，没有切合具体情况，学生的学习效果欠佳。而目前很多顶尖高校都采用案例教学的方式，这也是我们可以借鉴的一个点，让学生在具体的案例中掌握理论知识。

首先，教师根据实验教学项目内容，编写引导案例，在这个过程中可以借鉴"翻转课堂"教学法，采用小视频的形式给出引导案例，要求学生记录自己的直观感受并提出问题；教师在课堂上组织学习小组深入讨论案例，引导、鼓励学生分析问题，整理思路并能够逻辑清晰地表达出来。

其次，教师结合引导案例和实验项目，指导学生在图书馆、互联网收集、查找类似的实际企业运营管理案例并进行提炼、归纳，重点培养学生的信息收集能力、思辨能力和归纳能力。在这个过程中，教师只把握方向，不参与具体案例内容的编辑。案例形式可以多样，案例文字可以简洁但结构不能松散。教师应特别关注学生在编辑过程中的思路是否清晰，以及案例与理论知识的结合程度。

最后，利用实训基地、虚拟仿真等平台，让学生在企业一线做调研，结合企业实际情况，自行编写案例。该步骤是在前期图书馆案例的基础上，自觉践行由实践到理论再到实践这一教育客观规律，其关键在于培养学生的观察能力、分析能力和创新思维。在这个过程中，学生不仅能掌握理论知识，而且会对现实企业行业背景、环境约束和各种运营困难有直观感受。

（二）利用虚拟仿真技术丰富案例教学

目前，学校所有课程中仅有少数实验课程以虚拟仿真平台进行实验教学，这是一种较好的教学方式。如果虚拟仿真模拟商业环境足够逼真的话，学生在操作软件的过程中就会产生逼真的体验，就能较好地将所学知识融入实际操作中。

（三）案例衍生项目设计

创新创业教育真正贯穿于实验教学需要在创新创业教育理念的指导下，利用创新优化重组实验教学环节与内容，其中行之有效的方法是结合课程开展项目教学，即师生通过共同完成一个完整的项目而进行实验教学实践活动。首先是项目选择。目前，无论是验证性的专业实验还是仿真模拟的综合性实验，都是由软件提供商单方面设计的普适性环境，作为使用者，教师和学生只能被动接受，而无法根据培养目标和地方特色进行自主设计，而教学设计或者说实验设计则是培养和提升创新思维的最好方式。因此，教师可以根据教学需求和学生的学习要求对实验课程进行再开发，开发过程可由教师、学生以及软件提供商共同参与，每一次的课程开发都是一次项目设计，这样，学生的创新思维可以得到极大的提升。其次是团队组建。项目应采取项目负责人制，由项目负责人选择开发项目、组建并管理项目团队。在教师指导下，项目团队成员各司其职，共同完成项目工作，这样既能锻炼学生的实践能力、创新能力，又能提升学生的领导能力、管理沟通能力和团队协作能力。最后是效果评价。在项目运作过程中，可由实验实训教学专家组成评估小组并对项目设计的过程和阶段性成果进行评估，帮助项目团队发现不足、明确方向。

（四）人工智能（AI）工具式运用

目前大数据、人工智能等发展迅猛，这对商科学生来说也成为与时代接轨的必修内容。商科领域需要的不是理论学者，而是懂大数据、人工智能等的商科从业者。这些商科从业者对于大数据、人工智能等的理解不需要非常深入，只需要懂得如何使用大数据、人工智能等工具并将其应用到自己的实际工作中。因此，商科学生不必从头开始学习机器学习等基础原理，一是时间不够，二是靠实验课程就可以与现实接轨。对于目前已经确定方向的商科背景学生，他们需要掌握的并不是一大堆基于数理知识的算法理论，而需要掌握一些软件的基本操作。毕竟，商科从业者的应用场景不会是原始数学模型，而是封装好的软件、机器或服务，对于数理能力不会有过高的要求。

五、结语

经管类实验室为经管类专业进行人才培养提供了场地和条件。只有不断加大经管类实验室的建设力度，不断建设出高水平、高质量的实验教学平台，才能适应高校发展的需求。此外，社会的发展对高校人才培养的要求也在不断发生着变化。经管类实验室在规划和建设过程中，要不断吸收新技术、新经验，总结自身不足，进行专业技术人才的补充。此外，高校要充分了解并及时适应学科发展变化的需要，构建一个科学、合理的经管类实验教学体系。

参考文献：

［1］李建忠. 新商科背景下经管类跨专业虚拟仿真综合实训课程的设计［J］.创新创业理论研究与实践，2020，3（17）：187-188.

［2］刘昭晖. 应用型本科高校新商科实验室建设研究［J］. 创新创业理论研究与实践，2021，4（1）：179-181.

［3］冯路. 面向创新创业能力培养的经管类专业实验教学方法探索［J］. 教育现代化，2018，5（11）：73-74.

［4］王芳，杨磊，郭慧婷，等. 大数据背景下经管类实验教学改革探索［J］.实验室科学，2016，19（3）：72-75.

基于多元化目标导向的
经管类实验教学评价体系探索

张蕊婷　吴晓静

（重庆工商大学会计学院　重庆　400067）

摘　要：随着教育理念、教学方式的改变，经管类实验教学的重要性日益凸显，但是在当前经管类实验教学中，教学评价并未受到应有的重视。本文基于多元化目标导向，提出学生学习效果和教师教学效果的双重评价体系。本文通过划分实验项目、重视过程反馈、健全评价基础等多方面考核学生的学习效果，通过组织专家评审、开展行业测评等方法评价教师的教学效果，并通过教学环境、实验平台的优化补充，构建对接社会需求、全面客观的教学评价体系，为实验教学评价体系的构建提出新的思路。

关键词：经济管理；实验教学；教学评价；多元化评价体系

我国市场经济的多元化发展对应用型人才的需求越来越大，对高校的人才培养也提出了更高的要求。为培养与社会需求相适应的应用型、综合型人才，经管类学科的培养模式与机制也在不断寻求突破与创新。作为理论课程的实践应用和融合补充，经管类实验教学也在不断丰富和创新，但是对于实验教学效果的评价与反馈，目前还没有形成明确统一的判断标准，且多以实验课程成绩作为学生学习效果和教师教学效果的评价依据，学生对教师的讲授也缺乏相应的反馈。因此，经管类实验课程教学评价体系需要综合构建，需要突破和创新。

一、教学评价理论及意义

1963 年，美国课程评价专家克龙巴在《通过评价改进课程》中提出，教学评价是改进课程设计的重要方法，评价更应该关注过程评价，而不仅仅以单一的结果为导向。目标是评价过程的核心和关键，评价的依据是通过对学生行为的考查来找出实际教学活动与教育目标的偏离，从而实现改进优化—再评价—再优化，即通过不断的评价、调整、再评价、再调整，实现"评"与"教""教"与"学"的良性互动与持续发展。评价的目标是通过信息反馈，最大可能地实现教学活动与教育目标的契合。教学评价的意义在于通过评价反映学生的实际情况，了解学生的掌握情况与存在的明显短板，从而改进教学过程。在现代应用型、创新型人才的新要求下，实践教学充分体现了学生的主体性，对学生的动手能力与实践能力有着不可忽

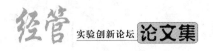

视的作用，因此评价学生学习效果与教师教学效果，对于完善课程设计、推动教学改革具有重要的意义。

二、经管类实验教学评价体系存在的不足

（一）评价基础不完善，实验课程内容普遍陈旧单一

实验课程设计与学生的参与表现是教学评价的基础和依据，虽然当前实验教学已经成为高校育人的重要组成部分，但在教学实践中，实验课程仍旧附属于理论课程设置并在重视度方面明显逊色，其具体表现在实践课程单一、实验内容过于浅显、流于形式。此外，绝大多数的经管类实验课程是在人为设定的数据条件下展开的，不仅不利于学生能力的实质性提升，而且使得实验教学评价被迫局限于以成绩为导向。评价标准单一固化，严重阻碍了学校课程设计的改进与完善。

（二）评价主体较为局限，客观性不足

当前，教学效果评价以教师评价来体现，以课程成绩定位学生表现。在这种教学模式下，学生与教师对待实验课程的态度、对于实验环节的思考以及实验内容的创新等方面极其容易被忽视。评价体系缺乏深度，过程反馈重视度不够，使得教学效果无法得到真实反映。虽然众多高校在课程评价体系方面，设置了学生意见反馈测评，但大多局限于问卷层面，问题设置过于主观，灵活性不足，评价方式较为单一。此外，评价主体多局限于教务管理部门，忽视了学生的过程反馈、同行互评以及专家测评，客观性不足，而客观评价教学效果也是完善实验课程全过程管理的必要环节，这也是当前教学实践中非常薄弱、极其容易被忽视的部分。

三、经管类教学评价体系改革的新要求

（一）系统设置实验课程，重视不同学科的融合与拓展

当前经管类实验课程多以专业进行划分，不同专业的实验课程之间关联设置不足，这是实验教学课程设计单一的重要原因。此外，同一专业下的实验课程教学广而不深，专业深度不足。基于此，经管类实验课程设计要特别注重与其他学科的交叉与融合，配套设置多元化的实验课程体系，通过经管类课程与不同学科的碰撞与融合，推动形成全方位、多角度的实训课程模式。同时，学校要不断强化实验课程教学的深度，重视实验课程的纵向深化。教师在纵向深化过程中要积极发挥传递引导作用，助力学生进行探究式学习，随时了解学生的理解情况和实际操作能力，不断培养学生的动手能力与思考能力，为健全多元化的评价体系打下坚实的评价基础。

（二）重视虚拟仿真，突破预设情景数据的限制

在经管类实验课程中，真实有效的实验数据是保证实践教学科学、有效的基础。但是，目前大多数的经管类实验课程是教师根据实验设计需要人为设定数据条件，学生在预制的情境中完成实验。这一做法降低了教学复杂程度，但是对经管类专业学生的培养产生了较大负面影响。长期处于人为设定的数据环境中，会导致学

生对真实商业情况缺乏了解，不仅不能真正提升学生的实践操作能力，而且可能使学生对真实的金融环境和市场环境产生误解。基于此，高校在实验场地、实验设备、实验时间、实验内容等方面应充分实现互动开放，重视学生的实验思维培养，同时在教学评价中关注实验动态与学生的过程反馈，多元化考核学生的实验学习能力，收集课程反馈信息，尽可能避免单一的成绩导向式教学评价。

（三）建立有效的反馈机制

为了达到教学评价"以评促改，以评促教"的目的，必须要重视过程管控和动态反馈，在发现问题后及时改进。首先，要抓好常规教学检查，检查对象包括全体参与经管类实验课程的学生及授课教师，增强对学生的初期摸底、中期实验操作情况与参与度跟踪，在评价过程中要注重实践技能考核，突破传统的试卷考核形式，注重学生完成实验项目的质量与效果，同时要注重教师的授课情况与改进方案的检查。其次，要落实好第三方监督功能，充分肯定"校企合作"的良性衔接功能，积极推动学生参与企业实际运营活动，及时听取企业家的建议和反馈，保证学校教学目标与社会需求相适应，及时改进教学评价体系。

四、教学评价体系构建

（一）基于学生学习效果的教学评价体系

根据泰勒的"目标-达成-评价"模式，我们可将实验课程根据内容划分为若干个实验项目，由学校组织相关专家及任课教师组成专业小组，对每个实验项目的具体情况进行讨论，并划分为验证类、设计类、综合类3类实验。针对不同实验项目制定不同的评价方式，如表1所示，使得学习效果评价更加符合每门实验课程的实际情况，并力求突破单一成绩导向评价体系。

表1　分实验类型评价模式

实验类型	评价内容
验证类实验	实验预习报告、实验态度、课堂操作、实验报告、问题讨论
设计类实验	实验目的、实验原理及方法、实验过程及步骤、实验结果与讨论
综合类实验	实验原理、实验方法、实验数据分析、问题讨论

验证类实验项目，主要包括实验理论学习的掌握情况，该部分项目主要关注学生是否能够深刻理解理论知识，并将其很好地应用到实验操作当中。设计类实验项目主要考查学生如何设计实验操作过程和实验步骤，并对实验结果进行解释与理解的能力。综合类实验项目则主要考察学生的综合运用能力，是在理论学习与实践操作过程中的综合考核，主要通过学生模拟运营进行实现。

课程考试方式是由教学内容和教学形式决定的，实验教学的教学内容与学生的动手能力及解决问题的能力密切相关，考核方式及评价体系应适时变革调整，注重多元化价值导向。根据上述3种不同的实验项目，效果评价侧重点应有所不同。例如，验证类实验项目侧重理论知识点学习，教师可通过学生梳理相关理论知识后，阐述可能存在的理解难点以及实验操作过程当中可能存在的问题等进行考核；对于设计型实验项目，教师则可通过撰写实验报告、心得体会等方式考察学生的参与情况。此外，对于学生的课堂表现教师应高度重视，如学生是否清晰地知晓实验目标、学生的参与状态是否积极踊跃、学生在实验课堂中的注意力是否集中持续以及学生的团队合作能力与团队表现等。教师应该对 3 种项目的比重进行适时调整，并采用层次分析法来制定不同实验项目的指标权重，将评价指标层层细化。比如在实验课程初期，验证类项目应占据较高的评价权重；在实验教学的中后期，设计类实验项目与综合类实验项目的权重可相应提高。

（二）基于课程教学效果的评价体系构建

图 1 为基于课程教学效果的评价体系。

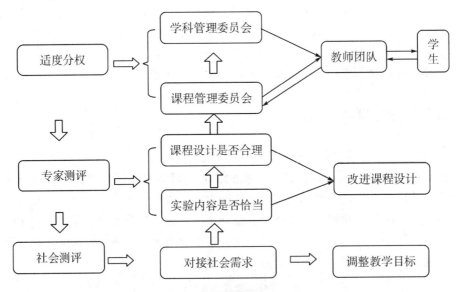

图 1　基于课程教学效果的评价体系

1. 适度分权，全面评价课程教学效果

由于经管类实验课的专业性比较强，在实验课的管理体系中应该适度分权。由院级单位组成学科课程管理委员会，负责教师的聘任和奖惩；由系级单位组建专业课程管理委员会，负责接收教师的开课申请和学生的课程评价反馈。实验课程的设计应该由教师团队及相关专家全面负责。教师处于整个实验课程管理体系的核心地位，既是实验课程的设计者，又是课程实施的组织者。这样才能保证教学评价形成合力，共同促进评价体系的改进和优化。

2. 组织专家评审，增强教学评价体系的客观性与专业性

客观评价教学效果并不能仅仅局限在课程教学实施层面，课程设计本身是否合理、是否需要改进和完善也是教学评价中极其重要的部分。教学效果往往与实验课程设计本身存在重要的关联，实验课程内容陈旧固化、吸引力不足很可能会导致教学效果不符预期。因此，组织相关专家对实验课程设置的合理性、全面性、专业化、精细化程度等进行评估，有利于从源头上解决教学效果评价体系改进困难的问

题，并保证课程设计的合理性和全面性。

3. 开展同行互评，构建对接社会需求的教学评价体系

实践教学是服务于人才培养的主要环节，其教学目标必须与经管类专业人才培养目标紧密联系，因此，开展行业内部企业家的测评对于构建完善的教学评价体系极其重要。与校内教师相比，社会及企业中的专家学者拥有更丰富的实践经验，对于实验课程教学是否精准对接社会需求、满足社会发展需要有一定的话语权，在评价教学效果、完善课程设计、改进教学过程中的不足等方面具有重要的作用。因此，要通过学校的社会资源网络，积极对接行业内部的相关企业家、学者，适时组织他们参与学校教学评价，如可邀请相关企业家开展相关专题讲座，推动教学评价体系立体化。

（三）重视经管类实验教学环境评价

教学环境即实验教学的基础条件，包括硬件和软件两个方面。其中，硬件包括会计实验室即实验教学场所、各种实验用品、实验设备、实验资料等物质资源；软件包括实验教学人员、实验教材、数据软件等智力资源。

因此，实验室的建设、管理与维护，实验教材的优化等均应纳入经管类实验教学评价的内容范畴。实验所用计算机的设备性能和数据处理软件、软件的适用性，对教学任务的圆满完成非常关键。同时，经管类实验教材要充分体现知识性、法规性和合理性。因此，在教学评价中，应考虑实验室是否整齐，设施是否齐全，能否满足经管类实验教学大纲规定的实验要求；实验材料是否齐备，完好率如何。

五、结语

当今世界科学技术迅猛发展，人才需求日新月异，对经济学与管理学教学方式提出了新的机遇和挑战。高校需要逐步抛弃传统的教学方法，改革传统的课堂教学模式和手段。与此同时，高校也应从教学实践出发，不断深入研究教学管理和评价体系，为经济管理教学提供必要的制度保障。教学评价体系的建立，可以为教学提供依据和参考。教师可以通过学生学习效果的评价结果，及时调整教学内容以及教学手段，不断完善课堂教学，更好地达到预期教学目标。学生可以以教学评价的标准为依据，及时改进自己的学习方法，并积极投入实验学习中，将理论知识通过实验课的学习融会贯通，从而达到教与学相互促进的目的。

健全高效的教学评价体系是促进实验教学改革、提升实验教学质量的必然要求。实验教学在经济管理教育中的重要作用和地位已毋庸置疑。为充分体现实验教学的优越性，达到培养高端经管类人才的目的，学校应尽快建立实验课程管理和评估制度，完善相关标准。专家委员会、专业管理委员会、学科管理委员会、实验教学中心应从不同角度对实验课程进行管理和评价。只有建立系统、客观的管理评价制度，才能激发主讲教师深化实验内容、创新实验技术，提高上好实验课的积极性和主动性。通过客观公正的教学考核与评价结果，运用各种精神和物质手段，对优秀者加以奖励，对工作质量达不到要求甚至造成教学事故者进行必要的惩罚，这种鼓励先进、鞭策后进的奖惩手段会在教学管理领域形成积极向上的良好氛围，提高经济管理实验教学的管理水平。

参考文献：

［1］牛富荣. 财政学翻转课堂教学质量评价体系的构建［J］. 山西财经大学学报，2020，42（2）：125-128.

［2］张夏，刘萍，于伟. 高等学校经管类实验教学评价体系探索［J］. 实验技术与管理，2016，33（11）：205-207.

［3］李霞. 会计实验教学评价体系研究［J］. 财会月刊，2015（6）：125-128.

［4］姚旭，荣红霞. 财务管理专业实践教学评价标准研究［J］. 教育探索，2014（4）：85-87.

［5］于兆吉，苏长海. 关于实践教学评价指标体系的研究：以管理类专业为例［J］. 现代教育管理，2010（11）：80-82.

秉承顶层设计理念，
优化保险实验课程体系建设

张娓

（重庆工商大学金融学院 重庆 400067）

摘 要：建设实验室会花费大量的人力、物力，要发挥招生规模相对较小的保险学专业实验室最大的使用效率，使其不仅能为保险学专业学生，还能为其他专业学生乃至非在校人员所用，需要从宏观角度出发，通盘考虑，聚合资源，优化保险实验课程体系的顶层设计。本文总结了现有保险实验课程的种类，分析其存在的弊端，在顶层设计理念的指导下，力图构建一个既不用担心重复教学又可以体现办学特色，既适合专业学生又可以为非专业学生所用的课程体系。

关键词：顶层设计；保险；实验课程；体系

实验对专业教学有着重要意义，它既可以帮助学生直观、深入地理解课堂知识，也可以帮助科学研究取得基本数据、进行理论验证，是连接学校和社会的纽带。随着国家对高校实验教学的重视，各个专业相继开设了实验课程，并投入了大量的人力、物力建设实验室，保险学专业也不例外。然而，据不完全统计，全国仅有225所学校开设了保险学专业，且其招生规模相比其他经管类学科而言也并不大。如何最大限度地提高保险实验室的使用效率，使其不局限于保险学专业学生，而能惠及其他非保险学专业乃至非在校人员，则需要优化保险实验课程体系的顶层设计。

一、保险实验课程开设现状

目前，各高校建设的保险实验室主要有两大类：一是保险精算实验室，二是保险业务模拟实验室。保险精算实验室侧重科研工作，保险业务模拟实验室主要为专业教学服务。

在保险学专业的教学中，保险业务模拟比精算实验课程更具有普遍性。保险业务模拟实验课程经常使用的软件是由浙江航大科技、上海逸景网络科技、深圳智胜信息技术、深圳典阅科技等公司开发的。这些软件大都包含管理端系统、教师端系统和学生端系统三个部分，早期主要帮助学生模拟保险业务流程，学生可以通过软件完成保险展业、承保、保全、理赔的实训操作。升级后的软件进一步丰富了教学资源，也加强了对学生操作的过程管理。

2015 年"复旦大学与复星保德信校园保险实验室"在上海成立，这是国内首个高校和保险公司一对一合作的保险实验室项目。该实验项目模拟保险公司创业团队构架，师生参与保险公司产品调研、设计、定价、包装和销售所有环节，以期达到学生发挥创新思维、教师实现学术成果转化、企业获得人才储备的目的，是"产学研"一体化的创新模式。

随着新技术的发展，三维建模、人机交互等技术手段被运用到保险实验课程的打造上。近年来，一些学校率先建设了新型的保险虚拟仿真实验项目，如广西财经学院的"洪涝灾害机动车辆保险查勘定损虚拟仿真实验项目"，江西财经大学的"交通事故查勘、定损、理赔全流程虚拟仿真实验项目"。

二、现有保险实验课程的弊端

虽然保险实验课程从无到有，从单一到丰富，取得了不俗的成绩，但现有保险实验课程仍有不足之处。

（一）受众群体小

保险实验课程主要面向保险学专业学生，其中一个原因在于现有保险实验课程主要放在了保险业务流程的操作训练上。对于非保险学专业学生而言，保险业务流程的实用性不强。学生可能对保险公司如何管理代理人、如何做保单保全以及如何查勘定损理赔不会太关心。

（二）课程不生动

大部分院校的保险实验课程还是以二维界面为主，学生面对电脑屏幕上一张张保险单证和一个个"同意""下一步"或"确定"的按钮，难免会感觉枯燥。

（三）重复度高

保险实验软件通常会设计人身保险和财产保险两大类险种的流程操作。虽然人身保险和财产保险的险种差异较大，保险单证上所须填写的内容也完全不同，但不管购买哪一类险种，都要遵循固有的保险流程。如果保险实验课程仅仅着眼于对业务流程的操作，那么分别开设人身保险实验和财产保险实验就会存在重复内容，从而降低了实验者的新鲜感。

三、秉承顶层设计理念，建设保险实验课程体系

"顶层设计"原本为工程学术语。它是运用系统论的方法，从全局的角度，对某项任务或者某个项目的各方面、各层次、各要素统筹规划，以集中有效资源，高效快捷地实现目标。在保险实验课程体系建设中，我们不妨引入顶层设计思维，重新构建课程体系，解决原有课程面临的痛点。

基于满足更多专业学生的需求，我们可以将保险实验课程体系设计为"基础实验课程+应用实验项目"的模式，如图 1 所示。

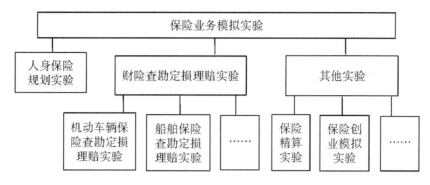

图1 保险实验课程体系

各院校可以结合自身经费、师资条件和办学特色，灵活设置应用实验项目。

（一）基础课程之保险业务模拟实验

保险学专业的学生，除了应该对保险业务流程有清楚的认知之外，更重要的是要建立起风险意识，懂得控制风险是对家庭、企事业单位乃至国家的一项重要举措，是每个风险单位财务管理必不可少的重要环节。开展保险业务模拟实验课程时，可以先用4~8个课时对学生进行一些财商训练；可以以财富流沙盘为工具，培养其学习运用时间、精力、人脉、能力、金钱等元素的能力。事实上，业界也常用财富流沙盘来帮助从业人员和客户提升风险意识、加强财商训练。

如果有能力，可以开发出更有针对性的沙盘游戏，把更多保险元素融入沙盘游戏中，游戏的角色可以增加保险代理人、保险人等，即通过咨询投保、缴付保费、出险报告、理赔支付等环节的沉浸式体验，再现生活场景。这一训练可以作为保险业务模拟实验课程下一个独立的小项目，非保险学专业的学生可以选修这一项目，从而建立起基本的风险和保险认知。学生不必过多了解保险公司内部运作流程，但可以通过沙盘游戏了解投保和索赔流程。

沙盘游戏之后，就是保险业务流程操作的仿真课程。保险学专业的学生虽然在理论课上学习过保险经营流程，但毕竟属于纸上谈兵。实验课可以让学生近距离接触到投保单、保险单、批单、赔款通知单等保险单证，熟悉业务流程，明确各业务环节需要做什么以及怎么做。目前开设保险实验课程的学校大都引入了保险业务模拟实验软件，学生可以利用现有的软件进行学习。

（二）应用项目之人身保险规划实验

经济的发展、风险的不确定性、保险意识的增强都促使越来越多的家庭有合理配置家庭资产的愿望。保险作为管理风险的重要手段，在家庭理财规划中的地位不容忽视。现实的问题是很多人想买保险却又不知道该如何买、买什么。大部分人即使购买保险也并没有总体规划。此外，也少有能够对家庭状况做全盘考虑之后再设计合理保险方案的业务人员。这样的后果是发生事故时可能并没有完全对口的保险产品来转嫁风险，购买者不仅得不到有效的保障，还加深了对保险的误解。

从培养学生配置险种能力的角度来看，我们需要有一套相对客观的评判标准来判断学生的险种配置方案是否合理，配置不当的问题出在哪里，并通过不断训练实现能力的提升。人身保险规划实验的设计思路是用8~16个课时的时间，通过模拟真实家庭状况，结合家庭的人口状况、风险承受能力、经济能力，帮助实验者寻找优质的家庭人身保险总体方案。这一实验需要开发数据对比实验软件，事先建立不同家庭情况的数据库，输入保险规划的一般原则，如标准普尔家庭资产配置比例等，给出案例家庭的保险方案参考设计。首先，学生从案例库中某一家庭的人口状况入手，分析案例中人口的性别、年龄、职业、身体状况等信息，判断案例家庭的主要人身风险；其次，学生根据案例家庭的资产负债情况及收入支出情况，结合风险调查问卷了解该家庭的风险偏好以及经济承受能力；再次，学生为案例家庭给出合理的保费预算，并在预算范围内配置适合的家庭人身保险方案；最后，实验完成后系统会自动给出评判，对保费、保额超出配置比例的地方予以警示，并给出保险方案设计参考，学生可以对比两种方案的差距，进一步优化方案设计。

可以看出，要做好人身保险规划实验不仅需要具备一定的保险知识，还需要有一定的财务和投资基础。人身保险规划实验是一门跨学科的综合性实验。保险学专业的学生可以借此巩固保险理论、提升运用能力，经管类学生也可以将其作为理财规划实训的工具加以利用。

不仅如此，我们还可以依托人身保险规划实验课程建立保险咨询工作室，为全校师生乃至社会人士提供保险建议。发展初期，我们可以仅针对在校学生的意外风险和医疗风险提供咨询建议。在校生经济尚不独立，保费预算有限，单纯的意外险和医疗险属于低保费高保障的险种，能够兼顾经济预算和保障需求。逐步地，可以扩展到个人其他险种配置以及家庭人身保险规划。我们可以利用微信或保险中介平台为有需求的人提供风险分析、保单解读、保单管理、投保建议等服务，如果有必要，也可以提供面对面的咨询。例如，大童保险开发了电子保单托管项目，该项目收集了自 1992 年以来所有保险公司共 2 万多款保险产品的条款，并打通了后台数据库，能够通过不同保险责任的自动化识别，帮助客户实现跨公司、多保单的管理。学校可以和业界联手，通过开发微信小程序或者利用业界已有的平台，让学生进行实践。学生可以把自己及亲朋好友的保单进行托管，提供诸如提醒缴费、提醒索赔、分析保单并给出优化保障建议等方面的服务。

（三）应用项目之财险查勘定损理赔实验

由于财产的复杂性和多样性，造成风险事故的原因也各有不同，既有暴风、暴雨、泥石流、滑坡、洪水等自然灾害，也包括火灾、爆炸、碰撞、盗窃、违约等意外事故。风险事故所造成的损失，既包括直接的物质损失、赔偿责任，也包括间接的费用损失、利润损失等。各种自然灾害、意外事故、法律责任以及信用行为均可作为财产保险承保的风险。

要评估财产损失的风险、对受损财产查勘定损，除了需要具备保险相关知识外，还需要对财产性能、构造有专业的认知，还需要具备法律专业知识和交易相关知识。通常，保险学专业并不涉及这些专业技术知识，查勘定损理赔环节的学习主要集中在赔款计算上，而具备专业技术知识的非保险学专业学生往往又不具备保险知识。

财险查勘定损理赔实验并非保险业务模拟实验的简单重复，而是在实验中引入了三维建模、虚拟现实（VR）等技术，并借助这些新技术手段还原事故现场，让学生能在实验室中完成现场查勘定损的工作。实验中，学生作为保险公司的理赔人员在接到报案后，可以根据事故类型选择需要携带的工具及单证赶往现场，借助三维画面或 VR 技术全方位观察事故标的受损痕迹，完成事故现场取照、测量工作，再配合专业技术人员进行标的的拆解定损，最后根据受损情况及保单责任出具理算清单。这种仿真式实验摆脱了流程式实验的虚拟性，更有身临其境的代入感。此外，其也克服了进行实地查勘定损教学的弊端。

考虑到财产的多样性，建设全类型财险查勘定损理赔实验不太现实。从财产保险公司业务构成来看，目前占据主要地位的仍是机动车辆保险，因此，机动车辆保险的查勘定损理赔实验可以作为优先考虑的课程。在进行校内实验之前，可以先用 2~4 个课时的时间带领学生到 4S 店或汽车修理店参观，了解机动车辆的基本构造。然后再用 6~12 个学时进行校内上机实验。当然，各校可以根据自身情况选择某类险种进行实验课程建设，尽可能覆盖更多的学生群体。

（四）应用项目之其他实验

有条件的学校可以继续添加其他保险实验模块，如开设精算实验、保险模拟法庭、保险创业模拟实验等课程。精算实验课程适合开设有精算专业或金融工程专业的院校，其既可以作为教学的一部分，也可以辅助科研工作。保险模拟法庭以法庭辩论的形式解决保险纠纷，加强学生对保险及相关法律知识的认知和运用。实验保险创业模拟实验课程适合与业界有较为深厚联系的院校，以课程为纽带打造学生与保险行业直接对话的平台，培养学生的操作能力、管理能力、创新能力。这些实验课程可以不仅仅面向保险学专业学生开设，凡是有水平、有能力的学生均可参与该课程。

四、结语

实验课程的建设和改革不是一朝一夕能够完成的，需要广大师生不断努力探索。在课程建设中需要具备战略眼光，逐步完善比推倒重来更有利于提升效率、缩减经费开支。保险实验课程体系的设置也要坚持顶层设计理念，从全局出发，协同各个实验项目，培养具备综合运用能力的人才，最大限度地发挥实验室的使用效率。在"厚基础、宽口径、强能力"的保险实验课程体系设计下，保险学专业的学生可以夯实理论基础、提升专业技能，同时非保险学专业学生的跨学科综合能力也将得以提升。

参考文献：

[1] 刘婷. 利用微信小程序辅助保险实训课程教学的改革研究 [J]. 现代盐化工，2020，47（5）：169-170，181.

[2] 张健如，郭蕊，张吉国. 农林高校经管实验室建设研究：以山东农业大学经济管理学院（商学院）实验中心为例 [J]. 山东农业工程学院学报，2020，37

（5）：42-46.

［3］兰草，徐晓辉. 虚实结合的创业运营模拟实验课程体系的设计思考［J］. 实验室科学，2020，23（1）：229-232.

［4］陈芳益，彭寒香. 互联网保险实验室市场前景初探［J］. 产业创新研究，2018（12）：39-40.

［5］张建深，李长亮. 基于实验室开放条件的网络保险技能训练［J］. 产业与科技论坛，2017（5）：150-151.

［6］谢汀芬. 保险仿真综合实训平台应用研究［J］. 保险职业学院学报，2017（3）：89-92.

［7］刘高俊. 浅谈 VR/AR 在金融保险领域的应用［J］. 中国金融电脑，2017（2）：81-83.

以思政为基础对工程结构的课程教学改革设计

——以重庆工商大学为例

钟佳欣

（重庆工商大学管理科学与工程学院　重庆　400067）

摘　要：随着高新技术的引入和建筑行业的不断发展，越来越多的隐患存在于大大小小的工程结构中。为减少建筑施工因管控不到位、管理者谋取私利等因素引致的工程事故，新时代对工科人才提出了更高的要求。建筑师们不仅需要有扎实的专业知识基础，而且应具备超高的专业素养、职业道德水平。因此，工科专业融合思政的教学改革势在必行。基于此，本文以重庆工商大学工程结构课程为例，拟采用文献调查、案例分析等方法，探索当前"以思政为基础对工程结构课程教学改革设计"的路径，并最终提出"加强教师思政融入专业的意识"、"培养工科学子专业课上的'两意识两精神'"、搭建"积分法"式师生反馈机制以调整教学改革方案等建议。

关键词：思政教学；工程结构；课程改革；职业精神；工科人才培养

一、课程教学改革背景与意义

（一）国内外研究现状

当下，越来越多的学者、高校尝试将思政元素引入教学改革，在不同程度上为我们提供了宝贵的借鉴经验，在此列举部分学者的研究观点及建议。

石坚教授提出要鼓励学生在思考中找寻自我、认识自我、提升自我，培养学生的家国情怀、文化自信与责任感，鼓励其树立远大抱负。立德树人是课程之根本。

郑强教授指出高校课程思政要以教师队伍为"主要"、课程建设为"主线"、课堂教学为"主场"、学者讲座为"主力"；确保实现"三全育人"、确保正确办学方向、确保落实立德树人、确保学生健康成长；注重师资遴选，健全评价体系，培育示范品牌。

除此以外，福州大学刘德明教授团队"建筑给水排水工程"的思政课堂、天津大学王虎博士"海洋地质学"的思政课堂等都为我们做了不少好的教学改革示范。

相较于中国，国外较少对思政相关的教学改革活动进行研究，取而代之的是对高校通识教育理论与实践的不断探索。杜威认为自然科学知识与人文社会科学知识一样可以满足社会需要。历史上，哈佛大学也总共对通识教育进行了 4 次大的改革。教学改革由最初的只重视专业培训慢慢延伸到对学生在人文科学、自然科学、社会科学等学科的培养。

（二）工程结构课程教学改革的背景

众所周知，我国是工业大国，但在工业规模上长期处于"大而不强"的状态。而在工业化道路上，工程教育一直被视为至关重要的一环。近年来，随着我国逐渐加大对高等教育的投入和对工科的重视，工科教育迅速发展，工科招生人数逐步扩大，在大学专业设置中占较大比重。即便如此，我们仍需要主动应对当下新一轮的科技革命与产业变革等一系列挑战。2017 年 2 月以来，教育部积极推进新工科建设，先后发布了《关于推荐新工科研究与实践项目的通知》《教育部办公厅关于公布首批"新工科"研究与实践项目的通知》，并在《高等学校人工智能创新行动计划》的通知中，要求推进"新工科"建设。除此以外，近年来各地政府相较以往也更加重视培养具有专业技能的专业技术人员，加大投入教育资金，致力于培养一批具有高知识水平、高动手能力、高专业素质的工科人才。政策一出，各地高校纷纷响应国家号召，持续完善工科人才培养方案和相关专业课程体系，在原专业课程基础上融入互联网、工业智能、新能源、大数据以及区块链等具备相当广阔发展前景的要素，逐步匹配当前社会对工科人才的要求。

（三）工程结构课程教学改革的意义

一方面，思想政治教育是加强青年爱国情怀、民族意识的至关重要的手段，而青年的爱国情怀是民族复兴的根基，是祖国长久以来繁荣复兴的重要原因。当前严峻的世界经济、政治形势也同样推动每一个大学生持续关注国情，这要求我们要加强对大学生的思想政治教育。

另一方面，安全是生产的第一要务，对于工程结构的学习则是工科学生的必修课。当前施工事故的出现，不断警示着各大高校加强校内专业知识的教学及职业道德的培养，以期学生具备扎实的理论基础和相应的专业精神。

综上所述，工程结构的思政教学改革在培养"三高"（高素养、高情怀、高知识技术）工科人才、进一步推动中国特色社会主义建设、推动党的教育方针和专业课程特色核心价值观等方面具有重要意义。各大高校位于意识形态发展的前沿阵地，更应探索思政教学改革路径，夯实专业知识，提高学生的专业素养。

二、工程结构思政教学改革的必要性

（一）课程介绍

工程结构是工程管理专业的一门重要专业主干课，也是工程管理专业课程体系教学改革的重点和难点，其主要任务是传授学生有关土木工程结构的受力分析和结构设计等方面的专业知识，培养熟练掌握工程结构材料、精通工程结构施工技术的工科人才。

鉴于工程结构课程的地位和重要性，对其进行课程思政改革具有十分重大的理论和现实意义。本文分别从理论和事实两方面说明课程思政教学改革的必要性。

（二）理论验证

住房是人类长期生存发展的必备物质条件，其质量直接关系着百姓的生命安全。工程结构的教学改革旨在为教学提效，与时代接轨，与国家政策接轨，让学生更实在地感受到一名工程师应当肩负的责任和使命。

（三）事实依据

除了理论与提案，工程结构思政教学改革的必要性和紧迫性更是有事实依据的。下面以新冠肺炎疫情期间火神山医院采用的装配式钢结构及"3·15"中出现的"瘦身钢筋"为例，揭示工程结构思政教学改革的必要性。

在新冠肺炎疫情期间为抗疫作出了不可磨灭的贡献的火神山医院建成于2020年2月2日。医院总占地3.39万平方米，提供床位1 000张。9天时间里，其陆续完成了场地平整图设计、各种施工资源调配、场平、回填、基础混凝土浇筑等施工步骤，其高效的背后有装配化施工方式的一份功劳。为缩短工期，装配化施工长久以来在不同场合普遍运用，具有减少浪费、施工工业化程度高等特点。这几个特点在火神山医院的建造上表现得尤为明显，具体表现在材料预制、现场模块化拼装、建造基本保持同步的流水作业模式等几个方面，最终体现为火神山医院在开工第四天就可以进行安装。

善用工程结构能大大提升施工效率，改善民生；相反，如果丧失了一定的专业底线，滥用结构，或将引起严重后果。"3·15"揭示了一系列行业乱象。其中，工程施工禁用的"瘦身钢筋"又一次出现在大众面前。"瘦身钢筋"是将正常钢筋经过拉长处理后的材料，其制作目的在于节约成本，从中获利。而"瘦身钢筋"的大量使用，会严重损害房屋抗震能力及其承重力。可想而知，如果这种钢材流入市场，成为教学楼、居民楼、办公楼的"顶梁柱"，后果将不堪设想。而本次打假涉嫌问题钢材约5 600吨，是广东开盛钢铁实业有限公司利用废旧钢筋加工制作，而该批次钢筋在3个月前获质检合格证书，可见建筑行业利点多、诱惑大，如果工程人员不具备一定的专业素养、道德底线，将会是建筑行业的"定时炸弹"。

三、工程结构课程思政教学改革实施办法

（一）加强教师思政融入专业的意识

优质的教师队伍是开展思政教学改革的前提。这不仅要求教师们要讲清楚、讲透彻相关知识点，对相关时事案例信手拈来，真正落实实效性；还要求教师们具备敏锐的抓取时事热点等相关信息的能力，接受学校每学期对其组织的思政培训的课堂演示与教学活动。另外，在对教师思政改革实施情况的考核中不应仅针对专业报告、学术论文，更要体现在具体的线下思政结合的课堂上及学生的反馈中。

例如，针对工程结构课程，教师除了被动接受教学任务，还要积极关注新闻，在课堂上以时事热点传播专业正能量。另外，教师要多在课堂上做案例分析，结合周边工程、国内外大型工程，正反向挖掘案例体现的职业道德。专业课教师尤其要

主动积极参与教学改革培训，并在相关会议上定期做思政的工作汇报。

（二）培养学生思政融入专业的思想

学校旨在培养学生具备学科性、专业性的思政精神，以"两精神两意识"为框架展开，将思政融入课程体系，充分掌握学生思想动态，培养学生以人为根、以法为本的职业素养以及积极思索、锐意进取的学习态度。

1. 法治意识

法治意识是人们对法律发自内心的认可、崇尚、遵守和服从。众所周知，"依法治国"是我国治国的基本方略。青少年法治意识的树立则是维护社会秩序、推动国家稳步向前的重要内容。教师在协助工科学子加强法治观念的课堂上，应采用正反案例结合的手段，严厉打击工程项目中知法犯法的行为；课下，教师要鼓励学生尽早熟知相关的工程法律条文，可在 QQ 群、企业微信群等通信软件中采用条文接龙的方式加强大家对法律条文的认知。

2. 群众意识

群众意识不仅是党员干部的基本素质体现，同样也是对工程施工人员的要求。长期以来，建筑在被定义为人们居住、工作、学习以及进行其他社会活动的工程建筑的同时也兼具"避风港""艺术品"的美称。由此看来，"一切依靠群众，从群众中来，到群众中去的群众路线"同样也体现在整个施工阶段。培养学生的群众意识就是要让学生从内心感知一个适用的、经济的、安全的建筑对于人们生活、学习、办公的重要性。教师可将校园内的建筑施工图、同学们家附近的居民楼结构图、购物大厦的组成形式图带入课堂。一开始的亲切感不仅可以加强学生对建筑历史感的体会，同时也能使学生深刻认识到不同人对不同建筑的需求，培养学生"换位思考""以人为本"的能力。

3. 工匠精神

工匠精神是思政教育中的重要组成部分，其基本内涵包括敬业、精益、专注、创新等方面的内容，主要体现为从业者的职业道德、职业能力及职业品质，是从业者职业价值取向和行为的表现。对于培养工科人才应具备的工匠精神，教师们应每月末组织一次线下工厂、校企参观活动，让学生们真正在职场中感受就业者对工作的专注和精益求精，使他们对职业操守与信念有进一步的感悟。同时，提前熟悉将来的就业环境也有利于学生确定发展方向，制定职业规划。

4. 女排精神

女排精神是中国女子排球队表现出的以"勤学苦练、无所畏惧、顽强拼搏、刻苦钻研、勇攀高峰"为主的精神文化。其精神内涵具有重大的传承意义，对学生具有深远的影响。教师应让学生体会到，学生时代的学习生涯好比漫长的登高旅程，路途虽长，行程虽远，但只要同学们敢于坚持，勇于攀登，不懈奋斗，终能"会当凌绝顶，一览众山小"。基于此，教师们可多在教学案例中引入历史上闻名中外的总工程师、总设计师的工程项目故事，对近几年大型建筑的主要负责人（如港珠澳大桥工程项目总经理林鸣）身上所具有的刻苦钻研精神、面对一个又一个世纪大难题无所畏惧的态度做详细介绍，激励学生向前辈看齐，向学者致敬！

四、实施反馈与调整

该教学改革方案实施后，需要通过反馈机制不断调整，并持续改进。现采用"积分法"，拟对以下指标的教学效果进行定量及定性分析。

（一）学生反馈机制

在期末展开学生分数的反馈分析，参考学生在学年末编写的"工程结构"学科学习报告和学生与教师教学互评报告。以"学期参加校企参观等相关活动次数"与"参与学院活动总数"为依据做定量分析，拟通过学习报告中对专业案例分析、施工图绘制等的质量评估展示其在专业上的思政学习情况，通过教学互评机制展示学生专业学习效果。

该反馈机制总分为100分。学期期末，专业思政教学改革负责人根据各大指标分数占比规则（见图1）计算总分，监测该学科教学改革后的学习情况并统计数据、保存文档。

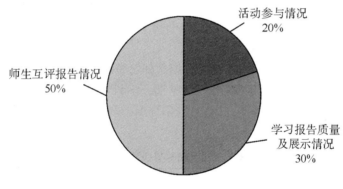

图1　学生反馈机制

其中，学期校企、工厂参观活动次数/活动参与总数的评级和分数如表1所示。

表1　学期校企、工厂参观活动次数/活动参与总数

学期校企、工厂参观活动次数/活动参与总数	评级	分数
≥1/3	优秀	20
1/5~1/3	良好	12~20
=1/5	合格	12
<1/5	不合格	<12

（二）教师反馈机制

针对教师层面的定量分析，考核时主要参考的因素有相关论文数量、教师在思政教学改革设计研讨会出席频率、校企参观带队情况及期末该科学生的考试情况。

针对教师层面的定性分析，则参考该名教师学期教学报告、师生互评机制的反馈。

该反馈机制总分为100分。学期期末专业思政教学改革负责人根据各大指标分数占比规则（见图2）计算总分，监测该学科教学改革后的学习情况并统计数据、保存文档。

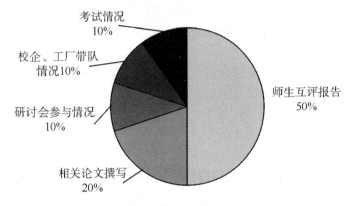

图2　教师反馈机制

其中，研讨会参与情况总分10分。学校每学期组织4次研讨会，出席一次则积2分，另外2分为教师思政教学改革后课堂展示情况分数，每个教师每学期至少进行两次思政教学改革的课堂展示。

校企、工厂带队情况总分10分。学期教师每带队一次，则相应积3分。

论文撰写情况指标总分为20分。每学期，学科授课教师至少撰写一篇与教学改革相关的报告/论文作为基本分10分的拿分点。剩余分数分配到其他的论文，然后根据表2中的规则进行累加。

表2　论文撰写等级及分数

论文等级	分数
T	8
A	7
B	6
C	5
D	3
E	2

学生学科考试情况指标总分为10分，由教师据真实情况填写，并由教改负责人审核。该指标旨在对比本届学生考试分数较上届学生考试分数上升情况/下降情况。若基本不变或有上升趋势则8~10分，呈现下降趋势则8分以下。

教师反馈机制中的师生互评报告指标与学生反馈机制一致。

五、结语

全面深化教育改革是教育未来发展的方向，探究具有专业特色的改革路径同样值得我们不懈努力。希望在思政与专业课融合的道路上，我们能让学生有更多的参与感，改革后的工程结构课程不仅是学生学习专业知识、掌握就业本领的核心课程，而且会使学生深入理解每一种工程材料的结构在施工中具备的重要地位，它们都是工程师和建造者智慧的结晶。这样便可以激发学生深入学习的动力，并对工程师职业产生崇敬感，充分体会建好一栋建筑的不易，促进学生积极践行科学发展观、人本观，培养学生的责任意识和爱岗敬业精神。

参考文献：

［1］崔宝霞，陈小娟.《工程经济学》课程思政教学改革设想［J］.教育理论研究，2019（22）：64-65.

［2］孙双双，袁向丽，郭建章，等.工程力学课程思政教育教学改革探索与实践［J］.大学教育，2020（10）：3.

［3］周锋.基于创业教育理念下的高校思政教改模式初探［J］.青春岁月，2020（2）：4-5.

［4］唐琼.理工科类专业课程思政改革研究：以《工程结构》课程为例［J］.北极光，2019，264（10）：156-157.

［5］李国娟.课程思政建设必须牢牢把握五个关键环节［J］.中国高等教育，2017（3）：28-29.

会计综合模拟实验教学改革探析

——以重庆工商大学为例

刘淑蓉

（重庆工商大学会计学院　重庆　400067）

摘　要：加强实践教学环节是会计专业教学改革的关键，会计综合模拟实验是强化实践教学环节的重要手段。本文针对目前我院会计专业综合模拟实验教学存在的问题，提出加强会计实验教学的思路，以期对我院教学流程的优化和再造起到一定的借鉴作用。

关键词：实验教学；综合模拟；手工实验；电算化实验

会计是经济管理的重要组成部分，是一门实践性、操作性都很强的学科。高仿真的会计模拟实训，有利于提高会计专业学生的分析能力、判断能力和协作能力。会计综合模拟实验直观性、形象性的教学有利于学生对理论知识进行理解，实现从理性认识到感性认识的升华，更具有实用价值，是增强学生感性认识、培养学生实际动手操作能力、提高学生专业技能的重要保证。

一、会计综合模拟实验的特点

会计综合模拟实验是指在学生在掌握一定程度的会计理论知识的基础上，综合运用基础会计、中级财务会计、高级财务会计、成本会计等理论知识，以企业在一定时期内发生的实际经济业务为实验对象，按照会计核算程序，用直观、真实的原始凭证、记账凭证、会计账簿和报表，进行会计业务模拟实训演练，从而使学生对企事业单位会计工作获得直观、系统、全面认识的一种室内实践方法。其包括会计手工模拟实验和会计电算化模拟实验。在会计综合模拟实验过程中，学生通过自己动手，在不断犯错和摸索中深刻体会整个会计工作的流程，从而达到提高学生在会计、财务、税务等多方面多学科综合能力的目的。会计模拟实验教学是实现课堂理论教学与实践教学相结合的有效手段，是有效解决实践教学目标与弥补校外实习不足的最佳途径，是提高学生动手能力、推动素质教育、培养应用型人才的有效途径。

二、会计综合模拟实验教学的现状

（一）课程开设时间

目前，我院开设的会计综合模拟实验课是会计专业实践教学环节的必修课，共32课时，在大四上学期开课。这门课程涉及基础会计学、中级财务会计学、高级财务会计学和成本会计学的相关内容，在实验之前，教师要带着学生回顾整体结构和主要的知识点，至少要4课时，真正让学生实践的时间只剩下28课时。

（二）考核方式

教师根据学生提交的实验材料（包括会计凭证、会计账簿和会计报表）的规范性、完整性和准确性进行评分。

（三）教学环节

每个学生只须独立手工完成凭证的填制、账簿的登记和报表的编制，最后完成一套会计信息生成的材料及会计凭证、会计账簿和会计报表，没有进行会计电算化实验，而目前很多企业在做账时会使用会计软件来实现电算化操作。

三、会计综合模拟实验教学存在的问题

（一）实验教材方面

1. 内容涉及面窄

许多会计模拟实验教材一般是以工业企业或是流通企业为例，将这类企业的经济业务通过会计方法形成一套会计信息，也就是会计报告。工业企业无疑是一种典型的生产经营企业，以它作为主体进行模拟实习，可以使学生对供产销的核算、成本的计算有一个完整的感性认识。但随着市场经济的发展，企业的经营范围不再是单一的，且学生将来的就业单位又很有可能不是工业企业，因此会计模拟实验教材的内容不能仅限于某一个工业企业。

2. 手工模拟实验教材和电算化教材脱节

模拟实验教材增加了部分电算化的内容，但电算化的内容和深度都不够，没有一个与手工模拟实验相配套、统一的综合案例。

（二）实验的时间安排方面

目前，我院的实验时间一般都安排在第七学期进行，而这段时间里学生们都忙于复习考研、上课、找工作，很难静下心来进行实验。

（三）偏重手工模拟，忽视电算化模拟

目前，大多数企业都已全部或部分实现了会计电算化，会计知识和计算机知识成为会计人员的"左右臂"，缺一不可。我院的现实状况是会计综合模拟实验教学只用在手工模拟这一部分，没有电算化部分。学生参加工作后，仍然需要经过较长时间来适应，才能胜任计算机时代的会计工作。

（四）实验考核手段单一，要求偏低

目前，通常的做法是对考勤和实验结果进行简单考核，如教师对账务处理的规

范性进行检查、打分，要求学生写实验报告或感想等，这往往会使学生在实验结束时匆匆完成任务，事后很少有机会就实验中出现的某些问题进行交流、探讨。而实验分数也只能作为理论考试的一个"附属品"，在总成绩中占有很小的比例。这样的考核流于形式，导致学生对实验不够重视，互相抄袭。

四、改进会计综合模拟实验教学的措施

（一）建设统一的、覆盖面宽的会计综合模拟实验教材

会计综合模拟实验教材在会计实验教学中起着非常重要的作用，它是学生进行模拟实验的基础和条件。在建设实验教材时，我们可以选择经济业务较全面并含有多种经营范围的股份制企业集团公司的母公司的第四季度的经济业务为素材，同时附上其中一个或两个子公司或孙公司年初和年末四大报表，并且在经济业务的选用中应设计母公司和子公司或孙公司发生业务往来。经济业务要经过教师的加工处理。教师处理时要注意，由于时间跨度比较大，成本核算方面的资料应该尽可能简单一点。会计手工模拟实验教材建设好以后，要在此基础上运用手工的经济业务，建设会计电算化模拟实验教材。该教材不能只包括系统设置、总账和财务报表模块，还应该包括应收账款、应付账款、项目管理、固定资产模块、生产制造模块。

（二）安排合理的实验时间

既然现有的实验时间安排不合理，那么建议将实验安排在第七学期的第一周，实验的时间安排在每天的晚上。这样安排的好处是学生可以在白天上课。

（三）将手工模拟实验与电算化模拟实验有机结合

随着社会经济的高速发展，培养既懂会计又能熟练运用计算机处理会计业务的复合型人才日趋重要，学校应该将手工与电算化模拟实验教学有机地结合起来，从而弥补手工模拟和会计电算化模拟相脱节的缺陷。我们可以通过采取相同内容、步骤、进度的手工模拟实验和电算化模拟实验并行的方式，从原始资料的输入、设置科目和账簿、填制记账凭证、登记账簿至编制报表相互检查核对，及时发现手工与电算化的差异及存在的问题，培养学生发现问题、分析问题、解决问题的能力并锻炼学生的动手操作能力，在模拟实验过程中加深学生对理论知识的理解，充分调动学生学习会计的积极主动性。

（四）按照会计岗位的设置，以学习小组形式开展模拟实验教学

我院现有的模拟实验一般是以一个典型企业一个月的业务为范围，按照"原始凭证→记账凭证→报表"的顺序核算处理，由一个学员将全部的业务独自处理完成，这样安排可使学员在业务方面得到全面的锻炼。但是，这样安排会使学生对于出纳岗位、会计岗位、纳税岗位、成本岗位、总账岗位的岗位职责、工作内容等区分不清楚，缺乏实际的体会。我们建议以学习小组为单位，实行岗位轮换制度，促使学员掌握这些岗位的工作职责、工作内容及操作方法和技巧，同时让学生相互检查、监督。

（五）会计综合模拟实验的成绩，采用综合测评的方法加以评定

会计综合模拟实验课程的考核不同于其他专业课程的考核。与其他专业课程比

较，会计综合模拟实验课程的考核过程要复杂一些，如果要客观、公正地评定学生的会计综合模拟实验课程成绩，应采用现场观察、评定实验报告、对实验作品打分和实验答辩的方法进行综合考核。会计综合模拟实验的成绩，应采用综合测评方法加以评定，具体包括：①学生的实验态度（20%）；②实验材料（50%）；③实验答辩（30%）。实验态度根据学生的出勤情况以及在实验过程中的表现来打分；小组成绩主要根据实验小组实验的完成情况来打分；实验报告包括实验过程、实验结果及对结果的分析和总结，给分的重点在于实验结果及对结果的分析和总结。

1. 课堂观察

教师在指导会计综合模拟实验教学过程中，要始终注意观察学生对模拟实验各个环节或单元操作的独立性、准确性、规范性的掌握情况。有些同学在模拟实验过程中能够通过思考、查阅资料独立完成实验，还能帮助身边的同学共同完成实验。有些同学在进行会计综合模拟实验的过程中，虽在某些环节出现错误但在指导教师的提示下能够纠正账务处理错误继续完成实验。有些同学在进行实验过程中错误、问题不断，需要指导教师反复讲解，且浪费较多的凭证账页，完成实验比较吃力。另外，教师还要观察学生在整个实验过程中态度是否认真、是否善于合作等，并通过对每一位同学的耐心指导和细心观察，记录成绩。

2. 对实验材料打分

实验作品内容主要包括会计凭证、会计账簿、会计报表，它们是会计信息的载体，正确、规范地填制和记录会计凭证、会计账簿和会计报表体现了学生完成会计综合模拟实验的质量。教师对实验作品打分的项目包括账务处理程序正确（30分），凭证、账簿、报表数字正确（20分），资料填写齐全（10分），书写字迹清晰、工整、规范（10分），实验报告内容详尽（10分），装订规范、牢固、整洁、美观（10分），实验过程中有良好的工作态度、合作精神和专业素养（10分）。

3. 实验答辩

即在前两项考核的基础上，通过检查实验报告和实验作品，有针对性地对学生在实验过程中发现的问题进行当场提问，视其答辩的质量，给出成绩。另外，教师通过实验答辩既可以了解学生对实验内容的熟练程度和理解程度，又可以审查实验作品是否有抄袭的情况，如有抄袭的情况，应视情节程度重新评定成绩。

（六）加强师资队伍建设

要保证会计综合模拟实验课程的教学质量，就必须有一批高素质的指导教师。指导教师应具备以下三个重要的专业素养。首先，要具备扎实的会计理论基础和丰富的教学经验，具备将会计理论和会计实践融合并灵活应用的能力，引导学生在进行会计综合模拟实验的过程中将理论、方法和实践结合起来并融会贯通。其次，要具备丰富的实践经验，能迅速发现学生实验过程中存在的问题。最后，要具备严谨治学的作风和严格要求自己的工作态度。

对此，我们可以从以下三个方面建立高素质的师资团队：第一，加强任课教师理论知识的培训。这里的理论知识既包括与会计学相关的知识，又包括心理学、现代教育理论与实践应用能力、计算机网络技术、多媒体应用技术与数据库应用知识等。第二，实现校企合作，让学校教师到企业学习，培养一批高素质的既精通理论知识又具有熟练操作技能的"双师型"教师。第三，聘请校外专家，充实实践教学队伍，使教学内容与企业的业务紧密相连。

参考文献：

［1］邓凌峰. 基于情境教学法的会计电算化与会计手工综合模拟实训"一体化"教学改革研究［J］. 现代经济信息，2018（15）：385-386.

［2］杨毅，刘秀丽，洪洁. 高职院校会计手工账实训教学存在的问题及对策［J］. 中国市场，2017（14）：342-343.

［3］林雪珠. 高职院校会计专业手工账实训存在的问题及对策［J］. 会计师，2017（2）：75-76.

经济及其他

中国乡村"三生"环境治理绩效评估及影响因素研究

李晓雪

（重庆工商大学经济学院 重庆 400067）

摘 要： 本文从乡村生态、生产、生活"三生"环境治理出发，构建乡村"三生"环境治理投入-产出绩效评估体系，基于中国省级 2000—2019 年面板数据，运用超效率 SBM-DEA 模型，定量测算了中国省级乡村生态环境治理效率，并进一步构建计量经济模型实证分析了乡村生态环境治理效率的影响因素。研究发现，中国乡村生态环境治理绩效效率均值呈现波动，从 2000 年的 2.743 下降到 2019 年的 2.24 7，其中上海的乡村生态环境效率均值最高（12.066），最低的是山西（0.790），同时可以观察到有效数量地区达到 30 个。计量结果显示，政府财政支农水平、农村人力资本、农村经济发展水平、城镇化水平、农村互联网普及率对乡村生态环境治理效率具有正效应，对工业化水平具有负效应。

关键词： 乡村"三生"环境；超效率 SBM-DEA 模型；治理绩效；影响因素

一、引言

乡村作为"具有一定资源环境承载能力、环境容量、规模大小和适度边界的空间界面"，是一个国家或地区重要的生态基地和环境保障。当前，我国仍然有约 6 亿人口居住在农村，农村土地面积占全国土地总面积的 94% 以上，农村环境保护对于我国整体环境保护而言意义重大。虽然近年来我国农村环境建设取得了相应成效，但长期以来，我国的环境保护政策设计主要以工业和城市为核心，忽视了农村环境保护，广大乡村在发展过程中仍存在着不平衡不充分的问题。其在农业资源、农村水质、空气噪音、生活垃圾、工业转嫁等污染方面的形势依然严峻，存在着形式主义、投入不足、主体缺位、法律缺失等治理问题，致使农村呈现生态空间破碎化、生产空间污损化与生活空间低质化的"三生"发展困局。农村环境治理问题是建设美丽乡村的关键，更是"三农"问题的突出短板。乡村美丽、环境友好，直接关系到农民生活质量的提高。"十四五"时期是实施乡村振兴战略、建设美丽中国的关键时期，如何有效乡村实施"三生"环境治理，推进乡村"三生"绿色发展，为美丽中国增光添彩，成为全面推进乡村振兴、实现广大农民根本福祉及农村生态文明的迫切选择。

二、文献综述

乡村环境绩效评估本质在于评估乡村环境目标的实现程度，定量对比乡村环境的现状和既定环境目标。乡村环境绩效评估对于考核各级政府环境管理水平，构建和完善地方政府绩效考核体系，提高乡村环境管理水平，推动乡村生态文明建设和发展具有重要意义。环境治理效率作为度量一个地区环境治理绩效的重要指标，追求环境治理过程中以最小投入、获得最大产出的理想状态，是一个地区可持续发展评估的战略工具和管理手段。建立一套客观合理的环境绩效评估体系来定量衡量农村环境政策实施效果，有利于科学评估农村生态环境治理成效，指导农村生态环境绩效管理实践。近年来，乡村环境治理绩效研究集中于运用基于投入-产出指标的治理效率法来进行评估。张颖聪从农村资源环境、生产环境和生活环境构建指标体系，采用PCA-DEA模型分析了四川省的农村生态环境的现状。黄英、周智、黄娟运用超效率DEA对中国省级农村生态环境治理投入-产出指标体系进行了效率评价，发现我国东、中、西部农村生态环境治理效率差异大。孙钰、赵玉萍、崔寅从乡村自然环境、生活环境和生产环境构建中国乡村生态环境治理投入-产出指标体系，采用BCC模型进行评价，发现乡村生态环境治理效率与各区域经济发展程度、自然资源禀赋优劣密切相关，治理效率较差的乡村的垃圾和污水治理技术水平偏低、治理效率提升空间很大。

学者们对乡村环境治理的影响因素研究，主要围绕宏观层面的城乡二元结构、城镇化、劳动力转移、工业化，微观层面的制度、农户素质行为，侧重实证检验这些因素对乡村环境带来的影响。快速发展的城镇化使得农村趋向边缘化，农村环境资源不断被消耗，而城市并未按"谁受益、谁付费"的原则向农村支付生态资源的增值费。而持续推进的工业化使得工业污染不断向农村转移，农村环境遭到严重破坏，但地方政府并未按"谁污染、谁治理"原则向农村支付生态补偿费。城镇化造成大量农村劳动力转向城市，通过改变农业生计资本、闲置耕地比重和农村工业生计资本而对农业污染和农村工业污染产生显著影响，导致农村土地撂荒、弃耕和粗放经营，农村环境治理出现综合整治成本高、人力资本和社会资本匮乏等难题。唐林等认为劳动力外流抑制了农户参与村域环境治理利用，家庭主要劳动力在村时间越长，则农户对农村环境保护重要性的认知越高，对农村环境改善给自己和家人带来的环境效益感知越强。农户劳动投入、文化程度、农业投资、经营组织与环境关注度都关系到生产资源的合理利用与配置，直接影响着农村生态环境中的农业面源污染、水质污染及生活垃圾污染，宣传规制、激励规制可促使农户积极参与农村环境治理。

综上，从治理效果视角来评价乡村环境的文献可以看到，类似主题还处在一个初步发展阶段。当前影响乡村环境治理的影响因素侧重从宏观层面的城乡二元结构、城镇化、劳动力转移、工业化，微观层面的制度、农户素质行为出发来论证对乡村环境治理的影响，但相对分散、单一。因此，本文将从乡村"三生"环境治理切入，构建投入-产出指标体系，基于2000—2019年的数据，采用非期望产出超效率SBM-DEA模型对中国31个省份的乡村"三生"环境治理进行绩效评价，并进一步对影响中国乡村"三生"环境治理的各种影响因素进行综合分析，为合理寻求优化乡村"三生"环境治理的路径提供相应参考。

三、中国乡村"三生"环境治理绩效评估

（一）研究方法

数据包络分析方法（data envelopment analysis，DEA）是学术界进行效率评价的有效方法，其评价的是具有相同类型多投入和多产出的若干个生产或非生产部门，即决策单元（decision making unites，DMU）的相对效率。DEA 最重要的前提是"等张性"，即要求投入和产出指标之间存在显著正相关，且在其他投入不变的情况下某投入的增加必定会导致产出增加（径向）。但现实生活中很多投入可能会带来负向产出，即存在非期望产出，因此投入和产出之间则会呈现负相关（非径向）。在这种情况下，考虑经典 DEA 模型在非期望产出指标处理过程中存在的非径向等局限性，且为了实现对多个决策有效单元进行进一步评价，在此采用 2002 年 Tone 针对非期望产出提出的综合考虑期望产出和非期望产出的非径向超效率 SBM（slacks based measure，SBM）-DEA 模型对中国省级乡村"三生"环境治理绩效进行评估。

（二）指标体系

本文在黄英、周智和黄娟（2015），孙钰、赵玉萍和崔寅（2019）等研究基础上，根据数据的可获取性、可信性、科学性等原则，建立中国乡村"三生"环境治理投入-产出绩效评估体系，如表 1 所示。

表 1　中国"乡村"三生环境治理绩效评估指标体系

类别	目标层	指标层	单位	作用方向
投入	乡村"生态"环境治理投入	生态建设与林业完成投资	万元	+
		林业重点工程造林面积	千公顷	+
	乡村"生产"环境治理投入	有效灌溉面积	千公顷	+
		处理农业废弃物沼气工程	千公顷	+
		化肥使用量	万吨	−
		农药使用量	万吨	−
		农膜使用量	万吨	−
	乡村"生活"环境治理投入	农村生活污水净化沼气池	个	+
		农村生活垃圾无害化处理率	%	+

表1(续)

类别	目标层	指标层	单位	作用方向
产出	期望产出	粮食单位面积产量（经济）	kg/hm²	+
		农村改水累计受益人口（社会）	万人	+
		农村卫生厕所普及率（社会）	%	+
	非期望产出	受灾面积	千公顷	−
		农业碳排放	千克	−
		农业面源污染综合指数		−

（三）数据说明

本文考察的样本区间为2000—2019年，使用的原始数据来自中经网统计数据库、中国农村统计年鉴、中国环境年鉴、中国统计年鉴等。部分地区缺失时期数据由前后两项取平均值代替。另外，对于非期望产出中农业碳排放，本文借鉴郑丽楠、洪明勇的做法，采用农用柴油、农药、农膜、农业翻耕释放的碳、农业灌溉和化肥来估计，计算方法是用相应的碳排放系数乘以相应指标的使用量。结合已有研究，每一类碳排放系数可划定为以下数值：农用柴油0.593（千克／千克）、农药4.934（千克／千克）、农膜5.180（千克／千克）、农业翻耕312.600（千克／公顷）、农业灌溉20.476（千克／公顷）、化肥0.896（千克／千克）。非期望产出中，农业面源污染综合指数通过将化肥氮流失、磷流失、农药残留、农膜残留四类指标通过熵值法拟合。其中，氮（磷）肥流失量等于氮（磷）肥使用量与复合肥含氮（磷）量（假设复合肥中氮磷钾的比例为1:1:1）的和乘以化肥流失系数0.65，农药残留量等于农药施用量乘以农药残留系数0.5，农膜残留量等于农膜使用量乘以农膜残留系数0.1。

（四）中国乡村"三生"环境治理超效率SBM-DEA模型测算结果

1. 乡村生态效率时序特征分析

本文使用DEA-Solver pro 5.0，基于超效率SBM-DEA模型，选取投入角度，假定规模报酬不变，对31个省份2000—2019年的乡村生态环境治理效率进行测算，结果见表2。

表 2 中国乡村"三生"环境治理效率值

年份	2000	2001	2002	2003	2004	2005	2006	2007	2008	2009	2010	2011	2012	2013	2014	2015	2016	2017	2018	2019	均值
北京	1.993	2.182	2.974	1.931	3.155	5.384	2.876	2.937	2.823	3.169	3.283	3.873	6.983	2.233	2.411	4.028	4.824	2.973	3.680	3.734	3.372
天津	3.635	5.731	6.547	9.268	7.321	5.117	6.291	6.110	6.208	5.255	5.864	5.051	6.108	5.713	4.477	2.134	3.728	11.837	6.182	3.793	5.819
河北	3.170	3.471	3.521	3.966	6.474	6.474	6.099	6.535	1.457	4.047	4.065	3.781	1.218	3.928	4.013	4.030	3.058	3.329	3.206	2.425	3.913
山西	1.037	1.021	0.633	0.608	0.612	1.040	0.555	1.003	1.459	0.539	0.629	0.680	1.130	1.206	0.641	0.651	0.610	0.573	0.602	0.581	0.790
内蒙古	1.888	2.101	1.666	1.640	6.702	1.798	1.677	1.601	2.261	1.807	1.631	1.702	3.387	1.771	2.410	2.717	3.543	2.858	2.500	3.015	2.434
辽宁	1.422	1.489	1.582	1.752	1.677	1.732	2.010	2.035	1.029	1.725	1.723	1.681	1.240	1.790	1.672	1.614	1.742	1.811	49.127	2.118	4.048
吉林	1.527	1.540	1.503	1.912	2.285	1.801	1.808	2.051	1.078	4.860	4.961	2.980	1.074	3.531	3.750	3.733	3.796	3.600	3.674	4.033	2.775
黑龙江	1.653	3.097	3.161	3.237	2.301	2.231	3.557	2.338	1.688	1.694	1.477	1.469	2.640	2.140	1.554	1.614	2.293	1.778	1.997	2.069	2.199
上海	6.724	7.095	1.274	12.221	6.819	5.860	26.760	5.780	1.767	7.752	71.041	35.708	1.602	27.685	1.588	4.740	5.696	3.426	3.385	4.392	12.066
江苏	2.324	1.725	1.749	2.814	1.488	2.670	1.197	1.194	1.160	1.209	1.235	1.232	1.052	1.445	1.415	1.508	1.973	2.007	1.558	1.776	1.637
浙江	2.102	2.315	2.940	2.684	2.613	3.014	3.016	2.932	2.123	1.974	2.194	2.343	1.464	1.639	1.694	1.799	2.774	2.159	2.305	1.013	2.255
安徽	1.883	2.268	1.330	1.532	1.894	2.108	4.202	2.696	1.150	1.945	1.831	1.726	1.265	1.692	1.718	1.687	1.596	1.654	1.698	1.619	1.875
福建	1.283	1.371	1.794	1.767	1.814	1.718	1.513	1.544	1.840	1.647	1.650	1.505	1.670	1.451	1.585	0.648	1.307	2.234	1.543	1.229	1.556
江西	1.337	1.497	1.115	1.196	1.381	1.507	1.061	1.080	1.270	1.023	1.032	1.017	1.286	1.041	1.270	1.041	1.014	1.035	1.034	1.004	1.162
山东	2.280	1.481	1.959	5.538	7.299	6.010	3.677	6.412	1.942	2.013	2.292	2.012	1.540	1.507	1.438	1.449	1.509	1.636	2.132	2.268	2.820
河南	1.613	1.770	1.610	1.652	1.650	1.742	1.087	1.189	1.463	1.245	1.408	1.459	1.482	1.715	1.642	1.825	2.322	2.290	2.250	2.199	1.681
湖北	1.684	1.442	1.475	1.503	1.520	1.432	1.068	1.111	1.251	1.088	1.102	1.185	1.214	1.224	1.089	1.041	1.310	1.024	1.034	1.076	1.244
湖南	2.092	1.851	2.413	1.876	1.593	1.732	1.539	1.475	1.239	1.693	1.681	1.544	1.170	1.857	1.635	1.742	1.506	1.610	1.457	1.541	1.662
广东	1.612	1.715	1.718	2.030	2.219	1.819	4.923	1.841	1.289	1.494	1.301	1.242	1.298	1.140	1.174	1.137	1.199	1.239	2.403	2.070	1.743

表2（续）

年份	2000	2001	2002	2003	2004	2005	2006	2007	2008	2009	2010	2011	2012	2013	2014	2015	2016	2017	2018	2019	均值
广西	3.354	2.714	2.477	3.512	2.792	1.918	1.834	1.552	1.932	1.898	1.909	1.829	1.745	3.289	3.465	2.613	2.098	2.461	2.814	2.521	2.436
海南	4.613	3.310	2.627	1.969	2.169	2.263	2.155	2.136	1.537	2.316	2.756	2.967	1.517	3.323	6.640	8.075	2.397	4.737	8.560	3.226	3.465
重庆	0.573	1.136	0.725	0.570	1.010	1.001	1.038	6.385	1.174	1.048	0.747	0.805	1.026	0.822	1.139	0.636	1.788	1.062	1.025	1.014	1.236
四川	1.317	1.477	1.298	1.373	1.333	1.461	1.495	1.482	4.325	1.364	1.370	1.347	2.238	1.276	1.289	1.133	1.212	2.355	2.174	2.250	1.679
贵州	1.837	1.913	1.791	1.847	1.804	1.788	2.165	1.633	1.371	1.437	1.729	2.499	1.167	1.892	2.009	1.796	1.629	1.518	1.525	1.432	1.739
云南	2.537	2.520	2.295	1.866	2.683	8.955	6.873	6.469	1.263	5.309	6.003	7.490	1.496	2.414	2.416	2.611	2.176	1.741	1.726	1.652	3.525
西藏	7.541	4.315	3.785	5.994	4.031	4.968	3.995	4.027	9.783	5.671	4.746	3.354	10.141	3.787	9.449	10.423	3.157	3.220	3.285	3.342	5.451
陕西	5.242	4.577	4.509	4.789	3.877	3.986	4.449	6.219	1.232	1.811	1.734	1.778	1.151	1.745	1.908	1.886	1.829	1.811	1.766	1.384	2.884
甘肃	8.438	6.219	5.142	4.380	7.598	5.771	6.827	7.106	1.626	4.301	3.288	3.258	2.092	4.256	4.495	5.287	6.122	5.460	5.090	5.358	5.106
青海	2.050	2.160	3.145	1.958	1.910	1.853	2.476	3.027	1.693	2.032	1.827	1.774	1.783	2.549	2.733	2.300	2.406	1.923	2.015	2.103	2.186
宁夏	5.272	4.899	4.832	4.759	4.228	4.986	4.601	5.875	1.047	3.241	3.060	3.244	0.793	3.858	3.539	2.289	2.768	2.586	2.749	2.409	3.552
新疆	1.000	1.000	1.000	1.000	1.000	1.000	1.000	1.000	1.878	1.000	1.000	1.000	1.758	1.754	1.670	1.000	1.000	1.000	1.000	1.000	1.153
均值	2.743	2.628	2.406	3.005	3.073	3.069	3.672	3.186	2.044	2.503	4.535	3.340	2.120	2.579	2.360	2.613	2.399	2.547	4.048	2.247	

从全国来看，首先，2000—2019 年生态环境均值呈波动上升趋势，2010 年效率值最高（见图 1）；其次，31 个省份都为相对有效地区，说明我国乡村生态效率总体水平良好，但仍有较大的提升空间（见图 2）。

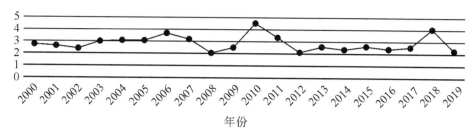

图 1　中国乡村"三生"环境治理绩效值在时间上的对比

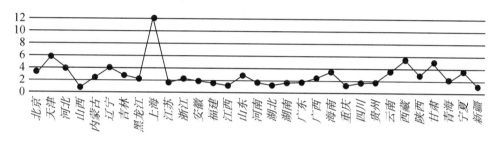

图 2　中国乡村"三生"环境治理绩效值在空间上的对比

从时间差异上来看，在 2000 年只有重庆的效率值低于 1，当该地区的效率值低于 1 时被认为其生态环境治理效率较低，有效地区的数量达到 30 个省份。而在 2003 年、2004 年、2006 年、2009 年、2013 年、2014 年和 2016—2019 年中 30 个省份都是有效地区，只有山西的效率值低于 1；在 2002 年、2011 年和 2010 年山西和重庆的效率值低于 1；2015 年有效地区数量也是 30 个省份，无效地区是福建；剩下的 2001 年、2005 年、2007 年、2008 年和 2012 年的有效地区数量为 31 个省份。总体来说，我国乡村生态环境的治理效果较好。

从地区差异上来看，上海的乡村生态环境效率均值最高（12.066），最低的是山西（0.790），同时可以观察到有效数量地区可以达到 30 个。总体来看生态环境治理效率较高，而通过对比发现，生态环境效率高于平均值的多数出现在宁夏、甘肃、陕西、西藏、海南、广西、天津以及河北等，其大部分是偏北地区，可见北部地区的生态环境治理效率较高，治理效果较好。

四、中国乡村"三生"环境治理的影响因素

（一）模型设定与变量说明

为了进一步分析影响乡村"三生"环境治理绩效的因素，本文从政府财政支农水平、农村人力资本、农村经济发展水平、农村城镇化水平、农村互联网普及率和农村工业化水平进行分析，构建计量模型实证检验这些因素对乡村"三生"环境治理绩效的影响。

$$\ln ENQ_{it} = \beta_0 + \beta_1 \ln GOV_{it} + \beta_2 \ln HUM_{it} + \beta_3 PGDP_{it} + \beta_4 \ln URB_{it} + \beta_5 \ln IND_{it} + \beta_6 \ln INT_{it} + \varepsilon_{it}$$

其中，被解释变量是农村生态环境治理效率值。

解释变量：①政府财政支农水平（GOV）。政府财政支农水平用政府用于农村环境治理的投资总额占其地区生产总值的比重衡量。财政支出作为政府履行环境治理职能的重要手段，发挥直接改善环境质量和间接引导环境污染减排的作用。财政支出的资金不仅有直接治理环境的作用，同时还发挥着环保政策的引导作用，促进其他群体对环境保护的重视和环境保护资金的投入，从而提高生态环境治理效率。②农村人力资本（HUM）。农村人力资本水平用人均受教育程度衡量，人均受教育年限指农村 6 岁及以上人口平均受教育的年限。其中，小学按 6 年、初中按 9 年、高中和中专按 12 年、大专以上按 16 年计算，计算公式如下：农村人口平均受教育年限＝小学人口比重×6＋初中人口比重×9＋高中及中专人口比重×12＋大专及大专以上人口比重×16。人均受教育程度较高的人口占比越大，对环境状况的关注程度越高，同时对提高环境质量的诉求也就越强烈，从而倒逼地方政府提高环境治理的支出效率。③农村经济发展水平（PGDP）。农村经济发展水平采用人均农林牧副渔总产值（单位：人/亿元）来度量。在经济发展的过程中，环境污染必不可少，一般情况下，经济发展水平与生态环境治理呈现长期稳定的关系，经济的发展能够提高科技创新水平，加大对环境保护的投资，促进环境治理效率的进步，出现正相关；但是也存在着为了人均农林牧副渔总产值的快速发展而牺牲环境的情况，这个时候经济的发展就会破坏环境，呈现负相关。④城镇化水平（URB）。城镇化水平将城镇人口占总人口比重作为衡量指标。城镇化创造出比较多的就业机会，大量吸收农村剩余人口。劳动力从第一产业向第二产业、第三产业、第四产业逐渐转移；城市文化向乡村广泛地扩散和渗透，影响着乡村的生产生活方式，并提高乡村的对外开放程度；有利于城市与乡村的交流，缩小城乡发展差距。城镇化也促进农村经济的发展，经济发展水平是解决一切问题的根本途径。在一个经济发展水平比较高的地区，人们关注更多的是生活环境的改善，从而注重生态环境的保护。⑤农村互联网普及率（INT）。大数据、互联网的发展，加快了农村信息化过程，为其引进投资创造环境。将互联网资源优势引入到农民的生产、生活中，可以减少一些经济工作对环境的破坏，同时会使改善环境的政策更有效地实施。⑥工业化水平（IND）。农村工业化水平采用第二产业占地区生产总值的比重来表示工业化。工业化程度越高，环境治理效率越低。这可能是地方政府基于发展地方经济与政绩提升的考虑，降低污染企业准入门槛，对企业排污行为放松监管，甚至会吸引污染企业至其辖区以增加地方政府的财政收入，导致环境治理效率低下。

对以上模型每个变量取对数，一方面是由于在不改变数据性质和关系的基础上，变量的差分近似等于该变量的变化率，一定程度可以消除异方差和指数趋势对模型的影响；另一方面则是可以更好反映各模型变量之间的长期弹性关系，ε 为随机误差项，t 代表时间。相关数据来自《中国统计年鉴》、《中国农村统计年鉴》、2001—2020《中国环境统计年鉴》、中经网统计数据库等，个别年份的数值缺失采用平滑预测法求得的数值来代替。表 3 为各变量的描述性统计。

表3　各变量的描述性统计

变量	符号	均值	标准差	最小值	最大值
农村生态环境	lnENQ	1.038 1	0.209 9	0.714 8	1.511 7
政府财政支农水平	lnGOV	0.272 3	0.154 4	0.099 5	0.620 6
农村人力资本	lnHUM	0.233 7	0.068 0	0.113 2	0.369 5
农村经济发展水平	lnPGDP	10.163 8	0.727 1	8.979 9	11.168 9
城镇化水平	lnURB	0.135 5	0.160 4	-1.015 6	-0.500 9
农村互联网普及率	lnINT	-2.234 1	1.190 4	-4.721 7	-0.921 3
工业化水平	lnIND	3.787 7	0.067 7	3.653 3	3.862 0

（二）平稳性与协整检验

时间序列普遍存在趋势性，上述简单线性回归方程可能存在伪回归问题，因此需要对变量进行平稳性检验和协整检验，得到更接近真实的结果。本文采用 ADF 单位根检验、johansen 协整检验方法对上述变量进行检验，得到各变量大都为一阶单整，并且各变量之间具有长期稳定关系（见表4）。

表4　因变量和自变量的平稳性检验

变量形式	检验形式	ADF 检验值	临界值（1%）	临界值（5%）	临界值（10%）	结论
lnFIN	(0, 0, 0)	-0.729	-4.380	-3.600	-3.286	非平稳
D. lnFIN	(C, T, 1)	-3.252	-4.380	-3.600	-3.240	平稳
lnHUM	(0, 0, 0)	-1.592	-4.380	-3.600	-3.286	非平稳
D. lnHUM	(0, 0, 1)	-2.526	-2.660	-1.950	-1.600	平稳
lnPGDP	(0, 0, 0)	-1.270	-4.380	-3.600	-3.240	非平稳
D. lnPGDP	(0, 0, 1)	-3.958	-2.660	-1.950	-1.660	平稳
LnUBR	(0, 0, 0)	-0.834	-4.380	-3.600	-3.286	非平稳
D. lnUBR	(0, 0, 1)	-4.118	-2.660	-1.950	-1.600	平稳
lnINT	(0, 0, 0)	-2.650	-2.660	-1.950	-1.600	非平稳
D. lnINT	(0, 0, 1)	-2.725	-2.660	-1.950	-1.600	平稳
lnIND	(0, 0, 0)	-1.803	-2.660	-1.950	-1.600	非平稳
D. lnIND	(0, 0, 1)	-1.760	-2.660	-1.950	-1.600	平稳
lnENQ	(0, 0, 0)	-1.344	-4.380	-3.600	-3.240	非平稳
DlnENQ	(0, 0, 2)	-4.443	-2.660	-1.950	-1.600	平稳

注：C、T、L 表示带有常数项、趋势项和滞后阶数。

（三）回归结果

在此基础上，本文采取 OLS 法对模型进行逐步回归，经检验绝大部分模型均存在一阶自相关。本文采取最常用的自相关修正方法——广义最小二乘法（GLS）对原模型进行适当变换以消除误差项的自相关，同时在多重共线性的检验中逐步回归剔除了每个模型中存在严重多重共线性的变量。最终各模型的回归结果如表5所示。

表5　回归结果（被解释变量 lnENQ）

模型	M1	M2	M3	M4	M5	M6
常数项	2.658 9*** (8.870 0)	2.183 1*** (3.910 0)	4.392 5* (1.460 0)	6.310 8** (0.160 0)	8.845 9** (0.200 0)	−19.315 4** (−0.320 0)
lnGOV	0.833 3** (0.870 0)	0.658 0** (0.670 0)	0.979 4** (0.910 0)	0.966 6*** (0.870 0)	2.174 9*** (1.210 0)	0.420 4*** (0.140 3)
lnHUM		2.239 8** (0.327 0)	2.526 7* (1.110 0)	3.236 9* (0.910 0)	1.860 1*** (0.470 0)	2.705 2* (0.650 9)
lnPGDP			0.228 4*** (0.750 0)	0.586 7* (0.190 0)	0.391 5*** (0.120 1)	0.474 8* (0.139 7)
lnURB				2.893 2* (0.260 1)	6.887 8* (0.440 2)	4.128 2* (0.250 0)
lnINT					0.928 2* (0.860 0)	0.682 1*** (0.562 0)
lnIND						−4.756 9*** (−0.719 0)
R^2	0.939 0	0.942 0	0.941 2	0.981 2	0.908 0	0.912 0
D−W 值	1.648 0	1.647 7	1.656 4	1.676 2	1.819 9	1.943 7
F 统计量	7.500 0	8.800 0	7.600 0	6.986 0	7.109 0	7.582 0
P 值	0.000 0	0.001 0	0.000 0	0.000 0	0.000 0	0.000 0

注：变量表格中第二行内列出的为系数的标准差；*、**、***分别表示在10%、5%和1%的水平上显著。

由表5的模型 M1 可知，lnGOV 的回归系数是 0.833 3，在 5% 的水平下显著，与被解释变量农村生态环境治理效率呈现正相关。从经济意义来看，该回归系数表明，在控制其他影响因素的情况下，政府用于农村环境治理的投资总额占其地区生产总值的比重增加 1 个百分点，则促进农村生态环境治理效率增长 0.833 3 个百分点。模型 M2 为加入农村人力资本后的变化情况，lnHUM 的回归系数为 2.239 8，与被解释变量呈现正相关，在 5% 的水平上显著。该回归系数值表示，农村人均受教育程度增长 1 个百分点，则农村生态环境治理效率提高 2.239 8 个百分点，而此时政府财政支农的回归系数有所降低。模型 M3 表示在 M2 的基础上加入了农村经济发展水平，lnPGDP 的回归系数为 0.228 4，与被解释变量农村生态环境治理效率呈现正相关，其经济意义的解释是农村人均农林牧副渔总产值增长 1%，则农村生态环境治理效率增长 0.228 4%，同时也可以观察到农村生态环境治理效率和农村人力资本显著性都下降到 10% 的水平，但其回归系数有所增加。模型 M4 则显示了持续加入城镇化水平，lnURB 的回归系数是 2.893 2，与被解释变量呈现正相关，在 10%的水平上显著，在经济意义上表示城镇人口占总人口比重程度增长 1 个百分点，则农村生态环境治理效率增长 2.893 2 个百分点，农村经济增长水平的显著性下降，而农村人力资本的显著性水平不变。模型 M5 在 M4 的基础上加入了农村互联网普及率，lnINT 的回归系数为 0.928 2，与被解释变量农村生态环境效率呈现正相关，在 10%的水平上显著。该回归系数值表示，农村互联网普及率水平增长 1 个百分点，则农村生态环境效率增长 0.928 2 个百分点，政府财政支出、农村人力资本和农村经济发展水平的显著性都增长到 1%的水平。模型 M6 表示加入了工业化水平的模型变化，lnIND 的回归系数是-4.756 9，与被解释变量农村生态环境治理效率呈现负相关，在经济意义上表示，第二产业占国内生产总值（GDP）的比重下降 1 个百分点，则农村生态环境治理效率下降 4.756 9 个百分点，而此时农村人力资本与农村经济发展水平的显著性下降，农村互联网普及率的显著性上升到 1%的水平。总体可知，政府财政支出和农村生态环境治理效率存在正相关，而农村人力资本、农村经济发展水平、城镇化水平和农村互联网普及率与农村生态环境治理效率存在显著的正相关关系，符合常规认知，主要基于以下原因：第一，从政府财政支农上看，2020 年我国计划召开"国家财政支农政策年会"，并提出全面梳理财政补贴和申报路径，洞察乡村振兴战略下新乡村建设发展所蕴含的机遇，之后财政投入力度的加大，即意味着用于进行环境污染治理的资金增多，生态环境治理的能力也就相应加大。第二，从农村人力资本上看，人力资本是一种生产性投资而且在现代化生产中，人力投资的作用大于物质形态投资的作用。"十二五"时期特别是党的十八大以来，按照党中央、国务院决策部署，我国教育改革发展取得了显著成就，社会主义核心价值观教育深入推进，立德树人根本任务有效落实，学生思想道德素质持续向好，教育现代化取得新进展，为促进经济发展、社会和谐、文化繁荣作出重要贡献。第三，在农村经济发展上，农村经济的快速发展为政府进行财政支农提供了资金支持，为其进行农村生态环境治理提供物质基础。建设社会主义新农村是我国现代化进程中的重大历史任务。全面建成小康社会，最艰巨最繁重的任务在农村。加速推进现代化，必须妥善处理工农城乡关系。构建社会主义和谐社会，必须促进农村经济社会全面进步。第四，在城镇化水平上，城镇化水平的提高促进了农村经济的发展。改革开放以来，我国城镇化水平有了一定发展，在部分发达地区城镇化的水平有了较大的提高。加速农村城镇化和现代化，是建设社会主义新农村的决定性因素，也是全面建成小康社会和社会主义现代化建设的关键因素。第五，在农村互联网普及率上，大数据和互联网的发展，使政府制定维护生态环境的政策更全面，实施的时候更方便，能够监督各部门的工作效率，有效提高生态环境治理水平。同时国家互联网信息办公室副主任杨小伟在国新办举行数字中国建设峰会新闻发布会称相关部门将进一步贯彻党中央、国务院的决策部署，持续推进农村宽带网络建设，已经在准备马上开展第六批电信普遍服务的试点工作，完善电信普遍服务补偿机制，以农村、城乡同网同速为目标，持续提升行政村，特别是贫困村的光纤和网络覆盖水平，真正实现服务无差别享用。第六，在工业化水平上，部分地区的政府为了实现经济的飞跃发展，不断降低工业准入门槛，第二产业市场良莠不齐，废水废气等工业垃圾处理不当，通过牺牲环境效益的方式发展经济利益，工业化程度越高，环境污染一定程度上就会越高。从历史角度来看，随着工业革命的产生与发展，自然环境开始受到人类越来越多的破坏和干扰，人们利用自然的能力日益增强，对环境的污染和对生态的破坏也日趋严重，产生了许多全球性的环境问题。

五、结论及政策启示

本文对乡村数据进行搜集、整理，通过超效率 SBM-DEA 模型深入分析了乡村环境生态效率。超效率 SBM-DEA 模型分析显示：2000—2019 年乡村生态效率总体水平良好，稳定发展，大部分年份的效率值几乎都大于 1，效率水平较高，治理效果较好。因此从生态环境角度来看，应造林还林增加绿地面积。沿河沿海地区的洪涝灾害较为多发，植被的增加能够减少水土流失，减少洪涝灾害的影响程度，对于产出成灾、受灾面积起到一定的保护作用，而植被的增加有利于固定土壤，减少风沙的伤害；人们的生产环境中，农药、化肥、农膜使用量的减少，也减少了对土地的破坏，农业废弃物也得到了处理，垃圾不断减少，除涝面积、有效灌溉面积的增加都有助于产出粮食单位产量的增加；生活中，将污水净化，可进行二次利用。产出方面，无论是农村改水累计受益人口还是厕所普及率都有所提高，有利于环境的改善，提高农村生态环境效率，而对于非期望产出，无论是受灾面积、碳排放还是农业面源污染综合指数，此数据的增长对环境都是有破坏的。政府财政支农水平、农村人力资本、城镇化水平、农村经济发展水平和农村互联网普及率对环境治理效率有正效应，工业化水平对农村生态环境治理效率有负效率，根据影响因素，提出以下建议：

一是完善相关政策法律法规，建立长效的投入保障机制。政府制定详细的法律法规，包括具体的实施方案，准确落实各地方政府、地方企业和农民个人的责任；大力拓宽环境保护的投融资渠道；建立财政性环境治理支出稳定增长机制，强化财政政策对环境保护的引导作用；建立环境治理支出与经济发展、财政收入双向响应机制。

二是提高人均受教育水平，增强环境保护意识；完善教育体系，宣传环境保护的重要性，让农民有环境保护参与感，发挥"新乡贤"的模范带头作用，带领农民进行高效的农村生态环境管理。

三是大力调整产业结构，加快经济转型升级步伐。我国环境污染与工业化是同时存在的，应加快产业结构调整的步伐，逐步减少工业的占比比例，以环境倒逼机制助推产业结构转型升级，加大政策向污染小、科技含金高的第三产业倾斜。

四是加快农村互联网基础设施建设，运用好人工智能、区块链、数据挖掘等前沿互联网技术，搭建多层次服务平台，建设现代乡村，发展现代农业；完善乡村水利、信息、交通等基础设施建设和环境污染治理，发挥"乡村能人"的带动作用。

参考文献：

［1］程莉，文传浩. 乡村"三生"绿色发展困局与优化策略 ［J］. 改革与战略，2021，37（1）：82-89.

［2］张颖聪. 基于 PCA-DEA 模型的农村生态环境评价研究 ［J］. 农业技术经济，2011（6）：53-61.

［3］黄英，周智，黄娟. 基于 DEA 的区域乡村生态环境治理效率比较分析［J］. 干旱区资源与环境，2015，29（3）：75-80.

［4］孙钰，赵玉萍，崔寅. 我国乡村生态环境治理：效率评价及提升策略［J］. 青海社会科学，2019（3）：53-59.

［5］邵帅，李宝礼. 农村劳动力转移如何影响农村环境污染？——基于空间面板模型的实证考察 ［J］. 中国地质大学学报（社会科学版），2020，20（1）：39-55.

［6］朱玉龙. 中国农村土地流转问题研究 ［D］. 北京：中国社会科学院研究生院，2017.

［7］刘平养. 快速城市化对农村环境整治的影响和挑战研究 ［J］. 环境科学与管理，2016，41（2）：35-38，57.

［8］唐林，罗小锋，黄炎忠，等. 劳动力流动抑制了农户参与村域环境治理吗？——基于湖北省的调查数据 ［J］. 中国农村经济，2019（9）：88-103.

［9］侯俊东，吕军，尹伟峰. 农户经营行为对农村生态环境影响研究 ［J］. 中国人口·资源与环境，2012，22（3）：26-31.

［10］唐林，罗小锋，张俊飚. 社会监督、群体认同与农户生活垃圾集中处理行为：基于面子观念的中介和调节作用 ［J］. 中国农村观察，2019（2）：18-33.

［11］郑丽楠，洪名勇. 中国农业生态效率的时空特征及驱动因素 ［J］. 江西财经大学学报，2019（5）：46-56.

技术创新投入强度、
产业结构升级与经济增长

杨红梅

（重庆工商大学长江上游经济研究中心　重庆　400067）

摘　要：本文与现有研究文献不同，是在充分考虑研发创新投入与非研发创新投入、产业结构升级与经济增长可能具有空间关联性的条件下，利用中国省级面板数据，采用空间计量模型，结合中介效应模型，对理论假说进行逻辑一致性计量检验。研究结论如下：第一，加大研发创新投入能有效促进产业结构升级，加大非研发创新投入会抑制产业结构升级；第二，产业结构升级能推动经济增长；第三，产业结构升级在技术创新投入对于经济增长的过程中具有中介效应，即技术创新投入不仅对经济发展有直接影响，还会通过产业结构升级对其产生间接影响。

关键词：研发创新投入；非研发创新投入；产业结构升级；经济增长；空间计量模型

一、引言

研发创新（R&D）活动是技术进步的源泉，R&D 投入的增加必然会对经济的发展起到显著的促进作用。经济学家很早发现了 R&D 对技术进步和经济增长的推动作用，大量实证分析的结果也确实验证了 R&D 对实际产出和全要素生产率的促进作用。1989 年，Wesley 和 Daniel 在其论文《革新和学习：R&D 的两方面》中指出 R&D 加强了企业吸收和利用现有知识的能力，这可以说是企业进行投资的动机。Jaffe、Trajtenberg、Fogarty（2000）发现某一产业的 R&D 投入的增加可以提高该产业的技术进步，可以相应提高生产率，从而提高区域的经济产出水平。根据已有学者的研究，非研发创新的投入可以提高地区的专利的产出量。以上研究均证明了，在对经济的发展上，研发投入发挥着对经济增长的促进作用，但是非研发创新投入用于外部知识源、模仿创新与技术改造，这些支出对于经济发展产生怎样的效应，目前少有学者研究。

也有许多人对我国各省的研究与发展经费投入，进行了探讨。姚洋、章奇（2001）发现企业 R&D 支出对生产效率有显著的正效应，并且同时发现了政府在 R&D 活动中占有主体地位的弊端，不能发挥市场的有效性。赵喜仓、陈海波（2003）发现我国 R&D 在投入产出水平和配置效率上与基础设施水平和经济发展水平等呈现出相同的趋势。张顺（2006）运用向量自回归（VAR）模型发现 R&D 投入增加推动了经济的增长。唐德祥、孟卫东等（2009）运用时间序列方法，发现经济增长、固定资本投资、劳动投入、科技创新投入之间存在长期协整关系，并且科技创新投入对于经济增长具有格兰杰因果影响。靳丹丹（2011）对我国 R&D 投入对经济增长的效应进行研究，发现 R&D 对经济增长有短期波动，且存在较大的地区差异。谢兰云（2013）发现科技创新方面的投入对经济起直接或间接的促进作用，并且分析了我国 R&D 投入对经济增长的途径。张积林（2013）发现 R&D 经费支出和科技人员投入数与经济增长都存在正相关关系。万勇（2013）对 1997—2010 年中国科技创新投入的空间分布状况考察的基础上，发现中国科技创新投入空间分布存在区域差距明显，不论从创新投入绩效还是强度上看，东部都高于中西部。钟小容（2013）采用 VAR 模型，探索对长株潭地区 R&D 强度与经济的增长关系，发现了 R&D 强度对经济的促进作用。刘洋、旺奕鹏等（2020）运用新凯恩斯生命周期模型，探讨在研发投入视角下人口老龄化的经济增长效应研究，研究发现人口老龄化倒逼企业加大研发人员投入，增加研发资金投入等方式，提升劳动生产率，在一定程度上抵消老龄化对生产性劳动力的负效应，促进经济增长。庄毓敏、储青青等（2020）通过在一般均衡模型中引入银行部门，考察了金融发展对企业创新和经济增长的影响，发现金融发展可以提高经济中储蓄向投资转化的效率，缓解信息不对称，有效降低研发部门的外部融资成本，从而促进企业增加研发投入，并推动经济实现更高速的增长。

基于以上文献的梳理发现，大多数学者都专注于对研发创新（R&D）投入的研究，少有学者对非研发创新的投入对于经济增长的影响进行研究。本文就在已有作者对研发创新投入对于经济增长影响的基础之上，加上非研发创新投入对于经济影响的效果。依据数据的可获得性，本文选取了中国 30 个省份 2011—2018 年的省级面板数据，运用普通的面板模型、空间滞后模型和空间误差模型来研究技术创新投入对于经济增长的影响关系。

二、理论基础与研究假设

（一）技术创新投入对于经济发展的影响

技术创新投入对于经济的影响，可以从两方面来体现：一是从研发创新投入（R&D）角度考虑对于经济的影响，二是从非研发创新投入角度来考虑对于经济的影响。经济发展主要体现为劳动生产率和资本产出效率等不断提高，意味着经济发展模式由低效领域转向高效领域。技术创新投入能够提高整个社会的劳动生产率和资源配置效率，缩小地区差距，即技术创新投入是提高生产效率的主要途径。Griliches（1986）通过构建 R&D 对生产力增长的模型，从不同层次分析了 R&D 对经济发展的影响，研究发现 R&D 投入对全社会生产率的提高有显著的促进作用，Brown 等（2016）发现创新促进生产率的提升，且促进的经济的增长。基于此，本文提出假设 1。

假设 1：加强研发创新投入（R&D）能有效地促进经济增长。

非研发创新费用也是企业支出的一部分，主要包括引进技术经费支出，消化吸收经费支出，购买国内技术经费支出，技术改造经费支出。一个国家乃至企业的研发创新要取得实质性的进步，还是需要增加研发经费的支出，配置好的设备，购买好材料，给研发人员好的福利，这样既能在硬件上提供好条件，也能激发研发人员的创新活力。要提高创新能力，就应当减少非研发创新的投入，目前少有学者探讨非研发支出对于经济的影响。本文根据推论，提出假设 2。

假设 2：非研发创新投入会减缓经济增长。

（二）产业结构升级对于经济增长的影响

在经济发展过程中，不同的产业结构对应着不同的产出和质量水平。当经济发展到一定程度时，社会的需求结构就可能发生相应的变动，这就会使得社会需求与供给结构不太吻合，因此产业结构的调整就会成为一种趋势，使社会资源在各部门、各行业进行更有效配置，提高单位资源的配置效率。产业结构升级就是从低效率生产行业向高效率生产行业转变，使人力和资本都流向高效率的生产部门，从而使资源得到更合理的优化配置，推动经济发展。由此可见，产业结构升级是推动经济发展的重要动力（徐秋艳 等，2019；万光彩 等，2019）。此外，还存在一个重要现象，即各产业部门的资源供给存在差异，这就会使得各部门对资源的依赖程度和需求种类也不相同，产业结构升级能够提高部门的资源利用效率，促使各经济部门之间协调运转，减少了经济运行中的各种"冲突"，从而促进经济发展（宋宝琳等，2018）。在市场经济条件下，当产业结构、需求结构和要素结构三者相协调时，资源配置就会尽可能实现最优配置，并且合理的产业结构能够提高资源和技术的利用效率，促进经济的快速发展。然而，面对资源和环境承载力的约束，要使我国经济高速发展且高质量发展，就要大力培育新产业和新动能，关键是要通过产业结构升级优化资源配置效率。基于此，本文提出假设 3。

假设 3：产业结构升级对经济发展具有显著促进作用。

（三）产业结构升级对于技术创新投入的中介效应

上述分析表明，技术创新投入、产业结构升级和经济增长之间存在重要关联。研发创新投入是产业结构升级的重要力量，是推动产业结构升级的内在核心动力。一方面，研发创新投入从供给端成为产业结构升级的动力之源，通过技术创新提高劳动生产率，提升投入产出效率，获取超额利润，促使生产要素从低利润率行业向高利润率行业转移，带动产业结构升级。另一方面，技术创新投入得越多，就越能产生技术创新，并且技术创新从需求端成为产业结构升级的倒逼之力。移动互联网和数字经济推动新消费时代的到来，需求拉动产品的快速更新换代，消费的升级效应、产业的关联效应、出口的竞争效应，倒逼产业结构更加趋向合理化和高级化、产业链现代化水平提升、产业深度融入全球价值链。由此，本文提出研究假设 4。

假设 4：研发创新投入（R&D）有利于产业结构优化升级。

非研发创新投入，基本是在改进和购买被人的技术，从长远来看，不利于企业的发展。因此本文推论非研发创新投入不利于产业的结构升级，因此提出假设 5。

假设 5：非研发创新投入不利于产业结构优化升级。

三、模型设定与数据说明

(一)计量模型的设定

1. 技术创新投入和产业结构升级对经济增长影响的检验模型

中国各省域间的技术创新投入、产业结构升级对经济增长存在着不同程度的影响。这里我们把技术创新投入分为研发创新投入与非研发创新投入,所以不考虑空间溢出效应的分析结果可能存在偏误。因此,本文采用空间面板模型进行实证检验,以控制空间相关性的影响。空间滞后模型(SAR)和空间误差模型(SEM)在空间计量实证研究中被广泛应用。空间滞后模型包含了被解释变量的空间滞后项,主要考察被解释变量的空间溢出效应。空间误差模型包含了误差项的滞后项,主要考察由遗漏变量引起的空间相关性。结合本文的研究主题,建立如下空间滞后模型和空间误差模型进行实证检验:

$$\ln GDP_{it} = \beta_0 + \rho \sum W \ln GDP_{it} + \beta_1 UPI_{it} + \beta_2 RD_{it} + \beta_3 NRD_{it} + \beta_4 C_{it} + \varepsilon_{it} \quad (1)$$

$$\ln GDP_{it} = \beta_0 + \beta_1 UPI_{it} + \beta_2 RD_{it} + \beta_3 NRD_{it} + \beta_4 C_{it} + \varepsilon_{it}, \ \varepsilon_{it} = \lambda W_\varepsilon + \mu_{it} \quad (2)$$

模型中的 GDP、UPI、RD 和 NRD 分别代表经济增长、产业结构升级、研发创新投入与非研发创新投入,模型(1)为空间滞后模型,模型(2)为空间误差模型。下标 i 和 t 分别代表省份与年份。W 为空间权重矩阵,选取后(Queen)相邻的地理空间权重矩阵,基于 Queen 相邻的空间矩阵常常与周围地区具有更加紧密的关联结构。$\sum W \ln GDP_{it}$ 代表被解释变量的空间滞后项;模型(1)中的系数 ρ 为空间滞后系数,模型(2)中的 γ 为空间误差系数,u_{it} 为 ε_{it} 的随机干扰项,服从正太分布。关于 SAR 与 SEM 的最优模型的选择,通常可依据 LM 检验进行判断,即 LM 统计量更为显著的模型更加合理。若两种模型的 LM 检验结构有相同的显著水平,则可由 Robust LM 统计量的显著水平来选择最优模型。若两个模型的 Robust LM 统计量依然存在相同的显著水平,就把这两种模型结合起来用,两种模型都是最优的选择。

2. 产业结构升级的中介效应

为了检验产业结构升级能否充当技术创新投入强度的中介变量,因此,本文在空间计量模型的基础上,结合中介效应存在的情况进行分析。中介效应的具体检验步骤如下:①模型中不包含中介变量,探讨核心解释变量是否对被解释变量有显著影响。②单独检验核心解释变量对中介变量是否有显著影响。③模型中既包含核心解释变量,也包含中介变量,探讨中介变量是否对被解释变量有显著影响,若有显著影响,则表明存在中介效应;若核心解释变量的系数不显著,则存在完全中介效应;若核心解释变量的系数也显著,则存在部分中介效应。

根据以上的具体检验中介效应的步骤,建立如下的空间滞后模型(SAR)和空间误差模型(SEM)进行中介效应检验。

$$\ln GDP_{it} = \eta_0 + \rho \sum W \ln GDP_{it} + \eta_1 RD_{it} + \eta_2 NRD_{it} + \eta_3 C_{it} + \varepsilon_{it} \quad (3)$$

$$\mathrm{UPI}_{it} = \alpha_0 + \rho \sum W\mathrm{UPI}_{it} + \alpha_1 \mathrm{RD}_{it} + \alpha_2 C_{it} + \varepsilon_{it} \qquad (4)$$

$$\mathrm{UPI}_{it} = \theta_0 + \rho \sum W\mathrm{UPI}_{it} + \theta_1 \mathrm{NRD}_{it} + \theta_2 C_{it} + \varepsilon_{it} \qquad (5)$$

$$\ln\mathrm{GDP}_{it} = \eta_0 + \eta_1 \mathrm{RD}_{it} + \eta_2 \mathrm{NRD}_{it} + \eta_3 C_{it} + \varepsilon_{it}, \ \varepsilon_{it} = \lambda W_\varepsilon + \mu_{it} \qquad (6)$$

$$\mathrm{UPI}_{it} = \alpha_0 + \alpha_1 \mathrm{RD}_{it} + \alpha_2 C_{it} + \varepsilon_{it}, \ \varepsilon_{it} = \lambda W_\varepsilon + \mu_{it} \qquad (7)$$

$$\mathrm{UPI}_{it} = \theta_0 + \theta_1 \mathrm{NRD}_{it} + \theta_2 C_{it} + \varepsilon_{it}, \ \varepsilon_{it} = \lambda W_\varepsilon + \mu_{it} \qquad (8)$$

由以上式子可以看出，模型（3）、（4）、（5）为空间滞后模型，模型（6）、（7）、（8）为空间误差模型。根据以上中介效应的检验过程，模型（1）与（2）对应步骤③，模型（4）、（5）和模型（7）、（8）对应步骤②，模型（3）与（6）对应步骤①。所以，模型（1）、（3）、（4）、（5）构成了完整的中介效应检验空间滞后模型（SAR）；模型（2）、（6）、（7）、（8）构成了完整的中介效应检验空间误差模型。根据前文的检验步骤，以空间误差模型（SEM）为例，当模型（7）中的 α_1 和模型（2）中的 β_1 同时显著时，表明产业结构升级对于研发创新投入存在中介效应。若模型（2）中的 β_2 不显著时，则存在完全中介效应；若系数 β_2 显著时，则存在部分中介效应。当模型（8）中的 θ_1 和模型（2）中的 β_1 同时显著时，表明产业结构升级对非研发创新投入存在中介效应。若模型（2）中的 β_3 不显著时，则存在完全中介效应；若系数 β_3 不显著时，则存在部分中介效应。空间滞后模型（SAR）下的中介效应检验步骤与以上空间误差模型（SEM）的步骤做法一样。

（二）变量与数据说明

1. 被解释变量

本文选取各个省份实际人均生产总值（GDP）作为被解释变量，来反映经济增长情况，为了提高变量的平稳性并减少异方差性，也为了缩小数值，在模型中对于各省份实际人均 GDP 取对数，工业化程度（Industry）取对数，用 industry = ln (Industry) 表示。实际人均 GDP 的计算方式为：实际人均 GDP = 基年人均 GDP×人均 GDP 指数，本文以 1998 年为基期进行计算。人均 GDP 及人均 GDP 指数，数据来源于 EPS 全球统计数据库。

2. 核心解释变量

本文把技术创新投入分为研发创新投入与非研发创新投入，技术创新投入强度分为研发创新投入强度（RD）与非研发创新投入强度（NRD）。研发创新投入强度用 R&D 经费内部支出与 GDP 的比值表示，R&D 经费内部支出包括实验发展指出、日常性支出、资产性支出、政府资金、企业资金、国外资金及其他资金；非研发创新投入强度用技术获取和技术改造的支出与 GDP 的比值表示，非研发创新投入包括引进技术经费支出、消化吸收经费支出、购买国内技术经费支出、技术改造经费支出。以上关于技术创新投入的数据都来自历年《中国科技统计年鉴》。

产业结构升级（UPI），同时也是中变量，本文以第三产业的产值与第二产业的产值的比值表征（干春晖 等，2011[20]），数据源于历年各省份的统计年鉴。

3. 控制变量

本文选取全社会固定资产投资水平、城镇化率、工业化程度作为控制变量，在计量模型中体现出来。其中，全社会固定资产投资水平（QSH）以全社会固定资产投资与 GDP 的比值来表示，数据源于国家统计局；工业化程度（Industry）用各省工业增加值占 GDP 的比重来表示，数据源于国家统计局。

受数据及统计口径的限制，2011 年对于规模以上工业企业的统计口径发生了变化，因此，为了探讨工业企业的技术创新投入强度、产业结构升级对于经济的影响，本文研究了 2011—2018 年以中国 30 个省级行政区的面板数据不包括西藏、中国香港、中国澳门和中国台湾作为研究对象，个别缺失数据采用插值法补齐，研究规模以上工业企业的技术创新投入对于经济增长的影响。表 1 列出了所有变量的名称及含义。

表 1   变量的名称及含义

变量类型	变量名称	变量符号	变量定义
被解释变量	实际人均 GDP	GDP	基年人均 GDP×人均 GDP 指数
解释变量	研发创新投入强度	RD	R&D 经费内部支出/GDP
	非研发创新投入强度	NRD	技术获取和技术改造的支出/GDP
	产业结构升级	UPI	第三产业产值与第二产业产值之比
控制变量	社会固定资产投资水平	QSH	全社会固定资产投资与 GDP 的比值
	工业化程度	Industry	各省工业增加值

四、实证结果分析

（一）全局空间自相关

基于空间相关性的复杂性，一些文献提出了一系列度量空间自相关的方法。在目前看来，人们用得最多的是"全局莫兰指数"（Moran's I）（Moran，1950）：

$$I = \frac{\sum_{i=1}^{n} \sum_{j=1}^{n} W_{ij}(X_i - \bar{X})}{S^2 \sum_{i=1}^{n} \sum_{j=1}^{n} W_{ij}} \tag{1}$$

其中，$S^2 = \dfrac{\sum_{i=1}^{n} (X_i - \bar{X})^2}{n}$ 为样本方差，W_{ij} 为空间权重矩阵 (i, j) 元素（用来度量区域 i 与区域 j 之间的距离），而 $\sum_{i=1}^{n} \sum_{j=1}^{n} W_{ij}$ 为所有空间权重之和。如果空间权重矩阵为行标准化，则 $\sum_{i=1}^{n} \sum_{j=1}^{n} W_{ij} = n$，这时，莫兰指数 I 可写为

$$I = \frac{\sum_{i=1}^{n} \sum_{j=1}^{n} W_{ij}(X_i - \bar{X})(X_j - \bar{X})}{\sum_{i=1}^{n} (X_i - \bar{X})^2} \tag{2}$$

本文首先对经济增长进行全局空间自相关检验。全局自相关性通过 Moran's I 指数测度，所用的矩阵为经过行标准化之后的空间权重矩阵，因此，本文用公式（2）

的莫兰指数公式进行测度。公式（2）n 表示省份，X_i、X_j、$\overline{X}$ 分别表示区域 i 与区域 j 经济增长的观测值和各省份的均值，W_{ij} 代表空间权重矩阵，选取后（Queen）相邻的地理空间权重矩阵。Moran's 的取值在-1 到 1 之间，若莫兰指数大于 0，表示存在空间正相关性，其值越大，空间相关性越明显；若莫兰指数小于 0，表示存在空间负相关性，其值越小，空间差异越大；若莫兰指数等于 0，则表示空间呈随机性。

全局空间自相关的检验结果如表 2 所示，经济增长在样本期的 Moran 指数都显著为正，表明各省份的经济增长之间都存在显著的空间正相关性，即出现高—高型齐聚和低—低型齐聚的分布特征。本文以作图的形式来观察 8 年的 Moran 指数的变化，如图 1 所示。

表 2　经济增长的空间相关性检验

年份	Moran'I	Z 值	P 值	空间相关性
2011	0.418	3.719	0.000	显著正相关
2012	0.412	3.667	0.000	显著正相关
2013	0.406	3.613	0.000	显著正相关
2014	0.396	3.532	0.000	显著正相关
2015	0.386	3.451	0.001	显著正相关
2016	0.384	3.435	0.001	显著正相关
2017	0.390	3.481	0.000	显著正相关
2018	0.394	3.513	0.000	显著正相关

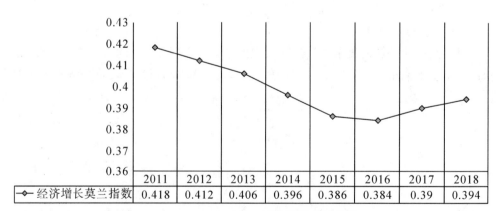

	2011	2012	2013	2014	2015	2016	2017	2018
经济增长莫兰指数	0.418	0.412	0.406	0.396	0.386	0.384	0.39	0.394

—◆—经济增长莫兰指数

图 1　2011—2018 年中国经济增长的空间相关性分析

（二）研发创新投入强度、非研发创新投入强度及产业结构升级对经济增长影响的效应检验

在进行实证分析之前，本文首先对于变量进行了方差膨胀因子检验，结果如表 3 所示，各解释变量的 VIF 值都小于 10，并且容忍度的值较大，因此确定模型中不存在多重共线性问题，以此来验证本文所用的面板数据是稳健可靠的。

研究创新投入强度、非研发创新投入强度及产业结构升级对经济增长的影响，可使用前文的模型（1）与模型（2）进行分析。表 5 是具体的回归结果，表中的第一与第二列为普通面板的固定效应与随机效应估计的结果，第（3）到第（6）列分别为 SAR 与 SEM 模型下的固定效应与随机效应估计结果。根据空间诊断，拉格朗日乘子检验（LM 检验），结果如表 4 所示。由表 4 的模型设定检验结果可以得出以下结论：当采用空间滞后模型时，其拉格朗日乘数检验和稳健拉格朗日乘数检验都通过了 1% 的显著性检验；当采用空间误差模型时，其拉格朗日乘数检验和稳健拉格朗日乘数检验也都通过了 1% 的显著性检验。这些结果再次表明应该进行空间计量分析。本文将空间滞后模型与空间误差模型相结合来研究技术创新投入、产业结构升级与经济增长之间的关联性。将两种模型结合使用，解释效果会更好，因为空间滞后模型包含了被解释变量的空间滞后项，主要考察被解释变量的空间溢出效应，空间误差模型包含了误差项的滞后项，主要考察由遗漏变量引起的空间相关性。表 5 中的结果显示 SAR 模型的 Hausman 检验为负值，因此应使用随机效应模型分析；SEM 模型的 Hausman 检验为负值，因此也应使用随机效应模型分析。由此，表 5 中的最优空间面板模型回归结果为列（4）与列（6），表 5 中的普通面板模型和 SAR 与 SEM 模型的回归结果可作比对之用，以检验结果的稳健性。

表 5 中列（3）到列（6）系数 ρ 和 λ 均显著为正，验证了全局空间自相关检验的结果，说明经济增长具有正的空间溢出效应。列（4）的结果显示本省经济增长值每升高 1%，相邻省份的指标值可上升 0.637%，列（4）中研发创新的系数为正，非研发创新的系数为负，研发创新投入对于经济增长有显著正向影响，研究假设 1 得到验证，非研发创新投入对于经济增长有负向影响，研究假设 2 得到验证。Hausman 检验结果显示，普通面板应选固定效应模型，SAR 与 SEM 模型应选用随机效应模型。产业结构升级系数在表 5 中各列的系数均显著为正，表明产业结构升级能促进经济的增长，并且这一结果是稳健的，研究假设 3 得到验证。控制变量中，工业化程度的系数均在 1% 的水平上显著为正，表明工业化程度对于经济增长具有显著的促进作用。

表 3 方差膨胀因子检验

变量	方差膨胀系数（VIF）	容忍度（Tolerance）
研发创新投入（RD）	2.37	0.421 624
非研发创新投入（NRD）	1.16	0.859 726
产业结构升级（UPI）	1.71	0.586 025
工业化程度（industry）	2.65	0.377 025
社会固定资产投资水平（QSH）	1.81	0.551 022

表 4 空间面板模型设定检验

检验	一阶邻近空间权重矩阵
LM（lag）	10.592 ***

表4(续)

检验	一阶邻近空间权重矩阵
Robust LM（lag）	12. 150 ***
LM（error）	17. 182 ***
Robust LM（error）	18. 739 ***

表5　技术创新投入、产业结构升级对于经济增长的影响

变量	普通面板		SAR		SEM	
	（1）FE	（2）RE	（3）FE	（4）RE	（5）FE	（6）RE
ρ / λ			0. 680 *** （0. 000）	0. 637 *** （0. 000）	0. 930 *** （0. 000）	0. 927 *** （0. 000）
RD	23. 29 *** （0. 000）	26. 18 *** （0. 000）	5. 915 *** （0. 003）	6. 991 *** （0. 001）	3. 478 * （0. 093）	4. 721 ** （0. 033）
NRD	−8. 842 *** （0. 000）	−10. 54 *** （0. 000）	−2. 146 ** （0. 019）	−2. 635 *** （0. 008）	−2. 002 ** （0. 025）	−1. 986 ** （0. 038）
UPI	0. 484 *** （0. 000）	0. 466 *** （0. 000）	0. 171 *** （0. 000）	0. 190 *** （0. 000）	0. 118 *** （0. 000）	0. 127 *** （0. 000）
QSH	0. 119 *** （0. 000）	0. 139 *** （0. 000）	0. 063 9 *** （0. 000）	0. 068 5 *** （0. 000）	0. 068 7 *** （0. 000）	0. 064 1 *** （0. 001）
industry	0. 389 *** （0. 000）	0. 306 *** （0. 000）	0. 158 *** （0. 000）	0. 170 *** （0. 000）	0. 156 *** （0. 000）	0. 166 *** （0. 000）
_cons	6. 140 *** （0. 000）	6. 854 *** （0. 000）		2. 206 *** （0. 000）		8. 683 *** （0. 000）
R^2	0. 888 4	0. 885 3	0. 950 5	0. 950 8	0. 847 8	0. 853 4
Hausman Test	51. 60 （$P=0. 000$）		−7. 21		−6. 82	
N	240	240	240	240	240	240

注：***、**、* 分别表示在1%、5%和10%的水平通过显著性检验；括号中数值为估计系数的 P 值。

（三）产业结构升级的中介效应检验

下文根据中介效应的原理及检验步骤，综合模型（1）到模型（8）对于产业结构是否是技术创新投入对于影响经济增长的中介变量进行检验。首先检验技术创新投入是否对于产业结构升级有显著影响，对应于中介效应的检验步骤②，对应模型（4）、（5）和模型（7）、（8），表6为具体的回归结果。根 Hausman 检验的结果显示，普通面板模型应选择固定效应模型，SAR 模型应选择固定效应模型，SEM 模型应选择随机效应模型。据此，表6中的最优空间面板模型回归结果为列（3）、（6）。表6中列（3）至列（6）的系数 ρ 和 λ 均显著为正，说明产业结构升级具有正的空间溢出效应；研发创新投入的系数在列（1）显著为正，在不考虑空间溢出效应的情况下，说明研发创新投入在样本期内对产业结构升级有显著正向影响。但

考虑空间溢出的影响，研发创新投入在样本期内对产业结构升级影响不显著。这一结果初步预示着，在不考虑空间溢出影响的情况下，产业结构升级可能是研发创新投入影响经济增长的中介变量。表7检验非研发创新投入对于产业结构升级的影响，回归结果如表7所示。根据 Hausman 检验的结果显示，普通面板应选择固定效应模型，SAR 模型应选择随机效应模型，SEM 应选择固定效应模型。据此，表7中的最优空间面板模型回归结果为列（4）、（5）。表7中列（3）至列（6）的系数 ρ 和 λ 均显著为正，说明产业结构升级和随机干扰项具有正的空间溢出效应；非研发创新投入的系数在列（1）至列（4）显著为负，说明非研发创新投入在样本期内对产业结构升级有显著负向影响，其结果是稳健的。但考虑产业结构升级的空间溢出的影响，非研发创新投入在样本期内对产业结构升级存在显著的负向影响。这一结果初步预示着，在考虑产业结构升级空间溢出影响的情况下，产业结构升级可能是非研发创新投入影响经济增长的中介变量。

表6 产业结构升级的中介效应检验（研发投入对产业结构）

变量	普通面板		SAR		SEM	
	（1）FE	（2）RE	（3）FE	（4）RE	（5）FE	（6）RE
ρ/λ			0.766 *** (0.000)	0.732 *** (0.000)	0.829 *** (0.000)	0.816 *** (0.000)
RD	35.77 ** (0.014)	42.24 ** (0.000)	8.613 (0.329)	13.19 (0.148)	−14.14 (0.104)	−2.693 (0.769)
QSH	0.306 ** (0.016)	0.094 4 (0.410)	0.178 ** (0.020)	0.128 (0.104)	0.041 3 (0.565)	−0.032 6 (0.679)
industry	−0.231 * (0.062)	−0.282 *** (0.000)	−0.337 *** (0.000)	−0.308 *** (0.000)	−0.594 *** (0.000)	−0.443 *** (0.000)
_cons	2.532 ** (0.013)	3.084 *** (0.000)		2.864 *** (0.000)		5.052 *** (0.000)
R^2	0.070 1	0.051 7	0.000 4	0.007 4	0.000 9	0.000 8
Hausman Test	44.26 ($P=0.000$)		11.01 ($P=0.026\ 5$)		4.31 ($P=0.365\ 4$)	
N	240	240	240	240	240	240

注：***、**、*分别表示在1%、5%和10%的水平通过显著性检验；括号中数值为估计系数的 P 值。

表7 产业结构升级的中介效应检验（非研发创新投入对产业结构升级）

变量	普通面板		SAR		SEM	
	（1）FE	（2）RE	（3）FE	（4）RE	（5）FE	（6）RE
ρ/λ			0.684 *** (0.000)	0.655 *** (0.000)	0.824 *** (0.000)	0.817 *** (0.000)
NRD	−44.81 *** (0.000)	−42.15 *** (0.000)	−19.69 *** (0.000)	−20.09 *** (0.000)	0.958 (0.807)	1.645 (0.696)

变量	普通面板		SAR		SEM	
	（1）FE	（2）RE	（3）FE	（4）RE	（5）FE	（6）RE
QSH	0.291 *** (0.007)	-0.008 60 (0.935)	0.176 ** (0.015)	0.114 (0.138)	0.033 1 (0.651)	-0.038 2 (0.630)
industry	-0.431 *** (0.000)	-0.199 *** (0.001)	-0.423 *** (0.000)	-0.348 *** (0.000)	-0.596 *** (0.000)	-0.445 *** (0.000)
_cons	4.940 *** (0.000)	3.139 *** (0.000)		3.564 *** (0.000)		5.030 *** (0.000)
R^2	0.300 7	0.270 4	0.471 2	0.518 9	0.000 1	0.002 9
Hausman Test	51.22 (P=0.000)		4.18 (P=0.242 5)		27.53 (P=0.000)	
N	240	240	240	240	240	240

注：***、**、*分别表示在1%、5%和10%水平通过显著性检验；括号中数值为估计系数的P值。

接着检验在不含产业结构升级的模型中，技术创新投入对产业结构升级的影响，即中介效应检验的步骤①，对应模型（3）和模型（6）。表8为具体的回归结果，根据Hausman检验的结果显示，普通面板应选择固定效应模型，SAR模型应该选择随机效应模型，SEM应该选择随机效应模型。因此，表8中最优空间面板回归结果应该是列（4）与列（6），表8中列（3）至列（6）的系数ρ和λ均显著为正，再一次验证了空间自相关的结果，说明经济增长具有正的空间溢出效应。考虑到经济增长的溢出效应的影响，列（4）中的研发投入对于经济的直接影响不是显著的，然而非研发创新投入对于经济呈负向的影响是显著的，说明我们要减少非研发创新的投入。根据前面的检验结果可知，研发创新投入（R&D）通过显著的正向影响产业结构，再对于经济呈正向的促进作用，应该加大研发创新的投入。

表8 技术创新投入的中介效应检验

变量	普通面板		SAR		SEM	
	（1）FE	（2）RE	（3）FE	（4）RE	（5）FE	（6）RE
ρ/λ			0.878 *** (0.000)	0.859 *** (0.000)	0.945 *** (0.000)	0.945 *** (0.000)
RD	29.35 *** (0.000)	47.57 *** (0.000)	1.830 (0.410)	2.401 (0.319)	1.606 * (0.471)	2.907 (0.223)
NRD	-29.98 *** (0.000)	-30.14 *** (0.000)	-3.641 *** (0.000)	-4.263 *** (0.000)	-1.718 * (0.076)	-1.660 (0.109)
QSH	0.249 *** (0.000)	0.132 ** (0.030)	0.069 1 *** (0.000)	0.073 9 *** (0.000)	0.068 6 *** (0.000)	0.062 5 *** (0.001)
industry	0.170 *** (0.007)	0.086 6 ** (0.047)	0.054 9 *** (0.000)	0.054 4 *** (0.007)	0.081 4 *** (0.000)	0.089 6 *** (0.000)

表8（续）

变量	普通面板		SAR		SEM	
	（1）FE	（2）RE	（3）FE	（4）RE	（5）FE	（6）RE
_cons	8.566*** (0.000)	9.205*** (0.000)		1.257*** (0.001)		9.511*** (0.000)
R^2	0.5926	0.5722	0.8131	0.8157	0.4487	0.4534
Hausman Test	52.33 ($P=0.000$)		−2.60		−5.33	
N	240	240	240	240	240	240

注：***、**、* 分别表示在1%、5%和10%的水平通过显著性检验；括号中数值为估计系数的 P 值。

五、政策建议

从以上的实证研究，我们可以看出，在不考虑空间互动因素的条件下，在包含研发创新投入、非研发创新投入与产业结构升级的模型中，可以得出：研发创新投入对于经济增长起到正向的促进作用，非研发创新投入会抑制经济的增长，产业结构升级促进了经济的增长。在将产业结构升级作为研发创新投入影响经济增长的中介变量的条件下，发现研发创新投入促进了产业结构升级，从模型的结果可以看出，产业结构升级对于经济的影响存在部分中介变量；将产业结构升级作为非研发创新影响经济的中介变量，从模型的回归结构可以看出，非研发创新的投入不利于产业结构的升级，抑制经济的增长。在考虑空间互动因素的条件下，一个地区经济的发展带动了周边地区经济的发展，对周边地区起到正向的辐射作用；一个地方的产业结构升级对于周边地区产业结构升级也起到了正向的促进作用。

本文提出如下四个方面的政策建议：一是加大研发创新投入力度。通过提高研发经费投入强度，激发自主研发热情，实现科技创新对区域经济发展的巨大推动作用，并且通过提高研发经费投入强度（R&D），培育新产业和新动能，使经济增长模式由粗放型增长转向创新型增长，推动经济快速发展且向更高质量的方向发展。二是减少非研发创新的投入力度，增强企业技术创新能力、自主创新能力，提高资源利用效率和资源配置效率，增强经济发展的内生动力，从而促进经济发展。但是不可不进行投入，适当的非研发创新投入对于经济发展起到不可替代的作用，比如说引进技术费用等。三是优化产业结构，大力发展第三产业，优化第三产业和第二产业的发展强度，逐渐向高端产业发展。四是提高工业化强度，从总体发展发展方向来看，提高工业化强度有利于经济的发展，但不利于产业结构升级，但是现在主要提倡的是绿色经济的发展，应该逐渐由传统制造业向高端制造业发展，并且渐向服务业方向发展，向更高级产业发展。

参考文献：

[1] 吴传清，邓明亮. 科技创新、对外开放与长江经济带高质量发展 [J]. 科技进步与对策. 2019，36（3）：33-41.

[2] 侯建，陈恒. 外部知识源化、非研发创新与专利产出：以高技术产业为例 [J]. 科学学研究，2017，35（3）：447-458.

[3] 姚洋，章奇. 中国工业企业技术效率分析 [J]. 经济研究，2001（10）：13-19.

[4] 赵喜仓，陈海波. 我国 R&D 状况的区域比较分析 [J]. 统计研究，2003（3）：38-42.

[5] 张顺. 科技投入与经济增长动态关系研究 [J]. 商业研究，2006（13）：146-150.

[6] 唐德祥，孟卫东，许雄奇. 科技创新投入影响经济增长的内在机制：基于中国实际经济运行的经验证据（1978—2005 年）[J]. 数理统计与管理，2009，28（4）：579-587.

[7] 卢方元，靳丹丹. 我国 R&D 投入对经济增长的影响：基于面板数据的实证分析 [J]. 中国工业经济，2011（3）：149-157.

[8] 谢兰云. 中国省域 R&D 投入对经济增长作用途径的空间计量分析 [J]. 中国软科学，2013（9）：37-47.

[9] 张积林. 科技创新投入与经济增长的动态机制研究 [J]. 技术经济与管理研究，2013（3）：35-39.

[10] 万勇. 中国科技创新投入的空间分布及其优化措施研究：以 R&D 投入为例 [J]. 经济体制改革，2013（1）：42-45.

[11] 钟小容. 长株潭地区 R&D 投入对经济增长影响的实证研究 [D]. 沈阳：沈阳师范大学，2013.

[12] 刘洋，汪奕鹏，陈广汉. 基于研发投入视角下人口老龄化的经济增长效应研究 [J]. 经济问题探索，2020（9）：43-57.

[13] 庄毓敏，储青青，马勇. 金融发展、企业创新与经济增长 [J]. 金融研究，2020（4）：11-30.

[14] 徐秋艳，房胜飞，马琳琳. 新型城镇化、产业结构升级与中国经济增长：基于空间溢出及门槛效应的实证研究 [J]. 系统工程理论与实践，2019，39（6）：1407-1418.

[15] 万光彩，陶云凯，叶龙生. 环境规制、产业转型与安徽经济高质量发展 [J]. 华东经济管理，2019，33（11）：24-29.

[16] 宋宝琳，白士杰，郭媛. 经济增长、能源消耗与产业结构升级关系的实证分析 [J]. 统计与决策，2018，34（20）：142-144.

[17] 干春晖，郑若谷，余典范. 中国产业结构变迁对经济增长和波动的影响 [J]. 经济研究，2011，46（5）：4-16.

[18] JAFFE A B, TRAJTENBERG M, FOGARTY M S. Knowledge spillovers and patent citations: evidence from a survey of inventors [J]. American Economic Review.

2000, 90 (2): 45-49.

[19] GRILICHES Z. Productivity, R and D, and basic research at the firm level in the 1970's [J]. The American Economic Review. 1986, 76 (1): 44-45.

[20] BROWN J R, MARTINSSON G, PETERSEN B C. What promotes R&D? comparative evidence from around the world [J]. Research Policy. 2016 (35): 101-105.

成渝高铁对成渝双城
经济圈经济拉动效应的研究

孙凯利

（重庆工商大学经济学院　重庆　400067）

摘　要：成渝双城经济圈建设是继京津冀一体化、长三角一体化、粤港澳大湾区三大城市圈之外的第四个国家层面的经济圈战略部署。而成渝双城经济圈建设离不开交通基础设施建设，成渝高铁自建成以来，对成渝两地以及沿线区域的经济产生了重要影响，而具体的影响机制和影响程度则是本文有待研究的问题。本文以成渝双城经济圈作为研究对象，以增长极理论、点-轴开发理论等作为基础，定性分析成渝高铁对成渝双城经济圈的影响机制，并且利用双重差分模型定量分析成渝高铁对成渝双城经济圈经济增长的影响。研究得出，成渝高铁对成渝经济圈经济增长的影响短期内并不显著，具有滞后效应，而且成渝高铁的开通是一把双刃剑，即高铁的开通在向沿线区域扩散资金、劳动力等生产要素时，也会使生产要素从不发达地区流向发达地区，进而扩大了区域之间的经济差距。因此，本文根据研究结论提出相应的建议，进而为成渝双城经济圈发展提供参考依据。

关键词：成渝高铁；拉动效应；双重差分模型；成渝双城经济圈

一、绪论

（一）研究背景、意义与方法

1. 研究背景

伴随着改革开放，我国逐步建立了泛珠江三角洲、长江三角洲和京津冀三大经济圈，这改变了我国区域经济发展的传统格局。在政府政策和市场机制的共同推动下，各省份之间相互封闭的发展格局基本打破，区域之间的融合性大大加强。而在我国西部，以成都、重庆为核心的川渝两地地处"一带一路"和长江经济带联结点，同时也是"西部大开发战略"和中欧班列的重要地带，因此对带动西部地区区域经济发展意义重大。

党的十八大以来，习近平总书记多次对成渝两地的工作作出重要指示批示。推动成渝双城经济圈建设是习近平总书记从战略高度和全局发展角度出发，经过研究、部署，为新时代成渝地区高质量发展而推动的重大发展战略。2020年1月3日，中央财经委员会第六次会议提出，要推动成渝地区双城经济圈建设，在西部形成高质量发展的重要增长极，同时会议明确要加强交通基础设施建设。

"要想富，先修路"，成渝地区要想真正实现一体化，提升区域内部城市的互联效率是首要前提。2015 年 12 月 26 日，成渝高铁正式通车运营，时速为 300 千米/小时，这将成都到重庆的时间缩短至 1.5 小时。不仅如此，在 2020 年 12 月 24 日，由成都东站开往重庆市沙坪坝站的 G8607 次动车组复兴号列车缓缓驶出成都东站，其 350 千米/小时的速度使得成渝两地的通达时间缩短至 62 分钟，这意味着成渝间高速铁路公交化运营实现了 1 小时通达。成渝高铁的开通使成渝两地之间的交通更加便利快捷，对沿线地区有溢出效应，为成渝经济圈引导生产要素自由流动和高效配置奠定了基础。

2. 研究意义

从我国区域经济发展格局来看，随着国家"西部大开发战略"、"一带一路"倡议、"京津冀协同发展战略"等的提出，我国区域经济一体化趋势不断加强。而推动成渝双城经济圈建设是近期提出的重要发展战略，是带动西南地区发展的核心力量，因此研究成渝高铁对成渝双城经济圈经济增长的影响路径及程度具有重要的现实意义，同时也可以为其他地区区域经济发展提供参考依据。

3. 研究方法

（1）文献分析法。本文在成渝高铁与成渝经济圈的相关领域，查阅了大量文献后进行整理分析，研究成渝高铁对成渝经济圈的影响路径以及影响机制。

（2）定性分析法。本文主要采用增长极理论、点-轴开发理论构建出成渝高铁对成渝双城经济圈发展的影响路径，为后面的实证分析奠定理论依据。

（3）实证分析法。本文以成渝双城经济圈为研究对象，以从中国城市统计年鉴上收集的数据为依据，利用双重差分模型对成渝高铁开通前后沿线地区的经济差异进行比较，然后分析成渝高铁对成渝双城经济圈发展的影响，得出结论。

（二）相关文献综述

周洛仪（2016）通过建立双重差分计量经济模型得出，成渝高铁沿线城市的发展路径在高铁建站前后表现出明显的时间差异和区域差异。这些城市在高铁建设后，经济发展速度普遍较快，且经济逐渐向高铁沿线转移，呈现出经济增长的空间极化效应。李姣（2020）的研究结果表明成渝高铁的开通很大程度地减小了沿线区域的时空间隔，通过节约加权平均旅行时间以有效提升区域可达性水平，进而构造以成都和重庆为核心的 1 小时交通经济圈。成渝高铁的开通是一把双刃剑，一方面，改善了各区域之间的经济交流条件和环境，通过改变沿线区域的交通出行方式加速资本、人力、信息、技术等生产要素的流通，带动第三产业的发展，从而促进区域产业结构优化升级、就业机会显著增加以及区域经济快速增长。另一方面，由于各区域的地理位置和实际条件互不相同，成渝高铁对沿线区域经济的正向影响程度各异，有可能导致区域经济呈现出差距更大的空间极化效应。王豪（2018）利用主成分分析法得出，成渝高铁的开通加强了成渝城市群经济中心对周边地区的辐射力和吸引力，有利于促进区域经济一体化发展。段文达（2016）以京沪高铁为例，建立双重差分模型，以全要素生产率因素作为被解释变量，差分结果显示其影响是正向显著的，这意味着京沪高铁在建设初期虽然未能促进沿线区域经济增长，但却奠定了经济发展的基础，只是显著的促进作用需要一段时间才可表现出来。方大春、孙明月（2016）基于双重差分模型，研究得出，高铁建成后，人均 GDP 增长率显著提高，从短期来看，高铁对长三角城市群的经济增长有促进作用。

二、理论基础

（一）相关概念界定

1. 成渝高铁

成渝高铁，全称成渝高速铁路，又称成渝铁路客运专线、成渝客专，从 2010 年 3 月 22 日开始动工建设，到 2015 年 12 月 26 日正式开通运营，全长 308 千米，其中四川境内 185.5 千米，重庆境内 122.7 千米，是"四纵四横"客运专线之一的沪汉蓉高速铁路的重要组成部分，是第三条连接川渝经济带的铁路交通走廊。成渝高铁以成都东站为起始点，以重庆沙坪坝站为终点，途径简阳、资阳、资中、内江、隆昌、荣昌、大足、永川、璧山 9 个站点，共有 11 个车站，全线采用双线无砟轨道，设计时速 350 千米，前期最高时速为 300 千米，将成渝两地运行时间缩短至 1.5 小时。

2020 年 12 月 24 日，通过技术创新与改造，成渝高铁最高时速由 300 千米提升到 350 千米，经提质改造后的成渝高铁全程运行时间为 62 分钟，平均 20 分钟一趟车次，成渝两地实现了高铁公交化运营 1 小时直达。

2. 成渝双城经济圈

成渝双城经济圈这一概念于 2020 年 1 月 3 日被提出，是四大经济圈中唯一一个处于西部内陆的经济圈。其位于长江上游，地处四川盆地，东邻湘鄂、西接青藏、南通云贵、北连陕甘，是我国西部地区发展水平最高、发展潜力较大的城市群，同时也是"一带一路"和长江经济带的重要组成部分。

成渝双城经济圈虽然地处西部内陆，但是仍然有其发展优势。第一，区位优势。成渝地区地处"一带一路"和中欧班列的重要地区，打开了对外开放的通道，有利于其快速融入国际化发展格局。第二，资源优势。成渝双城经济圈农业资源丰富，科技资源雄厚，劳动力资源充足，绿色产业领先，充分利用市场和社会带动效应有利于形成优势互补、高效发展的区域经济布局。第三，文化优势。巴山蜀水情，成渝一家亲。成渝两地的文化内涵较相似，而相似的文化底蕴，有利于形成一致的文化共识，并且巴蜀文化的传承与发展也可以对成渝地区共同发展产生积极影响。第四，承载能力大。成都、重庆的综合承载能力较强，这不仅有利于成都、重庆两个城市的发展，也有助于成渝双城经济圈整体的进步和提升，促进成渝两地的可持续发展。

（二）相关理论

1. 增长极理论

增长极理论最初是由法国经济学家佩鲁在 1950 年提出的理论。该理论认为，如果把具备支配效应的区域空间视为一种力场，在这个力场当中的动力单元就可描述为增长极。增长极会对周边区域产生离心力和向心力相互作用，将区域中自身综合条件比较好的少数城市或者产业发展起来，使其逐渐成为增长极或者增长点，带动区域发展。图 1 为增长极的理论示意图。

增长极的向心力会对周围的人才、资金、技术等资源产生集聚作用，有利于形成完整的产业链，是促进区域经济发展的强大动力。

增长极的形成以及对外围地区的扩散作用的大小取决于交通网络是否发达，经济的传导依赖于生产要素的快速流动。相比于其他交通方式，高铁能够促进增长极的出现，同时对城市经济的集聚和扩散存在乘数效应。

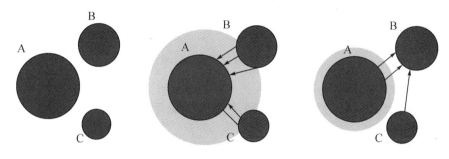

图 1　增长极的理论示意图①

2. 点-轴开发理论

点-轴开发理论中，点既是区域内经济中心，也是区域的增长极，各种不同的点逐渐形成增长极，也就形成了各种不同的中心城市；轴是指连接点与点之间的交通线路。轴线通常是由有重要价值的交通线路发展起来的，轴线上的点形成的增长极会比非轴线上的城市得到优先发展，吸引周边区域的劳动力、生产要素、产业集聚到轴线。随着各个增长极的不断扩大，增长极对外围地区的扩散作用不断加强，轴线不断向欠发达的地区甚至更远的地区扩散，可以形成新的比较低级别的增长极。不同级别的点和轴线分布在区域内，点和轴相互连接形成该地区的点-轴结构系统。

点-轴开发理论借助点、轴两元素的相互作用，实现资源利用程度的最大化。高铁作为重要的交通运输工具，可以最大限度地提高区域间的生产要素流动速度，有效改善城市间的可达性，成为连接点与点之间的纽带与区域经济活动中的轴线。城市借助高铁等交通运输工具的快速发展，吸引其他区域的企业、信息、资金、技术、劳动力等生产要素沿着轴线往中心城市靠拢。高铁能更好地协调城市与区域及区域间的经济发展，对于沿线欠发达城市而言，把握住高铁建设和运营这一机遇，其经济将会迅速起飞。图 2 为点-轴开发理论示意图。

---

① 周洛仪. 高速铁路建设的区域经济效应研究 ［D］. 重庆：重庆交通大学，2016.

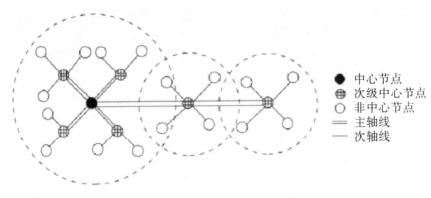

图2　点-轴开发理论示意图①

三、成渝高铁对成渝经济圈经济增长的影响路径分析

成渝高铁的投资建设以及开通对成渝地区的影响是复杂的，为了梳理清楚其对成渝双城经济圈经济增长的影响机制，本文将从区域可达性、企业和家庭区位的选择、区域贸易、区域产业结构布局来分别进行分析，进而构建相对完善的影响机制。

（一）成渝高铁对区域可达性的影响

可达性一词，最早由美国学者汉森于1959年首次提出，它被定义为交通网络中各节点相互作用机会的大小，亦称通达性或易达性。在此之后，古达尔又给出了新的定义，他认为可达性不仅仅是指物理空间上的距离，而是指某个空间相对于其他空间位置被到达的容易程度。区域可达性主要强调的是区域间相互的可进入性，其高低主要取决于交通方式、道路通行能力、交通基础设施的完善程度等，它反映了一个地区和另一个地区之间空间互动的困难程度。

由运输条件的改善所带来的可达性主要受以下几点因素的影响：第一，时间成本和空间距离。如果区域之间的空间距离越短，耗费的时间就越短，时间成本会越低，运输效率会越高，因此区域之间可达性就会越强，反之可达性则会越差。如果区域之间的空间距离本来就很长，但是由于便利快捷的交通工具会缩短运输时间，时间成本也就随之降低，这样区域可达性就会提高。第二，交通运输网络的完善程度。区域之间交通基础设施的完善程度决定了交通网络的发达程度，而交通基础设施越完善，交通网络覆盖的范围就会越大，区域之间的运输效率也会随之提高，各资源要素的配置和流动也会更加合理有效，因此区域可达性就越好。第三，经济运距。由费用计算的纵向调运的最大限度距离决定的经济运距会制约运输对象的可运输性，两者之间具有密切的联系。运输对象受自身因素影响，导致不同的经济运距，从而影响区域可达性。

成渝高铁自2015年建成以来，将成渝两地之间的运输时间缩短至1.5小时，

---

① 周洛仪. 高速铁路建设的区域经济效应研究［D］. 重庆：重庆交通大学，2016.

并且在 2020 年 12 月，经过技术更新改造过后的成渝高铁使得成都到重庆只需要 62 分钟；而成渝高铁开通之前，成渝两地之间的运输时间一般为 3~4 小时，通过比较可以明显分析出，成渝高铁的开通极大地缩短了其沿线城市之间互相通达的时间，降低了时间成本，提高了运输效率和区域可达性。成渝高铁沿线各城市可达性的提高意味着其相互之间的联系以及对外联系的加强，加快了"走出去"与"引进来"的步伐，同时也便利了劳动力、资金等生产要素在成渝地区的流动，进而促进成渝双城经济圈产业链条的延伸，为相关产业的发展创建了良好的发展环境。

当然，仅从缩短时间的角度去理解可达性是不太准确的，因为区域可达性还与其他许多社会因素有关。尽管高铁的开通会缩短两地的通达时间，但是各个区域间是否要进行频繁的往来要取决于两地之间的经济联系程度。经济实力越雄厚，空间距离越短，其经济互动就越频繁。成都和重庆两个城市经济实力相差不大，如图 3 所示，2019 年重庆市生产总值为 23 605.77 亿元，总排名第五，成都市生产总值为 17 013 亿元，总排名第六，均位于北京、上海、广州、深圳四个城市之后，因此可以看出成都和重庆两个城市的经济实力相对雄厚，而成渝高铁的建立，使得成渝双城经济圈区域可达性增强，成渝两地之间的经济联系随之加强，经济业务往来将会更加频繁，从而有利于成渝双城经济圈经济的发展。

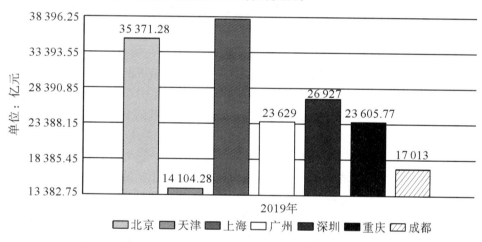

图 3 2019 年各城市地区生产总值统计

图表来源：根据国家统计局的数据整理绘制所得。

（二）成渝高铁对企业及家庭区位选择的影响

区位的选择受众多因素的影响，人们一般倾向于选择有区位优势的地方作为居住或者工作的地点，而高铁的建设，尤其是高铁站点的设立，会给所在地区带来新的区位优势。

区位优势是指某一地区在发展经济方面拥有客观的优越地位或者优势条件，它的构成要素主要包括地理位置和自然资源，涵盖了政治、经济、文化、科技、教育等诸多方面，这意味着区位优势是一个综合性的概念，个别的优势一般无法形成区位优势。区位优势理论最初是被用来解决跨国公司对外投资时区位选择的问题。同时，区位优势也是一个发展的概念，当周围条件发生改变时，区位优势也会发生相应的变化。

成渝高铁站点的设立会形成当地的区位优势，具体原因有以下几点：第一，成渝高铁的开通大大缩短了人们的出行时间，提高了运输效率和区域可达性。第二，成渝高铁的高效运营加快了区域间要素流通的速度，提高了资源配置的效率，大量的生产要素尤其是资本和劳动力会聚集或者扩散至各站点，因此，成渝高铁各站点成为各类生产要素的集散地。第三，成渝高铁的建设是由成都和重庆政府共同推动的，政府为推动成渝高铁站点附近地区的发展，一般会制定一些具有吸引力的招商引资政策，同时给予当地税收等方面的减免。因此，成渝高铁各站点的设立在很大程度上提高了沿线地区的区位优势。

企业在投资建厂时，首要解决的是区位选择的问题。一般情况下，企业会优先选择靠近高铁站点的区域。因为高铁站点附近交通便利，运输成本低，资源和生产要素的获得相对容易。较为宽松的政策条件等都是吸引企业投资的重要因素。家庭在选择住址时同样会重视交通条件的优劣，交通的便利快捷程度决定了人们日常出行的便利程度与居住的满意程度。类似于人们倾向于购买地铁站附近的住房，高铁站点附近地区凭借着其便利的优势也是人们青睐的居住地。而越来越多的人选择定居在高铁站点附近又会给附近的企业带来劳动力资源，反过来，企业也会给周围的居民提供一定的就业机会。因此，在成渝高铁的影响下，企业和家庭区位的选择具有双向的作用。

（三）成渝高铁对区域贸易的影响

区域贸易是指一个地区和其他地区之间关于商品和劳务的交换活动。李嘉图的比较优势理论假定有两个区域、两种商品，并在此基础上分析了区域之间贸易往来的经济联系。赫克歇尔和俄林在李嘉图的比较优势理论基础上，提出了要素禀赋理论，该理论的核心观点是一国应出口在生产中密集使用该国丰裕要素生产的产品，进口的应是在生产中密集使用该国稀缺要素生产的产品。这对现代国际贸易的发展仍有意义。但是古典经济学家在研究区域贸易时，忽略了运输成本对区域贸易的影响，实际情况中，无论是商品还是劳务，在区域之间的移动都需要支付一定的运输费用。因此，交通运输对区域贸易的影响是不可忽略的，如果当地的交通运输条件比较差，那么区域之间的商品贸易需求得不到满足，区域之间交易活动减少，进而会对区域经济增长产生不利的影响。

影响区域贸易的因素主要有运输成本、规模和时间。区域之间进行贸易必然会支付相应的运输成本，而运输成本越低，商家获得的利润就会越多，进而会给区域贸易带来发展动力。贸易主体之间的空间距离是影响区域贸易的一个重要因素。而一些特殊商品需要在短时间内送达，在交通条件有限制的情况下，这些商品只能在小范围内进行买卖。

铁路运输在区域贸易中十分重要，尤其是在运输长途大宗货物时作用显著，而高铁的出现对区域贸易的发展产生了更大的推动作用。高铁具有运输速度快、发车密度大的优势，这使得运输效率大大提高，而且其强大的运输能力，既能满足短时间的运输需求，又能满足区域贸易运输规模的要求。而我国高铁目前实行客运、货运分线运行，成渝高铁的开通在一定程度上释放了普通铁路运输的压力，进而提高了铁路的货运效率，保障了成渝区域之间要素资源的流动。相比于公路运输、航空运输，对于大宗货物来说，成渝高铁的运输成本更低一些，因此这会吸引贸易主体选择高铁运输，促进成渝两地之间的贸易的发展，有利于带动成渝地区经济增长。

（四）成渝高铁对区域产业结构布局的影响

区域产业结构是指在整个区域经济系统中，区域经济的各个产业部门的相互比例关系及其内部构成的比例关系。区域产业结构布局的合理与否直接关系到企业的生产效率和资源配置效率的高低。区域产业结构布局由内部条件和外部条件共同决定，而交通运输体系起到一个桥梁作用，它将原材料产地、制造加工场地与消费市场连接起来，在整个区域生产经营中发挥了重要作用。因此，交通运输体系是影响区域产业结构布局的一个重要因素。成渝高铁对成渝地区产业结构布局的影响可以分为两个时期来分析：高铁建设期和高铁开通运营期。前者的影响是短期的，随着成渝高铁的建成开通便会逐渐消失，而后者的影响是持久的。

1. 成渝高铁建设期对产业结构布局影响

成渝高铁在修建时期，需要大量的建筑材料以及铁路建造材料，而且为了保持能高速运行，高铁线路逢山需要打隧道，遇河需要架桥梁，这一系列工程会极大地带动钢铁、制造、建材、建筑、信息技术、电力等行业的发展，也会提供较多就业机会。此外，成渝高铁的规划和建设对科学技术的要求较高，需要专业的科研人才，因此高铁的投资修建也会增加对科研的投资力度，培养高新技术人才，带动当地高新技术产业的发展。

总之，成渝高铁在修建时期会在很大程度上促进以工业、建筑业、制造业等为代表的第二产业的发展，而与之相关的行业会向成渝高铁沿线城市聚集，促进当地产业的发展。

2. 成渝高铁开通运营期对产业结构布局的影响

成渝高铁通车运营初期，成渝两地之间经济活动和人员往来更加频繁，沿线各城市经济联系密切。交通的快捷化、便利化，使得人们日常出行的次数增加，促进了成渝地区旅游业的发展。成渝高铁沿线地区的区位优势会吸引许多商家进行投资，形成产业集群，由此可以带动周围地区商贸业的发展。随着成渝高铁的运行，人口、技术、信息等生产要素的流动更加频繁，资源配置效率大大提高，像电子信息产业、高新技术产业等这些人才要求高的产业会逐渐兴起。与此同时，与之相配套的服务业也将发展起来，如餐饮业、保险业、房地产等，从而进一步优化产业结构。

但是成渝高铁的通车运营对不同规模的城市和不同的产业会产生不同的影响。一方面，对于经济规模较大的城市（如重庆和成都）而言，由于其本身具有经济实力雄厚、人力资源丰富、商贸业繁荣、基础设施完善、交通发达等优势，它们对周边的城市会产生吸引力，而成渝高铁的开通又增大了这种吸引力，因此那些高新技术人才、高新技术企业、资金等会向成都和重庆聚集。而对于那些沿线的中小城市来说，它们的工业化程度较低、人才短缺、基础设施不完善、教育和医疗条件相对落后、交通不发达。在这种情况下，成渝高铁的开通首先会对当地的运输方式产生很大影响，改善了交通条件，使出行便利化；其次，随着成渝高铁的开通，成都和重庆的以工业、建筑业为代表的第二产业会逐渐向这些地区转移，加快当地基础设施建设，提高当地的工业化水平。另一方面，成渝高铁的开通会增大成都和重庆两地对沿线中小城市的人才、资金、技术等生产要素的吸引力，使得这些生产要素大量地向成都和重庆流动，从而会对中小城市的发展带来不利影响，这即是高铁带来的经济发达地区对经济欠发达地区的"虹吸效应"。

总的来说，成渝高铁的开通运营，会使沿线区域根据自身的经济资源状况形成合适的产业分工方式，优化产业结构布局，改善经济环境。

四、成渝高铁对成渝经济圈经济增长的实证分析

（一）双重差分模型的适用性分析

本文的研究内容是探究成渝双城高铁对成渝经济圈经济增长的影响，而影响区域经济增长的因素有多种，包括必然因素和突发因素。为了保证研究时经济影响仅来自成渝高铁的建设因素，此时就需要引入一种计量经济模型将除高铁之外的其他因素全部剔除。成渝高铁对成渝双城经济圈经济增长的影响主要体现在纵向和横向两个方面，纵向影响是指在时间上的影响，横向影响主要是指区域间的影响。因此，本文采用双重差分模型来定量分析成渝高铁对成渝双城经济圈的影响，它的基本思路是将样本数据分为实验组和对照组，实验组是成渝高铁沿线各地区，对照组是成渝双城经济圈中尚未开通成渝高铁的地区，然后利用该模型将开通成渝高铁的地区与未开通地区开通前和开通后进行双维度的差分分析。

双重差分（Difference in Difference，DID）模型是主要用于定量评估某个公共政策或者某个项目实施效果的一种计量方法。双重差分模型通过将"前后差异"和"有无差异"有效结合，可以在很大程度上避免内生性因素的干扰。一般情况下，政府公共政策涉及的方面较多，在实际操作中难以保证实验组和对照组在样本分配上完全随机，而非随机的分配会导致样本在政策实施前所存在的差异被忽略，从而导致政策实施效果的估计出现偏差。DID模型通过对研究对象的事前差异进行有效控制，从而把政策实施的真实影响效果分离出来。成渝高铁的建设可以看作是政府实施的政策，因此本文采用DID模型来研究成渝高铁对成渝双城经济圈经济增长的影响。

（二）双重差分模型构建

1. 数据处理与说明

成渝高铁是在2015年12月26日开通运营的，因此本文选取2016年为成渝高铁开通节点，数据收集以2014年为起始点；而成渝双城经济圈是在2020年1月提出的，由于数据的可得性，数据收集截至2019年。本文将样本数据分为实验组和对照组。其中，实验组包括成渝高铁沿线的11个区域，分别是成都、简阳、资阳、资中、内江、隆昌、荣昌、大足、永川、璧山、沙坪坝；对照组包括成渝经济圈剩余的36个区域，包括渝中、万州、黔江、涪陵、江北、大渡口、九龙坡、南岸、北碚、綦江、渝北、巴南、长寿、江津、合川、南川、潼南、铜梁、梁平、丰都、垫江、忠县、开州、云阳、自贡、泸州、德阳、绵阳、遂宁、乐山、南充、眉山、

宜宾、广安、达州、雅安。此部分用到的相关经济数据源于 2014—2019 年的《重庆统计年鉴》、2014—2019 年的《四川统计年鉴》和重庆、四川各市区统计年报。

2. 双重差分模型的设立

双重差分模型是一种有效的评价政策影响的计量方法。为了检验成渝高铁的修建对成渝双城经济圈经济增长的影响，本文将建立一个两时期的双重差分模型。Ⅰ期的数据收集于成渝高铁开通之前，Ⅱ期的数据收集于成渝高铁开通之后。本文建立的双重差分模型的具体形式如下：

$$\ln \frac{Y_{it}}{Y_{it-1}} = \beta_0 + \beta_1 \, \text{Time}_{it} + \beta_2 \, \text{Connect}_{it} + \beta_3 \, \text{Time}_{it} \times \text{Connect}_{it} + \varepsilon_{it}$$

式中，Y_{it} 表示的是 i 城市在 t 时期的 GDP，Y_{it-1} 表示的是 i 城市在 $t-1$ 时期的 GDP，两者比值取对数表示的是该地区在 i 时期的 GDP 增长率；Time_{it} 是设置的时间虚拟变量，成渝高铁开通之前取 0，开通之后取 1；Connect_{it} 是成渝高铁开通与否的虚拟变量，开通高铁的地区取值为 1，未开通高铁的地区取值为 0；ε_{it} 是指模型的随机干扰项。系数 β_1 度量的是实验组和对照组的全部城市的 GDP 增长率从 2014 年到 2019 年的变化情况，即时间效应；系数 β_2 度量的是两组全部城市的 GDP 增长率与成渝高铁通车与否的关系，即地区效应；而系数 β_3 是本文的研究重点，它衡量的是成渝高铁的开通对沿线区域经济增长的影响程度，即高铁效应。

（三）实证结果分析

根据上述设立的双重差分模型，下文主要进行成渝高铁建设对成渝经济圈经济增长影响的定量分析，并对以上分析结果做出合理解释。

1. 实证结果解读（见图 4）

Source	SS	df	MS			
				Number of obs	=	260
				F(3, 256)	=	5.31
Model	.081145952	3	.027048651	Prob > F	=	0.0014
Residual	1.30343028	256	.005091525	R-squared	=	0.0586
				Adj R-squared	=	0.0476
Total	1.38457623	259	.005345854	Root MSE	=	.07135

lgdp增长值	Coef.	Std. Err.	t	P>|t|	[95% Conf. Interval]	
did	.0130933	.027089	0.48	0.629	-.0402523	.0664388
time	.0216685	.0240537	0.90	0.369	-.0256999	.0690369
connected	.0188846	.0242291	0.78	0.436	-.0288292	.0665983
_cons	.0568676	.0215143	2.64	0.009	.0145	.0992351

图 4　回归结果（被解释变量：取对数后的 GDP 增长率）

数据来源：根据模型估计结果整理所得，以上估计结果由 Stata16.0 计算得出。

通过对 260 个观测值进行双重差分操作，得到了地区生产总值增长率的回归结果。首先，从时间效应方面来看，$\beta_1 = 0.021\,668\,5$，符号为正，表明成渝高铁沿线区域及附近区域的地区生产总值增长率在 2014 年到 2019 年间有增长的趋势；但是由于 $P = 0.629$，大于显著性水平 0.05，所以影响效果是不显著的。其次，从地区效应上看，$\beta_2 = 0.018\,884\,6$，符号为正，但是 $P = 0.436 > 0.05$，效果并不显著。最后，从高铁效应上看，$\beta_3 = 0.013\,093\,3$，系数为正数，说明成渝高铁对沿线区域经济增长有正向的影响。但是通过比较 P 值和显著水平，P 值偏大，表明在 5% 的显著性水平上，成渝高铁对沿线区域经济增长的影响不显著。

2. 理论与实证的进一步解释

实证结果表明，成渝高铁的开通虽然对区域经济增长有一定的正向促进作用，但是影响效果并不显著，这与理论分析有一定的差异。因此，本文试着从以下几个方面作出解释：

首先，在上述模型中，默认实验组和对照组仅存在是否开通高铁这一区别，而实际中，两组地区在很多方面存在差异，因此上述回归结果不能更精确地分析成渝高铁对成渝双城经济圈经济增长的影响。在实际中，影响经济发展的基本因素有许多，如资本、劳动力、产业结构、外商直接投资等。资本因素以固定资产投资为例，固定资产投资是一项筹建性的经济活动，其过程主要有资产的更新、扩建和新建等环节。从近期的研究看，固定资产投资可以直接引致经济增长，投资仍然是支撑经济增长的主要动力。劳动力作为生产要素的重要组成部分，其数量将直接影响区域经济的增长。劳动力数量的增加，尤其是拥有较高生产技能的劳动者的增加可以提高生产效率，进而提高企业的经济效益。产业结构方面，从长期来看，由于技术的进步和创新，传统的产业结构得到优化升级，同时部分新兴产业的规模也将不断扩大。干春晖、郑若谷（2009）的研究表明产业结构对经济增长有积极的影响，但他们也指出这种"结构红利"随着改革的推进在不断减弱。外商直接投资方面，乔晓、刘宏（2020）的研究结果表明，从长期看，外商直接投资对我国经济增长有正向推动作用，并保持着稳定均衡关系。而改革开放的实践经验也充分证明了引进外资对中国的经济发展影响巨大，对区域经济的影响作用甚至更加显著。综上所述，由于数据的可得性问题和技术操作的复杂性问题，本文没有在模型中加入上述控制变量，实验结果和实际情况会有一定的差异，所以成渝双城高铁的开通并没有表现出对成渝经济圈经济增长有显著的促进作用。

其次，各地政府为了更好地抓住高铁发展机遇，会对本地相关产业进行适度调整，包括产业转移、投资方向等方面的变化，这会吸引大量的企业向高铁沿线地区周边聚集。另外，高铁的开通会增强沿线区域的区位优势，这会导致产生虹吸效应，吸收周边地区的生产要素，扩大区域间的经济差距，对区域内一些中小城市发展不利，不利于其经济增长。

再次，高铁效应的发挥具有一定的时滞性。高铁建设前期投资巨大，回收周期相对较长，因此成渝高铁的建设对成渝双城经济圈的经济影响需要经历一个调整的过程。巨额投资建设高铁只是促进区域经济增长的第一步，与其相关的配套设施正在陆续建设中，整个传导机制漫长且复杂多变，并且配套设施目前来说尚不完善，因此成渝高铁的开通在初期并没有表现出对成渝双城经济圈经济增长的显著促进作用。

最后，市场机制尚不完善，要素不能自由流动。虽然改革开放促进了市场经济的发展，但是在现实中，政府往往要对市场进行一定的政策干预，在无形中会"剥夺"市场的一些权利。这样的现状会导致以下问题：市场竞争不充分，对产业结构的调整与优胜劣汰有阻碍作用；市场不统一，地方保护主义的现象仍然存在；市场配置效率不高，要素市场发展缓慢，导致有效需求无法满足，各生产要素不能高效、自由地流动。而高铁建设促进区域经济增长的重要理论前提是市场机制是完善的，生产要素是自由流动的，因此，目前的市场机制会在一定程度上阻碍经济的发展，进而导致了高铁效应对区域经济增长没有显著的促进作用。

五、结论及建议

（一）研究结论

成渝高铁的建设对于缓解成渝地区的交通压力，促进成渝双城经济圈经济增长具有重要的作用。本文在学习、借鉴相关文献的基础上，以增长极理论、点-轴开发理论作为理论依据，对成渝高铁影响成渝双城经济圈经济增长的内在机制做了理论研究，同时利用 Stata16.0 软件，采用双重差分模型定量分析了成渝高铁对成渝双城经济圈经济增长的影响。研究结论如下：

（1）本文通过深入分析成渝高铁对成渝双城经济圈经济增长的影响路径，理清了路径之间的联系，构建了影响机制理论框架，进一步完善了成渝高铁对区域经济增长的内在机理的理论研究。

（2）任何事物都有两面性，高铁的建设也是一把双刃剑。成渝高铁的建设会对沿线区域产生正向的溢出效应，也会产生负向的溢出效应。高铁的开通在向沿线区域扩散资金、劳动力等生产要素时，也会使生产要素从不发达地区流向发达地区，进而扩大区域之间的贫富差距。因此，在促进区域经济增长方面，要正确利用高铁的发展契机，警惕负溢出效应。

（3）成渝高铁对成渝双城经济圈经济增长的影响具有时滞性。本文采用双重差分模型，定量分析了 2014—2019 年成渝双城经济圈高铁效应的影响。结果表明，成渝高铁的开通对成渝双城经济圈经济增长的影响并不显著，这可能是未加入相关控制变量、高铁开通时间较短、市场机制、配套设施不完善等因素造成的，需要经过一定的时间才能发挥出显著的积极影响。

（二）建议

1. 注重要素流通自由流动

高铁的开通的确可以有效促进资本、劳动力等生产要素在区域之间的流通，但实证结果显示成渝高铁的开通对成渝双城经济圈经济增长的影响并不显著，这也说明了仅加快要素流通速度是不行的，还要注意要素流通的制度问题。为了能冲破制度的约束，促进要素自由流动，本文提出以下建议：首先，尽量减少政府对市场的干预，划分政府和市场的界限。实践证明，市场经济是资源配置最有效的经济体制，它能够充分实现优胜劣汰的竞争机制，因此要让市场真正发挥资源的配置作用。其次，依靠区位优势，加大开放力度，包括对内和对外。成渝地区是"一带一路"的重要地区，并且中欧班列的开通加快了成渝两地对外开放的步伐，这种优越的区位优势给成渝两地的发展带来了机遇。在坚持对外开放的同时，也要积极对内开放，加强区域之间的经济交流与合作，促进生产要素自由流通，从而拉动区域经济增长。

2. 增强地区优势，警惕虹吸效应

高铁效应具有两面性。高铁的集聚效应、扩散效应等的确可以促进区域经济的快速发展，但是也会给沿线区域带来许多挑战。高铁的开通，加快了资源要素的流通速度，由于市场的资源配置作用，要素会流向资源使用效率更高的地方，即高铁的开通可能会导致不发达地区的要素流向经济发展水平较高的地区，形成虹吸效应。因此，成渝高铁沿线的区域要增强自身的地区优势，制定相关政策来吸引外商投资，并结合地区特点寻找适合自己的发展方式，努力使生产要素向本地聚集。近年来由于高铁的普及化，越来越多的人选择乘坐高铁旅游，而成渝高铁沿线的某些城市可以抓住此次机遇，利用当地丰富的资源，大力发展旅游业，形成自己的区域优势。

3. 加快完善配套设施的建设

根据实证结果分析，高铁经济拉动效应的时滞性可能与相关配套实施不完善有关，因为仅仅依靠一条成渝高铁难以实现高铁建设对区域经济的积极影响，还需要一些相关配套设施加以辅助，尤其是公交车、出租车等与高铁站点的无缝衔接，这对于人们选择高铁出行很重要。由于部分新建的高铁站点距离城市中心较远，需要开设通往高铁站的公交专线，方便人们的出行。另外，以高铁站为中心的高铁新城不仅要完善相关交通基础设施，也要抓紧建设与生活相关的房地产开发、酒店餐饮、金融保险等服务业。当一系列配套设施完善后，当地的城市吸引力会增加，经济活动会更加频繁，能够促进当地经济的发展，进而高铁对区域经济的拉动效应也会更加明显。除此之外，政府也应该相应地加大对教育机构和医疗机构等基础设施的投资，使区域功能更加全面。

（三）不足之处

由于理论知识水平的限制，本文还存在一些不足的地方，具体表现在：

（1）在分析影响机制时，成渝高铁对成渝经济圈经济增长的影响因素有很多，本文只对其中某几个方面进行分析，因此存在分析不够全面、不够详细的问题。

（2）成渝高铁自2015年12月开通至今仅有6年多的时间，成渝双城经济圈也是在2020年初提出的，本文经济数据的收集截至2019年，而成渝高铁对成渝双城经济圈的影响可能有一定的滞后性，所以本文测量的只是成渝高铁对成渝双城经济圈初期的影响，无法测量其在更长时间范围内的影响。

（3）一些地区经济数据的获取难度较大，因此论文在设定模型时没有加入控制变量，使得实验结果与实际情况有一定差异，未能精确反映成渝高铁对成渝双城经济圈的具体影响程度。

参考文献：

[1] 李翔.“环首都经济圈”对河北经济发展的影响及对策研究 [D]. 石家庄：河北师范大学，2013.

［2］丁瑶瑶. 成渝建好"经济圈"需跨过三道坎［J］. 环境经济, 2020 (6)：11-15.

［3］陈金山. 树牢"一盘棋"思维　贯彻"一体化"理念　全力推进成渝地区制造业高质量协同发展［J］. 重庆：重庆行政, 2020, 21 (6)：17-19.

［4］周洛仪. 高速铁路建设的区域经济效应研究［D］. 重庆：重庆交通大学, 2016.

［5］李姣. 高铁对沿线区域经济的影响研究：以成渝高铁为例［D］. 重庆：重庆工商大学, 2020.

［6］王豪. 成渝高铁对沿线城市可达性及经济联系的影响研究［D］. 重庆：西南大学, 2018.

［7］段文达. 京沪高铁对沿线区域经济增长的影响研究［D］. 天津：天津财经大学, 2016.

［8］方大春, 孙明月. 高速铁路对长三角城市群经济发展影响评估：基于 DID 模型的实证研究［J］. 华东经济管理, 2016, 30 (2)：42-47.

［9］吕思. 京沪高速铁路对沿线欠发达地区就业的影响机制分析［D］. 哈尔滨：哈尔滨工业大学, 2019.

［10］张卫东, 郭涛. 高铁建设与开通对成渝城市群产业结构变化的影响研究［J］. 电子科技大学学报 (社科版), 2020, 22 (5)：43-49.

［11］陈风州. 我国四大经济圈区域投资有效性统计分析［D］. 保定：河北大学, 2016.

［12］王晓飞. 老龄化、固定资产投资与经济增长［D］. 青岛：青岛大学, 2020.

［13］干春晖, 郑若谷, 余典范. 中国产业结构变迁对经济增长和波动的影响［J］. 经济研究, 2011, 46 (5)：4-16, 31.

［14］乔晓, 刘宏. 外商直接投资对经济增长的影响［J］. 统计与决策, 2020, 36 (15)：124-127.

附录

原始数据：

表1　四川省2014—2019年主要地区的地区生产总值　　　单位：亿元

地区	2014 年	2015 年	2016 年	2017 年	2018 年	2019 年
成都	10 056.59	10 801.16	12 170.23	13 889.39	15 342.77	17 012.65
简阳	377.22	401.37	365.85	413.68	453.83	504.05
资阳	1 195.60	1 270.38	943.44	1 022.21	1 066.53	777.80
资中	234.09	236.12	255.94	256.69	269.99	276.41
内江	1 156.77	1 198.58	1 297.67	1 332.09	1 411.75	1 433.30
隆昌	206.24	233.04	252.66	265.94	285.00	292.06
自贡	1 073.40	1 143.11	1 234.56	1 312.07	1 406.71	1 428.49
泸州	1 259.73	1 353.41	1 481.91	1 596.21	1 694.97	2 081.26
德阳	1 515.65	1 605.06	1 752.45	1 960.55	2 213.87	2 335.90
绵阳	1 579.89	1 700.33	1 830.42	2 074.75	2 303.82	2 856.20
遂宁	809.55	915.81	1 008.45	1 138.06	1 221.39	1 345.73
乐山	1 207.59	1 301.23	1 406.58	1 507.79	1 615.09	1 863.31
南充	1 432.02	1 516.20	1 651.40	1 827.93	2 006.03	2 322.22
眉山	944.89	1 029.86	1 117.23	1 183.35	1 256.02	1 380.20
宜宾	1 443.81	1 525.90	1 653.05	1 847.23	2 026.37	2 601.89
广安	919.61	1 005.61	1 078.62	1 173.79	1 250.24	1 250.40
达州	1 347.83	1 350.76	1 447.08	1 583.94	1 690.17	2 041.50
雅安	462.41	502.58	545.33	602.77	646.10	723.79

表2　重庆市2014—2019年主要地区的地区生产总值　　　单位：亿元

地区	2014 年	2015 年	2016 年	2017 年	2018 年	2019 年
荣昌区	300.42	329.87	368.12	414.79	504.88	652.54
大足区	329.84	349.17	386.59	423.70	517.65	645.83
永川区	512.54	570.34	636.18	704.50	845.67	952.69
璧山区	334.38	381.76	428.35	480.10	527.30	681.02
沙坪坝区	809.21	714.30	785.97	860.20	936.41	976.78
万州区	771.22	828.22	897.39	965.81	982.58	920.91

地区	2014 年	2015 年	2016 年	2017 年	2018 年	2019 年
黔江区	186.31	202.55	218.84	231.87	247.29	229.44
涪陵区	757.48	813.19	896.22	992.24	1 076.13	1 178.66
渝中区	868.72	958.17	1 050.21	1 122.20	1 203.85	1 301.35
大渡口区	148.97	159.72	176.66	196.50	228.13	253.56
江北区	604.46	687.31	778.01	879.40	1 027.87	1 240.07
九龙坡区	910.82	1 003.57	1 089.67	1 130.44	1 211.25	1 462.88
南岸区	608.14	679.38	745.50	791.60	724.78	770.58
北碚区	415.41	430.34	475.41	508.66	551.79	605.94
渝北区	1 115.38	1 193.34	1 293.35	1 447.20	1 543.09	1 848.24
巴南区	510.08	568.34	635.35	716.60	781.22	874.82
长寿区	420.41	430.12	454.02	509.90	597.49	701.24
江津区	554.66	605.59	674.12	757.10	902.33	1 036.74
合川区	440.46	476.19	532.19	595.17	712.93	912.51
南川区	173.19	186.25	210.78	233.39	280.37	333.95
綦江区（不含万盛）	276.52	285.98	317.93	362.13	414.56	479.12
铜梁区	281.05	308.20	341.57	381.81	456.98	616.56
潼南区	234.16	265.20	300.65	334.01	380.95	451.08
梁平区	217.83	242.33	271.02	298.10	331.26	464.15
城口县	46.00	42.54	45.12	48.79	55.78	52.50
丰都县	135.37	150.19	170.56	206.58	234.96	305.83
垫江县	224.09	239.84	263.31	276.76	316.95	416.86
武隆区	119.98	131.40	145.61	160.49	181.63	209.66
忠　县	208.26	222.40	240.70	271.33	307.95	396.94
开州区	300.17	325.98	360.62	399.59	473.13	505.59
云阳县	170.19	187.91	213.11	235.17	275.05	431.25
奉节县	181.41	197.43	222.57	251.18	300.68	303.42
巫山县	81.27	89.66	101.79	116.15	142.64	172.97
巫溪县	66.72	73.40	82.37	87.15	103.73	107.58

"月亮与六便士":
大学生考研与就业的两难选择

——基于成渝高校考研与就业情况的调查研究

冉小涵　何嘉茜　侯璐洁　杨睿茜

（重庆工商大学经济学院　重庆　400067）

摘　要：本文以成渝两地大学本科毕业生为研究对象，以调查问卷的方式收集数据；运用因子分析方法，从个人兴趣、家庭经济状况、父母或亲戚的建议、朋友或恋人的建议、在读院校、职业规划、就业压力、自身综合实力八类变量中提取影响本科毕业生在考研与就业之间抉择的因素，对所提取的影响因素做二元 Logistic 回归分析，找出影响本科毕业生考研与就业行为选择的显著因素，并以报考研究生的概率与选择就业概率的比值大小，将显著影响因素由强到弱进行排序，结果为个人因素>家庭经济因素。

关键词：考研；就业；因子分析；Logistic 回归分析

一、引言

研究生教育对于促进治理能力现代化、服务社会经济的整体发展、培育创新型人才、提高创新能力具有很重要的作用。但是因为我国经济压力巨大以及 2020 年年初新冠肺炎疫情暴发的影响，2020 年我国大学毕业生就业状况不太乐观。2020 年全国高校毕业生总量达 874 万人，比上一年增加了 40 万人，人数创历史新高，但 2020 年高校毕业生就业报告指出：截至发布日，2020 年毕业生就业率不超过 50%。考研仍是大众关注的热点。《2020 年全国研究生招生调查报告》显示，在毕业生就业压力、研究生招生扩张等因素的刺激下，考研的报考人数高达 341 万人，较 2019 年增长 17.59%。

据调查，在考研群体中，每年有很大一部分性格内向的考生在考研初试中发挥不错，但复试结果不尽如人意。一方面，性格内向的考生喜欢独来独往，信息封闭。在复试中与导师交谈不畅，导师不能真正了解考生的实力，使得他们在复试中处于弱势地位；另一方面，他们选择考研的原因是：对未来就业市场的惧怕。

在此情况下，本科毕业生对考研与就业的选择愈加迷茫，本小组为引导大学生树立良好考研与就业动机，在大学生已有的认知基础上，结合自身的能力，让其对想要从事的职业以及本专业的就业方向有清晰的认识，并制定职业目标。本文希望进一步挖掘影响毕业生考研和就业的影响因素，构建毕业生在行为抉择方面的整体改善架构，进而为毕业生和有关人员给予相关建议。2021年的考研情况进一步证实了对于本科毕业生考研与就业的研究是必要且及时的，具有一定的现实意义。数据显示，2021年考研形势严峻，多数高校的录取分数也随之水涨船高。随着考研人数逐年增加，各高校的复试分数也大幅度提高。研究生教育的初衷是提供一个供广大学生继续追寻学术的研究平台，但出现了以分数论的不健康的考研现象。本文的调查结果有利于引导本科毕业生建立正确的考研与就业观念，帮助本科毕业生理性地做出抉择，抑制这股不健康的"考研热潮"。

二、调研情况

（一）调研对象基本情况简介

本文以成渝两地的本科应届毕业生作为研究对象，采用问卷调研的方式收集相关数据，运用问卷星来展开调查。我们总共收集了2 000份问卷样本，有效问卷有1 939份，其中，选择考研的人数为904人，占总数的46.62%；选择就业的人数为1 035人，占总数的53.38%。男生897人，其中选择考研的395人，占男生总数的44.04%，选择就业的502人，占男生总数的55.96%；女生1 042人，其中选择考研的509人，占女生总数的48.85%，选择就业的533人，占女生总数的51.15%。

（二）调研方法

本文主要采用的是实证研究方法，首先在中国知网、维普期刊、万方数据库等收集文献和资料，对相关文献和资料进行学习和分析，商讨文章思路和设计调查问卷；其次利用调研问卷收集成渝地区高校大学生考研与就业动机的相关数据；最后运用SPSS软件对数据进行处理和分析。采用的主要方法如下：

1. 问卷调查法

（1）问卷的设计与修改。

问卷的设计一共分成三个阶段。第一阶段，对收集的文献资料进行学习，了解前辈们的研究成果，讨论本问卷的构成和要研究的主要问题，形成初稿。第二阶段，将设计的初稿发给指导教师并寻求宝贵的意见和建议。第三阶段，集中归纳指导教师的针对性建议，并且展开问卷的纠正过程，继而确定成稿。

（2）问卷的构成。

问卷由两部分组成。第一部分是高校大学生的个人基本情况，包括学校所在地、性别、就读院校、就读专业、考研和就业的选择倾向。第二部分是此问卷的主要部分，整体运用李克特量表的形式，主要包括个人兴趣、家庭经济状况、职业规划等可能影响高校大学生考研与就业选择的因素。

2. 文献调查法

笔者对已有的研究成果进行反复的研究和深刻的反思，收集相关数据、了解研究现状。

3. 统计调查法

本文运用统计学的相关方法对相关数据展开探析，采用 SPSS19.0 分析系统，运用因子分析法筛选出关键影响因素。

4. 访谈法

研究人员通过直接沟通交流，并以调查结果所获得的汇总数据结果，提前设计提纲，记录访谈者的相关观点，来验证和丰富本文的研究结论。

（三）调研统计

1. 将研究对象按性别进行分类

在 1 939 份问卷中，女生所占的比重较大，共计收回 1 042 份问卷，所占比例为 53.6%；男生则收回 897 份有效问卷，占比为 46.4%。

根据图 1 和图 2 进行分析，在考研与就业的两难抉择中，他人的建议对高校本科生的影响对男女生普遍影响较大，其中，"父母或亲戚的建议"的影响力都高于"朋友或恋人的建议"。同时男生和女生普遍认为"个人兴趣"和"自身综合实力"对本文中的两难抉择影响较小（见图 1 和图 2）。

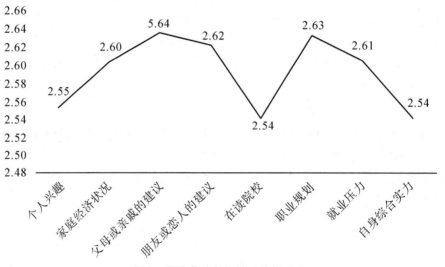

图 1　男生部分数据的平均值对比

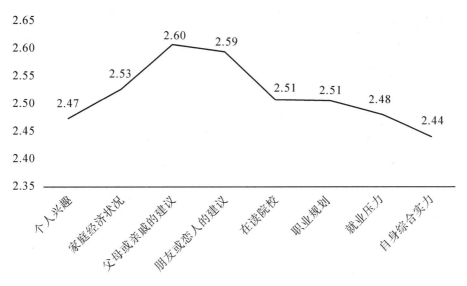

图2　女生部分数据的平均值对比

无论考研还是就业压力都很大，值得引起注意的是，相对于女生，男生更容易受到"职业规划"和"就业压力"的影响。"职业规划"和"就业压力"对于女生而言影响较小。

2. 将研究对象按专业分类

在问卷调查中，我们将问卷的研究对象按照大致专业分为了文科类、理工科类、医学类、经管类、教育学和艺术学6大部分。参考中国教育在线的数据调查的报考人数最多的5大专业，本文在此只对经管类和教育类两类专业的数据作单独分析。

由图3可见，经管类学生的李克特量表平均值对比图与普通高校的李克特量表平均值对比图的分布较为一致，即在进行考研与就业的两难选择时，这类型的研究对象也会将他人的建议作为一个较为重要的考虑因素，但对于"自身综合实力"则仍然考虑较少。

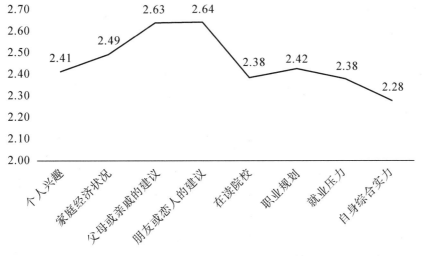

图3　经管类专业的平均值对比

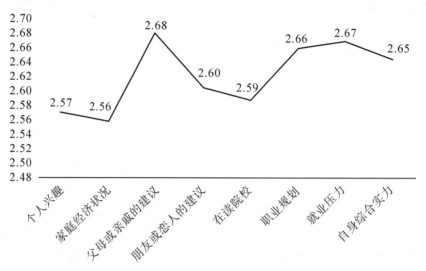

由图 4 可见，影响教育类专业学生最显著的因素是"父母或亲戚的建议"，"就业压力"和"职业规划"影响也较大。值得注意的是，教育类专业的学生在进行考验与就业的选择时，"自身综合实力"不再是最不显著的影响因素，取而代之的是"家庭经济状况"。

图 4　教育类专业的平均值对比

3. 考研动机与就业动机

为了更好地掌握影响高校本科生进行选择的因素，本次调研问卷对考研与就业动机设计了专门的问题。在面临继续学业还是踏入社会两难的抉择中，两种结果的选择人数相差并不大。我们对两种结果深入展开调查，调查出两种选择的动机。图 5 为考研动机的平均值对比。

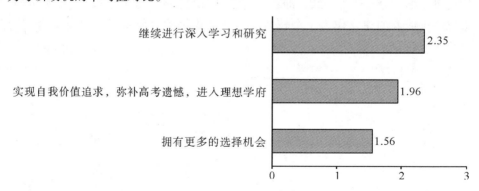

图 5　考研动机的平均值对比

在高校本科生考研的动机中，"继续进行深入学习和研究"对其影响最为显著，"拥有更多的选择机会"对其选择的影响相对较小。而对就业动机中最为显著的则是"自主创业"，"获得经济独立"和"积累人脉及经验"相对次要，其中"获得经济独立"的影响最弱。"自主创业"成为就业动机的最显著因素，说明即便在新冠肺炎疫情期间，经济状况有所波动，但当代大学生仍然是敢拼敢闯的一代，拥有一定的创新能力和创业精神，同时也积极响应了国家"大众创业、万众创新"的双创政策，为中国未来经济的发展增添了一份活力（见图6）。

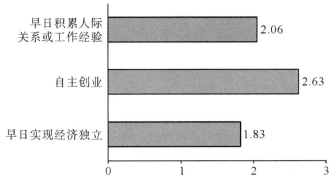

图6 就业动机的平均值对比

无论是选择考研还是就业，研究对象都是想要提高自身的现有知识水平和能力，拥有更多的机会。"条条大路通罗马"，只要是适合自身的道路就是正确的道路，都有可能通向光明的未来。

三、研究设计与数据分析

向俊丞（2020）认为，家庭情感支持度、家庭经济条件、学习能力、本科就业前景、院校支持度与考研初试结果存在相关关系。通过调研，我们初步掌握了关于个人兴趣、家庭经济状况、父母或亲戚的建议、朋友或恋人的建议、在读院校、职业规划、就业压力的数据信息。为了更加客观地反映问卷调查的结果，从总体来分析本科生考研与就业的情况，本文运用SPSS19.0对所搜集到的问卷进行深入探析。

（一）因子分析法

因子分析法采用许多相关变量间的内部相关性关系，采用降维的方法把相关性较高的一些变量归纳聚集，并运用相对较少的一些隐性变量来体现基础性数据框架，折射出以前许多变量的关键信息。本文为了规避信息的反复性，解决以主观性为主的权重问题，通过运用因子分析法来体现应届毕业生在就业及考研两种选择的影响要素。

本文设置的变量总共有8个，包括个人兴趣、家庭经济状况、父母或亲戚的建议、朋友或恋人的建议、在读院校、职业规划、就业压力、自身综合实力，分别设为自变量 $x1$、$x2$、$x3$、$x4$、$x5$、$x6$、$x7$、$x8$。我们必须深入研究有效数据能不能适用于因子分析，通过表1可以得出：KMO为0.852时，即是说本文所使用的数据能够达到适用因子分析的具体条件探究。Bartlett 球形度检验的 p 值小于 0.05，这体现出本文的有效数据完全适用于因子分析。

表1　KMO 和 Bartlett 的检验

KMO 值		0.852
Bartlett 球形度检验	近似卡方	3 597.655
	df	28
	ρ 值	0.000

针对因子提取实际状况，我们可以归纳出：共有 5 个因子从因子分析中所提取出来，并且它们的特征平均都比 0.9 大，而且占比 80.146% 的解释率为旋转后的累积方差。这五个因子基本保留了原始数据的相关信息，因此可以作为参考信息进一步做因子分析（见表2）。

表2　方差解释率表格

因子编号	特征根			旋转前方差解释率			旋转后方差解释率		
	特征根	方差解释率/%	积累/%	特征根	方差解释率/%	积累/%	特征根	方差解释率/%	积累/%
1	3.202	40.027	3.202	40.027	40.027	2.193	27.408	27.408	
2	1.003	12.542	52.57	1.003	12.542	52.57	1.1	13.753	41.161
3	0.966	9.573	62.142	0.766	9.573	62.142	1.059	13.24	54.401
4	0.955	9.435	71.577	0.755	9.435	71.577	1.057	13.211	67.612
5	0.986	8.569	80.146	0.686	8.569	80.146	1.003	12.534	80.146
6	0.668	8.355	88.501	—	—	—	—	—	—
7	0.611	7.636	96.137	—	—	—	—	—	—
8	0.309	3.863	100	—	—	—	—	—	—

本文通过对所提取出的这些因子展开恰当的具体背景解释，以因子载荷阵对最大方差法展开旋转，进一步使因子载荷阵的实际架构更为简单，而且以载荷矩阵行列的元素平方值由 0 和 1 展开两极分化。从表3 中可以看出，变量 $x1$、$x5$、$x6$、$x8$ 在因子1 上有较高载荷，所以因子1 主要解释这 4 个变量，本文将其命名为个人因素。同理，将 $x2$、$x3$、$x4$、$x5$ 分别命名为家庭经济状况、朋友影响、社会就业压力和亲人建议。

表3　旋转后因子载荷系数表格

名称	因子载荷系数					共同度（公因子方差）
	因子1	因子2	因子3	因子4	因子5	
个人兴趣	0.684	0.324	0.303	0.314	-0.024	0.765
家庭经济状况	0.196	0.943	0.097	0.125	0.013	0.954

表3(续)

名称	因子载荷系数					共同度（公因子方差）
	因子1	因子2	因子3	因子4	因子5	
父母或亲戚的建议	0.027	0.013	0.02	0.003	0.998	0.996
朋友或恋人的建议	0.223	0.101	0.96	0.09	0.024	0.99
在读院校	0.722	0.27	0.082	-0.027	0.053	0.604
职业规划	0.729	0.07	0.094	0.183	-0.035	0.58
就业压力	0.261	0.128	0.092	0.933	0.005	0.964
自身综合实力	0.717	-0.024	0.11	0.172	0.046	0.559

（二）二元 Logistic 回归分析

通过上述研究可以得出，影响考研就业的主要因素包括家庭经济状况、朋友影响、社会就业压力和亲人建议。为了更好地获得影响的程度，本文选择使用二元 Logistic 回归分析。其能更好地提取到本科生关于考研就业选择困难的问题。

从表4可知，将因子分析法中提取出的亲人建议、社会就业压力、朋友影响家庭经济因素状况、个人因素共5项因子作为自变量，将考研和就业作为因变量进行二元 Logistic 回归分析。

表4 二元 Logit 回归分析结果汇总

因子	回归系数	标准误	z 值	Wald χ^2	ρ 值	OR 值	OR 值95% C1
亲人建议	-0.026	0.045	-0.568	0.323	0.57	0.974	0.891~1.065
社会就业压力	0.061	0.045	1.332	1.774	0.183	1.062	0.972~1.161
朋友影响	-0.051	0.045	-1.113	1.24	0.266	0.951	0.870~1.039
家庭经济状况	-0.097	0.045	-2.137	4.567	0.033	0.907	0.830~0.992
个人因素	0.185	0.046	4.039	16.311	0	1.203	1.100~1.316
截距	0.132	0.045	2.901	8.417	0.004	1.141	1.044 1.247

由具体分析可知，亲人建议的回归系数值为-0.026，但是并没有呈现出显著性，意味着亲人建议并不会对考研和就业产生影响。社会就业压力的回归系数值为0.061，但是并没有呈现出显著性，意味着社会就业压力并不会对考研和毕业就业产生影响。

朋友影响的回归系数值为-0.051,但是并没有呈现出显著性,意味着朋友影响并不会对考研和毕业就业产生影响。其中-0.097 的回归系数值源于家庭经济状况,而且在 0.05 的水平上显著,意味着家庭经济因素对考研和就业有着明显的负向作用。

因此,个人因素会对考研和就业产生显著的正向影响,家庭经济因素会对考研和就业产生显著的负向影响。但是亲人建议、社会就业压力和朋友影响并不会对考研和就业的选择产生影响。根据显著变量优势比的大小可知,显著变量影响大小的顺序为个人因素>家庭经济状况。

Hosmer-Lemeshow 拟合度检验用于分析模型拟合优度情况,从表 5 可知,此处模型检验的原定假设为:模型拟合值和观测值的吻合程度一致。这里 p 值大于 0.05,因此说明接受原定假设,即说明本次模型通过 HL 检验,模型拟合优度较好。

表 5　Hosmer-Lemeshow 拟合度检验

χ^2	自由度 df	p 值
12.282	8	0.139

因此,因子分析法提取到的 5 个主要因素中,个人因素会对考研和就业产生显著的正向影响关系,家庭经济状况会对考研和毕业就业产生显著的负向影响。但是亲人建议、社会就业压力和朋友影响并不会对考研和就业的选择产生影响。根据显著变量优势比的大小可知,显著变量影响力大小由强到弱的排列顺序为个人因素>家庭经济因素。

四、结论与建议

(一) 结论

1. 专业不同,考研与就业的选择主动性不同

不同专业具备不同性质,理工科学生更多因为技术积累和技术提高的原因选择读研,具有很强的考研主动性,而文史哲专业的学生更多因为就业不理想或者职业规划不明晰被迫选择考研。

2. 地区不同,考研与就业选择的独立性不同

一方面,成渝地区信息相对闭塞,学生的就业渠道有限;另一方面,人们普遍认为公务员相对于其他工作而言更加体面,而该地区的本科生对父母的依赖心理较强,因此仅仅局限在考取公务员和考研中做出选择,而忽视了其他丰富的就业机会和资源。然而,经济较为发达的地区,学生的选择更理智,考研是其基于对自身能力的正确评估和人生规划。

3. 家庭不同,考研与就业选择的定位不同

家境优渥的学生选择考研是为了提升自己;普通家庭的学生选择考研是为了未来有一个更好的工作。

（二）建议

1. 个人需要评估自身实力

（1）正视自己的能力，量力而行。要选择就业的同学，更要注重评估自己的实力，找到自己的核心优势，找到更适合自己的工作；要考研的同学，应该加强有关课程的学习，多看相关书籍，提高自身的学习能力，制订长期和短期的计划。当坚定地选择了考研这条道路之后，我们就一定要正视自己的能力，合理选择目标院校。

（2）拒绝盲目听从他人的建议。他人的建议是高校大学生进行选择时很重要的影响因素。虽然能够听取他人的意见是一个非常好的优点，但是不能盲目听从，如何把握这个度，是本科生需要认真思考的问题。

2. 家长在给予建议的同时应该充分尊重孩子的选择

本文认为在家庭方面，家长们应加强与大学生的沟通，尽量多倾听其真实想法，注重引导而不是直接给孩子提出结论性的建议，无论学生选择考研还是就业，家长都应该充分尊重学生的选择。

3. 学校需要给予正确引导

（1）开设专业化、具有针对性的相关讲座。每个专业的性质不同，因此，学校需要根据本科生的专业进行分类培训。

（2）要重视考研，积极营造良好的考研氛围。大学生考研不仅是对自身实力的巩固与增强，也是促进自身全面发展的机会，同时可以延缓就业、减小院校的就业压力，给予大学生更多的时间思考自己未来的职业道路。因此，对于有能力报考并有意愿报考研究生的大学生，各高校应给予更多的帮助和支持。

（3）要支持就业，不能一味地为了提升就业率而忽略了就业质量。首先，各高校需要及时为学子们提供就业信息，搭建就业网络平台，方便学生浏览和查找相关的就业信息；其次，各高校应该进一步强化与科研单位及相关企业的友好合作。

4. 社会创造更多就业机会，给本科生选择的空间

（1）设立奖助学金，帮助贫困学生。校友及社会单位应当增强社会责任感，帮助各高校设立奖助学金，为有意向考研但是迫于家庭经济压力的本科生给予一定的经济支持，避免科研和学术人才的流失。

（2）提供培训机会，宽容对待职场新人。企事业单位面对当前的就业形势，应该牢牢抓住目前应届本科毕业生存在的关键性问题，如实际操作能力较弱、相关职位的专业水平不高等。所以，企事业单位需要怀有一颗理解的心态来对待应届本科毕业生，并给予多种类别的培训机会，意识到人才对于企业而言，是企业持续发展和进步的关键。

5. 国家需要保证信息的对称

（1）尽可能提供更多高校毕业生就业岗位。例如，进一步扩大公务员招录人数，扩大事业单位的总体招聘范围。压实企事业单位的大学生就业工作职责、改善大学生就业长效促进体制。

（2）鼓励自主创业。激励大学生创业，建立与时俱进的创业整体环境。在场地申办、工商办照等这些程序上尽量缩减不必要的环节，进一步提升效率，为促进应届毕业生自谋职业、勇于创业提供便利。

参考文献：

［1］郭刚.浅析高校毕业生就业与考研两难选择和对策建议［J］.成功（教育版），2011（7）：10-11.

［2］樊佳佳，牛雪娜，丰骁.本科毕业生就业与考研行为选择的影响因素研究：以甘肃农业大学为例［J］.甘肃科技，2018，34（21）：51-58.

［3］王煜姣.本科毕业生就业与考研的经济学分析：以甘肃地区部分高校为例［J］.发展，2010（10）：102-103.

［4］徐体高，胡效亚.大学生考研与就业的理性思考［J］.中国高教研究，2006（11）：63-64.

［5］洪玉华.当代中国大学毕业生考研与就业的心理分析［J］.科技信息（学术研究），2008（34）：447，449.

［6］王琦，许艳丽.研究生就业问题分析与对策研究［J］.社会工作与管理，2005，5（4）：4-7.

［7］程婉.考研与就业选择的博弈分析［J］.产业与科技论坛，2020，19（24）：81-82.

［8］杜文娜.影响研究生就业的主观因素分析及对策［J］.西北医学教育，2007（4）：641-643.

［9］吕冬诗，徐宝贵，张彬.影响大学生考研动机的主要因素研究［J］.出国与就业（就业版），2011.

［10］刘玲玲，毛素平.如何引导大学毕业生正确选择考研与就业［J］.科技信息，2008（35）：919-920.

［11］姬晓青，常太华.浅谈考研与就业［J］.中国电力教育，2006（4）：297-298.

［12］关司祺，贾小晨.高校大学生就业的现状分析与对策研究［J］.产业与科技论坛，2020，19（24）：281-282.

［13］倪晗，栾帅.高校就业服务质量提升路径探索［J］.科技风，2021（6）：167-168.

［14］黄憬怡."考研热"视角下部分大学生就业观念探究及做法［J］.就业与保障，2020（10）：48-49.

［15］程婉.考研与就业选择的博弈分析［J］.产业与科技论坛，2020，19（24）：80-81.

［16］杨慧.本科生与研究生职业价值观比较研究：以华中科技大学为例［D］.武汉：华中科技大学，2006.

［16］任娟娜.职业生涯规划在大学生职业发展与就业指导中的运用［J］.高教学刊，2019，103（7）：190-192.

［17］罗健文.高职院校毕业生就业意愿实证研究：以清远职业技术学院外语经贸类学生为例［J］.高教探索，2017（9）：100-106.

［18］陈龙山，袁乐平，曹丹. 大学生创业价值观的偏离与矫正：湖南省大学生创业价值观实证调查 ［J］. 高教探索，2017（1）：149-150.

［19］肖珩，冯鹤林. 影响考研动机的 Delta 灰色关联因子分析 ［J］. 黄冈师范学院学报，2020（3）：26-30.

［20］赵罡. 当前大学生择业动机探析 ［J］. 职业圈，2007（6）：151-152.

［21］韩新路. 女大学生就业观研究 ［J］. 中华女子学院学报，2011，23（3）：58-61.